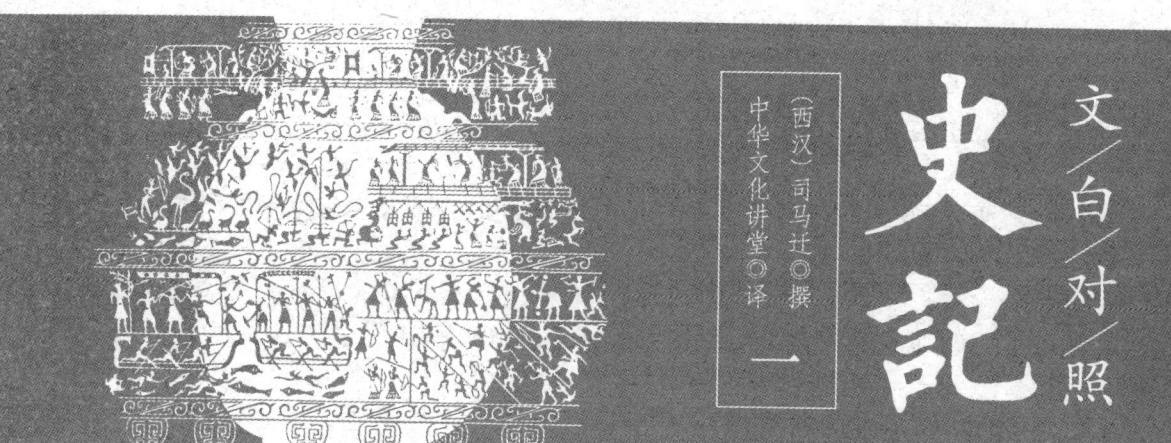

文/白/对/照

史記

〔西汉〕司马迁◎撰
中华文化讲堂◎译

一

中国華僑出版社

图书在版编目(CIP)数据

文白对照史记 /（西汉）司马迁撰；中华文化讲堂译. —北京：中国华侨出版社，2016.3

ISBN 978-7-5113-6016-8

Ⅰ.①文… Ⅱ.①司… ②中… Ⅲ.①中国历史—古代史—纪传体②《史记》—译文 Ⅳ.①K204.2

中国版本图书馆CIP数据核字(2016)第059100号

● 文白对照史记

撰　　者/（西汉）司马迁
译　　者/中华文化讲堂
责任编辑/滕　森
责任校对/志　刚
经　　销/新华书店
开　　本/787毫米×1092毫米　16开　印张/128.5　字数/2500千字
印　　刷/三河市富华印刷包装有限公司
版　　次/2016年6月第1版　2021年11月第5次印刷
书　　号/ISBN 978-7-5113-6016-8
定　　价/136.00元（全四册）

中国华侨出版社　北京市朝阳区西坝河东里77号楼底商5号　邮　编：100028
法律顾问：陈鹰律师事务所
发行部：(010)64443051　　　传　真：(010)64439708
网　址：www.oveaschin.com
E-mail：oveaschin@sina.com
如发现印装质量问题，影响阅读，请与印刷厂联系调换。

出版前言

　　《史记》原名《太史公书》，后世通称为《史记》，是西汉时期太史令司马迁编写的一部纪传体通史史书。全书一百三十卷，五十二万字，包含十表、八书、十二本纪、三十世家、七十列传，记载了上起上古传说中的黄帝时代（约公元前3000年）下至汉武帝元狩元年（公元前122年）大约三千多年的历史。它包罗万象而又融会贯通，脉络清晰，"王迹所兴，原始察终，见盛观衰，论考之行"，所谓"究天人之际，通古今之变，成一家之言"，翔实地记录了上古时期政治、经济、军事、文化等各个方面的发展状况，同时记录了各家对同一事件或人物的不同立场和看法，故《史记》各篇中对同一事件记录看法颇有矛盾之处，可谓"服其善序事理，辨而不华，质而不俚，其文直，其事核，不虚美，不隐恶，故谓之实录"。

　　《史记》开创了我国的纪传体史学，同时也开创了我国的传记文学。书中所写的一系列历史人物，不仅表现了作者对历史的高度概括力和卓越的见识，而且通过那些人物的活动，生动地展示了广阔的社会生活画面，表现了作者对历史和现实的批判精神。鲁迅先生曾在《汉文学史纲要》一书中称赞《史记》是"史家之绝唱，无韵之离骚"，因此，两千多年来，

《史记》不仅是历史家学习的典范，而且也成为文学家学习的典范。

作为传世经典，千百年来各家各派都对此有深入的阐释，然而对于大众来说，这类学术性研究的文章只能是远观而无法细读。经典的流通、文化的传播需要桥梁，才能够使大众近距离接触经典、理解经典，同时也促进中国传统文化的传播与发展。在此之前，关于《史记》的版本已有多种，只是多为繁体版或竖排版，受阅读能力的限制，《史记》的传播也受到一定的影响。

因此，简体字横排版文白对照本《史记》不可或缺。历来《史记》各个版本的原文中错字、异体字都不少，给白话翻译工作增加了很大的难度，校勘者们对其中存疑的部分多采用注释的形式附录于后。但底本又是翻译的基础，选择的底本基本可以决定翻译的风格。本书参考多种通行本《史记》，严格校勘原文，进行了细致的标点断句，力图呈现给大众一个原汁原味的《史记》。

"信、达、雅"是翻译的标杆，译文在忠实于原文的基础上，需要尽可能完整地呈现原文的风采。《史记》中有很多文章，在感情和气势方面都有深入地描写，作者在刻画人物形象、叙述故事情节、发表观点议论道理的时候，行文流畅传神而且极具口语化，本书译文在最大程度上再现了原文的魅力，保证了行文流畅。同时，因文言文和白话文表达方式的不同，译文特别注重减少语法错误，贴合现代人的阅读习惯，力图为传世经典的流通保驾护航。

由于水平有限，书中难免有错误之处，恳请读者批评指正。

目 录

第一册

本 纪
五帝本纪第一	2
夏本纪第二	18
殷本纪第三	34
周本纪第四	48
秦本纪第五	82
秦始皇本纪第六	114
项羽本纪第七	162
高祖本纪第八	194
吕太后本纪第九	232
孝文本纪第十	248
孝景本纪第十一	270
孝武本纪第十二	276

表
| 三代世表第一 | 304 |
| 十二诸侯年表第二 | 308 |

	六国年表第三	312
	秦楚之际月表第四	316
	汉兴以来诸侯王年表第五	318
	高祖功臣侯者年表第六	322
	惠景间侯者年表第七	324
	建元以来侯者年表第八	326
	建元以来王子侯者年表第九	328
	汉兴以来将相名臣年表第十	330

书	礼书第一	332
	乐书第二	344
	律书第三	374
	历书第四	384
	天官书第五	402
	封禅书第六	444
	河渠书第七	488
	平准书第八	496

第二册

世 家	吴太伯世家第一	520
	齐太公世家第二	536
	鲁周公世家第三	564
	燕召公世家第四	586
	管蔡世家第五	596
	陈杞世家第六	606
	卫康叔世家第七	616

宋微子世家第八	630
晋世家第九	648
楚世家第十	694
越王勾践世家第十一	732
郑世家第十二	746
赵世家第十三	764
魏世家第十四	806
韩世家第十五	828
田敬仲完世家第十六	838
孔子世家第十七	860
陈涉世家第十八	892
外戚世家第十九	904
楚元王世家第二十	920
荆燕世家第二十一	924
齐悼惠王世家第二十二	928
萧相国世家第二十三	942
曹相国世家第二十四	950
留侯世家第二十五	958
陈丞相世家第二十六	974
绛侯周勃世家第二十七	988
梁孝王世家第二十八	1000
五宗世家第二十九	1012
三王世家第三十	1022

第三册

| 列传（一） | 伯夷列传第一 | 1040 |
| | 管晏列传第二 | 1044 |

老子韩非列传第三	1050
司马穰苴列传第四	1060
孙子吴起列传第五	1064
伍子胥列传第六	1074
仲尼弟子列传第七	1086
商君列传第八	1108
苏秦列传第九	1118
张仪列传第十	1146
樗里子甘茂列传第十一	1172
穰侯列传第十二	1184
白起王翦列传第十三	1192
孟子荀卿列传第十四	1202
孟尝君列传第十五	1208
平原君虞卿列传第十六	1222
魏公子列传第十七	1236
春申君列传第十八	1246
范雎蔡泽列传第十九	1258
乐毅列传第二十	1286
廉颇蔺相如列传第二十一	1296
田单列传第二十二	1310
鲁仲连邹阳列传第二十三	1316
屈原贾生列传第二十四	1330
吕不韦列传第二十五	1344
刺客列传第二十六	1352
李斯列传第二十七	1372
蒙恬列传第二十八	1398
张耳陈余列传第二十九	1406
魏豹彭越列传第三十	1424

黥布列传第三十一	1430
淮阴侯列传第三十二	1442
韩信卢绾列传第三十三	1466
田儋列传第三十四	1478
樊郦滕灌列传第三十五	1486
张丞相列传第三十六	1504
郦生陆贾列传第三十七	1520
傅靳蒯成列传第三十八	1538
刘敬叔孙通列传第三十九	1544

第四册

列传（二）

季布栾布列传第四十	1558
袁盎晁错列传第四十一	1566
张释之冯唐列传第四十二	1578
万石张叔列传第四十三	1586
田叔列传第四十四	1596
扁鹊仓公列传第四十五	1604
吴王濞列传第四十六	1630
魏其武安侯列传第四十七	1646
韩长孺列传第四十八	1662
李将军列传第四十九	1672
匈奴列传第五十	1684
卫将军骠骑列传第五十一	1714
平津侯主父列传第五十二	1734
南越列传第五十三	1754
东越列传第五十四	1764
朝鲜列传第五十五	1770

西南夷列传第五十六	1776
司马相如列传第五十七	1782
淮南衡山列传第五十八	1818
循吏列传第五十九	1844
汲郑列传第六十	1850
儒林列传第六十一	1862
酷吏列传第六十二	1876
大宛列传第六十三	1900
游侠列传第六十四	1920
佞幸列传第六十五	1930
滑稽列传第六十六	1936
日者列传第六十七	1954
龟策列传第六十八	1962
货殖列传第六十九	1978
太史公自序第七十	1998

本纪

五帝本纪第一

黄帝者，少典之子，姓公孙，名曰轩辕。生而神灵，弱而能言，幼而徇齐，长而敦敏，成而聪明。

轩辕之时，神农氏世衰。诸侯相侵伐，暴虐百姓，而神农氏弗能征。于是轩辕乃习用干戈，以征不享，诸侯咸来宾从。而蚩尤最为暴，莫能伐。炎帝欲侵陵诸侯，诸侯咸归轩辕。轩辕乃修德振兵，治五气，艺五种，抚万民，度四方，教熊罴貔貅貙虎，以与炎帝战于阪泉之野。三战，然后得其志。蚩尤作乱，不用帝命。于是黄帝乃征师诸侯，与蚩尤战于涿鹿之野，遂禽杀蚩尤。而诸侯咸尊轩辕为天子，代神农氏，是为黄帝。天下有不顺者，黄帝从而征之，平者去之，披山通道，未尝宁居。

东至于海，登丸山，及岱宗。西至于空桐，登鸡头。南至于江，登熊、湘。北逐荤粥，合符釜山，而邑于涿鹿之阿。迁徙往来无常处，以师兵为营卫。官名皆以云命，为云师。置左右大监，监于万国。万国和，而鬼神山川封禅与为多焉。获宝鼎，迎日推策。举风后、力牧、常先、大鸿以治民。顺天地之纪，幽明之占，死生之说，存亡之难。时播百谷草木，淳化鸟兽虫蛾，旁罗日月星辰水波土石金玉，劳勤心力耳目，节用水火材物。有土德之瑞，故号黄帝。

黄帝二十五子，其得姓者十四人。
黄帝居轩辕之丘，而娶于西陵之女，是为嫘祖。嫘祖为黄帝正妃，生二子，其后皆有天下：其一曰玄嚣，是为青阳，青阳降居

黄帝是少典氏的子孙，姓公孙，名叫轩辕。他从生下来时就显得很有灵性，出生没多久就会说话；幼年时就思维敏捷，智慧过人；少年时期诚实勤奋，成年以后是非善恶的分辨能力很强。

　　轩辕时代，神农氏的领导力量日渐衰弱，各诸侯间互相攻伐，给百姓带来了深重灾难，而神农氏却没有力量平定动乱。于是，轩辕便开始习兵练武，去征讨那些发动战乱、不尊神农氏的诸侯，最终各诸侯纷纷归从。而蚩尤在各诸侯中最为凶暴，没有人能征服他。炎帝也想侵略欺压诸侯，因此诸侯都归顺了轩辕。于是轩辕修德立业，加强国防；顺应四时节气变化，种植五谷；安抚民众，考察四方的国土；训练熊、罴、貔、貅、䝙、虎等猛兽，在阪泉的郊野与炎帝交战，先后打了好几仗，才征服了炎帝，如愿得胜。蚩尤坚持叛乱，不听从黄帝的命令。于是黄帝征调诸侯军队，在涿鹿的郊野与蚩尤大战，终于擒获并杀死了蚩尤。这样，诸侯们都尊奉轩辕为天子，取代了神农氏，这就是黄帝。天下有不归顺的，黄帝就前去讨伐，平定一个地方之后就离开，一路上开山修路，从来没有过安闲的生活。

　　黄帝向东到过东海，登上过丸山和泰山；往西到过崆峒，登上过鸡头山；往南到过长江，登上过熊山、湘山；往北驱逐了荤粥部族，到釜山与诸侯合验了符契，曾在涿鹿山的山脚下建过都邑。黄帝四处迁徙，没有固定的住处，带兵走到哪里，就在哪里设置军营以自卫。黄帝手下所封官职都以"云"字命名，所以军队也号称"云"师。他设置了左右大监，由他们督察各诸侯国。当时，万国安定，天下和乐，因此黄帝也成为自古以来祭祀天地、鬼神、山川活动最多的人。黄帝曾获得上天赐予的宝鼎，他观测太阳的运行，用占卜的蓍草来推算历法，预知节气日辰；他任用风后、力牧、常先、大鸿四位大臣来治理民众。他顺应天地四时的规律，推测阴阳的变化；讲解生死的道理，论述存与亡的原因；按照季节播种百谷草木，驯养鸟兽蚕虫；测定日月星辰以定历法，收取土石金玉；教导民众做事要勤身劳力，有节度地使用水、木等各种资源。他做天子时，曾有土属性的祥瑞征兆出现。因土色黄，所以人们称他为黄帝。

　　黄帝有二十五个儿子，其中获得自己姓氏的有十四人。

　　黄帝曾居住在轩辕山，娶西陵国的女儿为妻，这就是嫘祖。嫘祖是黄帝的正妃，生有两个儿子，他们的后代都曾拥有天下。一个叫玄嚣，也就是青阳，他被

江水；其二曰昌意，降居若水。昌意娶蜀山氏女，曰昌仆，生高阳，高阳有圣德焉。黄帝崩，葬桥山。其孙昌意之子高阳立，是为帝颛顼也。

帝颛顼高阳者，黄帝之孙而昌意之子也。静渊以有谋，疏通而知事；养材以任地，载时以象天，依鬼神以制义，治气以教化，絜诚以祭祀。北至于幽陵，南至于交阯，西至于流沙，东至于蟠木。动静之物，大小之神，日月所照，莫不砥属。

帝颛顼生子曰穷蝉。颛顼崩，而玄嚣之孙高辛立，是为帝喾。

帝喾高辛者，黄帝之曾孙也。高辛父曰蟜极，蟜极父曰玄嚣，玄嚣父曰黄帝。自玄嚣与蟜极皆不得在位，至高辛即帝位。高辛于颛顼为族子。

高辛生而神灵，自言其名。普施利物，不于其身。聪以知远，明以察微。顺天之义，知民之急。仁而威，惠而信，修身而天下服。取地之财而节用之，抚教万民而利诲之，历日月而迎送之，明鬼神而敬事之。其色郁郁，其德嶷嶷。其动也时，其服也士。帝喾溉执中而遍天下，日月所照，风雨所至，莫不从服。

帝喾娶陈锋氏女，生放勋。娶娵訾氏女，生挚。帝喾崩，而挚代立。帝挚立，不善，而弟放勋立，是为帝尧。

帝尧者，放勋。其仁如天，其知如神。就之如日，望之如云。富而不骄，贵而不舒。黄收纯衣，彤车乘白马。能明驯德，以亲九族。九族既睦，便章百姓。百姓昭明，合和万国。

乃命羲、和，敬顺昊天，数法日月星辰，敬授民时。分命羲仲，居郁夷，曰旸谷。敬道日出，便程东作。日中，星鸟，以殷中春。其民析，鸟兽字微。

封为诸侯，迁居在江水；另一个叫昌意，也被封为诸侯，迁居在若水。昌意娶了蜀山氏的女儿，名叫昌仆，生下高阳，高阳具有圣人的品德。黄帝死后，埋葬在桥山。他的孙子，也就是昌意的儿子高阳即帝位，这就是颛顼帝。

颛顼帝高阳，是昌意的儿子，黄帝的孙子。他沉静、稳练，且有智谋，通达而知事理。他因地制宜，种植各种庄稼，养殖各种牲畜，并根据天象推算四时节令以顺应自然，依顺鬼神以制定礼义，理顺四时五行之气以教化万民，洁净身心以祭祀鬼神。他北到过幽陵，南到过交阯，西到过流沙，东到过蟠木。所有动物植物，大神小神，凡是日月照临的地方，几乎全都平定了，没有不归服的。

颛顼帝的儿子叫穷蝉。颛顼帝死后，玄嚣的孙子高辛即位，就是帝喾。

帝喾高辛，是黄帝的曾孙。高辛的父亲是蟜极，蟜极的父亲是玄嚣，玄嚣的父亲是黄帝。玄嚣和蟜极都没有登上帝位，直到高辛时才登上帝位。高辛是颛顼的侄子。

高辛天生就很有灵气，一出生就能叫出自己的名字。他普遍施恩泽于众人却不及其自身。他耳聪目明，可以知晓未来久远的事情，可以洞察细微的事理。他顺应上天的旨意，了解民众之所急；仁德且威严，温和而守信，修养自身，天下归服。他收取土地上的物产，很节俭地使用；他仁爱教化万民，把各种有益的事教给他们；他推算日月的运行然后以定节气时月，恭敬地迎送日月的出入；他明识鬼神，并慎重地加以信奉。他仪表堂堂，道德高尚；他行动合乎时宜，服用如同士人。帝喾治民，像雨水浇灌农田一样不分轻重，遍及天下，一视同仁，凡是日月照耀的地方、风雨所到的地方，没有人不顺从归服。

帝喾娶陈锋氏的女儿，生下了放勋；娶娵訾氏的女儿，生下挚。帝喾死后，由挚接替帝位。帝挚登基后，没有干出什么辉煌的政绩，于是他的弟弟放勋登位，就是帝尧。

帝尧，就是放勋。他仁德如青天，智慧如神明。接近他，就像接受太阳照耀一样温暖人心；仰望他，就像云彩一般气势覆润大地。他富有却不骄傲，尊贵而不放纵。他戴的是黄色的帽子，穿的是黑色衣裳，坐着红色的车子，用白马驾车。他尊敬有善德的人，使百姓九族相亲相爱。九族的人都和睦后，又去考察百官。百官政绩昭著，各方诸侯邦国都能和睦相处。

帝尧命令羲氏与和氏，按照上天的意旨，根据星辰的位次和日月的出没，制定历法，谨慎地教给民众从事生产的相关节令。另外命令羲仲，住在郁夷那个叫旸谷的地方，毕恭毕敬地迎接日出，分别按照节令安排春季的耕作。春分日，白昼与黑夜一样长，朱雀七宿中的星宿初昏时出现在正南方，依据此来确定仲春之时。此时，民众劳作分散，鸟兽交尾生育。

申命羲叔，居南交。便程南为，敬致。日永，星火，以正中夏。其民因，鸟兽希革。申命和仲，居西土，曰昧谷。敬道日入，便程西成。夜中，星虚，以正中秋。其民夷易，鸟兽毛毨。申命和叔；居北方，曰幽都。便在伏物。日短，星昴，以正中冬。其民燠，鸟兽氄毛。岁三百六十六日，以闰月正四时。信饬百官，众功皆兴。

尧曰："谁可顺此事？"放齐曰："嗣子丹朱开明。"尧曰："吁！顽凶，不用。"尧又曰："谁可者？"欢兜曰："共工旁聚布功，可用。"尧曰："共工善言，其用僻，似恭漫天，不可。"尧又曰："嗟，四岳，汤汤洪水滔天，浩浩怀山襄陵，下民其忧，有能使治者？"皆曰鲧可。尧曰："鲧负命毁族，不可。"岳曰："异哉，试不可用而已。"尧于是听岳用鲧。九岁，功用不成。

尧曰："嗟！四岳：朕在位七十载，汝能庸命，践朕位？"岳应曰："鄙德忝帝位。"尧曰："悉举贵戚及疏远隐匿者。"

众皆言于尧曰："有矜在民间，曰虞舜。"尧曰："然，朕闻之。其何如？"岳曰："盲者子。父顽，母嚚，弟傲，能和以孝，烝烝治，不至奸。"尧曰："吾其试哉。"于是尧妻之二女，观其德于二女。舜饬下二女于妫汭，如妇礼。尧善之，乃使舜慎和五典，五典能从。乃遍入百官，百官时序。宾于四门，四门穆穆，诸侯远方宾客皆敬。尧使舜入山林川泽，暴风雷雨，舜行不迷。尧以为圣，召舜曰：

又命令羲叔住在南方的交阯，按照节令，谨慎地安排民众夏季的农活。夏至日，白昼最长，苍龙七宿中的心宿（又称大火）初昏时出现在正南方，依据此来确定仲夏之时。这时候，民众就居高处，鸟兽毛羽稀疏。又命令和仲，居住在西土，那地方叫作昧谷，毕恭毕敬地送太阳落下，有步骤地安排秋天的收获。秋分日，黑夜与白昼一样长，玄武七宿中的虚宿初昏时出现在正南方，据此来确定仲秋之时。这时候，民众移居平地，鸟兽再生新毛。又命令和叔，住在北方，那地方叫作幽都，认真安排好冬季的收藏。冬至日，白昼最短，白虎七宿中的昴宿初昏时出现在正南方，据此来确定仲冬之时。这时候，民众加穿衣服保暖，鸟兽长满细毛。一年有三百六十六天，通过设置闰月的办法来校正春夏秋冬四季变化。各守其职，是帝尧对百官真诚的告诫，于是各种事情都兴办起来了。

尧说："谁可以继承我的这个事业？"放齐说："你的儿子丹朱比较通达事理。"尧说："哼！丹朱啊，他这个人太凶恶、愚顽，不能用。"尧又问道："那么还有谁可以？"欢兜说："共工广泛地聚集民众，做出了业绩，可以用。"尧说："共工爱讲漂亮话，用心也不正，貌似恭敬，但欺骗上天，不能用。"尧又问："唉，四位诸侯啊，如今洪水滔天，浩浩荡荡，高山被包围了，丘陵也被漫上了，民众愁苦万分，谁可以去治理呢？"大家都说鲧可以。尧说："鲧违背天命，毁败同族，不能用。"四位诸侯都说："就任用他吧，试试不行，再把他撤掉。"尧因此便听从了四位诸侯的建议，任用了鲧。结果鲧治水九年，也没有取得成效。

尧说："唉！四位诸侯啊，我在位都已经七十年了，你们之中有谁能顺应天命，接替我的帝位？"四位诸侯回答说："我们的德行都很鄙陋，不敢对帝位有所玷污。"尧说："那就从所有同姓异姓、远近大臣和隐居者当中推举吧。"

大家都对尧说："在民间隐居着一个单身汉，叫虞舜。"尧说："对，我听说过，他这个人怎么样？"四位诸侯回答说："他是个盲人的儿子。他的父亲比较愚昧，母亲也很顽固，弟弟傲慢，而舜却仍恪尽孝悌之道，与他们和睦相处，以善感化他们，使他们不至于走向邪恶。"尧说："那我就试试他吧。"于是尧把两个女儿嫁给了舜，从两个女儿身上观察他的德行。舜让她们放下尊贵之心住到妫汭河边的家中去，遵守为妇之道。尧认为这样做很好，就让舜试着担任司徒这一职，舜谨慎小心地理顺父义、母慈、兄友、弟恭、子孝这五种伦理道德，人民都遵从不违。尧又让他参与管理百官的事宜，百官的事因此变得有条不紊。让他主管接待工作，接待四方来宾，他使得四方来宾们心悦诚服，从远方来的诸侯宾客都对他恭恭敬敬。尧又派舜进入山野丛林视察大川草泽，刚好遇上暴风雷雨，舜也没有因此迷路误事。尧更认为他十分聪明，很有道德，把他叫来说道：

"女谋事至而言可绩,三年矣。女登帝位。"舜让于德,不怿。正月上日,舜受终于文祖。文祖者,尧大祖也。

于是帝尧老,命舜摄行天子之政,以观天命。舜乃在璇玑玉衡,以齐七政。遂类于上帝,禋于六宗,望于山川,辩于群神。揖五瑞,择吉月日,见四岳诸牧,班瑞。

岁二月,东巡狩,至于岱宗,祡,望秩于山川。遂见东方君长,合时月正日,同律度量衡,修五礼,五玉三帛二生一死为挚,如五器,卒乃复。五月,南巡狩;八月,西巡狩;十一月,北巡狩:皆如初。归,至于祖祢庙,用特牛礼。五岁一巡狩,群后四朝。遍告以言,明试以功,车服以庸。肇十有二州,决川。象以典刑,流宥五刑,鞭作官刑,扑作教刑,金作赎刑。眚灾过,赦;怙终贼,刑。钦哉,钦哉,惟刑之静哉!

欢兜进言共工,尧曰不可而试之工师,共工果淫辟。四岳举鲧治鸿水,尧以为不可,岳强请试之,试之而无功,故百姓不便。三苗在江淮、荆州数为乱。于是舜归而言于帝,请流共工于幽陵,以变北狄;放欢兜于崇山,以变南蛮;迁三苗于三危,以变西戎;殛鲧于羽山,以变东夷:四罪而天下咸服。

尧立七十年得舜,二十年而老,令舜摄行天子之政,荐之于天。尧辟位凡二十八年而崩。百姓悲哀,如丧父母。三年,四方莫举乐,以思尧。尧知子丹朱之不肖,不足授天下,于是乃权授舜。授舜,则天下得其利而丹朱病;授丹朱,则天下病而丹朱

"三年来，你做事周密，说了的话也都能做到。现在你就登临天子位吧。"舜推让说自己的德行还不够，不愿接受帝位。正月初一，舜在文祖庙接受了尧的禅让。文祖也就是尧的太祖。

这个时候，尧年事已高，让舜代理天子之政事，借以观察他做天子是否顺应符合天意。舜于是通过对北斗星的观测，来考察日、月和金、木、水、火、土五星的运行是否正常，然后又举行临时仪式祭告天帝，用把祭品放在火上烧的仪式祭祀天地四时，用遥祭的仪式祭祀名山大川，又普遍地祭祀了各路神祇。他收集起公、侯、伯、子、男五等侯爵所持的桓圭、信圭、躬圭、谷璧、蒲璧五种玉制符信，选择吉日良月，召见四方诸侯和各州州牧，重又颁发给他们。

二月，舜巡视东方，到泰山时，祭祀东岳用烧柴的仪式，祭祀各地的名山大川用遥祭的仪式。接着，他就召见东方各诸侯，协调校正四时节气、颁布了新的历法，统一音律和度量衡，修订了吉、凶、宾、军、嘉五种礼仪，规定了诸侯用的五种圭璧、三种彩缯，以及卿大夫用羊羔、大雁二种动物，士用死雉作为见面时的礼物。如果是圭璧等玉器，行礼完毕以后仍还给对方。五月，到南方巡视；八月，到西方巡视；十一月，到北方巡视，所有内容都与起初到东方巡视时一样。回来后，告祭祖庙与父庙，用了一头牛作祭品。从此以后，每过五年便巡视一次。在其间的四年中，各诸侯国君按时来京师朝见。舜向诸侯们普遍地陈述治国之道，根据业绩进行考察，根据功劳赐给不同的车马衣服。舜把天下划分为十二个州，疏浚河川。规定根据正常的刑罚来执法，用流放的方法宽减刺字、割鼻、断足、阉割、杀头五种刑罚，用鞭挞施刑作为官府对犯罪者的惩罚，用戒尺惩罚学府中的违纪者，有些可用黄金来赎罪。由灾害而非人为造成过失的，给予赦免；怙恶不悛、坚持为害的一定要施以刑罚。谨慎啊，谨慎啊，可要审慎使用刑罚啊！

欢兜曾经举荐过共工，但尧说"不行"，而是试用他做工师。共工果然邪僻放纵。四方诸侯曾推举鲧去治理洪水，尧说"不行"，而四方诸侯硬说要试试看，最后试的结果是没有成效，所以百官都以为不适宜。三苗在江、淮流域及荆州一带作乱多次。这时舜巡视回来向尧帝报告，请求把共工流放到幽陵，以改变北狄的风俗；把欢兜流放到崇山，以改变南蛮的风俗；把三苗迁徙到三危山，以改变西戎的风俗；把鲧流放到羽山，以改变东夷的风俗。惩办了这四个罪人，天下人都悦服了。

尧在位七十年才得到舜，又经过二十年，由于年老衰弱而告退，让舜代行天子政务，并向上天推荐。尧在让出帝位二十八年后逝世。百姓哀痛悲伤，如同死了亲生父母一般。三年之内，四方各地没有人奏乐，为的是悼念帝尧。尧了解自己的儿子丹朱不贤，不值得把天下给他，因此才姑且试着让给舜。让给舜，天

得其利。尧曰"终不以天下之病而利一人",而卒授舜以天下。尧崩,三年之丧毕,舜让辟丹朱于南河之南。诸侯朝觐者不之丹朱而之舜,狱讼者不之丹朱而之舜,讴歌者不讴歌丹朱而讴歌舜。舜曰"天也",夫而后之中国践天子位焉,是为帝舜。

虞舜者,名曰重华。重华父曰瞽叟,瞽叟父曰桥牛,桥牛父曰句望,句望父曰敬康,敬康父曰穷蝉,穷蝉父曰帝颛顼,颛顼父曰昌意:以至舜七世矣。自从穷蝉以至帝舜,皆微为庶人。

舜父瞽叟盲,而舜母死,瞽叟更娶妻而生象,象傲。瞽叟爱后妻子,常欲杀舜,舜避逃;及有小过,则受罪。顺事父及后母与弟,日以笃谨,匪有解。

舜,冀州之人也。舜耕历山,渔雷泽,陶河滨,作什器于寿丘,就时于负夏。舜父瞽叟顽,母嚚,弟象傲,皆欲杀舜。舜顺适不失子道,兄弟孝慈。欲杀,不可得;即求,尝在侧。

舜年二十以孝闻。三十而帝尧问可用者,四岳咸荐虞舜,曰可。于是尧乃以二女妻舜以观其内,使九男与处以观其外。舜居妫汭,内行弥谨。尧二女不敢以贵骄事舜亲戚,甚有妇道。尧九男皆益笃。舜耕历山,历山之人皆让畔;渔雷泽,雷泽上人皆让居;陶河滨,河滨器皆不苦窳。一年而所居成聚,二年成邑,三年成都。尧乃赐舜絺衣,与琴,为筑仓廪,予牛羊。瞽叟尚复欲杀之,使舜上涂廪,瞽叟从下纵火焚廪。舜乃以两笠自捍而下,去,得不死。后瞽叟又使舜穿井,舜穿井为匿空旁出。舜既入深,瞽叟与象共下土实井,舜从匿空出,去。瞽叟、象喜,以舜为已死。象曰:"本谋者象。"象与其父母分,于是

下人就都得到利益而只是对丹朱一人不利;如果传给丹朱,天下人就会遭殃而只有丹朱一人得到好处。尧说:"我毕竟不能使天下人受害而只让一人得利。"所以最终他还是把天下传给了舜。尧逝世后,三年服丧完毕,舜把帝位让给丹朱,自己到黄河的南岸躲了起来。诸侯前来朝觐时都不到丹朱那里去,却都到舜这里来;打官司的也不去找丹朱,却来找舜;歌颂功德的不去歌颂丹朱,却来歌颂舜。舜说:"这是天意呀。"然后才到了京都,登上天子之位。这就是舜帝。

虞舜,名叫重华。重华的父亲是瞽叟,瞽叟的父亲是桥牛,桥牛的父亲是句望,句望的父亲是敬康,敬康的父亲是穷蝉,穷蝉的父亲是颛顼帝,颛顼的父亲是昌意;从昌意至舜是七代了。自从穷蝉为帝之后直到舜帝,中间几代地位低微,都为平民。

舜的父亲瞽叟是个盲人。舜的生母死后,瞽叟又续娶了一个妻子,并生下了象。象桀骜不驯。瞽叟喜欢后妻生的儿子,常常想把舜杀掉,但舜都躲过了;如果赶上有点小错儿,舜就会遭到重罚。舜很恭顺地侍奉父亲、后母及异母弟,一天比一天地忠诚谨慎,没有一点懈怠。

舜,是冀州人。他在历山耕过田,在雷泽打过鱼,在黄河岸边做过陶器,在寿丘做过各种家用物器,在负夏跑过买卖。舜的父亲瞽叟很愚昧,母亲也十分顽固,弟弟象桀骜不驯,他们都想将舜杀掉。舜却恭顺地行事,从不违背为子之道,友爱兄弟,孝顺父母。他们想杀掉他的时候,就找不到他;而有事要找他的时候,他又总是在身旁侍候着。

舜二十岁时,就因孝顺出了名。三十岁时,尧帝问谁能治理天下,四方诸侯全都推荐虞舜,说这个人可以。于是尧为了观察他在家的德行便把两个女儿嫁给了舜,并让九个儿子和他共处来观察他在外的为人。舜居住在妫汭岸边,他在家里做事更加谨慎。尧的两个女儿不敢因为自己出身高贵就傲慢地对待舜的亲属,很讲究为妇之道。尧的九个儿子也更加忠厚笃诚。舜在历山耕作,历山人都能互相推让地界;在雷泽捕鱼,雷泽的人都能推让便于捕鱼的位置;在黄河岸边制做陶器,那里就完全没有次品了。一年的时间,他住的地方就成为一个村落,两年就成为一个小城镇,三年就变成大都市了。见了这些,尧就赐给舜一套细葛布衣服,给他一把琴,为他建造仓库,还赐给他牛和羊。瞽叟却仍然想杀他,让舜登高去用泥土修补谷仓,瞽叟却在下面放火焚烧。舜用两个斗笠保护着自己,像长了翅膀一样跳下来,逃开了,才没有死。后来瞽叟又让舜挖井,舜挖井的时候,在侧壁凿出一条暗道通向外边。舜挖到深处,瞽叟和象一起往水井里倒土填埋,舜从井壁的暗道出去,又逃开了。瞽叟和象很高兴,以为舜已经死了。象说:"最初出这个主意的是我。"象跟他的父母一起瓜分舜的财产,说:"舜娶

曰："舜妻尧二女，与琴，象取之。牛羊仓廪予父母。"象乃止舜宫居，鼓其琴。舜往见之。象鄂不怿，曰："我思舜正郁陶！"舜曰："然，尔其庶矣！"舜复事瞽叟，爱弟弥谨。于是尧乃试舜五典百官，皆治。

昔高阳氏有才子八人，世得其利，谓之"八恺"。高辛氏有才子八人，世谓之"八元"。此十六族者，世济其美，不陨其名。至于尧，尧未能举。舜举八恺，使主后土，以揆百事，莫不时序。举八元，使布五教于四方，父义，母慈，兄友，弟恭，子孝，内平外成。

昔帝鸿氏有不才子，掩义隐贼，好行凶慝，天下谓之浑沌。少暤氏有不才子，毁信恶忠，崇饰恶言，天下谓之穷奇。颛顼氏有不才子，不可教训，不知话言，天下谓之梼杌。此三族世忧之。至于尧，尧未能去。缙云氏有不才子，贪于饮食，冒于货贿，天下谓之饕餮。天下恶之，比之三凶。舜宾于四门，乃流四凶族，迁于四裔，以御螭魅，于是四门辟，言毋凶人也。

舜入于大麓，烈风雷雨不迷，尧乃知舜之足授天下。尧老，使舜摄行天子政，巡狩。舜得举，用事二十年，而尧使摄政。摄政八年而尧崩。三年丧毕，让丹朱，天下归舜。而禹、皋陶、契、后稷、伯夷、夔、龙、倕、益、彭祖自尧时而皆举用，未有分职。于是舜乃至于文祖，谋于四岳，辟四门，明通四方耳目，命十二牧论帝德，行厚德，远佞人，则蛮夷率服。

舜谓四岳曰："有能奋庸美尧之事者，使居官相事？"皆曰："伯禹为司空，可美帝功。"舜曰："嗟，然！禹，汝平水土，维是勉哉。"禹拜稽首，让于稷、契与皋陶。舜曰："然，往矣。"舜曰：

过来尧的两个女儿，还有尧赐给他的琴，我都要了。牛羊和谷仓都归父母吧。"象于是就住进舜的房间，弹着舜的琴。舜回来后去看望他。象惊愕万分，然后又装出闷闷不乐的样子说："我正在想念你呢，想得我好心闷啊！"舜说："是啊，你可真称得上兄弟呀！"舜还像以前一样待奉父母，友爱兄弟，而且更加恭谨。这样，尧才试用舜去理顺五种伦理道德和参与百官的事，他做得都非常不错。

从前高阳氏有八个富于才德的人，世人得到了许多他们的好处，称之为"八恺"，意思就是八个和善的人。高辛氏有八个富有才德的人，世人称之为"八元"，意思就是八个善良的人。这十六个家族的人，世世代代保持着其先人的美德，没有败坏过他们先人的名声。到尧的时候，尧并没有举用他们。舜举用了"八恺"的后代，将掌管土地的官职封给他们，让他们处理各种事务，他们都办得有条有理。舜又举用了"八元"的后代，让他们传布五教于四方，使得做父亲的有道义，做母亲的慈爱，做兄长的友善，做弟弟的恭谨，做儿子的孝顺，家庭和睦，邻里真诚。

从前帝鸿氏有个不成材的后代，包庇残贼，掩蔽仁义，喜欢行凶作恶，天下人称他为浑沌，说他野蛮不开化。少暤氏也有个不成材的后代，背信弃义，厌恶忠直，喜欢邪恶的言语，天下人称他为穷奇，意思是说他无比怪异。颛顼氏有个不成材的后代，不可调教，好话坏话都不懂，天下人称他为梼杌，意思是说他凶顽无比。这三族，世人都害怕。到尧的时候，尧没有把他们除掉。缙云氏有个不成材的后代，贪于饮食，图于财物，天下人称其为饕餮，意思是说他贪得无厌。天下人憎恨他，四凶就是把他与上面说的三凶并列在一起的统称。舜为敞开国门接待四方宾客，流放了这四个凶恶的家族，把他们赶到了边远地区，去抵御害人的妖魔。从此开放了国都四门，于是大家都说国内没有恶人了。

舜进入山林之时，就是碰上暴风雷雨也不会误事迷路。尧于是明白了凭着舜的才能是可以把天下传授给他的。尧年纪大了，便让舜代行天子之政，去巡视四方。舜被举用掌管政事二十年，尧让他代行天子的政务。代行政务八年，尧逝世了。服丧三年完毕，舜让位给丹朱，可是天下人都来归服舜。禹、皋陶、契、后稷、伯夷、夔、龙、倕、益、彭祖，从尧的时候就都得到举用，但一直没有职务。于是舜就到文祖庙，同四方诸侯商议，开放国都四门，听取四方意见，了解四方的情况。他让十二州牧发扬光大尧帝的功德，办有大德的事，疏远巧言谄媚的小人。这样，远方的外族就都会归服。

舜对四方诸侯说："谁能奋发努力，建立功业，光大帝尧的事业，辅佐我办事，应该授予他官职呢？"四方诸侯都说："伯禹为司空，可以光大帝尧的事业。"舜说："嗯，好！禹，你去负责平治水土，一定要努力办好啊！"禹

"弃，黎民始饥，汝后稷播时百谷。"舜曰："契，百姓不亲，五品不驯，汝为司徒，而敬敷五教，在宽。"舜曰："皋陶，蛮夷猾夏，寇贼奸轨，汝作士，五刑有服，五服三就；五流有度，五度三居：维明能信。"舜曰："谁能驯予工？"皆曰垂可。于是以垂为共工。舜曰："谁能驯予上下草木鸟兽？"皆曰益可。于是以益为朕虞。益拜稽首，让于诸臣朱虎、熊罴。舜曰："往矣，汝谐。"遂以朱虎、熊罴为佐。舜曰："嗟！四岳，有能典朕三礼？"皆曰伯夷可。舜曰："嗟！伯夷，以汝为秩宗，夙夜维敬，直哉维静絜。"伯夷让夔、龙。

舜曰："然。以夔为典乐，教稚子，直而温，宽而栗，刚而毋虐，简而毋傲；诗言意，歌长言，声依永，律和声，八音能谐，毋相夺伦，神人以和。"夔曰："于！予击石拊石，百兽率舞。"舜曰："龙，朕畏忌谗说殄伪，振惊朕众，命汝为纳言，夙夜出入朕命，惟信。"舜曰："嗟！女二十有二人，敬哉，惟时相天事。"三岁一考功，三考绌陟，远近众功咸兴。分北三苗。

此二十二人咸成厥功：皋陶为大理，平，民各伏得其实；伯夷主礼，上下咸让；垂主工师，百工致功；益主虞，山泽辟；弃主稷，百谷时茂；契主司徒，百姓亲和；龙主宾客，远人至；十二牧行而九州莫敢辟违；唯禹之功为大，披九山，通九泽，决九河，定九州，各以其职来贡，不失厥宜。方五千里，至于荒服。南抚交阯、北发，西戎、析枝、渠廋、氐、羌，北山戎、发、息慎，东长、鸟夷，四海之内咸戴帝舜之功。于是禹乃兴九招之乐，致异物，凤皇

跪地拜谢叩头，谦让给稷、契和皋陶。舜说："好了，去吧！"舜说："弃，黎民正在受饥挨饿，你负责农业，去教他们播种百谷吧。"舜说："契，百官不相亲爱，五伦不顺，你担任司徒，去谨慎地施行五伦教育，做好五伦教育，在于要宽厚。"舜又说："皋陶，蛮夷频繁侵扰中原，抢劫杀人，在我们的境内外作乱，你担任司法官，五刑要施用得当。根据罪行轻重，大罪在原野上执行，次罪在市、朝内执行，同族人犯罪送交甸师氏处理；五刑宽减为流放的，其流放的远近要有个规定，按罪行轻重分别流放到四境之外、九州之外和国都之外。只有公正严明，才能使人信服。"舜问："那么谁能管理我的各种工匠？"大家都说垂可以。于是任命垂为共工，作为各种工匠统领。舜又问："谁能管理我山林泽中的草木鸟兽？"大家都说益行。于是任命益为朕虞，作为山泽主管。益下拜叩头，推让给朱虎、熊罴。舜说："去吧，你行。"就让朱虎、熊罴做他的助手。舜说："喂，四方诸侯，有谁能替我主持天事、地事、人事三种祭祀？"大家都说伯夷可以。舜说："喂，伯夷，我任命你担任秩宗，主管祭祀，要肃穆清洁，要早晚虔敬，要正直。"伯夷推让给夔、龙。

舜说："那好，就任命夔为典乐，掌管音乐，教育贵族子弟，要正直而温和，宽厚而严厉，刚正却不暴虐，简捷却不傲慢。诗是表达内心情感的，歌是用延长音节来咏唱诗的，乐声的高低要与歌的内容相配合，还要用标准的音律来使乐声和谐。八种乐器的声音谐调一致，不要相互错乱侵扰，这样，就能通过音乐达到人与神相和的境界啦。"夔说："好，我敲打石磬轻重有节，各种禽兽都会跟着跳起舞来的。"舜说："龙，我非常憎恶那种灭绝道义的行为和诬陷他人的坏话，惊扰我的臣民。我任命你为纳言官，早晚传达我的旨命，报告下情，一定要诚实。"舜说："喂，你们二十二个人，要谨守职责，时时辅佐我做好上天交付的治国大事。"此后，功绩每三年考核一次，经过三次考核，升迁或贬黜均按照成绩。所以，不论远处近处，各种事情都振兴起来了。又根据归顺与否，分解了三苗部族。

这二十二人个个功成业就：担任大理的皋陶，掌管刑法，断案公正，人们都佩服他能按情据实断理；主持礼仪的伯夷，使得上上下下能都够礼让；担任工师的垂，主管百工，百工都能做好自己的工作；担任虞的益，主管山泽，山林湖泽都得到开发；担任稷的弃，主管农业，百谷按季节茂盛生长；担任司徒的契，主管教化，百姓都亲善和睦；主管接待宾客的龙，远方的诸侯都来朝贡。舜所置十二州牧做事，九州内的民众没有谁违抗。其中功劳最大的是禹，开通了九座大山，治理了九处湖泽，疏浚了九条河流，辟定了九州方界，各地都按照应缴纳的贡物前来进贡，没有不恰当的。五千里纵横的领域，都受到安抚，直到离京师最

来翔。天下明德皆自虞帝始。

舜年二十以孝闻，年三十尧举之，年五十摄行天子事，年五十八尧崩，年六十一代尧践帝位。践帝位三十九年，南巡狩，崩于苍梧之野。葬于江南九疑，是为零陵。舜之践帝位，载天子旗，往朝父瞽叟，夔夔唯谨，如子道。封弟象为诸侯。舜子商均亦不肖，舜乃豫荐禹于天。十七年而崩。三年丧毕，禹亦乃让舜子，如舜让尧子。诸侯归之，然后禹践天子位。尧子丹朱，舜子商均，皆有疆土，以奉先祀。服其服，礼乐如之。以客见天子，天子弗臣，示不敢专也。

自黄帝至舜、禹，皆同姓而异其国号，以章明德。故黄帝为有熊，帝颛顼为高阳，帝喾为高辛，帝尧为陶唐，帝舜为有虞。帝禹为夏后而别氏，姓姒氏。契为商，姓子氏。弃为周，姓姬氏。

太史公曰：学者多称五帝，尚矣。然尚书独载尧以来；而百家言黄帝，其文不雅驯，荐绅先生难言之。孔子所传宰予问五帝德及帝系姓，儒者或不传。余尝西至空桐，北过涿鹿，东渐于海，南浮江淮矣，至长老皆各往往称黄帝、尧、舜之处，风教固殊焉，总之不离古文者近是。予观春秋、国语，其发明五帝德、帝系姓章矣，顾弟弗深考，其所表见皆不虚。书缺有间矣，其轶乃时时见于他说。非好学深思，心知其意，固难为浅见寡闻道也。余并论次，择其言尤雅者，故著为本纪书首。

远的边荒地区。南远到交阯、北发，西远到戎、析枝、渠廋、氐、羌，北远到山戎、发、息慎，东远到长、鸟夷，四海之内，帝舜的功德被共同称颂。于是禹创制了歌颂舜的功德的《九招》乐曲，招来了祥瑞之物，凤凰也飞来，随乐声盘旋起舞。天下清明的德政都从虞舜帝开始。

  舜因为孝顺在二十岁时就闻名天下，三十岁时被尧举用，五十岁时代理天子政务，五十八岁时尧逝世，六十一岁时接替尧登临天子之位。登基三十九年后，巡视南方时，在南方苍梧的郊野逝世，埋葬在长江南岸的九嶷山，这就是零陵。舜登临帝位之后，去给父亲瞽叟请安乘着有天子旗帜的车子，和悦恭敬，遵循为子之孝道。又在有鼻把弟弟象封为诸侯。舜的儿子商均不成材，舜就事先把禹推荐给上天。十七年后舜逝世。服丧三年完毕，禹也把帝位让给舜的儿子，就跟舜让给尧的儿子时的情形一样。但诸侯归服禹，这样，禹就登临了天子之位。尧的儿子丹朱、舜的儿子商均都享有封地，分别在唐和虞得，以此来奉祀祖先。禹还让他们穿自己家族的服饰，用自己家族的礼乐仪式。他们以客人的身份拜见天子，天子也不把他们当臣下对待，以表示不敢专擅帝位。

  从黄帝到舜、禹，都是同姓，但都立了不同的国号，为的是彰显各自光明的德业。所以，有熊是黄帝的号，高阳是帝颛顼的号，高辛是帝喾的号，陶唐是帝尧的号，有虞是帝舜的号，夏后是帝禹的号。后来帝禹改称姓氏，姓姒氏。契为商始祖，姓子氏。弃为周始祖，姓姬氏。

  太史公说：五帝被很多学者们称述，五帝的年代已经很久远了。《尚书》只记载着尧以来的史实；而各家叙说黄帝，文字不典范且粗疏，士大夫们也很难说得清楚。孔子传下来的《宰予问五帝德》及《帝系姓》，读书人有的也没有传下来。我曾经往西到过崆峒，往北到过涿鹿，往东到过大海，往南渡过长江、淮水，到过的所有地方，那里的老前辈们往往都谈到他们各自所听说的黄帝、尧、舜的事迹，教化风俗也都不一样。总起来说，我认为那些与古文经籍记载相符的说法，接近事实。我研读了《春秋》《国语》，它们对《五帝德》《帝系姓》的阐发都很明确，只是人们不曾深入考求，其实它们的记述都不是虚妄之说。《尚书》已经残缺有好长时间了，但散轶的记载常常可以从其他书中找到。如果不是深思好学，真正在心里领会了它们的意思，想要向那些见闻不广、学识浅薄、不学无术的人说明白，当然是困难的。我把这些材料加以评议编次，选择了那些言辞特别雅正的，著录下来，才写成这篇本纪，作为全书的开头。

夏本纪第二

　　夏禹，名曰文命。禹之父曰鲧，鲧之父曰帝颛顼，颛顼之父曰昌意，昌意之父曰黄帝。禹者，黄帝之玄孙而帝颛顼之孙也。禹之曾大父昌意及父鲧皆不得在帝位，为人臣。

　　当帝尧之时，鸿水滔天，浩浩怀山襄陵，下民其忧。尧求能治水者，群臣四岳皆曰鲧可。尧曰："鲧为人负命毁族，不可。"四岳曰："等之未有贤于鲧者，愿帝试之。"于是尧听四岳，用鲧治水。九年而水不息，功用不成。于是帝尧乃求人，更得舜。舜登用，摄行天子之政，巡狩。行视鲧之治水无状，乃殛鲧于羽山以死。天下皆以舜之诛为是。于是舜举鲧子禹，而使续鲧之业。

　　尧崩，帝舜问四岳曰："有能成美尧之事者使居官？"皆曰："伯禹为司空，可成美尧之功。"舜曰："嗟，然！"命禹："女平水土，维是勉之。"禹拜稽首，让于契、后稷、皋陶。舜曰："女其往视尔事矣。"

　　禹为人敏给克勤；其德不违，其仁可亲，其言可信；声为律，身为度，称以出；亹亹穆穆，为纲为纪。

　　禹乃遂与益、后稷奉帝命，命诸侯百姓兴人徒以傅土，行山表木，定高山大川。禹伤先人父鲧功之不成受诛，乃劳身焦思，居外十三年，过家门不敢入。薄衣食，致孝于鬼神。卑宫室，致费于沟淢。陆行乘车，水行乘船，泥行乘橇，山行乘檋。左准绳，右规矩，载四时，以开九州，通九道，陂九泽，度九山。令益予众庶稻，可种卑湿。命后稷予众庶难得之食。食少，

夏后帝禹，名文命。他的父亲是鲧，祖父是颛顼，曾祖父是昌意，高祖父是黄帝。禹，是黄帝的玄孙，颛顼帝的孙子。禹的曾祖父昌意和父亲鲧都没有称帝位，而是做天子的大臣。

尧帝在位的时候，洪水泛滥，浩浩荡荡，包围了高山，漫上了丘陵，老百姓都为此非常忧愁。尧帝想寻找能够治理洪水的人，四方诸侯的群臣都说禹的父亲鲧可以。尧说："鲧这个人不遵守天命，毁败同族，不能任用。"四方诸侯都说："比较起来，其他大臣还没有哪位比他更强的，希望您让他试试。"于是尧就听从了四方诸侯的建议，起用鲧治理洪水。九年的时间过去了，洪水依旧泛滥不息，治水没有取得成效。这时尧帝想找继承帝位的人选，又得到了舜。舜被举用，代理天子的事务，他就开始到四方巡视。舜在巡视途中，看到鲧治理洪水没有取得功绩，就把他流放到羽山。结果鲧就死在了那里。天下人都认为舜对鲧的惩罚是合理的。于是舜又举用了鲧的儿子禹，让他来继续治水的事业。

尧帝过世以后，舜帝就询问四方诸侯说："有谁能继承尧帝的事业，让他担任官职呢？"大家都说："让禹当司空，可以继续尧帝的事业。"舜说："嗯，好！"因此，他命令禹："你去治理水土，要努力办好这件事啊！"禹叩头拜谢，谦让于契、后稷、皋陶。舜说："你还是快去办理你负责的工作吧！"

禹为人聪敏勤奋，能吃苦耐劳，而且遵守道德，和蔼可亲，言语诚信。他的声音合乎标准的音律，他的行为符合法度，凭着他的声音和躯体就可以校正音律的高低和尺度的长短。他勤勤恳恳，恭敬庄重，堪称官民的榜样。

禹接受了舜帝的任命，与益、后稷一起上任，命令诸侯百官发动那些被罚服劳役的罪人去开发九州土地。他一路上翻山越岭，竖立木桩作为标志，测定高山大川的状貌。禹为父亲鲧由于治水无功而受罚感到悲伤难过，所以他自己就不顾劳累，苦思冥想，在野外生活了十三年，几次从家门前路过都未曾跨进家门。他省吃俭用，恭敬鬼神。他居住的地方很简陋，因为把资财都用在了治理山河上。他在陆路上行走都是乘车，在水中都乘船，在泥沼中行走就乘橇，在山路上行走就穿上带铁齿的鞋。他左手拿着准和绳，右手拿着规和矩，还携带着测四时定方向的仪器，开发九州土地，疏通了九条河道，修治九个大湖，测量九座大山。他让益给民众分发稻种，可以种植在低湿的土地上。又让后稷赈济难以温饱的民众。粮食匮乏时，就

调有余相给，以均诸侯。禹乃行相地宜所有以贡，及山川之便利。

禹行自冀州始。冀州：既载壶口，治梁及岐。既修太原，至于岳阳。覃怀致功，至于衡漳。其土白壤。赋上上错，田中中，常、卫既从，大陆既为。鸟夷皮服。夹右碣石，入于海。

济、河维沇州：九河既道，雷夏既泽，雍、沮会同，桑土既蚕，于是民得下丘居土。其土黑坟，草繇木条。田中下，赋贞，作十有三年乃同。其贡漆丝，其篚织文。浮于济、漯，通于河。

海岱维青州：堣夷既略，潍、淄其道。其土白坟，海滨广潟，厥田斥卤。田上下，赋中上。厥贡盐绨，海物维错，岱畎丝、枲、铅、松、怪石，莱夷为牧，其篚檿丝。浮于汶，通于济。

海岱及淮维徐州：淮、沂其治，蒙、羽其艺。大野既都，东原底平。其土赤埴坟，草木渐包。其田上中，赋中中。贡维土五色，羽畎夏狄，峄阳孤桐，泗滨浮磬，淮夷蚌珠臮鱼，其篚玄纤缟。浮于淮、泗，通于河。

淮海维扬州：彭蠡既都，阳鸟所居。三江既入，震泽致定。竹箭既布。其草惟夭，其木惟乔，其土涂泥。田下下，赋下上上杂。贡金三品，瑶、琨、竹箭，齿、革、羽、旄，岛夷卉服，其篚织贝，其包橘、柚锡贡。均江海，通淮、泗。

让一些地区把余粮调济给缺粮地区，以便使各诸侯国物品均衡。禹一边行进，一边考察各地的物产，以便确定应该向天子交纳多少贡赋为宜，而且还考察了各地的山川地形，以便弄清诸侯朝贡时交通是否便利。

禹的治水行动从冀州开始。在冀州先完成了壶口的工程，又治理好梁山和岐山。治理好太原地区，一直延伸到太岳山的南面。修治好覃怀之后，又继续修治衡水、漳水。这些地区的土质色白而松软，这里的赋税属上上，即第一等，有时也居第二等，田地属于中中，即第五等。常水、卫水疏通了，大陆泽也修治完毕。东北鸟夷部族的贡品是皮衣。其进贡路线是绕道碣石山向西，进入大海。

济水和黄河之间的地区就是沇州。这个地区的九条河都已经疏通了，雷夏蓄积成了一个大湖；雍水和沮水汇合后流入泽中，土地上种植了桑，养了蚕，所以民众都从山上搬下来定居在了平地上。沇州的土质发黑而且肥美，草长得很茂盛，树木高大。这里田地属中下，即第六等；赋税属下下，即第九等，经过十三年的治理后，才能和其他各州相同。这一地区进贡的物品主要是漆和丝，还有用竹筐盛着的有纹采的丝织品。进贡时经由济水、漯水，然后进入黄河。

大海至泰山一带是青州。在这个地区堣夷平治之后，潍水、淄水也得到了疏通。这里的土质色白而且肥美，海滨一带宽广含碱，田地多是盐碱地。田地属上下，即第三等；赋税属中上，即第四等。进贡的物品是盐和细葛布，有时也进贡一些海产品，还有泰山谷地生产的丝、大麻、铅、松木、奇异的石头。莱夷地区可以放牧。所以，那里进贡畜牧产品，还有用筐盛着用来做琴弦的柞蚕丝。进贡时，走水路，由汶水转入济水。

东起大海、北到泰山、南至淮水之间的地带就是徐州。经过治理淮水、沂水后，蒙山、羽山一带也可以种植庄稼了。大野成了一个蓄水湖，东原的积水已经退去。这里的土质呈现红色，带有黏性而且很肥美，草木生长得很茂盛。田地属上中，即第二等；赋税属中中，即第五等。进贡的物品是供天子祭祀用的五色土，羽山谷中野鸡的羽毛，峄山南面生长的可用以制琴瑟的桐木，泗水之滨可以制做石磬的石头，淮夷的珍珠和鱼类，还有用竹筐盛装的纤细洁净的黑白丝织品。进贡时，走水路通过淮水、泗水，然后转入黄河。

淮河与大海之间是扬州。这里彭蠡已经汇成了湖泊，成了鸿雁南归时的栖息地。松江、钱塘江、浦阳江在那里汇合入海，震泽地区也得到了安定和谐。竹林密布，野草茂盛，树木参天。此地的土质湿润。田地属下下，即第九等；赋税居于下上，即第七等，有时可居第六等。贡品是三色铜，瑶、琨等美玉和宝石，还有竹箭，以及象牙、皮革、羽毛、旄牛尾和用花草编结的岛夷人的服饰，以及用竹筐盛着的有贝形花纹的丝缎，有按照朝廷的要求进贡已经包好的橘子和柚子。这些贡品都通过大海、长江进入淮河、泗水。

荆及衡阳维荆州：江、汉朝宗于海。九江甚中，沱、涔已道，云土、梦为治。其土涂泥。田下中，赋上下。贡羽、旄、齿、革，金三品，杶、干、栝、柏，砺、砥、砮、丹，维箘簬、楛，三国致贡其名，包匦菁茅，其篚玄纁玑组，九江入赐大龟。浮于江、沱、涔、汉，逾于洛，至于南河。

荆河维豫州：伊、洛、瀍、涧既入于河，荥播既都，道荷泽，被明都。其土壤，下土坟垆。田中上，赋杂上中。贡漆、丝、缔、纻，其篚纤絮，锡贡磬错。浮于洛，达于河。

华阳黑水维梁州：汶、嶓既艺，沱、涔既道，蔡、蒙旅平，和夷厎绩。其土青骊。田下上，赋下中三错。贡璆、铁、银、镂、砮、磬，熊、罴、狐、狸。织皮西倾因桓是来，浮于潜，逾于沔，入于渭，乱于河。

黑水西河维雍州：弱水既西，泾属渭汭。漆、沮既从，沣水所同。荆、岐已旅，终南、敦物至于鸟鼠。原隰厎绩，至于都野。三危既度，三苗大序。其土黄壤。田上上，赋中下。贡璆、琳、琅玕。浮于积石，至于龙门西河，会于渭汭。织皮昆仑、析支、渠搜，西戎即序。

道九山：汧及岐至于荆山，逾于河；壶口、雷首至于太岳；砥柱、析城至于王屋；太行、常山至于碣石，入于海；西倾、朱圉、鸟鼠至于太华；熊耳、外方、桐柏至于负尾；道嶓冢，至于荆山；内方至于大别；汶山之阳至衡山，过九江，至于敷浅原。

荆山至衡山以南的地区是荆州。长江、汉水在这个地区汇合注入大海。长江的众多支流大都有其固定的河道，沱水、涔水已被疏通，云泽、梦泽通过治理也可以耕种了。这里的土质湿润，田地属下中，即第八等；赋税居上下，即第三等。向天子进贡的物品是羽毛、旄牛尾、象牙、皮革、三色铜，以及椿木、柘木、桰木、柏木，还有粗细磨石，可做箭头的砮石、丹砂，尤其是可做箭杆的竹子箘簬和楛木是荆州附近三个诸侯国进贡的最有名的特产，还有包裹好以后装在匣子里的供祭祀时滤酒用的青茅，有用竹筐盛装的彩色布帛，还有用来穿珠子的丝带。有时候依照朝廷的命令进贡九江出产的大龟。进贡时，沿着长江、沱水、涔水、汉水，转行一段陆路再进入洛水，然后到达南河。

荆州和黄河之间的地区是豫州。这里伊水、洛水、瀍水、涧水都已汇入黄河，荥播也汇成了一个湖泊，还疏浚了荷泽，修筑了明都泽的堤防。这里的土质松软肥沃，低地则是肥沃坚实的黑土。田地属中上，即第四等；赋税居上中，即第二等，有时居第一等。进贡漆、丝、细葛布、麻，以及用竹筐盛着的细丝棉，还有根据朝廷的命令进贡的磨磬的错石。贡品从洛水船运，直到黄河。

华山南面到黑水之间的地带是梁州。汶山、嶓冢山都已遍布植被，沱水、涔水也已经疏通，蔡山、蒙山的道路已经修好，和夷地区治水也获得成功。此地的土质是青黑色的，田地属下上，即第七等；赋税居下中，即第八等，有时也居第七等或第九等。贡品有美玉、铁、银、可以刻镂的硬铁、可以做箭头的砮石、可以制磬的磬石，以及熊、罴、狐狸。织皮族的贡品由西戎西倾山经桓水运出，再从潜水船运，进入沔水，然后走一段山路进入渭水，最后横渡黄河到达京城。

黑水与黄河西岸之间是雍州。弱水经治理后向西流去，泾水流入了渭水。漆水、沮水跟着也流入了渭水，还有沣水同样流入渭水。荆山、岐山的道路已经畅通，终南山、敦物山一直到鸟鼠山的道路已经完工。高原和低谷的治理工程都取得了成绩，治理范围到了都野泽一带。三危山地区可以居住了，三苗族也大都顺服。这里的土质色黄而且松软肥沃，田地属上上，即第一等；赋税居中下，即第六等。贡品是美玉和美石。进贡时从积石山下走水路，顺流到达龙门山间的西河，会集到渭水湾里。织皮族居住在昆仑山、析支山、渠搜山等地，那时西戎各国也归服了。

禹开通了九条山脉的道路：一条从汧山和岐山开始一直开到荆山，越过黄河；一条从壶口山、雷首山一直开到太岳山；一条从砥柱山、析城山一直开到王屋山；一条从太行山、常山一直开到碣石山，进入海中与水路接通；一条从西倾山、朱圉山、鸟鼠山一直开到太华山；一条从熊耳山、外方山、桐柏山一直开到负尾山；一条从嶓冢山一直开到荆山；一条从内方山一直开到大别山；一条从汶山的南面开到衡山，越过九江，最后到达敷浅原山。

道九川：弱水至于合黎，余波入于流沙。道黑水，至于三危，入于南海。道河积石，至于龙门，南至华阴，东至砥柱，又东至于盟津，东过洛汭，至于大邳，北过降水，至于大陆，北播为九河，同为逆河，入于海。嶓冢道漾，东流为汉，又东为苍浪之水，过三澨，入于大别，南入于江，东汇泽为彭蠡，东为北江，入于海。汶山道江，东别为沱，又东至于醴，过九江，至于东陵，东迤北会于汇，东为中江，入于海。道沇水，东为济，入于河，泆为荥，东出陶丘北，又至于荷，又东北会于汶，又东北入于海。道淮自桐柏，东会于泗、沂，东入于海。道渭自鸟鼠同穴，东会于沣，又东北至于泾，东过漆、沮，入于河。道洛自熊耳，东北会于涧、瀍，又东会于伊，东北入于河。

于是九州攸同，四奥既居，九山刊旅，九川涤原，九泽既陂，四海会同。六府甚修，众土交正，致慎财赋，咸则三壤成赋。中国赐土姓："祗台德先，不距朕行。"

令天子之国以外五百里甸服：百里赋纳总，二百里纳铚，三百里纳秸服，四百里粟，五百里米。甸服外五百里侯服：百里采，二百里任国，三百里诸侯。侯服外五百里绥服：三百里揆文教，二百里奋武卫。绥服外五百里要服：三百里夷，二百里蔡。要服外五百里荒服：三百里蛮，二百里流。

疏导了九条河流：把弱水疏导至合黎，使弱水的下游注入沙漠。疏导黑水，经过三危山，流入南海。疏导黄河，经过积石山，到龙门山，向南到达华阴，然后东折经过砥柱山，又向东到盟津，再向东经过洛水入河口，直到大邳；转而向北经过降水，到大陆泽，再向北分为九条河，这九条河到达下游入海口河段又汇合为一条，叫作逆河，最后流入大海。开通嶓冢山用以疏导漾水，向东流的就是汉水，再向东流就是苍浪水，经过三澨水，流入大别山区，向南注入长江，再向东与彭蠡泽之水汇合再向东就是北江，流入大海。开通汶山用以疏导长江，向东分出的一支就是沱水，再往东到达醴水，通过九江，到达东陵，向东斜行北流，与彭蠡泽之水交汇，再向东流就是中江，最后进入大海。疏导沇水，向东流为济水，注入黄河，两水相汇，溢为荥泽湖，从陶丘北面向东流，继续向东到达荷泽，向东北与汶水汇合，再向北流入大海。从桐柏山开始疏导淮水，向东与泗水、沂水汇合，再向东流入大海。疏导渭水，从鸟鼠同穴山开始，向东流，汇合了沣水，再向东北流到达泾水，再往东流经过漆、沮二水，然后流入黄河。疏导洛水从熊耳山开始，向东北流汇合了涧水、瀍水以后，再向东流汇合了伊水，然后再向东北流入黄河。

所有的山川河流都治理好了，从此九州统一，四境之内都可以居住了，九州的名山都已做上标志可以通行了，九州的大川、水泽都已疏导畅通了，九州的大泽也都已筑了堤防，四海之内的诸侯都可以来京城会盟和朝觐，没有阻碍。金、木、水、火、土、谷六库的物资治理得很好，各方的土地美恶高下都评定出等级，能按照规定认真进贡纳税；赋税的等级都是根据三种不同的土壤等级来确定的。还在华夏境内九州之中分封诸侯，赐给土地，赐给姓氏，并说："我先敬业修德，使其感怀，这样，天下的人民就不会违背我的行政措施了。"

禹下令天子国都以外五百里的地区为甸服，也就是为天子服田役纳谷税的地区：紧靠王城百里以内要交纳收割的整棵庄稼，一百里至二百里以内要交纳禾穗，二百里至三百里以内要交纳谷粒，三百里至四百里以内要交纳粗米，四百里至五百里以内要交纳精米。甸服以外五百里的地区为侯服，即为天子侦察顺逆和服侍王命的地区：靠近甸服一百里以内是卿大夫的采邑，往外二百里以内为小的封国，再往外三百里以内为诸侯的封地。侯服以外五百里的地区为绥服，即受天子安抚、推行教化的地区：靠近侯服三百里以内视情况来施行礼法、文章教化，往外二百里以内要加强武装警戒，保卫天子。绥服以外五百里的地区为要服，即受天子约束服从天子政令的地区：靠近绥服三百里以内要接受教化，和平相处；往外二百里以内要遵守王法。要服以外五百里的地区称为荒服，即为天子守卫边远的荒远地区：靠近要服三百里以内居住的是蛮族，那里的人来去不受限制；再往外二百里以内可以随意居处，不受约束。

东渐于海，西被于流沙，朔、南暨：声教讫于四海。于是帝锡禹玄圭，以告成功于天下。天下于是太平治。

皋陶作士以理民。帝舜朝，禹、伯夷、皋陶相与语帝前。皋陶述其谋曰："信其道德，谋明辅和。"禹曰："然，如何？"皋陶曰："于！慎其身修，思长，敦序九族，众明高翼，近可远在已。"禹拜美言，曰："然。"皋陶曰："于！在知人，在安民。"禹曰："吁！皆若是，惟帝其难之。知人则智，能官人；能安民则惠，黎民怀之。能知能惠，何忧乎欢兜，何迁乎有苗，何畏乎巧言善色佞人？"皋陶曰："然，于！亦行有九德，亦言其有德。"乃言曰："始事事，宽而栗，柔而立，愿而共，治而敬，扰而毅，直而温，简而廉，刚而实，强而义，章其有常，吉哉。日宣三德，蚤夜翊明有家。日严振敬六德，亮采有国。翕受普施，九德咸事，俊乂在官，百吏肃谨。毋教邪淫奇谋。非其人居其官，是谓乱天事。天讨有罪，五刑五用哉。吾言底可行乎？"禹曰："女言致可绩行。"皋陶曰："余未有知，思赞道哉。"

帝舜谓禹曰："女亦昌言。"禹拜曰："吁，予何言！予思日孳孳。"皋陶难禹曰："何谓孳孳？"禹曰："鸿水滔天，浩浩怀山襄陵，下民皆服于水。予陆行乘车，水行乘舟，泥行乘橇，山行乘檋，行山刊木。与益予众庶稻鲜食。以决九川致四海，浚畎浍致之川。与稷予众庶难得之食。食少，调有余补不足，徙居。众民乃定，万国为治。"皋陶曰："然，此而美也。"

禹曰："吁，帝！慎乃在位，安尔止。辅德，天下大应。清

天子的声威教化，向东延伸到了大海，西到达了流沙泽，北及南都达到了四方荒远的边陲。于是舜帝为表彰禹治水有功而赐给他一块代表水色的黑色圭玉，向天下宣告治水成功。于是天下安定太平。

　　皋陶为刑狱长官治理民众。舜帝上朝，禹、伯夷、皋陶一块儿在舜帝面前谈话。皋陶申述他的意见说："遵循道德确定不移，就能做到谋略高明，臣下团结。"禹说："对，可要怎样做呢？"皋陶说："哦，要谨慎对待自身修养，要有长远打算，使上至高祖下至玄孙的同族人亲厚稳定。这样，众多有见识的人就都会努力辅佐你。由近处可以推及到远处，一定要从自身做起。"禹拜谢皋陶的善言，说："说得好。"皋陶说："哦，还有成就德业就在于能够了解人，能够安抚民众。"禹说："呵！都像这样，即使是尧帝恐怕也会感到困难的。能了解人就是明智，就能恰当地给人安排官职；能安抚民众就是仁惠，黎民百姓都会爱戴你。如果既能了解人，又能仁惠，还忧虑什么欢兜，何必流放有苗，何必害怕花言巧语伪善谄媚的小人呢？"皋陶说："对，唉！行事有九种品德，我谈谈那些品德吧。"他接着说道："先从办事来检验，宽厚而又威严，温和而又坚定，诚实而又恭敬，有才能而又小心谨慎，善良而又刚毅，正直而又和气，平易而又有棱角，果断而又讲求实效，强有力而又讲道理，要重用那些具有九德的善士呀！能每日宣明三种品德，早晚谨行努力，卿大夫就能保有他的采邑。每日严肃地恭敬实行六种品德，认真辅佐王事，诸侯就可以保有他的封国。能全部具备这九种品德并普遍施行，就可以使有才德的人都居官任职，使所有的官吏都严肃认真地办理自己的政务。叫人们不要胡作非为，胡思乱想。如果让不适当的人居于官位，就叫作扰乱上天所命的大事。上天惩罚有罪的人，用五种刑罚处治犯有五种罪行的罪人。我讲的大抵可以行得通吧？"禹说："你的话如果能实行，就能产生效果。"皋陶说："我才智浅薄，只是希望有助于推行治天下之道。"

　　舜帝对禹说："你也说说你的好意见吧。"禹作揖说："唉，我说什么呢！我只想每天孜孜不息地做事。"皋陶追问道："怎样才叫勤恳努力？"禹说："洪水滔天，浩浩荡荡，包围了高山，漫上了丘陵，下民都遭受着洪水的威胁。我在陆地上行走乘车，在水中行走乘船，在泥沼中行走乘木橇，在山路上行走就穿上带铁齿的鞋，翻山越岭，竖立木桩，在山上做了标志。我和益一块儿，给黎民百姓稻粮和新鲜的肉食。疏导九条河道引入大海，又疏浚田间沟渠引入河道。我跟稷一道发给民众难得的口粮。粮食缺乏的时候，从粮食多的地方调配补充到粮食少的地方，或叫百姓迁居。民众安定下来了，各诸侯国也都治理好了。"皋陶说："是啊，这些是你的巨大业绩。"

　　禹说："啊，我的帝王！谨慎对待您的在位之臣，稳稳当当处理您的政务。

意以昭待上帝命，天其重命用休。"帝曰："吁，臣哉，臣哉！臣作朕股肱耳目。予欲左右有民，女辅之。余欲观古人之象。日月星辰，作文绣服色，女明之。予欲闻六律五声八音，来始滑，以出入五言，女听。予即辟，女匡拂予。女无面谀。退而谤予。敬四辅臣。诸众谗嬖臣，君德诚施皆清矣。"禹曰："然。帝即不时，布同善恶则毋功。"

帝曰："毋若丹朱傲，维漫游是好，毋水行舟，朋淫于家，用绝其世。予不能顺是。"禹曰："予娶涂山，癸甲，生启予不子，以故能成水土功。辅成五服，至于五千里，州十二师，外薄四海，咸建五长，各道有功。苗顽不即功，帝其念哉。"帝曰："道吾德，乃女功序之也。"

皋陶于是敬禹之德，令民皆则禹。不如言，刑从之。舜德大明。

于是夔行乐，祖考至，群后相让，鸟兽翔舞，箫韶九成，凤皇来仪，百兽率舞，百官信谐。帝用此作歌曰："陟天之命，维时维几。"乃歌曰："股肱喜哉，元首起哉，百工熙哉！"皋陶拜手稽首扬言曰："念哉，率为兴事，慎乃宪，敬哉！"乃更为歌曰："元首明哉，股肱良哉，庶事康哉！"又歌曰："元首丛脞哉，股肱惰哉，万事堕哉！"帝拜曰："然，往钦哉！"于是天下皆宗禹之明度数声乐，为山川神主。

帝舜荐禹于天，为嗣。十七年而帝舜崩。三年丧毕，禹辞辟舜之子商均于阳城。天下诸侯皆去商均而朝禹。禹于是遂即天子位，南面朝天下，国号曰夏后，姓姒氏。

辅佐的大臣有德行，天下人都会响应拥护您。您用清静之心奉行上帝的命令，上天会经常把美好的符瑞降临给您。"舜帝说："唉，臣子啊，臣子啊！臣子是我的臂膀和耳目。我想帮助天下民众，你们要辅助我。我想观察古人的形象，观察日月星辰，制作不同花纹色彩的衣服，你们要了解清楚各种服装的等级。我想通过各地音乐的雅正与淫邪等来考察那里政教的情况，以便取舍各方的意见，你们要仔细地辨听。我的言行如有不正当的地方，你们要纠正我。你们不要当面奉承，回去之后却又指责我。我敬重前后左右辅佐大臣。至于那些搬弄是非的佞臣，只要君主的德政真正施行，他们就会被清除了。"禹说："对。您如果不这样，好人坏人同时任用，那就不会成就大事。"

舜帝说："你们不要学丹朱那样桀骜骄横，只喜欢怠惰放荡，在无水的陆地上行船，在家里聚众干淫乱之事，以致不能继承帝位。对这种人我决不听之任之。"禹说："我娶涂山氏女儿为妻，四天后便离家去治水，生下儿子启，我也没回家抚育，因此才能使平治水土的工作取得成功。我帮助帝王设置了五服，范围达到五千里，每州用了三万劳力，一直开辟到四方荒远的边境，在每五个诸侯国中设立一个首领，他们各尽职守，都有功绩，只有三苗凶顽不遵职守，请您考虑吧。"舜帝说："用我的德教来开导，那么凭你的工作就会使他们归顺的！"

皋陶敬重禹的功德，命令天下人都向禹学习。如不遵守命令，就施以刑罚。因此，舜的德教得到了大发扬。

这时，夔担任乐师，谱定乐曲，祖先亡灵降临了来欣赏，各诸侯国君相互礼让，鸟兽在宫殿周围飞翔起舞，《箫韶》乐曲演奏完九遍时，凤凰飞来聆听，群兽都来起舞，百官都能忠诚合谐相处。舜帝于是歌唱道："奉行天命，施行德政，顺应天时，谨微慎行。"于是又歌唱起来："大臣们欢乐尽忠啊，元首才能大有作为啊，百官的事业才能发达啊！"皋陶跪拜，先低头至手，又叩头至地，然后高声说道："您可记住啊，要带头努力尽职，谨慎对待您的法度，认真办好各种事务！"于是也接着唱道："元首英明啊，大臣才会贤能啊，事业才会健康发展啊！"又唱道："天子胸中无大略啊，股肱大臣就懈怠啊，天下万事都败坏啊！"舜帝拜答说："对，就照此努力去做吧！"从此天下都遵行禹所明确设立的法度，采用禹创制的乐曲，尊奉他为山川的神主，意思就是能代山川之神施行号令的帝王。

舜帝把禹推荐给上天，让他作为帝位的继承人。十七年之后，舜帝逝世。三年服丧完毕，禹在阳城推辞帝位让给舜的儿子商均。但天下诸侯都不去朝拜商均而来朝拜禹。禹这才继承天子位，南面接受天下诸侯的朝拜，国号为夏后，改姓为姒氏。

帝禹立而举皋陶荐之，且授政焉，而皋陶卒。封皋陶之后于英、六，或在许。而后举益，任之政。

十年，帝禹东巡狩，至于会稽而崩，以天下授益。三年之丧毕，益让帝禹之子启，而辟居箕山之阳。禹子启贤，天下属意焉。及禹崩，虽授益，益之佐禹日浅，天下未洽。故诸侯皆去益而朝启，曰："吾君帝禹之子也。"于是启遂即天子之位，是为夏后帝启。

夏后帝启，禹之子，其母涂山氏之女也。

有扈氏不服，启伐之，大战于甘。将战，作甘誓，乃召六卿申之。启曰："嗟！六事之人，予誓告女：有扈氏威侮五行，怠弃三正，天用剿绝其命。今予维共行天之罚。左不攻于左，右不攻于右，女不共命。御非其马之政，女不共命。用命，赏于祖；不用命，僇于社，予则帑僇女。"遂灭有扈氏。天下咸朝。

夏后帝启崩，子帝太康立。帝太康失国，昆弟五人，须于洛汭，作《五子之歌》。

太康崩，弟中康立，是为帝中康。帝中康时，羲、和湎淫，废时乱日。胤往征之，作《胤征》。

中康崩，子帝相立。帝相崩，子帝少康立。帝少康崩，子帝予立。帝予崩，子帝槐立。帝槐崩，子帝芒立。帝芒崩，子帝泄立。帝泄崩，子帝不降立。帝不降崩，弟帝扃立。帝扃崩，子帝廑立。帝廑崩，立帝不降之子孔甲，是为帝孔甲。帝孔甲立，好方鬼神，事淫乱。夏后氏德衰，诸侯畔之。天降龙二，有雌雄，孔甲不能食，未得豢龙氏。陶唐既衰，其后有刘累，学扰龙于豢龙氏，以事孔甲。孔甲赐之姓曰御龙氏，受豕韦之后。龙一雌死，以食夏后。夏后使求，惧而迁去。

禹帝立为天子后，举用皋陶为帝位继承人，把他推荐给上天，并把国政授给他，但皋陶却去世了。禹分封皋陶的后代到英、六等地，有的分封在许。后来又举用了益，把国政授给他。

过了十年，禹帝到东方视察，到达会稽，在那里逝世，把天下传给益。服丧三年完毕，益又把帝位让给禹的儿子启，自己到箕山之南去隐居。禹的儿子启贤德，天下人心都归向于他。等到禹逝世后，虽传天下给益，但益辅佐禹的时间不长，天下臣民尚不拥戴他。所以，诸侯还是都离开益而去朝拜启，说："这是我们的君主禹帝的儿子啊。"于是启就继承了天子位，这就是夏后帝启。

夏后帝启，是禹的儿子，他的母亲是涂山氏的女儿。

启登临帝位后，有扈氏不来归从。启前往征伐，在甘地大战一场。战斗开始之前，启作了一篇誓辞叫作《甘誓》，召集来六军将领进行训诫。启说："唉！统率六军的人们，我向你们宣布誓言：有扈氏蔑视仁、义、礼、智、信五常的规范，背离天、地、人的正道，因此上天要断绝他的大命。如今我恭敬地执行上天对他的惩罚。车左的人不从左边进攻敌人，车右的人不从右边进攻敌人，便是你们不执行命令。驭手不能使车马阵列整齐，也是不服从命令。听从命令的，在祖宗面前赏赐你们；谁不听从命令，我便在神社面前杀掉谁，而且要把他们的家属收为奴婢。"于是消灭了有扈氏，天下诸侯都来朝拜。

夏后帝启逝世后，他的儿子帝太康继位。帝太康整天游玩打猎，不处理国事，结果被羿给放逐了，失去了国家。他的五个弟弟在洛水北岸等待他回国，作了《五子之歌》。

太康逝世后，他的弟弟中康继位，这就是中康帝。中康帝在位时，掌管天地四时的官吏羲氏、和氏沉湎于酒，把每年的四时节令都搞乱了。胤奉命前去征伐他，作了《胤征》。

中康逝世以后，他的儿子帝相继位。帝相逝世，儿子帝少康继位。帝少康逝世，儿子帝予继位。帝予逝世，儿子槐帝登位。槐帝逝世，儿子芒帝登位。芒帝逝世，儿子泄帝登位。泄帝逝世，儿子不降帝登位。帝不降逝世，弟弟帝扃继位。帝扃逝世，儿子帝廑继位。帝廑逝世，立帝不降的儿子孔甲为帝，这就是孔甲帝。孔甲帝登位后，喜欢方术，迷信鬼神，干淫乱的事情。夏后氏的威德日渐衰微，诸侯相继背叛了他。上天降下两条神龙，一雌一雄，孔甲不能饲养，也没有找到能够饲养的人。陶唐氏已经衰败，有个后代叫刘累，从会养龙的人那里学会了驯龙，就去侍奉孔甲。孔甲赐给他姓氏叫御龙氏，让他接受了豕韦后代的封地。后来那条雌龙死了，刘累偷偷做成肉酱拿来献给孔甲吃。夏后孔甲吃了以后，又派人去找刘累要肉酱，刘累害怕，只好逃走了。

孔甲崩，子帝皋立。帝皋崩，子帝发立。帝发崩，子帝履癸立，是为桀。帝桀之时，自孔甲以来而诸侯多畔夏，桀不务德而武伤百姓，百姓弗堪。乃召汤而囚之夏台，已而释之。汤修德，诸侯皆归汤，汤遂率兵以伐夏桀。桀走鸣条，遂放而死。桀谓人曰："吾悔不遂杀汤于夏台，使至此。"汤乃践天子位，代夏朝天下。汤封夏之后，至周封于杞也。

太史公曰：禹为姒姓，其后分封，用国为姓，故有夏后氏、有扈氏、有男氏、斟寻氏、彤城氏、褒氏、费氏、杞氏、缯氏、辛氏、冥氏、斟戈氏。孔子正夏时，学者多传夏小正云。自虞、夏时，贡赋备矣。或言禹会诸侯江南，计功而崩，因葬焉，命曰会稽。会稽者，会计也。

孔甲逝世后，儿子帝皋继位。帝皋逝世后，儿子帝发继位。帝发逝世，儿子履癸帝登位，这就是夏桀。帝桀在位时，因为自从孔甲在位以来，诸侯就有很多相继叛离了夏，夏桀又不修德行而用武力伤害百官之族，百官不堪忍受。桀召来汤，把他囚禁在夏台，后来又放了他。汤修行德业，诸侯都来归附，汤就率兵去征讨夏桀。夏桀逃到鸣条，最后被放逐而死。夏桀对人说："我后悔在夏台没有把汤杀死，使我落到这种地步。"这样，汤就登上了天子之位，取代了夏朝，领有天下。汤把夏朝的后代封为诸侯，到周朝时，把他们封在杞地。

太史公说：禹是姒姓，他的后代被分封在各地，用国号作姓，所以有夏后氏、有扈氏、有男氏、斟寻氏、彤城氏、褒氏、费氏、杞氏、缯氏、辛氏、冥氏、斟戈氏。孔子校正夏朝的历书，所以很多学者们都传授《夏小正》。从舜、禹时代开始，进贡纳赋的制度就已经很完备了。有人说禹在长江以南召集诸侯，因为是在考核诸侯功绩时去世的，因此就葬在那里了，于是就把埋葬禹的苗山改名为会稽山。会稽就是会计（会合考核）的意思。

殷本纪第三

殷契,母曰简狄,有娀氏之女,为帝喾次妃。三人行浴,见玄鸟堕其卵,简狄取吞之,因孕生契。契长而佐禹治水有功。帝舜乃命契曰:"百姓不亲,五品不训,汝为司徒而敬敷五教,五教在宽。"封于商,赐姓子氏。契兴于唐、虞、大禹之际,功业著于百姓,百姓以平。

契卒,子昭明立。昭明卒,子相土立。相土卒,子昌若立。昌若卒,子曹圉立。曹圉卒,子冥立。冥卒,子振立。振卒,子微立。微卒,子报丁立。报丁卒,子报乙立。报乙卒,子报丙立。报丙卒,子主壬立。主壬卒,子主癸立。主癸卒,子天乙立,是为成汤。

成汤,自契至汤八迁。汤始居亳,从先王居,作帝诰。

汤征诸侯。葛伯不祀,汤始伐之。汤曰:"予有言:人视水见形,视民知治不。"伊尹曰:"明哉!言能听,道乃进。君国子民,为善者皆在王官。勉哉,勉哉!"汤曰:"汝不能敬命,予大罚殛之,无有攸赦。"作汤征。

伊尹名阿衡。阿衡欲奸汤而无由,乃为有莘氏媵臣,负鼎俎,以滋味说汤,致于王道。或曰,伊尹处士,汤使人聘迎之,五反然后肯往从汤,言素王及九主之事。汤举任以国政。伊尹去汤适夏。既丑有夏,复归于亳。入自北门,遇女鸠、女房,作《女鸠》《女房》。

殷的始祖是契，他的母亲叫简狄，是有娀氏的女儿，帝喾的次妃。有一天，简狄和两个伙伴到河里去洗澡，看见燕巢中掉下一只蛋，简狄就拣来吃了，于是就怀孕了，生下的孩子就是契。契长大成人后，帮助禹治水有功，舜帝于是命令契说："现在老百姓们不相亲爱，父子、君臣、夫妇、长幼、朋友之间五伦关系不和顺，你去担任司徒，认真地来推行五伦关系的伦理道德教育，要本着宽厚的原则。"契被封在商地，赐姓子氏。契在唐尧、虞舜、夏禹的时代就兴起了，并且为百姓做了许多事情，功业昭著，百姓们因此得以安定。

契去世之后，他的儿子昭明继位。昭明去世后，其儿子相土继位。相土去世后，其儿子昌若继位。昌若去世后，其儿子曹圉继位。曹圉去世后，其儿子冥继位。冥去世后，其儿子振继位。振去世后，其儿子微继位。微去世后，其儿子报丁继位。报丁去世后，其儿子报乙继位。报乙去世后，其儿子报丙继位。报丙去世后，其儿子主壬继位。主壬去世后，其儿子主癸继位。主癸去世后，其儿子天乙继位。天乙就是成汤。

从契到成汤，曾经迁都八次。到成汤时建都于亳，这是为了追随先王帝喾，重回故地。成汤为此作了《帝诰》，向帝喾报告迁都的情况。

成汤在夏朝为方伯（一方诸侯之长），有权征讨邻近的诸侯。葛伯不祭祀鬼神，成汤首先征讨他。成汤说："我说过这样的话：人照一照水就能看出自己的形貌，看一看民众就可以知道国家治理得好不好。"伊尹说："英明啊！这些话如能听从，道德就会进步。国君治理国家就要爱护人民，做好事的人都会被任用。努力吧，努力吧！"成汤对葛伯说："你们不能敬顺天命，我就要重重地惩罚你们，绝不宽赦。"于是作了《汤征》，以记载这次征葛的情况。

伊尹名叫阿衡。阿衡想求见成汤但苦于没有渠道，于是就去给有莘氏做了陪嫁的奴仆，背负着饭锅砧板来见成汤，利用谈论烹调滋味的机会向成汤进言，劝说他应该实行王道政治。不过也有人说，伊尹原本是一位有德行有才华但又不肯做官的隐士，成汤曾派人去聘迎他，一共去了五趟，他才答应辅佐成汤。他向成汤讲述了远古帝王及九位君主的功绩，成汤于是重用了他，委任他管理国政。伊尹曾经一度离开成汤到夏桀那里，因为看到夏桀暴虐无道，所以又回到了商都亳。他从北门进城的时候，遇见了商汤的二位贤臣女鸠、女房，于是伊尹作了《女鸠》《女房》，以此来表达自己离开夏桀重回商都时的心境。

汤出，见野张网四面，祝曰："自天下四方皆入吾网。"汤曰："嘻，尽之矣！"乃去其三面，祝曰："欲左，左。欲右，右。不用命，乃入吾网。"诸侯闻之，曰："汤德至矣，及禽兽。"

当是时，夏桀为虐政淫荒，而诸侯昆吾氏为乱。汤乃兴师率诸侯，伊尹从汤，汤自把钺以伐昆吾，遂伐桀。汤曰："格女众庶，来，女悉听朕言。匪台小子敢行举乱，有夏多罪，予维闻女众言，夏氏有罪。予畏上帝，不敢不正。今夏多罪，天命殛之。今女有众，女曰'我君不恤我众，舍我啬事而割政'。女其曰'有罪，其奈何'？夏王率止众力，率夺夏国。有众率怠不和，曰'是日何时丧？予与女皆亡'！夏德若兹，今朕必往。尔尚及予一人致天之罚，予其大理女。女毋不信，朕不食言。女不从誓言，予则帑僇女，无有攸赦。"以告令师，作汤誓。于是汤曰"吾甚武"，号曰武王。

桀败于有娀之虚，桀奔于鸣条，夏师败绩。汤遂伐三㚇，俘厥宝玉，义伯、仲伯作典宝。汤既胜夏，欲迁其社，不可，作夏社。伊尹报。于是诸侯毕服，汤乃践天子位，平定海内。

汤归至于泰卷陶，中㕍作诰。既绌夏命，还亳，作汤诰："维三月，王自至于东郊。告诸侯群后：'毋不有功于民，勤力乃事。予乃大罚殛女，毋予怨。'曰：'古禹、皋陶久劳于外，其有功乎民，民乃有安。东为江，北为济，西为河，南为淮，四渎已修，万民乃有居。后稷降播，农殖百谷。三公咸有功于民，故后

有一天，成汤外出游猎，看见田野里有人四面张起了罗网，张网的人祝祷说："从天上来的，从地下来的，从四方来的，都进入我的罗网吧！"成汤听了说："唉，这样就把禽兽全部一网打尽了啊！"于是他让人把罗网撤去三面，让张网的人祝祷说："想往左的，就往左。想往右的，就往右。不听从命令的，就进入我的罗网。"诸侯听到这件事，都说："汤的爱心到极点了，连禽兽都受到了他的恩泽。"

当时，夏桀施行暴政、荒淫残暴，诸侯昆吾氏起来造反。于是成汤就举兵，率领诸侯，伊尹也随成汤前往。成汤亲自握着大斧指挥，先去讨伐昆吾氏，接着又去讨伐暴桀。成汤说："大家过来吧！到这儿来仔细听我的话：不是我本人擅自兴兵作乱，而是由于夏桀暴虐无道的恶行太多。我虽然也听到你们说了一些抱怨的话，可是夏桀有罪啊，我畏惧上天，不敢不讨伐他啊。如今夏桀犯下了那么多的罪行，是上天命令我来征伐他的。现在你们众人说：'我们的国君不体恤我们，抛开我们的农事不管，却要去征伐打仗。'你们或许还会问：'夏桀有罪，他究竟有怎么样的罪行？'夏王耗尽了夏国民众的力量，掠夺夏国民众的财富。又加重剥削，掠光了夏国的资财。夏国的民众都消极怠惰，怨恨不和，他们说：'这个太阳什么时候消失，我宁愿和你一起灭亡！'夏王的德行已经到了这般地步，现在我一定要去讨伐他！希望你们和我一起来奉行上天的旨意，我会重重地奖赏你们。你们要有信心，我绝不会说话不算数。如果你们违抗我的誓言，我就要惩罚你们，绝不饶恕！"成汤把这番话通告全军将士，这就是《汤誓》。当时成汤曾说"我很勇武"，于是自己号称武王。

夏桀在有娀氏的故地被打败，奔逃到鸣条，夏军就土崩瓦解了。成汤乘胜追击，进攻忠于夏桀的三㚇，缴获了他们的宝器珠玉，臣子义伯、仲伯写下了《典宝》。成汤战胜夏后，想迁移夏的神社，没有迁成，写下了《夏社》，说明夏社不可换的道理。伊尹向诸侯公布了这次大战的战绩，从此以后，诸侯全都听命归服。至此成汤登上天子之位，平定了天下。

成汤班师回朝，路过泰卷，中虺做了朝廷的诰命。汤废除了夏朝政令，回到亳，作了《汤诰》。《汤诰》记载："三月的时候，商王亲自到国都的东郊，向诸侯国的各位君主宣布：'你们对民众不能没有功劳，你们要努力办好你们的事情。不然，我就要重重地惩罚你们，到时候可不要怨恨我。'又说：'过去大禹、皋陶长期在外奔劳，为老百姓做了许多的好事，民众因此得以安居乐业。当时他们在东面治理了长江，在北方治理了济河，在西面治理了黄河，在南方治理了淮河，这四条重要的河道治理好了，老百姓这才得以安心定居。后稷教导民众耕种五谷，民众才懂得种植各种庄稼。这三位古人都有功于人民，所以，他们的

有立。昔蚩尤与其大夫作乱百姓，帝乃弗予，有状。先王言不可不勉。'曰：'不道，毋之在国，女毋我怨。'"以令诸侯。伊尹作咸有一德，咎单作明居。

汤乃改正朔，易服色，上白，朝会以昼。

汤崩，太子太丁未立而卒，于是乃立太丁之弟外丙，是为帝外丙。帝外丙即位三年，崩，立外丙之弟中壬，是为帝中壬。帝中壬即位四年，崩，伊尹乃立太丁之子太甲。太甲，成汤适长孙也，是为帝太甲。帝太甲元年，伊尹作伊训，作肆命，作徂后。

帝太甲既立三年，不明，暴虐，不遵汤法，乱德，于是伊尹放之于桐宫。三年，伊尹摄行政当国，以朝诸侯。

帝太甲居桐宫三年，悔过自责，反善。于是伊尹乃迎帝太甲而授之政。帝太甲修德，诸侯咸归殷，百姓以宁。伊尹嘉之，乃作太甲训三篇，褒帝太甲，称太宗。

太宗崩，子沃丁立。帝沃丁之时，伊尹卒。既葬伊尹于亳，咎单遂训伊尹事，作沃丁。

沃丁崩，弟太庚立，是为帝太庚。帝太庚崩，子帝小甲立。帝小甲崩，弟雍己立，是为帝雍己。殷道衰，诸侯或不至。

帝雍己崩，弟太戊立，是为帝太戊。帝太戊立伊陟为相。亳有祥，桑谷共生于朝，一暮大拱。帝太戊惧，问伊陟。伊陟曰："臣闻妖不胜德，帝之政其有阙与？帝其修德。"太戊从之，而祥桑枯死而去。伊陟赞言于巫咸。巫咸治王家有成，作咸艾，作太戊。帝太戊赞伊陟于庙，言弗臣，伊陟让，作原命。殷复兴，诸侯归之，故称中宗。

后代才得以封国祭祀祖宗。但也有相反的情况：从前蚩尤和他的大臣们在百姓中发动叛乱，上天就会惩罚他们，这样的事在历史上是有过的。先王的教诲，可不能不依教奉行啊！'又说：'你们当中如果有人做出违背道义的事，就不许他回国再做诸侯，到那个时候你们可不要怪罪我。'"汤用这些话警诫各诸侯国的国君。这个时候，伊尹又作了一篇《咸有一德》，阐明君臣都应该有至高无上的道德；咎单作了《明居》，阐明人民应该遵守的规矩。

成汤临政之后，实行了新的历法，把夏历以寅月为岁首改成以丑月为岁首，又改变了器物服饰的色彩，崇尚白色，规定君臣在白天商议国事。

成汤逝世之后，因为太子太丁没能即位就早逝了，就立太丁的弟弟外丙为帝，这就是外丙帝。外丙即位刚三年，也过世了，于是又立外丙的弟弟中壬为帝，这就是中壬帝。中壬即位四年，也还是逝世了，伊尹就拥立太丁的儿子太甲为帝。太甲，就是成汤的嫡长孙，就是太甲帝。太甲元年，伊尹为了谏训太甲，作了《伊训》《肆命》《徂后》。

太甲在位三年后，也昏庸暴虐，不遵守汤王的礼法，败坏了德业。因此，伊尹就把他流放到埋葬汤王的桐宫。此后的三年里，伊尹代理政务，主持国事，朝会诸侯。

太甲在桐宫住了三年，悔过自新，断恶修善，于是伊尹又迎接他回到朝廷，把政权交还给了他。从此以后，太甲帝修养道德，诸侯都来归顺他，百姓的生活也因此得以安宁。伊尹很赞赏太甲帝知过能改，于是就作了《太甲训》三篇，歌颂帝太甲，称他为"太宗"。

太宗去世后，儿子沃丁即位。沃丁执政期间，伊尹去世了。伊尹被安葬在了亳地，咎单为了用伊尹的事迹教诲后世人，作了《沃丁》。

沃丁逝世后，其弟弟太庚即位，这就是太庚帝。太庚逝世后，儿子小甲即位；小甲帝逝世后，其弟弟雍己即位，这就是雍己帝。此时，殷朝的国势已经逐渐衰弱了，于是有的诸侯就不来朝拜了。

雍己逝世后，其弟太戊即位。这就是太戊帝。太戊任用伊陟为相。当时国都亳出现了桑树和楮树合生在一起的怪现象，一夜之间就长得有碗口那么粗。太戊帝很恐慌，于是就去向伊陟请教。伊陟对太戊帝说："我曾经听说，妖异不能战胜有德行的人，会不会是国家在政治上有什么失误啊？希望您进一步断恶修善。"太戊听从了伊陟的规谏，果然那棵怪树很快就枯死了。伊陟把这些话告诉了巫咸。巫咸治理朝政很有成绩，写下了《咸艾》和《太戊》，记载了巫咸治理朝政的功绩，颂扬了太戊帝纳谏改过的事迹。太戊帝在太庙中向祖先称赞伊陟，说不能把他像臣子一样对待。伊陟谦让推辞，因此写下了《原命》，目的是为了重新解释太戊之命。于是殷朝的国势再度兴盛，诸侯又来归顺。因此，称太戊帝为"中宗"。

中宗崩，子帝中丁立。帝中丁迁于隞。河亶甲居相。祖乙迁于邢。帝中丁崩，弟外壬立，是为帝外壬。仲丁书阙不具。帝外壬崩，弟河亶甲立，是为帝河亶甲。河亶甲时，殷复衰。

河亶甲崩，子帝祖乙立。帝祖乙立，殷复兴。巫贤任职。

祖乙崩，子帝祖辛立。帝祖辛崩，弟沃甲立，是为帝沃甲。帝沃甲崩，立沃甲兄祖辛之子祖丁，是为帝祖丁。帝祖丁崩，立弟沃甲之子南庚，是为帝南庚。帝南庚崩，立帝祖丁之子阳甲，是为帝阳甲。帝阳甲之时，殷衰。

自中丁以来，废适而更立诸弟子，弟子或争相代立，比九世乱，于是诸侯莫朝。

帝阳甲崩，弟盘庚立，是为帝盘庚。帝盘庚之时，殷已都河北，盘庚渡河南，复居成汤之故居，乃五迁，无定处。殷民咨胥皆怨，不欲徙。盘庚乃告谕诸侯大臣曰："昔高后成汤与尔之先祖俱定天下，法则可修。舍而弗勉，何以成德！"乃遂涉河南，治亳，行汤之政，然后百姓由宁，殷道复兴。诸侯来朝，以其遵成汤之德也。

帝盘庚崩，弟小辛立，是为帝小辛。帝小辛立，殷复衰。百姓思盘庚，乃作盘庚三篇。帝小辛崩，弟小乙立，是为帝小乙。

帝小乙崩，子帝武丁立。帝武丁即位，思复兴殷，而未得其佐。三年不言，政事决定于冢宰，以观国风。武丁夜梦得圣人，名曰说。以梦所见视群臣百吏，皆非也。于是乃使百工营求之野，得说于傅险中。是时说为胥靡，筑于傅险。见于武丁，武丁曰是也。得而与之语，果圣人，举以为相，殷国大治。故遂以傅险姓之，号曰傅说。

帝武丁祭成汤，明日，有飞雉登鼎耳而呴，武丁惧。祖己曰：

中宗去世后，其儿子中丁继位。中丁迁都于隞邑。后来河亶甲又把都城迁到相邑，再后来祖乙又将都城迁至邢邑。中丁帝逝世后，其弟弟外壬即位，这就是外壬帝。这些事情《仲丁》上都有记载，但现已残佚不存。外壬帝过世后，其弟弟河亶甲即位，这就是帝河亶甲。河亶甲在位时，殷朝国势又一次出现衰弱。

河亶甲逝世后，其子祖乙即位。祖乙帝即位后，殷又复兴了。在此期间，巫贤也被委以重任。

祖乙死后，其子祖辛即位。祖辛帝逝世，其弟沃甲即位，这就是沃甲帝。沃甲死后，立沃甲的哥哥祖辛的儿子祖丁，这就是祖丁帝。祖丁死后，立弟弟沃甲的儿子南庚，这就是南庚帝。南庚帝死后，立祖丁帝的儿子阳甲，这就是阳甲帝。阳甲帝在位期间，殷朝的国势就逐渐衰弱了。

自中丁帝以来，不立嫡长子而改立诸弟兄及他们的儿子，诸弟兄和他们的儿子有时互相争夺继承权，造成了连续九代的混乱，于是诸侯不再来朝见了。

阳甲帝逝世后，其弟盘庚继位。盘庚即位之前，殷朝已经在黄河以北的奄地定都了，盘庚执政后，又迁到黄河以南的亳邑定都，重新又回到了成汤的故都。由于从汤到盘庚，这已经是第五次迁都了，总是没有一个固定的国都，所以殷朝的老百姓都怨声载道，不愿意再受迁都之苦了。盘庚见此情况，就告谕诸侯大臣说："从前，先王成汤与你们的祖先一起平定天下，他们定下的法度原则可以遵循。舍弃这些而不去努力实现，用什么来成就新的德政呢？"于是渡过黄河，南迁到亳邑，重新遵行成汤的礼法。从此以后老百姓们逐渐安定下来了，商朝的国势再一次兴盛起来。由于盘庚奉行了成汤的德政，诸侯也纷纷前来朝拜了。

盘庚帝驾崩后，其弟小辛即位，这就是小辛帝。小辛执政期间，商朝又衰弱了。百姓们思念盘庚的时代，于是作了《盘庚》三篇。小辛帝逝世以后，其弟小乙即位，这就是小乙帝。

小乙帝逝世，其儿子武丁即位。武丁帝即位后，想复兴殷朝，但一直没有找到称职的辅佐大臣。他三年不谈政事，国家政事全由冢宰决定，借此来观察国家的风气。有一天夜里他梦见一位圣人，名叫说。白天他按照梦中见到的相貌观察大臣和官吏，没有一个像说这个人的。于是派百官到民间去四处找寻，终于在傅险这个地方找到了说。这个时候，说正在傅险修路，官吏把说带来面见武丁，武丁说此人正是。找到说之后，武丁与他谈话，结果发现他果真是一位贤圣，于是就举用他担任国相，商朝得到了很好的治理。于是就用傅险这个地名来作说的姓，称他为傅说。

武丁祭祀成汤的第二天，有一只野鸡飞来站在鼎耳上鸣叫，武丁为此惊恐不安。祖己说："大王不必惊慌，先办好政事。"祖己进一步劝导武丁说："上天监

"王勿忧，先修政事。"祖己乃训王曰："唯天监下典厥义，降年有永有不永，非天夭民，中绝其命。民有不若德，不听罪，天既附命正厥德，乃曰其奈何。呜呼！王嗣敬民，罔非天继，常祀毋礼于弃道。"武丁修政行德，天下咸欢，殷道复兴。

帝武丁崩，子帝祖庚立。祖己嘉武丁之以祥雉为德，立其庙为高宗，遂作高宗肜日及训。

帝祖庚崩，弟祖甲立，是为帝甲。帝甲淫乱，殷复衰。

帝甲崩，子帝廪辛立。帝廪辛崩，弟庚丁立，是为帝庚丁。帝庚丁崩，子帝武乙立。殷复去亳，徙河北。

帝武乙无道，为偶人，谓之天神。与之博，令人为行。天神不胜，乃僇辱之。为革囊，盛血，卬而射之，命曰"射天"。武乙猎于河渭之间，暴雷，武乙震死。子帝太丁立。帝太丁崩，子帝乙立。帝乙立，殷益衰。

帝乙长子曰微子启，启母贱，不得嗣。少子辛，辛母正后，辛为嗣。帝乙崩，子辛立，是为帝辛，天下谓之纣。

帝纣资辨捷疾，闻见甚敏；材力过人，手格猛兽；知足以距谏，言足以饰非；矜人臣以能，高天下以声，以为皆出己之下。好酒淫乐，嬖于妇人。爱妲己，妲己之言是从。于是使师涓作新淫声，北里之舞，靡靡之乐。

厚赋税以实鹿台之钱，而盈钜桥之粟。益收狗马奇物，充牣宫室。益广沙丘苑台，多取野兽蜚鸟置其中。慢于鬼神。大最乐戏于沙丘，以酒为池，悬肉为林，使男女裸相逐其间，为长夜之饮。

百姓怨望而诸侯有畔者，于是纣乃重刑辟，有炮格之法。以西伯昌、九侯、鄂侯为三公。九侯有好女，入之纣。九侯女不喜淫，纣怒，杀之，而醢九侯。鄂侯争之强，辨之疾，并脯鄂侯。西伯昌闻

督下民，以道义为标准，上天赐给人的寿命有长有短，不是上天使人的寿命夭折，而是人本身造恶断送了自己的生命。有的人不遵循道德，不改过自新，等到上天降下灾殃警戒他应该纠正自己的心行了，他才想起来说'怎么办'。唉，大王您继承王位，努力为老百姓谋福利，没有不符合天意的，还要继续按常规祭祀，不要信奉应该抛弃的无益之道！"武丁听了祖己的劝谏，修行德政，全国人民皆大欢喜，商朝的国势又兴盛了。

武丁逝世后，其子祖庚即位。祖己赞许武丁以野鸡鸣叫之事为转机开始推行德政，给他立庙，称为高宗，写下了《高宗肜日》和《高宗之训》。

祖庚逝世后，其弟祖甲即位，这就是甲帝。甲帝荒淫无道，商朝又一次衰落。

甲帝逝世，他的儿子廪辛即位。廪辛逝世，他的弟弟庚丁即位，这就是帝庚丁。庚丁逝世，他的儿子武乙即位，殷都又离开亳，迁到了黄河以北。

武乙惨无人道，曾经制作了一个木偶人，称它为天神，他与天神赌博，命令别人作评判。天神不能取胜，武乙便侮辱它。并且还制作了一个皮革的囊袋，里面盛满血，仰天射囊袋，说这是"射天"。有一次，武乙到黄河和渭河之间去打猎，突然天空中打雷，武乙被雷击死。武乙死后，其子太丁帝即位。太丁帝逝世，他的儿子帝乙即位，帝乙即位时，殷朝就更加衰落了。

帝乙的长子叫微子启。他的母亲地位低贱，所以启不能继承帝位。帝乙的小儿子叫辛，辛的母亲是王后，于是辛被立为继承人。帝乙驾崩后，其子辛即位，这就是帝辛，天下都称他为"纣"。

纣天资聪明，有口才，行动敏捷，接受能力很强，而且力气过人，能空手与猛兽格斗。他的才智足可以回绝臣下的谏劝，他的能言善辩足可以文过饰非。他凭着才能在大臣面前炫耀，凭着声威到处抬高自己，认为天下所有的人都比不上他。他嗜酒悖乱，放荡作乐，宠爱女人。他特别宠爱妲己，一切都听从妲己的。于是他让乐师涓创作了新的淫荡乐曲，鄙俗的舞蹈，靡靡之音。

他加重赋税来增加鹿台储存的钱币，充实钜桥储存的粮食。他尽力搜集马狗和奇异的玩物，堆满了宫室，又扩建沙丘的楼台园林，捕捉大量的飞鸟野兽，放置在里面。他不敬鬼神傲慢无礼。而且招来大批戏乐，聚集在沙丘，用酒当作池水，悬肉成林，叫男女赤身裸体，追逐戏闹，通宵达旦地寻欢饮酒。

纣如此荒淫暴虐，百姓们咒恨他，一些诸侯也背叛了他。于是他就加重刑罚，设置了炮烙酷刑，让人在涂满油的铜柱上行走，下面点燃炭火，走不动了就掉在炭火里。他命西伯昌、九侯、鄂侯担任三公。九侯有一个美丽的女儿，献给了纣。九侯的女儿不喜欢淫荡，纣恼怒，杀死了她，并把九侯剁成肉酱。鄂侯极

之，窃叹。崇侯虎知之，以告纣，纣囚西伯羑里。西伯之臣闳夭之徒，求美女奇物善马以献纣，纣乃赦西伯。西伯出而献洛西之地，以请除炮烙之刑。纣乃许之，赐弓矢斧钺，使得征伐，为西伯。而用费仲为政。费仲善谀，好利，殷人弗亲。纣又用恶来。恶来善毁谗，诸侯以此益疏。

西伯归，乃阴修德行善，诸侯多叛纣而往归西伯。西伯滋大，纣由是稍失权重。王子比干谏，弗听。商容贤者，百姓爱之，纣废之。及西伯伐饥国，灭之，纣之臣祖伊闻之而咎周，恐，奔告纣曰："天既讫我殷命，假人元龟，无敢知吉，非先王不相我后人，维王淫虐用自绝，故天弃我，不有安食，不虞知天性，不迪率典。今我民罔不欲丧，曰'天曷不降威，大命胡不至'？今王其奈何？"纣曰："我生不有命在天乎！"祖伊反，曰："纣不可谏矣。"西伯既卒，周武王之东伐，至盟津，诸侯叛殷会周者八百。诸侯皆曰："纣可伐矣。"武王曰："尔未知天命。"乃复归。

纣愈淫乱不止。微子数谏不听，乃与大师、少师谋，遂去。比干曰："为人臣者，不得不以死争。"乃强谏纣。纣怒曰："吾闻圣人心有七窍。"剖比干，观其心。箕子惧，乃详狂为奴，纣又囚之。殷之大师、少师乃持其祭乐器奔周。周武王于是遂率诸侯伐纣。纣亦发兵距之牧野。甲子日，纣兵败。纣走，入登鹿台，衣其宝玉衣，赴火而死。周武王遂斩纣头，悬之大白旗。杀妲己。释箕子之囚，封比干之墓，表商容之闾。封纣子武庚禄父，以续殷祀，令修行盘庚之政。殷民大说。于是周武王为天子。其后世贬帝号，号为王。而封殷后为诸侯，属周。

力强谏，激烈争辩，结果鄂侯也遭到了脯刑，被制成肉干。西伯昌听到这件事，暗地里叹息。崇侯虎得知，就向纣去告发，纣就把西伯囚禁在羑里。西伯的臣子闳夭等人，找来了一些美女、奇物、好马等献给纣王，纣王这才释放了西伯。西伯从监狱出来之后，把洛水以西的一片土地献给了纣王，恳求纣王废除炮烙之刑。纣答应了他，并赐给他弓矢斧钺，使他能够征伐其他诸侯，这样他就成了西部地区的诸侯之长，就是西伯。纣任用费仲掌管国家政事。费仲善于奉承，贪图财利，殷人就不亲近他了。纣又任用恶来，恶来善于毁谤，喜欢进献谗言，诸侯与纣王愈加疏远。

西伯回国，暗地里修养德行，推行善政，诸侯大多背叛纣而去归附西伯。西伯的势力更加强大，纣因此渐渐丧失了权势。王子比干规劝纣，纣拒绝劝告。商容是个有才德的人，百姓们爱戴他，纣却免除了他的职务。等到西伯攻打饥国并把它灭掉后，纣的大臣祖伊听说后既怨恨周国，又非常害怕，于是跑到纣那里去报告说："上天已经断绝了我们商朝的国运了。不管是让懂得吉凶的人来预测，还是用大龟占卜，都没有一点好的征兆。我想不是先王不庇佑我们后人，而是大王您太暴虐无道了，得罪上天，所以上天才抛弃我们，使我们不能安宁，而您既不回心转意去了解天意，而且还不遵循常法。如今我国人民没有不希望商朝早亡的，他们说：'为什么上天还不显示你的慈悲？为什么灭纣的命令还不到来？'如今大王您想怎么办呢？"纣说："我生下来就是做国君的命，这不就是奉行天命吗？"祖伊回来后说："纣已经无药可救了！"西伯昌驾崩后，周武王率军东征，当到达盟津时，诸侯背叛殷纣王而前来与武王会师的就有八百个诸侯国。诸侯们都说："讨伐纣的时候终于到来了！"周武王说："你们不懂得天命。"于是又撤兵回国了。

纣王愈加荒淫暴虐，作恶不止。微子曾经劝谏多次，纣王充耳不闻，微子就和太师、少师商量，随后逃离了商朝。比干却说："做人家臣子的，不能不以死来谏诤。"于是他就极力劝谏。纣王大怒，说："我听说圣人的心有七个窍。"于是剖开比干的胸膛，挖出心来观看。箕子看到这种场景很恐惧，于是就假装疯癫给人家做奴隶。纣知道后又把箕子囚禁起来了。于是太师、少师拿着祭器、乐器，急急逃到周国。周武王见时机已到，就率领诸侯征讨殷纣王。纣王派出军队在牧野进行抵抗。周历二月初五甲子这一天，纣的军队溃败，慌乱中纣王逃进内城，登上鹿台，穿上他的宝玉衣，跳进火里自焚而死。周武王领兵进城，砍下纣王的头颅，挂在太白旗杆上示众。同时还处死了妲己，释放了被囚禁的箕子，修缮了比干的坟墓，表彰了商容的里巷。册封纣的儿子武庚禄父，让他承续殷的祭祀，并责令他施行盘庚的德政，殷的民众非常高兴。于是，周武王做了天子。因

周武王崩，武庚与管叔、蔡叔作乱，成王命周公诛之，而立微子于宋，以续殷后焉。

太史公曰："余以颂次契之事，自成汤以来，采于书诗。契为子姓，其后分封，以国为姓，有殷氏、来氏、宋氏、空桐氏、稚氏、北殷氏、目夷氏。孔子曰：'殷路车为善，而色尚白。'"

为后世人贬低帝这个称号，所以称为王。封殷的后代为诸侯，隶属于周。

周武王逝世后，武庚和管叔、蔡叔联合叛乱。周成王命周公旦诛杀他们，而把微子封在宋国，来延续殷的后代。

太史公说："契的事迹，我是根据《诗经》中的《商颂》来编定的，自成汤以来的很多史料大多都是采自《尚书》和《诗经》。契为子姓，他的后代被分封到各国，于是就以国为姓了，有殷氏、来氏、宋氏、崆峒氏、稚氏、北殷氏、目夷氏等。孔子曾经说过，殷朝的车驾是很不错的，那个时代崇尚白色。"

周本纪第四

周后稷，名弃。其母有邰氏女，曰姜原。姜原为帝喾元妃。姜原出野，见巨人迹，心忻然说，欲践之，践之而身动如孕者。居期而生子，以为不祥，弃之隘巷，马牛过者皆辟不践；徙置之林中，适会山林多人，迁之；而弃渠中冰上，飞鸟以其翼覆荐之。姜原以为神，遂收养长之。初欲弃之，因名曰弃。

弃为儿时，屹如巨人之志。其游戏，好种树麻、菽，麻、菽美。及为成人，遂好耕农，相地之宜，宜谷者稼穑焉，民皆法则之。帝尧闻之，举弃为农师，天下得其利，有功。帝舜曰："弃，黎民始饥，尔后稷播时百谷。"封弃于邰，号曰后稷，别姓姬氏。后稷之兴，在陶唐、虞、夏之际，皆有令德。

后稷卒，子不窋立。不窋末年，夏后氏政衰，去稷不务，不窋以失其官而奔戎狄之间。不窋卒，子鞠立。鞠卒，子公刘立。公刘虽在戎狄之间，复修后稷之业，务耕种，行地宜，自漆、沮度渭，取材用，行者有资，居者有畜积，民赖其庆。百姓怀之，多徙而保归焉。周道之兴自此始，故诗人歌乐思其德。公刘卒，子庆节立，国于豳。

庆节卒，子皇仆立。皇仆卒，子差弗立。差弗卒，子毁隃立。毁隃卒，子公非立。公非卒，子高圉立。高圉卒，子亚圉立。亚圉卒，子公叔祖类立。公叔祖类卒，子古公亶父立。古公亶父复修后稷、公刘之业，积德行义，国人皆戴之。薰育戎狄攻之，欲得财物，予之。已复攻，欲得地与民。民皆怒，欲战。古公曰：

周的始祖后稷，名叫弃。他的母亲是有邰氏部族的女儿，名叫姜原。姜原是帝喾的正妃。姜原到野外去，看见巨人的脚印，心里一阵喜欢，想去踩它，一踩上去便觉得腹中在动，好像怀孕似的。孩子出生后，姜原认为这孩子不吉祥，就把他扔到了一个窄巷里。但不论是马还是牛从他身边经过时都绕道而走，没有踩他。于是又把他扔进了树林。正赶上树林里人多，所以又挪了个地方，把他扔进了渠沟的冰上。当时有飞来的鸟用翅膀盖在他身上，垫在他身下。姜原觉得这太神奇了，于是又把他抱回来养大成人。由于起初想把他扔掉，因此就给他取名叫弃。

弃小时候，就很出众，有高远的伟人志向。游戏的时候，他喜欢种麻、豆之类的庄稼，种出来的麻、豆长得都很茂盛。到他成年后，自然就喜欢耕种，观察土地的特性，适宜种植谷物的就种庄稼，人民都仿效他。尧帝听说后，就举任弃担任农师的官，教给民众种植庄稼，天下都得到他的好处，他做出了很大成绩。舜帝说："弃，黎民百姓开始挨饿时，你担任了农师，播种了各种谷物。"把弃封在邰，以官为号，称后稷，另外以姬为姓。后稷的兴起，正在唐尧、虞舜、夏商的时代，这一族都有美好的德望。

后稷去世后，他的儿子不窋继位。不窋晚年的时候，夏后氏政治衰败，废弃农师，不再重视农业，不窋因此失去农师的官职，于是就流浪到戎狄地区，不窋死后，其子鞠继位。鞠死后，其子公刘继位。公刘虽然生活在戎狄地区，但依然从事后稷的事业，致力于农业，巡行考察土地适宜种什么，从漆水、沮水，渡过渭水，伐木以供使用，使出门的人都有旅费、居家的人都有积蓄。民众的生活大为改善。百姓都感念他，很多人前来归附他。周朝事业的兴盛就是从此开始的，所以，诗人们创歌谱乐来纪念他的丰功伟业。公刘去世后，其儿子庆节继位，在豳邑建立了国都。

庆节去世后，其儿子皇仆继位。皇仆去世后，其儿子差弗继位。差弗去世后，其儿子毁隃继位。毁隃去世后，其儿子公非继位。公非去世后，其儿子高圉继位。高圉去世后，其儿子亚圉继位。亚圉去世后，其儿子公叔祖类继位。公叔祖类去世后，其儿子古公亶父继位。古公亶父重修后稷、公刘的大业，积功累德，普施仁义，国人都很拥戴他。戎狄的薰育族来侵扰，想要夺取财物，古公亶父就主动给他们。后来又来侵扰，想要夺取土地和人口。人民都很愤怒，想奋起反击。古公

"有民立君，将以利之。今戎狄所为攻战，以吾地与民。民之在我，与其在彼，何异。民欲以我故战，杀人父子而君之，予不忍为。"乃与私属遂去豳，度漆、沮，逾梁山，止于岐下。豳人举国扶老携弱，尽复归古公于岐下。及他旁国闻古公仁，亦多归之。于是古公乃贬戎狄之俗，而营筑城郭室屋，而邑别居之。作五官有司。民皆歌乐之，颂其德。

古公有长子曰太伯，次曰虞仲。太姜生少子季历，季历娶太任，皆贤妇人，生昌，有圣瑞。古公曰："我世当有兴者，其在昌乎？"长子太伯、虞仲知古公欲立季历以传昌，二人乃亡如荆蛮，文身断发，以让季历。

古公卒，季历立，是为公季。公季修古公遗道，笃于行义，诸侯顺之。

公季卒，子昌立，是为西伯。西伯曰文王，遵后稷、公刘之业，则古公、公季之法，笃仁，敬老，慈少。礼下贤者，日中不暇食以待士，士以此多归之。伯夷、叔齐在孤竹，闻西伯善养老，盍往归之。太颠、闳夭、散宜生、鬻子、辛甲大夫之徒皆往归之。

崇侯虎谮西伯于殷纣曰："西伯积善累德，诸侯皆向之，将不利于帝。"帝纣乃囚西伯于羑里。闳夭之徒患之。乃求有莘氏美女，骊戎之文马，有熊九驷，他奇怪物，因殷嬖臣费仲而献之纣。纣大说，曰："此一物足以释西伯，况其多乎！"乃赦西伯，赐之弓矢斧钺，使西伯得征伐。曰："谮西伯者，崇侯虎也。"西伯乃献洛西之地，以请纣去炮格之刑。纣许之。

西伯阴行善，诸侯皆来决平。于是虞、芮之人有狱不能决，乃如周。入界，耕者皆让畔，民俗皆让长。虞、芮之人未见西伯，皆惭，相谓曰："吾所争，周人所耻，何往为，祇取辱耳。"遂还，俱让而去。诸侯闻之，曰"西伯盖受命之君"。

说："人民立君长，是让他们得到好处。现在戎狄来攻战的目的，是要我们的土地和人民。人民在我这里，和在他们那里，有什么不同？人民如果因为我的缘故去打仗，以杀害他们的父亲和孩子来做他们的君王，我不忍心。"于是带领家人离开了豳地，渡过漆水、沮水，翻过梁山，来到岐山脚下居住。豳邑的全体人民都扶老携幼，又都跟着古公来到岐下。邻国的人民听说古公这么仁德，于是很多人前来归从他。于是古公就废除戎狄的风俗，营造城郭，建筑房舍，把民众分成邑落定居下来。又设立各种官职，来办理各种事务。人民都用诗歌赞美他，歌颂他的功德。

古公的长子叫太伯，次子叫虞仲。古公的妃子太姜生下小儿子季历，季历娶太任为妻，她也像太姜一样的贤惠。太任生昌，昌有圣贤的气象。古公说："我的后代应当有成大事的人，大概就应在昌身上吧！"长子太伯、次子虞仲明白古公的想法，古公想让季历继位以便传给昌。于是两人就一块逃到了南方荆、蛮之地，并随当地的习俗，在身上刺上花纹，剪掉了头发，以这样的方式把王位让给了季历。

古公去世以后，季历继位，这就是公季。公季继续实行古公的治国之道，努力施行仁义，诸侯因此都归顺他。

公季去世，其儿子昌继位，这就是西伯。西伯也就是后人尊称的周文王，他继承后稷、公刘的事业，效法古公、公季的风范，一心一意施行仁义，尊老爱幼。他礼贤下士，有时为了接待贤士，到了中午都顾不上吃饭。因此，有很多士人都归附他。伯夷、叔齐在孤竹国，听说西伯非常尊敬老人，于是两人就商量说何不投奔西伯呢？太颠、闳夭、散宜生、鬻子、辛甲大夫这些人都一起归附了西伯。

崇侯虎向殷纣说西伯的坏话，他说："西伯积德累功，诸侯都想追随他，这将对您不利呀！"于是纣王就把西伯囚禁在羑里。闳夭等人都很担心西伯，于是想方设法找来有莘氏的美女，还有骊戎地区出产的红鬃白身、目如黄金般的骏马，有熊国的三十六匹良马，还有其他一些珍奇宝物，通过殷纣的宠臣费仲而得以献给纣王。纣王非常高兴地说："有一件这样的东西就可以释放西伯了，何况这么多呢！"于是就释放了西伯，还赐给他弓箭斧钺，让他讨伐邻近的诸侯。纣王说："说西伯坏话的是崇侯虎啊！"西伯于是献上洛水以西之地，并请纣王废去炮烙等酷刑。纣答应了他。

西伯默默地做善事积阴功，诸侯都来请他裁决纠纷。当时，虞国和芮国的人发生了争执不能决断，就一块儿到周国来。当进入周国国境后，发现种田的人都互让田界，人们都有谦让长者的习惯。虞、芮两国发生争执的人，还没有见到西伯，就已经很惭愧了，于是都说："人家周国人正是以我们所争的为耻，我们还去找西伯做什么，只会自取其辱罢了。"于是各自回国，都把田地让出后离开了。诸侯们听了这件事，都说："西伯恐怕就是那承受天命的君王。"

明年，伐犬戎。明年，伐密须。明年，败耆国。殷之祖伊闻之，惧，以告帝纣。纣曰："不有天命乎？是何能为！"明年，伐邘。明年，伐崇侯虎。而作丰邑，自岐下而徙都丰。明年，西伯崩，太子发立，是为武王。

西伯盖即位五十年。其囚羑里，盖益易之八卦为六十四卦。诗人道西伯，盖受命之年称王而断虞芮之讼。后十年而崩，谥为文王。改法度，制正朔矣。追尊古公为太王，公季为王季：盖王瑞自太王兴。

武王即位，太公望为师，周公旦为辅，召公、毕公之徒左右王师，修文王绪业。

九年，武王上祭于毕。东观兵，至于盟津。为文王木主，载以车，中军。武王自称太子发，言奉文王以伐，不敢自专。乃告司马、司徒、司空、诸节："齐栗，信哉！予无知，以先祖有德，臣小子受先功，毕立赏罚，以定其功。"遂兴师。师尚父号曰："总尔众庶，与尔舟楫，后至者斩。"武王渡河，中流，白鱼跃入王舟中，武王俯取以祭。既渡，有火自上复于下，至于王屋，流为乌，其色赤，其声魄云。是时，诸侯不期而会盟津者八百诸侯。诸侯皆曰："纣可伐矣。"武王曰："女未知天命，未可也。"乃还师归。

居二年，闻纣昏乱暴虐滋甚，杀王子比干，囚箕子。太师疵、少师强抱其乐器而奔周。于是武王遍告诸侯曰："殷有重罪，不可以不毕伐。"乃遵文王，遂率戎车三百乘，虎贲三千人，甲士四万五千人，以东伐纣。十一年十二月戊午，师毕渡盟津，诸侯咸会。曰："孳孳无怠！"武王乃作太誓，告于众庶："今殷王纣乃用其妇人之言，自绝于天，毁坏其三正，离逷其王父母弟，乃断弃其先祖之乐，乃为淫声，用变乱正声，怡说妇人。故今予发维共行天罚。勉哉夫子，不可再，不可三！"

二月甲子昧爽，武王朝至于商郊牧野，乃誓。武王左杖黄钺，右秉白旄，以麾。曰："远矣西土之人！"武王曰："嗟！我有国家

第二年，西伯征伐犬戎。过了一年，征伐密须。再下一年，打败了耆国。商朝的祖伊听说了，非常害怕，于是把这些情况报告给了纣王。纣王说："不是有天命授我吗？他能做什么！"次年，西伯征伐邗。第三年，征伐崇侯虎。并且营建了丰邑，从岐下迁都到丰。又过了一年，西伯逝世，太子发继位，这就是周武王。

　　西伯在位大约有五十年。大概在被囚禁在羑里的时候，他把《易》的八卦演化至六十四卦。诗人称颂西伯，说西伯就是在裁决虞、芮两国争讼之事那年承受天命而称王的。十年后西伯逝世，谥号文王。他曾经改变过商朝的律法制度，制定了新历法，曾追尊古公为太王、公季为王季，大概王业的征兆就从太王开始了。

　　武王即位后，以太公望为太师，周公旦为辅相，召公、毕公等人在武王左右辅佐帮助，继续秉承着文王的事业。

　　第九年，武王在毕地祭祀文王，然后往东方去检阅军队，显示武力，到达了盟津。他制作了文王的牌位，用车子运载着，带在军中。武王自称太子发，是奉文王之命前来讨伐，不敢自己擅自作主。于是向司马、司徒、司空等受王命执符节的官员宣告："严肃谨慎，的确如此！我无知，靠着先祖留下的有德之臣，我继承祖先的功业，严格制定赏罚之法，以巩固先祖的功业。"于是发兵。师尚父向全军发布命令说："集合你们的兵众，把好船桨，落后的一律斩杀。"武王乘船渡河，船走到河中央，有一条白鱼跳进武王的船中，武王俯身抓起来用它祭天了。渡过河之后，有一团火从天而降，落到武王住的房子上，转动不停，最后变成一只乌鸦，赤红的颜色，发出魄魄的鸣声。这时候，诸侯们虽然未曾约定，却都会集到盟津，共有八百多个。诸侯都说："纣可以讨伐了！"武王说："你们不了解天命，现在还不行。"于是率领军队回去了。

　　过了两年，武王听说纣昏庸暴虐更加严重。王子比干也被杀了，箕子也被囚禁起来了，太师疵、少师强抱着乐器逃奔到了周国。于是武王告令全体诸侯说："殷王罪恶深重，不可以不讨伐了！"因此遵循文王的意愿，率领战车三百辆，勇士三千人，披甲战士四万五千人，向东前去讨伐纣王。十一年十二月戊午日，军队全部渡过盟津，诸侯都来会合。武王说："勤勉振作，不得懈怠！"武王作了《太誓》，向所有将兵宣告："如今殷王纣竟听信妇人之言，以致自取灭亡，破坏了天、地、人的正道，疏远他的亲族弟兄，又抛弃了他祖先传下的乐曲，竟然制作淫荡的音乐，毁坏了雅正之乐，以此来讨女人的欢心。因此，现在我姬发要恭敬地执行上天的惩罚。努力吧！战士们！一鼓作气，不可能有第二仗，更不可能有第三仗！"

　　二月甲子日的拂晓，武王很早就来到商郊牧野，举行誓师。武王左手拿着黄色大斧，右手拿着有旄牛尾做装饰的白色旗帜，用来指挥。"辛苦啦！西方来的将士们！"武王说，"啊！各国的君主，司徒、司马、司空、亚旅、师氏，千

君,司徒、司马、司空,亚旅、师氏,千夫长、百夫长,及庸、蜀、羌、髳、微、纑、彭、濮人,称尔戈,比尔干,立尔矛,予其誓。"
王曰:"古人有言'牝鸡无晨。牝鸡之晨,惟家之索'。今殷王纣维妇人言是用,自弃其先祖肆祀不答,昏弃其家国,遗其王父母弟不用,乃维四方之多罪逋逃是崇是长,是信是使,俾暴虐于百姓,以奸轨于商国。今予发维共行天之罚。今日之事,不过六步七步,乃止齐焉,夫子勉哉!不过于四伐五伐六伐七伐,乃止齐焉,勉哉夫子!尚桓桓,如虎如罴,如豺如离,于商郊,不御克奔,以役西土,勉哉夫子!尔所不勉,其于尔身有戮。"誓已,诸侯兵会者车四千乘,陈师牧野。

帝纣闻武王来,亦发兵七十万人距武王。武王使师尚父与百夫致师,以大卒驰帝纣师。纣师虽众,皆无战之心,心欲武王亟入。纣师皆倒兵以战,以开武王。武王驰之,纣兵皆崩畔纣。纣走,反入登于鹿台之上,蒙衣其殊玉,自燔于火而死。武王持大白旗以麾诸侯,诸侯毕拜武王,武王乃揖诸侯,诸侯毕从。武王至商国,商国百姓咸待于郊。于是武王使群臣告语商百姓曰:"上天降休!"商人皆再拜稽首,武王亦答拜。

遂入,至纣死所。武王自射之,三发而后下车,以轻剑击之,以黄钺斩纣头,悬大白之旗。已而至纣之嬖妾二女,二女皆经自杀。武王又射三发,击以剑,斩以玄钺,悬其头小白之旗。武王已乃出复军。

其明日,除道,修社及商纣宫。及期,百夫荷罕旗以先驱。武王弟叔振铎奉陈常车,周公旦把大钺,毕公把小钺,以夹武王。散宜生、太颠、闳夭皆执剑以卫武王。既入,立于社南,大卒之左右毕从。毛叔郑奉明水,卫康叔封布兹,召公奭赞采,师尚父牵牲。尹佚筴祝曰:"殷之末孙季纣,殄废先王明德,侮蔑神祇不祀,昏暴商邑百姓,其章显闻于天皇上帝。"于是武王再拜稽首,曰:"膺更大

夫长、百夫长，以及庸、蜀、羌、茅、微、泸、彭、濮各族的人民，举起你们的戈，排好你们的盾，竖起你们的矛，我要宣誓了！"武王说："古人有句老话：'母鸡不啼鸣。母鸡啼鸣，家必败。'如今殷纣王只听信妇人之言，自己丢掉了先祖的祭祀，不回报祖先；昏乱地抛开宗族和国家，丢开同祖兄弟不用，却纠合四方罪恶多端的逃犯，抬举他们，尊重他们，信任他们，重用他们，让他们欺压百姓，在商国为非作歹。现在我太子发恭谨地执行上天的惩罚。今天作战，前进不超出六七步，就停顿下来整齐队伍。努力吧！战士们！刺击过四五次、六七次，就停下来齐整队伍，努力吧，各位将士！希望大家威风勇武，像猛虎，像熊罴，像豺狼，像蛟龙。在商都郊外，不要阻挡和杀害逃阵投降的人，让他们为我西方之人服役。奋力吧，战士们！你们谁要是不努力，你们自身就将遭杀戮！"誓师完毕，前来会合的诸侯军队，共有战车四千辆，在牧野列阵。

纣王听说武王攻来了，也发兵七十万来抵抗武王。武王派太公望和百夫长向纣的军队挑战，然后率领拥有战车三百五十辆、士卒两万六千二百五十人、勇士三千人的大部队急驱冲进殷纣的军队。纣的军队虽然人多，但都没有与周军作战的心思，心里盼着武王赶快攻进来。他们都掉转兵器攻击殷纣的军队，给武王做了先导。武王急驱战车冲进来，纣的士兵全部崩溃，背叛了殷纣。纣王败逃，返回城中登上鹿台，穿上他的宝玉衣，投火自焚了。武王手持大白旗指挥诸侯，诸侯都向他行拜礼，武王也作揖还礼，诸侯全都跟着武王。武王来到商都，城中的百姓都在城郊迎候。于是武王派群臣告诉商的百姓说："上天赐福！"商都人全都拜谢，叩头至地，武王也向他们回拜行礼。

于是进入城中，来到纣自焚的地方。武王亲自发箭射纣的尸体，射了三箭然后走下战车，又用宝剑刺纣尸，用黄色大斧斩下了纣的头，悬挂在大白旗上。然后又到纣的两个宠妃的住所，这两位宠妃已经上吊自杀了。武王又向她们射了三箭，用剑刺击，用黑斧斩下她们的头，悬挂在小白旗上。武王做完这些才出城返回军中。

第二天，清除道路，整修祭祀土地和谷神的社坛及商纣的宫室。开始动工时，一百名壮汉扛着有几条飘带的云罕旗为武王在前面开道。武王的弟弟叔振铎恭敬地摆好常车，周公旦手持大斧，毕公手持小斧，站在武王两旁。散宜生、太颠、闳夭都手持宝剑护卫着武王。进了城，武王站在社坛南面大部队的左边，群臣跟在身后。毛叔郑捧着明月夜取的露水，卫康叔封铺好用公明草编的席子，召公奭献上了彩帛，师尚父牵来了供祭祀用的牲畜。尹佚朗读祝文祝祷说："殷的末代子孙季纣，暴弃先王的美德，玷污蔑视神明不去祭祀，对商城中的百姓昏乱暴虐，这些昭著的事实让皇天上帝都已知晓。"于是武王拜了两拜，叩头至地，

命，革殷，受天明命。"武王又再拜稽首，乃出。

　　封商纣子禄父殷之余民。武王为殷初定未集，乃使其弟管叔鲜、蔡叔度相禄父治殷。已而命召公释箕子之囚。命毕公释百姓之囚，表商容之闾。命南宫括散鹿台之财，发钜桥之粟，以振贫弱萌隶。命南宫括、史佚展九鼎保玉。命闳夭封比干之墓。命宗祝享祠于军。乃罢兵西归。行狩，记政事，作武成。封诸侯，班赐宗彝，作分殷之器物。武王追思先圣王，乃襃封神农之后于焦，黄帝之后于祝，帝尧之后于蓟，帝舜之后于陈，大禹之后于杞。

　　于是封功臣谋士，而师尚父为首封。封尚父于营丘，曰齐。封弟周公旦于曲阜，曰鲁。封召公奭于燕。封弟叔鲜于管，弟叔度于蔡。余各以次受封。
　　武王征九牧之君，登豳之阜，以望商邑。武王至于周，自夜不寐。周公旦即王所，曰："曷为不寐？"王曰："告女：维天不飨殷，自发未生于今六十年，麋鹿在牧，蜚鸿满野。天不享殷，乃今有成。维天建殷，其登名民三百六十夫，不显亦不宾灭，以至今。我未定天保，何暇寐！"王曰："定天保，依天室，悉求夫恶，贬从殷王受。日夜劳来定我西土，我维显服，及德方明。自洛汭延于伊汭，居易毋固，其有夏之居。我南望三涂，北望岳鄙，顾詹有河，粤詹洛、伊，毋远天室。"营周居于洛邑而后去。纵马于华山之阳，放牛于桃林之虚；偃干戈，振兵释旅：示天下不复用也。

　　武王已克殷，后二年，问箕子殷所以亡。箕子不忍言殷恶，以存亡国宜告。武王亦丑，故问以天道。
　　武王病。天下未集，群公惧，穆卜，周公乃祓斋，自为质，欲代武王，武王有瘳。后而崩，太子诵代立，是为成王。

说："承受上天之命，革除殷朝政权，接受上天圣明的旨命。"武王又行再拜稽首之礼，然后退出。

武王把殷朝的遗民封给商纣的儿子禄父。武王因为殷地刚刚平定，还没有安定下来，就命令他的弟弟管叔鲜、蔡叔度辅佐禄父治理殷国。以后又命召公解除箕子的囚禁；又命令毕公释放了被囚禁的百姓，表彰商容的里巷，以褒扬他的德行；命南宫括把积聚在鹿台的钱财散发给人们，打开钜桥粮仓，分发粮食来赈济贫苦病弱的百姓；命令南宫括、史佚展示传国之宝九鼎和殷朝的宝玉；命令闳夭给比干的墓培土筑坟；命令主管祭祀的祝官在军中祭奠阵亡将士的亡灵，然后才撤兵回西方去。路上武王巡视各诸侯国，记录政事，写下了《武成》，宣告灭殷武功已成。封诸侯，分赐殷的宗庙祭器，作《分殷之器物》。武王怀念古代的圣王，就表彰并赐封神农氏的后代于焦国，赐封黄帝的后代于祝国，赐封尧帝的后代于蓟，赐封舜帝的后代于陈，赐封大禹的后代于杞。

然后分封功臣谋士，其中师尚父是第一个受封的。封太公望于营丘，国号为齐；封其弟周公旦于曲阜，国号为鲁；封召公奭于燕；封弟弟叔鲜于管，弟弟叔度于蔡。其他人分别依次受封。

武王召见九州的长官，登上豳城附近的土山，向着远方商朝的国都眺望。武王回到周都镐京，直到深夜不能安睡。周公旦来到武王的住处，问道："为什么不睡？"王说："我告诉你：上天不受殷的享祭，从我没出生的时候起到现在已经六十年了，郊外怪兽成群、害虫遍野。上天不保佑殷朝，才使我们取得了今天的成功。上天建立殷朝，曾经任用有名之士三百六十人，虽然说不上政绩显著，但也不至于灭亡，才使殷朝维持至今。我还没有得到上天的保佑，哪有时间睡觉？"武王又说："我要确保周朝的国运不可改变，要靠近天帝的居室，要找出所有的恶人，惩罚他们，像对待殷王一样。我要日夜勤勉努力，确保我西方的安定，我要办好各种事情，直到功德之光照耀四方。从洛水的河湾到伊水的河湾，居住在平坦之处没有险隘，这是夏人居住的地方。我南望三涂，北望岳北，观察黄河，仔细察看了洛水、伊水地区，这里离天帝的居室不远，是建都的好地方。"于是对在洛邑修建周都进行了测量规划，然后才离去。他命令把马散放在华山之南，把牛散放到桃林的旷野；放下干戈，班师解散军队，向天下表示不再用兵。

武王战胜殷朝两年之后，向箕子询问殷朝灭亡的原因。箕子不忍心说殷朝的不好，就向武王讲述了国家存亡道理。武王也很尴尬，所以问他有关天道的事。

武王生了病。这时，天下还没有统一，王室大臣非常担心，虔诚地进行占卜；周公于是被祓斋戒，自作替身，想代替武王去死，武王病有好转。后来武王逝世了，太子诵继承了王位，这就是成王。

成王少，周初定天下，周公恐诸侯畔周，公乃摄行政当国。管叔、蔡叔群弟疑周公，与武庚作乱，畔周。周公奉成王命，伐诛武庚、管叔，放蔡叔。以微子开代殷后，国于宋。颇收殷余民，以封武王少弟封为卫康叔。晋唐叔得嘉谷，献之成王，成王以归周公于兵所。周公受禾东土，鲁天子之命。初，管、蔡畔周，周公讨之，三年而毕定，故初作大诰，次作微子之命，次归禾，次嘉禾，次康诰、酒诰、梓材，其事在周公之篇。周公行政七年，成王长，周公反政成王，北面就群臣之位。

成王在丰，使召公复营洛邑，如武王之意。周公复卜申视，卒营筑，居九鼎焉。曰："此天下之中，四方入贡道里均。"作召诰、洛诰。成王既迁殷遗民，周公以王命告，作多士、无佚。召公为保，周公为师，东伐淮夷，残奄，迁其君薄姑。成王自奄归，在宗周，作多方。既绌殷命，袭淮夷，归在丰，作周官。兴正礼乐，度制于是改，而民和睦，颂声兴。成王既伐东夷，息慎来贺，王赐荣伯作贿息慎之命。

成王将崩，惧太子钊之不任，乃命召公、毕公率诸侯以相太子而立之。成王既崩，二公率诸侯，以太子钊见于先王庙，申告以文王、武王之所以为王业之不易，务在节俭，毋多欲，以笃信临之，作顾命。太子钊遂立，是为康王。康王即位，遍告诸侯，宣告以文武之业以申之，作康诰。故成康之际，天下安宁，刑错四十余年不用。康王命作策毕公分居里，成周郊，作毕命。

康王卒，子昭王瑕立。昭王之时，王道微缺。昭王南巡狩不返，卒于江上。其卒不赴告，讳之也。立昭王子满，是为穆王。穆王即

成王年纪小,周又刚刚平定天下,周公担心诸侯背叛周朝,便代成王主持国家政事。管叔、蔡叔等弟兄怀疑周公欲篡位,联合武庚发动叛乱,背叛周朝。周公奉成王之命,讨伐处决了武庚、管叔,流放了蔡叔。他用微子开接续武庚作殷的后人,建都于宋。又将殷朝的全部遗民,封给武王的小弟弟封,让他做了卫康叔。晋唐叔得到一种二苗同穗的禾谷,献给成王。成王又把它赠给远在军营中的周公。周公在东方接受这些禾穗,宣布了天子的命令。起初,管叔、蔡叔背叛了周朝,周公前去讨伐,经过三年时间才彻底平定,所以先写下了《大诰》,向天下陈述东征讨伐叛逆的大道理;接着又写下了《微子之命》;再次写下了《归禾》《嘉禾》,记述和颂扬天子赠送嘉禾;写下《康诰》《酒诰》《梓材》,下令封康叔于殷,训诫他戒除嗜酒,教给他为政之道。这些事件的经过记载在《鲁周公世家》中。周公执政七年,成王长大了,周公把权力还给成王,从此面向北站在群臣行列之中。

成王住在丰邑,派召公再次营建洛邑,目的是为了遵循武王的遗旨。周公又进行占卜,反复察看地形,最后营建成功,把九鼎安放在那里。他说:"这里是天下的中央,四方进贡路程相等。"在测量和营建洛邑的过程中,写下了《召诰》《洛诰》。成王迁走殷的遗民后,周公以成王的名义宣告,作《多士》《无佚》。召公担任太保,周公担任太师,往东征伐淮夷,灭了奄国,把奄国国君迁徙到薄姑。成王从奄国回来,在宗周写下了《多方》,告诫天下诸侯。成王消灭了殷朝的残余势力,袭击了淮夷,回到丰邑,写下了《周官》。说明了周朝设官分职用人之法,重新规定了礼仪,谱制了音乐,改变了制度。从这时候起人民和睦,歌颂周的乐声四起。成王讨伐了东夷之后,息慎前来恭贺,成王命令荣伯写下了《贿息慎之命》。

成王临终,担心太子钊胜任不了国事,就命令召公、毕公率领诸侯辅佐太子登位。成王去世后,召公、毕公率诸侯,陪奉太子钊谒见先王宗庙,用文王、武王开创周朝王业的艰难反复告诫太子,要他一定力行节俭,戒除贪欲,专心办理国政,写下了《顾命》,要求大臣们辅佐关照太子钊。太子钊于是登位,这就是康王。康王即位,通告天下诸侯,向他们宣告文王、武王的业绩,反复加以说明,写下了《康诰》。所以成、康两王时期,天下安宁,刑罚弃置不用达四十多年。康王命人写作策书告诉毕公,按善恶划分村落让民众居住;划定周都郊外的境界,作为周都的屏卫。为此写下《毕命》,记录了毕公受命这件事。

康王逝世之后,儿子昭王瑕继位。昭王在位的时候,王道衰落了。昭王到南方巡视,没有回来,因为当地人憎恶他,给他一只用胶黏合的船,结果淹死在江中。他死的时候没有向诸侯报丧,是因为忌讳这件事。后来立了昭王的儿子满,

位,春秋已五十矣。王道衰微,穆王闵文武之道缺,乃命伯臩申诫太仆国之政,作臩命。复宁。

穆王将征犬戎,祭公谋父谏曰:"不可。先王耀德不观兵。夫兵戢而时动,动则威,观则玩,玩则无震。是故周文公之颂曰:'载戢干戈,载櫜弓矢,我求懿德,肆于时夏,允王保之。'先王之于民也,茂正其德而厚其性,阜其财求而利其器用,明利害之乡,以文修之,使之务利而辟害,怀德而畏威,故能保世以滋大。昔我先王世后稷以服事虞、夏。及夏之衰也,弃稷不务,我先王不窋用失其官,而自窜于戎狄之间。不敢怠业,时序其德,遵修其绪,修其训典,朝夕恪勤,守以敦笃,奉以忠信。奕世载德,不忝前人。至于文王、武王,昭前之光明而加之以慈和,事神保民,无不欣喜。商王帝辛大恶于民,庶民不忍,䜣载武王,以致戎于商牧。是故先王非务武也,勤恤民隐而除其害也。夫先王之制,邦内甸服,邦外侯服,侯卫宾服,夷蛮要服,戎翟荒服。甸服者祭,侯服者祀,宾服者享,要服者贡,荒服者王。日祭,月祀,时享,岁贡,终王。先王之顺祀也,有不祭则修意,有不祀则修言,有不享则修文,有不贡则修名,有不王则修德,序成而有不至则修刑。于是有刑不祭,伐不祀,征不享,让不贡,告不王。于是有刑罚之辟,有攻伐之兵,有征讨之备,有威让之命,有文告之辞。布令陈辞而有不至,则增修于德,无勤民于远。是以近无不听,远无不服。今自大毕、伯士之终也,犬戎氏以其职来王,天子曰'予必以不享征之,且观之兵',无乃废先王之训,而王

这就是穆王。穆王继位时，已经五十岁了。国家的政治衰败，穆王痛惜文王、武王的王道政治遭到影响，于是就命令伯臩反复告诫太仆，为了管好国事，写下了《臩命》。这样，天下才又得以安定。

穆王打算去攻打犬戎，祭公谋父进谏道："去不得。先王都是以修养自己的德行来服人，而不只是炫耀武力。平时军队蓄积力量，等到必要时才动用武力，一出动就有威力。如果只是炫耀武力，对方就会漫不经心，漫不经心就没有人畏惧了。所以周公所作的颂说：'收起武力，藏起弓箭。求贤重美德，华夏都传遍，王业永保生机。'先王对于人民，勉励端正其道德，增厚其性情，增加其财物，改良其器物，让他们懂得'利'和'害'的道理，用礼法来教化他们，使他们用心致力于善事而避免做恶事，心怀德政而畏惧刑罚，所以才能保住先王的事业世代相承发扬光大。从前我们的先祖世代都是农师，替大舜、禹王办事。到夏朝衰弱的时候，废弃农事，我们的先王不窋因此失去官职，自己逃到戎狄之地。对农事却不敢松懈，时时宣扬弃的德行，继续他的事业，修习他的教化法度，早晚恭谨努力，用敦厚笃实的态度来保持，用忠实诚信的态度来奉行。世代秉持先祖恩德，不玷污祖先。到了文王和武王时，光大前人的光辉，加上慈爱和睦，敬事神明保护人民，神民无不欢喜。商纣王对民众犯下了大罪恶，民众无法忍受，于是都一致拥戴武王，因此才发动了商郊牧野之争。因此可以说，先王并不崇尚武力，而是殚精竭虑地为民众的疾苦思考啊。先王的礼法规定：国都近郊五百里以内地区是甸服，甸服以外五百里的地区是侯服，侯服至卫服共二千五百里的地区总称为宾服，蛮夷地区为要服，戎狄地区为荒服。甸服地区要供日祭，即供给天子祭祀祖父、父亲的祭品；侯服地区要供月祀，即供给天子祭祀高祖、曾祖的祀品；宾服地区要供时享，即供给天子祭祀远祖的祭品；要服地区要供岁贡，即供给天子祭神的祭品；荒服地区要来朝见天子。祭祀祖父、父亲，每日一次；祭祀高祖、曾祖，每月一次；祭祀远祖，每季一次；祭神，每年一次；朝见天子，终生一次。先王留下这样的遗训：有不供日祭的，就检查自己的思想；有不供月祀的，就检查自己的言论；有不供时享的，就检查自己的法律制度；有不供岁贡的，就检查上下尊卑的名分；有不来朝见的，就检查仁义礼乐等教化。以上几点都依次检查完了，仍然有不来进献朝见的，就检查刑罚。因此有时就惩罚不祭的，攻伐不祀的，征讨不享的，谴责不贡的，告谕不来朝见的，于是也就有了惩罚的法律，有了攻伐的军队，有了征讨的装备，有了严厉谴责的命令，有了告谕的文辞。如果宣布了命令，发出了文告，仍有不来进献朝见的，就进一步检查自己的德行，而不是轻易地劳民远征。这样一来，不论是近是远，就没有不服、没有不归顺的了。如今自从大毕、伯士死后，犬戎各族按照荒服的职分前来朝见，而您却说'我一定按不享的罪名征讨它，而且要向他们炫耀武力'，这恐怕是废

几顿乎？吾闻犬戎树敦，率旧德而守终纯固，其有以御我矣。"王遂征之，得四白狼四白鹿以归。自是荒服者不至。

诸侯有不睦者，甫侯言于王，作修刑辟。王曰："吁，来！有国有土，告汝祥刑。在今尔安百姓，何择非其人，何敬非其刑，何居非其宜与？两造具备，师听五辞。五辞简信，正于五刑。五刑不简，正于五罚。五罚不服，正于五过。五过之疵，官狱内狱，阅实其罪，惟钧其过。五刑之疑有赦，五罚之疑有赦，其审克之。简信有众，惟讯有稽。无简不疑，共严天威。黥辟疑赦，其罚百率，阅实其罪。劓辟疑赦，其罚倍洒，阅实其罪。膑辟疑赦，其罚倍差，阅实其罪。宫辟疑赦，其罚五百率，阅实其罪。大辟疑赦，其罚千率，阅实其罪。墨罚之属千，劓罚之属千，膑罚之属五百，宫罚之属三百，大辟之罚其属二百：五刑之属三千。"命曰甫刑。

穆王立五十五年，崩，子共王繄扈立。共王游于泾上，密康公从，有三女奔之。其母曰："必致之王。夫兽三为群，人三为众，女三为粲。王田不取群，公行不下众，王御不参一族。夫粲，美之物也。众以美物归女，而何德以堪之？王犹不堪，况尔之小丑乎！小丑备物，终必亡。"康公不献，一年，共王灭密。共王崩，子懿王艰

弃了先王的教导，而您将要陷入困境了吧？我听说犬戎已经建立了敦厚的风尚，遵守祖先传下来的美德，始终如一地坚守终生入朝的职分，看来他们是有力量来和我们对抗的。"穆王还是征讨了犬戎，得到四只白狼和四只白鹿带回来。从这以后荒服地方的人不再来朝见了。

诸侯之间有不和睦的，大臣甫侯向穆王禀报，于是制定了刑法。穆王说："喂，过来！有国土的诸侯，告诉你们要善于使用刑法。现在你们安抚百姓，应该选择什么呢？难道不是贤德的人才吗？应该严肃对待什么呢？难道不是刑法吗？应该怎样处理各种事务？难道不是应该量刑适度吗？原告和被告都到场了，法官要从五个方面听取口供和证据；五个方面的口供和证据检查核实后，可用五刑来定罪；如果五刑不合适，就用五罚来定罪；如果不够使用五刑的，就按照用钱赎罪的五种惩罚来判决；如果用五刑不当，就按照五种过失来判决。按照五种过失来判决，会产生流弊，这就是凭借权势，乘机报恩报怨，通过宫中受宠女子进行干预，行贿受贿，受人请托。遇有这类情况，即使是大官贵族，也要查清罪状，与犯罪的人一样判他们的罪。判五刑之罪如果有疑点，就减等按五罚处理；判五罚之罪如果有可疑之处，就减等按五过处理；一定要审核清楚。要在众人中加以核实，审讯的结果要与事实相符。如果没有确凿的证据就不要怀疑，应当共同敬畏上天，不要轻易用刑。要判刺面的墨刑而有疑点的，可以减罪，罚以黄铜六百两；但要认真核实，如果确实有罪，还应施刑。要判割鼻的劓刑而有疑点的，可以减罪，罚以黄铜一千二百两，比墨刑加倍；但也要认真核实，如果确实有罪，还应施刑。判挖掉膝盖骨的膑刑而有疑点的，可以减罪，罚以黄铜三千两，比劓刑加一倍半；但也要认真核实，如果确实有罪，还应施刑。判断绝生殖机能的宫刑而有疑点的，可以减罪，罚以黄铜三千六百两；但也要认真核实，如果确实有罪，还应施行。判杀头之刑大辟而有疑点的，可以减罪，罚以黄铜六千两；但也要认真核实，如果确实有罪，还应施行。五刑的条文，墨刑类有一千条，劓刑类有一千条，膑刑类有五百条，宫刑类有三百条，大辟类有二百条，五种刑罚类的共三千条。"这套刑法因为是甫侯提出来的，所以将此命名为《甫刑》。

穆王在位五十五年逝世，其子共王繄扈即位。共王出游到泾水边上，密康公跟随着，有三个女子来投奔密康公。密康公的母亲说："你一定要把她们献给国王。野兽够三只就叫'群'，人够三个就叫'众'，美女够三人就叫'粲'。君王田猎都不敢猎取太多的野兽，诸侯出行对众人也要谦恭有礼，君王娶嫔妃不娶同胞三姐妹。那三个女子都很美丽。那么多美人都投奔你，你有什么德行承受得起呢？君王尚且承受不起，更何况你这样的小人物呢？小人物而拥有宝物，最终准会灭亡。"密康公没有献出。过了一年，共王灭密。共王去世，其子懿王艰即

立。懿王之时，王室遂衰，诗人作刺。

懿王崩，共王弟辟方立，是为孝王。孝王崩，诸侯复立懿王太子燮，是为夷王。

夷王崩，子厉王胡立。厉王即位三十年，好利，近荣夷公。大夫芮良夫谏厉王曰："王室其将卑乎？夫荣公好专利而不知大难。夫利，百物之所生也，天地之所载也，而有专之，其害多矣。天地百物皆将取焉，何可专也？所怨甚多，不备大难。以是教王，王其能久乎？夫王人者，将导利而布之上下者也。使神人百物无不得极，犹日怵惕惧怨之来也。故颂曰'思文后稷，克配彼天，立我蒸民，莫匪尔极'。大雅曰'陈锡载周'。是不布利而惧难乎，故能载周以至于今。今王学专利，其可乎？匹夫专利，犹谓之盗，王而行之，其归鲜矣。荣公若用，周必败也。"厉王不听，卒以荣公为卿士，用事。

王行暴虐侈傲，国人谤王。召公谏曰："民不堪命矣。"王怒，得卫巫，使监谤者，以告则杀之。其谤鲜矣，诸侯不朝。三十四年，王益严，国人莫敢言，道路以目。厉王喜，告召公曰："吾能弭谤矣，乃不敢言。"召公曰："是鄣之也。防民之口，甚于防水。水壅而溃，伤人必多，民亦如之。是故为水者决之使导，为民者宣之使言。故天子听政，使公卿至于列士献诗，瞽献曲，史献书，师箴，瞍赋，蒙诵，百工谏，庶人传语，近臣尽规，亲戚补察，瞽史教诲，耆艾修之，而后王斟酌焉，是以事行而不悖。民之有口也，犹土之有山川也，财用于是乎出；犹其有原隰衍沃也，衣食于是乎生。口之宣言

位。懿王在位时，王室衰败，诗人作诗进行讥讽。

懿王逝世后，共王的弟弟辟方继位，就是孝王。孝王逝世后，诸侯又立懿王的太子燮，这就是夷王。

夷王逝世后，其子厉王胡继位。厉王即位三十年，贪好财利，亲近荣夷公。大夫芮良夫劝谏厉王说："这样下去，恐怕王室会衰微的！荣公只喜欢独占财利，却不明白这样做的结果会有大灾祸。财利，是从各种事物中产生出来的，它是天地自然拥有的，只要有人想独占它，他就会受到深重的伤害。天地万物是人们都可以取用的，怎么可以独占呢？他触怒的人很多，却不防备大难。荣公用财利来引诱您，君王您难道能长久吗？做人君的人，应该是开发各种财物分发给上下群臣百姓。使神、人、万物都能得到所应得的一份，即使这样，还要每日小心警惕，恐怕招来怨恨呢。所以《颂》说：'追念有文德的祖先后稷，能够配享上天，安定我众多百姓，无不合乎其天的准则。'《大雅》说：'施恩布利以发展周国。'岂不正是通过广施财利来避免祸难来临吗？正因为如此，先王才能让周朝的事业一直延续到现在。而如今，现在王学的是独占财利，行吗？普通人独占财利，尚且称之为强盗。王这样行事，归附的人就很少了。荣公如果被重用，周朝肯定会被败亡的。"厉王不听规劝，依旧任用荣公做了卿士，负责执掌国政。

厉王残暴无德、骄傲放纵，老百姓都公开指责他的过失。召公进谏说："人民忍受不了您的政令了！"厉王恼怒，从卫国找来一个巫师，让他去监视那些议论他的人，发现后就报告朝廷，立即杀掉。这样做的结果，议论的人是减少了，可是各地的诸侯不来朝拜了。厉王在位的第三十四年，厉王更加严苛。国人没有谁再敢开口说话，路上相见也只能互递眼色示意而已。厉王见此非常高兴，告诉召公说："我能平息人们的非议，他们不敢讲话了。"召公说："这只是把他们的嘴堵住了。堵住人们的嘴巴，要比堵住洪水更厉害。水蓄多了，一旦决口，受害的人一定会很多；不让民众有合理的言论，这和堵住洪水的道理也是一样的。因此，治水的人应该疏通河道，使水流畅通；领导全国人民，也应该放开他们，让他们畅所欲言。因此天子治理国政，应该让公卿以下直到列士都要献上诗篇，以此来讽喻朝政的得失。盲人乐师要献上反映民情的乐曲，史官要献上可供借鉴的史书，乐师之长要献箴戒之言；由一些盲乐师诵读公卿列士所献的诗，由另一些盲乐师诵读箴戒之言；百官可以直接进谏，老百姓可以把意愿通过合理的渠道传达到天子那里；近臣要进行规谏，同宗亲属要互相查找改正过失；乐师、太史要负责教化；师傅等年长者要经常告诫，然后由天子斟酌而行。这样，事情做起来才会顺当、没有错误。民众有嘴巴，就如同大地有山川，财货器用都是从这里生产出来；民众有嘴巴，又好像大地有饶田沃野，衣服粮食也是从这里生产出来

也，善败于是乎兴。行善而备败，所以产财用衣食者也。夫民虑之于心而宣之于口，成而行之。若壅其口，其与能几何？"王不听。于是国莫敢出言，三年，乃相与畔，袭厉王。厉王出奔于彘。

厉王太子静匿召公之家，国人闻之，乃围之。召公曰："昔吾骤谏王，王不从，以及此难也。今杀王太子，王其以我为仇而怼怒乎？夫事君者，险而不仇怼，怨而不怒，况事王乎！"乃以其子代王太子，太子竟得脱。

召公、周公二相行政，号曰"共和"。共和十四年，厉王死于彘。太子静长于召公家，二相乃共立之为王，是为宣王。宣王即位，二相辅之，修政，法文、武、成、康之遗风，诸侯复宗周。十二年，鲁武公来朝。

宣王不修籍于千亩，虢文公谏曰不可，王弗听。三十九年，战于千亩，王师败绩于姜氏之戎。

宣王既亡南国之师，乃料民于太原。仲山甫谏曰："民不可料也。"宣王不听，卒料民。

四十六年，宣王崩，子幽王宫涅立。幽王二年，西周三川皆震。伯阳甫曰："周将亡矣。夫天地之气，不失其序；若过其序，民乱之也。阳伏而不能出，阴迫而不能蒸，于是有地震。今三川实震，是阳失其所而填阴也。阳失而在阴，原必塞；原塞，国必亡。夫水土演而民用也。土无所演，民乏财用，不亡何待！昔伊、洛竭而夏亡，河竭而商亡。今周德若二代之季矣，其川原又塞，塞必竭。夫国必依山川，山崩川竭，亡国之徵也。川竭必山崩。若国亡不过十年，数之纪也。天之所弃，不过其纪。"是岁也，三川竭，岐山崩。

三年，幽王嬖爱褒姒。褒姒生子伯服，幽王欲废太子。太子母申侯女，而为后。后幽王得褒姒，爱之，欲废申后，并去太子

的。民众把话从嘴里说出来了，政事哪些好、哪些坏也就可以从这里看出来了。好的就实行，坏的就防备，这个道理就跟大地出财物器用衣服粮食是一样的。民众心里想什么嘴里就说什么，心里考虑好了就去做。如果堵住他们的嘴巴，那能维持多久呢！"厉王不听劝阻。在这种情况下国都内没有人敢讲话。过了三年，竟一起叛乱，袭击厉王。厉王逃亡到彘。

厉王的太子静躲藏在召公的家里，国人听说后，就把召公家包围起来了。召公说："先前我劝谏君王多次，君王还是不听，以至于遭受这样大的灾祸。如果现在太子被人杀了，王大概会认为我和他对立而怨恨吧？侍奉国君的人，即使遇到危险也不应该怨恨；即使怨恨也不应该发怒，更何况侍奉天子呢？"于是就用自己的儿子代替了王太子，太子最后得免于难。

召公、周公二辅相共理朝政，号称"共和"。共和十四年，厉王在彘去世。太子静在召公家中长大，两位国相于是一起立他为王，这就是宣王。宣王登位之后，由二相辅佐，修明政事，师法文王、武王、成王、康王的遗风，诸侯又都尊奉周王室了。共和十二年，鲁武公来朝见。

宣王不遵籍礼，没有到千亩去耕种专供天子带头亲耕以示重农的籍田。虢文公劝谏说这样不行，宣王不听。共和三十九年，王的军队在千亩与姜氏之戎交战，大败。

宣王丧失了南方江、淮一带的军队后，就在太原清点人口以备征兵。仲山甫劝谏说："民户是不可以统计的。"宣王不听劝告，最终还是清点了。

共和四十六年，宣王驾崩，其子幽王宫湦继位。幽王二年，西周都城及其附近的泾水、渭水、洛水三条河所在的地区都发生了地震。伯阳甫说："周朝快要灭亡啦。天地间的阴阳之气，应该是有秩序的；如果破坏了秩序，那也是人为造成的。阳气沉伏在下，不能出来，阴气压迫着阳气使它不能上升，所以就会有地震出现。现在泾、渭、洛一带所发生的地震，这是阳气不得其所而被阴气镇伏。阳气失位而居于阴气的位置，水源必定会堵塞；水源堵塞，国家必然灭亡。土壤湿润人民才能利用。土地得不到滋润，人民就会财用缺乏，如果到了这种地步，国家不灭亡还等待什么！从前，伊水、洛水干涸夏朝就灭亡了；黄河枯竭商朝就灭亡了。如今周的气数也像夏、商两代末年一样了，河源的水流又被阻塞，水源被阻塞，河流必定要枯竭。一个国家的生存，一定要依赖于山川河流，如果高山崩塌、河川枯竭，这是亡国的征兆。河川枯竭了，高山就一定崩塌。这样看来，国家的灭亡用不了十年，因为十刚好是数字的一个循环。上天所要抛弃的，不会超过十年。"这一年，果然三川枯竭了、岐山崩塌了。

幽王三年，幽王宠爱褒姒。褒姒生的儿子叫伯服，幽王想废掉太子。太子的母亲是申侯的女儿，是幽王的王后。后来幽王得到褒姒，宠爱她，想废掉申后，

宜臼，以褒姒为后，以伯服为太子。周太史伯阳读史记曰："周亡矣。"昔自夏后氏之衰也，有二神龙止于夏帝庭而言曰："余，褒之二君。"夏帝卜杀之与去之与止之，莫吉。卜请其漦而藏之，乃吉。于是布币而策告之，龙亡而漦在，椟而去之。夏亡，传此器殷。殷亡，又传此器周。比三代，莫敢发之，至厉王之末，发而观之。漦流于庭，不可除。厉王使妇人裸而噪之。漦化为玄鼋，以入王后宫。后宫之童妾既龀而遭之，既笄而孕，无夫而生子，惧而弃之。宣王之时童女谣曰："檿弧箕服，实亡周国。"于是宣王闻之，有夫妇卖是器者，宣王使执而戮之。逃于道，而见乡者后宫童妾所弃妖子出于路者，闻其夜啼，哀而收之，夫妇遂亡，奔于褒。褒人有罪，请入童妾所弃女子者于王以赎罪。弃女子出于褒，是为褒姒。当幽王三年，王之后宫见而爱之，生子伯服，竟废申后及太子，以褒姒为后，伯服为太子。太史伯阳曰："祸成矣，无可奈何！"

褒姒不好笑，幽王欲其笑万方，故不笑。幽王为烽燧大鼓，有寇至则举烽火。诸侯悉至，至而无寇，褒姒乃大笑。幽王说之，为数举烽火。其后不信，诸侯益亦不至。

幽王以虢石父为卿，用事，国人皆怨。石父为人佞巧善谀好利，王用之。又废申后，去太子也。申侯怒，与缯、西夷犬戎攻幽王。幽王举烽火征兵，兵莫至。遂杀幽王骊山下，虏褒姒，尽取周赂而去。于是诸侯乃即申侯而共立故幽王太子宜臼，是为平王，以奉周祀。

平王立，东迁于洛邑，辟戎寇。平王之时，周室衰微，诸侯强并

并废掉太子宜臼，立褒姒为王后，立伯服为太子。周太史伯阳阅读历史典籍，感慨道："周朝就要灭亡啦。"从前夏后氏衰落时候，有两条神龙降临在夏帝的宫廷，说："我们是褒国的两个先君。"夏帝卜问究竟是杀掉它们还是赶走它们还是留下它们，都不吉利。于是就进行占卜，结果还是不吉利。又卜占，占卜的结果是将它们的唾液藏起来，结果才吉利。于是摆设出币帛祭物，书写简策，向二龙祈祷，二条龙就不见了，留下了唾液。夏王命令拿木匣子把龙的唾液收藏起来。夏朝亡国后，这个匣子传到了商朝，殷亡之后，又传到了周朝。连续三代，从来没有人敢把匣子打开。可是到了周厉王末年，打开匣子看了。龙的唾液流在殿堂上，无论如何也清扫不掉。于是周厉王命令一群女人，赤身裸体对着唾液大声呼叫。那唾液变成了一只黑色的大蜥蜴，爬进了厉王的后宫。后宫有一个小宫女，仅六七岁，刚刚换牙，碰了那只大蜥蜴，后来到了成年的时候竟然怀孕了，没有丈夫却生下了孩子，因此她非常恐惧，于是就把那孩子扔掉了。宣王时童女唱歌谣说："山桑做的弓，箕木做的箭囊，要灭掉周。"宣王听到了这首歌，有一对夫妻正好卖山桑弓和箕木制的箭袋，宣王命人去抓捕他们，想把他们杀掉。夫妇二人逃到大路上，发现了先前被小宫女扔掉的婴孩，听到她在深更半夜里啼哭，非常可怜，于是就收留了她。夫妇二人继续往前逃，逃到了褒国。后来褒国人得罪了周朝，就想把被小宫女扔掉的那个女孩献给厉王，以求赎罪。因为当初这个被扔掉的女孩是褒国献出，所以叫她褒姒。周幽王三年，幽王到后宫去，一见到这女子就非常喜爱，待她生下儿子伯服，最后把申后和太子都废掉了，让褒姒做了王后、伯服做了太子。太史伯阳感慨地说："灾祸已形成了，无可奈何！"

褒姒不爱笑，幽王为了博得她一笑，用了各种办法，褒姒仍然不笑。周幽王设置了烽火狼烟和大鼓，有敌人来侵犯就点燃烽火。周幽王为了让褒姒笑，点燃了烽火，诸侯见到烽火，全都赶来了。赶到之后，却不见有敌寇，褒姒看了果然哈哈大笑。幽王很高兴，为她多次点燃烽火。后来这烽火便失去了信用，诸侯们来的也越来越少了。

周幽王任用虢石父做卿，在国中执政，国人都对他不满意。虢石父为人能说会道，善于阿谀奉承又贪图财利，王却任用他。幽王又废掉了申后和太子。申侯很生气，联合缯国、犬戎一起攻打幽王。幽王点燃烽火召集诸侯的救兵。诸侯们再也没有人派救兵来了。幽王就被申侯杀死在骊山脚下，申侯俘虏了褒姒，把周的财宝都拿走了。于是诸侯们就和申侯一起拥立幽王从前的太子宜臼为王。也就是周平王，由周平王来继承周朝的祭祀。

周平王即位后，把国都迁到东都洛邑，以躲避犬戎。平王在位的时候，周王室衰落，各诸侯弱肉强食，齐国、楚国、秦国、晋国势力开始强大，一切政事都

弱，齐、楚、秦、晋始大，政由方伯。

四十九年，鲁隐公即位。

五十一年，平王崩，太子泄父蚤死，立其子林，是为桓王。桓王，平王孙也。

桓王三年，郑庄公朝，桓王不礼。五年，郑怨，与鲁易许田。许田，天子之用事太山田也。八年，鲁杀隐公，立桓公。十三年，伐郑，郑射伤桓王，桓王去归。

二十三年，桓王崩，子庄王佗立。庄王四年，周公黑肩欲杀庄王而立王子克。辛伯告王，王杀周公。王子克奔燕。

十五年，庄王崩，子釐王胡齐立。釐王三年，齐桓公始霸。

五年，釐王崩，子惠王阆立。惠王二年。初，庄王嬖姬姚，生子颓，颓有宠。及惠王即位，夺其大臣园以为囿，故大夫边伯等五人作乱，谋召燕、卫师，伐惠王。惠王奔温，已居郑之栎。立釐王弟颓为王。乐及遍舞，郑、虢君怒。四年，郑与虢君伐杀王颓，复入惠王。惠王十年，赐齐桓公为伯。

二十五年，惠王崩，子襄王郑立。襄王母蚤死，后母曰惠后。惠后生叔带，有宠于惠王，襄王畏之。三年，叔带与戎、翟谋伐襄王，襄王欲诛叔带，叔带奔齐。齐桓公使管仲平戎于周，使隰朋平戎于晋。王以上卿礼管仲。管仲辞曰："臣贱有司也，有天子之二守国、高在。若节春秋来承王命，何以礼焉。陪臣敢辞。"王曰："舅氏，余嘉乃勋，毋逆朕命。"管仲卒受下卿之礼而还。九年，齐桓公卒。十二年，叔带复归于周。

十三年，郑伐滑，王使游孙、伯服请滑，郑人囚之。郑文公怨惠王之入不与厉公爵，又怨襄王之与卫滑，故囚伯服。王怒，将以翟伐郑。富辰谏曰："凡我周之东徙，晋、郑焉依。子颓之

要由各方诸侯的首领来裁决。

平王四十九年，鲁隐公登位。

平王五十一年，周平王驾崩，而太子泄父也死得很早，立了他的儿子林，这就是桓王。桓王，就是周平王的孙子。

桓王三年，郑庄公前来朝见，桓王没有依礼接待郑庄公。五年，郑国由于怨恨桓王，于是就和鲁国调换了许地的田地。许地的田地，是天子祭祀泰山的专用田。八年，鲁人杀了隐公，拥立桓公。十三年，周桓王攻打郑国，郑国人祝聃射伤了桓王的肩膀，桓王就离开郑国回去了。

桓王二十三年，桓王去世，他的儿子庄王佗登位。庄王四年，周公黑肩想杀掉庄王拥立王子克。辛伯把这个消息报告给庄王，庄王杀掉周公，王子克逃往燕国。

十五年，周庄王去世。其儿子釐王胡齐登位。釐王三年，齐桓公开始称霸诸侯。

五年，釐王去世，其儿子惠王阆登位。惠王二年，起初，庄王宠爱姚姬，生下一子叫颓，很受宠爱。到惠王即位，夺其大臣的园林作为自己的猎场，因此大夫边伯等五人作乱，商议着召集燕、卫的军队，讨伐惠王。惠王逃到了温邑，后来就住在了郑国的栎邑。边伯等拥立釐王的弟弟颓为王。他们演奏各种舞乐，郑国和虢国的国君得知后很愤怒。四年，郑国和虢国一起发兵，杀死了周王颓，又把惠王护送回朝廷。惠王十年，赐封齐桓公为诸侯首领。

二十五年，惠王驾崩，其子襄王郑继位。襄王的母亲很早就去世了。继母就是惠后。惠后生了叔带，叔带很受惠王的宠爱，襄王不放心他。三年，叔带和戎国、翟国商议打算进攻襄王，襄王想要杀死叔带，于是叔带逃到了齐国。齐桓公派管仲去劝说戎国和周和解，派隰朋去劝说戎和晋和解。襄王用上卿的礼节来接待管仲。管仲辞谢道："微臣身为下卿，不过是个卑贱的官吏，齐国还有天子您亲自任命的两位大臣上卿国氏、高氏在，如果国、高二卿届时在春、秋两季前来朝见天子，您将打算如何接见他们呢？微臣以天子和齐桓公的双重臣子的身份冒昧地辞谢了。"襄王说："你是我舅父家的使臣，我欣赏你的政绩，请不要拒绝我的善意。"最终管仲还是接受了下卿的礼节，然后就回国了。九年，齐桓公去世。在十二年，叔带又回到了周朝。

十三年，郑国攻打滑国。周襄王派游孙、伯服为滑说情，郑国拘禁了这两个人。郑文公怨恨惠王，送给虢公酒器玉爵而不送给郑厉公，又怨恨襄王帮助卫国和滑国，所以拘禁了伯服。襄王很生气，想利用翟国军队去攻打郑国。富辰劝谏襄王说："周东迁的时候，靠的是晋国和郑国的力量。子颓叛乱，又是依靠郑国得以

乱，又郑之由定，今以小怨弃之！"王不听。十五年，王降翟师以伐郑。王德翟人，将以其女为后。富辰谏曰："平、桓、庄、惠皆受郑劳，王弃亲亲翟，不可从。"王不听。十六年，王绌翟后，翟人来诛，杀谭伯。富辰曰："吾数谏不从。如是不出，王以我为怼乎？"乃以其属死之。

初，惠后欲立王子带，故以党开翟人，翟人遂入周。襄王出奔郑，郑居王于氾。子带立为王，取襄王所绌翟后与居温。十七年，襄王告急于晋，晋文公纳王而诛叔带。襄王乃赐晋文公圭鬯弓矢，为伯，以河内地与晋。二十年，晋文公召襄王，襄王会之河阳、践土，诸侯毕朝，书讳曰"天王狩于河阳"。

二十四年，晋文公卒。

三十一年，秦缪公卒。

三十二年，襄王驾崩，子顷王壬臣立。顷王六年，崩，子匡王班立。匡王六年，崩，弟瑜立，是为定王。

定王元年，楚庄王伐陆浑之戎，次洛，使人问九鼎。王使王孙满应设以辞，楚兵乃去。十年，楚庄王围郑，郑伯降，已而复之。十六年，楚庄王卒。

二十一年，定王崩，子简王夷立。简王十三年，晋杀其君厉公，迎子周于周，立为悼公。

十四年，简王崩，子灵王泄心立。灵王二十四年，齐崔杼弑其君庄公。

二十七年，灵王崩，子景王贵立。景王十八年，后太子圣而蚤卒。二十年，景王爱子朝，欲立之，会崩，子丐之党与争立，国人立长子猛为王，子朝攻杀猛。猛为悼王。晋人攻子朝而立丐，是为敬王。

敬王元年，晋人入敬王，子朝自立，敬王不得入，居泽。四年，

平定，如今能因为一点小小的怨恨就抛弃它吗？"襄王不听劝阻。十五年，襄王派翟国的军队前去攻打郑国。襄王感激翟人，准备把翟王的女儿立为王后。富辰又劝谏说："平王、桓王、庄王、惠王都曾受到郑国的好处，君王您抛开同姓之亲的郑国而去亲近翟国，这样做实在不可取。"襄王仍是不听。十六年，襄王废黜了翟后，翟人前来诛讨，杀死了周大夫谭伯。富辰说："我屡次劝谏君王，君王都不听，如今到了这个局面，我若不出去迎战，君王可能会以为我在怨恨他吧！"于是就带领着他的属众出去与翟人作战，结果战死。

当初，惠后想立王子叔带为太子，所以派亲信给翟人做先导，翟人这才攻进了周都。襄王逃到郑国，郑国把他安置在氾邑。王子叔带立为王，娶了襄王废黜的翟后，和她一起住在温邑。十七年，襄王向晋国告急，晋文公把襄王护送回朝，杀死了叔带。襄王就赐给晋文公玉珪、香酒、弓箭，让他担任诸侯的首领，并把河内的地盘赐给晋国。二十年，晋文公召见襄王，襄王前往河阳、践土与他相会，诸侯都前去朝见，史书因避讳以臣召君这种事，就写成了"天王到河阳巡视"。

二十四年，晋文公逝世。

三十一年，秦缪公逝世。

三十二年，周襄王逝世。其儿子顷王壬臣继位。顷王六年，顷王逝世，其儿子匡王班登位。匡王六年，匡王逝世，他的弟弟瑜继位，这就是周定王。

定王元年，楚庄王征伐陆浑地方的戎族，军队驻扎在洛水边上，楚庄王派人询问九鼎的大小轻重，露出夺取天下之意。定王命王孙满用巧妙的辞令应付了楚庄王，楚兵这才离去。十年，楚庄王包围郑，郑伯出降，不久楚又恢复了郑国。十六年，楚庄王去世。

二十一年，定王逝世，其儿子简王夷登位。简王十三年，晋人杀了他们的国君厉公，从周迎回了子周，立为悼公。

十四年，简王驾崩，其子灵王泄心登位。灵王二十四年，齐国的崔杼杀了他们的国君庄公。

二十七年，灵王逝世，其儿子景王贵立。景王十八年，王后所生的太子虽精明通达却过早去世。二十年，景王宠爱子朝，打算立他为太子，恰好景王这时去世，子丐一伙人与子朝争立。国都的人立景王长子猛为王，子朝杀死猛。猛就是悼王。晋人攻打子朝扶立丐为王，这就是周敬王。

敬王元年，晋人护送敬王回朝。由于子朝已经自立为王，敬王不能进入国

晋率诸侯入敬王于周，子朝为臣，诸侯城周。十六年，子朝之徒复作乱，敬王奔于晋。十七年，晋定公遂入敬王于周。

三十九年，齐田常杀其君简公。

四十一年，楚灭陈。孔子卒。

四十二年，敬王崩，子元王仁立。元王八年，崩，子定王介立。

定王十六年，三晋灭智伯，分有其地。

二十八年，定王崩，长子去疾立，是为哀王。哀王立三月，弟叔袭杀哀王而自立，是为思王。思王立五月，少弟嵬攻杀思王而自立，是为考王。此三王皆定王之子。

考王十五年，崩，子威烈王午立。

考王封其弟于河南，是为桓公，以续周公之官职。桓公卒，子威公代立。威公卒，子惠公代立，乃封其少子于巩以奉王，号东周惠公。

威烈王二十三年，九鼎震。命韩、魏、赵为诸侯。

二十四年，崩，子安王骄立。是岁盗杀楚声王。

安王立二十六年，崩，子烈王喜立。烈王二年，周太史儋见秦献公曰："始周与秦国合而别，别五百载复合，合十七岁而霸王者出焉。"

十年，烈王崩，弟扁立，是为显王。显王五年，贺秦献公，献公称伯。九年，致文武胙于秦孝公。二十五年，秦会诸侯于周。二十六年，周致伯于秦孝公。三十三年，贺秦惠王。三十五年，致文武胙于秦惠王。四十四年，秦惠王称王。其后诸侯皆为王。

四十八年，显王崩，子慎靓王定立。慎靓王立六年，崩，子赧王延立。王赧时东西周分治。王赧徙都西周。

西周武公之共太子死，有五庶子，毋适立。司马翦谓楚王曰："不如以地资公子咎，为请太子。"左成曰："不可。周不听，是公之知困而交疏于周也。不如请周君孰欲立，以微告翦，翦请令楚资之

都,就居住在泽邑。四年,晋人率领诸侯护送敬王回周,子朝做了臣子,诸侯给周修筑都城。十六年,子朝一伙人再次作乱,敬王逃亡到晋。十七年,晋定公最终把敬王送回周。

三十九年,齐国田常杀了他们的国君简公。

四十一年,楚灭掉了陈国。孔子在这一年去世。

四十二年,周敬王驾崩,其子元王仁登位。元王八年,元王逝世,其儿子定王介登位。

定王十六年,韩、赵、魏三家消灭了智伯,瓜分其领地。

二十八年,定王逝世,其长子去疾登位,这就是哀王。哀王即位三个月,其弟弟叔袭击杀害哀王而自立为王,这就是思王。思王即位五个月,他的小弟弟嵬攻杀思王后自立为王,这就是考王。这三位都是定王的儿子。

考王十五年,考王逝世,其儿子威烈王午登位。

考王把他的弟弟封在河南,这就是桓公,让他承续周公这个官位职事。桓公死后,其儿子威公继任。威公去世,其子惠公继任,把他的幼子封在巩来侍奉周王,号为东周惠公。

威烈王二十三年,九鼎震动。这一年,周王命韩、魏、赵为诸侯。

二十四年,威烈王驾崩,其子安王骄继位。这一年,盗贼杀死了楚声王。

周安王在位二十六年后驾崩,其子烈王喜继位。烈王二年,周太史儋拜见秦献公说:"当初周王朝是与秦国合在一起的,后来又分开了;分开五百年后又合在一起了,合在一起十七年后就会有霸王出现。"

十年,周烈王驾崩,他的弟弟扁继位,这就是周显王。显王五年,祝贺秦献公,献公称霸。九年,显王将祭祀文王、武王的胙肉献给秦孝公。二十五年,秦王在周国与诸侯会盟。二十六年,周显王把诸侯之长方伯的名号赠送给了秦孝公。三十三年,向秦惠王祝贺。三十五年,又向秦惠王献上了祭祀文王、武王的胙肉。四十四年,秦惠王称王。从此以后,诸侯都各自称王了。

四十八年,周显王驾崩,其子慎靓王定继位。慎靓王在位六年后驾崩,其儿子赧王延继位。赧王在位时,东西周各自为政。赧王迁都到了西周。

西周武公的共太子死了,还有五个儿子都是庶出的,没有嫡子可以立为太子。司马翦对楚王说:"不如拿土地支持公子咎,为他谋求太子的地位。"左成说:"不行。如果我们用土地资助了公子咎,而周却不听我们的,这样您的主意就行不通了,与周的交情也疏远了。不如问问西周国君想立谁为接班人,让他们悄悄告诉司马翦,司马翦请楚用土地支持将要被立的人。"结果,西周真的立公

以地。"果立公子咎为太子。

八年，秦攻宜阳，楚救之。而楚以周为秦故，将伐之。苏代为周说楚王曰："何以周为秦之祸也？言周之为秦甚于楚者，欲令周入秦也，故谓'周秦'也。周知其不可解，必入于秦，此为秦取周之精者也。为王计者，周于秦因善之，不于秦亦言善之，以疏之于秦。周绝于秦，必入于郢矣。"

秦借道两周之间，将以伐韩，周恐借之畏于韩，不借畏于秦。史厌谓周君曰："何不令人谓韩公叔曰'秦之敢绝周而伐韩者，信东周也。公何不与周地，发质使之楚'？秦必疑楚不信周，是韩不伐也。又谓秦曰'韩强与周地，将以疑周于秦也，周不敢不受'。秦必无辞而令周不受，是受地于韩而听于秦。"

秦召西周君，西周君恶往，故令人谓韩王曰："秦召西周君，将以使攻王之南阳也，王何不出兵于南阳？周君将以为辞于秦。周君不入秦，秦必不敢逾河而攻南阳矣。"

东周与西周战，韩救西周。或为东周说韩王曰："西周故天子之国，多名器重宝。王案兵毋出，可以德东周，而西周之宝必可以尽矣。"

王赧谓成君。楚围雍氏，韩征甲与粟于东周，东周君恐，召苏代而告之。代曰："君何患于是。臣能使韩毋征甲与粟于周，又能为君得高都。"周君曰："子苟能，请以国听子。"代见韩相国曰："楚围雍氏，期三月也，今五月不能拔，是楚病也。今相国乃征甲与粟于周，是告楚病也。"韩相国曰："善。使者已行矣。"代曰："何不与周高都？"韩相国大怒曰："吾毋征甲与粟于周亦已多矣，何故与周高都也？"代曰："与周高都，是周折而入于韩也，秦闻之必大怒忿周，即不通周使，是以弊高都得完周也。曷为不与？"相国曰："善。"果与周高都。

三十四年，苏厉谓周君曰："秦破韩、魏，扑师武，北取赵蔺、离石者，皆白起也。是善用兵，又有天命。今又将兵出塞攻梁，梁破

子咎为太子。

八年，秦攻打宜阳，楚派兵去援救。而楚国以为周是帮助秦国，所以想攻打周。苏代为周游说楚王说："为什么认为周亲近秦就是楚的祸害呢？说周亲近秦超过亲近楚的人，是想让周归并到秦，所以称为'周秦'。周明白自己解脱不了了，就必会投向秦国，这真是帮助秦国取周的反间计呀。如今为大王考虑，周亲近秦我们对它好，不亲近秦也对它好，以使它和秦疏远。这样，才能让它与秦疏远。周与秦绝了交，就一定投向楚国郢都的。"

秦向东周和西周借道，想通过两周之间的地区来进攻韩国。周害怕借了会得罪韩国，但不借又会得罪秦国。史厌对周君说："为何不派人去见韩公叔呢？就对韩公叔说：'秦国敢越过周地去攻打韩国，这是由于信任东周不会袭击他。您为什么不贿赂周国，并派出人质前往楚国呢？'如此，秦国一定会质疑楚国，也不相信周国国君，同时也就不会进攻韩国了。然后您再派人去对秦国说：'韩国非要送给我们土地，想以此来让秦国怀疑周国国君，周不敢不接受韩国的赠地。'秦国也就没有理由不让周国接受韩国的土地了，如此我们一方面得到了韩国的土地，另一方面又不得罪秦国了。"

秦国召见西周君，西周君不愿意去，就派人对韩王说："秦召西周君，想让西周君攻打你的南阳，你何不出兵南阳？西周君将以此为理由不去秦国。周君不到秦国去，秦国就一定不敢渡河来攻打南阳了。"

东周和西周作战，韩国派兵援救西周。于是有人替东周游说韩王说："西周是已故天子的国都，有许多珍贵的钟鼎和贵重的宝物。您如果按兵不动，既可以让东周感激您，又可以使您得到西周的宝物。"

周赧王告诉成君。楚国包围了韩国的雍氏，韩国向东周索要兵器、粮草，东周君很担忧，于是找来苏代把这事情告诉了他。苏代说："您何必在这个问题上担心。臣能让韩不向东周征用甲胄和粮食，又能为您得到高都。"周君说："你如果能办到，我可以把国政交给你。"苏代会见了韩相国公仲侈说："楚国包围了雍氏，原来计划三个月攻下。如今五个月了，还攻不下来，这说明楚兵已经疲惫了。现在您向周要兵器粮草，就是向楚宣告您自己已经疲备了。"韩相国说："对。可是使者已经派出去了。"苏代于是说："为什么不把高都送给周呢？"韩相国非常生气，说："我不向周要兵器粮草也就够可以了，为什么还要把高都送给周呢？"苏代说："把高都送给周，这样周反过来投靠韩国，秦听说一定非常怨恨周，就会和周不再往来。这是用残破的高都换得完整的周，为什么不给呢？"韩相国说："好。"果然把高都送给周了。

三十四年，苏厉对周君说："秦国攻下了韩、魏，打败了魏将师武，往北攻取了赵的蔺、离石二县，这些都是白起的功劳。白起擅长用兵，又得到天命佑

则周危矣。君何不令人说白起乎？曰'楚有养由基者，善射者也。去柳叶百步而射之，百发而百中之。左右观者数千人，皆曰善射。有一夫立其旁，曰"善，可教射矣"。养由基怒，释弓扼剑，曰"客安能教我射乎"？客曰"非吾能教子支左诎右也。夫去柳叶百步而射之，百发而百中之，不以善息，少焉气衰力倦，弓拨矢钩，一发不中者，百发尽息"。今破韩、魏，扑师武，北取赵蔺、离石者，公之功多矣。今又将兵出塞，过两周，倍韩，攻梁，一举不得，前功尽弃。公不如称病而无出'。"

四十二年，秦破华阳约。马犯谓周君曰："请令梁城周。"乃谓梁王曰："周王病若死，则犯必死矣。犯请以九鼎自入于王，王受九鼎而图犯。"梁王曰："善。"遂与之卒，言戍周。因谓秦王曰："梁非成周也，将伐周也。王试出兵境以观之。"秦果出兵。又谓梁王曰："周王病甚矣，犯请后可而复之。今王使卒之周，诸侯皆生心，后举事且不信。不若令卒为周城，以匿事端。"梁王曰："善。"遂使城周。

四十五年，周君之秦客谓周最曰："公不若誉秦王之孝，因以应为太后养地，秦王必喜，是公有秦交。交善，周君必以为公功。交恶，劝周君入秦者必有罪矣。"

秦攻周，而周最谓秦王曰："为王计者不攻周。攻周，实不足以利，声畏天下。天下以声畏秦，必东合于齐。兵弊于周。合天下于齐，则秦不王矣。天下欲弊秦，劝王攻周。秦与天下弊，则令不行矣。"

五十八年，三晋距秦。周令其相国之秦，以秦之轻也，还其行。客谓相国曰："秦之轻重未可知也。秦欲知三国之情。公不如急见秦

助。而今他又领兵出塞去进攻梁国，梁国如果被攻破，那么周国可就危险了。您为何不派人去游说白起呢？您可以说：'楚国有位叫养由基的人，此人擅长射箭，离柳叶百步之外，可以百发百中。左右围观的人有好几千，都说他箭射得好。可是有一个汉子站在他的旁边，说："好，可以教给他射箭了。"养由基很生气，扔掉弓，握住剑，说："你有什么本事教我射箭呢？"那个人说："并不是说我能教你怎么伸直左臂撑住弓身，怎样弯曲右臂拉开弓弦。一个人在百步之外射柳叶，百发百中，不知道见好就收，不久气力衰竭，弓歪矢曲，只要一发射不中，就前功尽弃了。"如今，您拿下了韩国、魏国，挫败了师武，往北攻下了赵国的蔺和离石二县，您的战功已经很大了。现在您又带兵出伊阙塞，穿过东西两周，越过韩国去攻打梁国，如果这一次打不胜，就会前功尽弃。您不如称病，不要出伊阙塞去攻打梁国了'。"

四十二年，秦国破坏了与魏国订立的华阳条约。大臣马犯对西周君说："请允许我去让梁国给周筑城。"他去对梁王说："周王因秦破华阳后可能伐周而急得要死。如果周王死去，我也一定活不成。我请求主动把九鼎，应进献给大王，大王得此九鼎，应为我设想一下。"梁王说："好啊。"于是给他一批士兵，声称是去保卫周。马犯又去对秦王说："梁并非是想保卫周，而是要攻打周。您可以派兵到国境去看看。"秦果然出兵。马犯又去对梁王说："周王病好了，九鼎的事没有办成，请您允许我以后找适当的机会再献九鼎吧。但是现在您已经派兵到周去了，诸侯都起了疑心，怀疑您要伐周，以后您办事将不会有人相信了。不如让那些士兵为周筑城，借此把诸侯怀疑您要伐周的事端盖住。"梁王说："好。"于是下令士兵给周筑城。

四十五年，西周君的说客到秦国对周㝡说："您不如称赞秦王孝顺，顺便建议把应地献给秦国作为太后的供养之地。秦王一定很高兴，这样您和秦国就建立了良好的交情。交情好了，周君会肯定这是您的功劳；交情不好，劝谏周君归附秦国的人一定会被处罚。"

秦国去攻打周国，周㝡对秦王说："如果为大王着想，那就不要去攻打周。攻打周，实在没有什么好处，可是天下人听到您的名声都会恐慌。天下人都因为秦攻打周的名声而害怕，一定会往东边去与齐国联合。您的军队在周打得疲惫了，又使天下都去与齐联合，这样秦国就称不了王、统一不了天下了。天下正希望使秦国疲惫呢，所以鼓励您去攻打周。如果秦国和诸侯都疲惫了，那样您的政命就不会通行于诸侯了。"

五十八年，韩、赵、魏三国与秦国相对抗。周派相国前往秦国，因为怕遭到秦国的轻视，走到半路就返回来了。有人对相国说："秦看轻你还是看重你尚未

王曰'请为王听东方之变',秦王必重公。重公,是秦重周,周以取秦也;齐重,则固有周聚以收齐:是周常不失重国之交也。"秦信周,发兵攻三晋。

五十九年,秦取韩阳城负黍,西周恐,倍秦,与诸侯约从,将天下锐师出伊阙攻秦,令秦无得通阳城。秦昭王怒,使将军摎攻西周。西周君奔秦,顿首受罪,尽献其邑三十六,口三万。秦受其献,归其君于周。

周君、王赧卒,周民遂东亡。秦取九鼎宝器,而迁西周公于㤅狐。后七岁,秦庄襄王灭东周。东西周皆入于秦,周既不祀。

太史公曰:学者皆称周伐纣,居洛邑,综其实不然。武王营之,成王使召公卜居,居九鼎焉,而周复都丰、镐。至犬戎败幽王,周乃东徙于洛邑。所谓"周公葬于毕",毕在镐东南杜中。秦灭周。汉兴九十有余载,天子将封泰山,东巡狩至河南,求周苗裔,封其后嘉三十里地,号曰周子南君,比列侯,以奉其先祭祀。

可知。秦很想了解韩、赵、魏三国的情况。你不如赶紧去见秦王,说'请允许我为王探听东方的变化',秦王一定看重你。看重你,就是看重周,周可用这种办法取得秦的尊重;齐国看重周,这样周就取得了齐的尊重。这样周就能经常不中断和大国的交谊。"秦信任了周,就发兵去攻打韩、赵、魏三国。

五十九年,秦国攻取了韩国的阳城和负黍这两个地方。西周很恐惧,于是就疏远了秦国,并且和东方各诸侯联合起来,率领天下的精锐部队出伊阙塞去攻打秦国,使得秦国无法通往阳城。秦昭王很恼火,派将军摎攻打西周。西周君跑到秦国,叩头认罪,把全部三十六邑三万人口都献给了秦王。秦接受了西周君献的人口、土地,让他又回到西周去了。

周赧王驾崩后,西周的老百姓便逃向东周。秦夺取了周的九鼎和其他珍宝器物,又把西周公迁到悉狐。以后的七年里,秦庄襄王消灭了东周。从此东西周就全都归入秦国了,周朝的祭祀从此就断绝了。

太史公说:"学者都说武王伐纣之后,定都洛邑。经综合考察,实际情况其实并不是这样的。武王营建了洛邑,成王又派召公去进行了占卜,并且还把九鼎安放在那里,而周都仍然是在丰邑、镐京。一直到犬戎打败了幽王,周都才东迁到洛邑。人们所说的'周公葬于毕',毕在镐京东南的杜地中。秦国灭掉了周朝。汉朝建立九十多年以后,天子将要去泰山祭天。向东巡视到河南时,访求周的后代,把三十里的土地封给了周的后代嘉,号为周子南君,和其他列侯享有平等的待遇,让他供奉祭祀周朝的祖先。"

秦本纪第五

秦之先，帝颛顼之苗裔孙曰女修。女修织，玄鸟陨卵，女修吞之，生子大业。大业取少典之子，曰女华。女华生大费，与禹平水土。已成，帝锡玄圭。禹受曰："非予能成，亦大费为辅。"帝舜曰："咨尔费，赞禹功，其赐尔皂游。尔后嗣将大出。"乃妻之姚姓之玉女。大费拜受，佐舜调驯鸟兽，鸟兽多驯服，是为柏翳。舜赐姓嬴氏。

大费生子二人：一曰大廉，实鸟俗氏；二曰若木，实费氏。其玄孙曰费昌，子孙或在中国，或在夷狄。费昌当夏桀之时，去夏归商，为汤御，以败桀于鸣条。大廉玄孙曰孟戏、中衍，鸟身人言。帝太戊闻而卜之使御，吉，遂致使御而妻之。自太戊以下，中衍之后，遂世有功，以佐殷国，故嬴姓多显，遂为诸侯。

其玄孙曰中潏，在西戎，保西垂。生蜚廉。蜚廉生恶来。恶来有力，蜚廉善走，父子俱以材力事殷纣。周武王之伐纣，并杀恶来。是时蜚廉为纣石北方，还，无所报，为坛霍太山而报，得石棺，铭曰"帝令处父不与殷乱，赐尔石棺以华氏"。死，遂葬于霍太山。蜚廉复有子曰季胜。季胜生孟增。孟增幸于周成王，是为宅皋狼。皋狼生衡父，衡父生造父。造父以善御幸于周缪王，得骥、温骊、骅骝、騄耳之驷，西巡狩，乐而忘归。徐偃王作乱，造父为缪王御，长驱归周，一日千里以救乱。缪王以赵城封造父，造父族由此为赵氏。自蜚廉生季胜已下五世至造父，别居赵。赵衰其后也。恶来革者，蜚廉子

秦国的祖先，是颛顼帝的后代孙女，名字叫女修。女修织布的时候，正巧有一只燕子产下一颗蛋，女修把它吞食了，于是就生下了一个儿子，取名大业。大业娶了少典部族的女儿，名叫女华。女华生下大费，大费辅助夏禹治理水土。治水成功后，舜帝为表彰禹的功劳，赐给他一块黑色的玉圭。禹接受了赏赐，说："治水不是我一个人的功劳，也有大费的帮助。"舜帝说："啊！大费，你帮助禹治水成功！我赏赐给你黑色的旌旗飘带。你的后代将会兴旺发达的。"于是把一个姓姚的贤德之女嫁给了他。大费拜谢舜帝并接受了赏赐，从此他就为舜帝驯养禽兽，禽兽大多都被驯服了。此人就是人们常说的柏翳，舜帝赐他嬴姓。

大费生了两个儿子，一个名叫大廉，就是鸟俗氏；另一个叫若木，就是费氏。若木的玄孙叫费昌，他的子孙有的居住在中原地区，有的居住在夷狄地区。费昌正处在夏桀王的时代，他离开夏国，归顺了商汤，给商汤驾车，在鸣条打败了夏桀。大廉的玄孙叫孟戏、中衍，身体长得很像鸟，但说人话。太戊帝听说后，想让他们给自己驾车。于是就去占卜吉凶，结果卦象显示的是吉利。于是把他们请来驾车，并且给他们娶了妻子。从太戊帝开始，中衍的后代子孙，每代辅佐殷国都有功劳，所以嬴姓的子孙大多都很显贵，后来终于成了诸侯。

中衍的玄孙叫作中潏，住在西戎族的地区，镇守西部边疆。中潏的儿子叫蜚廉。蜚廉的儿子叫恶来。恶来力气大，蜚廉善奔跑，父子俩都凭借才能和力气来侍奉商纣王。武王伐纣的时候，连同恶来也一并杀死了。当时，蜚廉为纣出使北方。等他回来时，纣王已经死了，没有地方禀报，于是便在霍太山筑起祭坛向纣王报告。在修祭坛的时候，挖掘到一具石棺，石棺上刻着："天帝命令你不要参与殷朝的动乱，现在赐给你一口石棺，用来光耀你的家族。"蜚廉死后，就埋葬在霍太山。蜚廉还有个儿子叫季胜。季胜的儿子叫孟增。孟增受到周成王的宠幸，他就是宅皋狼。皋狼的儿子叫衡父。衡父的儿子叫造父。造父因善于驾车得到周缪王的宠幸。周缪王获得了名叫骥、温骊、骅骝、騄耳的四匹骏马，于是便驾车到西方巡视，乐而忘返。缪王得到徐偃王乘机作乱的消息后，造父就给缪王驾车，夜以继日地赶回周都，日行千里，平定了叛乱。缪王把赵城封给造父，造父的族人从此就以赵为姓。自蜚廉生季胜以来经过五代延续到造父时，才另外分出来居住在赵城。春秋晋国大夫赵衰就是他的后代。恶来革也是蜚廉的儿子，

也，蚤死。有子曰女防。女防生旁皋，旁皋生太几，太几生大骆，大骆生非子。以造父之宠，皆蒙赵城，姓赵氏。

非子居犬丘，好马及畜，善养息之。犬丘人言之周孝王，孝王召使主马于汧渭之间，马大蕃息。孝王欲以为大骆适嗣。申侯之女为大骆妻，生子成为适。申侯乃言孝王曰："昔我先郦山之女，为戎胥轩妻，生中潏，以亲故归周，保西垂，西垂以其故和睦。今我复与大骆妻，生适子成。申骆重婚，西戎皆服，所以为王。王其图之。"于是孝王曰："昔伯翳为舜主畜，畜多息，故有土，赐姓嬴。今其后世亦为朕息马，朕其分土为附庸。"邑之秦，使复续嬴氏祀，号曰秦嬴。亦不废申侯之女子为骆适者，以和西戎。

秦嬴生秦侯。秦侯立十年，卒。生公伯。公伯立三年，卒。生秦仲。

秦仲立三年，周厉王无道，诸侯或叛之。西戎反王室，灭犬丘大骆之族。周宣王即位，乃以秦仲为大夫，诛西戎。西戎杀秦仲。秦仲立二十三年，死于戎。有子五人，其长者曰庄公。周宣王乃召庄公昆弟五人，与兵七千人，使伐西戎，破之。于是复予秦仲后，及其先大骆地犬丘并有之，为西垂大夫。

庄公居其故西犬丘，生子三人，其长男世父。世父曰："戎杀我大父仲，我非杀戎王则不敢入邑。"遂将击戎，让其弟襄公。襄公为太子。庄公立四十四年，卒，太子襄公代立。襄公元年，以女弟缪嬴为丰王妻。襄公二年，戎围犬丘，世父击之，为戎人所虏。岁余，复归世父。七年春，周幽王用褒姒废太子，立褒姒子为适，数欺诸侯，诸侯叛之。西戎犬戎与申侯伐周，杀幽王郦山下。而秦襄公将兵救周，战甚力，有功。周避犬戎难，东徙洛邑，襄公以兵送周平王。平王封襄公为诸侯，赐之岐以西之地。曰："戎无道，侵夺我岐、丰之

但他死得较早。他有个儿子叫女防。女防生了旁皋，旁皋生了太几，太几生了大骆，大骆生了非子。由于造父受到周王的宠爱，他们都承蒙恩荫住在赵城，也以赵为姓。

非子居住在犬丘，喜好马匹和牲畜，而且还善于饲养繁殖。犬丘的人把非子的这个长处告诉了周孝王，于是孝王召见非子，派他在汧河、渭河一带管理马匹。马匹大量繁殖。孝王想让非子做大骆的继承人。当时申侯的女儿已经是大骆的妻子了，并且生了儿子成，成已经做了继承人。申侯就对孝王说："从前我的祖先是骊山那儿的女儿，她做了西戎族仲衍的曾孙胥轩的妻子，生了中潏。因为与周相亲而归附周朝，守卫西部边境，西部边境因此和睦太平。现在我又把女儿嫁给大骆为妻，生下成做继承人。申侯与大骆再次联姻，西戎族都归顺，这样，您才得以称王。希望您考虑一下吧。"于是孝王说："从前伯翳替舜主管牲畜，牲畜繁殖得很多，所以封给土地，赐给嬴姓。现在他的后代也替我繁殖马匹，我就分给他土地做一个附属国吧。"于是把秦地赐给非子作为封邑，让他接续嬴氏的祭祀，号称秦嬴。但也不废除申侯女儿生的儿子做大骆的继承人，以此来搞好与西戎的关系。

秦嬴生了秦侯。秦侯在位十年去世。秦侯生公伯。公伯在位三年去世。公伯生秦仲。

秦仲即位后的第三年，因为周厉王荒淫无道，有的诸侯就反叛了他。西戎也反叛周王朝，并乘机消灭了居住在犬丘的大骆一族。周宣王即位后，便派秦仲为大夫讨伐西戎。兵败后秦仲被西戎杀死了。秦仲在位二十三年，死在西戎。他有五个儿子，他的长子就是庄公。周宣王召见庄公兄弟五人，给他们七千人马，让他们讨伐西戎。等他们攻破了西戎后，周宣王再次赏赐秦仲的后代，包括他们祖先大骆的地盘犬丘都归他们所有，同时周宣王还任命他担任西垂大夫。

庄公居住在先人的故地西犬丘，生有三个儿子，长子叫世父。世父说："西戎杀了我祖父秦仲，我不杀死戎王就决不进入封邑。"于是率兵攻打西戎，而把自己的继承权让给了他的弟弟襄公。襄公做了太子。庄公执政四十四年后去世，太子襄公继位。襄公元年，他把妹妹缪嬴嫁给了西戎丰王。襄公二年，西戎包围犬丘，世父率兵反击，结果被西戎俘虏。过了一年多，西戎又送回世父。七年春天，周幽王因宠爱褒姒废黜太子，立褒姒的儿子做太子，并多次戏弄诸侯，诸侯反叛了他。西戎中的犬戎与申侯攻打周朝，在骊山下杀死幽王。此时秦襄公率兵营救周朝，奋勇作战，立了战功。周平王为了躲避犬戎，把都城向东迁到洛邑。襄公派兵一路护送周平王。于是周平王便封襄公为诸侯，并把岐山以西的土地赐给了襄公。平王说："西戎无道，侵夺了我们岐山、丰水的土地。秦国如果能

地，秦能攻逐戎，即有其地。"与誓，封爵之。襄公于是始国，与诸侯通使聘享之礼，乃用骝驹、黄牛、羝羊各三，祠上帝西畤。十二年，伐戎而至岐，卒。生文公。

文公元年，居西垂宫。三年，文公以兵七百人东猎。四年，至汧渭之会。曰："昔周邑我先秦嬴于此，后卒获为诸侯。"乃卜居之，占曰吉，即营邑之。十年，初为鄜畤，用三牢。十三年，初有史以纪事，民多化者。十六年，文公以兵伐戎，戎败走。于是文公遂收周余民有之，地至岐，岐以东献之周。十九年，得陈宝。二十年，法初有三族之罪。二十七年，伐南山大梓，丰大特。四十八年，文公太子卒，赐谥为竫公。竫为太子，是文公孙也。五十年，文公卒，葬西山。竫公子立，是为宁公。

宁公二年，公徙居平阳。遣兵伐荡社。三年，与亳战，亳王奔戎，遂灭荡社。四年，鲁公子翬弑其君隐公。十二年，伐荡氏，取之。宁公生十岁立，立十二年卒，葬西山。生子三人，长男武公为太子。武公弟德公同母，鲁姬子生出子。宁公卒，大庶长弗忌、威垒、三父废太子而立出子为君。出子六年，三父等复共令人贼杀出子。出子生五岁立，立六年卒。三父等乃复立故太子武公。

武公元年，伐彭戏氏，至于华山下，居平阳封宫。三年，诛三父等而夷三族，以其杀出子也。郑高渠眯杀其君昭公。十年，伐邽、冀戎，初县之。十一年，初县杜、郑。灭小虢。

十三年，齐人管至父、连称等杀其君襄公而立公孙无知。晋灭霍、魏、耿。齐雍廪杀无知、管至父等而立齐桓公。齐、晋为强国。

十九年，晋曲沃始为晋侯。齐桓公伯于鄄。

二十年，武公卒，葬雍平阳。初以人从死，从死者六十六人。有

打败西戎,那片土地就归秦国。"而且他们一起立下誓约,赐给襄公封地,授给襄公爵位。从这时候开始,秦国便成为了诸侯国,跟其他诸侯国互通使节,互致聘问献纳之礼。而且还用黑鬃赤马、黄牛、公羊各三头,在西畤祭祀上帝。十二年,秦国讨伐西戎。到达岐山后,秦襄公就去世了。襄公生文公。

文公元年,他住在西垂宫。三年,文公带着七百名士卒到东边去游猎。四年,他们到达汧、渭两河交汇的地方。文公说:"从前,周朝把这里赐给了我的祖先秦嬴做封邑,后来我们获得封赏成了诸侯。"于是占卜这里是否适宜建都,占卜的结果显示吉利,于是便在这里营造起都邑。十年,开始建造祭祀天地的鄜畤,用牛、羊、猪三牲祭祀。十三年,开始设立史官记载国事,受到教化的百姓很多。十六年,文公举兵讨伐西戎,西戎败逃。于是文公就将周朝的遗民收归为己有,将地盘扩展到岐山,文公把岐山以东的土地献给了周天子。十九年,得到一块名叫"陈宝"的奇石。二十年,开始颁布诛灭三族的刑法。二十七年,砍伐南山的大梓树,梓树神变为大公牛逃入丰水。四十八年,文公的太子去世,赐谥号叫竫公。竫公的长子立为太子,他是文公的孙子。五十年,文公驾崩,埋葬在西山。竫公的儿子继位,这就是宁公。

宁公二年,宁公迁居到平阳,派遣军队征伐荡社。三年,与亳国交战,亳王逃奔西戎,于是灭掉荡社。四年,鲁公子翚杀死了他的君王隐公。十二年,秦国讨伐荡氏,并夺取了它。宁公年仅十岁便登位,在位十二年去世,葬在西山。他生了三个儿子:长子武公为太子;武公的弟弟德公,与武公是同母兄弟;宁公之妾鲁姬子生了出子。宁公去世后,大庶长弗忌、威垒和三父废掉太子,拥立出子为君主。出子六年,三父等人又共同让人暗杀了出子。出子出生五岁登位,在位六年去世。三父等人于是又拥立原来的太子武公。

武公元年,征伐彭戏氏,到了华山下,住在平阳的封宫里。三年,杀了三父等人,灭了他们的三族,因为他们杀了出子。郑国的高渠眯杀了他的君主昭公。十年,秦国攻打邽、冀两地的戎族,并开始在这些地方设县。十一年,开始把杜、郑两地设为县。灭掉了小虢。

十三年,齐国的管至父、连称等弑杀了他们的君主襄公,拥立公孙无知为君。晋国灭掉了霍、魏、耿三国。齐国雍廪杀死了公孙无知、管至父等人,拥立齐桓公为君。齐国、晋国成了当时的强国。

十九年,晋国的曲沃武公灭掉晋侯缗,开始做了晋侯。齐桓公在鄄地称霸。

二十年,秦武公去世,葬在雍县的平阳。这时开始用活人殉葬,此次给武公殉葬的多达六十六人。武公有个儿子,名叫白。白没有被立为国君,被封在平

子一人，名曰白，白不立，封平阳。立其弟德公。

德公元年，初居雍城大郑宫。以牺三百牢祠鄜畤。卜居雍。后子孙饮马于河。梁伯、芮伯来朝。二年，初伏，以狗御蛊。德公生三十三岁而立，立二年卒。生子三人：长子宣公，中子成公，少子穆公。长子宣公立。

宣公元年，卫、燕伐周，出惠王，立王子颓。三年，郑伯、虢叔杀子颓而入惠王。四年，作密畤。与晋战河阳，胜之。十二年，宣公卒。生子九人，莫立，立其弟成公。

成公元年，梁伯、芮伯来朝。齐桓公伐山戎，次于孤竹。

成公立四年卒。子七人，莫立，立其弟缪公。

缪公任好元年，自将伐茅津，胜之。四年，迎妇于晋，晋太子申生姊也。其岁，齐桓公伐楚，至邵陵。

五年，晋献公灭虞、虢，虏虞君与其大夫百里傒，以璧马赂于虞故也。既虏百里傒，以为秦缪公夫人媵于秦。百里傒亡秦走宛，楚鄙人执之。缪公闻百里傒贤，欲重赎之，恐楚人不与，乃使人谓楚曰："吾媵臣百里傒在焉，请以五羖羊皮赎之。"楚人遂许与之。当是时，百里傒年已七十余。缪公释其囚，与语国事。谢曰："臣亡国之臣，何足问！"缪公曰："虞君不用子，故亡，非子罪也。"固问，语三日，缪公大说，授之国政，号曰五羖大夫。百里傒让曰："臣不及臣友蹇叔，蹇叔贤而世莫知。臣常游困于齐而乞食铚人，蹇叔收臣。臣因而欲事齐君无知，蹇叔止臣，臣得脱齐难，遂之周。周王子颓好牛，臣以养牛干之。及颓欲用臣，蹇叔止臣，臣去，得不诛。事虞君，蹇叔止臣。臣知虞君不用臣，臣诚私利禄爵，且留。再用其言，得脱，一不用，及虞君难：是以知其贤。"于是缪公使人厚币迎蹇叔，以为上大夫。

阳。武公的弟弟德公被立为国君。

德公元年，开始居住到雍城的大郑宫。并用牛、羊、猪各三百头在鄜畤祭祀天地。当初占卜居住在雍地是否吉利，占卜的卦象显示：后代子孙将到黄河边上去饮马。梁伯、芮伯来朝见。二年，开始在历法上规定伏日，杀狗来禳除热毒恶气。德公三十三岁登位，在位二年去世。他生了三个儿子：长子宣公，次子成公，少子穆公。长子宣公继位。

宣公元年，卫国、燕国攻打周王室，把惠王赶出朝廷，拥立王子颓为帝。三年，郑伯、虢叔杀王子颓并送惠王回朝。四年，修建密畤，与晋国在河阳交战，战胜了它。十二年，宣公去世。他生了九个儿子，没有一个继位，立了他的弟弟成公。

成公元年，梁伯、芮伯来秦国朝见。就在这一年，齐桓公征伐山戎，军队驻扎在孤竹。

成公在位四年后驾崩。他有七个儿子也都没有继位，而是立了成公的弟弟缪公。

缪公任好元年，他亲自率兵征伐茅津一带的戎人，取得了胜利。四年，缪公亲自从晋国迎娶夫人，她就是晋太子申生的姐姐。这年，齐桓公讨伐楚国，打到邵陵。

五年，晋献公灭了虞国和虢国，俘虏了虞君和他的大夫百里奚，这是由于事先晋献公送给虞君白玉和良马以借道伐虢，虞君答应了。晋献公俘虏了百里奚以后，把他当作秦缪公夫人的陪嫁奴仆送到秦国。百里奚逃离秦国跑到宛地，楚国边境的人捉住了他。缪公听说百里奚有才能，想用重金赎回他，但又担心楚国不给，就派人对楚王说：“我的陪嫁小臣百里奚在你那里，请允许用五张黑公羊皮赎回他。”楚国就答应了，交出百里奚。在这时，百里奚已经七十多岁。缪公解除了对他的禁锢，跟他谈论国家大事。百里奚推辞说：“我是亡国之臣，怎么值得您来询问呢！”缪公说：“虞国国君不任用您，所以亡国了。这不是您的罪过。”缪公坚持询问。谈了三天，缪公非常高兴，把国家政事交给了他，号称五羖大夫。百里奚谦让说：“我不如我的朋友蹇叔。蹇叔有才能而世人不知道。我曾经出外求官，在齐国陷入困境而向铚地人讨饭，蹇叔收留了我。我因而想侍奉齐国国君无知，蹇叔阻止了我，我得以躲过了齐国政变的那场灾难，于是到了周朝。周王子颓喜爱牛，我凭着养牛的本领求取禄位，颓想任用我时，蹇叔劝阻我，我离开了颓，才没有跟颓一起被杀；我侍奉虞君，蹇叔劝阻我。我知道虞君不会重用我，我实在是私心贪恋俸禄和官职，便暂时留下了。我两次听信蹇叔的话，得以逃脱灾祸；一次没有听信他的话，就遇上了虞君亡国的灾难。因此我了解他的才能。”于是缪公派人带着厚重的礼物去迎请蹇叔，让他当了上大夫。

秋，缪公自将伐晋，战于河曲。晋骊姬作乱，太子申生死新城，重耳、夷吾出奔。

九年，齐桓公会诸侯于葵丘。

晋献公卒。立骊姬子奚齐，其臣里克杀奚齐。荀息立卓子，克又杀卓子及荀息。夷吾使人请秦，求入晋。于是缪公许之，使百里傒将兵送夷吾。夷吾谓曰："诚得立，请割晋之河西八城与秦。"及至，已立，而使丕郑谢秦，背约不与河西城，而杀里克。丕郑闻之，恐，因与缪公谋曰："晋人不欲夷吾，实欲重耳。今背秦约而杀里克，皆吕甥、郤芮之计也。愿君以利急召吕、郤，吕、郤至，则更入重耳便。"缪公许之，使人与丕郑归，召吕、郤。吕、郤等疑丕郑有间，乃言夷吾杀丕郑。丕郑子丕豹奔秦，说缪公曰："晋君无道，百姓不亲，可伐也。"缪公曰："百姓苟不便，何故能诛其大臣？能诛其大臣，此其调也。"不听，而阴用豹。

十二年，齐管仲、隰朋死。

晋旱，来请粟。丕豹说缪公勿与，因其饥而伐之。缪公问公孙支，支曰："饥穰更事耳，不可不与。"问百里傒，傒曰："夷吾得罪于君，其百姓何罪？"于是用百里傒、公孙支言，卒与之粟。以船漕车转，自雍相望至绛。

十四年，秦饥，请粟于晋。晋君谋之群臣。虢射曰："因其饥伐之，可有大功。"晋君从之。十五年，兴兵将攻秦。缪公发兵，使丕豹将，自往击之。九月壬戌，与晋惠公夷吾合战于韩地。晋君弃其军，与秦争利，还而马骜。缪公与麾下驰追之，不能得晋君，反为晋军所围。晋击缪公，缪公伤。于是岐下食善马者三百人驰冒晋军，晋军解围，遂脱缪公而反生得晋君。初，缪公亡善马，岐下野人共得而食之者三百余人，吏逐得，欲法之。缪公曰："君子不以畜产害人。吾闻食善马肉不饮酒，伤人。"乃皆赐酒而赦之。三百人者闻秦击晋，皆求从，从而见缪公窘，亦皆推锋争死，以

秋天，缪公亲自带兵攻打晋国，在河曲与晋交战。晋国骊姬作乱，太子申生在新城自杀，重耳、夷吾出逃。

九年，齐桓公在葵丘与各路诸侯会盟。

晋献公去世。立骊姬的儿子奚齐，他的臣子里克杀了奚齐。荀息立卓子，里克又杀死了卓子和荀息。夷吾派人请秦国帮他回晋国。缪公答应了，派百里奚率兵去护送夷吾。夷吾对秦国人说："果真能够登位，愿割让晋国的河西八城给秦国。"等到他回到晋国登上了君位，却派丕郑去向秦国道歉，违背了诺言，不肯给秦国河西八座城，并且杀了里克。丕郑听说此事，十分害怕，就跟秦缪公商议说："晋国人不想要夷吾，实在想要重耳。如今夷吾背弃信约而且杀死里克，都是吕甥、郤芮的主意。希望您用利诱的办法赶紧召来吕甥、郤芮，吕、郤二人一来，那时再护送重耳回国就容易了。"缪公答应了他，就派人跟丕郑一起回晋国去叫吕甥、郤芮。吕、郤等人怀疑丕郑有诈谋，就报告夷吾，杀死了丕郑。丕郑的儿子丕豹逃奔到秦国，劝缪公说："晋国君主无道，百姓不亲附他，可以讨伐他了。"缪公说："百官如果不拥护晋君，他们为什么能杀掉他们的大臣呢？能杀掉他们的大臣，这说明晋国是协调的。"缪公没有听从丕豹的计谋，但在暗中却重用他。

十二年，齐国的管仲、隰朋相继去世。

晋国大旱，于是派人向秦国请求援助粮食。丕豹劝说缪公不要给，要缪公利用晋国缺粮的时候去攻打它。缪公去问公孙支，公孙支说："荒歉与丰收是交替出现的事，不可不给。"又问百里奚，百里奚说："夷吾得罪了您，他的百姓有什么罪呢？"缪公采纳百里奚、公孙支的意见，最后还是给晋国粮食了。水路用船，陆路用车给晋国运去粮食，从雍都出发，源源不断地直到绛城。

十四年，秦国发生饥荒，请求晋国粮食援助。晋惠公就此事征求大臣们的意见。虢射说："趁着秦国出现粮食危机的机会去攻伐它，可以大获成功。"晋君听从了他的意见。十五年，晋君发兵攻打秦国，缪公发兵抵抗，任命丕豹为将，亲自前往迎战。九月十三日，秦军与晋军在韩地交战。晋君抛下自己的部队独自往前冲，跟秦军争夺财物，回来的时候，驾车的战马陷到深泥里。缪公与部下纵马驱车追赶，没能抓到晋君，反而被晋军包围了。晋军攻击缪公，缪公受了伤。这时，曾在岐山下偷吃良马的三百多个人驱马冲入晋军，晋军撤掉包围，于是使缪公脱险而晋君反被活捉。当初，缪公丢失了一匹良马，岐山下的三百多个乡下人一块儿把它抓来吃掉了，官吏捕捉到他们，要加以处置。缪公说："有道德的人不会因为牲畜而伤害人。我听说吃了良马肉不喝酒，会使人害病。"于是就赐酒给他们喝，并赦免了他们。这三百人听说秦君要去攻打晋国，都要求跟着去。在作战

报食马之德。于是缪公虏晋君以归，令于国："齐宿，吾将以晋君祠上帝。"周天子闻之，曰"晋我同姓"，为请晋君。夷吾姊亦为缪公夫人，夫人闻之，乃衰绖跣，曰："妾兄弟不能相救，以辱君命。"缪公曰："我得晋君以为功，今天子为请，夫人是忧。"乃与晋君盟，许归之，更舍上舍，而馈之七牢。十一月，归晋君夷吾，夷吾献其河西地，使太子圉为质于秦。秦妻子圉以宗女。是时秦地东至河。

十八年，齐桓公卒。二十年，秦灭梁、芮。

二十二年，晋公子圉闻晋君病，曰："梁，我母家也，而秦灭之。我兄弟多，即君百岁后，秦必留我，而晋轻，亦更立他子。"子圉乃亡归晋。二十三年，晋惠公卒，子圉立为君。秦怨圉亡去，乃迎晋公子重耳于楚，而妻以故子圉妻。重耳初谢，后乃受。缪公益礼厚遇之。二十四年春，秦使人告晋大臣，欲入重耳。晋许之，于是使人送重耳。二月，重耳立为晋君，是为文公。文公使人杀子圉。子圉是为怀公。

其秋，周襄王弟带以翟伐王，王出居郑。二十五年，周王使人告难于晋、秦。秦缪公将兵助晋文公入襄王，杀王弟带。二十八年，晋文公败楚于城濮。三十年，缪公助晋文公围郑。郑使人言缪公曰："亡郑厚晋，于晋而得矣，而秦未有利。晋之强，秦之忧也。"缪公乃罢兵归。晋亦罢。三十二年冬，晋文公卒。

郑人有卖郑于秦曰："我主其城门，郑可袭也。"缪公问蹇叔、百里傒，对曰："径数国千里而袭人，希有得利者。且人卖郑，庸知我国人不有以我情告郑者乎？不可。"缪公曰："子不知也，吾已决矣。"遂发兵，使百里傒子孟明视，蹇叔子西乞术及白乙丙将兵。行日，百里傒、蹇叔二人哭之。缪公闻，怒曰："孤发兵而子沮哭吾军，何也？"二老曰："臣非敢沮君军。军行，臣子与往；臣老，迟

时,他们发现缪公被敌军包围,都高举兵器,争先死战,以报答吃马肉被赦免的恩德。于是缪公俘虏了晋君回到秦国,向全国发布命令:"大家斋戒独宿,我将要用晋君祭祀上帝。"周天子听说此事,说"晋君是我的同姓",替晋君求情。夷吾的姐姐是秦缪公的夫人,她听到这件事,就穿上丧服,光着脚,说:"我不能挽救自己的兄弟,以致还得让君上下命令杀他,实在有辱于君上。"缪公说:"我俘获了晋君,以为是成就了一件大功,可是现在天子来求情,夫人也为此事而忧愁。"于是跟晋君订立盟约,答应让他回国,并给他换了上等的房舍住宿,送给他牛羊猪各七头,以诸侯之礼相待。十一月,送回晋君夷吾,夷吾献出河西的土地,派太子圉到秦国做人质。秦君把同宗的女儿嫁给圉。这时,秦国的领地东面已到达黄河。

十八年,齐桓公去世。二十年,秦国灭了梁、芮二国。

二十二年,晋公子圉听说晋君生病的消息,说:"梁国是我母亲的娘家,已经被秦国灭掉了。我兄弟众多,如果父君百年后,秦国必定留住我,晋国也不会重视我,而改立其他公子。"于是公子圉逃离秦国,回到晋国。二十三年,晋惠公去世,公子圉登位做了国君。秦国怨恨公子圉逃走,便从楚国迎来晋公子重耳,并把圉原在秦国的妻子嫁给重耳。重耳开始谢绝,后来就接受了。缪公更加厚礼相待。二十四年春天,秦国派人告诉晋国大臣,要送重耳回国。晋国答应了,于是派人护送重耳回到晋国。二月,重耳登位成为晋君,这就是晋文公。晋文公派人杀死了圉。圉就是晋怀公。

这年秋天,周襄王的弟弟叔带,借助翟人的军队攻打襄王。襄王出逃,住在郑国。二十五年,周襄王派人向晋国、秦国通报祸乱。秦缪公带兵帮助晋文公护送襄王回朝,杀死襄王的弟弟叔带。二十八年,晋文公在城濮打败楚军。三十年,缪公帮助晋文公包围了郑国。郑国派人对缪公说:"灭掉郑国,其结果是使晋国实力增强,这对晋国是有利的,而对秦国却无利。晋国强大了,就会成为秦国的忧患。"缪公便撤军回国。晋国也撤了军。三十二年冬,晋文公去世。

郑国有个人向秦国出卖郑国说:"我掌管郑国的城门,可以来偷袭郑国。"缪公去问蹇叔、百里奚,两个人回答说:"路经数国地界,到千里之外去袭击别人,很少有占便宜的。再说,既然有人能出卖郑国,怎么知道我国的人就没有把我们的实情告诉郑国呢?不能袭击郑国。"缪公说:"你们不懂,我已经决定了。"于是发兵,派百里奚的儿子孟明视、蹇叔的儿子西乞术以及白乙丙带兵。出发的那天,百里奚、蹇叔二人对着军队痛哭。缪公听了,发怒说:"我派兵出发,你们却拦着军队大哭,诅咒我军,这是为什么?"二位老人说:"臣不敢阻

还恐不相见，故哭耳。"二老退，谓其子曰："汝军即败，必于崤厄矣。"三十三年春，秦兵遂东，更晋地，过周北门。周王孙满曰："秦师无礼，不败何待！"兵至滑，郑贩卖贾人弦高，持十二牛将卖之周，见秦兵，恐死虏，因献其牛，曰："闻大国将诛郑，郑君谨修守御备，使臣以牛十二劳军士。"秦三将军相谓曰："将袭郑，郑今已觉之，往无及已。"灭滑。滑，晋之边邑也。

当是时，晋文公丧尚未葬。太子襄公怒曰："秦侮我孤，因丧破我滑。"遂墨衰绖，发兵遮秦兵于崤，击之，大破秦军，无一人得脱者。虏秦三将以归。文公夫人，秦女也，为秦三囚将请曰："缪公之怨此三人入于骨髓，愿令此三人归，令我君得自快烹之。"晋君许之，归秦三将。三将至，缪公素服郊迎，向三人哭曰："孤以不用百里傒、蹇叔言以辱三子，三子何罪乎？子其悉心雪耻，毋怠。"遂复三人官秩如故，愈益厚之。

三十四年，楚太子商臣弑其父成王代立。
缪公于是复使孟明视等将兵伐晋，战于彭衙。秦不利，引兵归。

戎王使由余于秦。由余，其先晋人也，亡入戎，能晋言。闻缪公贤，故使由余观秦。秦缪公示以宫室、积聚。由余曰："使鬼为之，则劳神矣。使人为之，亦苦民矣。"缪公怪之，问曰："中国以诗书礼乐法度为政，然尚时乱，今戎夷无此，何以为治，不亦难乎？"由余笑曰："此乃中国所以乱也。夫自上圣黄帝作为礼乐法度，身以先之，仅以小治。及其后世，日以骄淫。阻法度之威，以责督于下，下罢极则以仁义怨望于上，上下交争怨而相篡弑，至于灭宗，皆以此类也。夫戎夷不然。上含淳德以遇其下，下怀忠信以事其上，一国之政犹一身之治，不知所以治，此真圣人之治也。"于是缪公退而问内

拦军队，诅咒我军。部队要出发了，我俩的儿子在军队中也将前往；如今我们年岁已大，他们如果回来晚了，恐怕就见不着了，所以才哭。"二位老人退回来对他们的儿子说："你们的军队如果失败，一定会败在崤山的险要之处。"三十三年春天，秦国军队向东进发，穿过晋国，从周朝都城北门经过。周朝的王孙满看见了秦国的军队以后说："秦国的军队不懂规矩，不失败还能有什么结果！"军队开进到滑邑，郑国商人弦高带着十二头牛准备去周朝都城出卖，碰见了秦军。他害怕被秦军杀掉或俘虏，就献上他的牛，说："听说贵国将要惩罚郑国，郑君恭敬地做好了防备工作，派我用十二头牛慰劳贵国士兵。"秦国的三位将军一起商量说："我们要去袭击郑国，郑国现在已经知道了，去也袭击不成了。"于是秦军灭了滑邑。滑邑，是晋国的边境城邑。

当时，晋文公去世后还没有安葬。太子襄公愤怒地说："秦国欺侮我刚刚丧父，趁我办丧事的时候攻破我国的滑邑。"于是染黑了丧服，发兵在崤山堵截秦军，向秦军发起攻击，彻底打垮了秦军，使秦军没有一个人逃脱。晋军俘获了秦军三位将军返回都城。晋文公的夫人是秦缪公的女儿，她替秦国三位被俘的将军求情说："缪公对这三个人恨之入骨，希望您放他们回国，好让我国国君能亲自痛痛快快地煮掉他们。"晋襄公答应了她的请求，放回了秦国的三个将军。三位将军回到秦国，缪公穿着白衣服到郊外迎接，向三人哭着说："寡人因为没有听从百里奚、蹇叔的话，以致让你们三位受了屈辱，你们三位有什么罪呢？你们要拿出全部心力洗雪这个耻辱，不要松懈。"于是恢复三人的官职俸禄，更加重用他们。

三十四年，楚国太子商臣杀了他的父亲楚成王，接替了王位。

秦缪公这时候再次派孟明视等率兵攻打晋国，在彭衙交战。秦军作战不利，撤军返回。

戎王派由余出使秦国。由余，祖先是晋国人，逃亡到戎地，他还能说晋国方言。戎王听说缪公贤明，就派由余去观察秦国。秦缪公向他炫示了宫室和积蓄的财宝。由余说："这些东西如果让鬼神造出来，就是劳累了鬼神。如果让人造出来，也就苦了民众啊。"缪公觉得他的话奇怪，问道："中原各国借助诗书礼乐和法律处理政务，还不时地出现祸乱呢。现在戎族没有这些，用什么来治理国家，岂不很困难吗？"由余笑着说："这些正是中原各国发生祸乱的根源所在。自上古圣人黄帝创制了礼乐法度，并亲自带头贯彻执行，也只是实现了小的太平。到了后代，君主一天比一天骄奢淫逸，倚仗着法律制度的威严来要求和监督民众，民众感到疲惫了就怨恨君上，要求实行仁义。上下互相怨恨，篡夺屠杀，甚至灭绝宗族，都是由于礼乐法度这些东西啊。而戎族却不是这样。在上位者怀着淳厚的仁德来对待下面的臣民，臣民满怀忠信来侍奉君上，整个国家的政事就

史廖曰："孤闻邻国有圣人，敌国之忧也。今由余贤，寡人之害，将奈之何？"内史廖曰："戎王处辟匿，未闻中国之声。君试遗其女乐，以夺其志；为由余请，以疏其间；留而莫遣，以失其期。戎王怪之，必疑由余。君臣有间，乃可虏也。且戎王好乐，必怠于政。"缪公曰："善。"因与由余曲席而坐，传器而食，问其地形与其兵势尽察，而后令内史廖以女乐二八遗戎王。戎王受而说之，终年不还。于是秦乃归由余。由余数谏不听，缪公又数使人间要由余，由余遂去降秦。缪公以客礼礼之，问伐戎之形。

三十六年，缪公复益厚孟明视等，使将兵伐晋，渡河焚船，大败晋人，取王官及鄗，以报崤之役。晋人皆城守不敢出。于是缪公乃自茅津渡河，封崤中尸，为发丧，哭之三日。乃誓于军曰："嗟士卒！听无哗，余誓告汝。古之人谋黄发番番，则无所过。"以申思不用蹇叔、百里傒之谋，故作此誓，令后世以记余过。君子闻之，皆为垂涕，曰："嗟乎！秦缪公之与人周也，卒得孟明之庆。"

三十七年，秦用由余谋伐戎王，益国十二，开地千里，遂霸西戎。天子使召公过贺缪公以金鼓。三十九年，缪公卒，葬雍。从死者百七十七人，秦之良臣子舆氏三人名曰奄息、仲行、针虎，亦在从死之中。秦人哀之，为作歌黄鸟之诗。君子曰："秦缪公广地益国，东服强晋，西霸戎夷，然不为诸侯盟主，亦宜哉。死而弃民，收其良臣而从死。且先王崩，尚犹遗德垂法，况夺之善人良臣百姓所哀者乎？是以知秦不能复东征也。"缪公子四十人，其太子罃代立，是为康公。

康公元年。往岁缪公之卒，晋襄公亦卒；襄公之弟名雍，秦出也，在秦。晋赵盾欲立之，使随会来迎雍，秦以兵送至令狐。

像一个人支配自己的身体一样，无须了解什么治理的方法。这才真正是圣人治理国家啊。"缪公退朝之后，就问内史王廖说："我听说邻国有圣人，这将是敌对国的忧患。现在由余有才能，这是我们国家的祸害，我应该怎么办才好呢？"内史王廖说："戎王地处偏僻，不曾听过中原地区的乐曲。您不妨试试送他歌舞伎女，借以改变他的心志。并且为由余向戎王请求延期返戎，以此来疏远他们君臣之间的关系；留下由余不送回，以使他错过回去的日期。戎王感到奇怪，一定会怀疑由余。君臣之间有嫌隙，就可以俘虏了。再说戎王喜欢上音乐，就一定没有心思处理国事了。"缪公说："好。"于是缪公与由余座席相连而坐，互递杯盏一块儿吃喝，向由余询问戎地的地形和兵力，把情况了解得一清二楚，然后命令内史王廖送给戎王十六名歌伎。戎王接受，并且非常喜爱迷恋，整整一年不曾迁徙，更换草地，牛马死了一半。这时候，秦国才让由余回国。由余屡次进谏，戎王都不听从。缪公又多次派人暗中邀请由余，由余于是离开戎王投降秦国。缪公用接待客人的礼节接待他，询问攻打戎族的方式。

　　三十六年，缪公更加厚待孟明视等人，派他们率兵进攻晋国，渡过黄河就焚毁了船只，以示决死战斗。结果把晋军打得大败，夺取了王官和鄗地，血洗了殽山战役的耻。晋国军队都据城防守，不敢出战。于是缪公便从茅津渡过黄河，筑坟以埋葬从前在殽山战死的秦军士兵，给他们追悼发丧，为他们痛哭了三天。缪公就面对全军发誓说："喂，将士们！你们听着，不要吵嚷，我向你们发誓。我要告诉你们，古人办事虚心听取老年人的意见，所以不会有什么过错。"缪公反复思考自己不采纳蹇叔、百里奚的计谋而造成的过失，因此发出这样的誓言，让后代记住自己的过失。君子们听说这件事，都为之落泪，说："啊！秦缪公待人很周到啊，终于得到孟明视等人胜利的报答。"

　　三十七年，秦国采用由余的计谋攻打戎王，增加了十二个属国，开辟了千里疆土，终于称霸于西戎地区。周天子派召公过带着金鼓等军中指挥用的器物去向缪公表示祝贺。三十九年，缪公去世，葬在雍邑。陪葬的有一百七十七人，秦国的良臣子舆奄息、子舆仲行、子舆针虎也在陪葬者之中。秦国人为他们悲痛，并为此而作了一首题为《黄鸟》的诗。君子说："秦缪公扩展疆土，增加属国，在东方征服了强大的晋国，在西方称霸了西戎，但是他没有成为诸侯的盟主，这也是理所当然的！因为他死了就置百姓于不顾，还拿他的良臣为自己殉葬。古代有德行的帝王驾崩以后还会遗留下好的风范和礼法，而他没有做到这些，更何况还夺走百姓所同情的好人、良臣呢？由此可以断定秦国不可能再东进了。"缪公的儿子有四十人，他的太子䓨继承登位，这就是康公。

　　康公元年。前一年，缪公去世的时候，晋襄公也去世了。晋襄公的弟弟叫雍，是秦国之女所生，住在秦国。晋卿赵盾想拥立他为君，派随会来接他，秦国

晋立襄公子而反击秦师，秦师败，随会来奔。二年，秦伐晋，取武城，报令狐之役。四年，晋伐秦，取少梁。六年，秦伐晋，取羁马。战于河曲，大败晋军。晋人患随会在秦为乱，乃使魏仇余详反，合谋会，诈而得会，会遂归晋。康公立十二年卒，子共公立。

共公二年，晋赵穿弑其君灵公。三年，楚庄王强，北兵至洛，问周鼎。共公立五年卒，子桓公立。

桓公三年，晋败我一将。十年，楚庄王服郑，北败晋兵于河上。当是之时，楚霸，为会盟合诸侯。二十四年，晋厉公初立，与秦桓公夹河而盟。归而秦倍盟，与翟合谋击晋。二十六年，晋率诸侯伐秦，秦军败走，追至泾而还。桓公立二十七年卒，子景公立。

景公四年，晋栾书弑其君厉公。十五年，救郑，败晋兵于栎。是时晋悼公为盟主。十八年，晋悼公强，数会诸侯，率以伐秦，败秦军。秦军走，晋兵追之，遂渡泾，至棫林而还。二十七年，景公如晋，与平公盟，已而背之。三十六年，楚公子围弑其君而自立，是为灵王。景公母弟后子针有宠，景公母弟富，或谮之，恐诛，乃奔晋，车重千乘。晋平公曰："后子富如此，何以自亡？"对曰："秦公无道，畏诛，欲待其后世乃归。"

三十九年，楚灵王强，会诸侯于申，为盟主，杀齐庆封。景公立四十年卒，子哀公立。后子复来归秦。

哀公八年，楚公子弃疾弑灵王而自立，是为平王。十年，楚平王来求秦女为太子建妻。至国，女好而自娶之。十五年，楚平王欲诛建，建亡；伍子胥奔吴。晋公室卑而六卿强，欲内相攻，是以久秦晋不相攻。三十一年，吴王阖闾与伍子胥伐楚，楚王亡奔随，吴遂入

派兵把雍护送到令狐。而晋国已立了襄公的儿子为君，反倒来攻打秦军。秦军战败，随会逃奔到秦国。二年，秦国攻打晋国，攻取了武城，报了令狐战役的仇恨。四年，晋国攻打秦国，攻取了少梁。六年，秦国攻打晋国，攻占了羁马。两军在河曲交战，把晋军打得大败。晋国人担心随会在秦国会给晋国造成灾难，就派魏仇余假装反晋而投降秦国，与随会相见，共谋归计。他设下圈套控制了随会，随会于是回到了晋国。康公在位二十年去世

共公二年，晋国的赵穿杀了他的君主灵公。三年，楚庄王强大起来，向北进兵，一直深入到洛邑，询问周朝传国之宝九鼎的大小轻重，图谋夺取周朝的政权。共公在位五年去世，儿子桓公即位。

桓公三年，晋军打败秦军，俘虏了秦国的将领赤。十年，楚庄王征服郑国，往北又在黄河岸上打败了晋军。就在这个时候，楚国称霸，召集各诸侯举行盟会。二十四年，晋厉公刚刚登位，与秦桓公隔着黄河相会订盟。订盟回来秦国就背弃盟约，与狄人一起谋划攻打晋国。二十六年，晋国率领诸侯攻打秦国，秦军败逃，晋军一直追赶到泾水边上才返回。桓公在位二十七年去世，儿子景公即位。

景公四年，晋国的栾书弑杀了自己的君主厉公。十五年，秦军救郑国，在栎邑打败晋军。这时候，晋悼公成为了各诸侯的盟主。十八年，晋悼公的势力强大起来了，屡次会合诸侯，率领他们攻打秦国，打败秦军。秦军逃跑，晋兵追赶他们，一直渡过泾水，到达棫林才返回。二十七年，秦景公到了晋国，与晋平公订立盟约，不久就背叛了盟约。三十六年，楚国公子围杀了他的君主自立为王，这就是楚灵王。秦景公的同母兄弟后子针得宠，而且富有。有人说坏话诬陷他，他害怕被杀，就逃奔到晋国，带着辎重车上千辆。晋平公说："后子这样富足，为什么自己还要逃跑呢？"后子针回答说："秦公无道，我恐惧被杀，想等到他的子孙继位后我再回去。"

三十九年，楚灵王的势力强盛，他与诸侯在申地会盟，自己做了盟主，而且还杀死了齐国的庆封。景公在位四十年后驾崩，其儿子哀公继位。后子针又回到秦国。

哀公八年，楚国的公子弃疾弑杀了楚灵王而后自立为王，这就是楚平王。哀公十年，楚平王派人迎娶秦国女子做太子建的妻子。回到楚国，平王见女子漂亮，就自己娶了她。十五年，楚平王想杀死太子建，太子建逃到了郑国，伍子胥也逃到了吴国。晋国国君家族的权力削弱，范氏、中行氏、智氏、赵氏、韩氏、魏氏六个家族世代为晋卿，势力强大，想策动内战，因此好长时间秦、晋两国没有打仗。三十一年，吴王阖闾与伍子胥攻打楚国，楚王逃奔到随地，吴军便进

郢。楚大夫申包胥来告急，七日不食，日夜哭泣。于是秦乃发五百乘救楚，败吴师。吴师归，楚昭王乃得复入郢。哀公立三十六年卒。太子夷公，夷公蚤死，不得立，立夷公子，是为惠公。

惠公元年，孔子行鲁相事。五年，晋卿中行、范氏反晋，晋使智氏、赵简子攻之，范、中行氏亡奔齐。惠公立十年卒，子悼公立。

悼公二年，齐臣田乞弑其君孺子，立其兄阳生，是为悼公。六年，吴败齐师。齐人弑悼公，立其子简公。九年，晋定公与吴王夫差盟，争长于黄池，卒先吴。吴强，陵中国。十二年，齐田常弑简公，立其弟平公，常相之。十三年，楚灭陈。秦悼公立十四年卒，子厉共公立。孔子以悼公十二年卒。

厉共公二年，蜀人来赂。十六年，堑河旁。以兵二万伐大荔，取其王城。二十一年，初县频阳。晋取武成。二十四年，晋乱，杀智伯，分其国与赵、韩、魏。二十五年，智开与邑人来奔。三十三年，伐义渠，虏其王。三十四年，日食。厉共公卒，子躁公立。

躁公二年，南郑反。十三年，义渠来伐，至渭南。十四年，躁公卒，立其弟怀公。

怀公四年，庶长晁与大臣围怀公，怀公自杀。怀公太子曰昭子，蚤死，大臣乃立太子昭子之子，是为灵公。灵公，怀公孙也。

灵公六年，晋城少梁，秦击之。十三年，城籍姑。灵公卒，子献公不得立，立灵公季父悼子，是为简公。简公，昭子之弟而怀公子也。

简公六年，令吏初带剑。堑洛。城重泉。十六年卒，子惠公立。

惠公十二年，子出子生。十三年，伐蜀，取南郑。惠公卒，出子立。

出子二年，庶长改迎灵公之子献公于河西而立之。杀出子及其母，沉之渊旁。秦以往者数易君，君臣乖乱，故晋复强，夺秦河西地。

献公元年，止从死。二年，城栎阳。四年正月庚寅，孝公生。十一

入郢都。楚国大夫申包胥来秦国告急求救，七天不吃饭，日夜哭泣。于是秦国就派兵车五百辆去援救楚国，打败了吴国军队。吴军撤走了，楚昭王才得以重回郢都。哀公在位三十六年去世。太子叫夷公，早死，没能登位。于是大家拥立夷公的儿子继位，这就是惠公。

秦惠公元年，孔子代理鲁国宰相一职。五年，晋卿中行氏、范氏反叛晋国。晋君派智氏和赵简子讨伐他们，范氏、中行氏逃到齐国。惠公在位十年后驾崩，其子悼公继位。

悼公二年，齐国大臣田乞杀了他的国君孺子，立孺子的哥哥阳生为君，这就是齐悼公。六年，吴军打败齐军。齐国人杀死悼公，拥立他的儿子简公。九年，晋定公与吴王夫差在黄池会盟，争做盟主，最终是让吴王占了先。吴国强盛，欺凌中原各国。十二年，齐国的田常杀了简公立他的弟弟平公，田常做相国。十三年，楚国灭掉陈国。秦悼公在位十四年去世，儿子厉共公继位。孔子在悼公十二年去世。

厉共公二年，蜀人前来进献财物。十六年，在黄河旁挖掘壕沟。派兵两万去攻打大荔国，攻占了大荔王城邑。二十一年，开始把频阳设为县。晋国夺取武成。二十四年，晋国发生内乱，智伯被杀，把智伯的领地分给赵氏、韩氏、魏氏。二十五年，智开与同邑人来投奔秦国。三十三年，攻打义渠戎族，俘虏了戎王。三十四年，发生日食。厉共公去世，儿子躁公登位。

躁公二年，南郑邑反叛。十三年，义渠来攻打秦国，到了渭南。十四年，躁公去世，他的弟弟怀公继位。

怀公四年，庶长晁和大臣围攻怀公，怀公自杀。怀公太子名叫昭子，死得早，大臣们就拥立太子昭子的儿子为君，这就是灵公。灵公，是怀公的孙子。

灵公六年，晋国在少梁筑城，秦军攻打晋国。十三年，修筑籍姑城。灵公去世，其儿子献公没能继位，拥立灵公的叔父悼子，这就是简公。简公是昭子的弟弟，怀公的儿子。

简公六年，开始让官吏佩剑。在洛水边挖了壕沟，在重泉筑城。十六年，简公去世，其儿子惠公继位。

惠公十二年，他的儿子出子出生。十三年，攻打蜀国，夺回了南郑。惠公去世，他的儿子出子即位。

出子二年，庶长废掉出子，从河西迎接灵公的儿子献公回国，立他为君。献公杀死了出子和他的母亲，并将他们的尸体沉入深渊。秦国在以往的这段时间里频繁更换国君，导致君臣关系混乱，所以晋国的力量又强大起来了，夺去了秦国河西的土地。

献公元年，废止了殉葬的制度。二年，在栎阳筑城。四年正月庚寅日，孝公

年，周太史儋见献公曰："周故与秦国合而别，别五百岁复合，合十七岁而霸王出。"十六年，桃冬花。十八年，雨金栎阳。二十一年，与晋战于石门，斩首六万，天子贺以黼黻。二十三年，与晋战少梁，虏其将公孙痤。二十四年，献公卒，子孝公立，年已二十一岁矣。

孝公元年，河山以东强国六，与齐威、楚宣、魏惠、燕悼、韩哀、赵成侯并。淮泗之间小国十余。楚、魏与秦接界。魏筑长城，自郑滨洛以北，有上郡。楚自汉中，南有巴、黔中。周室微，诸侯力政，争相并。秦僻在雍州，不与中国诸侯之会盟，夷翟遇之。孝公于是布惠，振孤寡，招战士，明功赏。下令国中曰："昔我缪公自岐雍之间，修德行武，东平晋乱，以河为界，西霸戎翟，广地千里，天子致伯，诸侯毕贺，为后世开业，甚光美。会往者厉、躁、简公、出子之不宁，国家内忧，未遑外事，三晋攻夺我先君河西地，诸侯卑秦，丑莫大焉。献公即位，镇抚边境，徙治栎阳，且欲东伐，复缪公之故地，修缪公之政令。寡人思念先君之意，常痛于心。宾客群臣有能出奇计强秦者，吾且尊官，与之分土。"于是乃出兵东围陕城，西斩戎之獂王。

卫鞅闻是令下，西入秦，因景监求见孝公。

二年，天子致胙。

三年，卫鞅说孝公变法修刑，内务耕稼，外劝战死之赏罚，孝公善之。甘龙、杜挚等弗然，相与争之。卒用鞅法，百姓苦之；居三年，百姓便之。乃拜鞅为左庶长。其事在商君语中。

七年，与魏惠王会杜平。八年，与魏战元里，有功。十年，卫鞅为大良造，将兵围魏安邑，降之。十二年，作为咸阳，筑冀阙，秦徙都之。并诸小乡聚，集为大县，县一令，四十一县。为田开阡陌。东地渡洛。十四年，初为赋。十九年，天子致伯。二十年，诸侯毕贺。秦使公子少官率师会诸侯逢泽，朝天子。

出生。十一年，周朝太史儋，拜见献公说："周朝原本与秦国同源流，后来秦国分出去，分开五百年又合为一体，合十七年后秦国有霸王出现。"十六年，桃树冬天开了花。十八年，栎阳上空下了黄金雨。二十一年，与晋国在石门打仗，斩杀晋军六万人，周天子赐礼服来祝贺。二十三年，与晋国在少梁交战，俘虏了魏将公孙痤。二十四年，献公去世，其儿子孝公登位。当时秦孝公已经二十一岁了。

孝公元年，黄河和殽山以东有六个强国，秦孝公与齐威王、楚宣王、魏惠王、燕悼侯、韩哀侯、赵成侯并立。淮河、泗水之间有十多个小国。楚国、魏国与秦国接壤。魏国修筑长城，从郑县开始沿洛河向北，直到上郡。楚国在汉中与秦接界，南部有巴郡、黔中。周王朝衰微，诸侯武力征伐，互相争夺兼并。秦国地处偏僻的雍州，不参加中原各国诸侯的盟会，诸侯们像对待夷狄一样对待秦国。孝公于是广施恩德，救济孤寡，招募战士，明确了论功行赏的法令，并向全国发布命令说："从前我们缪公在岐山、雍邑之间，修治德政，讲习武功，向东平定了晋国的内乱；以黄河为界，向西称霸戎狄，扩展土地千里，天子赐以霸主称号，诸侯各国都来朝贺，为后世开创了基业，甚为光大美好。但是就在前一段厉公、躁公、简公、出子的时候，接连几世不安宁，国家内有忧患，没有空暇顾及国外的事，结果晋国攻夺了我们先王河西的土地，诸侯也都看不起秦国，耻辱没有比这更大的了。献公即位，安定边境，迁都栎阳，并且想要东征，收复缪公时的原有疆土，重修缪公时的政令。我缅怀先君的遗志，心中常常感到悲痛。宾客和群臣中有谁能献出高明的计策，使秦国强盛起来，我将让他做高官，分封给他土地。"于是便出兵向东围攻陕城，向西杀了戎族的獂王。

卫鞅听说颁布了这个命令，就来到西方的秦国，通过景监求见孝公。

二年，周天子送来祭肉。

三年，卫鞅劝说孝公实行变法，制定刑罚，在国内致力于农耕，对外鼓励效死作战，给以各种奖罚。孝公认为这个办法很好，但甘龙、杜挚等人不同意，双方为此而争辩起来。孝公最终采用了卫鞅的办法，百姓感到劳苦。过了三年，百姓就感到适应了。于是孝公任命卫鞅担任左庶长。此事记载在《商君列传》里。

七年，孝公与魏惠王在杜平会盟。八年，秦国与魏国在元里交战，取得胜利。十年，卫鞅担任大良造，带兵包围了魏国的安邑，迫使它投降了。十二年，修建咸阳城，筑起了公布法令的门阙，秦国就迁都到咸阳。并且把各个小乡小村合并为大县，每县设县令一人，全国共有四十一个县。废除阡陌，开发田地，这时秦地向东已越过洛河。十四年，开始实行赋税制度。十九年，周天子封秦孝公为方伯，也就是让他做诸侯的霸主。二十年，诸侯全都向秦国表示祝贺。秦孝公派公子少官率领军队在逢泽与诸侯会盟，朝见天子。

二十一年，齐败魏马陵。

二十二年，卫鞅击魏，虏魏公子卬。封鞅为列侯，号商君。

二十四年，与晋战雁门，虏其将魏错。

孝公卒，子惠文君立。是岁，诛卫鞅。鞅之初为秦施法，法不行，太子犯禁。鞅曰："法之不行，自于贵戚。君必欲行法，先于太子。太子不可黥，黥其傅师。"于是法大用，秦人治。及孝公卒，太子立，宗室多怨鞅，鞅亡，因以为反，而卒车裂以徇秦国。

惠文君元年，楚、韩、赵、蜀人来朝。二年，天子贺。三年，王冠。四年，天子致文武胙。齐、魏为王。

五年，阴晋人犀首为大良造。六年，魏纳阴晋，阴晋更名宁秦。七年，公子卬与魏战，虏其将龙贾，斩首八万。八年，魏纳河西地。九年，渡河，取汾阴、皮氏。与魏王会应。围焦，降之。十年，张仪相秦。魏纳上郡十五县。十一年，县义渠。归魏焦、曲沃。义渠君为臣。更名少梁曰夏阳。十二年，初腊。十三年四月戊午，魏君为王，韩亦为王。使张仪伐取陕，出其人与魏。

十四年，更为元年。二年，张仪与齐、楚大臣会啮桑。三年，韩、魏太子来朝。张仪相魏。五年，王游至北河。七年，乐池相秦。韩、赵、魏、燕、齐帅匈奴共攻秦。秦使庶长疾与战修鱼，虏其将申差，败赵公子渴、韩太子奂，斩首八万二千。八年，张仪复相秦。九年，司马错伐蜀，灭之。伐取赵中都、西阳。十年，韩太子苍来质。伐取韩石章。伐败赵将泥。伐取义渠二十五城。十一年，樗里疾攻魏焦，降之。败韩岸门，斩首万，其将犀首走。公子通封于蜀。燕君让其臣子之。十二年，王与梁王会临晋。庶长疾攻赵，虏赵将庄。张仪相楚。十三年，庶长章击楚于丹阳，虏其将屈匄，斩首八万；又攻楚汉中，取地六百里，置汉中郡。楚围雍氏，秦使庶长疾助韩而东攻

二十一年，齐国在马陵打败魏国。

二十二年，卫鞅攻打魏国，俘虏了魏公子卬。秦孝公封卫鞅为列侯，号为商君。

二十四年，秦军与魏军在雁门作战，俘虏了魏国将军魏错。

秦孝公去世，其子惠文君继位。这一年，秦国发生政变，卫鞅被杀。卫鞅刚在秦国施行新法时，开始阻力极大，连太子都故意触犯禁令。卫鞅说："法令行不通，根源在于国亲贵戚。国君果真想使变法成功，就要从太子这里开起。对太子不能用墨刑，就让他的师傅代受墨刑。"从此，法令顺利施行，秦国被治理得很好。等到孝公驾崩后，太子登位。秦国的宗室大多怨恨卫鞅，卫鞅被迫出逃，于是朝廷就给卫鞅定了反叛的罪名，最终卫鞅被五马分尸，在都城示众。

惠文君元年，楚国、韩国、赵国、蜀国派人来朝见。二年，周天子前来朝贺。三年，惠文君举行加冠礼。四年，周天子送来祭祀文王、武王的祭肉。齐国、魏国称王。

五年，阴晋人犀首任大良造。六年，魏国把阴晋城送给秦国，阴晋城改名为宁秦城。七年，公子卬与魏国作战，俘虏了魏国的将军龙贾，斩杀八万人。八年，魏国把河西之地送给秦国。九年，秦军渡过黄河，攻占了汾阴、皮氏。秦王与魏王在应邑会盟。秦军包围了焦城，使焦城归降了。十年，张仪任秦相。魏国献出上郡十五个县。十一年，在义渠设县。把焦城、曲沃归还给魏国，义渠国君称臣。把少梁改名为夏阳。十二年，效仿中原各国，初次举行腊祭。十三年，四月初四日，魏君称王，韩君也称王。秦君派张仪攻取陕县，把那里的居民赶出去交给魏国。

十四年，改为元年。二年，张仪与齐国、楚国的大臣在啮桑会盟。三年，韩国、魏国的太子前来朝见。张仪担任魏国国相。五年，惠文王巡游到北河地区。七年，乐池做了秦相。韩国、赵国、魏国、燕国、齐国带领匈奴一起进攻秦国。秦国派庶长疾与他们在修鱼交战，俘虏了韩国将军申差，打败了赵国的公子渴和韩国的太子奂，杀了八万二千人。八年，张仪重新任秦相。九年，司马错攻打蜀国，灭亡了蜀国。又攻取了赵国的中都和西阳。十年，韩国太子苍来做人质。攻占了韩国的石章县，打败了赵国的将军泥。攻占了义渠的二十五座城邑。十一年，樗里疾攻打魏国的焦城，迫使焦城投降。在岸门打败了韩军，斩杀一万人，韩军将军犀首逃跑。公子通被封为蜀侯。燕君把君位让给他的大臣子之。十二年，秦王与梁王在临晋会盟。庶长疾进攻赵国，俘虏了赵国将军庄。张仪任楚相。十三年，庶长章在丹阳攻打楚军，俘虏了楚将屈匄，斩杀了八万人；又攻入楚国的汉中，夺取了六百里土地，设置了汉中郡。楚军包围了韩国的雍氏，秦国

齐，到满助魏攻燕。十四年，伐楚，取召陵。丹、犁臣，蜀相壮杀蜀侯来降。

惠王卒，子武王立。韩、魏、齐、楚、越皆宾从。

武王元年，与魏惠王会临晋。诛蜀相壮。张仪、魏章皆东出之魏。伐义渠、丹、犁。二年，初置丞相，樗里疾、甘茂为左右丞相。张仪死于魏。三年，与韩襄王会临晋外。南公揭卒，樗里疾相韩。武王谓甘茂曰："寡人欲容车通三川，窥周室，死不恨矣。"其秋，使甘茂、庶长封伐宜阳。四年，拔宜阳，斩首六万。涉河，城武遂。魏太子来朝。武王有力好戏，力士任鄙、乌获、孟说皆至大官。王与孟说举鼎，绝膑。八月，武王死。族孟说。武王取魏女为后，无子。立异母弟，是为昭襄王。昭襄母楚人，姓芈氏，号宣太后。武王死时，昭襄王为质于燕，燕人送归，得立。

昭襄王元年，严君疾为相。甘茂出之魏。二年，彗星见。庶长壮与大臣、诸侯、公子为逆，皆诛，及惠文后皆不得良死。悼武王后出归魏。三年，王冠。与楚王会黄棘，与楚上庸。四年，取蒲阪。彗星见。五年，魏王来朝应亭，复与魏蒲阪。六年，蜀侯辉反，司马错定蜀。庶长奂伐楚，斩首二万。泾阳君质于齐。日食，昼晦。

七年，拔新城。樗里子卒。八年，使将军芈戎攻楚，取新市。齐使章子，魏使公孙喜，韩使暴鸢共攻楚方城，取唐眜。赵破中山，其君亡，竟死齐。魏公子劲、韩公子长为诸侯。九年，孟尝君薛文来相秦。奂攻楚，取八城，杀其将景快。十年，楚怀王入朝秦，秦留之。薛文以金受免。楼缓为丞相。十一年，齐、韩、魏、赵、宋、中山五国共攻秦，至盐氏而还。秦与韩、魏河北及封陵以和。彗星见。楚怀王走之赵，赵不受，还之秦，即死，归葬。十二年，楼缓免，穰侯魏冉为相。予楚粟五万石。

十三年，向寿伐韩，取武始。左更白起攻新城。五大夫礼出亡奔魏。任鄙为汉中守。十四年，左更白起攻韩、魏于伊阙，斩首

派遣庶长疾帮助韩国向东攻打齐国，又派军队到满帮助魏国攻打燕国。十四年，攻打楚国，攻占了召陵。丹国、犁国向秦国称臣，蜀相陈壮杀死蜀侯投降秦国。

惠王去世，其儿子武王继位。韩国、魏国、齐国、楚国、赵国都归服秦国。

武王元年，武王与魏惠王在临晋会盟。杀了蜀相陈壮。张仪、魏章都离开秦国往东到魏国去了。秦军攻打义渠国、丹国、犁国。二年，开始设置丞相，樗里疾、甘茂任左右丞相。张仪死在魏国。三年，秦王与韩襄王在临晋城外会盟。南公揭去世，樗里疾担任韩相。武王对甘茂说："我想在三川地区打通一条哪怕只能容车子通过的路，到洛阳去看一看周朝王室，即使死了也不遗憾了。"那年秋天，派甘茂和庶长封讨伐韩国的宜阳。四年，攻占了宜阳，杀了六万人。渡过黄河，在武遂筑城。魏国太子来朝见。秦武王有力气，喜好角力，所以大力士任鄙、乌获、孟说都做了大官。武王与孟说举鼎比力气，折断了膝盖骨。八月，武王去世。孟说被灭族。武王娶魏国女子为王后，没有儿子。立他的异母弟弟为王，这就是昭襄王。昭襄王的母亲是楚国人，姓芈，称为宣太后。武王死时，昭襄王在燕国做人质。燕国人送他回国，被立为秦王。

昭襄王元年，严君疾担任秦国相。甘茂离开秦国去了魏国。二年，彗星出现。庶长公子壮和大臣、诸侯、公子造反，全都被杀了，牵连到惠文王后也没能善终。悼武王后离开秦国回魏国了。三年，昭襄王举行加冠礼，并与楚王在黄棘会盟，而且把上庸归还给了楚国。四年，攻占了魏国的蒲阪。彗星出现。五年，魏王来应亭朝见，秦国又把蒲阪交还给魏国。六年，蜀侯辉反叛，司马错平定蜀国。庶长奂攻打楚国，斩首二万。泾阳君到齐国做人质。发生日食，白天昏黑。

七年，攻占了新城。樗里子去世。八年，派将军芈戎攻打楚国，攻占了新市。齐国派章子，魏国派公孙喜，韩国派暴鸢，一块儿进攻楚国的方城，俘获唐昧。赵国攻破了中山国，中山国君出逃，最后死在齐国。魏公子劲、韩公子长被封为诸侯。九年，孟尝君薛文来秦国做丞相。庶长奂攻打楚国，攻取八座城池，杀死楚国将领景快。十年，楚怀王来秦朝见，秦国扣留了他。薛文因为金受在昭襄王面前说了坏话，被免了相职。楼缓担任了丞相。十一年，齐国、韩国、魏国、赵国、宋国、中山五国共同攻打秦国，军队一直打到盐氏才退了回去。秦国送给韩国、魏国黄河北边以及封陵的土地，与韩、魏讲和。这一年出现了彗星。楚怀王逃到赵国，赵国不敢收留，又把他送回到秦国，不久他就死了，秦国把他送回楚国安葬。十二年，楼缓免职，穰侯魏冉任丞相。秦国给楚国五万石粮食。

十三年，向寿进攻韩国，攻占了武始。左更白起攻打新城。五大夫吕礼出逃到魏国。任鄙担任汉中郡守。十四年，左更白起在伊阙攻打韩、魏联

二十四万，虏公孙喜，拔五城。十五年，大良造白起攻魏，取垣，复予之。攻楚，取宛。十六年，左更错取轵及邓。冉免，封公子市宛，公子悝邓，魏冉陶，为诸侯。十七年，城阳君入朝，及东周君来朝。秦以垣为蒲阪、皮氏。王之宜阳。十八年，错攻垣、河雍，决桥取之。十九年，王为西帝，齐为东帝，皆复去之。吕礼来自归。齐破宋，宋王在魏，死温。任鄙卒。二十年，王之汉中，又之上郡、北河。二十一年，错攻魏河内。魏献安邑，秦出其人，募徙河东赐爵，赦罪人迁之。泾阳君封宛。二十二年，蒙武伐齐。河东为九县。与楚王会宛。与赵王会中阳。二十三年，尉斯离与三晋、燕伐齐，破之济西。王与魏王会宜阳，与韩王会新城。二十四年，与楚王会鄢，又会穰。秦取魏安城，至大梁，燕、赵救之，秦军去。魏冉免相。二十五年，拔赵二城。与韩王会新城，与魏王会新明邑。二十六年，赦罪人迁之穰。侯冉复相。二十七年，错攻楚。赦罪人迁之南阳。白起攻赵，取代光狼城。又使司马错发陇西，因蜀攻楚黔中，拔之。二十八年，大良造白起攻楚，取鄢、邓，赦罪人迁之。二十九年，大良造白起攻楚，取郢为南郡，楚王走。周君来。王与楚王会襄陵。白起为武安君。三十年，蜀守若伐楚，取巫郡，及江南为黔中郡。三十一年，白起伐魏，取两城。楚人反我江南。三十二年，相穰侯攻魏，至大梁，破暴鸢，斩首四万，鸢走，魏入三县请和。三十三年，客卿胡伤攻魏卷、蔡、阳、长社，取之。击芒卯华阳，破之，斩首十五万。魏入南阳以和。三十四年，秦与魏、韩上庸地为一郡，南阳免臣迁居之。三十五年，佐韩、魏、楚伐燕。初置南阳郡。三十六年，客卿灶攻齐，取刚、寿，予穰侯。三十八年，中更胡伤攻赵阏与，不能取。四十年，悼太子死魏，归葬芷阳。四十一年夏，攻魏，取邢丘、怀。四十二年，安国君为太子。十月，宣太后薨，葬芷阳郦山。九月，穰

军，斩首二十四万人，俘虏了公孙喜，攻占五座城池。十五年，大良造白起攻打魏国，攻占了垣城，又还给了魏国。进攻楚国，攻占了宛城。十六年，左更司马错夺取轵城和邓城。魏冉被免职。公子市被封在宛，公子悝被封在邓，魏冉被封在陶，都成为了诸侯。十七年，城阳君来朝见，东周君也来朝见。秦国把垣城改为蒲阪、皮氏。秦王到了宜阳。十八年，司马错攻打垣、河雍，毁掉桥梁攻克。十九年，秦昭襄王称西帝，齐湣王称东帝，不久又都取消了帝号。吕礼从齐国回来自首。这年齐国攻破了宋国，宋王逃到魏国，死在了温县。同年秦国任鄙去世。二十年，秦王前往汉中巡游，又巡游到上郡、北河。二十一年，左更司马错进攻魏国河内，魏国献出了安邑。秦军赶走城中的魏国居民，然后招募秦国人迁到河东地区定居，并赐给爵位；又把被赦免的罪人迁到河东。将宛县封给了泾阳君。二十二年，蒙武攻打齐国。黄河以东设置九个县。秦王与楚王在宛城相会，与赵王在中阳相会。二十三年，都尉斯离与韩国、赵国、魏国及燕国一起进攻齐国，在济水西岸打败齐军。秦王与魏王在宜阳会盟，与韩王在新城会盟。二十四年，秦王与楚王在鄢城会盟，又在穰城会盟。秦国攻取魏国的安城，一直打到国都大梁。燕国、赵国援救魏国，秦军撤离。魏冉被免去丞相职务。二十五年，攻下赵国的两座城池。秦王与韩王在新城相会，与魏王在新明邑相会。二十六年，赦免罪人，把他们迁往穰城。穰侯魏冉恢复丞相职位。二十七年，左更司马错攻打楚国。秦赦免了罪犯并把他们迁往南阳。秦白起攻打赵国，夺取了代地的光狼城。秦国又派司马错从陇西出发，通过蜀地攻打并占领了楚国的黔中郡。二十八年，大良造白起进攻楚国，攻取了鄢城、邓城，并将赦免的罪人迁居那里。二十九年，大良造白起进攻楚国，攻占了楚国郢都，改称南郡，楚王逃跑了。同年周君来秦朝拜。秦王与楚王在襄陵会盟。白起被封为武安君。三十年，蜀守张若进攻楚国，夺取了巫郡及江南，在该地设置黔中郡。三十一年，白起攻打魏国，攻占了两座城。楚国人在江南被占地反秦。三十二年，丞相穰侯进攻魏国，一直攻到大梁，打败暴鸢，杀了四万人，暴鸢逃跑了，魏国割给秦国三个县请求讲和。三十三年，秦客卿胡伤进攻魏国的卷城、蔡阳、长社，占领了这几个地方。秦军在华阳打败魏将芒卯，杀了十五万人。魏国把南阳送给秦国请求讲和。三十四年，秦国与魏国、韩国相安，把上庸作为一郡，让南阳降服的臣民迁居在这里。三十五年，帮助韩国、魏国、楚国攻打燕国，并设置南阳郡。三十六年，客卿灶攻打齐国，夺取刚、寿两地，赐给了穰侯。三十八年，中更胡伤进攻赵国的阏与，没有攻下。四十年，悼太子死在魏国，运回国后葬在芷阳。四十一年夏天，攻打魏国，攻占了邢丘、怀两地。四十二年，安国君被立为太子。十月，宣太后逝世，埋葬在芷阳郦山。九月，穰侯出都到陶。四十三年，

侯出之陶。四十三年，武安君白起攻韩，拔九城，斩首五万。四十四年，攻韩南阳，取之。四十五年，五大夫贲攻韩，取十城。叶阳君悝出之国，未至而死。四十七年，秦攻韩上党，上党降赵，秦因攻赵，赵发兵击秦，相距。秦使武安君白起击，大破赵于长平，四十余万尽杀之。四十八年十月，韩献垣雍。秦军分为三军。武安君归。王龁将伐赵武安、皮牢，拔之。司马梗北定太原，尽有韩上党。正月，兵罢，复守上党。其十月，五大夫陵攻赵邯郸。四十九年正月，益发卒佐陵。陵战不善，免，王龁代将。其十月，将军张唐攻魏，为蔡尉捐弗守，还斩之。五十年十月，武安君白起有罪，为士伍，迁阴密。张唐攻郑，拔之。十二月，益发卒军汾城旁。武安君白起有罪，死。龁攻邯郸，不拔，去，还奔汾军。二月余攻晋军，斩首六千，晋楚流死河二万人。攻汾城，即从唐拔宁新中，宁新中更名安阳。初作河桥。

五十一年，将军摎攻韩，取阳城、负黍，斩首四万。攻赵，取二十余县，首虏九万。西周君背秦，与诸侯约从，将天下锐兵出伊阙攻秦，令秦毋得通阳城。于是秦使将军摎攻西周。西周君走来自归，顿首受罪，尽献其邑三十六城，口三万。秦王受献，归其君于周。五十二年，周民东亡，其器九鼎入秦。周初亡。

五十三年，天下来宾。魏后，秦使摎伐魏，取吴城。韩王入朝，魏委国听令。五十四年，王郊见上帝于雍。五十六年秋，昭襄王卒，子孝文王立。尊唐八子为唐太后，而合其葬于先王。韩王衰绖入吊祠，诸侯皆使其将相来吊祠，视丧事。

孝文王元年，赦罪人，修先王功臣，襃厚亲戚，弛苑囿。孝文王除丧，十月己亥即位，三日辛丑卒，子庄襄王立。

武安君白起攻打韩国，攻下九座城，杀了五万人。四十四年，秦国进攻占了韩国的南阳。四十五年，五大夫贲攻打韩国，夺取十座城池。叶阳君悝出都前往封国，没有到达就死了。四十七年，秦国攻打韩国的上党，上党却投降了赵国，秦国因此出兵攻打赵国。赵国出兵反击秦军，两军相持不下。秦派武安君白起攻击赵国，在长平大败赵军，四十多万降卒全部被活埋。四十八年十月，韩国献出垣雍。秦军分为三军。武安君回国。王齕带兵攻打赵国的武安、皮牢，并攻占了它们。司马梗向北平定了太原，全部占有了韩国的上党。正月，军队停止战斗，驻守在上党。这年十月，五大夫陵进攻赵国的邯郸。四十九年正月，增加兵力帮助五大夫陵。陵作战不力，被免职，王齕替代他带兵。这年十月，将军张唐攻打魏国，蔡尉把防守的地盘丢了，张唐回来就斩了他。五十年十月，武安君白起犯了罪，被免职降为士兵，贬谪到阴密。张唐进攻郑，攻了下来。十二月，增派军队驻扎在汾城旁边。武安君白起有罪，自杀而死。王齕攻打邯郸，没打下来，撤军离去，返回投奔驻扎在汾城旁的军队。两个月以后，攻打晋军，杀了六千人，晋军和楚军因落水而死、漂流在黄河中的有两万多人。王齕再攻打汾城，随即跟从张唐攻占宁新中，并将宁新中改名安阳，首次在安阳的黄河上修建桥梁。

五十一年，将军摎进攻韩国，攻占了阳城、负黍，杀了四万人。秦国攻打赵国，攻占了二十多个县，斩获首级九万。西周君背叛秦国，与诸侯约定合纵，带领天下精锐部队出伊阙塞攻打秦国，使秦国不能通往阳城。秦国于是派将军摎进攻西周。西周君跑到秦国来自首，叩头认罪，愿意接受惩处，并全部献出他的三十六个城邑和三万人口。秦王接受了这些城邑和人口，让西周君回西周去了。五十二年，周朝国都的民众向东方逃亡，周朝的传国重器九鼎被运进秦国。周朝算是初步灭亡了。

五十三年，天下都归服秦国。魏国落在最后，秦国就派将军摎去讨伐魏国，攻占了吴城。韩王来朝见，魏王把国家托付给秦国，听从秦国命令。五十四年，秦王在雍城南郊祭祀上帝。五十六年秋天，昭襄王去世，其儿子孝文王登位。追尊生母唐八子为唐太后，与昭襄王合葬一处。韩王身穿孝服来吊唁祭奠，诸侯们都派他们的将相前来吊唁祭祀，参与丧事办理。

孝文王元年，秦国大赦罪人，重用先王的功臣，厚待宗族亲属，开放王家的园囿。孝文王服丧期满，十月初四即位，到十月初六日就过世了，其子庄襄王继位。

庄襄王元年，大量赦免罪犯，封赏先王的功臣，广施德惠，厚待宗亲族属，对民众施以恩泽。东周君与诸侯谋划进攻秦国，秦襄王派相国吕不韦前去

庄襄王元年，大赦罪人，修先王功臣，施德厚骨肉而布惠于民。东周君与诸侯谋秦，秦使相国吕不韦诛之，尽入其国。秦不绝其祀，以阳人地赐周君，奉其祭祀。使蒙骜伐韩，韩献成皋、巩。秦界至大梁，初置三川郡。二年，使蒙骜攻赵，定太原。三年，蒙骜攻魏高都、汲，拔之。攻赵榆次、新城、狼孟，取三十七城。四月日食。四年，王龁攻上党。初置太原郡。魏将无忌率五国兵击秦，秦却于河外。蒙骜败，解而去。五月丙午，庄襄王卒，子政立，是为秦始皇帝。

秦王政立二十六年，初并天下为三十六郡，号为始皇帝。始皇帝五十一年而崩，子胡亥立，是为二世皇帝。

三年，诸侯并起叛秦，赵高杀二世，立子婴。子婴立月余，诸侯诛之，遂灭秦。其语在始皇本纪中。

太史公曰：秦之先为嬴姓。其后分封，以国为姓，有徐氏、郯氏、莒氏、终黎氏、运奄氏、菟裘氏、将梁氏、黄氏、江氏、修鱼氏、白冥氏、蜚廉氏、秦氏。然秦以其先造父封赵城，为赵氏。

讨伐东周君，全部兼并了东周的土地。但秦国并没有断绝周朝的祭祀，把阳人聚于一地赐给东周君，让其继续祭祀他的祖先。秦王派蒙骜进攻韩国，韩国献出成皋、巩县。秦国国界伸展到大梁，开始设置三川郡。二年，派蒙骜进攻赵国，平定了太原。蒙骜进攻魏国的高都、汲县，攻了下来。蒙骜又进攻赵国的榆次、新城、狼孟，攻占了三十七座城。四月间发生日食。三年，王龁攻打上党，开始设置太原郡。魏将无忌率五国的军队反击秦军，秦军退到黄河以南。蒙骜打了败仗，各诸侯军解散撤离了。五月二十六日，庄襄王去世，其儿子嬴政登位，这就是秦始皇。

秦王嬴政即位的第二十六年，才第一次统一了天下，将全国划分为三十六郡，秦王嬴政号称始皇帝。秦始皇五十一岁驾崩，他的儿子胡亥继位，这就是秦二世。

秦二世三年，各地的诸侯蜂拥起来反叛秦朝，于是臣子赵高杀死了秦二世，拥立子婴为秦王。子婴继位只有一个多月，就被项羽所杀，至此秦朝宣告灭亡。这些史实都记载在《始皇本纪》中。

太史公说：秦国的祖先姓嬴。他的后代子孙被分封到各地，各自以所在的封国名作为姓氏，有徐氏、郯氏、莒氏、终黎氏、运奄氏、菟裘氏、将梁氏、黄氏、江氏、修鱼氏、白冥氏、蜚廉氏、秦氏。而其中有一位祖先造父被封在赵城，所以秦朝以赵为姓。

秦始皇本纪第六

　　秦始皇帝者，秦庄襄王子也。庄襄王为秦质子于赵，见吕不韦姬，悦而取之，生始皇。以秦昭王四十八年正月生于邯郸。及生，名为政，姓赵氏。年十三岁，庄襄王死，政代立为秦王。当是之时，秦地已并巴、蜀、汉中，越宛有郢，置南郡矣；北收上郡以东，有河东、太原、上党郡；东至荥阳，灭二周，置三川郡。吕不韦为相，封十万户，号曰文信侯。招致宾客游士，欲以并天下。李斯为舍人。蒙骜、王齮、麃公等为将军。王年少，初即位，委国事大臣。

　　晋阳反，元年，将军蒙骜击定之。二年，麃公将卒攻卷，斩首三万。三年，蒙骜攻韩，取十三城。王齮死。十月，将军蒙骜攻魏氏畼、有诡。岁大饥。四年，拔畼、有诡。三月，军罢。秦质子归自赵，赵太子出归国。十月庚寅，蝗虫从东方来，蔽天。天下疫。百姓内粟千石，拜爵一级。五年，将军骜攻魏，定酸枣、燕、虚、长平、雍丘、山阳城，皆拔之，取二十城。初置东郡。冬雷。六年，韩、魏、赵、卫、楚共击秦，取寿陵。秦出兵，五国兵罢。拔卫，迫东郡，其君角率其支属徙居野王，阻其山以保魏之河内。七年，彗星先出东方，见北方，五月见西方。将军骜死。以攻龙、孤、庆都，还兵攻汲。彗星复见西方十六日。夏太后死。八年，王弟长安君成蟜将军击赵，反，死屯留，军吏皆斩死，迁其民于临洮。将军壁死，卒屯留、蒲鹝反，戮其尸。河鱼大上，轻车重马东就食。

　　嫪毐封为长信侯。予之山阳地，令毐居之。宫室车马衣服苑囿驰猎恣毐。事无小大皆决于毐。又以河西太原郡更为毐国。九年，彗星见，或竟天。攻魏垣、蒲阳。四月，上宿雍。己酉，王冠，带剑。长信侯毐作乱而觉，矫王御玺及太后玺以发县卒及卫卒、官骑、戎翟君

秦始皇，是秦国庄襄王的儿子。庄襄王曾以秦昭王孙子的身份作为人质抵押在赵国，在那里看见吕不韦的妾，十分喜爱，就娶了她，生了始皇。秦始皇是秦昭王四十八年在邯郸出生的。出生后，起名叫政，姓赵。十三岁时，庄襄王死，赵政代立为秦王。当时，秦国已兼并了巴、蜀、汉中，越过宛占有了郢，设立了南郡；向北攻占了上郡以东，设有河东、太原、上党郡；东到荥阳，灭了东西周，设置三川郡。吕不韦为相国，分封十万户，号为文信侯。他招揽宾客游士，想借此吞并天下。李斯为吕不韦舍人；蒙骜、王龁、麃公等为将军。秦王年纪小，又刚刚即位，所以把国事都交给大臣们处理。

晋阳发生叛乱，始皇元年，将军蒙骜前去讨伐，平定了叛乱。二年，麃公率兵攻打卷邑，杀了三万人。三年蒙骜攻韩，夺取了十三座城。王龁死。十月，将军蒙骜攻打魏国畼、有诡。这年是大饥荒年。四年，攻取了畼邑、有诡。三月，停止进军。秦国人质从赵国返国，赵国太子也从秦国回赵。十月庚寅日，蝗虫从东方飞来，遮天蔽日。全国瘟疫流行。老百姓献上一千石粮食，授给爵位一级。五年，将军蒙骜攻打魏，酸枣、燕、虚、长平、雍丘、山阳城，全被攻克，夺取了二十座城，初步设置了东郡。冬天出现了打响雷的怪象。六年，韩国、魏国、赵国、卫国、楚国一起进攻秦国，攻占了寿陵邑。秦国派出军队，五国停止了进军。秦国攻下卫国，逼近东郡，卫君角率领他的宗族迁居到野王，凭借山势险阻，固守魏国的河内。七年，彗星先在东方出现，又出现在北方，五月时出现在西方。这年，将军蒙骜战死。蒙骜当时正攻打龙、孤、庆都等城，后回军攻打汲时战死。这时彗星又在西方出现了，长达十六天。不久夏太后死。八年，秦王弟长安君成蟜率领军队攻打赵国，在屯留造反了，结果他手下的军官都被杀死，那里的百姓被迁往临洮。前来讨伐成蟜的将军壁战死了，屯留人士蒲鹖又造反，结果战死，死后还遭到鞭戮尸体的酷刑。这年，黄河水灾，鱼大批漂上岸，人们乘车骑马到东方找食物吃。

嫪毐被封为长信侯，朝廷赐给他山阳的土地作为他的食邑。宫室、车马、衣服、园林、打猎都听凭嫪毐的意愿；事情无论大小全由嫪毐决定；又把河西太原郡改为嫪毐的封国。九年，彗星出现，横穿天空。秦国攻打魏国的垣、蒲阳。四月，秦王在雍留宿。己酉，秦王行冠礼，佩剑。长信侯嫪毐作乱被发觉，他冒用

公、舍人，将欲攻蕲年宫为乱。王知之，令相国昌平君、昌文君发卒攻毐。战咸阳，斩首数百，皆拜爵，及宦者皆在战中，亦拜爵一级。毐等败走。即令国中：有生得毐，赐钱百万；杀之，五十万。尽得毐等。卫尉竭、内史肆、佐弋竭、中大夫令齐等二十人皆枭首。车裂以徇，灭其宗。及其舍人，轻者为鬼薪。及夺爵迁蜀四千余家，家房陵。四月寒冻，有死者。杨端和攻衍氏。彗星见西方，又见北方，从斗以南八十日。十年，相国吕不韦坐嫪毐免。桓齮为将军。齐、赵来置酒。齐人茅焦说秦王曰："秦方以天下为事，而大王有迁母太后之名，恐诸侯闻之，由此倍秦也。"秦王乃迎太后于雍而入咸阳，复居甘泉宫。

大索，逐客，李斯上书说，乃止逐客令。李斯因说秦王，请先取韩以恐他国，于是使斯下韩。韩王患之。与韩非谋弱秦。大梁人尉缭来，说秦王曰："以秦之强，诸侯譬如郡县之君，臣但恐诸侯合从，翕而出不意，此乃智伯、夫差、湣王之所以亡也。愿大王毋爱财物，赂其豪臣，以乱其谋，不过亡三十万金，则诸侯可尽。"秦王从其计，见尉缭亢礼，衣服食饮与缭同。缭曰："秦王为人，蜂准，长目，挚鸟膺，豺声，少恩而虎狼心，居约易出人下，得志亦轻食人。我布衣，然见我常身自下我。诚使秦王得志于天下，天下皆为虏矣。不可与久游。"乃亡去。秦王觉，固止，以为秦国尉，卒用其计策。而李斯用事。

十一年，王翦、桓齮、杨端和攻邺，取九城。王翦攻阏与、橑杨，皆并为一军。翦将十八日，军归斗食以下，什推二人从军。取邺安阳，桓齮将。十二年，文信侯不韦死，窃葬舍人临者，晋人也逐出之；秦人六百石以上夺爵，迁；五百石以下不临，迁，勿夺爵。自今

秦王印及太后印来征发京城军队及秦王卫队、官骑、戎翟首领及自己的家臣，想攻打蕲年宫。秦王得知后，命令相国昌平君、昌文君发兵攻击嫪毐。双方战于咸阳，秦军杀死数百人。对于有战功的，秦王都授给他们爵位，连同参战的宦官，也授给爵位一级。嫪毐等人战败逃走，秦王当即通令全国：如谁活捉到嫪毐，赐给赏钱一百万；杀掉他，赐给赏钱五十万。嫪毐等人全被捉到。卫尉竭、内史肆、佐弋竭、中大夫令齐等二十人都被斩首。嫪毐被车裂示众，灭了全族。他们的家臣，罪轻的罚为鬼薪劳役；还有四千余家被剥夺了官爵，迁徙到蜀郡，安置在房陵县。这个月虽属孟夏，但十分寒冷，竟然有冻死的人。秦派杨端和进攻衍氏邑。同时，彗星出现在西方，不久又出现在北方，从北斗星往南接连出现了八十天。十年，相国吕不韦因受嫪毐牵连而被罢官。桓齮为将军。齐国和赵国派来使臣祝贺，秦王摆酒款待他们。齐国人茅焦劝秦王说："秦正以夺取天下为己任，而大王却有了贬谪母太后的名声，恐怕让各诸侯知道了，他们会因此背叛秦国。"秦王于是把太后从雍地接回咸阳，仍然让她住在甘泉宫中。

　　秦国大规模地进行搜捕，并驱逐从各诸侯国来到秦国的所有宾客。李斯上书劝说，秦王才废止了逐客令。李斯借机劝说秦王，建议首先攻取韩国，以此来恐吓其他国家。于是秦王派李斯去降服韩国。韩王为此而担忧，就跟韩非谋划削弱秦国。大梁人尉缭来到秦国，劝说秦王道："凭着秦国这样强大，诸侯就像郡县的首脑，我只担心山东各国合纵，联合起来进行出其不意的袭击，这就是从前智伯、夫差、湣王所以灭亡的原因所在。希望大王不要吝惜财物，贿赂他们的大臣，以打乱他们的计谋，不过损失三十万金，诸侯们就能收拾殆尽了。"秦王听从了他的计谋，会见尉缭时以平等的礼节相待，自己穿的衣服和饮食也与尉缭一样。尉缭说："秦王这人，高鼻梁，长眼睛，挚鸟一样的胸部，豺狼般的声音，缺少仁爱而有虎狼之心；穷困时容易谦卑对人，得志时也能轻易地吞掉别人。我是平头百姓，可他见我时却常待以上宾之礼。如果真使秦王一统天下，天下人都将成为他的奴仆。我不能跟他长久交往。"于是准备逃走。秦王发觉后极力挽留，让他当秦国的最高军事长官，且全部采用了他的计谋。此时正是李斯执掌国政。

　　十一年，主将王翦、次将桓齮、末将杨端和三军并为一军攻打赵国邺邑，没有攻下，只夺取了九座城邑。于是王翦就另外去攻打阏与、橑杨。此时秦全国军马并为一军，由王翦统领。王翦统率全军的第十八天，让军中俸禄斗食以下的人，十人中推举二人留在军中，其他的回家。在夺取了邺、安阳后，由桓齮统领全军。十二年，文信侯吕不韦自杀身亡，被其宾客偷偷安葬在洛阳北芒山。对于他的家臣参加哭吊的，如是晋国人，就赶出国境；如是秦国人，俸禄在六百石以上的官吏剥夺爵位，流放到房陵；俸禄在五百石以下而未参

以来，操国事不道如嫪毐、不韦者籍其门，视此。秋，复嫪毐舍人迁蜀者。当是之时，天下大旱，六月至八月乃雨。

十三年，桓齮攻赵平阳，杀赵将扈辄，斩首十万。王之河南。正月，彗星见东方。十月，桓齮攻赵。十四年，攻赵军于平阳，取宜安，破之，杀其将军。桓齮定平阳、武城。韩非使秦，秦用李斯谋，留非，非死云阳。韩王请为臣。

十五年，大兴兵，一军至邺，一军至太原，取狼孟。地动。十六年九月，发卒受地韩南阳假守腾。初令男子书年。魏献地于秦。秦置丽邑。十七年，内史腾攻韩，得韩王安，尽纳其地，以其地为郡，命曰颍川。地动。华阳太后卒。民大饥。

十八年，大兴兵攻赵，王翦将上地，下井陉，端和将河内，羌瘣伐赵，端和围邯郸城。十九年，王翦、羌瘣尽定取赵地东阳，得赵王。引兵欲攻燕，屯中山。秦王之邯郸，诸尝与王生赵时母家有仇怨，皆坑之。秦王还，从太原、上郡归。始皇帝母太后崩。赵公子嘉率其宗数百人之代，自立为代王，东与燕合兵，军上谷。大饥。

二十年，燕太子丹患秦兵至国，恐，使荆轲刺秦王。秦王觉之，体解轲以徇，而使王翦、辛胜攻燕。燕、代发兵击秦军，秦军破燕易水之西。二十一年，王贲攻荆。乃益发卒诣王翦军，遂破燕太子军，取燕蓟城，得太子丹之首。燕王东收辽东而王之。王翦谢病老归。新郑反。昌平君徙于郢。大雨雪，深二尺五寸。

二十二年，王贲攻魏，引河沟灌大梁，大梁城坏，其王请降，尽取其地。

二十三年，秦王复召王翦，强起之，使将击荆。取陈以南至平

与哭吊的，也流放到房陵，但不剥夺爵位。从此以后，主持国事却不行正道，像嫪毐、吕不韦一样的，全部依此处理，全家收为奴隶。这年秋季，赦免了流放到蜀地的嫪毐的家臣，他们可以返回原籍。当时，全国大旱，从六月起，一直到八月才开始下雨。

十三年，桓齮带兵攻打赵国平阳邑，杀了赵将扈辄，斩首十万人。秦王到河南一带巡视。正月，彗星在东方出现。十月，桓齮再次攻打赵国。十四年，秦军在平阳攻击赵军，攻占了宜安，打败了赵国军队，杀死了赵国的将军。桓齮平定了平阳、武城。韩非出使秦国，秦王采用李斯的计谋，扣留了韩非，韩非死在了云阳县。韩王只得向秦称臣。

十五年，秦国大举出兵，一支进攻邺县，一支进攻太原，并攻占了狼孟。这一年秦国又发生了地震。十六年九月，秦国派兵接收了韩国的南阳邑，任命内史腾为代理南阳太守。这一年，开始命令全国男子登记年龄。魏国献地给秦国。秦设置丽邑。十七年，内史腾去攻打韩国，擒获了韩王安，收取了他的全部土地，并在那里设置了郡，命名为颍川郡。这年又发生了地震。华阳太后去世。人民遭受了大饥荒。

十八年，秦大举兴兵攻赵，王翦统率上地的军队，攻占了井陉。杨端和率领河内的军队，与羌瘣攻打赵国，杨端和包围了邯郸城。十九年，王翦、羌瘣等完全占领了赵国东阳地区，擒获了赵王。秦国又出兵准备攻打燕国，驻军中山。秦王到了邯郸，凡是曾经与秦王在赵国出生时的母家有仇的，全部被活埋。秦王返回，经由太原、上郡回到都城。秦始皇的母太后去世。赵公子嘉率领他的宗族几百人到达代地，自立为代王，并向东与燕国的军队会合，驻扎在上谷郡。这一年秦国又发生了严重的大饥荒。

二十年，燕太子丹担心秦国军队打到燕国来，十分恐慌，派荆轲去刺杀秦王。秦王发现了，处荆轲以肢解之刑来示众，然后就派遣王翦、辛胜率军攻打燕国。燕、代发兵攻打秦军，秦军在易水西面打败了燕军。二十一年，秦王派王贲去攻打楚国。秦王增派援兵到王翦军队中去，终于打败了燕太子的军队，攻占了燕国的蓟城，得到了燕太子丹的首级。燕王向东逃到辽东并在那里称王。王翦因老病辞官回家。新郑反叛。昌平君被迁到郢城。这一年秦国下了大雪，雪厚二尺五寸。

二十二年，秦王派王贲去攻打魏国，引汴河的水灌大梁城。大梁城的城墙塌坏，魏王请求投降，秦军取得了魏国的全部土地。

二十三年，秦王再次诏令征召王翦，强行起用他，派他去攻打楚国。秦军攻占了陈县往南直到平舆县的土地，俘虏了楚王。秦王巡游来到郢都和陈县。楚

舆，虏荆王。秦王游至郢陈。荆将项燕立昌平君为荆王，反秦于淮南。二十四年，王翦、蒙武攻荆，破荆军，昌平君死，项燕遂自杀。

二十五年，大兴兵，使王贲将，攻燕辽东，得燕王喜。还攻代，虏代王嘉。王翦遂定荆江南地；降越君，置会稽郡。五月，天下大酺。

二十六年，齐王建与其相后胜发兵守其西界，不通秦。秦使将军王贲从燕南攻齐，得齐王建。

秦初并天下，令丞相、御史曰："异日韩王纳地效玺，请为藩臣，已而倍约，与赵、魏合从畔秦，故兴兵诛之，虏其王。寡人以为善，庶几息兵革。赵王使其相李牧来约盟，故归其质子。已而倍盟，反我太原，故兴兵诛之，得其王。赵公子嘉乃自立为代王，故举兵击灭之。魏王始约服入秦，已而与韩、赵谋袭秦，秦兵吏诛，遂破之。荆王献青阳以西，已而畔约，击我南郡，故发兵诛，得其王，遂定其荆地。燕王昏乱，其太子丹乃阴令荆轲为贼，兵吏诛，灭其国。齐王用后胜计，绝秦使，欲为乱，兵吏诛，虏其王，平齐地。寡人以眇眇之身，兴兵诛暴乱，赖宗庙之灵，六王咸伏其辜，天下大定。今名号不更，无以称成功，传后世。其议帝号。"丞相绾、御史大夫劫、廷尉斯等皆曰："昔者五帝地方千里，其外侯服夷服，诸侯或朝或否，天子不能制。今陛下兴义兵，诛残贼，平定天下，海内为郡县，法令由一统，自上古以来未尝有，五帝所不及。臣等谨与博士议曰：'古有天皇，有地皇，有泰皇，泰皇最贵。'臣等昧死上尊号，王为'泰皇'。命为'制'，令为'诏'，天子自称曰'朕'。"王曰："去'泰'，著'皇'，采上古'帝'位号，号曰'皇帝'。他如议。"制曰："可。"追尊庄襄王为太上皇。制曰："朕闻太古有号毋谥，中古有号，死而以行为谥。如此，则子议父，臣议君也，甚无谓，朕弗取焉。自今已来，除谥法。朕为始皇帝。后世以计数，二世三世至于万世，传之无穷。"

将项燕立昌平君为楚王,在淮河以南反抗秦国。二十四年,王翦、蒙武去攻打楚国,大败楚军,昌平君战死,于是项燕就自杀了。

二十五年,秦国再次大举进兵,派王贲为将领,攻打燕国的辽东郡,俘获了燕王喜。回来时又进攻代国,俘虏了代王赵嘉。这时楚国长江以南一带也被王翦平定了,而且还降服了越族的首领,设置了会稽郡。五月,秦王下令特许天下之民欢聚饮宴。

二十六年,齐王田建和他的丞相后胜派军队驻守齐国西部边境,并和秦国断交。秦王派将军王贲经由燕国往南进攻齐国,俘获了齐王田建。

秦王刚统一天下,便命令丞相、御史说:"从前韩王交出土地献上印玺,请求做守卫边境的臣子,不久又背弃誓约,与赵国、魏国联合反叛秦国,所以派兵去讨伐他们,俘虏了韩国的国王。寡人认为很好,现在战争差不多要停止了。赵王派其相国李牧来与秦国商定盟约,所以我们放回了做人质的赵太子。但不久他们又违背盟约,在太原反叛我,所以我发兵诛灭了它,俘虏了赵王。赵公子嘉竟然自立为代王,所以我就派兵去灭了赵国。魏王起初已约定归服秦,不久却与韩国、赵国合谋袭击秦国,所以我派兵前去讨伐,终于打败了他们。楚王已经献出青阳以西的地盘,不久也背弃誓约,袭击我南郡,所以我派兵去讨伐,俘获了楚国的国王,终于平定了楚地。燕王昏乱,其太子丹就暗中派荆轲做刺客。所以我发兵征讨,灭了燕国。齐王采纳后胜的计谋,断绝与秦通使,想作乱。秦官兵征讨,俘虏了齐王,平定了齐国一带。我凭着这个渺小之身,兴兵诛讨暴乱,靠的是祖宗的神灵。六国国王都按他们的罪过受到了应有的惩罚,天下安定了。现在不改换名号,就无法显示成功,名传后世。请商议确定帝号。"丞相王绾、御史大夫冯劫、廷尉李斯等都说:"从前五帝的土地纵横各千里,外面还划分有侯服、夷服等地区。诸侯有的朝见,有的不朝见,天子不能控制。现在您兴正义之师,讨伐四方残贼之人,平定了天下,在全国设置郡县,法令归于一统,自上古以来不曾有这样的局面,五帝都不如您。我们恭谨地跟博士们商议说:'古代有天皇、有地皇、有泰皇,泰皇最尊贵。'我们这些臣子冒死罪献上尊号,王称为'泰皇';发政令称为'制书',下命令称为'诏书',天子自称为'朕'。"秦王说:"去掉'泰'字,留下'皇'字,采用上古'帝'的位号,称为'皇帝',其他的就按你们议论的办。"于是在奏书上写道:"可以。"追尊庄襄王为太上皇。又下令说:"朕听说上古有帝号无谥号;中古有帝号,死后根据生平事迹定谥号。这样的话,就等于是让儿子评议父亲,让臣子评议君主,很没有道理。朕不赞成这种做法。从今以后,废除谥号。我就称'始皇帝',后代就从我这儿开始,称二世、三世直到万世,永远相传,没有穷尽。"

始皇推终始五德之传，以为周得火德，秦代周德，从所不胜。方今水德之始，改年始，朝贺皆自十月朔。衣服旄旌节旗皆上黑。数以六为纪，符、法冠皆六寸，而舆六尺，六尺为步，乘六马。更名河曰德水，以为水德之始。刚毅戾深，事皆决于法，刻削毋仁恩和义，然后合五德之数。于是急法，久者不赦。

丞相绾等言："诸侯初破，燕、齐、荆地远，不为置王，毋以填之。请立诸子，唯上幸许。"始皇下其议于群臣，群臣皆以为便。廷尉李斯议曰："周文武所封子弟同姓甚众，然后属疏远，相攻击如仇仇，诸侯更相诛伐，周天子弗能禁止。今海内赖陛下神灵一统，皆为郡县，诸子功臣以公赋税重赏赐之，甚足易制。天下无异意，则安宁之术也。置诸侯不便。"始皇曰："天下共苦战斗不休，以有侯王。赖宗庙，天下初定，又复立国，是树兵也，而求其宁息，岂不难哉！廷尉议是。"

分天下以为三十六郡，郡置守、尉、监。更名民曰"黔首"。大酺。收天下兵，聚之咸阳，销以为钟鐻，金人十二，重各千石，置廷宫中。一法度衡石丈尺。车同轨。书同文字。地东至海暨朝鲜，西至临洮、羌中，南至北乡户，北据河为塞，并阴山至辽东。徙天下豪富于咸阳十二万户。诸庙及章台、上林皆在渭南。秦每破诸侯，写放其宫室，作之咸阳北阪上，南临渭，自雍门以东至泾、渭，殿屋复道周阁相属。所得诸侯美人钟鼓，以充入之。

二十七年，始皇巡陇西、北地，出鸡头山，过回中。焉作信宫渭南，已更命信宫为极庙，象天极。自极庙道通郦山，作甘泉前殿。筑甬道，自咸阳属之。是岁，赐爵一级。治驰道。

二十八年，始皇东行郡县，上邹峄山。立石，与鲁诸儒生议，刻石颂秦德，议封禅望祭山川之事。乃遂上泰山，立石，封，祠祀。

秦始皇按照水、火、木、金、土五行相生相克、终始循环的原理进行推求，认为周朝占有火德的属性；秦德要取代周德，就必须取周朝的火德所抵不过的水德。当今是水德的开始，要更改岁首，朝贺都以十月初一为元旦。衣服、符节和旗帜的装饰都以黑色为贵。数目以六为单位，符、法冠都定为六寸，车厢宽六尺，六尺为一步，一车驾六马。把黄河改名为"德水"，以此来表示水德的开始。为政要刚毅严苛，一切事情都以法律为准绳，严厉而不讲仁爱、恩惠、和善、情义，这样才符合五德中水主阴的命数。于是施行严厉的刑罚，对犯罪者从不宽赦。

丞相王绾等进言说："诸侯刚刚被打败，燕国、齐国、楚国地处偏远，不给它们设王，就无法镇抚那里。请封立各位皇子为王，希望皇上恩准。"始皇将这个建议下交群臣讨论，群臣都认为可行。廷尉李斯议论道："周文王、周武王分封子弟和同姓亲属很多，可是他们的后代逐渐疏远了，互相攻击，就像仇人一样，诸侯之间彼此征战，周天子也无法阻止。现在天下依赖陛下神灵得到统一，都设置了郡县，皇子功臣都用国家赋税多多赏赐他们，很容易就控制了。天下没有异心，这就是安宁的办法啊。设置诸侯没有好处。"始皇说："以前，天下人都苦于连年战争无止无休，就是因为有那些诸侯王。现在我倚仗祖宗的神灵，天下刚刚安定如果又设立诸侯国，这是在制造战争。想以此求得安宁，不是太难了吗？还是廷尉的意见对。"

于是把天下分为三十六郡，每郡都设置守、尉、监；对黎民百姓改称为"黔首"；下令全国特许聚饮以表示欢庆；收集天下的兵器，聚集到咸阳，熔化之后铸成大钟，又铸了十二个铜人，每个重达十二万斤，放置在宫廷里；统一法令和度量衡标准，统一车辆两轮间的宽度，书写使用统一的隶书；领土东到大海和朝鲜，西到临洮、羌中，南到北向户，北面占据黄河作为要塞，沿阴山直到辽东；迁徙天下富豪人家十二万户到咸阳居住。秦朝各代祖庙及章台宫、上林苑都在渭水南岸。秦国每灭掉一个诸侯，都按照该国宫室的样子，在咸阳北面的山坡上进行仿造，南边濒临渭水，从雍门以东直到泾水、渭水；殿屋间以天桥和回廊相连，把从诸侯那里得到的美人、钟鼓，都放在这些宫殿里面。

二十七年，秦始皇巡视陇西、北地，穿过鸡头山，路经回中。于是在渭水南面修建信宫，不久把信宫改名为极庙，象征北极星。从极庙开通道路直达骊山，又修建了甘泉前殿。修造两旁筑有夹墙的甬道，从咸阳一直连接到骊山。这一年，普遍赐给爵位一级，又修筑了供皇帝出行使用的大道。

二十八年，始皇到东方去巡视郡县，登上邹县峄山。在山上立了石碑，并跟鲁地儒生们商议，如何在石上刻写颂扬秦的德业；又商议在泰山祭天、在梁父山祭地和遥祭名山大川的事情。于是登上了泰山，立石刻碑，筑坛，祭天。下山

下，风雨暴至，休于树下，因封其树为五大夫。禅梁父。刻所立石，其辞曰：

"皇帝临位，作制明法，臣下修饬。二十有六年，初并天下，罔不宾服。亲巡远方黎民，登兹泰山，周览东极。从臣思迹，本原事业，祗诵功德。治道运行，诸产得宜，皆有法式。大义休明，垂于后世，顺承勿革。皇帝躬圣，既平天下，不懈于治。夙兴夜寐，建设长利，专隆教诲。训经宣达，远近毕理，咸承圣志。贵贱分明，男女礼顺，慎遵职事。昭隔内外，靡不清净，施于后嗣。化及无穷，遵奉遗诏，永承重戒。"

于是乃并勃海以东，过黄、腄，穷成山，登之罘，立石颂秦德焉而去。

南登琅邪，大乐之，留三月。乃徙黔首三万户琅邪台下，复十二岁。作琅邪台，立石刻，颂秦德，明得意。曰：

"维二十六年，皇帝作始。端平法度，万物之纪。以明人事，合同父子。圣智仁义，显白道理。东抚东土，以省卒士。事已大毕，乃临于海。皇帝之功，勤劳本事。上农除末，黔首是富。普天之下，抟心揖志。器械一量，同书文字。日月所照，舟舆所载。皆终其命，莫不得意。应时动事，是维皇帝。匡饬异俗，陵水经地。忧恤黔首，朝夕不懈。除疑定法，咸知所辟。方伯分职，诸治经易。举错必当，莫不如画。皇帝之明，临察四方。尊卑贵贱，不逾次行。奸邪不容，皆务贞良。细大尽力，莫敢怠荒。远迩辟隐，专务肃庄。端直敦忠，事业有常。皇帝之德，存定四极。诛乱除害，兴利致福。节事以时，诸产繁殖。黔首安宁，不用兵革。六亲相保，终无寇贼。欢欣奉教，尽知法式。六合之内，皇帝之土。西涉流沙，南尽北户。东有东海，北过大夏。人迹所至，无不臣者。功盖五帝，泽及牛马。莫不受德，各安其宇。"

维秦王兼有天下，立名为皇帝，乃抚东土，至于琅邪。列侯武城侯王离、列侯通武侯王贲、伦侯建成侯赵亥、伦侯昌武侯成、伦侯武

时,突然刮风下雨,始皇在一棵树下休息,因此赐封那棵树为"五大夫",随后又在梁父山举行祭地典礼,在石碑上镌刻铭文。文辞写道:

"皇帝登基即位,创立昌明法度,臣下端正谨慎。就在二十六年,天下归于一统,四方无不归顺。亲自巡视远方,登临这座泰山,遍览东部边疆。随臣思念往事,推究伟大事业的功勋,敬颂圣德。治世之道实施,各种产业得宜,一切法则大振,大义清明美善,传于后代子孙,永世承继不变。皇帝英明圣德,平定天下后,又不懈地治理国家。每日早起晚睡,思量建设长久基业,专心教化百姓。训民皆以常道,远近通达平治,圣意人人尊奉。贵贱分明,男女遵守各自的礼仪,慎守职责。明辨内外,无不清净,传于后世。教化所及无穷,定要遵从遗诏,重大告诫永世遵奉。"

于是就沿着渤海岸往东走,途经黄县、腄县,攀上成山的顶峰,又登上之罘山,树立石碑歌颂秦之功德,然后离去。

秦始皇又往南走登上了琅邪山,十分高兴,在那里停留了三个月。于是又迁移三万户到琅邪山下,免除他们十二年的赋税徭役。他又修筑了琅邪台,立石刻字,歌颂秦朝的功德,显示他统一天下的心满意足。碑文写道:

"二十六年,皇帝刚刚登基。端正一切法度,整治万物纲纪。彰明人事之宜,提倡父慈子孝。皇帝圣智仁义,宣明各种道理。亲临东土安抚,慰劳视察兵士。大事已毕,到了海边。皇帝之功,为大事操劳。重农抑商,百姓富足。普天之下,专心致志。统一度量,统一文字。日月照耀之处,车船所到之地,无不遵奉王命,人人得志满意。顺应四时行事,自有大秦皇帝。整顿恶劣习俗,跋山涉水千里。怜惜黎民百姓,日夜不肯歇息。除疑惑定法律,无人不守法纪。地方长官分职,各级官署治理,举措必求得当,无不公平整齐。皇帝圣明,巡察四方。尊卑贵贱,不逾等级。不容奸邪,务求贞良。大事小事尽力而为,不敢荒废怠慢。远近各处的偏僻隐蔽之地,都做到严肃庄重。正直敦厚忠诚,事业才能久长。皇帝大恩大德,四方均得安抚。诛除祸乱灾害。为国谋利造福。劳役不误农时,百业繁荣富足。黎民安居乐业,不再动用武力。六亲相保,始终没有盗贼。欢欣接受教诲,百姓都懂法制。天地四方,是皇帝的疆土。西边越过沙漠,南边到达北户。东边到达东海,北边越过大夏。人迹所到之处,无不称臣归服。功高盖过五帝,恩泽遍及马牛。无人不受其德,个个安居乐业。"

秦王统一天下,确立了皇帝的称号,亲临东土安抚百姓,到达琅邪。列侯武成侯王离、列侯通武侯王贲、伦侯建成侯赵亥、伦侯昌武侯成、伦侯武信侯冯

信侯冯毋择、丞相隗林、丞相王绾、卿李斯、卿王戊、五大夫赵婴、五大夫杨樛从，与议于海上。曰："古之帝者，地不过千里，诸侯各守其封域，或朝或否，相侵暴乱，残伐不止，犹刻金石，以自为纪。古之五帝三王，知教不同，法度不明，假威鬼神，以欺远方，实不称名，故不久长。其身未殁，诸侯倍叛，法令不行。今皇帝并一海内，以为郡县，天下和平。昭明宗庙，体道行德，尊号大成。群臣相与诵皇帝功德，刻于金石，以为表经。"

既已，齐人徐市等上书，言海中有三神山，名曰蓬莱、方丈、瀛洲，仙人居之。请得斋戒，与童男女求之。于是遣徐市发童男女数千人，入海求仙人。

始皇还，过彭城，斋戒祷祠，欲出周鼎泗水。使千人没水求之，弗得。乃西南渡淮水，之衡山、南郡。浮江，至湘山祠。逢大风，几不得渡。上问博士曰："湘君何神？"博士对曰："闻之，尧女，舜之妻，而葬此。"于是始皇大怒，使刑徒三千人皆伐湘山树，赭其山。上自南郡由武关归。

二十九年，始皇东游。至阳武博狼沙中，为盗所惊。求弗得，乃令天下大索十日。

登之罘，刻石。其辞曰：

"维二十九年，时在中春，阳和方起。皇帝东游，巡登之罘，临照于海。从臣嘉观，原念休烈，追诵本始。大圣作治，建定法度，显箸纲纪。外教诸侯，光施文惠，明以义理。六国回辟，贪戾无厌，虐杀不已。皇帝哀众，遂发讨师，奋扬武德。义诛信行，威辉旁达，莫不宾服。烹灭强暴，振救黔首，周定四极。普施明法，经纬天下，永为仪则。大矣哉！宇县之中，承顺圣意。群臣诵功，请刻于石，表垂于常式。"

其东观曰：

"维二十九年，皇帝春游，览省远方。逮于海隅，遂登之罘，昭临朝阳。观望广丽，从臣咸念，原道至明。圣法初兴，清理疆内，外

毋择、丞相隗林、丞相王绾、卿李斯、卿王戊、五大夫赵婴、五大夫杨樛跟随，在海上一起议论皇帝的功德。都说："古代帝王，土地不过千里，诸侯各自守住分封的地区，有的朝见、有的不朝见，互相攻伐，征战不休，还刻金石，铭记自家战功。古时的五帝三王，知识教育各不相同，法制不明，借鬼神之威，欺骗远方，名不符实，所以不能长久。他们还未死，诸侯业已背叛，法令名存实亡。当今皇帝统一海内，全国设立郡县，天下安定太平。显明祖先宗庙，施行公道德政，皇帝尊号大成。群臣相与歌颂皇帝的功德，把颂辞刻在金石上，以此作为后世的榜样。"

事情完毕以后，齐地人徐市等上书，说大海之中有三座神山，名叫蓬莱、方丈、瀛洲，有仙人居住在那里。希望能斋戒沐浴，带领童男童女前往寻觅。于是就派徐市挑选童男童女几千人，入海求仙。

始皇从东方返回，路经彭城，斋戒祈祷，想要从泗水中打捞出那尊落水的周鼎。派一千多人潜水去找，没有找到。于是向西南渡过淮水，到了衡山、南郡。乘船顺江而下，来到湘山祠。遇上了大风，几乎不能渡河。皇上问博士说："湘君是什么神？"博士回答说："听说是尧的女儿，舜的妻子，埋葬在这里。"始皇非常生气，就派了三千服刑役的罪犯，把湘山上的树全部伐光，使整座山变得一片光秃秃的。皇上从南郡经由武关回到京城。

二十九年，始皇到东方去巡游。到达阳武县博浪沙的时候，被刺客所惊。始皇受了惊吓之后，下令捉拿刺客，但没有捉到，于是就命令全国大规模搜捕了十天。

始皇又登上之罘山，立碑刻石，其铭文如下：

"二十九年，正值仲春时节，阳气方兴。皇帝东巡，登上之罘，观赏大海汪洋。诸臣赞赏景物，追颂伟业初创。圣君治国，建定法制，明确纲纪。外教诸侯，用文德之光照耀他们，阐明义理。六国之君邪僻，贪利永无满足，虐杀不止疯狂。皇帝哀怜民众，发师前往征讨，武德奋扬大振。仗义讨伐，守信而行，威烈遍布四方，无不臣服。消灭强暴，拯救百姓，安定四方。明法普遍施行，天下治理安定，永为法则仪伦。伟大啊！普天之下，无不遵循圣上的意旨。群臣都在歌颂始皇的功德，并请求刻于石碑，表率千秋永不磨灭。"

在东观又刻了一段碑文，文辞写道：

"二十九年，皇帝春日出游，巡行来到远方。幸临东海之滨，登上之罘高山，观赏初升朝阳。遥望广阔绚丽，众臣推原思念，圣道灿烂辉煌。圣法

诛暴强。武威旁畅，振动四极，禽灭六王。阐并天下，灾害绝息，永偃戎兵。皇帝明德，经理宇内，视听不怠。作立大义，昭设备器，咸有章旗。职臣遵分，各知所行，事无嫌疑。黔首改化，远迩同度，临古绝尤。常职既定，后嗣循业，长承圣治。群臣嘉德，祗诵圣烈，请刻之罘。"

旋，遂之琅邪，道上党入。

三十年，无事。

三十一年十二月，更名腊曰"嘉平"。赐黔首里六石米，二羊。始皇为微行咸阳，与武士四人俱，夜出逢盗兰池，见窘，武士击杀盗，关中大索二十日。米石千六百。

三十二年，始皇之碣石，使燕人卢生求羡门、高誓。刻碣石门。坏城郭，决通堤防。其辞曰：

"遂兴师旅，诛戮无道，为逆灭息。武殄暴逆，文复无罪，庶心咸服。惠论功劳，赏及牛马，恩肥土域。皇帝奋威，德并诸侯，初一泰平。堕坏城郭，决通川防，夷去险阻。地势既定，黎庶无繇，天下咸抚。男乐其畴，女修其业，事各有序。惠被诸产，久并来田，莫不安所。群臣诵烈，请刻此石，垂著仪矩。"

因使韩终、侯公、石生求仙人不死之药。始皇巡北边，从上郡入。燕人卢生使入海还，以鬼神事，因奏录图书，曰"亡秦者胡也"。始皇乃使将军蒙恬发兵三十万人北击胡，略取河南地。

三十三年，发诸尝逋亡人、赘婿、贾人略取陆梁地，为桂林、象郡、南海，以适遣戍。西北斥逐匈奴。自榆中并河以东，属之阴山，以为三十四县，城河上为塞。又使蒙恬渡河取高阙、陶山、北假中，筑亭障以逐戎人。徙谪，实之初县。禁不得祠。明星出西方。

三十四年，适治狱吏不直者，筑长城及南越地。

始皇置酒咸阳宫，博士七十人前为寿。仆射周青臣进颂曰：

刚刚实行，对内清理陋习，对外诛灭暴强。军威普扬，震动四方，擒灭六王。统一天下，灾害灭绝，永息兵革。皇帝明德，治理天下，博采众议，不知倦息。创立大义，设置器物，完备周到，都有标识。大臣安守职分，都知各自事务，诸事皆无猜疑。百姓移风易俗，远近同一法度，终身守法不移。常规既定，后世遵循，永远奉行圣命。群臣赞美圣德，敬颂皇帝功业，请刻之罘之石。"

不久，始皇前往琅邪，经上党返西行入关。

三十年，没有发生什么重大事件。

三十一年十二月，因为一首民谣说"帝若学之（指的是仙）腊嘉平"，始皇有求仙之志，所以把腊月改名为"嘉平"。为此，赐给每个里巷（一百户）六石米、二只羊。秦始皇由四名武士陪着夜里出门，在兰池遇到了强盗。情势窘迫，武士们击杀了强盗，在关中大规模搜捕了二十天。当时米价涨至每石一千六百钱。

三十二年，始皇前往碣石山，派燕国人卢生访求仙人羡门、高誓。随即在碣石门刻写碑文。拆除城郭，决通堤防。刻文是：

"皇帝兴师用兵，诛灭无道之君，要把反叛平息。武力消灭暴徒，依法平反良民，民心全都归服。论功行赏众臣，惠泽施及牛马，皇恩遍布全国。皇帝振奋神威，以德兼并诸侯，天下统一太平。拆除城郭，决通河防，铲除险阻。地势已定，百姓没有徭役，天下安抚。男子高兴地务农，女子忙于家务，事各有序。皇恩覆盖百业，合力勤勉耕田，无不安居乐业。群臣敬颂伟业，敬请镌刻此石，留作后世楷模。"

于是派韩终、侯公、石生去寻求仙人不死之药。始皇巡视北部边界，经由上郡返回京城。燕国人卢生被派入海求仙回来了。为了鬼神的事，卢生献上了宣扬符命占验的图录之书，上面写道"灭亡秦朝的是胡"。始皇于是派将军蒙恬发兵三十万北上攻打胡人，夺取河套以南地区。

三十三年，征发那些曾经逃避徭役的犯人、倒插门的赘婿，以及商贩，去夺取南方的陆梁地区，在那设置桂林、象郡、南海三郡，派那些被贬谪的人去防守。在西北边又驱逐了匈奴，从榆中沿黄河往东，直到阴山，设置三十四个县，并沿黄河修筑长城作为要塞。又派蒙恬渡过黄河北取高阙、陶山、北假，并在这一带筑起堡垒以驱逐戎狄。迁移被贬谪的人，让他们充实新设置的郡县，并禁止这些地区的人祭祀天地鬼神。这一年彗星出现在西方。

三十四年，贬谪执法不正的官吏，他们中有的人被派去修筑长城，有的人去戍守南越地区。

秦始皇在咸阳宫摆设酒宴，七十位博士上前献酒颂祝寿辞。仆射周青臣走

"他时秦地不过千里,赖陛下神灵明圣,平定海内,放逐蛮夷,日月所照,莫不宾服。以诸侯为郡县,人人自安乐,无战争之患,传之万世。自上古不及陛下威德。"始皇悦。博士齐人淳于越进曰:"臣闻殷周之王千余岁,封子弟功臣,自为枝辅。今陛下有海内,而子弟为匹夫,卒有田常、六卿之臣,无辅拂,何以相救哉?事不师古而能长久者,非所闻也。今青臣又面谀以重陛下之过,非忠臣。"

始皇下其议。丞相李斯曰:"五帝不相复,三代不相袭,各以治,非其相反,时变异也。今陛下创大业,建万世之功,固非愚儒所知。且越言乃三代之事,何足法也?异时诸侯并争,厚招游学。今天下已定,法令出一,百姓当家则力农工,士则学习法令辟禁。今诸生不师今而学古,以非当世,惑乱黔首。丞相臣斯昧死言:古者天下散乱,莫之能一,是以诸侯并作,语皆道古以害今,饰虚言以乱实,人善其所私学,以非上之所建立。今皇帝并有天下,别黑白而定一尊。私学而相与非法教,人闻令下,则各以其学议之,入则心非,出则巷议,夸主以为名,异取以为高,率群下以造谤。如此弗禁,则主势降乎上,党与成乎下。禁之便。臣请史官非秦记皆烧之。非博士官所职,天下敢有藏诗、书、百家语者,悉诣守、尉杂烧之。有敢偶语诗书者弃市。以古非今者族。吏见知不举者与同罪。令下三十日不烧,黥为城旦。所不去者,医药卜筮种树之书。若欲有学法令,以吏为师。"制曰:"可。"

三十五年,除道,道九原抵云阳,堑山堙谷,直通之。于是始皇以为咸阳人多,先王之宫廷小,吾闻周文王都丰,武王都镐,丰镐之间,帝王之都也。乃营作朝宫渭南上林苑中。先作前殿阿房,东西五百步,南北五十丈,上可以坐万人,下可以建五丈旗。周驰为阁

上前去颂扬说:"以前秦国土地不过千里,全靠陛下神灵明圣,平定天下,赶走蛮夷,日月照及之处,无不臣服。改诸侯国为郡县,人人安居乐业,没有战争的祸患,天下万代相传。自上古以来,没人比得上陛下的威德。"始皇十分高兴。博士齐人淳于越进言说:"我听说殷朝、周朝都统治天下一千多年,其所以如此是因为他们分封子弟功臣作为自己的屏障。如今陛下据有整个国家,而您的子弟却都是平民百姓,这样一旦以后出现像田常、六卿那样的叛臣,而陛下您孤立无援,靠谁来救援呢?凡事不师法古人而能长久的,还没有听说过。刚才周青臣又当面奉承,以致加重陛下的过失,这样的人绝不是忠臣。"

始皇把他们的意见下交群臣议论。丞相李斯说:"五帝的制度不是一代重复一代,夏、商、周的制度也不是一代因袭一代,可是都凭着各自的制度治理好了。这并不是他们故意要彼此相反,而是由于时代变了、情势不同了。现在陛下开创大业,建立了万代不朽的功业,本不是愚蠢的儒生所能理解的。而且淳于越说的是三代旧事,哪里值得效法呢?从前诸侯纷争,重金招徕游说之士。现在天下平定,法令出自陛下一人。百姓在家就应该致力于农工生产,读书人就应该学习法令刑禁。现在儒生们不学习今天的却要效法古代的,以此来诽谤当世,惑乱民心。丞相李斯冒死罪进言。古代天下分散紊乱,没人能统一,因此诸侯群起,议论都是称道古代,非难当今,粉饰虚夸,以淆乱真实,人人欣赏自己私下学的知识,来非议圣上确立的制度。当今皇帝已统一天下,分辨是非黑白,一切决定于至尊皇帝一人。可是私学却一起非议法令,致使人们一听说有命令下达,就各自根据自己所学加以议论,入朝就在心里指责,出朝就去街巷谈议,在君主面前夸耀自己以求取名利,追求奇异说法以抬高自己,在民众当中带头制造谣言。像这样却不禁止,在上面君主威势就会下降,在下面朋党的势力就会形成。臣以为禁止这些是合适的。我请求让史官把不是秦国的典籍全部焚毁;不是博士官所职掌,天下有敢收藏《诗经》《尚书》和诸子百家著作的,都要交给地方官员一起烧掉;有敢相互一起谈论《诗经》《尚书》的处死;借古非今的满门抄斩;官吏如果知道而不举报,以同罪论处;命令下达三十天仍不烧书的,受黥刑,发配边疆,白天防寇,夜晚筑城;留下来不烧毁的只有医药、占卜、种植之类的书;如果有人想要学习法令,就以官吏为师。"秦始皇批示说:"可以。"

三十五年,开始修筑道路,经由九原一直修到云阳,削掉山峰填平河谷,笔直贯通。这时始皇认为咸阳人口多,嫌先王宫廷窄小,听说周文王建都在丰,武王建都在镐,丰、镐两城之间,才是帝王的都城所在。于是在渭水南岸上林苑中建造朝宫。先建前殿于阿房,东西五百步,南北五十丈,上面可坐下一万人,下面可竖起五丈高的旗子。四周架有天桥可供驰走,从宫殿之下一直通到南山。

道，自殿下直抵南山。表南山之颠以为阙。为复道，自阿房渡渭，属之咸阳，以象天极阁道绝汉抵营室也。阿房宫未成；成，欲更择令名名之。作宫阿房，故天下谓之阿房宫。隐宫徒刑者七十余万人，乃分作阿房宫，或作骊山。发北山石椁，乃写蜀、荆地材皆至。关中计宫三百，关外四百余。于是立石东海上朐界中，以为秦东门。因徙三万家丽邑，五万家云阳，皆复不事十岁。

卢生说始皇曰："臣等求芝奇药仙者常弗遇，类物有害之者。方中，人主时为微行以辟恶鬼，恶鬼辟，真人至。人主所居而人臣知之，则害于神。真人者，入水不濡，入火不蓺，陵云气，与天地久长。今上治天下，未能恬倓。愿上所居宫毋令人知，然后不死之药殆可得也。"于是始皇曰："吾慕真人，自谓'真人'，不称'朕'。"乃令咸阳之旁二百里内宫观二百七十复道甬道相连，帷帐钟鼓美人充之，各案署不移徙。行所幸，有言其处者，罪死。始皇帝幸梁山宫，从山上见丞相车骑众，弗善也。中人或告丞相，丞相后损车骑。始皇怒曰："此中人泄吾语。"案问莫服。当是时，诏捕诸时在旁者，皆杀之。自是后莫知行之所在。听事，群臣受决事，悉于咸阳宫。

侯生、卢生相与谋曰："始皇为人，天性刚戾自用，起诸侯，并天下，意得欲从，以为自古莫及己。专任狱吏，狱吏得亲幸。博士虽七十人，特备员弗用。丞相诸大臣皆受成事，倚辨于上。上乐以刑杀为威，天下畏罪持禄，莫敢尽忠。上不闻过而日骄，下慑伏谩欺以取容。秦法，不得兼方不验，辄死。然候星气者至三百人，皆良士，畏忌讳谀，不敢端言其过。天下之事无小大皆决于上，上至以衡石量书，日夜有呈，不中呈不得休息。贪于权势至如此，未可为求仙药。"于是乃亡去。始皇闻亡，乃大怒曰："吾前收天下书不中用者尽去之。悉召文学方术士甚众，欲以兴太平，方士欲练以求奇药。今闻韩众去不报，徐市等费以巨万计，终不得药，徒奸利相告日

在南山的顶峰修建门阙作为标志。又修造天桥，从阿房跨过渭水，与咸阳连接起来，以象征天上的北极星、阁道跨过银河抵达营室星。阿房宫尚未建成，故暂时先以"阿房"称之，等完工后，再选择一个好名字给它命名。因为是在阿房修筑此宫，所以人们就称它为阿房宫。当时被征调前来修建的有受过宫刑、徒刑的七十多万人，他们中一半人修建阿房宫，一半人营建骊山。从北山开采来山石，从蜀地、荆地运来木料。关中共修建宫殿三百座，关外四百多座。于是在东海边朐山上立石，作为秦的东门。又把三万户迁到丽邑，五万户迁到云阳，凡是搬迁的免除他们十年的赋税和徭役。

卢生劝说始皇道："我们寻找灵芝、奇药和仙人，一直找不到，好像是有什么东西妨害了它们。我们心想，皇帝要经常秘密出行以便驱逐恶鬼，恶鬼避开了，神仙真人才会来到。皇上住的地方如果让臣子们知道，就会妨害神仙。真人，是入水不湿，入火不烧，腾云驾雾，和天地共长久的。现在皇上治理天下，没能做到清静无忧。希望皇上所住的宫室不要让别人知道，这样，不死之药或许能够得到。"于是始皇说："我羡慕真人，我就自号'真人'，不称'朕'了。"于是下令将咸阳四周二百里内的二百七十座宫观都用天桥、甬道相互连接起来；把帷帐、钟鼓和美人都安置在里边，全部按照所登记的位置不得移动。皇帝所到的地方，如有人说出去，就判死罪。有一次始皇帝到梁山宫，从山上望见丞相车马很多，觉得不好。宫中有人告知了丞相，丞相后来减少了车马。始皇知道后愤怒地说："这一定是宫中有人将我的话泄露了出去。"他拷问身边的人，没有人认罪，于是他便下令将当时在场的所有人全部杀掉了。从此以后，再没有人知道皇帝的行踪。皇帝处理事务，群臣接受命令，一律在咸阳宫进行。

侯生、卢生一起商量说："始皇为人，天性粗暴凶狠、自以为是。他出身诸侯，兼并天下，诸事称心，为所欲为，认为从古到今没有人比得上他。他特别重用狱吏，狱吏得到宠幸。博士虽有七十人，只是凑数，并不任用。丞相和各位大臣都只是接受已经决定的命令，倚仗皇上办事。皇上喜欢用重刑、杀戮显示威严，官员们都怕获罪，都想保持住禄位，所以没有人敢真正竭诚尽忠。皇上听不到自己的过错，因而一天更比一天骄横。臣子们担心害怕，专事欺骗，屈从讨好。按照秦法，一人不能兼有两种方术，方术不灵验，立即处死。然而占卜星象云气以测吉凶的人多达三百，都是良士，却因为害怕获罪，只得避讳奉承，不敢正直地说出皇帝的过错。天下的事无论大小都由皇上决定，皇上甚至用秤来称量各种书写文件的竹简木简的重量，日夜都有定额，阅读达不到定额，就不能休息。他贪于权势到如此地步，咱们不能为他去找仙药。"于是就逃走了。始皇听说他们逃走了，就大怒道："我先前收缴了天下所有不适用的书都烧掉了，我征召了大批文章博学之士和有

闻。卢生等吾尊赐之甚厚，今乃诽谤我，以重吾不德也。诸生在咸阳者，吾使人廉问，或为訞言以乱黔首。"于是使御史悉案问诸生，诸生传相告引，乃自除。犯禁者四百六十余人，皆坑之咸阳，使天下知之，以惩后。益发谪徙边。始皇长子扶苏谏曰："天下初定，远方黔首未集，诸生皆诵法孔子，今上皆重法绳之，臣恐天下不安。唯上察之。"始皇怒，使扶苏北监蒙恬于上郡。

三十六年，荧惑守心。有坠星下东郡，至地为石，黔首或刻其石曰"始皇帝死而地分"。始皇闻之，遣御史逐问，莫服，尽取石旁居人诛之，因燔销其石。始皇不乐，使博士为仙真人诗，及行所游天下，传令乐人歌弦之。秋，使者从关东夜过华阴平舒道，有人持璧遮使者曰："为吾遗滈池君。"因言曰："今年祖龙死。"使者问其故，因忽不见，置其璧去。使者奉璧具以闻。始皇默然良久，曰："山鬼固不过知一岁事也。"退言曰："祖龙者，人之先也。"使御府视璧，乃二十八年行渡江所沉璧也。于是始皇卜之，卦得游徙吉。迁北河榆中三万家。拜爵一级。

三十七年十月癸丑，始皇出游。左丞相斯从，右丞相去疾守。少子胡亥爱慕请从，上许之。十一月，行至云梦，望祀虞舜于九疑山。浮江下，观籍柯，渡海渚。过丹阳，至钱唐。临浙江，水波恶，乃西百二十里从狭中渡。上会稽，祭大禹，望于南海，而立石刻颂秦德。

其文曰："皇帝休烈，平一宇内，德惠修长。三十有七年，亲巡天下，周览远方。遂登会稽，宣省习俗，黔首斋庄。群臣诵功，本原事迹，追首高明。秦圣临国，始定刑名，显陈旧章。初平法式，审

各种技艺的方术之士,是想任用他们振兴太平。这些方士想要炼造仙丹,寻求奇药,现在却听说韩众不辞而别,徐市等花费以亿计算,始终没找到奇药,只是每天听到他们互相告发非法牟利。我对卢生等人很尊重,赏赐也十分优厚,如今竟然诽谤我,企图以此加重我的无德。这些人在咸阳,我派人去查问过,有的人竟妖言惑众,扰乱民心。"于是派御史去一一审查。这些人辗转告发,一个供出一个。始皇亲自把他们从名籍上除名,一共四百六十多人,全部活埋在咸阳,以儆效尤。就在这一年里,始皇征发更多的流放人员去戍守边疆。他的长子扶苏进谏说:"天下刚刚平定,远方百姓还没有归附。儒生们诵读的都是孔子的书,他们都是以孔子为榜样为人处世。现在皇上一律用重刑来整治他们,我担心天下将会不安定,希望皇上明察。"始皇听了很生气,于是就派扶苏到北方的上郡,去给蒙恬做监军。

　　三十六年,火星侵入心宿,这种天象象征着帝王有灾。又有颗陨星坠落在东郡,落地后变为了石块。老百姓中有人在那块石头上刻了"始皇帝死而土地分"几个字。始皇听说后,派御史去逐个审问,没人承认。于是把住在石头旁的人全部捉拿杀掉了,又烧毁了那块石头。始皇不高兴,让博士作《仙真人诗》,等到巡行天下时,每到一处就传令乐师弹奏唱歌。秋天,使者从关东走夜路经过华阴平舒道,有人手持玉璧拦住使者说:"替我送给滈池君。"趁便说:"今年祖龙死。"使者问他原因,那人忽然不见了,只留下了玉璧在地上。使者捧着玉璧把情况都报告了皇上。始皇默然良久,说:"山里鬼怪不过只能预知一年内的事。"当时已是秋季,始皇说今年的日子已不多,这话未必能应验。到退朝时他又说:"祖龙是人的祖先。"故意把"祖"解释成祖先。祖先是已死去的人,因此"祖龙死"自然与他无关。始皇让御府察看那块玉璧,竟然是始皇二十八年出外巡视渡江时沉入江中的那块。于是始皇占卜,占得迁移吉利的一卦。迁移三万户到北河榆中地区,每户授爵位一级。

　　三十七年十月癸丑日,始皇外出巡游。左丞相李斯跟随着,右丞相冯去疾留守京城。少子胡亥想去巡游,要求跟随,皇上答应了他。十一月,到了云梦,向九嶷山方向遥祭虞舜。沿长江而下,观览籍柯,渡过海渚,经过丹阳,来到钱塘。到浙江边,水波汹涌,于是就向西走了一百二十里,从江面狭窄的地方渡过。而后登上会稽山,祭祀大禹,又遥望祭祀南海神。最后在会稽山立石刻写铭文,以歌颂秦王朝的功德。其文辞写道:

　　"皇帝功业伟大,统一平定天下,德惠深厚久长。三十七年,亲自巡行天下,遍游观览远方。登上会稽,考察习俗,百姓庄重。群臣颂功,推原事迹,追溯高明。秦朝圣王登位,创制刑法名称,阐述旧有规章。建立公平法则,审慎区

别职任，以立恒常。六王专倍，贪戾傲猛，率众自强。暴虐恣行，负力而骄，数动甲兵。阴通间使，以事合从，行为辟方。内饰诈谋，外来侵边，遂起祸殃。义威诛之，殄熄暴悖，乱贼灭亡。圣德广密，六合之中，被泽无疆。皇帝并宇，兼听万事，远近毕清。运理群物，考验事实，各载其名。贵贱并通，善否陈前，靡有隐情。饰省宣义，有子而嫁，倍死不贞。防隔内外，禁止淫泆，男女絜诚。夫为寄豭，杀之无罪，男秉义程。妻为逃嫁，子不得母，咸化廉清。大治濯俗，天下承风，蒙被休经。皆遵度轨，和安敦勉，莫不顺令。黔首修絜，人乐同则，嘉保太平。后敬奉法，常治无极，舆舟不倾。从臣诵烈，请刻此石，光垂休铭。"

还过吴，从江乘渡。并海上，北至琅邪。方士徐巿等入海求神药，数岁不得，费多，恐谴，乃诈曰："蓬莱药可得，然常为大鲛鱼所苦，故不得至，愿请善射与俱，见则以连弩射之。"始皇梦与海神战，如人状。问占梦，博士曰："水神不可见，以大鱼蛟龙为候。今上祷祠备谨，而有此恶神，当除去，而善神可致。"乃令入海者赍捕巨鱼具，而自以连弩候大鱼出射之。自琅邪北至荣成山，弗见。至之罘，见巨鱼，射杀一鱼。遂并海西。

至平原津而病。始皇恶言死，群臣莫敢言死事。上病益甚，乃为玺书赐公子扶苏曰："与丧会咸阳而葬。"书已封，在中车府令赵高行符玺事所，未授使者。七月丙寅，始皇崩于沙丘平台。丞相斯为上崩在外，恐诸公子及天下有变，乃秘之，不发丧。棺载辒凉车中，故幸宦者参乘，所至上食、百官奏事如故，宦者辄从辒凉车中可其奏事。独子胡亥、赵高及所幸宦者五六人知上死。赵高故尝教胡亥书及狱律令法事，胡亥私幸之。高乃与公子胡亥、丞相斯阴谋破去始皇所封书赐公子扶苏者，而更诈为丞相斯受始皇遗诏沙丘，立子胡亥为太子。更为书赐公子扶苏、蒙恬，数以罪，其赐死。语具在李斯传中。行，遂从井陉抵九原。会暑，上辒车臭，乃诏从官令车载一石鲍鱼，

分职责，确立永久纲纪。六王专横背理，贪暴凶傲，率众逞强。暴虐恣行，恃强骄狂，屡动干戈。暗中安置坐探，联合六国合纵，行为卑鄙猖狂。对内说谎狡诈，向外侵我边境，由此引起祸殃。仗义扬威诛讨，消灭凶暴叛逆，乱贼终于灭亡。圣德广博深厚，天地四海之内，恩泽覆盖无疆。皇帝统一天下，兼听万事，远方近处都已清静。驾驭万物，考核事实，各有名分，贵贱都很通达，善恶公开，没有隐情。治有过扬道义，有夫弃子而嫁，背夫不贞无情。以礼分别内外，禁止纵欲放荡，男女都应贞洁。丈夫在外淫乱，杀了没有罪过，男子须守礼法。妻子弃夫逃嫁，子不认她为母，风俗廉洁清正。治理荡涤恶俗，全民承受教化，天下沐浴新风。人人遵守规矩，和好安定互勉，无不顺从命令。百姓美善清洁，全都顺从国家法令，乐保天下太平。后人敬奉圣法，国家长治久安，永无倾覆之患。众臣歌颂功业，请求刻石作铭，让皇帝的光辉永垂后世。"

始皇返回，途经吴地，从江乘县渡江。沿海岸北上，到达琅邪。方士徐市等人入海寻求仙药，好几年也没找到，花费钱财很多，害怕遭受责罚，就欺骗说："蓬莱仙药可以找到，但常被大鲛鱼所困扰，所以不能到达。请派擅长射箭的人跟我们一起去，见到鲛鱼就用连弩射它。"始皇做梦与海神交战，海神的形状好像人。请占梦的博士给圆梦，博士说："水神本来是看不到的，它用大鱼蛟龙做侦探。现在皇上祭祀周到恭敬，却出现这种恶神，应当除掉它，然后真正的善神就可以找到了。"于是命令入海的人携带大型渔具，又自己拿着连弩等候大鱼出来射它。从琅邪向北直到荣成山，都不曾遇见。到达之罘的时候，中间遇见过大鱼，射死了一条。接着又沿海岸西行。

待行至平原县的黄河渡口时，始皇病了。始皇讨厌说"死"这个字，群臣没有敢说死的事情。皇帝病得更厉害了，就写了一封盖上御印的信给公子扶苏说："回来参加丧事，在咸阳下葬。"信已封好了，放在掌管符玺的中车府令赵高那里，没有交给使者。七月丙寅日，始皇在沙丘平台逝世。丞相李斯认为皇帝在外地逝世，恐怕皇子们和各地乘机制造变故，就对此事严守秘密，不发布丧事消息。棺材放在辒凉车中，由始皇生前宠爱的宦官陪乘。每到一处，皇上进餐，及百官奏事依然如故。宦官就在辒凉车中降诏批签。只有胡亥、赵高和五六个曾受宠幸的宦官知道皇上死了。赵高过去曾教过胡亥学习法律，两人关系密切。因此赵高便与公子胡亥、丞相李斯秘密商量毁掉始皇赐给公子扶苏的那封信。于是诈称丞相李斯在沙丘受始皇遗诏，立皇子胡亥为太子。又写了一封信给公子扶苏、蒙恬，列举他们的罪状，赐命他们自杀。这些事的详细情况都记载在《李斯列传》里。接着又继续往前走，从井陉到达九原。这时正赶上暑天，装载皇上尸体的辒凉车中发出了臭味，于是李斯等人就下令随从官员让他们往车里装一石腌

以乱其臭。

行从直道至咸阳,发丧。太子胡亥袭位,为二世皇帝。九月,葬始皇郦山。始皇初即位,穿治郦山,及并天下,天下徒送诣七十余万人,穿三泉,下铜而致椁,宫观百官奇器珍怪徙臧满之。令匠作机弩矢,有所穿近者辄射之。以水银为百川江河大海,机相灌输,上具天文,下具地理。以人鱼膏为烛,度不灭者久之。二世曰:"先帝后宫非有子者,出焉不宜。"皆令从死,死者甚众。葬既已下,或言工匠为机,臧皆知之,臧重即泄。大事毕,已臧,闭中羡,下外羡门,尽闭工匠臧者,无复出者。树草木以象山。

二世皇帝元年,年二十一。赵高为郎中令,任用事。二世下诏,增始皇寝庙牺牲及山川百祀之礼。令群臣议尊始皇庙。群臣皆顿首言曰:"古者天子七庙,诸侯五,大夫三,虽万世世不轶毁。今始皇为极庙,四海之内皆献贡职,增牺牲,礼咸备,毋以加。先王庙或在西雍,或在咸阳。天子仪当独奉酌祠始皇庙。自襄公已下轶毁。所置凡七庙。群臣以礼进祠,以尊始皇庙为帝者祖庙。皇帝复自称'朕'。"

二世与赵高谋曰:"朕年少,初即位,黔首未集附。先帝巡行郡县,以示强,威服海内。今晏然不巡行,即见弱,毋以臣畜天下。"春,二世东行郡县,李斯从。到碣石,并海,南至会稽,而尽刻始皇所立刻石,石旁著大臣从者名,以章先帝成功盛德焉。

皇帝曰:"金石刻尽始皇帝所为也。今袭号而金石刻辞不称始皇帝,其于久远也如后嗣为之者,不称成功盛德。"丞相臣斯、臣去疾、御史大夫臣德昧死言:"臣请具刻诏书刻石,因明白矣。臣昧死

鱼,让人们分不清是尸臭还是鱼臭。

一路行进,从直道回到咸阳,方发布治丧的公告。皇太子继承皇位,就是二世皇帝。九月,把始皇葬在骊山。始皇刚即位时,就已开始建造骊山陵墓。到统一天下后,从全国各地征集来七十多万徒役,凿地三重泉水那么深,灌注铜水,填塞缝隙,再把外棺一一放进去。又在墓中修造宫观,设置百官位次,把珍奇器物、珍宝怪石等搬了进去,放得满满的。命令工匠制造了由机关操控的弓箭安装在地宫里,如有人一旦走近,就会自动发射,击杀来人。地宫里有用水银灌注成的百川、江河、大海,用机器递相灌注输送使之不停流动;顶壁装有天文图像,下面置有地理图形。用娃娃鱼的油脂做成火炬,估计很久不会熄灭。二世说:"先帝后宫妃嫔,没有儿女的,不宜放她们出去。"于是就让这些人全部殉葬,死的人非常多。等到把始皇埋葬完毕,有人说,工匠为陵墓设置了这些机关,墓中都藏了哪些宝物,他们都是知道的。如果他们一旦泄露机密,那就要坏大事。所以,当隆重的丧礼完毕后,宝物都已藏好,就把墓道中间的一道门先行关闭,接着又将外门关闭,工匠们全部被封闭在里边,再也没有一个人能活着出来。随后整个陵寝都栽种上花草树木,从外边看上去好像一座山。

秦二世元年,皇帝二十一岁,赵高为郎中令,执掌朝廷大权。秦二世下诏,增加始皇祠庙里祭祀的供品数量以及山川祭祀的礼仪规格。命令大臣们讨论如何对始皇庙表示更高的尊崇。大臣们都叩头进言道:"古时候天子祭祀的祖先是七代,诸侯五代,大夫三代。如今始皇庙是至高无上的,即使是万世以后也不能废除。天下人都要给始皇庙进贡,增加祭祀用的祭品数量,礼仪完全具备,不能有比这个再高的。先王庙有的在西雍,有的在咸阳。天子按礼仪应单独捧酒祭祀始皇庙。自襄公以下的庙都废除。应该享受祭祀的七代祖先,由大臣们负责祭祀,推尊始皇庙为皇帝的始祖庙。皇帝仍自称为'朕'。"

秦二世跟赵高商议说:"我年轻,刚即位,民心还未完全归顺。先帝巡视各郡县,以显示他的强大,以威势震服四海。我如果整天安然地住在皇宫而不出去巡游,会让人误会我软弱无能,无力统治天下。"于是在这年的春天,秦二世也东行巡视郡县,李斯随驾同行。到达碣石山,沿海南行到达会稽,在始皇所立的石碑上都刻上字,碑石旁都增刻上随从大臣的名字,以使先帝的功业盛德更加明显。

秦二世说:"这些金石碑刻全是始皇帝竖立起来的。现在我承袭了皇帝名号,可是金石碑刻上不称始皇帝,以后年代久远了,就好像是后代子孙建造的,这样便不能彰显始皇的丰功伟业。"丞相李斯、冯去疾、御史大夫德冒死罪上奏说:"我们请求把诏书全文刻在山石上,这样就可以使后人分辨清楚了。为臣冒

请。"制曰："可。"

遂至辽东而还。

于是二世乃遵用赵高，申法令。乃阴与赵高谋曰："大臣不服，官吏尚强，及诸公子必与我争，为之奈何？"高曰："臣固愿言而未敢也。先帝之大臣，皆天下累世名贵人也，积功劳世以相传久矣。今高素小贱，陛下幸称举，令在上位，管中事。大臣鞅鞅，特以貌从臣，其心实不服。今上出，不因此时案郡县守尉有罪者诛之，上以振威天下，下以除去上生平所不可者。今时不师文而决于武力，愿陛下遂从时毋疑，即群臣不及谋。明主收举余民，贱者贵之，贫者富之，远者近之，则上下集而国安矣。"二世曰："善。"乃行诛大臣及诸公子，以罪过连逮少近官三郎，无得立者，而六公子戮死于杜。公子将闾昆弟三人囚于内宫，议其罪独后。二世使使令将闾曰："公子不臣，罪当死，吏致法焉。"将闾曰："阙廷之礼，吾未尝敢不从宾赞也；廊庙之位，吾未尝敢失节也；受命应对，吾未尝敢失辞也。何谓不臣？愿闻罪而死。"使者曰："臣不得与谋，奉书从事。"将闾乃仰天大呼天者三，曰："天乎！吾无罪！"昆弟三人皆流涕拔剑自杀。宗室振恐。群臣谏者以为诽谤，大吏持禄取容，黔首振恐。

四月，二世还至咸阳，曰："先帝为咸阳朝廷小，故营阿房宫。为室堂未就，会上崩，罢其作者，复土郦山。郦山事大毕，今释阿房宫弗就，则是章先帝举事过也。"复作阿房宫。外抚四夷，如始皇计。尽征其材士五万人为屯卫咸阳，令教射狗马禽兽。当食者多，度不足，下调郡县转输菽粟刍藁，皆令自赍粮食，咸阳三百里内不得食其谷。用法益刻深。

七月，戍卒陈胜等反故荆地，为"张楚"。胜自立为楚王，居陈，遣诸将徇地。山东郡县少年苦秦吏，皆杀其守尉令丞反，以应陈涉，相立为侯王，合从西乡，名为伐秦，不可胜数也。谒者

死请求。"于是秦二世批复说："可以。"

接着又巡行到了辽东，而后返回国都。

这时候，秦二世就按照赵高的建议，申明法令。他暗中与赵高谋划说："大臣们都不服从，官吏还很有势力，还有各位皇子一定要跟我争权，对这些我该怎么办呢？"赵高说："我本想说却没敢开口。先帝的大臣，都是天下世代有名望的贵人，积累功劳，世代相传。微臣赵高生来卑贱，如今幸蒙陛下抬举，让我身居高位，管理宫廷事务。大臣们并不满意，只是表面上服从，实际上心里不服。现在皇上出巡，何不借此机会查办郡县守尉中的有罪者，把他们杀掉。这样，在上可以使皇上的威严震慑天下，在下可以除掉皇上一向所不满意的人。现在的时势不尚文治而取决于武力，希望陛下赶紧顺从时势，不要犹豫，赶在群臣来不及谋划之前。英明的君主收集举用那些被遗弃不用的人，让卑贱的显贵起来，让贫穷的富裕起来，让疏远的变得亲近，这样就能上下团结国家安定了。"二世说："好！"于是便诛杀大臣和公子们，用各种罪名连续逮捕近侍小官，中郎、外郎、散郎，无一幸存，六个皇子被杀死在杜县。二世将同昆兄弟三人囚禁在内宫，议定他们的罪状。秦二世派使者命令将闾说："你们不尽臣道，应处死罪，狱吏来执法了。"将闾说："宫廷的礼节，我从来不敢不听从掌管司仪的宾赞；朝廷的位次，我从来不敢有失礼节；奉命对答，我从来不敢说错话。怎么能说不尽臣道呢？希望能知道罪名再死。"使者说："我不能和你讨论这些，只知道奉命行事。"于是将闾仰天大喊道："天啊！我没有罪啊！"兄弟三人都流着眼泪拔剑自杀了。皇族的人都为之震惊恐慌。大臣们进谏的被认为是诽谤，大官们为保住禄位而屈从讨好，老百姓个个恐惧不已。

四月，秦二世回到咸阳，说："先帝认为咸阳的宫殿不够宽广，所以修建阿房宫，宫殿尚未建成，始皇就去世了，只得让修建的人停下来，人员都调到骊山去修陵墓。如今骊山修墓的工作已全部完毕，现在放下阿房宫而不把它建成，就是表明先帝办事有所失误。"于是又开始修建阿房宫。同时对外安抚四方的外族，遵循始皇的策略。于是又征召了身强力壮的兵丁五万人守卫咸阳，下令教习射箭。由于咸阳一带聚集的人数太多，粮食不够吃，于是就从下面各郡县征调粮食和饲料。而所有转运人员都必须自带干粮，不准吃咸阳三百里之内的粮食。整个国家的法令愈加严酷。

七月，戍卒陈胜等在原来的楚国之地造反，立国号为"张楚"，取张大楚国之意。陈胜自立为楚王，住在陈。他派将领四处去夺取地盘。崤山函谷关以东的各郡县，年轻人因为受尽秦朝官吏之苦，都杀掉了他们的郡守、郡尉、县令、县丞，起来造反，以响应陈胜，并在各地相继拥立侯王，联合起来向西进攻，都打

使东方来，以反者闻二世。二世怒，下吏。后使者至，上问，对曰："群盗，郡守尉方逐捕，今尽得，不足忧。"上悦。武臣自立为赵王，魏咎为魏王，田儋为齐王。沛公起沛。项梁举兵会稽郡。

二年冬，陈涉所遣周章等将西至戏，兵数十万。二世大惊，与群臣谋曰："奈何？"少府章邯曰："盗已至，众强，今发近县不及矣。郦山徒多，请赦之，授兵以击之。"二世乃大赦天下，使章邯将，击破周章军而走，遂杀章曹阳。二世益遣长史司马欣、董翳佐章邯击盗，杀陈胜城父，破项梁定陶，灭魏咎临济。楚地盗名将已死，章邯乃北渡河，击赵王歇等于巨鹿。

赵高说二世曰："先帝临制天下久，故群臣不敢为非，进邪说。今陛下富于春秋，初即位，奈何与公卿廷决事？事即有误，示群臣短也。天子称朕，固不闻声。"于是二世常居禁中，与高决诸事。其后公卿希得朝见，盗贼益多，而关中卒发东击盗者毋已。右丞相去疾、左丞相斯、将军冯劫进谏曰："关东群盗并起，秦发兵诛击，所杀亡甚众，然犹不止。盗多，皆以戍漕转作事苦，赋税大也。请且止阿房宫作者，减省四边戍转。"二世曰："吾闻之韩子曰：'尧舜采椽不刮，茅茨不翦，饭土塯，啜土形，虽监门之养，不觳于此。禹凿龙门，通大夏，决河亭水，放之海，身自持筑臿，胫毋毛，臣虏之劳不烈于此矣。'凡所为贵有天下者，得肆意极欲，主重明法，下不敢为非，以制御海内矣。夫虞、夏之主，贵为天子，亲处穷苦之实，以徇百姓，尚何于法？朕尊万乘，毋其实，吾欲造千乘之驾，万乘之属，充吾号名。且先帝起诸侯，兼天下，天下已定，外攘四夷以安边境，

着讨伐秦朝的旗号，人数多得数也数不清。秦二世的一个掌管传达通报的使者出使山东回来，把山东造反的情况报告了二世。二世发怒，把使者交狱吏治罪。以后的使者回来，皇上询问情况，就回答说："那不过是一群盗匪，郡守、郡尉正在追捕，现在全部抓获了，不值得担心。"秦二世听了很高兴。这时，武臣自立为赵王，魏咎自立为魏王，田儋自立为齐王，沛公在沛县起兵，项梁在会稽郡起兵。

秦二世二年的冬天，陈胜派遣的大将周章等将领西进到达戏水，兵力有几十万。二世大为吃惊，跟群臣商议说："怎么办？"少府章邯说："盗匪已经来了，人数多势力强，现在征发附近各县的军队是来不及了。骊山徒役很多，请赦免他们，给予他们兵器去迎击起义军。"二世于是大赦天下，派章邯带兵，把周章的军队打得落荒而逃，并在曹阳杀了周章。接着二世又增派长史司马欣、董翳去协助章邯攻打起义军，在城父杀死了陈胜。随后又在定陶打败了项梁，在临济消灭了魏咎。眼看着楚地的盗匪名将都已被灭，章邯就向北渡过黄河，到巨鹿攻打赵王歇等人。

赵高劝说二世道："先帝登位治理天下时间长，所以群臣不敢做非分之事，不敢进言异端邪说。现在陛下正年轻，刚登皇位，怎么能跟公卿在朝廷上议决大事呢？事情如果有错误，就让群臣看出了自己的弱点。天子称'朕'，朕既然有征兆的意思，本来就是不让别人听到他的声音。"于是二世经常住在宫中，与赵高决定各种事情。这以后公卿们很少能见到秦二世，东方盗贼日益增多，而关中士兵也不断被征发去东方攻打盗贼。右丞相冯去疾、左丞相李斯、将军冯劫进谏道："关东各路盗贼纷纷而起，朝廷派兵前去诛讨，被杀死的和逃跑的人很多，然而还不能平息。盗贼之所以多都是因为戍边、运输、劳作的事情太劳苦，赋税太重的缘故。请皇上暂停阿房宫的修建，减少戍边兵役和运输徭役。"二世说："我曾听韩子说：'尧、舜用柞木做椽子，都不进行砍削加工；用芦苇茅草盖屋顶，都不修剪；吃饭用瓦碗，喝水用瓦罐。即使是看门人的供养，也不会比这再俭薄了。禹开凿龙门，南通大夏，疏通黄河水，将其引入大海；他亲自手持杵和锹，小腿上的毛都磨光了，即使奴隶的劳苦，也不比这更厉害。'作为一个拥有天下的统治者，他应该为所欲为，享有一切。做君主重要的是申明法令，这样，下面的人不敢干坏事，就能统治天下了。虞、夏的君主，地位尊贵，做了天子，却身处穷苦境地，为百姓作出牺牲，那还要法令干什么？我被天下称为万乘之主，拥有万辆兵车，身居万乘之高位，却没有万乘的实际。我要建造千乘之车驾，设立万乘之徒属，让实际跟我的名号相一致。当初，我们的先帝起自诸侯，统一天下，对外排除四方外族以安定边境，对内修建宫室以显示自己的成功。你

作宫室以章得意，而君观先帝功业有绪。今朕即位二年之间，群盗并起，君不能禁，又欲罢先帝之所为，是上毋以报先帝，次不为朕尽忠力，何以在位？"下去疾、斯、劫吏，案责他罪。去疾、劫曰："将相不辱。"自杀。斯卒囚，就五刑。

三年，章邯等将其卒围巨鹿，楚上将军项羽将楚卒往救巨鹿。冬，赵高为丞相，竟案李斯杀之。夏，章邯等战数却，二世使人让邯，邯恐，使长史欣请事。赵高弗见，又弗信。欣恐，亡去，高使人捕追不及。欣见邯曰："赵高用事于中，将军有功亦诛，无功亦诛。"项羽急击秦军，虏王离，邯等遂以兵降诸侯。八月己亥，赵高欲为乱，恐群臣不听，乃先设验，持鹿献于二世，曰："马也。"二世笑曰："丞相误邪？谓鹿为马。"问左右，左右或默，或言马以阿顺赵高。或言鹿，高因阴中诸言鹿者以法。后群臣皆畏高。

高前数言"关东盗毋能为也"，及项羽虏秦将王离等巨鹿下而前，章邯等军数却，上书请益助，燕、赵、齐、楚、韩、魏皆立为王，自关以东，大氐尽畔秦吏应诸侯，诸侯咸率其众西乡。沛公将数万人已屠武关，使人私于高，高恐二世怒，诛及其身，乃谢病不朝见。二世梦白虎啮其左骖马，杀之，心不乐，怪问占梦。卜曰："泾水为祟。"二世乃斋于望夷宫，欲祠泾，沉四白马。使使责让高以盗贼事。高惧，乃阴与其婿咸阳令阎乐、其弟赵成谋曰："上不听谏，今事急，欲归祸于吾宗。吾欲易置上，更立公子婴。子婴仁俭，百姓皆载其言。"使郎中令为内应，诈为有大贼，令乐召吏发卒，追劫乐母置高舍。遣乐将吏卒千余人至望夷宫殿门，缚卫令仆射，曰："贼入此，何不止？"卫令曰："周庐设卒甚谨，安得贼敢入宫？"乐遂斩卫令，直将吏入，行射，郎宦者大惊，或走或格，格者辄死，死者数十人。郎中令与乐俱入，射上幄坐帏。二世怒，召左右，左右皆惶扰不斗。旁有宦者一人，侍不敢去。二世入内，谓曰："公何不蚤告我？乃

们都看到了，先帝的功业井然有序，而我才即位两年的时间，盗贼就蜂拥而起，你们不能制止，反而想把先帝所要做的事情停下来。这样做，对上不能报答先帝，其次也表明你们对我不肯尽忠效力，你们还凭什么居此高位呢？"于是把冯去疾、李斯、冯劫交由法官处置，审讯追究三人的其他罪过。冯去疾、冯劫说："将相不能受侮辱。"于是便自杀了。而李斯则接受囚禁，受尽了各种刑罚。

秦二世三年，章邯等率兵包围了巨鹿，楚国上将军项羽率领楚兵前去援救巨鹿。这年冬天，赵高担任丞相，最终判决杀了李斯。夏天，章邯等作战多次败退，二世派人责备章邯，章邯害怕，派长史司马欣回咸阳请求指示。赵高不见他，也不给消息。司马欣害怕了，赶紧逃离。赵高派人去追，没有追到。司马欣见到章邯说："赵高在朝廷总揽大权，将军您有功要被杀，无功也要被杀。"这时项羽加强了对秦军的进攻，俘虏了王离，章邯等人就率兵投降了项羽。八月十二日，赵高想要造反，但怕群臣不从，于是就先设下计谋进行试验。他带来一只鹿献给二世，说："这是一匹马。"二世笑着说："丞相搞错了，你把鹿当成了马。"赵高便问二世左右的大臣，左右大臣有的沉默，有的故意迎合赵高说是马，有的说是鹿。凡是当时说是鹿的，都被赵高在暗中假借法律陷害了。从此，大臣们都害怕赵高。

赵高以前曾多次说"关东的盗贼成不了什么气候"，但后来项羽在巨鹿城下俘虏了王离等人并继续前进，章邯等人的军队多次败退，上书请求增援，燕国、赵国、齐国、楚国、韩国、魏国都自立为王，从函谷关往东，大抵全部背叛了秦朝官吏而响应起义的诸侯，诸侯都率兵西进。沛公率数万人已经杀进了武关，派人与赵高秘密联系。赵高害怕二世发怒，招来杀身之祸，于是称病不朝见。二世做了个梦，梦见一只白虎咬死了他车驾的骖马。他为此心中不乐，觉得奇怪，就去问解梦的人。解梦人卜得卦辞说："泾水水神在作怪。"二世就在望夷宫斋戒，想要祭祀泾水水神，把四匹白马沉入泾水。二世派人以起义军日益逼近的事谴责赵高。赵高恐惧不安，就暗中跟他的女婿咸阳县令阎乐、他的弟弟赵成商量说："皇上不听劝告，现在事情紧急了，想嫁祸于我家。我想另立皇上，改立公子婴。子婴仁爱节俭，百姓都听他的话。"就安排郎中令做内应，谎称有大盗，命令阎乐召集官吏发兵追捕，又劫持了阎乐的母亲，安置到赵高府中当人质。赵高派阎乐带领官兵一千多人在望夷宫殿门前，捆绑了卫令仆射，喝问道："盗贼进了里面，为什么不阻止？"卫令说："皇宫周围警卫哨所都有卫兵防守，十分严密，盗贼怎么敢进入宫中？"阎乐就斩了卫令，带领官兵径直冲进去。他一边走一边射箭，宫中的郎官宦官大为吃惊，有的逃跑、有的反抗，反抗的就被杀死，被杀死的有几十人。郎中令和阎乐一同冲进去，用箭射中了二世的帷帐。二世发怒，召唤左右卫士，卫士们都惊恐不敢搏斗。身旁只有一宦官，侍奉二世不

至于此！"宦者曰："臣不敢言，故得全。使臣蚤言，皆已诛，安得至今？"阎乐前即二世数曰："足下骄恣，诛杀无道，天下共畔足下，足下其自为计。"二世曰："丞相可得见否？"乐曰："不可。"二世曰："吾愿得一郡为王。"弗许。又曰："愿为万户侯。"弗许。曰："愿与妻子为黔首，比诸公子。"阎乐曰："臣受命于丞相，为天下诛足下，足下虽多言，臣不敢报。"麾其兵进。二世自杀。

阎乐归报赵高，赵高乃悉召诸大臣公子，告以诛二世之状。曰："秦故王国，始皇君天下，故称帝。今六国复自立，秦地益小，乃以空名为帝，不可。宜为王如故，便。"立二世之兄子公子婴为秦王。以黔首葬二世杜南宜春苑中。令子婴斋，当庙见，受王玺。斋五日，子婴与其子二人谋曰："丞相高杀二世望夷宫，恐群臣诛之，乃佯以义立我。我闻赵高乃与楚约，灭秦宗室而王关中。今使我斋见庙，此欲因庙中杀我。我称病不行，丞相必自来，来则杀之。"高使人请子婴数辈，子婴不行，高果自往，曰："宗庙重事，王奈何不行？"子婴遂刺杀高于斋宫，三族高家以徇咸阳。

子婴为秦王四十六日，楚将沛公破秦军入武关，遂至霸上，使人约降子婴。子婴即系颈以组，白马素车，奉天子玺符，降轵道旁。沛公遂入咸阳，封宫室府库，还军霸上。居月余，诸侯兵至，项籍为从长，杀子婴及秦诸公子宗族。遂屠咸阳，烧其宫室，虏其子女，收其珍宝货财，诸侯共分之。灭秦之后，各分其地为三，名曰雍王、塞王、翟王，号曰三秦。项羽为西楚霸王，主命分天下王诸侯，秦竟灭矣。后五年，天下定于汉。

太史公曰：秦之先伯翳，尝有勋于唐虞之际，受土赐姓。及殷夏之间微散。至周之衰，秦兴，邑于西垂。自缪公以来，稍蚕食诸

敢离开。二世进内室,对他说:"你为什么不早告诉我,盗贼作乱竟然到了现在这种地步!"宦官说:"为臣不敢说,才得以保住性命。如果早说,我们这班人早就都被您杀了,怎能活到今天?"阎乐走上前去历数二世的罪状说:"你骄横放纵、随意杀人而不守天道,天下的人都背叛了你。怎么办你自己考虑吧!"二世说:"我可以见见丞相吗?"阎乐说:"不可以。"二世说:"我希望得到一个郡,在那里做个王。"阎乐仍不答应。又说:"我希望做个万户侯。"还是不答应。二世又说:"我愿意带着妻子儿女去做平民百姓,跟诸公子一样。"阎乐说:"我是奉丞相之命,为天下人来诛杀你。现在你说这么多话,我不敢向丞相报告。"于是指挥士兵上前,二世只好自杀了。

阎乐回去禀报赵高,赵高就召来了所有的大臣和公子,把杀死二世的情况告诉了他们。赵高说:"秦国本来是个诸侯国,始皇统治了天下,所以称帝。现在六国又各自立了王,秦国地盘越来越小,竟然还凭着个空名称皇帝。这不合适,应像过去一样称王,才合适。"于是立二世哥哥的儿子子婴为秦王,按安葬百姓的规格把二世葬在杜南宜春苑中。赵高命子婴斋戒,到庙中参见祖先,接受秦王印玺。斋戒五天后,子婴跟他的两个儿子商议说:"丞相赵高在望夷宫杀了二世,害怕大臣们杀他,就假装依照道义立我为王。我听说赵高暗中与楚国约定,灭掉秦宗室后他在关中称王。现在让我斋戒,朝见宗庙,这是想趁着我在庙里把我杀掉。我称病不去,丞相一定会亲自来,他来后就杀了他。"赵高多次派人去请子婴,子婴推辞不去,赵高果然亲自来了,说:"国家大事,王为什么不去呢?"于是子婴乘机动手,在斋宫里杀了赵高,而后又下令杀死了赵高的三族,并拉着赵高的尸体在咸阳城里游街示众。

子婴做秦王四十六天,楚怀王的大将沛公刘邦已经打败秦军进入了武关,接着就到了灞上,派人去招降子婴。子婴用丝带系上脖子,驾着白车白马,捧着天子的印玺符节,在轵道亭旁投降。沛公于是进入咸阳,封好宫室府库,回去驻军灞上。过了一个多月,各起义诸侯的军队来到关中,项羽担任各军的首领。他杀了子婴和秦王室子弟及宗室的所有人。随后又屠戮咸阳,焚烧宫室,俘掳宫女,没收秦宫的珍宝财物,跟各路诸侯一起分了。灭秦之后,项羽把原来秦国的地盘分成三块,就是雍王、塞王、翟王,对关中地区号称"三秦"。项羽自称西楚霸王,主持分割天下,赐封各路起义军的首领为王,秦朝就这样被灭了。五年之后,刘邦统一了天下。

太史公说:秦朝的祖先伯翳,曾在唐尧、虞舜的时代立过功勋,被封给土地,受赐姓嬴。到夏末殷初,他们就衰微分散了。西周末年,秦国兴起,在西部边境建起了都城。缪公之后,秦国逐渐蚕食其他诸侯国,最终成就了始皇。始皇

侯，竟成始皇。始皇自以为功过五帝，地广三王，而羞与之侔。善哉乎贾生推言之也！曰：

秦并兼诸侯山东三十余郡，缮津关，据险塞，修甲兵而守之。然陈涉以戍卒散乱之众数百，奋臂大呼，不用弓戟之兵，锄櫌白梃，望屋而食，横行天下。秦人阻险不守，关梁不阖，长戟不刺，强弩不射。楚师深入，战于鸿门，曾无藩篱之艰。于是山东大扰，诸侯并起，豪俊相立。秦使章邯将而东征，章邯因以三军之众要市于外，以谋其上。群臣之不信，可见于此矣。子婴立，遂不寤。藉使子婴有庸主之材，仅得中佐，山东虽乱，秦之地可全而有，宗庙之祀未当绝也。

秦地被山带河以为固，四塞之国也。自缪公以来，至于秦王，二十余君，常为诸侯雄。岂世世贤哉？其势居然也。且天下尝同心并力而攻秦矣。当此之世，贤智并列，良将行其师，贤相通其谋，然困于阻险而不能进，秦乃延入战而为之开关，百万之徒逃北而遂坏。岂勇力智慧不足哉？形不利，势不便也。秦小邑并大城，守险塞而军，高垒毋战，闭关据厄，荷戟而守之。诸侯起于匹夫，以利合，非有素王之行也。其交未亲，其下未附，名为亡秦，其实利之也。彼见秦阻之难犯也，必退师。安土息民，以待其敝，收弱扶疲，以令大国之君，不患不得意于海内。贵为天子，富有天下，而身为禽者，其救败非也。

秦王足己不问，遂过而不变。二世受之，因而不改，暴虐以重祸。子婴孤立无亲，危弱无辅。三主惑而终身不悟，亡，不亦宜乎？当此时也，世非无深虑知化之士也，然所以不敢尽忠拂过者，秦俗多忌讳之禁，忠言未卒于口而身为戮没矣。故使天下之士，倾耳而听，重足而立，拑口而不言。是以三主失道，忠臣不敢谏，智士不敢谋，天下已乱，奸不上闻，岂不哀哉！先王知雍蔽之伤国也，故置公卿大

自以为功业比五帝伟大、地盘比三王宽广，于是便不愿意和他们并列。关于秦王朝兴亡的事情，贾生评论的话说得多好啊！他说：

秦始皇兼并统一了六国，在崤山以东设置了三十多个郡。他修筑边防，占据着险要地势，派精兵强将严加把守。然而陈涉凭着几百名散乱的戍卒，振臂一呼，不用弓箭矛戟等武器，只有锄把和木棍；没有给养，只能是看到哪有人家就到哪吃点，却纵横驰骋天下，所向无敌。秦朝却是险阻来不及防守，关卡桥梁来不及关闭，长戟来不及挥舞，强弓来不及发射。楚军深入，与秦军在鸿门交战，连篱笆一样的阻碍都不曾遇到。于是崤山以东大乱，诸侯纷纷起兵，豪杰相继立王。秦王派章邯率兵东征，章邯得此机会，就凭着三军的众多兵力，在外面跟诸侯相约，做交易，图谋他的主上。秦朝群臣之不可信，由此可见一斑。子婴继位为王，最终也不曾觉悟，假使子婴稍有一点才能，再有一个中等才智的帮手，那么崤山以东地区虽然混乱，而维持秦国本土的安全是可以的，宗庙的祭祀也不会断绝了。

秦国地势有高山阻隔，有黄河环绕，这形成了坚固的防御，是个四面都有险要关塞的国家。从缪公以来，直到秦王，二十多个国君，总能在诸侯中称雄。难道代代贤明吗？这是地势造成的呀！再说天下各国曾经同心合力进攻秦国。当时，各国贤人智士会聚，有良将指挥各国的军队，有贤相沟通彼此的计谋，然而被险阻困住不能前进，秦国就引诱诸侯进入秦国境内作战，为他们打开关塞，结果山东百万军队败逃崩溃。难道是勇气、力量、智慧不够吗？是地形不利，地势不便啊。秦国把小邑并为大城，在险要关塞驻军防守，把营垒筑得高高的而不轻易跟敌方作战，紧闭关门据守险塞，肩扛矛戟守卫在那里。诸侯们从匹夫起家，以利益相结合，没有远古明君的德行。他们结交不亲密，上下不齐心；他们名义上是要灭亡秦朝，实际上是想谋取私利。他们看见秦地险阻难以进犯，就自动退兵。如果他们能安定本土，让人民休养生息，等待秦的衰败，收纳弱小，扶助疲困，那么凭着能对大国发号施令的君主，就不用担心在天下实现不了自己的愿望了。子婴贵为天子，富有天下，最后却成了人家的俘虏，这是因为他们挽救败亡的策略不正确所导致的。

秦始皇自以为是，不听群臣的意见，错了也不求改变。秦二世沿袭了这种作风，因循不改，残暴苛虐以致加重了政治危机。子婴危境孤立，得不到亲人的帮助，却又柔弱而没有大臣辅佐。三位君主一生昏惑而不觉悟，秦朝难道不应该灭亡吗？这个时期，世上并非没有深谋远虑懂得形势变化的人士，然而他们所以不敢竭诚尽忠、匡正主上的过错，就是由于秦朝有许多禁规，忠言还没说完而自己就被处决了。所以天下之士只能侧着耳朵听，叠着双脚站立，闭上嘴巴不敢谏言。因此，三代君主迷失了路途，而忠臣不敢进谏言，智士不敢出主意；天下已

夫士，以饰法设刑，而天下治。其强也，禁暴诛乱而天下服。其弱也，五伯征而诸侯从。其削也，内守外附而社稷存。故秦之盛也，繁法严刑而天下振；及其衰也，百姓怨望而海内畔矣。故周五序得其道，而千余岁不绝。秦本末并失，故不长久。由此观之，安危之统相去远矣。野谚曰"前事之不忘，后事之师也"。是以君子为国，观之上古，验之当世，参以人事，察盛衰之理，审权势之宜，去就有序，变化有时，故旷日长久而社稷安矣。

　　秦孝公据崤函之固，拥雍州之地，君臣固守而窥周室，有席卷天下，包举宇内，囊括四海之意，并吞八荒之心。当是时，商君佐之，内立法度，务耕织，修守战之备，外连衡而斗诸侯，于是秦人拱手而取西河之外。

　　孝公既没，惠王、武王蒙故业，因遗册，南兼汉中，西举巴、蜀，东割膏腴之地，收要害之郡。诸侯恐惧，会盟而谋弱秦，不爱珍器重宝肥美之地，以致天下之士，合从缔交，相与为一。当是时，齐有孟尝，赵有平原，楚有春申，魏有信陵。此四君者，皆明知而忠信，宽厚而爱人，尊贤重士，约从离衡，并韩、魏、燕、楚、齐、赵、宋、卫、中山之众。于是六国之士有宁越、徐尚、苏秦、杜赫之属为之谋，齐明、周最、陈轸、昭滑、楼缓、翟景、苏厉、乐毅之徒通其意，吴起、孙膑、带佗、儿良、王廖、田忌、廉颇、赵奢之朋制其兵。常以十倍之地，百万之众，叩关而攻秦。秦人开关延敌，九国之师逡巡遁逃而不敢进。秦无亡矢遗镞之费，而天下诸侯已困矣。于是从散约解，争割地而奉秦。秦有余力而制其敝，追亡逐北，伏尸百万，流血漂卤。因利乘便，宰割天下，分裂河山，强国请服，弱国

经大乱，皇上还不知道，这难道不可悲吗？先王知道政路壅塞不通就会伤害国家，所以设置了公卿、大夫和士，来修订法律，设立刑罚，天下因而得到治理。当一个帝王的统治力量强大时，他可以亲自平定叛乱，使天下人心归顺；当一个帝王的统治力量薄弱时，由霸主代表帝王进行征讨，诸侯们也能够归顺；当一个帝王的统治力量削弱时，由于旧有的法令制度尚存，所以还能维持内外不发生叛乱，国家不亡。而秦朝则不然，在它统治强盛的时候，法令严酷，人民恐惧；当它衰微的时候，人心就开始愤怒，于是四海就开始动乱了。周朝的公、侯、伯、子、男五等爵位合乎治国根本大道，因而传国一千多年不断绝。而秦朝则是本末皆失，所以不能长久。由此看来，安定和危亡的治国理念相距太远了！俗话说"前事不忘，后事之师"，因此君子治理国家，应该研究历史，考察国情，并参照人情事理，从而了解兴盛衰亡的历史规律，最终决策出当前到底应该怎么做，做到取舍有序、变化适时。这样，才能保持国家长治久安。

秦孝公凭借崤山、函谷关地势的险要，拥有雍州的土地，君臣齐心，坚固本土的防守而觊觎周朝的政权。他们心怀席卷天下、包举宇内的意图，有着囊括四海、并吞八方的雄心。当时，商君辅佐他，内立法度，努力耕种纺纪，整治作战守备；对外实行连衡，挑起诸侯之间的争斗，于是秦国毫不费力地夺取了黄河西岸的大片土地。

孝公死后，惠王、武王继承原有的基业，遵循孝公留下来的策略，向南兼并了汉中，向西夺得了巴、蜀，向东割取了肥沃的土地，并占据了一些险要的郡县。诸侯恐惧，联合起来商议，谋划削弱秦国，不吝惜珍贵的器物珍宝和肥美的土地，来招揽天下的人才，合纵结交，相互结成一体。在这个时候，齐国有孟尝君，赵国有平原君，楚国有春申君，魏国有信陵君，这四位君子，都贤明智慧而忠实可靠，宽厚爱人，尊贤重士，重用能人，他们结约合纵，拆散连衡，聚合起韩、魏、燕、楚、齐、赵、宋、卫、中山等国的众多军队。当时六国的士人有宁越、徐尚、苏秦、杜赫这些人为联盟谋划，有齐明、周最、陈轸、昭滑、楼缓、翟景、苏厉、乐毅这些人为他们沟通各国的意见，有吴起、孙膑、带佗、倪良、王廖、田忌、廉颇、赵奢这些人为他们统率军队。他们曾经用十倍于秦国的土地，百万的军队，闯过关隘攻打秦国。秦人开关迎敌，九国的军队徘徊观望，四散奔逃，不敢前进。秦国没有损失一根箭杆、一个箭头，而各国诸侯却已经被折腾得疲惫不堪了。于是东方的合纵联盟土崩瓦解，各国又继续争着割让地盘以侍奉秦国。这就使得秦国有余力乘他们困敝时制服他们，追逐败逃之敌，以致伏尸百万，血流可以漂起盾牌。秦国趁着有利的形势，控制了天下，切割诸侯土地，使得强国请求归服，弱国入秦朝拜。王位传到孝文王、庄襄王，他们在位的时间

入朝。延及孝文王、庄襄王，享国日浅，国家无事。

及至秦王，续六世之余烈，振长策而御宇内，吞二周而亡诸侯，履至尊而制六合，执棰拊以鞭笞天下，威振四海。南取百越之地，以为桂林、象郡，百越之君俯首系颈，委命下吏。乃使蒙恬北筑长城而守藩篱，却匈奴七百余里，胡人不敢南下而牧马，士不敢弯弓而报怨。于是废先王之道，焚百家之言，以愚黔首。堕名城，杀豪俊，收天下之兵聚之咸阳，销锋铸鐻，以为金人十二，以弱黔首之民。然后斩华为城，因河为津，据亿丈之城，临不测之溪以为固。良将劲弩守要害之处，信臣精卒陈利兵而谁何，天下以定。秦王之心，自以为关中之固，金城千里，子孙帝王万世之业也。

秦王既没，余威振于殊俗。陈涉，瓮牖绳枢之子，氓隶之人，而迁徙之徒，才能不及中人，非有仲尼、墨翟之贤，陶朱、猗顿之富，蹑足行伍之间，而倔起什伯之中，率罢散之卒，将数百之众，转而攻秦。斩木为兵，揭竿为旗，天下云集响应，赢粮而景从，山东豪俊遂并起而亡秦族矣。

且夫天下非小弱也，雍州之地，崤函之固自若也。陈涉之位，非尊于齐、楚、燕、赵、韩、魏、宋、卫、中山之君；锄櫌棘矜，非铦于句戟长铩也；适戍之众，非抗于九国之师；深谋远虑，行军用兵之道，非及向时之士也。然而成败异变，功业相反也。试使山东之国与陈涉度长絜大，比权量力，则不可同年而语矣。然秦以区区之地，千乘之权，招八州而朝同列，百有余年矣。然后以六合为家，崤函为宫，一夫作难而七庙堕，身死人手，为天下笑者，何也？仁义不施而攻守之势异也。

秦并海内，兼诸侯，南面称帝，以养四海，天下之士斐然乡风，若是者何也？曰：近古之无王者久矣。周室卑微，五霸既殁，令不行于天下，是以诸侯力政，强侵弱，众暴寡，兵革不

很短，国家也没有什么大事。

到了秦始皇，他继承了六代先人留下来的功业，举起长鞭驾驭各国，吞并了东周、西周，消灭了各诸侯，登临皇帝之位，统一了整个天下，用残酷的刑罚统治全国，声威震动四海。他又向南夺取了百越的土地，设置了桂林郡、象郡，使百越的君主俯首系颈，把性命交给秦国的狱吏。他派蒙恬在北方修筑长城，戍守边防，驱赶匈奴后退了七百多里，使匈奴人不敢南下牧马，六国之士不敢张弓报仇。于是他废除先王的法度，烧毁百家的著作，想以此愚弄百姓。他拆毁名城，杀戮豪杰，收缴天下兵器聚集到咸阳，熔铸成大钟和十二尊大铜人，以削弱百姓的反抗力量。然后他开辟华山筑成城堡，凭借黄河作为渡口，据守亿丈高城及深不可测的深渊作为坚固的防御。有良将强弩把守险关要塞，有忠诚的大臣及训练有素的部队手执锐器，谁人能奈我何？天下已经安定。秦始皇以为关中的坚固犹如铜墙铁壁一般，自以为帝王的万世基业，可以子子孙孙永远传承下去了。

秦始皇已经死了，但他的余威还震慑着整个社会。陈涉，只不过是个穷人家的儿子，也是个农民，被征服役的戍卒。论才能，他赶不上一般人，没有仲尼、墨翟的贤能，没有陶朱、猗顿的富有。他只是被发配劳役中的一员，一个只顾低头赶路的士卒头目。他带领着几百名疲劳而又杂乱无章的士卒，转掉矛头攻打秦朝。他们砍下树枝做武器，举起竹竿当旗帜，结果天下人云集响应，纷纷背负干粮，像影不离身一样跟随着他，于是崤山以东等地的豪杰都同时起兵，最终将秦王朝灭亡了。

当时秦朝的天下并没有比以前变小变弱，雍州的土地、崤山和函谷关的坚固，仍然像以前一样。陈涉的地位，比不上齐、楚、燕、赵、韩、魏、宋、卫、中山各国的国君那么尊贵，锄头木棍，不如钩戟、长矛锋利；流放守边的人众，不如九国的军队强大；深谋远虑、行军用兵的策略，不如以前的谋士高明，然而成功失败各不相同，功业成就完全相反。假使让崤山以东各国跟陈涉比比长短大小、量量权势实力，就不能同日而语了。然而秦国当年凭借雍州这块小小的地盘，以一个诸侯的实力，控制了八州，使地位相等的诸侯来朝贡，已有一百多年了。后来秦统一了天下，以天下为家，以崤山和函谷关为宫殿，然而谁会想到一个普通人的带头发难，就使得秦之宗庙被毁、国家灭亡，皇子皇孙死在他人手中，让天下人耻笑，这是因为什么呢？这是因为秦不施行仁义，不懂得夺取天下跟守住天下的形势与策略是不同的啊！

秦始皇统一全国，兼并诸侯，临朝称帝，以此来治理天下，天下的士人如草随风一样纷纷归顺，为什么会这样呢？答案是：近古以来，已经很久没有统一天下的帝王了。自从周王室衰微，五霸相继死去以后，天子的命令不能通行天下，

休，士民疲敝。今秦南面而王天下，是上有天子也。既元元之民冀得安其性命，莫不虚心而仰上，当此之时，守威定功，安危之本在于此矣。

秦王怀贪鄙之心，行自奋之智，不信功臣，不亲士民，废王道，立私权，禁文书而酷刑法，先诈力而后仁义，以暴虐为天下始。夫并兼者高诈力，安定者贵顺权，此言取与守不同术也。秦离战国而王天下，其道不易，其政不改，是其所以取之守之者异也。孤独而有之，故其亡可立而待。借使秦王计上世之事，并殷周之迹，以制御其政，后虽有淫骄之主而未有倾危之患也。故三王之建天下，名号显美，功业长久。

今秦二世立，天下莫不引领而观其政。夫寒者利裋褐而饥者甘糟糠，天下之嗷嗷，新主之资也。此言劳民之易为仁也。向使二世有庸主之行，而任忠贤，臣主一心而忧海内之患，缟素而正先帝之过，裂地分民以封功臣之后，建国立君以礼天下，虚囹圄而免刑戮，除去收帑污秽之罪，使各反其乡里，发仓廪，散财币，以振孤独穷困之士，轻赋少事，以佐百姓之急，约法省刑以持其后，使天下之人皆得自新，更节修行，各慎其身，塞万民之望，而以威德与天下，天下集矣。即四海之内，皆欢然各自安乐其处，唯恐有变，虽有狡猾之民，无离上之心，则不轨之臣无以饰其智，而暴乱之奸止矣。二世不行此术，而重之以无道，坏宗庙与民，更始作阿房宫，繁刑严诛，吏治刻深，赏罚不当，赋敛无度，天下多事，吏弗能纪，百姓困穷而主弗收恤。然后奸伪并起，而上下相遁，蒙罪者众，刑戮相望于道，而天下苦之。自君卿以下至于众庶，人怀自危之心，亲处穷苦之实，咸不安其位，故易动也。是以陈涉不用汤武之贤，不藉公侯之尊，奋臂于大泽而

于是诸侯间凭借武力互相征伐，以强凌弱，以多欺少，战争连年不止，人民困苦无期。现在秦始皇统一天下，使天下有了天子。这样一来，那些可怜的百姓希望从此能过上安定的生活，因此没有谁不诚心景仰皇上的。在这种情况下，秦王朝应该保住权威，稳定功业，这是决定成败的关键所在。

　　秦始皇怀着一种贪婪自私的心思，常自以为是，一意孤行，不信任功臣，不亲近士民；抛弃仁政王道，只注重个人私权；焚毁圣贤典籍，实行严刑酷法；只重视凭借诡诈权势，把仁义道德抛在脑后，把严刑峻法作为治理天下的前提。实现兼并天下，往往需要重视谋略和实力；安定国家，往往需要重视顺时权变。这就是说，夺取天下和保有天下不能用同样的方法。秦国结束了战国时代，统一了天下，但它的方针没改，它的政策没变，也就是说它夺取天下和守护天下所用的方法没有变化。秦王孤身无辅却拥有天下，所以他的灭亡很快就来到了。假使秦王能够汲取前代的治国经验教训，顺着商、周的道路，来制定实行自己的政策，那么后代即使出现骄奢淫逸的君主，也不会马上就有亡国的忧患啊。夏、商、周三代就是因为懂得取天下与守天下的不同，所以他们才能够名扬四海、功业长久。

　　当今秦二世登上王位，普天之下没有人不伸长脖子盼着，希望他能改一改政策。寒冷的人穿上短袄就觉得温暖，饥饿的人吃上糟糠就觉得香甜，天下饥寒哀叫的百姓，正是新皇帝实施德政的好机会。这就是说劳苦的人民容易接受仁政。如果二世有一般君主的德行，任用忠贞贤能的人，君臣一心，为天下民众的苦难而忧心；丧服期间就改正先帝的过失；分地于民，封赏功臣的后代，封国立君以礼待天下贤士；释放牢狱里的犯人，宽缓刑罚，免除去连坐等杂乱的刑罚，让罪犯各自回到家乡，打开仓库，散发钱财，以赈济孤独穷困的士人；减轻赋税，减少劳役，帮助百姓解除急困；简化法律，减少刑罚，给犯罪人以把握以后的机会，使天下的人都能自新，改变节操，修养品行，各自谨慎地对待自身；满足万民的愿望，以威信仁德对待天下人，天下人就归附了。如果四海之内，民众都能安居乐业，他们就会厌恶发生变乱，即使有狡猾的百姓，也不会有背叛主上的心思，那么图谋不轨的臣子就无法掩饰他们的巧诈，而暴乱的奸谋也就止息了。二世不实行这种办法，反而比始皇更加暴虐无道，重新修建阿房宫，使刑罚更加繁多，杀戮更加严酷，官吏办事苛刻狠毒，赏罚不得当，赋税搜刮没有限度；国家的事务太多，官吏们都治理不过来；百姓穷困已极，而君主却不加收容救济。于是奸险欺诈之事纷起，上下互相欺骗，蒙受罪罚的人很多，道路上遭到刑戮的人前后相望，连绵不断，天下的人都陷入了苦难。自君侯公卿以下直到百姓，人人怀着自危的心理，都觉得自己处于危险的境地，都不安于其位，动乱自然而然就容易发生了。因此陈涉虽没有商汤、周武王那样的贤能，也没有公侯那样的尊

天下响应者，其民危也。故先王见始终之变，知存亡之机，是以牧民之道，务在安之而已。天下虽有逆行之臣，必无响应之助矣。故曰"安民可与行义，而危民易与为非"，此之谓也。贵为天子，富有天下，身不免于戮杀者，正倾非也。是二世之过也。

　　襄公立，享国十二年。初为西畤。葬西垂。生文公。
　　文公立，居西垂宫。五十年死，葬西垂。生静公。
　　静公不享国而死。生宪公。
　　宪公享国十二年，居西新邑。死，葬衙。生武公、德公、出子。
　　出子享国六年，居西陵。庶长弗忌、威累、参父三人，率贼贼出子鄙衍，葬衙。武公立。
　　武公享国二十年。居平阳封宫。葬宣阳聚东南。三庶长伏其罪。德公立。
　　德公享国二年。居雍大郑宫。生宣公、成公、缪公。葬阳。初伏，以御蛊。
　　宣公享国十二年。居阳宫。葬阳。初志闰月。
　　成公享国四年，居雍之宫。葬阳。齐伐山戎、孤竹。
　　缪公享国三十九年。天子致霸。葬雍。缪公学著人。生康公。
　　康公享国十二年。居雍高寝。葬竘社。生共公。
　　共公享国五年，居雍高寝。葬康公南。生桓公。
　　桓公享国二十七年。居雍太寝。葬义里丘北。生景公。
　　景公享国四十年。居雍高寝，葬丘里南。生毕公。
　　毕公享国三十六年。葬车里北。生夷公。
　　夷公不享国。死，葬左宫。生惠公。
　　惠公享国十年。葬车里。生悼公。
　　悼公享国十五年。葬僖公西。城雍。生剌龚公。
　　剌龚公享国三十四年。葬入里。生躁公、怀公。其十年，彗星见。
　　躁公享国十四年。居受寝。葬悼公南。其元年，彗星见。

贵，但是在大泽乡振臂一呼而天下响应，其原因就在于人民正处于危难之中。所以古代圣王能洞察开端与结局的变化，知道生存与灭亡的关键，因此统治人民的方法，就是专心致力于使他们安定罢了。这样，天下即使有叛逆的臣子，也一定得不到帮助的力量。所谓"处于安定状态的人民可以共同行仁义，处于危难之中的人民容易一起做坏事"，说的就是这个道理。秦二世贵为天子，拥有四海，而自身却不能免于被杀戮，就是由于没能及时拨乱反正。这就是秦二世最大的错误。

襄公即位，在位十二年。开始建造西畤。葬在西垂。生了文公。

文公即位，住在西垂宫。五十年后去世，葬在西垂。生了静公。

静公没有登位就死了。生了宪公。

宪公在位十二年，住在西新邑。死后葬在衙邑。生了儿子武公、德公和出子。

出子在位六年，住在西陵。庶长弗忌、威累、参父三人，率领贼人在鄙衍刺杀了出子，葬在衙邑。武公即位。

武公在位二十年。住在平阳封宫。死后葬在宣阳聚的东南。这期间三个庶长因罪伏法被诛杀。德公即位。

德公在位二年。住在雍县大郑宫。生了儿子宣公、成公、缪公，死后葬在阳邑。开始规定伏日，以抵御热毒邪气。

宣公在位十二年。住在阳宫。死后葬在阳邑。开始记载闰月。

成公在位四年，住在雍县的宫中。死后葬在阳邑。齐国讨伐山戎、孤竹。

缪公在位三十九年。天子承认他是诸侯的霸主。死后葬在雍县。缪公曾向宫中的侍卫人员学习。生了儿子康公。

康公在位十二年。住在雍邑高寝。葬在竘社。生了共公。

共公在位五年，住在雍邑高寝。葬在康公南面。生了桓公。

桓公在位二十七年。住在雍邑太寝。葬在义里丘的北边。生了景公。

景公在位四十年。住在雍邑高寝，葬在丘里南面。生了毕公。

毕公在位三十六年。葬在车里北面。生了夷公。

夷公没有登位。死后，葬在左宫。生了惠公。

惠公在位十年。葬在车里。生了悼公。

悼公在位十五年。死后葬在僖公墓地西面。这年在雍邑修筑了城墙。生了刺龚公。

刺龚公在位三十四年。葬在入里。生了躁公、怀公。在位的第十年，出现了彗星。

躁公在位十四年。住在受寝。死后葬在悼公墓地南面。躁公元年，彗星出现。

怀公从晋来。享国四年。葬栎圉氏。生灵公。诸臣围怀公，怀公自杀。

肃灵公，昭子子也。居泾阳。享国十年。葬悼公西。生简公。

简公从晋来。享国十五年。葬僖公西。生惠公。其七年。百姓初带剑。

惠公享国十三年。葬陵圉。生出公。

出公享国二年。出公自杀，葬雍。

献公享国二十三年。葬嚣圉。生孝公。

孝公享国二十四年。葬弟圉。生惠文王。其十三年，始都咸阳。

惠文王享国二十七年。葬公陵。生悼武王。

悼武王享国四年，葬永陵。

昭襄王享国五十六年。葬茝阳。生孝文王。

孝文王享国一年。葬寿陵。生庄襄王。

庄襄王享国三年。葬茝阳。生始皇帝。吕不韦相。

献公立七年，初行为市。十年，为户籍相伍。

孝公立十六年。时桃李冬华。

惠文王生十九年而立。立二年，初行钱。有新生婴儿曰"秦且王"。

悼武王生十九年而立。立三年，渭水赤三日。

昭襄王生十九年而立。立四年，初为田开阡陌。

孝文王生五十三年而立。

庄襄王生三十二年而立。立二年，取太原地。庄襄王元年，大赦，修先王功臣，施德厚骨肉，布惠于民。东周与诸侯谋秦，秦使相国不韦诛之，尽入其国。秦不绝其祀，以阳人地赐周君，奉其祭祀。

始皇享国三十七年。葬郦邑。生二世皇帝。始皇生十三年而立。

二世皇帝享国三年。葬宜春。赵高为丞相安武侯。二世生十二年而立。

右秦襄公至二世，六百一十岁。

孝明皇帝十七年十月十五日乙丑，曰：

怀公从晋国回来继位。在位四年,死后葬在栎圉氏。生了儿子灵公。大臣们围攻怀公,怀公自杀。

肃灵公是昭子的儿子。住在泾阳。在位十年。葬在悼公墓的西面。生了简公。

简公是从晋国回来继位的。在位十五年。死后葬在僖公墓的西面。生了儿子惠公。简公在位的第七年,开始允许百姓佩带刀剑。

惠公在位十三年。死后葬在陵圉。生了出公。

出公在位二年。出公自杀,葬在雍。

献公在位二十三年。葬在嚣圉。生了孝公。

孝公在位二十四年。葬在弟圉。生了惠文王。其在位的第十三年,开始建都咸阳。

惠文王在位二十七年。葬在公陵。生了悼武王。

悼武王在位四年,葬在永陵。

昭襄王在位五十六年。葬在茞阳。生了孝文王。

孝文王在位一年。死后葬在寿陵。生了儿子庄襄王。

庄襄王在位三年。葬在茞阳。生始皇帝。吕不韦做相国。

献公在位第七年,开始设立集市。第十年,建立户籍制度,居民五户为一伍。

孝公在位第十六年,当时桃树、李树在冬天开花。

惠文王十九岁即位。即位第二年,开始发行钱币。有个新生婴儿说:"秦国即将称王。"

悼武王十九岁即位。即位第三年,渭水连续红了三天。

昭襄王十九岁即位。登位第四年,开始开辟井田边界。

孝文王五十三岁时即位。

庄襄王三十二岁即位。即位后的第二年,攻取了赵国的太原。庄襄王元年,大赦天下,表彰先王时期的功臣,给予至亲恩惠,也给百姓恩惠。东周与诸侯策划攻打秦国,秦派相国吕不韦伐周,收缴了他们国中的一切。但秦国并没有断绝东周的祭祀,把阳人地区赐给了东周君,让他继续祭祀周朝的祖先。

始皇在位三十七年。葬在骊邑。生了二世皇帝。始皇十三岁即位。

二世皇帝在位三年。葬在宜春。赵高任丞相,封为安武侯。二世十二岁时即位。

以上是从秦襄公至二世,共六百一十年。

汉孝明皇帝十七年十月十五日,这一天是乙丑日,班固说:

周历已移，仁不代母。秦直其位，吕政残虐。

然以诸侯十三，并兼天下，极情纵欲，养育宗亲。三十七年，兵无所不加，制作政令，施于后王。盖得圣人之威，河神授图，据狼、狐，蹈参、伐，佐政驱除，距之称始皇。

始皇既殁，胡亥极愚，郦山未毕，复作阿房，以遂前策。云"凡所为贵有天下者，肆意极欲，大臣至欲罢先君所为"。诛斯、去疾，任用赵高。痛哉言乎！人头畜鸣。不威不伐恶，不笃不虚亡，距之不得留，残虐以促期，虽居形便之国，犹不得存。

子婴度次得嗣，冠玉冠，佩华绂，车黄屋，从百司，谒七庙。小人乘非位，莫不恍忽失守，偷安日日，独能长念却虑，父子作权，近取于户牖之间，竟诛猾臣，为君讨贼。高死之后，宾婚未得尽相劳，餐未及下咽，酒未及濡唇，楚兵已屠关中，真人翔霸上，素车婴组，奉其符玺，以归帝者。郑伯茅旌鸾刀，严王退舍。河决不可复雍，鱼烂不可复全。贾谊、司马迁曰："向使婴有庸主之才，仅得中佐，山东虽乱，秦之地可全而有，宗庙之祀未当绝也。"秦之积衰，天下土崩瓦解，虽有周旦之材，无所复陈其巧，而以责一日之孤，误哉！俗传秦始皇起罪恶，胡亥极，得其理矣。复责小子，云秦地可全，所谓不通时变者也。纪季以酅，春秋不名。吾读秦纪，至于子婴车裂赵高，未尝不健其决，怜其志。婴死生之义备矣。

周朝的命数已经过去，按照五德终始之道，仁义之情，儿子是不能代替母亲的。秦朝作为一个朝代排在五德终始里面，是不合适的，再加上秦始皇的政治十分暴虐无道。

然而他十三岁就当上了诸侯王，后来兼并六国统一天下，他既有放纵妄为的一面，却又养育了家族宗亲。三十七年间，他到处用兵，制定法律政令，传留给后代帝王。这大概是由于获得了圣人的神威，以及河神授了象征帝王受命的河图，又占据着主弓矢的狼星、狐星之气和主征杀的参星、伐星之气，这一切帮助他兼并了诸侯国，一直到当上始皇帝。

秦始皇死后，胡亥极其愚蠢，骊山的陵寝还没有完成，就又重新修建阿房宫，以实现先王的计划，还说"对于拥有天下的人来说，最可贵的就是可以为所欲为，你们这些大臣们竟然要中断先帝想干的事情"。于是便杀了李斯、冯去疾，而任用赵高。二世的这话叫人多么痛心啊！有人就说："他长着人的脑袋，却发出牲畜一样的叫声。如果他不逞淫威，人们就不会讨伐他的罪恶；如果他的罪恶不深重，就不至于国灭身亡。"直到帝位保不住了，残酷暴虐又加速了他的灭亡，即使秦朝占据着有利的地势，也无法改变亡国灭家的历史命运。

子婴越序继承了王位，他头戴王冠，身穿礼服，坐着帝王的车驾，带着满朝文武去朝拜祖庙。小人物登上本不属于他的高位，无不惶恐不安，心无主宰，每天苟且偷安。而子婴这个人却能谋虑长远，排除顾虑，跟他的儿子一起采取断然措施，在一屋之内就擒获了赵高，最终杀死奸臣，为先君诛讨了逆贼。赵高被诛杀以后，子婴还没来得及一一慰劳宾客亲属，饭还没来得及下咽，酒没来得及畅饮，反秦的军队就已经杀进了关中，真命天子已经来到了灞上。于是子婴只得驾着白马白车，脖颈上系着丝带，手捧符节玉玺，献给应该称帝的人，就如春秋时楚庄王侵郑，郑伯持祭祀用的礼器茅旌和鸾刀，使楚庄王退兵三十里一样。然而黄河开了口子就不能再堵住，鱼腐烂了就不能再复原。贾谊、司马迁说："假使子婴有一般君主的才能，仅仅得到中等的辅佐之臣，崤山以东地区虽然混乱，秦国的地盘还是可以保全的，宗庙的祭祀也不会断绝。"他们不明白秦朝的灭亡是长期积累的结果，等到天下已经土崩瓦解时，即使有像周公那样的才能，也无回天之力。如果拿秦朝的灭亡来责备登位几天的子婴，实在是错误啊！民间相传，是秦始皇造成的罪恶，胡亥把它推到极点，这话说得是很客观的。贾谊、司马迁指责子婴，说什么"秦国土地可以保住"，这就是所谓的不识时务呀。纪季为保住宗庙，不得已把酅邑献给齐国，而《春秋》却肯定他的做法，对他不指名相称。我读《秦始皇本纪》，读到子婴车裂赵高这一段时，总是称赞他的果断、欣赏他的心志。子婴对待生死大义，已经是完美无缺了。

项羽本纪第七

项籍者，下相人也，字羽。初起时，年二十四。其季父项梁，梁父即楚将项燕，为秦将王翦所戮者也。项氏世世为楚将，封于项，故姓项氏。

项籍少时，学书不成，去学剑，又不成。项梁怒之。籍曰："书足以记名姓而已。剑一人敌，不足学，学万人敌。"于是项梁乃教籍兵法，籍大喜，略知其意，又不肯竟学。项梁尝有栎阳逮，乃请蕲狱掾曹咎书抵栎阳狱掾司马欣，以故事得已。项梁杀人，与籍避仇于吴中。吴中贤士大夫皆出项梁下。每吴中有大繇役及丧，项梁常为主办，阴以兵法部勒宾客及子弟，以是知其能。秦始皇帝游会稽，渡浙江，梁与籍俱观。籍曰："彼可取而代也。"梁掩其口，曰："毋妄言，族矣！"梁以此奇籍。籍长八尺余，力能扛鼎，才气过人，虽吴中子弟皆已惮籍矣。

秦二世元年七月，陈涉等起大泽中。其九月，会稽守通谓梁曰："江西皆反，此亦天亡秦之时也。吾闻先即制人，后则为人所制。吾欲发兵，使公及桓楚将。"是时桓楚亡在泽中。梁曰："桓楚亡，人莫知其处，独籍知之耳。"梁乃出，诫籍持剑居外待。梁复入，与守坐，曰："请召籍，使受命召桓楚。"守曰："诺。"梁召籍入。须臾，梁眴籍曰："可行矣！"于是籍遂拔剑斩守头。项梁持守头，佩其印绶。门下大惊，扰乱，籍所击杀数十百人。一府中皆慑伏，莫敢起。梁乃召故所知豪吏，谕以所为起大事，遂举吴中兵。使人收下

项籍，是下相人，字羽。刚参加起义的时候，他二十四岁。项梁是项羽的叔父，项燕是项梁的父亲，就是被秦将王翦所杀害的那位楚国大将。项家世世代代为楚国的大将，被封在项地，所以以项为姓。

项羽年轻的时候，学习文化知识没有学成，于是中途改学习剑术，也没有取得成就。项梁对他很是生气。项羽却说："写字，能够用来记姓名就可以了；剑术，也只能敌一个人，不值得学。我要学习能敌万人的本领。"看项羽这样，于是项梁就教项羽兵法，项羽非常高兴，可是刚刚懂得了一点儿兵法的皮毛，又不肯学到底了。项梁曾经因罪案受牵连，被栎阳县逮捕入狱，他就请蕲县狱掾曹咎写了说情信给栎阳狱掾司马欣，事情才得以了结。后来项梁又杀了人，为了躲避仇人，他和项羽一起逃到吴中郡。吴中郡虽有才能非凡的士大夫，但本事都比不上项梁。每当吴中郡有大规模的徭役或大的丧葬事宜时，项梁经常做主办人，并暗中用兵法部署、组织宾客和青年，借此来了解他们的才能。秦始皇巡游会稽郡渡浙江时，项梁和项羽一块儿去观看。项羽说："那个人，我可以取代他！"项梁急忙捂住他的嘴，说："不要胡说，要满门抄斩的！"但项梁却因此而感到项羽很不一般。项羽身高八尺有余，才气超过常人，力大能举鼎，即使是吴中当地的年轻人也都很惧怕他。

秦二世元年七月，陈涉等在大泽乡起义。同年九月，会稽郡守殷通对项梁说："大江以西目前全都造反了，这正是上天要灭亡秦朝的时候啊！我听说，做事情领先一步就能控制别人，落后一步就要被人控制。我打算起兵反秦，让您和桓楚统领军队。"当时桓楚正在草泽之中逃亡。项梁说："桓楚正在外逃亡，别人都不知道他的去处，只有项羽知道。"于是项梁出去嘱咐项羽持剑在外面等候，然后又进来跟郡守殷通一起坐下，说："请让我把项羽叫进来，让他奉命去召桓楚。"郡守说："好吧！"项梁就把项羽叫进来了。没多久，项梁给项羽使了个眼色，说："可以行动了！"于是项羽拔出剑来斩下了郡守的头。项梁把郡守的头提在手里，郡守的官印挂在身上。郡守的部下大为惊慌，一片混乱，项羽一连杀了有一百来人。整个郡府上下都吓得趴在地，没有一个人敢起来。原先所熟悉的豪强官吏被项梁召集，向他们说明白起兵反秦的道理，于是就发动吴中之兵起义了。项

县，得精兵八千人。梁部署吴中豪杰为校尉、候、司马。有一人不得用，自言于梁。梁曰："前时某丧，使公主某事，不能办，以此不任用公。"众乃皆伏。于是梁为会稽守，籍为裨将，徇下县。

广陵人召平于是为陈王徇广陵，未能下。闻陈王败走，秦兵又且至，乃渡江矫陈王命，拜梁为楚王上柱国。曰："江东已定，急引兵西击秦。"项梁乃以八千人渡江而西。闻陈婴已下东阳，使使欲与连和俱西。陈婴者，故东阳令史，居县中，素信谨，称为长者。东阳少年杀其令，相聚数千人，欲置长，无适用，乃请陈婴。婴谢不能，遂强立婴为长，县中从者得二万人。少年欲立婴便为王，异军苍头特起。陈婴母谓婴曰："自我为汝家妇，未尝闻汝先古之有贵者。今暴得大名，不祥。不如有所属，事成犹得封侯，事败易以亡，非世所指名也。"婴乃不敢为王。谓其军吏曰："项氏世世将家，有名于楚。今欲举大事，将非其人，不可。我倚名族，亡秦必矣。"于是众从其言，以兵属项梁。项梁渡淮，黥布、蒲将军亦以兵属焉。凡六七万人，军下邳。

当是时，秦嘉已立景驹为楚王，军彭城东，欲距项梁。项梁谓军吏曰："陈王先首事，战不利，未闻所在。今秦嘉倍陈王而立景驹，逆无道。"乃进兵击秦嘉。秦嘉军败走，追之至胡陵。嘉还战一日，嘉死，军降。景驹走死梁地。项梁已并秦嘉军，军胡陵，将引军而西。章邯军至栗，项梁使别将朱鸡石、余樊君与战。余樊君死。朱鸡石军败，亡走胡陵。项梁乃引兵入薛，诛鸡石。项梁前使项羽别攻襄城，襄城坚守不下。已拔，皆坑之。还报项梁。项梁闻陈王定死，召诸别将会薛计事。此时沛公亦起沛，往焉。

梁派人去接收吴中郡下属的各县，共得到精兵八千人。又安排郡中的各豪杰，让他们分别担任校尉、候、司马。其中有一个人没有被任用，自己来找项梁诉说，项梁说："前些日子某家办丧事，我让你去做一件事，你没有办成，因此不能任用你。"众人听了都很佩服。于是项梁做了会稽郡守，项羽为副将，并让人到所占领下属各县去巡行。

此时，广陵人召平为陈王去巡行占领的广陵，广陵人没有归服。陈王兵败退走被召平听说，秦兵又快要到了，召平就渡过长江假托陈王的命令，拜项梁为楚王的上柱国。召平说："江东之地已经平定下来，赶紧带兵往西进攻秦。"项梁就带领八千人渡过长江向西进军。听说陈婴已经占据了东阳，项梁就派使者去东阳，想要同陈婴合兵西进。陈婴，原先是东阳县的令史，在县中一向诚实谨慎，人们称赞他是忠厚老实的人。东阳县的年轻人杀了县令，聚集了数千人，想推举出一位首领，没有找到合适的人选，就来请陈婴。陈婴借口说自己没有能力，他们就强行让陈婴当了首领，县中追随的人有两万。那帮年轻人想借机立陈婴为王，为了和其他的起义军相区别，用青巾裹头，以表示是新突起的一支起义军。陈婴的母亲对陈婴说："自从我做了你们陈家的媳妇，还从没听说你们陈家祖上有显贵之人，如今你突然有了这么大的名声，恐怕不是很好的征兆。依我说，不如去投奔其他有名望者，若起事成功了还可以封侯，起事失败了也容易逃脱，因为那样你就不是为世所指名注目的人了。"陈婴听了母亲的话，没敢称王。他对军吏们说："项氏在楚国是名门，世世代代做大将。现在我们要起义成大事，那就非得项家的人不可。我们归属了名门大族，灭亡秦朝就确定无疑了。"于是军众听从了他的话，都把军队归从于项梁。项梁渡过淮河向北进军，黥布、蒲将军也率部队归属项梁。这样，项梁的兵马总共有六七万，驻扎在下邳。

此时，秦嘉已经立景驹做了楚王，在彭城以东驻扎，准备阻挡项梁西进。项梁对将士们说："陈王最先起义，仗打得却不太顺利，不知道现在在哪里。现在秦嘉背叛了陈王而立景驹为楚王，这是大逆不道。"于是进军攻打秦嘉。秦嘉的军队战败而逃，项梁率兵追击，直追到胡陵。秦嘉又回过头来与项梁交战，打了一天，秦嘉战死，部队投降。景驹逃跑到梁地并死在那里。秦嘉的部队被项梁接收了，驻扎在胡陵，准备率军向西攻打秦。秦将章邯率军到达栗县，别将朱鸡石、余樊君被项梁派去迎战章邯。不想余樊君战死，朱鸡石战败，逃回胡陵。项梁于是便率领部队进入薛县，杀了朱鸡石。之前，项羽被项梁派去攻打襄城，襄城秦军坚守，不肯投降。襄城在被项羽攻下之后，项羽把那里的军民全部活埋了，然后回来向项梁报告。项梁听说陈王确实已死，便召集各路别将来薛县聚会，共议大事。这时，沛公也在沛县起兵，应召前往薛县参加了这次聚会。

居鄛人范增，年七十，素居家，好奇计，往说项梁曰："陈胜败固当。夫秦灭六国，楚最无罪。自怀王入秦不反，楚人怜之至今，故楚南公曰'楚虽三户，亡秦必楚'也。今陈胜首事，不立楚后而自立，其势不长。今君起江东，楚蜂午之将皆争附君者，以君世世楚将，为能复立楚之后也。"于是项梁然其言，乃求楚怀王孙心民间，为人牧羊，立以为楚怀王，从民所望也。陈婴为楚上柱国，封五县，与怀王都盱台。项梁自号为武信君。

居数月，引兵攻亢父，与齐田荣、司马龙且军救东阿，大破秦军于东阿。田荣即引兵归，逐其王假。假亡走楚。假相田角亡走赵。角弟田间故齐将，居赵不敢归。田荣立田儋子市为齐王。项梁已破东阿下军，遂追秦军。数使使趣齐兵，欲与俱西。田荣曰："楚杀田假，赵杀田角、田间，乃发兵。"项梁曰："田假为与国之王，穷来从我，不忍杀之。"赵亦不杀田角、田间以市于齐。齐遂不肯发兵助楚。项梁使沛公及项羽别攻城阳，屠之。西破秦军濮阳东，秦兵收入濮阳。沛公、项羽乃攻定陶。定陶未下，去，西略地至雍丘，大破秦军，斩李由。还攻外黄，外黄未下。

项梁起东阿西，至定陶，再破秦军，项羽等又斩李由，益轻秦，有骄色。宋义乃谏项梁曰："战胜而将骄卒惰者败。今卒少惰矣，秦兵日益，臣为君畏之。"项梁弗听。乃使宋义使于齐。道遇齐使者高陵君显，曰："公将见武信君乎？"曰："然。"曰："臣论武信君军必败。公徐行即免死，疾行则及祸。"秦果悉起兵益章邯，击楚军，大破之定陶，项梁死。沛公、项羽去外黄攻陈留，陈留坚守不能下。沛公、项羽相与谋曰："今项梁军破，士卒恐。"乃与吕臣军俱引兵而东。吕臣军彭城东，项羽军彭城西，沛公军砀。

范增是居鄡人，七十岁了，平常都在家隐居不仕。他喜好奇思妙想，琢磨奇计，他前来游说项梁说："陈胜失败，本来就是应该的。秦灭六国，楚国是最无罪的。自从被骗入秦的楚怀王没有返回，楚国人现在还在同情他；所以楚南公说'楚国即使只剩下三户人家，灭亡秦国的也一定是楚国'。如今陈胜起义，不立楚王室的后代却自立为王，其势运一定不会长久。现在您在江东起事，楚国有那么多如群蜂飞舞的将士，争着归顺于您，就是因为项氏世世代代做楚国大将，一定能重新立楚王室后代为王。"项梁听了感觉范增的话有道理，就到民间寻找楚怀王的嫡孙熊心。此时的熊心正在给别人放羊。项梁找到他以后，就袭用他祖父的谥号立他为楚怀王，这是为了顺应楚国民众的愿望。陈婴做楚国的上柱国，封给他五个县，辅佐怀王建都盱台。项梁自己号称武信君。

几个月后，项梁率兵先去攻打亢父，然后又和齐将田荣、司马龙且的军队一起去援救东阿，在东阿大败秦军。田荣立即率兵返回齐国，赶走了齐王假。假逃亡到了楚国，其宰相田角逃亡到了赵国。田间是田角的弟弟，他本来是齐国大将，住在赵国不敢回齐国来。田荣立田儋的儿子田市为齐王。项梁击破东阿附近的秦军以后，就去追击秦的败军。他多次派使者催促齐国发兵，想与齐军合兵西进。田荣说："楚国杀掉田假，赵国杀掉田角、田间，我才出兵。"项梁说："田假是我们盟国的王，走投无路才来追随我，我不忍心杀他。"赵国也不肯通过杀田角、田间来跟齐国做交易。齐国始终不肯发兵帮助楚军。沛公和项羽被项梁派去攻打城阳，屠戮了这个县。他们又向西进军，在濮阳以东打败了秦军。秦收拾败兵退入濮阳城。沛公、项羽然后又去攻打定陶。定陶没有打下，他们便离开定陶西进，沿路攻取城邑，直到雍丘，大败秦军，杀了李由。然后回过头来攻打外黄，但没有攻下。

项梁自东阿出发向西挺进，等来到定陶时，已两次打败秦军；项羽等又杀了李由，项梁因此更轻视秦军，骄傲的神态渐渐显露出来。宋义于是规谏项梁说："打了胜仗，将领就骄傲，士卒就怠惰，这样的军队必然要吃败仗。如今士卒有点怠惰了，而秦兵在一天天地增加，我有些替您担心啊！"项梁不听，却派宋义出使齐国。宋义在路上遇到了齐国的使者高陵君显，便问道："你是要去见武信君吧？"回答说："是的。"宋义说："依我看，失败的必定是武信君的军队。您要是慢点儿走就可以免于一死，如果走快了就会赶上灾难。"秦朝果然派兵增援章邯，并且发动了全部兵力，攻击楚军，大败楚军于定陶，项梁战死。沛公、项羽离开外黄去攻打陈留，陈留坚守，攻不下来。沛公和项羽一块儿商量说："现在项梁的军队被打败了，士卒都很恐惧。"就和吕臣的军队向东一起撤退。项羽的军队驻扎在彭城西边，沛公的军队驻扎在砀县，吕臣的军队驻扎在彭城东边。

章邯已破项梁军，则以为楚地兵不足忧，乃渡河击赵，大破之。当此时，赵歇为王，陈余为将，张耳为相，皆走入巨鹿城。章邯令王离、涉间围巨鹿，章邯军其南，筑甬道而输之粟。陈余为将，将卒数万人而军巨鹿之北，此所谓河北之军也。

楚兵已破于定陶，怀王恐，从盱台之彭城，并项羽、吕臣军自将之。以吕臣为司徒，以其父吕青为令尹。以沛公为砀郡长，封为武安侯，将砀郡兵。

初，宋义所遇齐使者高陵君显在楚军，见楚王曰："宋义论武信君之军必败，居数日，军果败。兵未战而先见败征，此可谓知兵矣。"王召宋义与计事而大说之，因置以为上将军，项羽为鲁公，为次将，范增为末将，救赵。诸别将皆属宋义，号为卿子冠军。行至安阳，留四十六日不进。项羽曰："吾闻秦军围赵王巨鹿，疾引兵渡河，楚击其外，赵应其内，破秦军必矣。"宋义曰："不然。夫搏牛之虻不可以破虮虱。今秦攻赵，战胜则兵罢，我承其敝；不胜，则我引兵鼓行而西，必举秦矣。故不如先斗秦赵。夫被坚执锐，义不如公；坐而运策，公不如义。"因下令军中曰："猛如虎，很如羊，贪如狼，强不可使者，皆斩之。"乃遣其子宋襄相齐，身送之至无盐，饮酒高会。天寒大雨，士卒冻饥。项羽曰："将戮力而攻秦，久留不行。今岁饥民贫，士卒食芋菽，军无见粮，乃饮酒高会，不引兵渡河因赵食，与赵并力攻秦，乃曰'承其敝'。夫以秦之强，攻新造之赵，其势必举赵。赵举而秦强，何敝之承！且国兵新破，王坐不安席，扫境内而专属于将军，国家安危，在此一举。今不恤士卒而徇其私，非社稷之臣。"项羽晨朝上将军宋义，即其帐中斩宋义头，出令军中曰："宋义与齐谋反楚，楚王阴令羽诛之。"当是时，诸将皆慑

章邯打败项梁军队不久，认为楚地的起义军不值得担心了，于是渡过黄河进攻赵，大败赵军。这时候，赵歇为王，大将是陈余，国相是张耳，他们都逃进了巨鹿城。章邯命令王离、涉间包围了巨鹿，自己的军队驻扎在巨鹿南边，中间筑了条甬道相互连接，输送粮草。陈余作为赵国的大将，率领几万名士卒驻扎在巨鹿北边，这就是所谓的河北军。

　　定陶战败以后，楚怀王心里害怕，从盱台前往彭城，亲自统率并整合了项羽、吕臣的军队。他任命吕臣为司徒、吕臣的父亲吕青为令尹，任命沛公为砀郡长，封为武安侯，统率砀郡的军队。

　　之前，宋义在路上遇见的那位齐国使者高陵君显正在楚军中，他求见楚王说："宋义曾断言武信君的军队必定失败。果然，没过几天，就战败了。在军队还没有开始打仗的时候，就能事先看出失败的征兆，这可以称得上是懂得用兵了。"于是楚怀王便召见宋义，同他共商军中大事，由于非常欣赏他，所以任命他为上将军；项羽为鲁公，任次将；范增任末将，让他们一起去援救赵国。其他各路将领，都隶属于宋义，号称卿子冠军。部队开始进发，不久抵达安阳，停留足足四十六天不向前进。项羽说："我听说秦军在巨鹿城把赵王包围了，我们应该赶快率兵渡过黄河，楚军从外面攻打，赵军在里面接应，打垮秦军是确定无疑的。"宋义说："我认为并非如此。能叮咬大牛的牛虻却损伤不了小小的虮虱。如今秦国攻打赵国，打胜了，士卒也会筋疲力尽，我们就可以利用他们的疲惫；打不胜，我们就率领部队擂鼓西进，一定能歼灭秦军。所以，现在不如就先让秦、赵两方相斗。若论披坚甲执锐兵、勇战前线，我宋义比不上您；若论坐于军帐、运筹决策，您比不上我宋义。"于是通令全军："凶猛如虎，违逆如羊，贪婪如狼，恃强不听指挥的，一律斩杀。"又派儿子宋襄去齐国为相，并亲自送到无盐，备置酒筵，大会宾客。当时天气寒冷，下着大雨，士卒们一个个又冷又饿。项羽对将士说："我们大家本是想齐心合力攻打秦军，但其久久停留不向前进军。如今正赶上荒年，百姓贫困，芋芳掺豆子就是将士们吃的食物，军中没有存粮，他竟然置备酒筵，大会宾客，不渡河率领部队去从赵国取得粮食，跟赵合力攻秦，却说'利用秦军的疲惫'。凭着秦国那样强大的军事去攻打刚刚建起的赵国，那形势必定是秦国攻占赵国。赵国被攻占，秦国就更加强大，到那时，还怎么谈得上什么利用秦军的疲惫？再说，我们的军队刚刚打了败仗，怀王坐立不安，集中了境内全部兵卒粮饷交给上将军一个人，国家的安危，就在此一举了。可是上将军不体恤士卒，却派自己的儿子去齐国为相，谋取私利，这可不是国家真正的贤良之臣。"于是项羽便乘早晨去军帐中参见上将军宋义时，斩下了他的头，出来向军中发令说："宋义和齐国同谋反楚，楚王密令我处死他。"这

服，莫敢枝梧。皆曰："首立楚者，将军家也。今将军诛乱。"乃相与共立羽为假上将军。使人追宋义子，及之齐，杀之。使桓楚报命于怀王。怀王因使项羽为上将军，当阳君、蒲将军皆属项羽。

项羽已杀卿子冠军，威震楚国，名闻诸侯。乃遣当阳君、蒲将军将卒二万渡河，救巨鹿。战少利，陈余复请兵。项羽乃悉引兵渡河，皆沉船，破釜甑，烧庐舍，持三日粮，以示士卒必死，无一还心。于是至则围王离，与秦军遇，九战，绝其甬道，大破之，杀苏角，虏王离。涉间不降楚，自烧杀。当是时，楚兵冠诸侯。诸侯军救巨鹿下者十余壁，莫敢纵兵。及楚击秦，诸将皆从壁上观。楚战士无不一以当十，楚兵呼声动天，诸侯军无不人人惴恐。于是已破秦军，项羽召见诸侯将，入辕门，无不膝行而前，莫敢仰视。项羽由是始为诸侯上将军，诸侯皆属焉。

章邯军棘原，项羽军漳南，相持未战。秦军数却，二世使人让章邯。章邯恐，使长史欣请事。至咸阳，留司马门三日，赵高不见，有不信之心。长史欣恐，还走其军，不敢出故道，赵高果使人追之，不及。欣至军，报曰："赵高用事于中，下无可为者。今战能胜，高必疾妒吾功；战不能胜，不免于死。愿将军孰计之。"陈余亦遗章邯书曰："白起为秦将，南征鄢郢，北坑马服，攻城略地，不可胜计，而竟赐死。蒙恬为秦将，北逐戎人，开榆中地数千里，竟斩阳周。何者？功多，秦不能尽封，因以法诛之。今将军为秦将三岁矣，所亡失以十万数，而诸侯并起滋益多。彼赵高素谀日久，今事急，亦恐二世诛之，故欲以法诛将军以塞责，使人更代将军以脱其祸。夫将军居外久，多内却，有功亦诛，无功亦诛。且天之亡秦，无愚智皆知之。今将军内不能直谏，外为亡国将，孤特独立而欲常存，岂不哀哉！将军

时候，将领们都害怕和屈服于项羽，没有谁敢抗拒，都说："首先把楚国扶立起来的，是项将军家。如今叛逆之臣又是将军诛灭的。"于是大家一起立项羽为代理上将军。项羽派人去追赶宋义的儿子，追到齐国境内，把他杀了。项羽又派桓楚去向怀王报告。楚怀王听罢也倍感无奈，于是让项羽做了上将军，当阳君、蒲将军等都归属项羽。

项羽诛杀了卿子冠军，名扬诸侯，威震楚国。他首先派遣当阳君、蒲将军率领二万人渡过漳河，援救巨鹿。战争却只取得一些小的胜利，陈余又请求支援。项羽就率领所有军队渡过漳河，并把全部船只凿沉，砸破全部锅碗，烧毁了全部军帐，只带上三天的干粮，以此向士卒表示一定要决死战斗，绝无退还之心。部队到达前线，就包围了王离，随即与秦军交战。经过多次交战，阻断了秦军所筑甬道，大败秦军，苏角被杀，俘虏了王离。涉间拒不降楚，自焚而死。这时，楚军的英勇居诸侯之首，前来援救巨鹿的诸侯各军筑有十几座营垒，发兵出战的却一个也没有。到楚军攻击秦军时，他们都只在营垒中观望。楚军战士一以当十，士兵们杀声震天，诸侯军人人胆战心惊。项羽在打败秦军以后，诸侯将领被召见，当他们进入军门时，一个个都用膝盖跪着向前走，没有谁敢抬头仰视。自此，项羽真正成了诸侯的上将军，各路诸侯都隶属于他。

驻扎在棘原的是章邯的军队，驻扎在漳河南的是项羽的军队，两军对峙，相持未战。由于秦军屡屡退却，秦二世派人来责问章邯。章邯有些胆怯了，长史司马欣被派回朝廷去报告战况并请示。司马欣到了咸阳，被滞留在宫外的司马门三天，赵高竟不接见，好像有不信任的意思。长史司马欣非常害怕，急急忙忙奔回棘原军中，都没敢顺原路返回，赵高果然派人追赶，没有追上。司马欣回到军中，向章邯报告说："在朝廷中赵高独揽大权，下面的人不可能有什么作为。如今仗能打胜，我们的战功必定为赵高嫉妒；打不胜，我们必定一死。希望您认真考虑这一情况！"这时，陈余也给章邯写了封信，说："白起身为秦国大将，南征攻陷了楚都鄢郢，北征屠灭了马服君赵括的军队，打下的城池、夺取的土地，数也数不清，最后还是惨遭赐死。秦国大将蒙恬也是，北面赶跑了匈奴，在榆中开辟了几千里的土地，最终不也被杀害于阳周么。这是什么原因呢？就是因为他们战功太多，秦朝廷对每个人都予以封赏是不可能的，所以就从法律上找借口杀死了他们。如今您做秦将已三年了，士卒伤亡损失以十万计，而各地诸侯一时兴起，且越来越多。那赵高一向阿谀奉承，时日已久。如今情况危急，他也担心秦二世杀他，所以想从法律上找借口，通过杀了将军来推卸罪责，让别人来代替他免去自己的灾祸。将军您在外时间长久，朝廷里跟您有隔阂的人就多，无论有功还是无功，都会被杀。而且，上天要灭秦，不论是智者还是愚者，谁都看出来了。现在将军您在内不能直言进谏，在外已成亡国之将，独自一个人支撑着却还

何不还兵与诸侯为从，约共攻秦，分王其地，南面称孤；此孰与身伏斧质，妻子为戮乎？"章邯狐疑，阴使候始成使项羽，欲约。约未成，项羽使蒲将军日夜引兵度三户，军漳南，与秦战，再破之。项羽悉引兵击秦军污水上，大破之。

章邯使人见项羽，欲约。项羽召军吏谋曰："粮少，欲听其约。"军吏皆曰："善。"项羽乃与期洹水南殷虚上。已盟，章邯见项羽而流涕，为言赵高。项羽乃立章邯为雍王，置楚军中。使长史欣为上将军，将秦军为前行。

到新安。诸侯吏卒异时故繇使屯戍过秦中，秦中吏卒遇之多无状，及秦军降诸侯，诸侯吏卒乘胜多奴虏使之，轻折辱秦吏卒。秦吏卒多窃言曰："章将军等诈吾属降诸侯，今能入关破秦，大善；即不能，诸侯虏吾属而东，秦必尽诛吾父母妻子。"诸侯微闻其计，以告项羽。项羽乃召黥布、蒲将军计曰："秦吏卒尚众，其心不服，至关中不听，事必危，不如击杀之，而独与章邯、长史欣、都尉翳入秦。"于是楚军夜击坑秦卒二十余万人新安城南。

行略定秦地。函谷关有兵守关，不得入。又闻沛公已破咸阳，项羽大怒，使当阳君等击关。项羽遂入，至于戏西。沛公军霸上，未得与项羽相见。沛公左司马曹无伤使人言于项羽曰："沛公欲王关中，使子婴为相，珍宝尽有之。"项羽大怒，曰："旦日飨士卒，为击破沛公军！"当是时，项羽兵四十万，在新丰鸿门，沛公兵十万，在霸上。范增说项羽曰："沛公居山东时，贪于财货，好美姬。今入关，财物无所取，妇女无所幸，此其志不在小。吾令人望其气，皆为龙虎，成五采，此天子气也。急击勿失。"

楚左尹项伯者，项羽季父也，素善留侯张良。张良是时从沛公，项伯乃夜驰之沛公军，私见张良，具告以事，欲呼张良与俱去。曰："毋从俱死也。"张良曰："臣为韩王送沛公，沛公今事有急，亡

想维持长久，难道不可悲吗？将军您不如率兵掉头回转，与诸侯联合起来，订立和约一起攻秦，共分秦地，各自为王，南面称孤。这跟身受刑诛、妻儿被杀相比，哪个合算呢？"章邯犹疑不决，便秘密派军候始成，到项羽那里去，想要订立和约。不料和约没有成功，项羽命令蒲将军日夜兼程，率兵渡过三户津，在漳河之南驻扎下来。蒲将军与秦军交战，再次将秦军击败。项羽率领全部官兵在污水攻击秦军，大败秦军。

　　章邯又派人去求见项羽，还是想订和约。项羽于是便召集军官们商议说："部队粮草已不多，我想答应他们订立和约。"军官们都说："好。"项羽就和章邯在洹水南岸的殷墟上约好日期会晤。订立了盟约，章邯见了项羽，情不自禁流下眼泪，向项羽痛述了赵高的种种劣行。项羽封章邯为雍王，在项羽的军中安置。司马欣被任命为上将军，统率秦军担当先头部队。

　　部队到了新安。诸侯军的官兵们之前曾经被征徭役，在边塞戍守。路过秦中时，秦中的很多官兵都不把他们当人看待。等到秦军投降后，诸侯军的官兵很多人就借着胜利的威势，也像对待奴隶一样地使唤他们，随意欺侮。秦军官兵私下很多人议论："章将军骗我们投降了诸侯军，如果能入关灭秦，那还不错；如果不能，诸侯军俘房我们退回关东，秦朝廷必定会把我们的一家老小父母妻儿全部杀掉。"诸侯军将领们通过暗访得知秦军官兵的这些议论后，就向项羽报告。项羽便召集黥布、蒲将军商议道："秦军官兵数量很多，他们打心里不服，如果到了关中不听指挥，事情就麻烦了。不如把他们杀掉，只带章邯、长史司马欣、都尉董翳进入秦地。"于是楚军连夜把秦军二十余万人杀死埋在新安城南的坑中。

　　项羽带兵一路西行，准备夺取平定秦地。到达函谷关时，发现有士兵在关内把守，没能进去。又听说咸阳已经被沛公攻下了，项羽特别生气，就派当阳君等攻打函谷关。这样项羽才进了关，一直到戏水之西。当时，沛公的军队在灞上驻扎，没能跟项羽相见。沛公的左司马曹无伤派人告诉项羽说："沛公准备在关中称王，让秦王子婴为相，珍奇宝物都占为己有了。"项羽大为愤怒，说："明天准备酒食，好好犒劳士卒，我们要把沛公的部队打垮！"这时候，项羽有兵卒四十万，在新丰鸿门驻扎；沛公有兵卒十万，在灞上驻扎。范增劝项羽说："沛公住在山东的时候，贪图财货，宠爱美女。现在进了关，财物什么都不取，美女也没亲近一个。看这架势，他的志气可不小啊。我让人觇望他那边的云气，都呈现为龙虎之状，五颜六色，这是天子的瑞气呀。还望您尽快进攻，不要错失良机！"

　　项伯是楚国的左尹，他是项羽的叔父，一向跟留侯张良很要好。张良此时正跟随沛公。项伯驱马连夜跑到沛公军中，与张良私下会见，告诉了他全部事情，想叫张良跟他一起离开。项伯说："不要跟沛公一块儿送死啊。"张

去不义,不可不语。"良乃入,具告沛公。沛公大惊,曰:"为之奈何?"张良曰:"谁为大王为此计者?"曰:"鲰生说我曰'距关,毋内诸侯,秦地可尽王也。'故听之。"良曰:"料大王士卒足以当项王乎?"沛公默然,曰:"固不如也,且为之奈何?"张良曰:"请往谓项伯,言沛公不敢背项王也。"沛公曰:"君安与项伯有故?"张良曰:"秦时与臣游,项伯杀人,臣活之。今事有急,故幸来告良。"沛公曰:"孰与君少长?"良曰:"长于臣。"沛公曰:"君为我呼入,吾得兄事之。"张良出,要项伯。项伯即入见沛公。沛公奉卮酒为寿,约为婚姻,曰:"吾入关,秋豪不敢有所近,籍吏民,封府库,而待将军。所以遣将守关者,备他盗之出入与非常也。日夜望将军至,岂敢反乎!愿伯具言臣之不敢倍德也。"项伯许诺。谓沛公曰:"旦日不可不蚤自来谢项王。"沛公曰:"诺。"于是项伯复夜去,至军中,具以沛公言报项王。因言曰:"沛公不先破关中,公岂敢入乎?今人有大功而击之,不义也,不如因善遇之。"项王许诺。

沛公旦日从百余骑来见项王,至鸿门,谢曰:"臣与将军戮力而攻秦,将军战河北,臣战河南,然不自意能先入关破秦,得复见将军于此。今者有小人之言,令将军与臣有郤。"项王曰:"此沛公左司马曹无伤言之;不然,籍何以至此。"项王即日因留沛公与饮。项王、项伯东乡坐。亚父南乡坐。亚父者,范增也。沛公北乡坐,张良西乡侍。范增数目项王,举所佩玉玦以示之者三,项王默然不应。范增起,出召项庄,谓曰:"君王为人不忍,若入前为寿,寿毕,请以剑舞,因击沛公于坐,杀之。不者,若属皆且为所虏。"庄则入为寿,寿毕,曰:"君王与沛公饮,军中无以为乐,请以剑舞。"项王曰:"诺。"项庄拔剑起舞,项伯亦拔剑起舞,常以身翼蔽沛公,庄不得击。于是张良至军门,见樊哙。樊哙曰:"今日之事何

良说:"我是为韩王来护送沛公的。沛公现在情况危急,我若逃走就太不义气了,不告诉他显得太不仗义了。"张良便进入军帐,把项伯的话全部告诉了沛公。沛公听了很是吃惊,说:"这该怎么办呢?"张良说:"派兵守关这个主意是谁给您出的?"沛公说:"是一个浅陋小人劝我说:'守住函谷关,让诸侯军不要进来,您就可以占据整个秦地称王了。'所以我听了他的话。"张良说:"您估计您的兵力敌得过项王吗?"沛公沉默不语,过了一会儿说:"肯定是敌不过的。现在该怎么办呢?"张良说:"那就让我前去告诉项伯,就说沛公是不敢背叛项王的。"沛公说:"您怎么跟项伯有交情呢?"张良说:"还是在秦朝的时候,我们就有交往。项伯曾经杀了人,我帮他免了死罪。现在情况危急,幸好他来告诉我。"沛公说:"你们两人谁的年龄要大一些?"张良说:"他比我大。"沛公说:"您替我请他进来,我侍奉他要像对待兄长一样。"张良出去请项伯。项伯进来与沛公相见。沛公捧着酒杯,向项伯献酒祝寿,又定下了儿女婚姻。沛公说:"我进入函谷关以后,连秋毫那样细小的东西都没有敢动,只是对官民的户口进行了登记,对各类仓库进行了查封,只等着项将军到来。我之所以派将守关,是为了防备意外的变故和其他盗贼窜入。我们日夜盼着项将军到来,哪里敢谋反啊!希望您详细转告项将军,我是绝不敢忘恩负义的。"项伯听后答应了,对沛公说:"明天一定要早点来向项王道歉。"沛公说:"好吧。"于是项伯又连夜离开,回到军营中,把沛公的话一一禀告了项王。接着又说:"如果不是沛公先攻破关中,您怎么敢进关呢?如今人家有大功,您反而要攻打人家,这是不符合道义的,不如就此好好对待他。"项王答应了。

第二天大清早,沛公便带着一百多名侍从来见项王。到达鸿门,向项王赔罪说:"我跟将军合力攻秦,将军在河北作战,我在河南作战。却没想到我能先攻破秦朝入关,能够在这里又见到您。现在是有小人说了什么坏话,才使得将军和我之间产生了隔阂。"项王说:"是曹无伤,您的左司马说的。不然,我怎么会这样!"项王当日就让沛公留下一起喝酒。项王、项伯面朝东坐,亚父面朝南坐。亚父也就是范增。沛公面朝北坐,张良面朝西陪侍着。范增好多次给项王递眼色,又频繁举起身上佩戴的玉块,向他示意早点动手杀了沛公。项王只是沉默着,并没有反应。范增起身出去,叫来项庄,对他说:"君王为人一向心肠太软,你进去上前祝寿献酒,然后请求舞剑,趁机刺向沛公,把他在坐席上杀死。否则的话,你们这班人都将成为人家的俘虏啦。"随后,项庄进来,上前献酒祝寿。祝酒完毕,对项王说:"君王和沛公饮酒,军营中可以娱乐的项目也没什么,就让我来舞剑助兴吧。"项王说:"那好。"项庄就拔剑起舞。项伯也拔剑起舞,用身体掩护沛公,项庄没有办法刺向沛公。见状,张良走到军门,找来樊

如?"良曰:"甚急。今者项庄拔剑舞,其意常在沛公也。"哙曰:"此迫矣,臣请入,与之同命。"哙即带剑拥盾入军门。交戟之卫士欲止不内,樊哙侧其盾以撞,卫士仆地,哙遂入,披帷西乡立,瞋目视项王,头发上指,目眦尽裂。项王按剑而跽曰:"客何为者?"张良曰:"沛公之参乘樊哙者也。"项王曰:"壮士,赐之卮酒。"则与斗卮酒。哙拜谢,起,立而饮之。项王曰:"赐之彘肩。"则与一生彘肩。樊哙覆其盾于地,加彘肩上,拔剑切而啖之。项王曰:"壮士,能复饮乎?"樊哙曰:"臣死且不避,卮酒安足辞!夫秦王有虎狼之心,杀人如不能举,刑人如恐不胜,天下皆叛之。怀王与诸将约曰'先破秦入咸阳者王之'。今沛公先破秦入咸阳,豪毛不敢有所近,封闭宫室,还军霸上,以待大王来。故遣将守关者,备他盗出入与非常也。劳苦而功高如此,未有封侯之赏,而听细说,欲诛有功之人。此亡秦之续耳,窃为大王不取也。"项王未有以应,曰:"坐。"樊哙从良坐。坐须臾,沛公起如厕,因招樊哙出。

沛公已出,项王使都尉陈平召沛公。沛公曰:"今者出,未辞也,为之奈何?"樊哙曰:"大行不顾细谨,大礼不辞小让。如今人方为刀俎,我为鱼肉,何辞为?"于是遂去。乃令张良留谢。良问曰:"大王来何操?"曰:"我持白璧一双,欲献项王,玉斗一双,欲与亚父,会其怒,不敢献。公为我献之。"张良曰:"谨诺。"当是时,项王军在鸿门下,沛公军在霸上,相去四十里。沛公则置车骑,脱身独骑,与樊哙、夏侯婴、靳强、纪信等四人持剑盾步走,从郦山下,道芷阳间行。沛公谓张良曰:"从此道至吾军,不过二十里耳。度我至军中,公乃入。"沛公已去,间至军中,张良入谢,曰:"沛公不胜杯杓,不能辞。谨使臣良奉白璧一双,再拜献大王足下;玉斗一双,再拜奉大将军足下。"项王曰:"沛公安在?"良曰:"闻大王有意督过之,脱身独去,已至军矣。"项王则受璧,置之

哙。樊哙问道:"今天的事情如何?"张良说:"很危急!现在项庄在舞剑,他一直不停地在打沛公的主意呀!"樊哙说:"这么说很危险啦!让我进去,我要跟沛公同生死!"樊哙边说边带着宝剑、拿着盾牌就往军门里闯。交叉持戟的卫士想挡住不让他进去,樊哙侧过盾牌往前一撞,卫士们便扑倒在地。樊哙于是闯进军门,挑开帷帐面西而站,怒目圆睁直视项王,头发根根竖起,两边眼角都要睁裂开了。项王伸手握住宝剑,挺直身子,问:"这位客人是干什么的?"张良说:"这是沛公的护卫樊哙。"项王说:"真是位壮士!赐他一杯酒!"手下的人给他递上来一大杯酒。樊哙拜谢,起身站着喝了。项王说:"赐他一只猪肘!"一只生猪肘由手下的人递过来。樊哙把盾牌在地上反扣,把猪肘放在上面,拔出剑来边切边吃。项王说:"好一位壮士!还能再喝吗?"樊哙说:"我都不在乎死了,一杯酒又有什么可推辞的!想那秦王有虎狼之心,杀人如麻,恐杀人不完;给人加刑,好像唯恐用不尽,天下人都叛离了他。怀王和诸将曾经约定说'先击败秦军进入咸阳,让他在关中为王'。如今沛公先击败秦军进入咸阳,连毫毛那么细小的财物都没敢动,封闭秦王宫室,把军队撤回到灞上,等待大王您的到来。特地派遣将士把守函谷关,目的是防备意外的变故和其他盗贼窜入。沛公这般劳苦功高,不但没有得到封侯的赏赐,您反而听信小人的谗言,要杀害有功之人。这只能是走秦朝灭亡的老路,我私下认为大王您不会采取这种做法!"一番话说得项王无话可答,只是嘴上说:"坐!坐!"樊哙便挨着张良坐下来。没多久,沛公起身上厕所,顺便把樊哙叫了出来。

沛公出来后,都尉陈平被项王派去叫沛公。沛公对樊哙说:"现在我出来,没有来得及告辞,你说如何是好?"樊哙说:"干大事不必太在乎小的礼节,讲大节没有必要躲避小的责备,如今人家就好比是刀子砧板,而我们好比是鱼是肉,还告辞干什么!"于是一行人便离开那里,让张良留下来向项王致歉。张良问:"大王带了什么礼物来的?"沛公说:"我准备献给项王一双白璧;准备献给亚父一对玉斗。正赶上他们发怒,没敢献上。您替我献上吧。"张良说:"遵命。"这个时候,项王部队驻扎在鸿门一带,沛公的部队驻扎在灞上,相距四十里。沛公扔下车马、侍从,脱身而走,他独自一人骑马,樊哙、靳强、夏侯婴、纪信等四人手持剑盾,徒步奔跑跟在后面,从骊山而下,顺着芷阳抄小路而行。沛公临行前对张良说:"从这条路到我们军营,不过二十里。估计我们到了军营,您就进去。"沛公等一行人离开鸿门,抄小路回到军营,张良进去致歉,说道:"沛公酒量有限,喝得多了点,不能跟大王告辞了。谨让臣下张良捧上白璧一双,献给大王足下;玉斗一对,献给大将军足下。"项王问道:"沛公在什么地方?"张良答道:"听说大王有责怪他的意思,他就脱身一个人走了,现在已

坐上。亚父受玉斗，置之地，拔剑撞而破之，曰："唉！竖子不足与谋。夺项王天下者，必沛公也，吾属今为之虏矣。"沛公至军，立诛杀曹无伤。

居数日，项羽引兵西屠咸阳，杀秦降王子婴，烧秦宫室，火三月不灭；收其货宝妇女而东。人或说项王曰："关中阻山河四塞，地肥饶，可都以霸。"项王见秦宫皆以烧残破，又心怀思欲东归，曰："富贵不归故乡，如衣绣夜行，谁知之者！"说者曰："人言楚人沐猴而冠耳，果然。"项王闻之，烹说者。

项王使人致命怀王。怀王曰："如约。"乃尊怀王为义帝。项王欲自王，先王诸将相。谓曰："天下初发难时，假立诸侯后以伐秦。然身被坚执锐首事，暴露于野三年，灭秦定天下者，皆将相诸君与籍之力也。义帝虽无功，故当分其地而王之。"诸将皆曰："善。"乃分天下，立诸将为侯王。项王、范增疑沛公之有天下，业已讲解，又恶负约，恐诸侯叛之，乃阴谋曰："巴、蜀道险，秦之迁人皆居蜀。"乃曰："巴、蜀亦关中地也。"故立沛公为汉王，王巴、蜀、汉中，都南郑。而三分关中，王秦降将以距塞汉王。项王乃立章邯为雍王，王咸阳以西，都废丘。长史欣者，故为栎阳狱掾，尝有德于项梁；都尉董翳者，本劝章邯降楚。故立司马欣为塞王，王咸阳以东至河，都栎阳；立董翳为翟王，王上郡，都高奴。徙魏王豹为西魏王，王河东，都平阳。瑕丘申阳者，张耳嬖臣也，先下河南，迎楚河上，故立申阳为河南王，都洛阳。韩王成因故都，都阳翟。赵将司马卬定河内，数有功，故立卬为殷王，王河内，都朝歌。徙赵王歇为代王。赵相张耳素贤，又从入关，故立耳为常山王，王赵地，都襄国。当阳君黥布为楚将，常冠军，故立布为九江王，都六。鄱君吴芮率百越佐诸侯，又从入关，故立芮为衡山王，都邾。义帝柱国共敖将兵击南郡，功多，因立敖为临江王，都江陵。徙燕王韩广为辽东王。燕将

经回到军营。"项王接过白璧，放在座位上；亚父接过玉斗，扔在地上，并拔出剑来砍碎，说："唉！没法跟这班小子共谋大事。将来夺取项王天下的，一定是沛公了。我们这班人就要成为俘虏了！"沛公回到军中，立即杀了曹无伤。

过了几天，项羽带兵西进，屠戮咸阳城。秦降王子婴被杀，秦朝的宫室也被烧了，大火三个月都不熄灭；劫掠了秦朝的财宝、妇女，往东走了。有人劝项王说："关中这块地方，有山河做屏障，四方都有要塞，土地肥沃，可以建都成就霸业。"但项王看到被火烧得残破不堪的秦朝宫室，又思念家乡想回去，就说："富贵不回故乡，就像穿了锦绣衣裳而在黑夜中行走，别人谁知道呢？"那个劝项王的人说："人说楚国人像是戴了帽子的猕猴，果真是这样。"项王听见这话，把那个人扔进锅里煮死了。

项王将破关入秦的情况派人向怀王禀报。怀王说："就按以前约定的那样办。"于是一个徒具虚名的尊贵称号——义帝由项王给了怀王。项王打算自己称王，就先封手下诸将相为王，并对他们说："当初天下发动起义时，诸侯的后代都暂立为王，为的是号召大家讨伐秦朝。然而真正身披坚甲，手持利兵，带头起义，风餐露宿，转战三年，推翻秦朝，平定天下的，都是靠各位将相和我项羽的力量啊。虽说义帝没有什么战功，但分给他土地让他做王，本来也是应该的。"诸将都说："好。"于是就分封天下，立诸将为侯王。项羽、范增担心沛公据有天下，然而经鸿门之会已和解了，又不想违背当时的约定，以免引起其他诸侯的背叛，于是便暗中谋划道："巴、蜀两郡道路险阻，过去秦朝流放的人都在蜀地居住。"于是就对大家说："巴、蜀之地，现在也算关中的地盘。"因此就立沛公为汉王，统治巴、蜀、汉中之地，建都南郑。又把关中分为三块，封秦朝三名降将为王，以阻断汉王的东出之路。项王立章邯为雍王，统治咸阳以西的地区，建都废丘。长史司马欣，以前是栎阳狱掾，曾经对项梁有恩；都尉董翳，当初曾劝章邯投降楚军，因此，立司马欣为塞王，统治咸阳以东到黄河的地区，建都栎阳；立董翳为翟王，统治上郡，建都高奴。改立魏王豹为西魏王，统治河东，建都平阳。瑕丘申阳，本是张耳宠幸的大臣，曾先攻下了河南郡，在黄河岸边迎接楚军，所以立申阳为河南王，建都洛阳。韩王成仍居旧都，建都阳翟。赵将司马卬平定河内，屡有战功，因此立司马卬为殷王，统治河内，在朝歌建都。改立赵王歇为代王。赵相张耳一向贤能，又跟随项羽入关，因此张耳被立为常山王，统治赵地，建都襄国。当阳君黥布做楚将，在楚军中一直勇冠三军，因此立黥布为九江王，建都六县。鄱君吴芮率领百越将士协助诸侯们，又跟随项羽入关，因此吴芮被立为衡山王，建都邾县。义帝的柱国共敖率兵攻打南郡，战功多，因此共敖被立为临江王，建都江陵。燕王韩广改立为辽东王。燕将臧荼跟随楚军救赵，

臧荼从楚救赵，因从入关，故立荼为燕王，都蓟。徙齐王田市为胶东王。齐将田都从共救赵，因从入关，故立都为齐王，都临淄。故秦所灭齐王建孙田安，项羽方渡河救赵，田安下济北数城，引其兵降项羽，故立安为济北王，都博阳。田荣者，数负项梁，又不肯将兵从楚击秦，以故不封。成安君陈余弃将印去，不从入关，然素闻其贤，有功于赵，闻其在南皮，故因环封三县。番君将梅鋗功多，故封十万户侯。项王自立为西楚霸王，王九郡，都彭城。

汉之元年四月，诸侯罢戏下，各就国。项王出之国，使人徙义帝，曰："古之帝者地方千里，必居上游。"乃使使徙义帝长沙郴县。趣义帝行，其群臣稍稍背叛之，乃阴令衡山、临江王击杀之江中。韩王成无军功，项王不使之国，与俱至彭城，废以为侯，已又杀之。臧荼之国，因逐韩广之辽东，广弗听，荼击杀广无终，并王其地。

田荣闻项羽徙齐王市胶东，而立齐将田都为齐王，乃大怒，不肯遣齐王之胶东，因以齐反，迎击田都。田都走楚。齐王市畏项王，乃亡之胶东就国。田荣怒，追击杀之即墨。荣因自立为齐王，而西杀击济北王田安，并王三齐。荣与彭越将军印，令反梁地。陈余阴使张同、夏说说齐王田荣曰："项羽为天下宰，不平。今尽王故王于丑地，而王其群臣诸将善地，逐其故主。赵王乃北居代，余以为不可。闻大王起兵，且不听不义，愿大王资余兵，请以击常山，以复赵王，请以国为捍蔽。"齐王许之，因遣兵之赵。陈余悉发三县兵，与齐并力击常山，大破之。张耳走归汉。陈余迎故赵王歇于代，反之赵。赵王因立陈余为代王。

是时，汉还定三秦。项羽闻汉王皆已并关中，且东，齐、赵叛之，大怒。乃以故吴令郑昌为韩王，以距汉。令萧公角等击彭越。彭越败萧公角等。汉使张良徇韩，乃遗项王书曰："汉王失职，欲得关中，如约即止，不敢东。"又以齐、梁反书遗项王曰："齐欲与赵并

又随军入关，因此臧荼被立为燕王，建都蓟县。改立齐王田市为胶东王，齐将田都随楚军一起救赵，接着又随军入关，因此立田都为齐王，建都临淄。当初被秦朝灭亡的齐王田建的孙子田安，在项羽渡河救赵的时候，曾攻下济水之北的几座城池，率领他的军队投降了项羽，因此田安被立为济北王，建都博阳。田荣多次有背于项梁，又不肯率兵跟随楚军攻打秦军，因此不封。成安君陈余因与张耳抵牾抛弃将印而离去，也不跟随楚军入关，但他一向以贤能闻名，又对赵国有功，知道他在南皮，因此封南皮周围的三个县给他。鄱君吴芮的部将梅鋗战功颇多，因此封他为十万户侯。项王自立为西楚霸王，统治九个郡，在彭城建都。

汉元年四月，诸侯受封已毕，都从大将军的旗帜下解散，分别前往各自的封国。项王出了函谷关，来到自己的封国，派人去让义帝迁都，说："古时候帝王拥有的土地是纵横千里，而且一定要居住在河流的上游。"让使者把义帝迁徙到长沙郡的郴县去，且催促义帝马上起程。左右群臣见此，便渐渐叛离了项羽。于是项羽秘密派临江王、衡山王把义帝截杀在大江里。韩王成没有军功，项王没让他到封国去，带他一起到了彭城，废为侯，不久又杀了他。臧荼到了封国，就驱逐韩广去辽东，韩广不听从，被臧荼杀于无终，并把他的土地据为己有。

田荣听说项羽改封齐王市到胶东，而齐将田都被立为齐王，特别愤怒，不愿意把齐王迁往胶东，然后他就占据了齐地，起而反楚，迎头攻击田都。田都被迫逃往楚国。齐王市害怕项王，向胶东偷偷逃去，奔赴封国。田荣发怒，就一路追赶他，在即墨杀死了他。田荣于是自立为齐王，又向西进攻并把济北王田安杀死，三齐之地被他全部占据了。将军印被田荣授给彭越，让他在梁地反楚。陈余派张同、夏说私下劝齐王田荣说："天下事由项羽主持，不公道。现在以前的诸侯王都被封在坏地方，而他自己的群臣诸将都被封在好地方，原来的君主赵王也被驱逐了，让他往北到代地居住，我认为这样是不合适的。听说大王您已起兵反楚，而且不听从项羽的不义之命，希望大王您分一部分兵力接济我，让我去攻打常山，恢复赵王原有的地盘。我愿用我们的国土给你们齐国作屏障。"齐王答应了，就派兵赴赵。陈余发动三县全部兵力，跟齐军合力攻打常山，把常山王打得大败。张耳逃走后归附汉王。陈余把原赵王歇从代地接回赵国。赵王因此立陈余为代王。

这时，汉王刘邦率军返回关中，平定了三秦。项羽听说汉王已经兼并了关中，将要东进，赵国、齐国又都背叛了自己，特别生气。于是立以前的吴县令郑昌为韩王，派他抵挡汉军；命令萧公角等攻打彭越，但被彭越打败了。张良被汉王派去攻打韩地，并送给项王一封信说："汉王失去了做关中王的封职，所以想要得到关中，若能遵循以前的约定，就立即停下来，不敢再向东进。"又把齐、梁二地的反叛书送给项王，说："齐国想要跟赵国一起把楚国灭掉。"楚军因此

灭楚。"楚以此故无西意，而北击齐。征兵九江王布。布称疾不往，使将将数千人行。项王由此怨布也。汉之二年冬，项羽遂北至城阳，田荣亦将兵会战。田荣不胜，走至平原，平原民杀之。遂北烧夷齐城郭室屋，皆坑田荣降卒，系虏其老弱妇女。徇齐至北海，多所残灭。齐人相聚而叛之。于是田荣弟田横收齐亡卒得数万人，反城阳。项王因留，连战未能下。

春，汉王部五诸侯兵，凡五十六万人，东伐楚。项王闻之，即令诸将击齐，而自以精兵三万人南从鲁出胡陵。四月，汉皆已入彭城，收其货宝美人，日置酒高会。项王乃西从萧，晨击汉军而东，至彭城，日中，大破汉军。汉军皆走，相随入谷、泗水，杀汉卒十余万人。汉卒皆南走山，楚又追击至灵壁东睢水上。汉军却，为楚所挤，多杀，汉卒十余万人皆入睢水，睢水为之不流。围汉王三匝。于是大风从西北而起，折木发屋，扬沙石，窈冥昼晦，逢迎楚军。楚军大乱，坏散，而汉王乃得与数十骑遁去，欲过沛，收家室而西；楚亦使人追之沛，取汉王家：家皆亡，不与汉王相见。汉王道逢得孝惠、鲁元，乃载行。楚骑追汉王，汉王急，推堕孝惠、鲁元车下，滕公常下收载之。如是者三。曰："虽急不可以驱，奈何弃之？"于是遂得脱。求太公、吕后不相遇。审食其从太公、吕后间行，求汉王，反遇楚军。楚军遂与归，报项王，项王常置军中。

是时吕后兄周吕侯为汉将兵居下邑，汉王间往从之，稍稍收其士卒。至荥阳，诸败军皆会，萧何亦发关中老弱未傅悉诣荥阳，复大振。楚起于彭城，常乘胜逐北，与汉战荥阳南京、索间，汉败楚，楚

就放弃了西进的打算,转向北去攻打齐国了。项王向九江王黥布征调部队。黥布推托有病,不肯亲自去,只派部将率领几千人前往。项王因此怨恨黥布。汉二年冬天,项羽到达城阳,田荣也带领部队来到了这里。双方决战,田荣被打败,逃到平原,被平原的百姓杀了。项羽于是北进,铲平了齐国的城墙,烧毁了齐国的房屋,田荣手下投降的士兵被全部活埋了,并掳掠了齐国的老弱妇女。项羽夺取齐地直到北海,许多地方被毁灭了,许多人被杀死了。于是齐国人便聚集起来,一起造反。这时候,齐军逃散的士卒共有几万人被田荣的弟弟田横聚集起来,在城阳举旗反击楚军。项王因此而被迫停下来,一连几次攻城阳都没有打下。

就在这一年春天,汉王统领五个诸侯国的五十六万兵马,向东进兵讨伐楚国。项王听到这个消息,就命令诸将攻打齐国,他自己率领精兵三万向南从鲁县穿过胡陵。四月,汉军都已进入彭城,抢掠了那里的宝物、美女,每天都大摆酒席宴会宾客。项王引兵西行奔向萧县。从早晨开始,一边向东推进,一边攻打汉军,打到彭城,已是中午时分,把汉军打得大败。汉军四处逃散,许多人被赶进了谷水、泗水。仅在这儿就有十多万汉兵被楚军杀死了。汉兵向南逃入山地,楚军乘胜追击到了灵壁东面的睢水边。汉军不得不后退,由于楚军的逼挤,被杀的人很多,十余万汉军士卒都掉进了睢水,睢水因此被堵塞得停止流动了。汉王被楚军里外围了三层。正在这个时候,西北方向刮起了狂风,摧折树木,掀毁房舍,飞沙走石,刮得昏天黑地,白天变成了黑夜,向着楚军迎面扑来。楚军大乱,队阵崩溃。而汉王才乘机得以带领几十名骑兵慌忙逃离战场。汉王原本来是想从沛县经过,接取家眷向西逃跑,正好楚军的追兵也到了沛县来抓汉王的家眷。只是汉王的家眷早已经逃散,没有跟汉王见面。在路上汉王遇见了孝惠帝和鲁元公主,就把他们带上车,一块儿西逃。一会儿,楚军的骑兵便追上来了,汉王心里大急,竟把孝惠帝、鲁元公主给推下车去了。滕公夏侯婴赶紧下车把他俩重新扶上车,这样推下扶上有好几次。滕公对汉王说:"情况虽然危急,马也跑得不快,但是怎么能把他们扔掉呢?"就这样,姐弟俩才得以脱险。汉王等人到处寻找太公、吕后,没有找到。原来审食其跟随着太公、吕后抄小路逃走了,也在寻找汉王,没想到却偏偏碰上了楚军。楚军于是把他们带了回来,并向项羽报告。项羽一直把他们当作人质留置在军中。

此时,吕后的哥哥周吕侯率领着汉兵驻守在下邑,汉王顺小路去投奔他,并在那里渐渐地聚集了先前逃散的汉军士卒。等到了荥阳时,这里已会集了各路败军,关中没有载入兵役名册的老弱人丁也全部都被萧何带到了荥阳,汉军又重振威风。楚军从彭城出发,一路追击败逃的汉军,一直到荥阳南面的京邑、索邑一带,在这儿与汉军打了一仗。此战,汉军打败了楚军,楚军因此

以故不能过荥阳而西。

项王之救彭城,追汉王至荥阳,田横亦得收齐,立田荣子广为齐王。汉王之败彭城,诸侯皆复与楚而背汉。汉军荥阳,筑甬道属之河,以取敖仓粟。汉之三年,项王数侵夺汉甬道,汉王食乏,恐,请和,割荥阳以西为汉。

项王欲听之。历阳侯范增曰:"汉易与耳,今释弗取,后必悔之。"项王乃与范增急围荥阳。汉王患之,乃用陈平计间项王。项王使者来,为太牢具,举欲进之。见使者,佯惊愕曰:"吾以为亚父使者,乃反项王使者。"更持去,以恶食食项王使者。使者归报项王,项王乃疑范增与汉有私,稍夺之权。范增大怒,曰:"天下事大定矣,君王自为之。愿赐骸骨归卒伍。"项王许之。行未至彭城,疽发背而死。

汉将纪信说汉王曰:"事已急矣,请为王诳楚为王,王可以间出。"于是汉王夜出女子荥阳东门被甲二千人,楚兵四面击之。纪信乘黄屋车,傅左纛,曰:"城中食尽,汉王降。"楚军皆呼万岁。汉王亦与数十骑从城西门出,走成皋。项王见纪信,问:"汉王安在?"曰:"汉王已出矣。"项王烧杀纪信。

汉王使御史大夫周苛、枞公、魏豹守荥阳。周苛、枞公谋曰:"反国之王,难与守城。"乃共杀魏豹。楚下荥阳城,生得周苛。项王谓周苛曰:"为我将,我以公为上将军,封三万户。"周苛骂曰:"若不趣降汉,汉今虏若,若非汉敌也。"项王怒,烹周苛,并杀枞公。

汉王之出荥阳,南走宛、叶,得九江王布,行收兵,复入保成皋。汉之四年,项王进兵围成皋。汉王逃,独与滕公出成皋北门,渡河走修武,从张耳、韩信军。诸将稍稍得出成皋,从汉王。楚遂拔成皋,欲西。汉使兵距之巩,令其不得西。

是时,彭越渡河击楚东阿,杀楚将军薛公。项王乃自东击彭越。汉王得淮阴侯兵,欲渡河南。郑忠说汉王,乃止壁河内。使刘贾将兵

不能越过荥阳，再向西推进。

项羽去救援彭城，追赶刘邦到荥阳，这时齐地被田横收复，拥立田荣的儿子田广为齐王。汉王在彭城失败的时候，诸侯又都背叛了汉王而归附于楚。汉王在荥阳驻扎，筑起甬道连接黄河南岸，用以取得敖仓的粮食。汉三年，汉军的甬道多次受到项王的攻击，汉王的粮食匮乏，心里恐慌，请求讲和，条件是把荥阳以西的地盘划归汉王。

项王打算接受这个条件。历阳侯范增说："汉军现在容易对付了，如果不征服它而把它放走，以后一定会后悔的！"于是项王和范增立即包围了荥阳。汉王很担心，就用陈平的计策离间项王。项王的使者来了，汉王让人准备了特别丰盛的酒筵，端过来刚要进献，一见使者又装作惊愕的样子说道："我们以为是亚父的使者，没想到却是项王的使者。"又撤回酒筵，给项王的使者吃粗劣的饭食。使者回去向项王报告，项王竟真的怀疑范增和汉王有私情，渐渐地剥夺了他的权力。范增非常气愤，说："天下事大局已定，君王您自己看着办吧。希望您把这把老骨头赐还给我，让我回乡为民吧。"项王答应了他的请求。范增启程走了，还没走到彭城，由于背上毒疮发作而身亡。

汉将纪信给刘邦出主意说："形势危急，请让我假扮成大王去替您诓骗楚兵，您可以趁机逃走。"于是汉王从荥阳东门趁夜放出二千名身披铠甲的女子，楚兵立即从四面围拥上去。纪信乘坐着天子所乘的黄屋车，毛羽装饰的旗帜插在车辕横木左方，说："城中粮食已经吃光了，汉王出来投降了。"楚军一起欢呼万岁。汉王这时从城的西门带着几十名骑兵逃出，逃到成皋。项羽见到纪信，问道："汉王在哪儿？"纪信说："汉王已经出城了。"项羽把纪信烧死了。

汉王安排了御史大夫周苛、枞公、魏豹等把守荥阳。周苛、枞公商议道："魏豹是已经叛变过的君王，难以和他一块儿守城。"就一起杀了魏豹。楚军攻下荥阳城，活捉了周苛。项王对周苛说："给我做将军吧，封你为三万户侯，我任命你为上将军。"周苛骂道："你若不快快投降汉王，汉王就要俘虏你了。你不是汉王的对手。"项王发怒，下令烹煮了周苛，枞公也一块儿被杀了。

汉王逃出荥阳后，向南跑到宛县、叶县一带时，九江王黥布投降。于是他们边行进边收罗士兵，再次进入成皋驻守。汉四年，成皋被项王进兵包围。汉王逃走，一个人带着滕公从成皋北门而出，渡过黄河，逃向修武，投奔张耳、韩信的部队。诸将也陆续逃出成皋，追随汉王。成皋因此被楚军拿下，并打算向西挺进。汉王派兵在巩县一带设防抵抗，使楚军不能够继续向西开进。

这时，彭越渡过了黄河，攻打东阿的楚军，楚国将军薛公被杀。项王于是亲自率兵东进攻打彭越。汉王取得淮阴侯韩信的部队，准备渡过黄河南下。郑忠

佐彭越，烧楚积聚。项王东击破之，走彭越。汉王则引兵渡河，复取成皋，军广武，就敖仓食。项王已定东海来西，与汉俱临广武而军，相守数月。

当此时，彭越数反梁地，绝楚粮食，项王患之。为高俎，置太公其上，告汉王曰："今不急下，吾烹太公。"汉王曰："吾与项羽俱北面受命怀王，曰'约为兄弟'，吾翁即若翁，必欲烹尔翁，则幸分我一杯羹。"项王怒，欲杀之。项伯曰："天下事未可知，且为天下者不顾家，虽杀之无益，祇益祸耳。"项王从之。

楚汉久相持未决，丁壮苦军旅，老弱罢转漕。项王谓汉王曰："天下匈匈数岁者，徒以吾两人耳，愿与汉王挑战决雌雄，毋徒苦天下之民父子为也。"汉王笑谢曰："吾宁斗智，不能斗力。"项王令壮士出挑战。汉有善骑射者楼烦，楚挑战三合，楼烦辄射杀之。项王大怒，乃自被甲持戟挑战。楼烦欲射之，项王瞋目叱之，楼烦目不敢视，手不敢发，遂走还入壁，不敢复出。汉王使人间问之，乃项王也。汉王大惊。于是项王乃即汉王相与临广武间而语。汉王数之，项王怒，欲一战。汉王不听，项王伏弩射中汉王。汉王伤，走入成皋。

项王闻淮阴侯已举河北，破齐、赵，且欲击楚，乃使龙且往击之。淮阴侯与战，骑将灌婴击之，大破楚军，杀龙且。韩信因自立为齐王。项王闻龙且军破，则恐，使盱台人武涉往说淮阴侯。淮阴侯弗听。是时，彭越复反，下梁地，绝楚粮。项王乃谓海春侯大司马曹咎等曰："谨守成皋，则汉欲挑战，慎勿与战，毋令得东而已。我十五日必诛彭越，定梁地，复从将军。"乃东，行击陈留、外黄。

外黄不下。数日，已降，项王怒，悉令男子年十五已上诣城东，

劝阻汉王，于是汉王停止南下，在黄河北岸修筑营垒驻扎了下来。汉王派刘贾率兵去增援彭越，烧毁了楚军的粮草辎重。项王继续向东，打败了刘贾，赶跑了彭越。这时汉王就率领部队渡过黄河，重新收复了成皋，在广武山扎营，就近取食敖仓的粮食。项王东击彭越，打败了刘贾，平定了东方，便又回过头来西进，在广武山东边扎下营来，隔着广武涧与汉军对峙，持续了好几个月。

就在这个时候，彭越率军往返梁地几次，断绝了楚军的粮食，项王为此深感忧虑。他做了一张高腿案板，把汉王父亲太公搁置在上面，向汉王宣告说："现在你如果不赶快投降，我就把太公煮了。"汉王回答说："当初我和你项羽作为臣子一块儿接受了怀王的命令，曾相约结为兄弟。这样说来，我的父亲也就是你的父亲。如果你一定要煮了你的父亲，希望你能分给我一杯肉汤。"项王听了大怒，要杀太公。项伯说："还不知道天下事怎么样，再说要夺天下的人是不会顾及家的，即使杀了他也不会有什么好处，只会增加祸患罢了。"项王听从了项伯的话。

楚、汉长久相持，胜负未分。长期的军旅生活让年轻人厌倦，水陆运输也致使老弱十分疲惫。于是项王对汉王说："天下纷纷乱乱好几年，只是因为我们两人的缘故。我希望跟汉王挑战，一决雌雄。再不要让老老小小的百姓白白地受苦了。"汉王笑着回绝说："我宁愿斗智，不能斗力。"项王让勇士出营挑战，汉军有善于骑射的楼烦，楚兵挑战好几次，楼烦每次都把他们射死。项王大怒，就披甲持戟亲自出营挑战。楼烦搭箭正要射，项王向他瞪大眼睛大吼一声，楼烦吓得眼睛不敢正视，两只手不敢放箭，转身逃回营垒，不敢再出来。汉王派人私下打听，才知道原来是项王。汉王大为吃惊。这时项王就向汉王那边靠近，站在广武涧东西两边互相对话。项王的罪状被汉王一桩一桩地列举了，项王很生气，要和汉王决战。汉王不答应，于是项王让预先埋伏的弓箭手射汉王。汉王受了伤，逃进了成皋城。

项王听说河北已经被淮阴侯韩信攻占，又打败了齐、赵两国，而且正准备向楚军进攻，就派龙且前去迎击。淮阴侯与龙且交战，汉骑将灌婴也赶来了，把楚军打得大败，龙且也被杀。趁此机会，韩信自立为齐王。项王听到龙且军败的消息，心里害怕了，派盱台人武涉前去游说淮阴侯，劝他联楚背汉，与楚汉三分天下。淮阴侯不听。这时候，彭越又返回攻占了梁地，断绝了楚军的粮食。项王对海春侯大司马曹咎等说："成皋你们要小心守住，如果汉军挑战，千万不要和他们交战，只要别让他们东进就行。十五天之内，我一定杀死彭越，平定梁地，再回来跟将军们会合。"于是项羽带兵向东进发，一路上攻打了陈留、外黄。

在攻打外黄时久攻不下。坚守了几天，外黄终于投降。项王很生气，命令把

欲坑之。外黄令舍人儿年十三，往说项王曰："彭越强劫外黄，外黄恐，故且降，待大王。大王至，又皆坑之，百姓岂有归心？从此以东，梁地十余城皆恐，莫肯下矣。"项王然其言，乃赦外黄当坑者。东至睢阳，闻之皆争下项王。

汉果数挑楚军战，楚军不出。使人辱之，五六日，大司马怒，渡兵汜水。士卒半渡，汉击之，大破楚军，尽得楚国货赂。大司马咎、长史翳、塞王欣皆自刭汜水上。大司马咎者，故蕲狱掾，长史欣亦故栎阳狱吏，两人尝有德于项梁，是以项王信任之。当是时，项王在睢阳，闻海春侯军败，则引兵还。汉军方围钟离眜于荥阳东，项王至，汉军畏楚，尽走险阻。

是时，汉兵盛食多，项王兵罢食绝。汉遣陆贾说项王，请太公，项王弗听。汉王复使侯公往说项王，项王乃与汉约，中分天下，割鸿沟以西者为汉，鸿沟而东者为楚。项王许之，即归汉王父母妻子。军皆呼万岁。汉王乃封侯公为平国君。匿弗肯复见。曰："此天下辩士，所居倾国，故号为平国君。"项王已约，乃引兵解而东归。

汉欲西归，张良、陈平说曰："汉有天下太半，而诸侯皆附之。楚兵罢食尽，此天亡楚之时也，不如因其机而遂取之。今释弗击，此所谓'养虎自遗患'也。"汉王听之。汉五年，汉王乃追项王至阳夏南，止军，与淮阴侯韩信、建成侯彭越期会而击楚军。至固陵，而信、越之兵不会。楚击汉军，大破之。汉王复入壁，深堑而自守。谓张子房曰："诸侯不从约，为之奈何？"对曰："楚兵且破，信、越未有分地，其不至固宜。君王能与共分天下，今可立致也。即不能，事未可知也。君王能自陈以东傅海，尽与韩信；睢阳以北至谷城，以与彭越：使各自为战，则楚易败也。"汉王曰："善。"于是乃发使者告韩信、彭越曰："并力击楚。楚破，自陈以东傅海与齐王，睢阳以北至谷城与彭相国。"使者至，韩信、彭越皆报曰：

外黄十五岁以上的男子全部聚集到城东,要活埋他们。这时,外黄县令一个门客的儿子刚十三岁,他前去劝说项王,说:"外黄受彭越强力威胁,外黄人害怕,所以才姑且投降,为的是等待大王。如今大王来了,又要全部活埋他们,百姓哪还会有归附之心呢?从这儿往东,梁地十几个城邑的百姓都会很害怕,就没有人肯归附您了。"项王认为他说得对,就赦免了准备活埋的那些人。项王东进睢阳县,睢阳人听到这情况都争着归顺项王。

成皋的汉军果然几次向楚军挑战,楚军都没出来。汉军就派人去辱骂他们。接连五六天,大司马曹咎忍不住气恼,便派兵渡过汜水。士卒刚渡过一半,汉军便出击,大败楚军,楚军的全部物资被缴获。大司马曹咎、塞王司马欣、长史董翳等都在汜水边自刎而死。大司马曹咎,就是原来的蕲县狱掾,长史司马欣就是以前的栎阳狱吏,两个人对项梁都曾经有恩德,所以项王信任他们。这时候,项王在睢阳,听说海春侯的军队被打败了,就带兵往回赶。汉军当时正把楚将钟离昧包围在荥阳东边。项王赶到,汉军害怕楚军,全部逃入了附近的山地。

此时,汉军兵卒士气正盛、粮草充足,项王士卒疲惫、粮食告绝。汉王派陆贾去劝说项王,要求放回太公。项王不答应。汉王又派侯公去劝说项王,项王才跟汉王定约,平分天下,鸿沟以西的地方划归汉,鸿沟以东的地方划归楚。项王同意了,便马上放回了汉王的父亲与妻子,汉军官兵都呼喊万岁。汉王于是封侯公为平国君,但避开他不肯再跟他见面,说:"这个人是天下的善辩之士,他待在哪国,就会使哪国倾覆,所以给他个称号叫平国君。"项王订约后,就带上队伍罢兵东归了。

汉王也想撤兵西归,陈平和张良劝他说:"我们已占据天下的大半,诸侯又都归附于汉。而楚军已兵疲粮尽,这正是上天亡楚之时,不如趁此机会索性把它消灭。如果现在放走项羽而不打他,这就是所谓的'养虎为患'。"汉王听从了他们的建议。汉五年,汉王追赶项王到阳夏南边,部队在此驻扎下来,并和建成侯彭越、淮阴侯韩信约好会合日期,共同攻打楚军。汉军到达固陵,而韩信、彭越的部队没有如约来会合。楚军攻打汉军,汉军被打得大败。汉王又逃回营垒,掘深壕沟坚守。汉王问张良道:"诸侯不遵守约定,怎么办?"张良回答说:"楚军快被打垮了,韩信和彭越还没有得到分封的地盘,所以,他们不来是很自然的。君王如果能和他们平分天下,就可以让他们立刻前来。如果不能,形势就很难预料了。君王如果把从陈县以东到海滨一带地方都给韩信,把睢阳以北到谷城的地方给彭越,使他们各自为自己而战,楚军就容易打败了。"汉王说:"好。"于是派出使者告诉韩信、彭越,说:"你们跟汉王合力击楚,打败楚军之后,从陈县往东至海滨一带地方给齐王,睢阳以北至谷城的地方给彭相国。"使者到达之后,韩信、彭越都说:"我们今天就带兵出发。"于是韩信从齐地起

"请今进兵。"韩信乃从齐往,刘贾军从寿春并行,屠城父,至垓下。大司马周殷叛楚,以舒屠六,举九江兵,随刘贾、彭越皆会垓下,诣项王。

项王军壁垓下,兵少食尽,汉军及诸侯兵围之数重。夜闻汉军四面皆楚歌,项王乃大惊曰:"汉皆已得楚乎?是何楚人之多也!"项王则夜起,饮帐中。有美人名虞,常幸从;骏马名骓,常骑之。于是项王乃悲歌慷慨,自为诗曰:"力拔山兮气盖世,时不利兮骓不逝。骓不逝兮可奈何,虞兮虞兮奈若何!"歌数阕,美人和之。项王泣数行下,左右皆泣,莫能仰视。

于是项王乃上马骑,麾下壮士骑从者八百余人,直夜溃围南出,驰走。平明,汉军乃觉之,令骑将灌婴以五千骑追之。项王渡淮,骑能属者百余人耳。项王至阴陵,迷失道,问一田父,田父绐曰"左"。左,乃陷大泽中。以故汉追及之。项王乃复引兵而东,至东城,乃有二十八骑。汉骑追者数千人。项王自度不得脱。谓其骑曰:"吾起兵至今八岁矣,身七十余战,所当者破,所击者服,未尝败北,遂霸有天下。然今卒困于此,此天之亡我,非战之罪也。今日固决死,愿为诸君快战,必三胜之,为诸君溃围,斩将,刈旗,令诸君知天亡我,非战之罪也。"乃分其骑以为四队,四乡。汉军围之数重。项王谓其骑曰:"吾为公取彼一将。"令四面骑驰下,期山东为三处。于是项王大呼驰下,汉军皆披靡,遂斩汉一将。是时,赤泉侯为骑将,追项王,项王瞋目而叱之,赤泉侯人马俱惊,辟易数里。与其骑会为三处。汉军不知项王所在,乃分军为三,复围之。项王乃驰,复斩汉一都尉,杀数十百人,复聚其骑,亡其两骑耳。乃谓其骑曰:"何如?"骑皆伏曰:"如大王言。"

于是项王乃欲东渡乌江。乌江亭长舣船待,谓项王曰:"江东虽小,地方千里,众数十万人,亦足王也。愿大王急渡。今独臣有船,

行，刘贾的部队从寿春和他同时进发，沿途屠戮了城父县，到达了垓下。楚国大司马周殷叛离楚王，他率舒县的兵力屠戮了六县。又与九江兵力一起发动，随同刘贾、彭越一起先后会师在垓下，逼向项王。

项王的军队在垓下修筑了营垒，兵少粮尽，汉军及诸侯兵把他们团团包围了好几层。深夜，汉军在四面唱着楚地的歌，项王听到大为吃惊，说："难道汉已经完全取得了楚地？怎么楚国人这么多呢？"于是披衣起来，饮酒浇愁。有个美人名叫虞，一直受项王宠爱，陪在身边；有匹骏马名叫骓，一直由项王骑着。这时候，项王不禁慷慨悲歌，吟唱道："力量能拔山啊，英雄气概举世无双；时运不济呀，骓马不再往前闯！骓马不往前闯啊，可怎么办？虞姬呀虞姬，怎么安排你才妥善？"美人虞姬在一旁应和，项王唱了几遍。项王流下了一道道的眼泪，左右侍者也都跟着落泪，没有一个人能抬起头来看他。

于是项王骑上马，部下八百多壮士骑马跟在后面，趁夜突破重围，向南飞驰而逃。天快亮的时候，汉军才发觉，命令骑将灌婴带领五千骑兵去追赶。项王渡过淮河，部下只剩下一百多人还能跟上。项王到达阴陵，迷了路，去问一个农夫，农夫骗他说："向左边走。"项王带人向左，陷进了大沼泽地中。因此，汉兵追上了他们。项王又带着骑兵向东，到达东城，这时部下就只剩下了二十八人。汉军有几千骑兵追赶上来。项王自己估计不能逃脱了，对他的骑兵说："我带兵起义至今已经八年，亲自打了七十多仗，我所抵挡的敌人都被打垮，我所攻击的敌人无不降服，从来没有失败过，因而能够称霸，据有天下。可是如今终于被困在这里，这是上天要灭我，决不是作战的过错。今天肯定得决心死战了，我愿意为诸位痛痛快快地打一仗，一定胜它三回，给诸位冲破重围，斩杀汉将，砍倒军旗，让诸位知道的确是上天要灭亡我，决不是作战的过错。"于是把骑兵分成四队，面朝四个方向。汉军把他们包围成好几层。项王对骑兵们说："我来给你们拿下一员汉将！"四面骑士奉命驰马飞奔而下，约定冲到山的东边，分作三处集合。于是项王高声呼喊着冲了下去，汉军像草木随风倒伏一样溃败了，一名汉将被项王杀掉了。这时，赤泉侯杨喜为汉军骑将，在后面追赶项王，项王瞪大眼睛呵斥他，赤泉侯连人带马都吓坏了，倒退了好几里。项王与他的骑兵在三处会合了。汉军不知项王的去向，就把部队分为三路，再次包围上来。项王驰马冲了上去，一名汉军都尉又被斩了，有百八十人被杀死，聚拢骑兵，仅仅损失了两个人。项王问骑兵们道："怎么样？"骑兵们都敬服地说："正像大王说的那样。"

此时，项王想向东渡过乌江。乌江亭长正停船靠岸等在那里，对项王说："江东虽然小，但土地方圆有一千里，有几十万民众，也足够称王了。希望大王快快渡江。现在只有我这儿有船，汉军到了，没法渡过去。"项王笑了笑说：

汉军至，无以渡。"项王笑曰："天之亡我，我何渡为！且籍与江东子弟八千人渡江而西，今无一人还，纵江东父兄怜而王我，我何面目见之？纵彼不言，籍独不愧于心乎？"乃谓亭长曰："吾知公长者。吾骑此马五岁，所当无敌，尝一日行千里，不忍杀之，以赐公。"乃令骑皆下马步行，持短兵接战。独籍所杀汉军数百人。项王身亦被十余创。顾见汉骑司马吕马童，曰："若非吾故人乎？"马童面之，指王翳曰："此项王也。"项王乃曰："吾闻汉购我头千金，邑万户，吾为若德。"乃自刎而死。王翳取其头，余骑相蹂践争项王，相杀者数十人。最其后，郎中骑杨喜，骑司马吕马童，郎中吕胜、杨武各得其一体。五人共会其体，皆是。故分其地为五：封吕马童为中水侯，封王翳为杜衍侯，封杨喜为赤泉侯，封杨武为吴防侯，封吕胜为涅阳侯。

项王已死，楚地皆降汉，独鲁不下。汉乃引天下兵欲屠之，为其守礼义，为主死节，乃持项王头示鲁，鲁父兄乃降。始，楚怀王初封项籍为鲁公，及其死，鲁最后下，故以鲁公礼葬项王谷城。汉王为发哀，泣之而去。

诸项氏枝属，汉王皆不诛。乃封项伯为射阳侯。桃侯、平皋侯、玄武侯皆项氏，赐姓刘。

太史公曰：吾闻之周生曰"舜目盖重瞳子"，又闻项羽亦重瞳子。羽岂其苗裔邪？何兴之暴也！夫秦失其政，陈涉首难，豪杰蜂起，相与并争，不可胜数。然羽非有尺寸，乘势起陇亩之中，三年，遂将五诸侯灭秦，分裂天下，而封王侯，政由羽出，号为"霸王"，位虽不终，近古以来未尝有也。及羽背关怀楚，放逐义帝而自立，怨王侯叛己，难矣。自矜功伐，奋其私智而不师古，谓霸王之业，欲以力征经营天下，五年卒亡其国，身死东城，尚不觉寤而不自责，过矣。乃引"天亡我，非用兵之罪也"，岂不谬哉！

"上天要灭我，我还过乌江干什么！再说江东子弟有八千人和我渡江西征，如今没有一个人回来，纵然江东父老兄弟怜爱我让我做王，我又有什么脸面去见他们？即使他们不说什么，我项籍难道心中不惭愧吗？"于是对亭长说："我知道您是位忠厚长者，我骑着这匹马征战了五年，所向无敌，曾经日行千里，我不忍心杀掉它，把它送给您吧。"命令骑兵都下马步行，与追兵手持短兵器交战。光项羽一个人就杀掉汉军几百人。项王身上也有十几处受伤。项王回头看见汉军的骑司马吕马童，说："你不是我的老朋友吗？"吕马童这时才过去和项王打了个照面，于是指给王翳说："这就是项王。"项王说："我听说汉王用黄金千斤、封邑万户悬赏征求我的脑袋，我就把这份好处送你吧！"说完，自刎而死。项王的头被王翳拿下，项王的躯体被其他骑兵互相践踏争抢，由于互相争斗而被杀死的有几十人。最后，郎中骑将杨喜，骑司马吕马童，郎中吕胜、杨武各争得一段肢体。五人一起把肢体拼合在一起，能认出正好都是项羽的。所以刘邦把万户的土地分成五份，封杨喜为赤泉侯，封杨武为吴防侯，封吕马童为中水侯，封王翳为杜衍侯，封吕胜为涅阳侯。

项王已死，楚地人相继投降了汉王，只有鲁县仍不降服。汉王率领天下之兵想要屠戮鲁城，但考虑到他们恪守礼义，为了君主守节而不惜一死，就给鲁人看项王的头，鲁地父老这才投降。当初，项籍被楚怀王封为鲁公，等他死后，鲁县又最后投降。所以，刘邦按照鲁公这一封号的礼仪，把项羽安葬在谷城。刘邦亲自给他发丧，痛哭了一场后才离开。

项氏的各分系旁枝宗族，汉王都没有杀戮。他封项伯为射阳侯。桃侯、平皋侯、玄武侯都属于项氏，汉王赐姓刘。

太史公说：我听周生说舜的眼睛可能是两个瞳仁，又听说项羽也是两个瞳仁。项羽莫非是舜的后代吗？不然他为什么突然发迹啊？秦朝搞糟了它的政令，陈涉首先发难，各路豪杰蜂拥而起，我夺你争，数也数不清。然而项羽并非有些许权柄可以凭借，趁秦末大乱之势兴起于民间，只三年的时间，就率领原战国时的齐、魏、赵、韩、燕五国诸侯灭掉了秦朝，划分天下土地，封王封侯，政令全都由项羽发出，自号为"霸王"，他的势位虽然没能长久保持，但近古以来像这样的人还没有过。至于项羽弃关中之地，思念楚国而建都彭城，放逐义帝，自立为王，而又埋怨诸侯背叛自己，想成大事可就难了。他自夸战功，个人的聪明竭力施展，却不肯师法古人，认为霸王的功业，是靠武力征伐诸侯统治天下。结果在五年间，他终于丢了国家，死在东城。但他仍不觉醒，也不自责，实在是一个大错误。他竟然拿"是上天要灭我，不是我用兵的过错"这句话来自我解脱，难道不荒谬吗？

高祖本纪第八

高祖，沛丰邑中阳里人，姓刘氏，字季。父曰太公，母曰刘媪。其先刘媪尝息大泽之陂，梦与神遇。是时雷电晦冥，太公往视，则见蛟龙于其上。已而有身，遂产高祖。

高祖为人，隆准而龙颜，美须髯，左股有七十二黑子。仁而爱人，喜施，意豁如也。常有大度，不事家人生产作业。及壮，试为吏，为泗水亭长，廷中吏无所不狎侮。好酒及色。常从王媪、武负贳酒，醉卧，武负、王媪见其上常有龙，怪之。高祖每酤留饮，酒雠数倍。及见怪，岁竟，此两家常折券弃责。

高祖常繇咸阳，纵观，观秦皇帝，喟然太息曰："嗟乎，大丈夫当如此也！"

单父人吕公善沛令，避仇从之客，因家沛焉。沛中豪桀吏闻令有重客，皆往贺。萧何为主吏，主进，令诸大夫曰："进不满千钱，坐之堂下。"高祖为亭长，素易诸吏，乃绐为谒曰"贺钱万"，实不持一钱。谒入，吕公大惊，起，迎之门。吕公者，好相人，见高祖状貌，因重敬之，引入坐。萧何曰："刘季固多大言，少成事。"高祖因狎侮诸客，遂坐上坐，无所诎。酒阑，吕公因目固留高祖。高祖竟酒，后。吕公曰："臣少好相人，相人多矣，无如季相，愿季自爱。臣有息女，愿为季箕帚妾。"酒罢，吕媪怒吕公曰："公始常欲奇此女，与贵人。沛令善公，求之不与，何自妄许与刘季？"吕公曰："此非儿女子所知也。"卒与刘季。吕公女乃吕后也，生孝惠帝、鲁元公主。

高祖，是沛郡丰邑县中阳里人，姓刘，字季。人称他的父亲为刘太公，母亲为刘媪。高祖出生之前，刘媪曾经在大泽的岸边休息，梦中与神交合。当时雷鸣电闪、天昏地暗，太公正好前去看她，见到有蛟龙在她身上。不久，刘媪有了身孕，生下了高祖。

刘邦这个人，高鼻子，长着一副龙的容貌，一把漂亮的胡须，左腿上有七十二颗黑痣。他仁厚爱人，喜欢施舍助人，心胸豁达。他平素具有干大事业的气度，不干平常人家生产劳作的事。成年以后，他试着去考官，当了泗水亭这个地方的亭长。当地官署中的官吏，没有不被他捉弄的。他喜欢喝酒，好女色，常常到王媪、武负那里去赊酒喝，喝醉了躺倒就睡。武负、王媪看到他身上常有龙出现，觉得这个人很怪异。刘邦每次去买酒，留在店中畅饮，买酒的人就会增加，售出去的酒达到平常的几倍。由于出现了这种怪现象，到了年终，武负、王媪这两家就把刘邦记的账勾销了，不再向他讨账。

刘邦曾经到咸阳去服徭役。有一次，秦始皇出巡，允许人们随意观看。他看到了秦始皇，长叹一声说："唉，大丈夫就应该像这样！"

单父人吕公与沛县县令要好，为躲避仇人投奔到县令这里来作客，于是就在沛县安了家。沛中的豪杰、官吏们听说县令有贵客，都前往祝贺。萧何当时是县令的属官，掌管收礼事宜。他对那些送礼的宾客们说："送礼不满千金的，让他坐到堂下。"刘邦当时做亭长，平素就看不起这帮官吏，于是在进见的名帖上谎称"贺钱一万"，其实他一个钱也没带。名帖递进去了，吕公见了高祖大为吃惊，赶快起身，到门口去迎接他。吕公这个人，喜欢给人相面，看见高祖的相貌，就非常敬重他，把他领到堂上坐下。萧何说："刘季一向满口说大话，很少做成什么事。"刘邦就趁机戏弄那些宾客，干脆就坐到上座去，一点儿也不谦让。酒喝得尽兴了，吕公于是向刘邦递眼色，让他一定留下来。刘邦喝完了酒，就留在后面。吕公说："我从年轻的时候就喜欢给人相面，经我相过的人多了，没有谁能比得上你刘季的面相，希望你好自珍爱。我有一个亲生女儿，愿意许给你做你的酒扫妻妾。"酒宴散了，吕媪对吕公大为恼火，说："你起初总是想让这个女儿出人头地，把她许配给个贵人。沛县县令跟你要好，想娶这个女儿你不同意，今天你为什么随随便便地就把她许给刘季了呢？"吕公说："这不是女人家所懂得的。"终于把女儿嫁给刘邦了。吕公的女儿就是吕后，生了孝惠帝和鲁元公主。

高祖为亭长时，常告归之田。吕后与两子居田中耨，有一老父过请饮，吕后因哺之。老父相吕后曰："夫人天下贵人。"令相两子，见孝惠，曰："夫人所以贵者，乃此男也。"相鲁元，亦皆贵。老父已去，高祖适从旁舍来，吕后具言客有过，相我子母皆大贵。高祖问，曰："未远。"乃追及，问老父。老父曰："曩者夫人婴儿皆似君，君相贵不可言。"高祖乃谢曰："诚如父言，不敢忘德。"及高祖贵，遂不知老父处。

高祖为亭长，乃以竹皮为冠，令求盗之薛治之，时时冠之，及贵常冠，所谓"刘氏冠"乃是也。

高祖以亭长为县送徒郦山，徒多道亡。自度比至皆亡之，到丰西泽中，止饮，夜乃解纵所送徒。曰："公等皆去，吾亦从此逝矣！"徒中壮士愿从者十余人。高祖被酒，夜径泽中，令一人行前。行前者还报曰："前有大蛇当径，愿还。"高祖醉，曰："壮士行，何畏！"乃前，拔剑击斩蛇。蛇遂分为两，径开。行数里，醉，因卧。后人来至蛇所，有一老妪夜哭。人问何哭，妪曰："人杀吾子，故哭之。"人曰："妪子何为见杀？"妪曰："吾子，白帝子也，化为蛇，当道，今为赤帝子斩之，故哭。"人乃以妪为不诚，欲告之，妪因忽不见。后人至，高祖觉。后人告高祖，高祖乃心独喜，自负。诸从者日益畏之。

秦始皇帝常曰"东南有天子气"，于是因东游以厌之。高祖即自疑，亡匿，隐于芒、砀山泽岩石之间。吕后与人俱求，常得之。高祖怪问之。吕后曰："季所居上常有云气，故从往常得季。"高祖心喜。沛中子弟或闻之，多欲附者矣。

刘邦做亭长的时候，经常请假回家到田里去。有一次吕后和孩子正在田中除草，有一老汉从这里经过讨水喝，吕后让他喝了水，还拿饭给他吃。老汉给吕后相面说："夫人真是天下的贵人。"吕后又让他给两个孩子相面，他见了孝惠帝，说："夫人所以显贵，正是因为这个男孩子。"他又给鲁元相面，也同样是富贵面相。老汉走后，刘邦正巧从旁边的房舍走来，吕后就把刚才那老人经过此地，给他们看相，说他们母子都是富贵之相的情况，原原本本地告诉了刘邦。刘邦问这个人在哪，吕后说："还没走远。"于是刘邦就去追上了老汉，问他刚才的事，老汉说："刚才我看贵夫人及子女的面相都很像您，您的面相简直是贵不可言。"刘邦于是道谢说："如果真的像老人家所说，我决不会忘记你的恩德。"等到刘邦显贵的时候，最终却没有找到老汉。

刘邦做亭长时，常喜欢戴一顶用竹皮编成的帽子，这是他让掌管捕盗的差役到薛地去定制的。他经常戴着，到后来显贵后仍旧经常戴着。这就是人们所说的"刘氏冠"。

刘邦曾以亭长的身份，押送沛县的徒役去骊山，但有很多徒役在半路上就逃走了。刘邦估计，等到了骊山时徒役们也就逃光了。于是在走到丰西大泽中时，他让徒役们停下来饮酒休息；到了夜晚，他便把所有的徒役都放了。刘邦说："你们都逃命去吧，从此我也要远走高飞了！"徒役中有十多个壮士愿意跟随他一块儿走。刘邦乘着酒意，趁夜抄小路通过沼泽地，他让一个人在前边先走探路。探路的人回来报告说："前边有条大蛇挡在路上，还是回去罢。"刘邦醉意正浓，便说："好汉走路，有什么可怕的！"于是赶到前面，拔剑去斩大蛇，大蛇被斩成两截。道路畅通了，他继续往前走了几里。刘邦醉得厉害了，就躺倒在地上，后边的人来到斩蛇的地方，看见有一老妇在暗夜中哭泣。有人问她为什么哭，老妇人说："有人杀了我的孩子，我在为他哭泣。"那个人问："你的孩子为什么被杀呢？"老妇说："我的孩子是白帝之子，变化成蛇，挡在道路中间。如今被赤帝之子杀了，我就是为这个哭啊。"众人以为老妇人是在说谎，正要打她，老妇人却忽然不见了。后面的人赶上了刘邦。刘邦醒了，那些人把刚才的事告诉了他，他心中暗暗高兴，更加自负。那些追随他的人从此便渐渐地畏惧他了。

秦始皇曾常说"东南方向有象征天子的云气"，于是巡游东方，想借此把它压下去。刘邦怀疑自己带着这团云气，就逃走了，躲在芒山、砀山一带的深山湖泽之间。吕后和别人一起去找，常常能找到他。高祖觉得奇怪，便问她怎么能找到。吕后说："你所在的地方，上空常有一团云气，顺着找就常常能找到你。"高祖心里更加欢喜。沛县的年轻人中有人听说了这件事，因此许多人都愿意依附他。

秦二世元年秋，陈胜等起蕲，至陈而王，号为"张楚"。诸郡县皆多杀其长吏以应陈涉。沛令恐，欲以沛应涉。掾、主吏萧何、曹参乃曰："君为秦吏，今欲背之，率沛子弟，恐不听。愿君召诸亡在外者，可得数百人，因劫众，众不敢不听。"乃令樊哙召刘季。刘季之众已数十百人矣。

于是樊哙从刘季来。沛令后悔，恐其有变，乃闭城城守，欲诛萧、曹。萧、曹恐，逾城保刘季。刘季乃书帛射城上，谓沛父老曰："天下苦秦久矣。今父老虽为沛令守，诸侯并起，今屠沛。沛今共诛令，择子弟可立者立之，以应诸侯，则家室完。不然，父子俱屠，无为也。"父老乃率子弟共杀沛令，开城门迎刘季，欲以为沛令。刘季曰："天下方扰，诸侯并起，今置将不善，壹败涂地。吾非敢自爱，恐能薄，不能完父兄子弟。此大事，愿更相推择可者。"萧、曹等皆文吏，自爱，恐事不就，后秦种族其家，尽让刘季。诸父老皆曰："平生所闻刘季诸珍怪，当贵，且卜筮之，莫如刘季最吉。"于是刘季数让。众莫敢为，乃立季为沛公。祠黄帝，祭蚩尤于沛庭，而衅鼓旗，帜皆赤。由所杀蛇白帝子，杀者赤帝子，故上赤。于是少年豪吏如萧、曹、樊哙等皆为收沛子弟二三千人，攻胡陵、方与，还守丰。

秦二世二年，陈涉之将周章军西至戏而还。燕、赵、齐、魏皆自立为王。项氏起吴。秦泗川监平将兵围丰，二日，出与战，破之。命雍齿守丰，引兵之薛。泗川守壮败于薛，走至戚，沛公左司马得泗川守壮，杀之。沛公还军亢父，至方与，周市来攻方与，未战。陈王使魏人周市略地。周市使人谓雍齿曰："丰，故梁徙也。今魏地已定者数十城。齿今下魏，魏以齿为侯守丰。不下，且屠丰。"雍齿雅不欲属沛公，及魏招之，即反为魏守丰。沛公引兵攻丰，不能取。沛公

秦二世元年的秋天，陈胜等在蕲县起义，打到陈地的时候自称为王，定国号为"张楚"。许多郡县的人都杀了他们的长官来响应陈涉。沛县的县令非常惊恐，也想率领沛县的人响应陈涉。于是狱掾曹参、主吏萧何说："您作为秦朝的官吏，现在想背叛秦朝，率领沛县的子弟起义，恐怕没有人会听从命令。希望您召回那些在外逃亡的人，大约可召集到几百人，用他们来胁迫众人，众人就不敢不听从命令了。"于是便派樊哙去叫刘邦。这时，刘邦的追随者已经有数十上百人了。

樊哙跟着刘邦一块儿回来了。沛县县令在樊哙走后就后悔了，害怕刘邦回来后会别有用心，就关闭城门，据守城池，不让刘邦进城，而且想要杀掉萧何、曹参。萧何、曹参害怕了，翻越城墙出来依附刘邦，以求得保护。于是刘邦用帛写了封信射到城上去，向沛县的父老百姓宣告说："天下百姓为秦政所苦已经很久了。现在父老们虽然为沛令守城，但是各地诸侯全都起来了，现在很快就要屠戮到沛县。如果现在沛县父老一起把沛令杀掉，从年轻人中选择可以拥立的人立他为首领，来响应各地诸侯，那么你们的家室就可得到保全。不然的话，全县老少都要遭屠杀，那时就什么也做不成了。"于是沛县的父老率领县中子弟一起杀掉了沛令，打开城门迎接刘邦，想要让他当沛县县令。刘邦说："如今正当乱世，诸侯纷纷起事，如果安排的将领人选不妥当，就将一败涂地。我不是顾惜自己的性命，只是怕自己能力小，不能保全父老兄弟。这是一件大事，希望大家一起推选出能胜任的人。"萧何、曹参等都是文官，都顾惜性命，害怕起事不成遭到满门抄斩之祸，极力地推选刘邦。城中的父老也都说："平素听说了刘邦那么多的奇异之事，必当显贵，而且占卜没有谁比得上刘邦最吉利。"刘邦还是再三推让。众人没有敢当沛县县令的，就立刘邦做了沛公。于是刘邦在沛县祭祀黄帝和蚩尤，把牲血涂在战旗战鼓上，旗帜都用红色的。由于先前杀的那条蛇是白帝之子，而杀蛇那个人是赤帝之子，所以刘邦崇尚红色。那些年轻有为的官吏如萧何、曹参、樊哙等，为沛公招收了二三千的年轻人，带领他们一起攻打了胡陵、方与，然后退回驻守在丰邑。

秦二世二年，陈涉手下大将周章率军攻打到戏水，被章邯打败又退回去了。燕、赵、齐、魏各国都已自立为王，项梁、项羽也在吴县起兵。秦朝泗川郡监名叫平的率兵包围了丰邑。两天之后，沛公率众出城与秦军交战，打败了秦军。沛公命雍齿守卫丰邑，自己率领部队到薛县去。泗川郡守壮在薛县被刘邦打败，逃到戚县，被沛公的左司马曹无伤抓获杀掉了。沛公把军队撤到亢父，一直到方与，没有发生战斗。陈王胜派魏国人周市来夺取土地。周市派人告诉雍齿说："丰邑，是过去魏国一度迁都过的地方。现在魏国已经收复了几十座城邑。你如果归降魏国，魏国就封你为侯驻守丰邑。如果不归降，我就要屠戮丰邑。"雍齿

病，还之沛。沛公怨雍齿与丰子弟叛之，闻东阳宁君、秦嘉立景驹为假王，在留，乃往从之，欲请兵以攻丰。是时秦将章邯从陈，别将司马柅将兵北定楚地，屠相，至砀。东阳宁君、沛公引兵西，与战萧西，不利。还收兵聚留，引兵攻砀，三日乃取砀。因收砀兵，得五六千人。攻下邑，拔之。还军丰。闻项梁在薛，从骑百余往见之。项梁益沛公卒五千人，五大夫将十人。沛公还，引兵攻丰。

　　从项梁月余，项羽已拔襄城还。项梁尽召别将居薛。闻陈王定死，因立楚后怀王孙心为楚王，治盱台。项梁号武信君。居数月，北攻亢父，救东阿，破秦军。齐军归，楚独追北，使沛公、项羽别攻城阳，屠之。军濮阳之东，与秦军战，破之。

　　秦军复振，守濮阳，环水。楚军去而攻定陶，定陶未下。沛公与项羽西略地至雍丘之下，与秦军战，大破之，斩李由。还攻外黄，外黄未下。

　　项梁再破秦军，有骄色。宋义谏，不听。秦益章邯兵，夜衔枚击项梁，大破之定陶，项梁死。沛公与项羽方攻陈留，闻项梁死，引兵与吕将军俱东。吕臣军彭城东，项羽军彭城西，沛公军砀。

　　章邯已破项梁军，则以为楚地兵不足忧，乃渡河，北击赵，大破之。当是之时，赵歇为王，秦将王离围之巨鹿城，此所谓河北之军也。

　　秦二世三年，楚怀王见项梁军破，恐，徙盱台都彭城，并吕臣、项羽军自将之。以沛公为砀郡长，封为武安侯，将砀郡兵。封项羽为长安侯，号为鲁公。吕臣为司徒，其父吕青为令尹。

　　赵数请救，怀王乃以宋义为上将军，项羽为次将，范增为末将，北救赵。令沛公西略地入关。与诸将约，先入定关中者王之。

本来就不愿意归属于沛公，等到魏国来招降时，立刻就反叛了沛公，反过来为魏国守卫丰邑。刘邦带兵攻打丰邑，没有攻下。正好这时刘邦生病了，于是退兵回到沛县。刘邦怨恨雍齿和丰邑的子弟背叛他，又听说东阳县的宁君、秦嘉立景驹做了代理王，驻守在留县，于是前去投奔他，想向他借兵去攻打丰邑。正好这时秦朝将领章邯正在追击陈胜的军队，章邯的别将司马㤭带兵向北平定楚地，屠戮了相县，到了砀县。东阳宁君和刘邦领兵向西，和司马㤭交战于萧县西，战事失利。他们退回到留县收集兵卒，然后带兵攻打砀县，三天后将砀县攻了下来。于是刘邦收集砀县的兵卒，共得到五六千人。他又率兵攻打下邑，很快就攻了下来。随后刘邦退兵驻扎在丰邑城外。此时刘邦听说项梁在薛县，就带着一百多骑从前去拜见项梁。项梁给了刘邦五千士兵，五大夫级的将领十人。沛公带着他们回来后，再次带兵攻打丰邑。

　　沛公跟从项梁一个多月后，项羽已经攻下襄城回来了。项梁把各路将领全部召到薛县。听说陈王确实是死了，因而立楚国后代怀王的孙子熊心为楚王，建都盱台。项梁自称武信君。待了几个月，他们向北攻打亢父，援救东阿，击败了秦军。齐国军队回去了，只剩下楚军单独追击败逃之敌。项梁让沛公、项羽去攻打城阳，城阳被屠戮。刘邦等驻军于濮阳县城东，和秦军交战，打败了秦军。

　　秦军重新振作，坚守濮阳，在城周围引水防御。楚军撤退，转而攻打定陶，没有攻下。沛公和项羽又向西挺进，到了雍丘城下，和秦军交战，大败秦军，斩杀了秦将李由。接着他们掉头攻打外黄，没有攻下。

　　项梁两次打败秦军，开始露出骄傲的神色。宋义见后进谏劝说，项梁不听。秦朝给章邯增派了军队，趁着黑夜袭击项梁军队。为了防止喧哗，章邯让士兵口里都衔着一根横木棍，结果秦军在定陶大败项梁的军队，项梁战死。这时，沛公和项羽正在攻打陈留，听说项梁已死，就和吕臣一起率军向东撤退。吕臣的军队驻扎在彭城的东面，项羽的军队驻扎在彭城的西面，沛公的军队驻扎在砀县。

　　章邯打败了项梁的军队之后，就以为楚地的军队不值得担忧，于是渡过黄河，向北进攻赵国，大败赵军。这个时候，正是赵歇为赵王，秦将王离在巨鹿城包围了赵歇的军队，这就是所谓的"河北军"。

　　秦二世三年，楚怀王看到项梁军已被打败，害怕了，就把都城从盱台迁到彭城。他把吕臣、项羽的军队合在一起由自己亲自率领；任命沛公为砀郡太守，封为武安侯，统率砀郡的部队；封项羽为长安侯，号称鲁公；吕臣担任司徒，他的父亲吕青担任令尹。

　　赵国几次请求援救，怀王于是任命宋义为上将军，项羽为次将，范曾为末将，率兵向北进兵救赵。他又命令刘邦向西进军关中，并与众将约定，谁先进入函谷关平定关中，就让谁在关中做王。

当是时，秦兵强，常乘胜逐北，诸将莫利先入关。独项羽怨秦破项梁军，奋，愿与沛公西入关。怀王诸老将皆曰："项羽为人僄悍猾贼。项羽尝攻襄城，襄城无遗类，皆坑之，诸所过无不残灭。且楚数进取，前陈王、项梁皆败。不如更遣长者扶义而西，告谕秦父兄。秦父兄苦其主久矣，今诚得长者往，毋侵暴，宜可下。项羽僄悍，今不可遣。独沛公素宽大长者，可遣。"卒不许项羽，而遣沛公西略地，收陈王、项梁散卒。乃道砀至成阳，与杠里秦军夹壁，破二军。楚军出兵击王离，大破之。

沛公引兵西，遇彭越昌邑，因与俱攻秦军，战不利。还至栗，遇刚武侯，夺其军，可四千余人，并之。与魏将皇欣、魏申徒武蒲之军并攻昌邑，昌邑未拔。西过高阳。郦食其监门，曰："诸将过此者多，吾视沛公大人长者。"乃求见说沛公。沛公方踞床，使两女子洗足。郦生不拜，长揖，曰："足下必欲诛无道秦，不宜踞见长者。"于是沛公起，摄衣谢之，延上坐。食其说沛公袭陈留，得秦积粟。乃以郦食其为广野君，郦商为将，将陈留兵，与偕攻开封，开封未拔。西与秦将杨熊战白马，又战曲遇东，大破之。杨熊走之荥阳，二世使使者斩以徇。南攻颍阳，屠之。因张良遂略韩地轘辕。

当是时，赵别将司马卬方欲渡河入关，沛公乃北攻平阴，绝河津。南，战洛阳东，军不利，还至阳城，收军中马骑，与南阳守齮战犨东，破之。略南阳郡，南阳守齮走，保城守宛。沛公引兵过而西。张良谏曰："沛公虽欲急入关，秦兵尚众，距险。今不下宛，宛从后击，强秦在前，此危道也。"于是沛公乃夜引兵从他道还，更旗帜，黎明，围宛城三匝。南阳守欲自刭。其舍人陈恢曰："死未晚也。"

当时，秦军强大，常常乘胜追击败逃之敌，众将中没有人认为先入关是有利的事。只有项羽恨秦军打败了项梁的军队，很激愤，愿意和刘邦一起西进入关。怀王手下的老将们都说："项羽这个人敏捷勇猛，却又奸猾狠毒。他曾经攻下襄城，那里的军民没有一个能活下来的，都被他活埋了。凡是他经过的地方，没有不被毁灭的。再说，楚军多次西进，如先前的陈王、项梁，都被打败了。这次不如改派个忠厚老实的人，实行仁义，率军西进，向秦地的父老兄弟讲明道理。秦地父老兄弟因为他们的君主暴虐而受苦已经很久了，现在如果真的能有位忠厚老实的长者前去，不实施暴政，应当是可以攻下的。项羽只是敏捷勇猛，不能派他去。现在只有沛公一向忠厚老实，可以派他去。"怀王听取了众人意见，最终没有答应项羽，而是派沛公率军西进。刘邦一路上收集了陈胜、项梁的众多散兵。沛公取道砀县到达成阳，与杠里的秦军对垒相持，结果击败了秦军的两支部队。此时楚军又出兵攻击王离，大败王离的军队。

刘邦率兵西进，在昌邑与彭越相遇，于是和他一起攻打秦军，战事不利。他们撤兵到栗县，正好又遇到了刚武侯。刘邦把他的军队夺了过来，大约有四千人，并入了自己的军队。他又与魏将皇欣、魏申徒武蒲的军队合力攻打昌邑，没有攻下。于是刘邦继续西进，经过高阳。当时郦食其负责看管高阳城门，他说："各路将领经过此地的多了，我看只有沛公才是个德行高尚且忠厚老实的人。"于是前去求见，游说刘邦。刘邦当时正叉开两腿坐在床上，让两个女子给他洗脚。郦食其见了并不叩拜，只是略微俯身作了个长揖，说："如果您一定要诛灭没有德政的暴秦，就不应该坐着接见长者。"于是刘邦站起身来，整理衣服，向他道歉，请他坐上座。于是郦食其劝说刘邦袭击陈留，得到了秦军储存的大批粮食。刘邦于是封郦食其为广野君，任命他的弟弟郦商为将军，统率陈留的军队，和自己一起攻打开封，没有攻下。他继续西进，与秦将杨熊在白马打了一仗，又在曲遇东面打了一仗，大破秦军。杨熊逃到荥阳去了，秦二世派使者将他斩首示众。刘邦又转向南攻打颍阳，屠戮了颍阳。后因张良的关系，占领了韩国的轘辕险道。

这时候，赵国的别将司马卬正想渡过黄河，进入函谷关。刘邦就向北进攻平阴，截断了黄河渡口。接着刘邦又挥军南下，与秦军在洛阳东面交战，战事不利，只好退回到阳城。刘邦集中军中骑兵，在犨县东和南阳郡守吕齮交战，大败秦军，攻取了南阳郡。南阳郡守吕齮逃跑，退守宛城。刘邦率兵绕过宛城西进，张良进谏说："您虽然想赶快入关，但目前秦兵数量仍旧很多，又凭借险要地势进行抵抗。如果现在不攻下宛城，那么日后宛城的敌军从背后攻击，前面又有强大的秦军，这是一条危险的道啊。"于是沛公连夜率兵从另一条道返回，他们更换了旗帜，

乃逾城见沛公,曰:"臣闻足下约,先入咸阳者王之。今足下留守宛。宛,大郡之都也,连城数十,人民众,积蓄多,吏人自以为降必死,故皆坚守乘城。今足下尽日止攻,士死伤者必多;引兵去宛,宛必随足下后:足下前则失咸阳之约,后又有强宛之患。为足下计,莫若约降,封其守,因使止守,引其甲卒与之西。诸城未下者,闻声争开门而待,足下通行无所累。"沛公曰:"善。"乃以宛守为殷侯,封陈恢千户。引兵西,无不下者。至丹水,高武侯鳃、襄侯王陵降西陵。还攻胡阳,遇番君别将梅鋗,与皆,降析、郦。遣魏人宁昌使秦,使者未来。是时章邯已以军降项羽于赵矣。

初,项羽与宋义北救赵,及项羽杀宋义,代为上将军,诸将黥布皆属,破秦将王离军,降章邯,诸侯皆附。及赵高已杀二世,使人来,欲约分王关中。沛公以为诈,乃用张良计,使郦生、陆贾往说秦将,啖以利,因袭攻武关,破之。又与秦军战于蓝田南,益张疑兵旗帜,诸所过毋得掠卤,秦人憙,秦军解,因大破之。又战其北,大破之。乘胜,遂破之。

汉元年十月,沛公兵遂先诸侯至霸上。秦王子婴素车白马,系颈以组,封皇帝玺、符、节,降轵道旁。诸将或言诛秦王。沛公曰:"始怀王遣我,固以能宽容;且人已服降,又杀之,不祥。"乃以秦王属吏,遂西入咸阳。欲止宫休舍,樊哙、张良谏,乃封秦重宝财物府库,还军霸上。召诸县父老豪桀曰:"父老苦秦苛法久矣,诽谤者族,偶语者弃市。吾与诸侯约,先入关者王之,吾当王关中。与父老约,法三章耳:杀人者死,伤人及盗抵罪。余悉除去秦法。诸吏人皆

黎明时分，把宛城紧紧围住，围了好几层。南阳郡守想要自刎，他的门客陈恢说："现在自刎还太早。"于是越过城墙求见沛公，说："我听说您和诸侯约定，先攻入咸阳的就让他在那里做王。现在您却停下来攻打宛城。宛城是个大郡的都城，相连的城池有几十座，人民众多，积蓄充足。官民都认为投降肯定会被杀死，所以都决心据城坚守。现在您整天停在这里攻城，士兵伤亡必定很多；如果率军离去，宛城军队一定在后面追出。这样，您向西前进会错过先进咸阳在那里称王的约定，后退又有遭受宛城强大军队袭击的后患。所以为了您着想，倒不如我们约定条件，招降南阳郡守。您可封赏南阳郡守为侯，仍让他留守南阳，您率领宛城的士兵一起西进。那些还没有降服的城邑，听到了这个消息，一定会争着打开城门等候您。您就可以通行无阻地西进，不必担心什么了。"沛公说："好！"于是封宛城郡守为殷侯，封给陈恢一千户。于是沛公率兵继续西进，所经过的城邑没有不降服的。到了丹水，高武侯戚鳃、襄阳侯王陵也在西陵归降了。沛公又回军攻打胡阳，遇到了鄱君的别将梅鋗，就跟他一起，攻下了析县和郦县。沛公派遣魏国人宁昌出使秦地，宁昌还没有回来，这时秦将章邯已经在赵地率军投降项羽了。

当初，项羽和宋义向北去救赵，项羽杀了宋义，代替他做了上将军，黥布等各路将领都归属了项羽；项羽打败了秦将王离的军队，降服了章邯，诸侯们都归附了项羽。赵高杀了秦二世之后，派人来求见刘邦，想和刘邦约定在关中划地称王。刘邦以为其中有诈，就用了张良的计策，派郦生、陆贾去游说秦将，并用财物进行引诱，乘他们松懈之机偷袭武关，大败秦军。接着又在蓝田南面与秦军交战。这时，刘邦增加了用以迷惑敌兵的旗帜，布下疑阵，又令全军所过之处，不得掳掠，使得秦地的人非常高兴，秦军也日益松懈，因此刘邦再次大败秦军。接着在蓝田的北面与秦军交战，又大败秦军。于是乘胜追击，终于彻底打败了秦军。

汉元年十月，刘邦的军队在各路诸侯中最先到达灞上。秦王子婴驾着白车白马，用丝绳系着脖子，封好皇帝的印信，在轵道旁向刘邦投降。将领们有的说应该杀掉秦王。刘邦说："当初怀王派我攻关中，就是认为我能宽厚容人；再说人家已经投降了，又杀掉人家，这么做不吉利。"于是把秦王交给主管官吏，自己向西进入了咸阳。刘邦进宫后就想留在秦宫中休息，樊哙、张良劝阻，刘邦这才下令把秦宫中的贵重宝器、财物和库府封好，然后退回来驻扎在灞上。刘邦召来关中各县的父老和有才德、名望的人，对他们说："父老乡亲们，你们苦于秦朝的苛虐法令已经很久了，过去批评朝政得失的要灭族、相聚谈话的要处死。我和诸侯们约定，谁先进入关中的就在这里做王，所以我应当成为关中王。现在我和父老们约定，今后国家大法只有三条：杀人者处死，伤人者和抢劫者依法治罪。

案堵如故。凡吾所以来，为父老除害，非有所侵暴，无恐！且吾所以还军霸上，待诸侯至而定约束耳。"乃使人与秦吏行县乡邑，告谕之。秦人大喜，争持牛羊酒食献飨军士。沛公又让不受，曰："仓粟多，非乏，不欲费人。"人又益喜，唯恐沛公不为秦王。

或说沛公曰："秦富十倍天下，地形强。今闻章邯降项羽，项羽乃号为雍王，王关中。今则来，沛公恐不得有此。可急使兵守函谷关，无内诸侯军，稍征关中兵以自益，距之。"沛公然其计，从之。十一月中，项羽果率诸侯兵西，欲入关，关门闭。闻沛公已定关中，大怒，使黥布等攻破函谷关。十二月中，遂至戏。沛公左司马曹无伤闻项王怒，欲攻沛公，使人言项羽曰："沛公欲王关中，令子婴为相，珍宝尽有之。"欲以求封。亚父劝项羽击沛公。方飨士，旦日合战。是时项羽兵四十万，号百万。沛公兵十万，号二十万，力不敌。会项伯欲活张良，夜往见良，因以文谕项羽，项羽乃止。沛公从百余骑，驱之鸿门，见谢项羽。项羽曰："此沛公左司马曹无伤言之。不然，籍何以生此！"沛公以樊哙、张良故，得解归。归，立诛曹无伤。

项羽遂西，屠烧咸阳秦宫室，所过无不残破。秦人大失望，然恐，不敢不服耳。

项羽使人还报怀王。怀王曰："如约。"项羽怨怀王不肯令与沛公俱西入关，而北救赵，后天下约。乃曰："怀王者，吾家项梁所立耳，非有功伐，何以得主约！本定天下，诸将及籍也。"乃佯尊怀王为义帝，实不用其命。

正月，项羽自立为西楚霸王，王梁、楚地九郡，都彭城。负约，更立沛公为汉王，王巴、蜀、汉中，都南郑。三分关中，立秦三将：章邯为雍王，都废丘；司马欣为塞王，都栎阳；董翳为翟王，都高

秦朝其余的法令全部废除。所有的官吏和百姓依旧像往常一样，各居其位。总之，我到这里来，就是要为父老们除害，不会对你们有任何侵害，请不要害怕！再说，我所以把军队撤回灞上，是想等各路诸侯到来，共同制定一个规约。"随即派人和秦朝的官吏一起到各县、镇、乡村去巡视，向民众讲明情况。秦地的百姓都非常喜悦，争着送来牛羊酒食，慰劳士兵。沛公推让不肯接受，说："仓库里的粮食不少，并不缺乏，不想让大家破费。"人们更加高兴，唯恐沛公不做关中王。

有人游说沛公说："秦地的富足是其他地区的十倍，地理形势又好。现在听说章邯投降项羽，项羽给他的封号是雍王，让他在关中称王。如今要是他来了，沛公您恐怕就不能拥有这个地方了。您赶快派军队守住函谷关，不要让诸侯军进来。再逐步从关中征集兵卒，加强自己的实力，以便抵抗他们。"沛公认为他的话有道理，就依从了他的计策。十一月中旬，项羽果然率领诸侯军西进，想要进入函谷关，但发现关门紧闭着。项羽听说沛公已经平定了关中，非常恼火，就派黥布等攻克了函谷关。十二月中旬，项羽到达咸阳城东的戏亭。沛公的左司马曹无伤听说项羽发怒，想要攻打沛公，就派人去对项羽说："沛公要在关中称王，让秦王子婴做丞相，把秦宫所有的珍宝都据为己有。"曹无伤想借此求得项羽的封赏。亚父范增劝说项羽攻打沛公。项羽立即犒劳将士，准备次日和沛公会战。这时项羽的兵力有四十万，号称百万；沛公的兵力有十万，号称二十万，实力抵不过项羽。恰巧项伯想救张良，不想让他与沛公一起送死，于是连夜赶到沛公军营见张良，因而让刘邦有机会给项羽写了封信，使项羽改变了作战的想法。次日沛公带了百余名骑随来到鸿门，向项羽道歉。项羽说："这是沛公的左司马曹无伤说的，不然我怎么会这样呢？"沛公因为樊哙、张良的帮助，得以安全脱身返回。回到军营后，刘邦立即杀了曹无伤。

项羽于是向西行进，一路屠杀，焚烧了咸阳城内的秦王朝宫室，所经过的地方，没有不遭毁灭的。秦地的人们对项羽非常失望，但又害怕，不敢不服从他。

项羽派人回去向怀王报告并请示。怀王说："按原来约定的办。"项羽怨恨怀王当初不肯让他和沛公一起西进入关，却派他到北边去救赵，结果没能率先入关，落在了别人之后。他说："怀王是我家叔父项梁拥立的，他没有什么功劳，凭什么能主持定约呢！平定天下的，本来就是各路将领和我项籍。"于是假意推尊怀王为义帝，实际上并不听从他的命令。

正月，项羽自立为西楚霸王，统治梁、楚两地的九个郡，建都彭城。又违背当初的约定，改立沛公为汉王，统治巴蜀、汉中之地，建都南郑。把关中分为三份，封给秦朝的三个降将：章邯为雍王，建都废丘；司马欣为塞王，建都栎阳；董翳

奴。楚将瑕丘申阳为河南王，都洛阳。赵将司马卬为殷王，都朝歌。赵王歇徙王代。赵相张耳为常山王，都襄国。当阳君黥布为九江王，都六。怀王柱国共敖为临江王，都江陵。番君吴芮为衡山王，都邾。燕将臧荼为燕王，都蓟。故燕王韩广徙王辽东。广不听，臧荼攻杀之无终。封成安君陈余河间三县，居南皮。封梅鋗十万户。

四月，兵罢戏下，诸侯各就国。汉王之国，项王使卒三万人从，楚与诸侯之慕从者数万人，从杜南入蚀中。去辄烧绝栈道，以备诸侯盗兵袭之，亦示项羽无东意。至南郑，诸将及士卒多道亡归，士卒皆歌思东归。韩信说汉王曰："项羽王诸将之有功者，而王独居南郑，是迁也。军吏士卒皆山东之人也，日夜跂而望归，及其锋而用之，可以有大功。天下已定，人皆自宁，不可复用。不如决策东乡，争权天下。"

项羽出关，使人徙义帝。曰："古之帝者地方千里，必居上游。"乃使使徙义帝长沙郴县，趣义帝行，群臣稍倍叛之，乃阴令衡山王、临江王击之，杀义帝江南。项羽怨田荣，立齐将田都为齐王。田荣怒，因自立为齐王，杀田都而反楚；予彭越将军印，令反梁地。楚令萧公角击彭越，彭越大破之。陈余怨项羽之弗王己也，令夏说说田荣，请兵击张耳。齐予陈余兵，击破常山王张耳，张耳亡归汉。迎赵王歇于代，复立为赵王。赵王因立陈余为代王。项羽大怒，北击齐。

八月，汉王用韩信之计，从故道还，袭雍王章邯。邯迎击汉陈仓，雍兵败，还走；止战好畤，又复败，走废丘。汉王遂定雍地。东至咸阳，引兵围雍王废丘，而遣诸将略定陇西、北地、上郡。令将军薛欧、王吸出武关，因王陵兵南阳，以迎太公、吕后于沛。楚闻之，发兵距之阳夏，不得前。令故吴令郑昌为韩王，距汉兵。

二年，汉王东略地，塞王欣、翟王翳、河南王申阳皆降。韩王昌

为翟王，建都高奴。又封楚将瑕丘申阳为河南王，建都洛阳。封赵将司马卬为殷王，建都朝歌。把赵王歇改封到代地为代王。封赵相张耳为常山王，建都襄国。封当阳君黥布为九江王，建都六县。封怀王的柱国共敖为临江王，建都江陵。封番君吴芮为衡山王，建都邾县。封燕将臧荼为燕王，建都蓟县。把原燕王韩广改封到辽东为辽东王。韩广不听，臧荼于是率军去攻打他，并在无终把他杀了。项羽又把河间周围的三个县封给成安君陈余，让他住在南皮县。封给梅𨱆十万户。

四月，各路诸侯从项羽的大将军旗帜下解散，回到各自的封地去。刘邦也前往封国，项羽只派了三万士兵随从他前往，而楚国和诸侯国中因为敬慕而跟随刘邦的另有几万人。刘邦从杜县往南进入蚀地的山谷中，一路上军队过去以后，便命人把在陡壁上架起的栈道全部烧掉，以防备诸侯或其他强盗偷袭，也是向项羽表示自己没有东出之意。到达南郑时，部将和士兵中有许多人在中途开小差逃回去了，留下的士兵们也唱着歌，想东归回乡。韩信劝说汉王道："项羽封有功的部将，却偏偏让您到南郑来，分明是流放您。部队中的军官、士兵大都是崤山以东的人，他们日夜踮起脚跟东望，盼着回归故乡。如果您趁着这种心气极高的时候利用他们，可以建大功。如果等到天下平定以后，人们都安居乐业了，就再也用不上他们了。不如立即决策，率兵东进，与诸侯争夺天下。"

项羽出了函谷关后，派人让义帝迁都，并对义帝说："古代帝王拥有方圆千里的土地，而且一定要居住在江河的上游。"派使者把义帝迁徙到长沙郡的郴县，催促他赶快起程。群臣见此，于是渐渐背叛了他。项羽就秘密命令衡山王、临江王去杀义帝，把义帝杀死在江南。项羽怨恨田荣，就封齐将田都为齐王。田荣很生气，就自立为齐王，杀掉田都，反叛楚王；又把将军印授给了彭越，让他在梁地反楚。楚派萧公角去攻打彭越，被彭越打得大败。陈余怨恨项羽不封自己为王，就派夏说去游说田荣，向他借兵攻打张耳。齐国给了陈余一些兵力，打败了常山王张耳。张耳逃走归附了汉王刘邦。陈余从代地把赵王歇接回赵国，重新立为赵王，赵王因此立陈余为代王。项羽大为恼怒，发兵亲自向北攻打齐国。

八月，汉王刘邦采用韩信的计策，按原路返回关中，袭击雍王章邯。章邯在陈仓迎击汉军，雍王的军队被打败，退兵逃走；在好畤停下来再战，又被打败，逃到废丘。刘邦于是平定了雍地。他向东挺进咸阳，率军在废丘包围了雍王，并派遣将领平定了陇西、北地、上郡；派将军薛欧、王吸带兵出武关，与驻守南阳的王陵会合，到沛县去接自己的父亲太公和妻子吕后。项羽听说后，派兵在阳夏阻截，汉军不能前进。项羽又封原吴县县令郑昌为韩王，让他带兵去抵抗汉军。

二年，汉王刘邦向东进攻，夺取土地，塞王司马欣、翟王董翳、河南王申阳

不听，使韩信击破之。于是置陇西、北地、上郡、渭南、河上、中地郡；关外置河南郡。更立韩太尉信为韩王。诸将以万人若以一郡降者，封万户。缮治河上塞。诸故秦苑囿园池，皆令人得田之。正月，虏雍王弟章平。大赦罪人。

汉王之出关至陕，抚关外父老，还，张耳来见，汉王厚遇之。

二月，令除秦社稷，更立汉社稷。

三月，汉王从临晋渡，魏王豹将兵从。下河内，虏殷王，置河内郡。南渡平阴津，至洛阳。新城三老董公遮说汉王以义帝死故。汉王闻之，袒而大哭。遂为义帝发丧，临三日。发使者告诸侯曰："天下共立义帝，北面事之。今项羽放杀义帝于江南，大逆无道。寡人亲为发丧，诸侯皆缟素。悉发关内兵，收三河士，南浮江汉以下，愿从诸侯王击楚之杀义帝者。"

是时项王北击齐，田荣与战城阳。田荣败，走平原，平原民杀之。齐皆降楚。楚因焚烧其城郭，系虏其子女。齐人叛之。田荣弟横立荣子广为齐王，齐王反楚城阳。项羽虽闻汉东，既已连齐兵，欲遂破之而击汉。汉王以故得劫五诸侯兵，遂入彭城。项羽闻之，乃引兵去齐，从鲁出胡陵，至萧，与汉大战彭城灵壁东睢水上，大破汉军，多杀士卒，睢水为之不流。乃取汉王父母妻子于沛，置之军中以为质。当是时，诸侯见楚强汉败，还皆去汉复为楚。塞王欣亡入楚。

吕后兄周吕侯为汉将兵，居下邑。汉王从之，稍收士卒，军砀。汉王乃西过梁地，至虞。使谒者随何之九江王布所，曰："公能令布举兵叛楚，项羽必留击之。得留数月，吾取天下必矣。"随何往说九江王布，布果背楚。楚使龙且往击之。

都归降了。韩王昌不肯归降，刘邦派韩信打败了他。于是刘邦把攻占的土地设置为陇西、北地、上郡、渭南、河上、中地等郡；在关外设置了河南郡，改封韩国的太尉韩信为韩王。刘邦下令各路将领，凡是率领一万人或者献出一郡之地降汉的，封他为万户侯。他派人修筑河上郡的要塞，把原先秦朝供帝王游玩打猎的园林开放，允许人们去耕种。正月，俘虏了雍王的弟弟章平。刘邦对自己属地内的罪犯，进行大赦。

汉王刘邦出了武关到达陕县，抚慰关外的父老。回来后，张耳前来求见。刘邦厚待他。

二月，刘邦下令拆除了秦的社稷坛，改建汉的社稷坛。

三月，刘邦从临晋渡过黄河，魏王豹带兵跟随。刘邦攻下了河内，俘虏了殷王，设置了河内郡。刘邦又率军向南渡过平阴津，到达洛阳。新城县一位掌管教化的三老董公拦住了刘邦，向他说了义帝被杀的情况。刘邦听后，袒露左臂失声大哭。随即下令为义帝发丧，哭吊三天。刘邦又派使者通告各诸侯说："天下诸侯共同拥立义帝，称王事奉。如今项羽在江南放逐并杀害了义帝，这是大逆不道。我亲自为义帝发丧，诸侯也都应该穿白戴素。我将发动关中全部军队，聚集河南、河东、河内三郡的士兵，向南沿长江、汉水而下，我希望与诸侯王一起去打楚国那个杀害义帝的罪人！"

这时，项羽正在北方攻打齐国，田荣和他交战于城阳。田荣被打败，逃往平原，平原的民众杀了他。齐国各地都归降了楚国。楚军放火焚毁了齐国的城邑，掠走了齐人的子女。齐国人十分愤怒，又反叛了楚国。田荣的弟弟田横立田荣的儿子田广为齐王。齐王已在城阳举兵反楚。项羽虽然听说了刘邦已经到东方来了，但因为已经与齐军连续作战多日，就想在打败齐军之后再去迎击汉军。刘邦因此得以挟持常山王张耳、河南王申阳、韩王郑昌、魏王魏豹、殷王司马卬等五诸侯的军队，攻入彭城。项羽闻讯，立即率兵离开齐国，从鲁县穿过胡陵到达萧县，与汉军在彭城灵壁以东的睢水上激战，大败汉军，杀得尸横遍野，以致睢水因此被阻塞不能畅流。项羽又派人从沛县掳来了刘邦的父母、妻子、儿女，把他们扣留在军中做人质。当时，诸侯们见楚军强大，刘邦被打败，又都背离了刘邦而投向楚王。塞王司马欣也逃归了楚国。

吕后的哥哥周吕侯当时正率领着刘邦的一路军队驻扎在下邑。刘邦便去投奔他，并逐渐收集逃散的士卒，驻扎在砀县。然后刘邦率军向西，经过梁地，到达虞县。刘邦派使者随何到九江王黥布那里去，说："您如果能说服黥布发兵反楚，项羽一定会暂停留在那里攻击黥布。只要项羽的军队停留几个月，我就一定能取得天下。"随何于是前往游说九江王黥布，黥布果然反叛了楚。项羽派龙且

汉王之败彭城而西行，使人求家室，家室亦亡，不相得。败后乃独得孝惠，六月，立为太子，大赦罪人。令太子守栎阳，诸侯子在关中者皆集栎阳为卫。引水灌废丘，废丘降，章邯自杀。更名废丘为槐里。于是令祠官祀天地四方上帝山川，以时祀之。兴关内卒乘塞。

是时九江王布与龙且战，不胜，与随何间行归汉。汉王稍收士卒，与诸将及关中卒益出，是以兵大振荥阳，破楚京、索间。

三年，魏王豹谒归视亲疾，至即绝河津，反为楚。汉王使郦生说豹，豹不听。汉王遣将军韩信击，大破之，虏豹。遂定魏地，置三郡，曰河东、太原、上党。汉王乃令张耳与韩信遂东下井陉击赵，斩陈余、赵王歇。其明年，立张耳为赵王。

汉王军荥阳南，筑甬道属之河，以取敖仓。与项羽相距岁余。项羽数侵夺汉甬道，汉军乏食，遂围汉王。汉王请和，割荥阳以西者为汉。项王不听。汉王患之，乃用陈平之计，予陈平金四万斤，以间疏楚君臣。于是项羽乃疑亚父。亚父是时劝项羽遂下荥阳，及其见疑，乃怒，辞老，愿赐骸骨归卒伍，未至彭城而死。

汉军绝食，乃夜出女子东门二千余人，被甲，楚因四面击之。将军纪信乃乘王驾，诈为汉王，诳楚，楚皆呼万岁，之城东观，以故汉王得与数十骑出西门遁。令御史大夫周苛、魏豹、枞公守荥阳。诸将卒不能从者，尽在城中。周苛、枞公相谓曰："反国之王，难与守城。"因杀魏豹。

汉王之出荥阳入关，收兵欲复东。袁生说汉王曰："汉与楚相距荥阳数岁，汉常困。愿君王出武关，项羽必引兵南走，王深壁，令荥阳成皋间且得休。使韩信等辑河北赵地，连燕齐，君王乃复走荥阳，未晚也。如此，则楚所备者多，力分，汉得休，复与

前去攻打黥布。

刘邦在彭城兵败向西撤退的时候，途中派人去寻找家人，家人都已逃走，没有找到他们。败退途中只找到了孝惠。六月，刘邦立孝惠为太子，大赦罪犯。他让太子守卫栎阳，并把在关中的各诸侯的儿子也都集中到栎阳来守卫。接着，他引水灌废丘，废丘降汉，章邯自杀。刘邦把废丘改名为槐里。于是刘邦命令掌管祭祀的官吏祭祀天地、四方、上帝、山川，并形成定制，以后按时祭祀。他又发动关内的士兵，前往边塞防守敌军。

当时九江王黥布正与龙且交战，失败了。黥布便跟随何一起抄小路潜行归附了刘邦。刘邦再次收拢了许多兵卒，其他各地将领及关中的军队也慢慢向荥阳聚拢，因而刘邦的军队声威大振，在京、索之间大败了楚军。

汉王三年，魏王豹请假回乡去探视生病的父母，一到魏国，就毁绝了黄河的渡口，反汉助楚。刘邦派郦食其去劝说魏豹，魏豹不听。于是刘邦派将军韩信前去攻打，把魏军打得大败，俘虏了魏豹，平定了魏地，并在那里设置了河东、太原、上党等三个郡。刘邦随即命令张耳与韩信率兵东下井陉，攻打赵国，杀了陈余和赵王歇。第二年，刘邦封张耳为赵王。

刘邦的军队驻扎在荥阳南面，修筑了一条甬道与黄河南岸相连接，以便取用敖仓的粮食。刘邦跟项羽互相对峙，持续了一年多。项羽多次夺取这条甬道，使刘邦军队粮食缺乏，最终项羽包围了刘邦。刘邦请求讲和，条件是把荥阳以西的地方划归为汉，项羽没有答应。刘邦为此而忧虑，于是采用陈平的计策，给了陈平黄金四万斤，用以离间项羽和范增君臣之间的关系。于是项羽便对亚父范增产生了怀疑。范增当时劝项羽前往攻取荥阳，当他遭到项羽猜疑后，非常愤怒，就托词年老，希望项羽准许他告退回乡为民，结果还没有走到彭城就死了。

汉军粮草断绝，就趁夜把二千多名身披铠甲的女子放出东门，楚军从四面追赶围攻。这时将军纪信乘坐着刘邦的车驾，假扮成刘邦的样子诳骗楚军，假装向项羽投降。楚军见此一起高呼万岁，都到城东去观看，而刘邦因此得以带着几十名随从骑兵从西城门逃走了。出城之前刘邦命令御史大夫周苛、魏豹、枞公守卫荥阳。那些不能随从刘邦出城的将领和士兵，都留在城中，周苛、枞公商量说："魏豹是曾反叛过的侯国之王，难以和他一起守城。"于是把魏豹杀了。

刘邦逃出荥阳进入关中，聚集士兵准备再次东进。袁生游说刘邦说："我军与楚在荥阳相持不下好几年，我们常陷于不利的困境。希望大王您能够南出武关，项羽到时一定会率军南下。到时大王加高壁垒，不出战，让荥阳、成皋一带的军队得以休息。您可派韩信等去安抚河北赵地，把燕国、齐国连接起来，那时大王再兵进荥阳也不晚。这样，楚军就要多方防备，力量分散，而汉军得到了休

之战，破楚必矣。"汉王从其计，出军宛叶间，与黥布行收兵。

项羽闻汉王在宛，果引兵南。汉王坚壁不与战。是时彭越渡睢水，与项声、薛公战下邳，彭越大破楚军。项羽乃引兵东击彭越。汉王亦引兵北军成皋。项羽已破走彭越，闻汉王复军成皋，乃复引兵西，拔荥阳，诛周苛、枞公，而虏韩王信，遂围成皋。

汉王逃，独与滕公共车出成皋玉门，北渡河，驰宿修武。自称使者，晨驰入张耳、韩信壁，而夺之军。乃使张耳北益收兵赵地，使韩信东击齐。汉王得韩信军，则复振。引兵临河，南飨军小修武南，欲复战。郎中郑忠乃说止汉王，使高垒深堑，勿与战。汉王听其计，使卢绾、刘贾将卒二万人，骑数百，渡白马津，入楚地，与彭越复击破楚军燕郭西，遂复下梁地十余城。

淮阴已受命东，未渡平原。汉王使郦生往说齐王田广，广叛楚，与汉和，共击项羽。韩信用蒯通计，遂袭破齐。齐王烹郦生，东走高密。项羽闻韩信已举河北兵破齐、赵，且欲击楚，则使龙且、周兰往击之。韩信与战，骑将灌婴击，大破楚军，杀龙且。齐王广奔彭越。当此时，彭越将兵居梁地，往来苦楚兵，绝其粮食。

四年，项羽乃谓海春侯大司马曹咎曰："谨守成皋。若汉挑战，慎勿与战，无令得东而已。我十五日必定梁地，复从将军。"乃行击陈留、外黄、睢阳，下之。汉果数挑楚军，楚军不出，使人辱之五六日，大司马怒，度兵汜水。士卒半渡，汉击之，大破楚军，尽得楚国金玉货赂。大司马咎、长史欣皆自刭汜水上。项羽至睢阳，闻海春侯破，乃引兵还。汉军方围钟离眛于荥阳东，项羽至，尽走险阻。

韩信已破齐，使人言曰："齐边楚，权轻，不为假王，恐不能安齐。"汉王欲攻之。留侯曰："不如因而立之，使自为守。"乃遣张良操印绶立韩信为齐王。

整,再跟楚军作战,打败楚军就确定无疑了。"刘邦听从了他的计策,出兵宛县、叶县一带,与黥布一路行进、一路聚集人马。

项羽听说刘邦在宛县,果然率军南下。刘邦加固壁垒,不跟他交战。这时候,彭越渡过睢水,和项声、薛公在下邳交战,彭越大败楚军。于是项羽就率军东进去攻打彭越。刘邦同时也就率军北进,驻扎在成皋。项羽打跑了彭越,听说刘邦又驻进了成皋,就率军向西,攻下了荥阳,杀死了周苛、枞公,并且俘虏了韩王信,接着包围了成皋。

刘邦逃走了,只和滕公共乘一车从成皋北面的玉门逃出,往北渡过黄河,驰马跑到修武,并留宿在此。他自称是刘邦的使者,在第二天清晨闯入张耳、韩信的军营,夺了他们的军权。而后派张耳往北到赵地去大量招收兵卒,派韩信东进攻打齐国。刘邦取得了韩信的军队,重新振作起来。他率军南下临近了黄河,在小修武的南面犒劳部队,准备跟项羽再战。这时郎中郑忠劝阻刘邦,让他加深壕沟,增高壁垒坚守,不要跟楚军作战。刘邦听从了他的计谋,派卢绾、刘贾率步兵二万人、骑兵数百名,渡过白马津,进入楚地,跟彭越的军队一起在燕县城西再次打败了楚军,接着又攻下了梁地的十多座城池。

淮阴侯韩信已受命东进,还没有渡过平原津。这时,刘邦却暗中派郦食其前去游说齐王田广,田广叛楚,与汉和好,共同进攻项羽。但韩信还是采用了蒯通的计策,袭击并大败了齐军。齐王用大鼎把郦食其煮死,向东逃到高密。项羽听说韩信已率河北军攻占了齐国、赵国,且将要进攻楚国,就派龙且、周兰前去攻打韩信。韩信跟他们开战,骑将灌婴出击,大败楚军,杀了龙且。齐王田广投奔彭越。这时候,彭越带兵驻在梁地,往来袭击骚扰楚军,断绝了楚军的粮食供给。

汉王四年,项羽对海春侯大司马曹咎说:"请你们小心地守住成皋。如果汉军挑战,千万不要应战,只要别让他们东进就可以了。我在十五天之内一定能平定梁地,回头再跟将军们会合。"便率兵去攻陈留、外黄、睢阳,所有城池都被攻下。这期间,汉军果然多次向楚军挑战,楚军都坚守不出。于是汉军便派人辱骂他们,接连骂了五六天。曹咎气愤之极,忍不住领兵横渡汜水应战。楚兵刚刚渡过一半,汉军便杀了出来,大败楚军,把楚国屯积的所有金玉财宝洗劫一空。大司马曹咎、长史司马欣都在汜水上自刎了。项羽到达睢阳,听说海春侯被打败,就率军赶回来。汉军这时正把钟离眛围困在荥阳东面,他们一见项羽到来,立刻全部跑到深山险要地带躲了起来。

韩信攻下齐国后,派人对刘邦说:"齐国和楚国邻界,我的权力太小,如果不立个代理齐王,恐怕不能安定齐地。"刘邦听后想派兵攻打韩信。留侯张良劝说道:"不如趁此机会立他为齐王,让他自己守住齐地。"于是刘邦派张良带着印信到齐国封韩信为齐王。

项羽闻龙且军破,则恐,使盱台人武涉往说韩信。韩信不听。

楚汉久相持未决,丁壮苦军旅,老弱罢转饷。汉王项羽相与临广武之间而语。项羽欲与汉王独身挑战。汉王数项羽曰:"始与项羽俱受命怀王,曰先入定关中者王之,项羽负约,王我于蜀汉,罪一。项羽矫杀卿子冠军而自尊,罪二。项羽已救赵,当还报,而擅劫诸侯兵入关,罪三。怀王约入秦无暴掠,项羽烧秦宫室,掘始皇帝冢,私收其财物,罪四。又强杀秦降王子婴,罪五。诈坑秦子弟新安二十万,王其将,罪六。项羽皆王诸将善地,而徙逐故主,令臣下争叛逆,罪七。项羽出逐义帝彭城,自都之,夺韩王地,并王梁楚,多自予,罪八。项羽使人阴弑义帝江南,罪九。夫为人臣而弑其主,杀已降,为政不平,主约不信,天下所不容,大逆无道,罪十也。吾以义兵从诸侯诛残贼,使刑余罪人击杀项羽,何苦乃与公挑战!"项羽大怒,伏弩射中汉王。汉王伤匈,乃扪足曰:"虏中吾指!"汉王病创卧,张良强请汉王起行劳军,以安士卒,毋令楚乘胜于汉。汉王出行军,病甚,因驰入成皋。

病愈,西入关,至栎阳,存问父老,置酒,枭故塞王欣头栎阳市。留四日,复如军,军广武。关中兵益出。

当此时,彭越将兵居梁地,往来苦楚兵,绝其粮食。田横往从之。项羽数击彭越等,齐王信又进击楚。项羽恐,乃与汉王约,中分天下,割鸿沟而西者为汉,鸿沟而东者为楚。项王归汉王父母妻子,军中皆呼万岁,乃归而别去。

项羽解而东归。汉王欲引而西归,用留侯、陈平计,乃进兵追项羽,至阳夏南止军,与齐王信、建成侯彭越期会而击楚军。至固陵,

项羽听说龙且的军队被打败后，就害怕了，派盱台人武涉去游说韩信反汉。韩信没有同意。

楚汉两军久久相持不下，胜负未决，年轻人厌倦了长期的行军作战，老弱者由于运送粮饷也疲惫不堪。于是刘邦和项羽隔着广武涧相互喊话。项羽要求与刘邦单独决一雌雄，刘邦则一项一项地列举项羽的罪状说："当初我和你项羽一同受怀王之命，说定了先入关中者在关中为王，你项羽违背了约定，让我在蜀汉为王，这是你的第一条罪状。你项羽假托怀王之命，杀了卿子冠军宋义，而自任上将军，这是你的第二条罪状。你项羽奉命援救了赵国，本应当回报怀王，而你项羽却擅自劫持诸侯的军队入关，这是你的第三条罪状。怀王当初约定入关后不准烧杀掳掠，你却焚毁秦朝宫室，挖了始皇帝坟墓，私自收取秦地的财物，这是你的第四条罪状。你强行杀掉已经投降的秦王子婴，这是你的第五条罪状。你采用欺诈手段在新安活埋了二十万秦兵，却封赏他们的降将，这是你的第六条罪状。你项羽把各诸侯的将领都封在好地方，却迁移赶走原来的诸侯王田市、赵歇、韩广等，使得他们的臣下为争王位而反叛，这是你的第七条罪状。你项羽把义帝赶出彭城，自己却在那里建都，又侵夺韩王的地盘，把梁、楚之地并在一起据为己有，这是你的第八条罪状。你项羽派人在江南秘密地杀了义帝，这是你的第九条罪状。你为人臣子却谋杀君主，杀害已经投降之人，你为政不公，不守信约，不容于天下，大逆不道，这是你的第十条罪状。如今我率领义兵和诸侯们来讨伐你这个残暴的罪人，只派那些受过刑的罪犯就可以收拾掉你项羽，又何必劳累我来跟你挑战呢？"项羽十分恼怒，令预先埋伏的弓箭手开弓射中了刘邦。刘邦被射伤了胸部，他却按着脚说："这个强盗射中了我的脚趾！"刘邦因受箭伤而病倒了，但张良却强请他起来出去巡行，慰劳部队，以便稳定军心，不让楚军乘胜利之机攻打汉军。刘邦出去巡视军营后，病情加重了，便立即赶回了成皋。

刘邦病愈后，西行入关，来到栎阳，慰问当地父老，摆设酒席，并杀了原塞王司马欣，把他的头悬挂在木杆上示众。刘邦在栎阳停留了四天，又回到军中，部队驻扎在广武。这时候，关中的军队出关参战的也增多了。

这时候，彭越带兵驻在梁地，往来袭击骚扰楚军，断绝了楚军的粮食供给。田横前往梁地依附他。项羽多次攻击彭越等人，齐王韩信又进兵攻打楚军。项羽害怕了，就跟刘邦约定，平分天下，鸿沟以西的地方划归汉，鸿沟以东的地方划归楚。项羽送回了刘邦的家属，汉军官兵一见都呼喊万岁，然后双方分别回营离去。

项羽罢兵回东方了，刘邦也想率军西归，后来采用张良、陈平的计策，乘楚军兵疲粮尽时，进兵追击项羽，一直追到阳夏南面才让部队停下来。刘

不会。楚击汉军,大破之。汉王复入壁,深堑而守之。用张良计,于是韩信、彭越皆往。及刘贾入楚地,围寿春,汉王败固陵,乃使使者召大司马周殷举九江兵而迎武王,行屠城父,随刘贾、齐梁诸侯皆大会垓下。立武王布为淮南王。

五年,高祖与诸侯兵共击楚军,与项羽决胜垓下。淮阴侯将三十万自当之,孔将军居左,费将军居右,皇帝在后,绛侯、柴将军在皇帝后。项羽之卒可十万。淮阴先合,不利,却。孔将军、费将军纵,楚兵不利,淮阴侯复乘之,大败垓下。项羽卒闻汉军之楚歌,以为汉尽得楚地,项羽乃败而走,是以兵大败。使骑将灌婴追杀项羽东城,斩首八万,遂略定楚地。鲁为楚坚守不下。汉王引诸侯兵北,示鲁父老项羽头,鲁乃降。遂以鲁公号葬项羽谷城。还至定陶,驰入齐王壁,夺其军。

正月,诸侯及将相相与共请尊汉王为皇帝。汉王曰:"吾闻帝贤者有也,空言虚语,非所守也,吾不敢当帝位。"群臣皆曰:"大王起微细,诛暴逆,平定四海,有功者辄裂地而封为王侯。大王不尊号,皆疑不信。臣等以死守之。"汉王三让,不得已,曰:"诸君必以为便,便国家。"甲午,乃即皇帝位氾水之阳。

皇帝曰义帝无后。齐王韩信习楚风俗,徙为楚王,都下邳。立建成侯彭越为梁王,都定陶。故韩王信为韩王,都阳翟。徙衡山王吴芮为长沙王,都临湘。番君之将梅鋗有功,从入武关,故德番君。淮南王布、燕王臧荼、赵王敖皆如故。

天下大定。高祖都洛阳,诸侯皆臣属。故临江王欢为项羽叛汉,令卢绾、刘贾围之,不下。数月而降,杀之洛阳。

五月,兵皆罢归家。诸侯子在关中者复之十二岁,其归者复之六岁,食之一岁。

邦曾和齐王韩信、建成侯彭越约定日期会合，共同攻击楚军，但当刘邦到达固陵时，韩信、彭越却没有来会合。楚军掉头迎击汉军，把汉军打得大败。刘邦逃回营垒，深挖壕堑，固守不出。后又采用张良的计策派使者封给韩信、彭越土地，于是韩信、彭越都来会合了。此前刘贾已率军进入楚地，围攻寿春，刘邦却在固陵打了败仗。于是他派人去召大司马周殷，让他出动九江军队去迎接武王黥布，行军途中屠戮了城父。然后随刘贾、齐梁各诸侯的军队一起会师垓下。刘邦封武王黥布为淮南王。

汉王五年，刘邦和诸侯军共同进攻楚军，与项羽在垓下决战。淮阴侯韩信率领三十万大军与楚军正面对阵，他的部将孔将军在左边，费将军在右边，刘邦领兵随后，绛侯周勃、柴将军跟在刘邦的后面。项羽的军队大约有十万。淮阴侯首先跟楚军交锋，没占到便宜，向后退却。孔将军、费将军从左右两边纵兵攻上去，楚军形势不妙，淮阴侯乘势再次从正面攻上去，大败楚军于垓下。项羽的士兵夜晚听到汉军唱起了楚地的歌谣，以为汉军已经占领了全部楚地，项羽才战败逃走，于是楚军因此全部崩溃。刘邦派骑将灌婴追杀项羽，一直追到东城，杀了八万楚兵，终于平定了楚地。这时只有鲁县人还在为项羽坚守，不肯降服，因为怀王当初封项羽为鲁公。刘邦于是率领诸侯军北上，把项羽的头给鲁县的父老们看，鲁人这才投降。于是，刘邦按照鲁公这一封号的礼仪，把项羽葬在谷城。然后回师定陶，他驱马驰入齐王韩信的军营，夺了韩信的兵权。

正月，诸侯及将相们共同尊请汉王刘邦为皇帝。刘邦说："我听说皇帝的尊号，贤能的人才能据有，空言虚语不是我所要的，我可承担不了皇帝的尊号。"大臣们都说："大王从平民起事，诛伐暴逆，平定四海，有功的分赏土地封为王侯，如果大王不称皇帝尊号，人们对大王的封赏就都不会相信。我们愿意以死相求。"汉王辞让再三，实在推辞不过了，才说："既然诸位认为这样合适，对国家有利，那我就听从吧。"甲午日，刘邦在汜水北面登临皇帝之位。

刘邦提到义帝没有后代，而齐王韩信熟悉楚地的风俗，就改封韩信为楚王，建都下邳；封建成侯彭越为梁王，建都定陶；原韩王信仍旧为韩王，建都阳翟；改封衡山王吴芮为长沙王，建都临湘。番君吴芮的部将梅锅有功劳，曾经随汉军进入武关，所以刘邦感激吴芮。淮南王黥布、燕王臧荼、赵王张敖的封号都不改变。

天下已经全部平定了，刘邦把都城定在洛阳，各路诸侯都称臣归从于刘邦。原临江王共欢仍为项羽效忠，反对刘邦。刘邦派卢绾、刘贾包围了他，没有攻下。过了几个月共欢才投降，最后被处死在洛阳。

五月，士兵都被遣散回家了。各诸侯子弟留在关中护卫太子的，免除赋税徭役十二年；曾护卫过后又回封国去了的免除赋税徭役六年，另国家供养他们一年。

高祖置酒洛阳南宫。高祖曰："列侯诸将无敢隐朕，皆言其情。吾所以有天下者何？项氏之所以失天下者何？"高起、王陵对曰："陛下慢而侮人，项羽仁而爱人。然陛下使人攻城略地，所降下者因以予之，与天下同利也。项羽妒贤嫉能，有功者害之，贤者疑之，战胜而不予人功，得地而不予人利，此所以失天下也。"高祖曰："公知其一，未知其二。夫运筹策帷帐之中，决胜于千里之外，吾不如子房。镇国家，抚百姓，给馈饷，不绝粮道，吾不如萧何。连百万之军，战必胜，攻必取，吾不如韩信。此三者，皆人杰也，吾能用之，此吾所以取天下也。项羽有一范增而不能用，此其所以为我擒也。"

高祖欲长都洛阳，齐人刘敬说，乃留侯劝上入都关中，高祖是日驾，入都关中。六月，大赦天下。

十月，燕王臧荼反，攻下代地。高祖自将击之，得燕王臧荼。即立太尉卢绾为燕王。使丞相哙将兵攻代。

其秋，利几反，高祖自将兵击之，利几走。利几者，项氏之将。项氏败，利几为陈公，不随项羽，亡降高祖，高祖侯之颍川。高祖至洛阳，举通侯籍召之，而利几恐，故反。

六年，高祖五日一朝太公，如家人父子礼。太公家令说太公曰："天无二日，土无二王。今高祖虽子，人主也；太公虽父，人臣也。奈何令人主拜人臣！如此，则威重不行。"后高祖朝，太公拥彗，迎门却行。高祖大惊，下扶太公。太公曰："帝，人主也，奈何以我乱天下法！"于是高祖乃尊太公为太上皇。心善家令言，赐金五百斤。

十二月，人有上变事告楚王信谋反，上问左右，左右争欲击之。用陈平计，乃伪游云梦，会诸侯于陈，楚王信迎，即因执之。是日，大赦天下。田肯贺，因说高祖曰："陛下得韩信，又治秦中。秦，形胜之国，带河山之险，悬隔千里，持戟百万，秦得百二焉。地势便

刘邦在洛阳南宫摆设酒宴。刘邦说:"列侯和各位将领,你们不能瞒我,都要说真心话。我之所以能取得天下,是因为什么呢?项羽之所以失去天下,又是因为什么呢?"高起、王陵回答说:"陛下傲慢而且好侮辱别人,项羽仁厚而且爱护别人。但是陛下派人攻打城池夺取土地,所攻下和降服的地方就分封给人们,跟天下人同享利益。而项羽却嫉贤妒能,有功的就嫉妒人家,有才能的就怀疑人家,打了胜仗不给人家授功,夺得了土地不给人家利益,这就是他失去天下的原因。"高祖说:"你们只知其一,不知其二。如果说运筹帷幄之中,决胜于千里之外,我比不上张子房;镇守国家,安抚百姓,供给粮饷,保证运粮道路不被阻断,我比不上萧何;统率百万大军,战则必胜,攻则必取,我比不上韩信。这三个人都是人中的俊杰,我能够重用他们,这就是我能够取得天下的原因所在。项羽虽然有一位范增却不重用,这就是他被我擒获的原因。"

刘邦打算长期定都洛阳,齐人刘敬劝说,还有留侯张良也劝说,让刘邦进入并定都关中。于是刘邦当天就起驾入关,到关中去建都。当年六月,刘邦大赦天下。

当年十月,燕王臧荼造反,攻占了代地。刘邦亲自率军前去讨代,擒获了燕王臧荼。当即刘邦封太尉卢绾为燕王,派丞相樊哙领兵去攻打代地。

这一年的秋天,利几造反,刘邦又亲自带兵去讨伐,利几败逃。利几原先是项羽的部将。项羽失败时,利几是陈县县令,没有跟随项羽,逃出归降了刘邦。刘邦把他封在颍川为侯。刘邦打败燕王臧荼回到洛阳后,召见全部在册的列侯,利几心里害怕,所以就造反了。

汉六年,高祖每五天朝拜太公一次,遵循一般人家父子相见的礼节。太公的管家劝说太公道:"天上不会有两个太阳,地上不应有两个君主。当今皇上在家虽然是儿子,在天下却是万民之主;太公您在家虽然是父亲,对皇上却是臣子。怎么能够叫万民之主拜见他的臣子呢!这样做,皇帝的威严就不能遍行天下了。"后来刘邦再去朝见太公,太公就抱着扫帚,面对门口倒退着走。刘邦大为吃惊,急忙下车搀扶太公。太公说:"皇上是万民之主,怎么能因为我而乱了天下的规矩呢?"于是刘邦就尊奉太公为太上皇,心里赞赏那个管家的话,赐给他五百斤黄金。

十二月,有人上书报告楚王韩信谋反作乱的事,刘邦向左右大臣询问对策,大臣们都争着想去征讨。最后刘邦采用了陈平的计策,假装去游览云梦泽,在陈县召见诸侯。楚王韩信来迎接。刘邦趁机拘捕了他。当天,刘邦宣布大赦天下。这时田肯前来祝贺,趁便劝说刘邦道:"陛下抓住了韩信,又在关中建都。秦地是个形势险要之地,周围有山河环绕,与关东有千里长的疆界被山河阻隔。如果

利，其以下兵于诸侯，譬犹居高屋之上建瓴水也。夫齐，东有琅邪、即墨之饶，南有泰山之固，西有浊河之限，北有勃海之利。地方二千里，持戟百万，悬隔千里之外，齐得十二焉。故此东西秦也。非亲子弟，莫可使王齐矣。"高祖曰："善。"赐黄金五百斤。

后十余日，封韩信为淮阴侯，分其地为二国。高祖曰将军刘贾数有功，以为荆王，王淮东。弟交为楚王，王淮西。子肥为齐王，王七十余城，民能齐言者皆属齐。乃论功，与诸列侯剖符行封。徙韩王信太原。

七年，匈奴攻韩王信马邑，信因与谋反太原。白土曼丘臣、王黄立故赵将赵利为王以反，高祖自往击之。会天寒，士卒堕指者什二三，遂至平城。匈奴围平城，七日而后罢去。令樊哙止定代地。立兄刘仲为代王。

二月，高祖自平城过赵、洛阳，至长安。长乐宫成，丞相已下徙治长安。

八年，高祖东击韩王信余反寇于东垣。

萧丞相营作未央宫，立东阙、北阙、前殿、武库、太仓。高祖还，见宫阙壮甚，怒，谓萧何曰："天下匈匈苦战数岁，成败未可知，是何治宫室过度也？"萧何曰："天下方未定，故可因遂就宫室。且夫天子四海为家，非壮丽无以重威，且无令后世有以加也。"高祖乃说。

高祖之东垣，过柏人，赵相贯高等谋弑高祖，高祖心动，因不留。代王刘仲弃国亡，自归洛阳，废以为合阳侯。

九年，赵相贯高等事发觉，夷三族。废赵王敖为宣平侯。是岁，徙贵族楚昭、屈、景、怀、齐田氏关中。

关东拥有百万军队，那么秦地只需兵力二万就可以抵挡住。秦地地势这样有利，如果对诸侯用兵，就好像从高屋檐角的瓦瓴往下流水一样，居高临下，势不可当。还有齐地，东有琅邪、即墨的富绕，南有泰山的险固，西有黄河的天险，北有渤海的地利。土地纵横各二千里，与诸侯的疆界被山水阻隔，超过千里，如果诸侯拥有百万军队，那么齐地只需二十万就可以抵挡住。所以说，齐地可以和秦地并称东秦和西秦。如果不是陛下的嫡亲子弟，其他人不可以派去做齐王。"刘邦听后说："很好。"赏给田肯黄金五百斤。

十多天以后，刘邦封韩信为淮阴侯，把他原来的封地分为两个侯国。刘邦认为将军刘贾屡次立功，就封他为荆王，统治淮水以东；又封他的弟弟刘交为楚王，统治淮水以西；封皇子刘肥为齐王，统辖七十多座城，凡是能说齐国话的老百姓都划属齐国。刘邦又评定功绩，进行封赏，与各列侯剖开封侯的符节，一半留在朝廷，一半交给受封者，以做凭证。让韩王信迁徙到太原郡。

汉七年，匈奴攻打韩王信治下的马邑，韩王信就与匈奴勾结在太原谋反。此时白土县人曼丘臣、王黄拥立前赵将赵利为王，也反叛朝廷。刘邦亲自率兵前往讨伐。当时正赶上天气寒冷，士兵们被冻掉手指的有十分之二三，最后赶到了平城。匈奴军队包围了平城，七天之后才撤围离去。刘邦让樊哙留下继续平定代地，封哥哥刘仲为代王。

汉七年二月，刘邦从平城出发，经过赵国、洛阳，抵达长安。长安的长乐宫已建成，于是刘邦让丞相萧何以下的官员们全都迁到长安来办公。

汉八年，汉高祖刘邦又率军东进，在东垣一带追击韩王信的残余部众。

当时丞相萧相何正主持未央宫的营建工作，已经建好了未央宫的东阙、北阙、前殿、武库、太仓。刘邦回来后，看到宫殿非常壮观，很生气，对萧何说："天下动荡纷乱，苦苦征战好几年，成败还不可确知，为什么要把宫殿修造得如此豪华壮美呢？"萧何说："正因为天下还没有安定，才可以利用这个时机建成宫殿。再说，天子以四海为家，宫殿不壮丽就无法树立天子的威严，而且也不能让后世超过呀。"高祖这才高兴起来。

刘邦到东垣去，经过柏人县，赵国丞相贯高等人图谋想要谋杀高祖。刘邦本想在柏人留宿，可是心里一动，想到"柏人"字音与"迫人"相同，就没有住在那里。代王刘仲在匈奴人的攻击下弃国逃亡，回到了洛阳，高祖刘邦废掉了他的王位，改封为合阳侯。

汉九年，赵国丞相贯高等人企图谋杀刘邦的事情被发觉。刘邦灭了他们的三族，废掉了赵王共敖的王位，改封为宣平侯。这一年，刘邦把原来楚国的贵族昭

未央宫成。高祖大朝诸侯群臣，置酒未央前殿。高祖奉玉卮，起为太上皇寿，曰："始大人常以臣无赖，不能治产业，不如仲力。今某之业所就孰与仲多？"殿上群臣皆呼万岁，大笑为乐。

十年十月，淮南王黥布、梁王彭越、燕王卢绾、荆王刘贾、楚王刘交、齐王刘肥、长沙王吴芮皆来朝长乐宫。春夏无事。

七月，太上皇崩栎阳宫。楚王、梁王皆来送葬。赦栎阳囚。更命郦邑曰新丰。

八月，赵相国陈豨反代地。上曰："豨尝为吾使，甚有信。代地吾所急也，故封豨为列侯，以相国守代，今乃与王黄等劫掠代地！代地吏民非有罪也。其赦代吏民。"九月，上自东往击之。至邯郸，上喜曰："豨不南据邯郸而阻漳水，吾知其无能为也。"闻豨将皆故贾人也，上曰："吾知所以与之。"乃多以金啖豨将，豨将多降者。

十一年，高祖在邯郸诛豨等未毕，豨将侯敞将万余人游行，王黄军曲逆，张春渡河击聊城。汉使将军郭蒙与齐将击，大破之。太尉周勃道太原入，定代地。至马邑，马邑不下，即攻残之。

豨将赵利守东垣，高祖攻之，不下。月余，卒骂高祖，高祖怒。城降，令出骂者斩之，不骂者原之。于是乃分赵山北，立子恒以为代王，都晋阳。

春，淮阴侯韩信谋反关中，夷三族。

夏，梁王彭越谋反，废迁蜀；复欲反，遂夷三族。立子恢为梁王，子友为淮阳王。

秋七月，淮南王黥布反，东并荆王刘贾地，北渡淮，楚王交走入薛。高祖自往击之。立子长为淮南王。

十二年，十月，高祖已击布军会甄，布走，令别将追之。

氏、屈氏、景氏、怀氏和原来齐国的贵族田氏等，全部迁到关中。

未央宫建成了。刘邦在未央宫前殿摆设酒宴，大会诸侯、群臣。刘邦捧着玉制酒杯，起身向太上皇献酒祝寿，说："当初您常以为我没有出息，无可倚仗，不会经营产业，比不上哥哥刘仲勤苦努力。可是现在我的产业和刘仲相比，谁的多呢？"殿上的群臣听了都高呼万岁，大笑取乐。

汉十年十月，淮南王黥布、梁王彭越、燕王卢绾、荆王刘贾、楚王刘交、齐王刘肥、长沙王吴芮都到长乐宫朝见高祖刘邦。这年春天和夏天国家太平无事。

这年七月，太上皇在栎阳宫去世。楚王、梁王都来送葬。刘邦赦免了栎阳的囚徒，把郦邑改名为新丰。

这年八月，赵国丞相陈豨在代地造反。刘邦说："陈豨曾经给我做事，很有信用。代地我认为是很重要的地方，所以封陈豨为列侯，以相国的身份镇守代地。如今他竟然和王黄等人在代地造反！但是代地的官吏和百姓并没有罪，全都赦免他们。"九月，刘邦亲自率军往东，前去讨伐陈豨。到达邯郸，刘邦高兴地说："陈豨没有占据邯郸并且把漳水隔断，我就知道他是个无能的人了。"又听说陈豨的部将以前都是做生意的人，说："我知道应该怎么对付他了。"于是拿出了许多黄金去引诱陈豨的部将，很多人都投降了。

十一年，高祖在邯郸讨伐陈豨等人的战事还没有完毕，陈豨的部将侯敞带领一万多人在各地往来游击作战，王黄驻扎在曲逆，张春率军渡过黄河攻打聊城。刘邦派将军郭蒙和齐国的将领联合攻打他们，打得他们大败。太尉周勃从太原攻入，平定了代地。攻马邑时，马邑的叛军不肯降服，周勃就派军摧毁了马邑。

当时陈豨的部将赵利坚守东垣，刘邦率军攻打，久攻不下。攻了一个多月，东垣的士兵在城上辱骂刘邦，刘邦大怒。等到东垣被攻下后，刘邦下令把辱骂过自己的人找出来斩了，不曾辱骂自己的人就宽恕了他们。随后刘邦把赵国常山以北的地区划归代国，立皇子刘恒为代王，建都晋阳。

这年的春天，淮阴侯韩信在关中谋反，被刘邦夷灭三族。

夏天，梁王彭越谋反，刘邦废掉了他的王位，把他流放到蜀地；不久他又想谋反，被夷灭三族。接着刘邦立皇子刘恢为梁王，皇子刘友为淮阳王。

这年秋季七月，淮南王黥布造反，向东吞并了荆王刘贾的地盘，又北渡淮河，楚王刘交被迫逃到薛邑。汉高祖刘邦亲自率军前去讨伐，另立皇子刘长为淮南王。

十二年十月，高祖刘邦在会甀击败了黥布的军队。黥布逃走，高祖派别将继续追击。

高祖还归,过沛,留。置酒沛宫,悉召故人父老子弟纵酒,发沛中儿得百二十人,教之歌。酒酣,高祖击筑,自为歌诗曰:"大风起兮云飞扬,威加海内兮归故乡,安得猛士兮守四方!"令儿皆和习之。高祖乃起舞,慷慨伤怀,泣数行下。谓沛父兄曰:"游子悲故乡。吾虽都关中,万岁后吾魂魄犹乐思沛。且朕自沛公以诛暴逆,遂有天下,其以沛为朕汤沐邑,复其民,世世无有所与。"沛父兄诸母故人日乐饮极欢,道旧故为笑乐。十余日,高祖欲去,沛父兄固请留高祖。高祖曰:"吾人众多,父兄不能给。"乃去。沛中空县皆之邑西献。高祖复留止,张饮三日。沛父兄皆顿首曰:"沛幸得复,丰未复,唯陛下哀怜之。"高祖曰:"丰吾所生长,极不忘耳,吾特为其以雍齿故反我为魏。"沛父兄固请,乃并复丰,比沛。于是拜沛侯刘濞为吴王。

汉将别击布军洮水南北,皆大破之,追得斩布鄱阳。

樊哙别将兵定代,斩陈豨当城。

十一月,高祖自布军至长安。十二月,高祖曰:"秦始皇帝、楚隐王陈涉、魏安釐王、齐湣王、赵悼襄王皆绝无后,予守冢各十家,秦皇帝二十家,魏公子无忌五家。"赦代地吏民为陈豨、赵利所劫掠者,皆赦之。陈豨降将言豨反时,燕王卢绾使人之豨所,与阴谋。上使辟阳侯迎绾,绾称病。辟阳侯归,具言绾反有端矣。二月,使樊哙、周勃将兵击燕王绾,赦燕吏民与反者。立皇子建为燕王。

高祖击布时,为流矢所中,行道病。病甚,吕后迎良医,医入见,高祖问医,医曰:"病可治。"于是高祖嫚骂之曰:"吾以布衣提三尺剑取天下,此非天命乎?命乃在天,虽扁鹊何益!"遂不使治病,赐金五十斤罢之。已而吕后问:"陛下百岁后,萧相国即死,令谁代之?"上曰:"曹参可。"问其次,上曰:"王陵可。然陵少

高祖回京途中，路过沛县时停了下来。他在沛宫置备酒席，把过去的老朋友和他们的子弟都请来一起纵情畅饮。他从沛县儿童中挑选了一百二十人，教他们唱歌。酒喝得正痛快时，高祖自己弹击着筑琴，唱起了自己编的歌："大风刮起来啊云彩飞扬，声威遍海内啊回归故乡，怎能得到猛士啊守卫四方！"并让儿童们跟着学唱。于是高祖起舞，他情绪激动，心中感伤，洒下了行行热泪。他对沛县的父老兄弟说："远游的赤子总是思念着故乡。我虽然建都关中，但是将来死后我的魂魄还会思念故乡。而且我开始是以沛公的身份起兵讨伐暴逆，最终取得天下。我把沛县作为我的汤沐邑，免除沛县百姓的赋税徭役，世世代代不必纳税服役。"沛县的父老兄弟及同宗婶子、大娘、亲戚朋友天天快活饮酒，尽情欢宴，叙谈往事，取笑作乐。过了十多天，刘邦要走了，沛县父老坚决要高祖多留几日。高祖说："我的随从人众太多，父兄们供应不起。"于是离开了沛县。这天，沛县城里全空了，百姓都赶到城西来向刘邦敬献礼物。见此情景，刘邦又停下来，搭起帐篷，痛饮了三天。沛县的父老兄弟都叩头请求说："沛县有幸得以免除赋税徭役，丰邑却没有免除，希望陛下可怜他们。"高祖说："丰邑是我生长的地方，我最不能忘记。只是当初丰邑人跟着雍齿反叛我而帮助魏王，我才这样的。"沛县父老兄弟仍旧坚决请求，高祖才答应把丰邑的赋税徭役也免除掉，跟沛县一样。于是封沛侯刘濞为吴王。

汉将军分别在洮水南北进击黥布，都大败了叛军，在追到鄱阳时抓获了黥布，并把他斩了。

樊哙另外带兵平定了代地，在当城杀了陈豨。

十一月，汉高祖刘邦从讨伐黥布的前线返回长安。十二月，高祖说："秦始皇、楚隐王陈涉、魏安釐王、齐湣王、赵悼襄王等都没有后代，分别给予守墓人十户，给秦始皇二十户，给魏公子无忌五户。"代地的官吏、百姓，凡是被陈豨、赵利所劫持的，全部赦免。当时陈豨的降将说陈豨造反时，燕王卢绾曾经派人到陈豨那里跟他密谋。刘邦派辟阳侯审食其去宣召卢绾进京，卢绾推说有病不来。辟阳侯回来后，详细报告说，卢绾确实有谋反的迹象。这年二月，高祖派樊哙、周勃带兵讨伐燕王卢绾，赦免了燕地参与造反的官吏与百姓，立皇子刘建为燕王。

汉高祖刘邦在讨伐黥布的时候，被飞箭射中，在回京的路上生了病。病得很厉害，吕后为他请来了一位好医生。医生进宫拜见，刘邦问医生病情如何。医生说："可以治好。"于是刘邦骂他说："我一个平民，手提三尺之剑，最终取得天下，这不是由于天命吗？人的命运决定于上天，纵然你是扁鹊，对我的病又有什么用处呢！"说完并不让他治病，赏给他五十斤黄金打发走了。不久，吕后问高祖："陛下百年之后，如果萧相国也死了，让谁来接替他做相国呢？"高祖

懑，陈平可以助之。陈平智有余，然难以独任。周勃重厚少文，然安刘氏者必勃也，可令为太尉。"吕后复问其次，上曰："此后亦非尔所知也。"

卢绾与数千骑居塞下候伺，幸上病愈自入谢。

四月甲辰，高祖崩长乐宫。四日不发丧。吕后与审食其谋曰："诸将与帝为编户民，今北面为臣，此常怏怏，今乃事少主，非尽族是，天下不安。"人或闻之，语郦将军。郦将军往见审食其，曰："吾闻帝已崩，四日不发丧，欲诛诸将。诚如此，天下危矣。陈平、灌婴将十万守荥阳，樊哙、周勃将二十万定燕、代，此闻帝崩，诸将皆诛，必连兵还乡以攻关中。大臣内叛，诸侯外反，亡可翘足而待也。"审食其入言之，乃以丁未发丧，大赦天下。

卢绾闻高祖崩，遂亡入匈奴。

丙寅，葬。己巳，立太子，至太上皇庙。群臣皆曰："高祖起微细，拨乱世反之正，平定天下，为汉太祖，功最高。"上尊号为高皇帝。太子袭号为皇帝，孝惠帝也。令郡国诸侯各立高祖庙，以岁时祠。

及孝惠五年，思高祖之悲乐沛，以沛宫为高祖原庙。高祖所教歌儿百二十人，皆令为吹乐，后有缺，辄补之。

高帝八男：长庶齐悼惠王肥；次孝惠，吕后子；次戚夫人子赵隐王如意；次代王恒，已立为孝文帝，薄太后子；次梁王恢，吕太后时徙为赵共王；次淮阳王友，吕太后时徙为赵幽王；次淮南厉王长；次燕王建。

太史公曰：夏之政忠。忠之敝，小人以野，故殷人承之以敬。敬之敝，小人以鬼，故周人承之以文。文之敝，小人以僿，故救僿莫若

说："曹参可以。"又问曹参以后的事，高祖说："王陵可以。不过他略显迂愚刚直，陈平可以帮助他。陈平智慧有余，然而难以独自担当重任。周勃深沉厚道，缺少文才，但是日后安定刘氏天下的一定是周勃，可以让他担任太尉。"吕后再问以后的事，高祖说："再以后的事，也不是你所能知道的了。"

这时卢绾带着几千骑兵在边境上等待机会，希望在高祖病愈以后，亲自到长安去请罪。

四月甲辰日，刘邦在长乐宫逝世。过了四天仍没有发布丧事的消息。吕后和审食其商量说："那些将领和皇帝以前同样都是平民百姓，后来北面称臣，他们因此常常流露出不满意、不服气的样子。现在又要侍奉年轻的新皇帝了，如果不全部族灭他们，天下就难以安定了。"有人听到了这个话，告诉了将军郦商。郦商去见审食其，说："我听说皇帝已驾崩四天了，你们至今还不发布丧事消息，而且想要杀掉所有的将领。如果你们真的这样做，天下可就危险了。现在陈平、灌婴率领十万大军镇守荥阳，樊哙、周勃率领二十万大军在燕地和代地作战，如果他们听说皇帝驾崩了，在朝诸将都遭杀戮，必定会把军队联合在一起，回过头来进攻关中。那时候大臣们在朝廷叛乱，诸侯们在外面造反，汉朝覆亡的日子很快就要来到了。"审食其进宫把这番话告诉了吕后，于是吕后就在二十八日发布了刘邦逝世的消息，同时宣布大赦天下。

卢绾听说刘邦驾崩的消息，就逃到匈奴去了。

这年五月十七日，刘邦葬在了长陵。二十日，太子刘盈来到太上皇庙朝拜，大臣们都说："高祖起事于平民，平治乱世，使之归于正道，平定了天下，是汉朝的开国皇帝，功劳最高。"于是献上尊号称刘邦为高皇帝。太子继承皇帝之号，这就是孝惠帝。孝惠帝下令，让各郡国诸侯分别建立高祖庙，每年按时祭祀。

到孝惠帝五年，皇上想到高祖生前思念和喜欢沛县，就把沛宫定为高祖的原庙；高祖所教唱歌的儿童一百二十人，都让他们在原庙奏乐唱歌，以后有了缺员，就随时加以补充。

高祖有八个儿子：庶出的长子是齐悼惠王刘肥；次子孝惠皇帝，是吕后的儿子；三子是戚夫人的儿子赵隐王如意；四子代王刘恒，后来被立为孝文皇帝，是薄太后的儿子；五子梁王刘恢，吕太后当政时被改封为赵共王；六子淮阳王刘友，吕太后时被改封为赵幽王；七子是淮南厉王刘长；八子是燕王刘建。

太史公说："夏朝的政治忠厚。忠厚的弊病是使得百姓粗野少礼，所以殷朝代之以恭敬。恭敬的弊病是使得百姓相信鬼神，所以周朝代之以礼仪。礼仪的弊病是使百姓不诚恳，所以要救治不诚恳的弊病，就没有什么比得上忠厚。由此

以忠。三王之道若循环，终而复始。周秦之间，可谓文敝矣。秦政不改，反酷刑法，岂不缪乎？故汉兴，承敝易变，使人不倦，得天统矣。朝以十月。车服黄屋左纛。葬长陵。

看来，夏、殷、周三代开国君主的治国之道好像是循环轮转的，终而复始。至于周朝到秦朝之间，其弊病可以说就在于过分讲究礼仪了。秦朝的政治不但没有改变这种弊病，反而使刑法更加残酷，这难道不是大错特错吗？所以汉朝的兴起，前朝政治的弊端有所改变，使老百姓不至于倦怠，这是符合循环终始的天道的。规定每年十月诸侯王到京城朝见皇帝。车服有定制，皇帝的车子用黄缯做盖的里子，车横左边竖立毛羽制成的幢。安葬高祖于长陵。"

吕太后本纪第九

吕太后者，高祖微时妃也，生孝惠帝、女鲁元太后。及高祖为汉王，得定陶戚姬，爱幸，生赵隐王如意。孝惠为人仁弱，高祖以为不类我，常欲废太子，立戚姬子如意，如意类我。戚姬幸，常从上之关东，日夜啼泣，欲立其子代太子。吕后年长，常留守，希见上，益疏。如意立为赵王后，几代太子者数矣，赖大臣争之，及留侯策，太子得毋废。

吕后为人刚毅，佐高祖定天下，所诛大臣多吕后力。吕后兄二人，皆为将。长兄周吕侯死事，封其子吕台为郦侯，子产为交侯；次兄吕释之为建成侯。

高祖十二年四月甲辰，崩长乐宫，太子袭号为帝。是时高祖八子：长男肥，孝惠兄也，异母，肥为齐王；余皆孝惠弟，戚姬子如意为赵王，薄夫人子恒为代王，诸姬子子恢为梁王，子友为淮阳王，子长为淮南王，子建为燕王。高祖弟交为楚王，兄子濞为吴王。非刘氏功臣番君吴芮子臣为长沙王。

吕后最怨戚夫人及其子赵王，乃令永巷囚戚夫人，而召赵王。使者三反，赵相建平侯周昌谓使者曰："高帝属臣赵王，赵王年少。窃闻太后怨戚夫人，欲召赵王并诛之，臣不敢遣王。王且亦病，不能奉诏。"吕后大怒，乃使人召赵相。赵相征至长安，乃使人复召赵王。王来，未到。孝惠帝慈仁，知太后怒，自迎赵王霸上，与入宫，自挟与赵王起居饮食。太后欲杀之，不得间。孝惠元年十二月，帝晨出射。赵王少，不能蚤起。太后闻其独居，使人持酖饮之。犁明，孝惠还，赵王已死。于是乃徙淮阳王友为赵王。夏，诏赐郦侯父追谥为令武侯。太后遂断戚夫人手足，去眼，煇耳，饮瘖药，使居厕中，

吕太后，是高祖贫贱时娶的妻子，生了孝惠帝和鲁元太后。等到高祖做了汉王后，娶了定陶的戚姬，戚姬受到宠幸，生了赵隐王如意。孝惠帝为人仁惠柔弱，高祖认为不像自己，常想废掉他，改立戚姬的儿子如意为太子，因为如意像自己。戚姬得到宠爱，常跟随高祖到关东，她日夜啼哭，想要让自己的儿子取代孝惠帝做太子。吕后年纪大了，经常留守关中，很少见到高祖，越发被疏远了。如意被立为赵王之后，好几次险些取代了太子的地位，全靠大臣们的极力劝谏，特别是后来留侯张良给刘盈出了主意，太子才没被废黜。

吕后为人刚强坚毅，辅佐高祖平定天下，诛杀韩信、黥布、彭越等大臣也多有吕后之力。吕后的两个哥哥都做了刘邦的将领。大哥周吕侯吕泽死于战争，他的儿子吕台被封为郦侯，另一个儿子吕产被封为交侯；吕后的次兄吕释之被封为建成侯。

刘邦在他即位后的十二年四月二十五日，在长乐宫逝世，太子刘盈承袭帝号做了皇帝。当时高祖有八个儿子：长子刘肥是孝惠帝的哥哥，同父异母，被封为齐王；其余的都是孝惠帝的弟弟，戚夫人的儿子如意被封为赵王，薄夫人的儿子刘恒被封为代王，其他妃嫔生的儿子刘恢被封为梁王，刘友被封为淮阳王，刘长被封为淮南王，刘建被封为燕王。刘邦的弟弟刘交被封为楚王，刘邦哥哥的儿子刘濞被封为吴王。非刘氏的功臣原鄱县县令吴芮的儿子吴臣被封为长沙王。

吕后最怨恨戚夫人和她的儿子赵王。因此，刘邦一过世，她就命令永巷令把戚夫人囚禁起来，并下令召赵王进京。使者连去了三次，赵国丞相建平侯周昌对使者说："高祖把赵王托付给我，因为赵王年纪还小。听说太后怨恨戚夫人，想把赵王召去一起杀掉，我不敢让赵王去。况且赵王又有病，不能接受诏命。"吕后非常恼怒，就派人去召周昌。周昌被召到长安，吕后又派人去召赵王。赵王动身赴京，还在半路上。孝惠帝仁慈，知道太后发怒了，就亲自到灞上迎接赵王，跟他一起回到宫中，亲自保护，跟他同吃同睡。太后想要杀赵王，却得不到机会。孝惠元年十二月一天清晨，惠帝出去射箭。赵王年幼，不能早起。太后听说他独自在家，就派人强迫他喝下了有毒的鸩酒。等到惠帝回到宫中，赵王已经死了。于是吕后就调淮阳王刘友去做赵王。这年夏天，吕后下诏追谥郦侯吕台的父亲

命曰"人彘"。居数日，乃召孝惠帝观人彘。孝惠见，问，乃知其戚夫人，乃大哭，因病，岁余不能起。使人请太后曰："此非人所为。臣为太后子，终不能治天下。"孝惠以此日饮为淫乐，不听政，故有病也。

二年，楚元王、齐悼惠王皆来朝。十月，孝惠与齐王燕饮太后前，孝惠以为齐王兄，置上坐，如家人之礼。太后怒，乃令酌两卮酖，置前，令齐王起为寿。齐王起，孝惠亦起，取卮欲俱为寿。太后乃恐，自起泛孝惠卮。齐王怪之，因不敢饮，佯醉去。问，知其酖，齐王恐，自以为不得脱长安，忧。齐内史士说王曰："太后独有孝惠与鲁元公主。今王有七十余城，而公主乃食数城。王诚以一郡上太后，为公主汤沐邑，太后必喜，王必无忧。"于是齐王乃上城阳之郡，尊公主为王太后。吕后喜，许之。乃置酒齐邸，乐饮，罢，归齐王。三年，方筑长安城，四年就半，五年六年城就。诸侯来会。十月朝贺。

七年秋八月戊寅，孝惠帝崩。发丧，太后哭，泣不下。留侯子张辟强为侍中，年十五，谓丞相曰："太后独有孝惠，今崩，哭不悲，君知其解乎？"丞相曰："何解？"辟强曰："帝毋壮子，太后畏君等。君今请拜吕台、吕产、吕禄为将，将兵居南北军，及诸吕皆入宫，居中用事，如此则太后心安，君等幸得脱祸矣。"丞相乃如辟强计。太后说，其哭乃哀。吕氏权由此起。乃大赦天下。九月辛丑，葬。太子即位为帝，谒高庙。元年，号令一出太后。

太后称制，议欲立诸吕为王，问右丞相王陵。王陵曰："高帝刑

吕泽为令武侯。太后随即派人砍断戚夫人的手脚，挖去眼睛，熏聋耳朵，灌了哑药，扔到厕所里，称为"人彘"。过了几天，吕后特意叫孝惠帝来观看人彘。孝惠帝看了，问了以后才知道是戚夫人，于是大哭，从此病倒，一年多不能起身。惠帝派人请见太后说："这不是人干的事情，我作为太后的儿子，再也不能作为皇帝来治理天下了。"孝惠帝从此终日饮酒作乐，放纵无度，不理朝政，所以身体健康每况愈下。

孝惠帝二年，楚元王刘交、齐悼惠王刘肥都进京来参加十月初一的朝贺。有一天，孝惠帝与刘肥在太后面前宴饮，孝惠帝因为刘肥是兄长，就按家人的礼节，请他坐上座。太后很气愤，就命人倒了两杯鸩酒，放在刘肥面前，让刘肥起身敬酒。刘肥站了起来，孝惠帝也站起来，端起酒杯要一起向太后祝酒。太后害怕了，自己站起来打翻了孝惠帝的酒杯。刘肥觉得奇怪，因而没敢喝这杯酒，就装醉离开了座席。事后打听，才知道那是毒酒，刘肥心里很害怕，认为不能从长安脱身了，非常焦虑。齐国的内史向刘肥献策说："太后只有孝惠帝和鲁元公主。现在大王有七十多座城，而公主只有几座食邑。大王如果能把一个郡的封地献给太后，来做公主的汤沐邑，供公主收取赋税，太后一定高兴，您也就不必再担心了。"于是齐王刘肥就献上城阳郡，尊公主为自己的太后。吕后很高兴，接受下来。于是在刘肥在京城的官邸摆设酒宴，欢饮一番。酒宴结束，就让刘肥返回封地了。孝惠帝三年，开始修筑长安城，四年时完成了一半，经过孝惠帝五年、孝惠帝六年后全部竣工。孝惠帝七年，诸侯们都进京来参加十月初一的朝贺。

孝惠帝七年秋季八月十二日，孝惠帝驾崩。发丧那天，吕太后只是干哭，没有眼泪。留侯张良的儿子张辟强任侍中，只有十五岁，看到这种情况，就对丞相陈平说："太后只有皇上这一个儿子，如今去世了，太后只是干哭而并不悲痛，您知道这是什么缘故吗？"陈平问："什么缘故？"辟强说："皇帝没有留下成年的儿子，太后担忧的是你们这班老臣。如果您请求太后拜吕台、吕产、吕禄为将军，统领两宫卫队南北二军，并请吕家的人都进入宫中，在朝廷里掌握重权，这样一来太后就会安心，你们这些老臣也就不会有什么危险了。"丞相采纳了张辟强的主意。果然太后很满意，这才哭得悲伤起来了。吕氏家族的势力就从这时开始逐渐强大起来了。接着吕后宣布大赦天下。九月初五日，安葬了孝惠帝。太子即位做了皇帝，到高祖庙举行祭祀典礼，向高祖禀告。少帝元年，国家一切的命令都由吕后下达。

太后行使皇帝的职权之后，召集大臣商议，打算立诸吕为王。先问右丞相王陵。

白马盟曰'非刘氏而王,天下共击之'。今王吕氏,非约也。"太后不说。问左丞相陈平、绛侯周勃。勃等对曰:"高帝定天下,王子弟,今太后称制,王昆弟诸吕,无所不可。"太后喜,罢朝。王陵让陈平、绛侯曰:"始与高帝喋血盟,诸君不在邪?今高帝崩,太后女主,欲王吕氏,诸君从欲阿意背约,何面目见高帝地下?"陈平、绛侯曰:"于今面折廷争,臣不如君;夫全社稷,定刘氏之后,君亦不如臣。"王陵无以应之。十一月,太后欲废王陵,乃拜为帝太傅,夺之相权。王陵遂病免归。乃以左丞相平为右丞相,以辟阳侯审食其为左丞相。左丞相不治事,令监宫中,如郎中令。食其故得幸太后,常用事,公卿皆因而决事。乃追尊郦侯父为悼武王,欲以王诸吕为渐。

四月,太后欲侯诸吕,乃先封高祖之功臣郎中令无择为博城侯。鲁元公主薨,赐谥为鲁元太后。子偃为鲁王。鲁王父,宣平侯张敖也。封齐悼惠王子章为朱虚侯,以吕禄女妻之。齐丞相寿为平定侯。少府延为梧侯。乃封吕种为沛侯,吕平为扶柳侯,张买为南宫侯。

太后欲王吕氏,先立孝惠后宫子强为淮阳王,子不疑为常山王,子山为襄城侯,子朝为轵侯,子武为壶关侯。太后风大臣,大臣请立郦侯吕台为吕王,太后许之。建成康侯释之卒,嗣子有罪,废,立其弟吕禄为胡陵侯,续康侯后。二年,常山王薨,以其弟襄城侯山为常山王,更名义。十一月,吕王台薨,谥为肃王,太子嘉代立为王。三年,无事。四年,封吕嬃为临光侯,吕他为俞侯,吕更始为赘其侯,吕忿为吕城侯,及诸侯丞相五人。

宣平侯女为孝惠皇后时,无子,佯为有身,取美人子名之,杀其母,立所名子为太子。孝惠崩,太子立为帝。帝壮,或闻其母死,非真皇后子,乃出言曰:"后安能杀吾母而名我?我未壮,

王陵说:"高帝曾杀白马盟誓说'不是刘氏而称王的,天下人一起攻打他'。现在如果封吕氏为王,是违背誓约的。"太后很不高兴。又问左丞相陈平和绛侯周勃。周勃等人回答:"高祖皇帝平定天下,封刘氏子弟为王;如今太后代行天子之职,封吕氏诸兄弟为王,没有什么不可以的。"太后很高兴,宣布退朝。王陵责备陈平、绛侯说:"当初跟高祖皇帝歃血盟誓时,你们难道不在场吗?现在高祖皇帝去世,太后是女主,想让吕氏称王,各位纵容她的私欲、迎合她的心愿,违背与高祖皇帝立下的誓约,将来还有什么脸面见高祖皇帝于黄泉之下呢?"陈平、周勃说:"如今在朝廷上当面反驳,据理诤谏,我们比不上您;而要保全大汉天下,安定刘氏后代,您又比不上我们。"王陵无话可答。十一月,太后想罢免王陵,就任命他做皇帝的太傅,夺了他的相权。王陵于是就称病免职回乡了。于是吕后就让左丞相陈平做了右丞相,让辟阳侯审食其做了左丞相。但审食其不做左丞相应做的事情,只是监督宫中事务,就像郎中令一样。审食其由于得到吕后的宠幸,所以真正掌权的丞相是他,朝廷大臣处理政务都要通过他来拍板。此时吕后又追尊郦侯吕台的父亲吕泽为悼武王,想以此为封诸吕为王做前期的铺垫。

四月,吕后准备封吕氏诸人为侯,就先封高祖的功臣郎中令冯无择为博城侯。当时鲁元公主去世,吕后赐她谥号为鲁元太后,封她的儿子张偃为鲁王。鲁王的父亲就是宣平侯张敖。同时又封齐悼惠王刘肥的儿子刘章为朱虚侯,把吕禄的女儿嫁给他为妻。封齐国的丞相齐寿为平定侯。封少府阳成延为梧侯。于是又封吕种为沛侯,封吕平为扶柳侯,封张买为南宫侯。

太后为了封吕氏诸人为王,就先封孝惠帝后宫妃子所生的儿子刘强为淮阳王、刘不疑为常山王、刘山为襄城侯、刘朝为轵侯、刘武为壶关侯。吕后又放出口风暗示大臣们,于是大臣们就顺着吕后的心思请求封郦侯吕台为吕王,太后批准了。这时建成康侯吕释之去世,而应该继承侯位的儿子因为犯罪而被废除侯爵,于是吕后改封吕释之的少子吕禄为胡陵侯,作为建成康侯的继承者。二年,常山王刘不疑去世,于是吕后封他的弟弟襄城侯刘山为常山王,改名刘义。十一月,吕王吕台逝世,赐谥为肃王,他的儿子吕嘉即位为吕王。吕后三年,没有发生大事。吕后四年,吕后封自己的妹妹,也就是樊哙的妻子吕媭为临光侯,封吕他为俞侯、吕更始为赘其侯、吕忿为吕城侯,此外还封了五位吕姓人士去做诸侯国的丞相。

宣平侯张敖的女儿做孝惠皇后时,没有儿子,假装怀孕,抱来后宫妃子生的孩子说成是自己所生,并杀掉他的母亲,立他为太子。孝惠帝去世,太子即位称帝。皇帝成年后,偶然听说自己的母亲已死,自己不是皇后亲生的儿子,于是就发怨言说:"太后怎么能杀死我的母亲却把我说成是自己的儿子呢?我还没有

壮即为变。"太后闻而患之，恐其为乱，乃幽之永巷中，言帝病甚，左右莫得见。太后曰："凡有天下治为万民命者，盖之如天，容之如地，上有欢心以安百姓，百姓欣然以事其上，欢欣交通而天下治。今皇帝病久不已，乃失惑悖乱，不能继嗣奉宗庙祭祀，不可属天下，其代之。"群臣皆顿首言："皇太后为天下齐民计所以安宗庙社稷甚深，群臣顿首奉诏。"帝废位，太后幽杀之。五月丙辰，立常山王义为帝，更名曰弘。不称元年者，以太后制天下事也。以轵侯朝为常山王。置太尉官，绛侯勃为太尉。五年八月，淮阳王薨，以弟壶关侯武为淮阳王。六年十月，太后曰吕王嘉居处骄恣，废之，以肃王台弟吕产为吕王。夏，赦天下。封齐悼惠王子兴居为东牟侯。

七年正月，太后召赵王友。友以诸吕女为受后，弗爱，爱他姬，诸吕女妒，怒去，谗之于太后，诬以罪过，曰："吕氏安得王！太后百岁后，吾必击之。"太后怒，以故召赵王。赵王至，置邸不见，令卫围守之，弗与食。其群臣或窃馈，辄捕论之，赵王饿，乃歌曰："诸吕用事兮刘氏危，迫胁王侯兮强授我妃。我妃既妒兮诬我以恶，谗女乱国兮上曾不寤。我无忠臣兮何故弃国？自决中野兮苍天举直！于嗟不可悔兮宁蚤自财。为王而饿死兮谁者怜之！吕氏绝理兮托天报仇。"丁丑，赵王幽死，以民礼葬之长安民冢次。

己丑，日食，昼晦。太后恶之，心不乐，乃谓左右曰："此为我也。"

二月，徙梁王恢为赵王。吕王产徙为梁王，梁王不之国，为帝太傅。立皇子平昌侯太为吕王。更名梁曰吕，吕曰济川。太后女弟吕嬃有女为营陵侯刘泽妻，泽为大将军。太后王诸吕，恐即崩后刘将军为害，乃以刘泽为琅邪王，以慰其心。

长大，长大后一定要报仇。"吕太后听说这件事以后很担心，害怕他将来作乱，就把他囚禁在永巷中，声称皇帝得了重病，左右大臣谁也见不到他。太后说："凡是拥有天下统治万民的人，都要像天一样覆盖万物，像地一样包容万物。皇帝有欢悦爱护之心安抚百姓，百姓就会欢欣喜悦地侍奉皇帝。这样上下欢悦欣喜，感情相通，天下就能太平。现在皇帝久病不愈，而且神志昏乱不清，不能继承帝位供奉宗庙祭祀了，因此不能把天下托付给他，应该找人代替他。"群臣都叩头说："皇太后为天下百姓考虑，对安定宗庙社稷考虑得很深远，我们恭敬从命。"于是废了皇帝的帝位，吕后又暗中杀了他。五月十一日，立常山王刘义为皇帝，改名叫刘弘。之所以没有改称元年，这是因为太后在掌握一切的职权。接着吕后改封轵侯刘朝为常山王。设置太尉的官职，绛侯周勃做了太尉。吕后五年八月，淮阳王刘强去世，他的弟弟壶关侯刘武继位淮阳王。吕后六年十月，吕后认为吕王吕嘉行为骄横恣纵，将其废掉，改封肃王吕台的弟弟吕产为吕王。同年夏，大赦天下。封齐悼惠王的儿子刘兴居为东牟侯。

吕后七年正月，吕后召赵王刘友进京。刘友的王后是吕氏人的女儿，刘友不喜欢她，而喜欢其他的姬妾。这个吕氏的女儿很嫉妒，恼怒之下离开了家，到太后那里说他的坏话，诬陷刘友有罪，说他曾说过："吕氏怎么能封王！太后百年之后，我一定收拾他们。"太后发怒，所以召回赵王。赵王到京后，太后把他安置在官邸里却不接见，并派护卫队围守着，不给他饭吃。群臣中有的偷偷给他送吃的，就被抓来问罪。赵王饿极了，就作了一首歌，唱道："诸吕朝中掌大权啊，刘氏江山实已危；以势胁迫诸王侯啊，强行嫁女为我妃。我妃嫉妒无比啊，竟然谗言诬我罪；谗女害人又乱国啊，不料皇上也被蒙昧。并非是我无忠臣啊，如今失国为哪般？途中自尽弃荒野啊，曲直是非天能辨。可惜悔之时已晚啊，宁愿及早入黄泉。为王却将饥饿死啊，无声无息有谁怜！吕氏天理已灭绝啊，祈望苍天报仇冤。"十八日，赵王刘友被囚禁而活活饿死了，死后按照平民的葬礼，被埋在长安的平民墓地中。

吕后七年正月三十日，发生日食，白昼变得跟黑夜一样。太后非常嫌恶，心中闷闷不乐，对左右的人说："这是因为我啊。"

吕后七年二月，吕后又下令改封梁王刘恢为赵王；吕王吕产被改封为梁王，但梁王没有去封国，留在京城担任皇帝的太傅。吕后又封孝惠帝的儿子平昌侯刘太为吕王，把梁国改名为吕国，原来的吕国改名为济川国。吕后的妹妹吕媭有个女儿是营陵侯刘泽的妻子，刘泽当时是国家的大将军。吕后封吕氏诸众为王，害怕自己死后刘泽起兵作乱，于是就封刘泽为琅邪王，想借此来安抚他的心。

梁王恢之徙王赵，心怀不乐。太后以吕产女为赵王后。王后从官皆诸吕，擅权，微伺赵王，赵王不得自恣。王有所爱姬，王后使人酖杀之。王乃为歌诗四章，令乐人歌之。王悲，六月即自杀。太后闻之，以为王用妇人弃宗庙礼，废其嗣。

宣平侯张敖卒，以子偃为鲁王，敖赐谥为鲁元王。

秋，太后使使告代王，欲徙王赵。代王谢，愿守代边。

太傅产、丞相平等言，武信侯吕禄上侯，位次第一，请立为赵王。太后许之，追尊禄父康侯为赵昭王。九月，燕灵王建薨，有美人子，太后使人杀之，无后，国除。八年十月，立吕肃王子东平侯吕通为燕王，封通弟吕庄为东平侯。

三月中，吕后祓，还过轵道，见物如苍犬，据高后掖，忽弗复见。卜之，云赵王如意为祟。高后遂病掖伤。

高后为外孙鲁元王偃年少，蚤失父母，孤弱，乃封张敖前姬两子，侈为新都侯，寿为乐昌侯，以辅鲁元王偃。及封中大谒者张释为建陵侯，吕荣为祝兹侯。诸中宦者令丞皆为关内侯，食邑五百户。

七月中，高后病甚，乃令赵王吕禄为上将军，军北军；吕王产居南军。吕太后诫产、禄曰："高帝已定天下，与大臣约，曰'非刘氏王者，天下共击之'。今吕氏王，大臣弗平。我即崩，帝年少，大臣恐为变。必据兵卫宫，慎毋送丧，毋为人所制。"辛巳，高后崩，遗诏赐诸侯王各千金，将相列侯郎吏皆以秩赐金。大赦天下。以吕王产为相国，以吕禄女为帝后。

高后已葬，以左丞相审食其为帝太傅。

朱虚侯刘章有气力，东牟侯兴居其弟也。皆齐哀王弟，居长安。当是时，诸吕用事擅权，欲为乱，畏高帝故大臣绛、灌等，未敢发。朱虚侯妇，吕禄女，阴知其谋。恐见诛，乃阴令人告其兄齐王，欲令发兵西，诛诸吕而立。朱虚侯欲从中与大臣为应。齐王欲发兵，其相

梁王刘恢改封为赵王后，心里不高兴。吕后就把吕产的女儿嫁给赵王做王后。王后的随从官员都是吕家的人，专揽大权，暗中监视赵王，让赵王不能为所欲为。赵王有个宠爱的姬妾，王后指使人用毒酒毒死了她。为此赵王作了四首诗，让乐工们歌唱。赵王内心悲痛，仅仅六个月就自杀了。吕后听说此事，认为赵王为了妇人而背弃宗庙之礼，于是废除了他后代的王位继承权。

宣平侯张敖去世，他的儿子张偃被封为鲁王，张敖被赐给"鲁元王"的谥号。

这年秋天，吕后派使者告诉代王刘恒，想要改封他为赵王。刘恒辞谢了，表示愿意守卫边远的代国。

太傅吕产、丞相陈平等人向吕后进言，说武信侯吕禄是上侯，在列侯中排在第一位，请求立他为赵王。太后答应下来，又追尊吕禄父康侯为赵昭王。九月，燕灵王刘建去世，他有一个姬妾生的儿子，太后派人杀了他，绝了他的后代，封国被废除。吕后八年十月，立吕肃王的儿子东平侯吕通为燕王，封吕通的弟弟吕庄为东平侯。

三月中旬，吕后出外祭祀祈求免灾，回来路过轵道亭时，看到一个像黑狗似的怪物，撞了她的腋下一下，而后忽然又不见了。吕后让人占卜，卜者说是赵王刘如意在作祟。吕后从此腋下疼痛。

吕后因为外孙鲁元王张偃年幼，又早年死了父母，孤单势弱，于是就封张敖生前姬妾的两个儿子为侯，封张侈为新都侯、张寿为乐昌侯，来辅佐鲁元王张偃。又封中大谒者张释为建陵侯，封吕荣为祝兹侯。此外宫中宦官的一些头领也都封为关内侯，分封给他们每人食邑五百户。

吕后八年七月中旬，吕后病重，就任命赵王吕禄为上将军，统领北军；吕王吕产统领南军。吕后告诫吕禄、吕产说："高祖皇帝平定天下后，和大臣们盟约，说'不是刘氏而称王的，天下人要一起攻打他'。现在吕家的人被封为王，大臣们心中不平。我如果死了，皇帝年轻，大臣们恐怕要作乱。你们一定要掌握军队，护卫皇宫，千万不要去给我送丧，不要被那些人控制了。"八月初一日，吕后去世，留下遗嘱，赐给诸侯王每人一千金。将、相、列侯以及各郎官、吏役都按等级有赏赐。大赦天下。任命吕王吕产为相国，将吕禄的女儿嫁给皇帝为后。

吕后安葬以后，左丞相审食其做了皇帝的太傅。

朱虚侯刘章有气概有勇力，东牟侯刘兴居是他的弟弟。二人都是齐哀王刘襄的弟弟，住在长安。当时，吕氏当权专断，想发动叛乱，但害怕高祖帝原来的大臣绛侯、灌婴等人，所以没敢发动。朱虚侯的妻子是吕禄的女儿，因此她私下里了解到诸吕的阴谋。她怕自己被杀，就暗中派人告诉她的哥哥齐王刘襄，想要让他发兵西进，诛杀诸吕自立为帝；朱虚侯想在朝廷中和大臣们一起做内应。齐王想要

弗听。八月丙午，齐王欲使人诛相，相召平乃反，举兵欲围王，王因杀其相，遂发兵东，诈夺琅邪王兵，并将之而西。语在齐王语中。

齐王乃遗诸侯王书曰："高帝平定天下，王诸子弟，悼惠王王齐。悼惠王薨，孝惠帝使留侯良立臣为齐王。孝惠崩，高后用事，春秋高，听诸吕，擅废帝更立，又比杀三赵王，灭梁、赵、燕以王诸吕，分齐为四。忠臣进谏，上惑乱弗听。今高后崩，而帝春秋富，未能治天下，固恃大臣诸侯。而诸吕又擅自尊官，聚兵严威，劫列侯忠臣，矫制以令天下，宗庙所以危。寡人率兵入诛不当为王者。"汉闻之，相国吕产等乃遣颍阴侯灌婴将兵击之。灌婴至荥阳，乃谋曰："诸吕权兵关中，欲危刘氏而自立。今我破齐还报，此益吕氏之资也。"乃留屯荥阳，使使谕齐王及诸侯，与连和，以待吕氏变，共诛之。齐王闻之，乃还兵西界待约。

吕禄、吕产欲发乱关中，内惮绛侯、朱虚等，外畏齐、楚兵，又恐灌婴畔之，欲待灌婴兵与齐合而发，犹豫未决。当是时，济川王太、淮阳王武、常山王朝名为少帝弟，及鲁元王吕后外孙，皆年少未之国，居长安。赵王禄、梁王产各将兵居南北军，皆吕氏之人。列侯群臣莫自坚其命。

太尉绛侯勃不得入军中主兵。曲周侯郦商老病，其子寄与吕禄善。绛侯乃与丞相陈平谋，使人劫郦商。令其子寄往绐说吕禄曰："高帝与吕后共定天下，刘氏所立九王，吕氏所立三王，皆大臣之议，事已布告诸侯，诸侯皆以为宜。今太后崩，帝少，而足下佩赵王印，不急之国守藩，乃为上将，将兵留此，为大臣诸侯所疑。足下何不归印，以兵属太尉？请梁王归相国印，与大臣盟而之国，齐兵必罢，大臣得安，足下高枕而王千里，此万世之利也。"吕禄信然其计，欲归将印，以兵属太尉。使人报吕产及诸吕老人，或以为便，或曰不便，计犹豫未有所决。吕禄信郦寄，时与出游猎。过其姑吕媭，

发兵,他的丞相不答应。八月二十六日,齐王想派人诛杀丞相,丞相召平于是反叛,发兵想围攻齐王。齐王于是杀了丞相,接着发兵东征,用计夺取了琅邪王刘泽的兵权,然后率领两国军队一并杀向长安。这件事记载在《齐悼惠王世家》中。

齐王于是写信给各诸侯王说:"高祖皇帝平定天下后,分封众子弟为王,悼惠王被封在齐国。悼惠王去世,孝惠帝派留侯张良立我为齐王。孝惠帝去世,高后掌权。她年纪大了,听从诸吕的意见,擅自废掉皇帝另立新主,又接连杀了三个赵王,灭掉了梁、赵、燕三个刘姓国家,把吕姓人员分封到那里为王,并把齐国一分为四。虽然有忠臣进言劝谏,可是高后被迷惑听不进去。如今高后逝世,而皇帝还很年轻,不能治理天下,本应依靠大臣、诸侯。但吕氏众人却擅自给自己加官,凭借手中军队的威势,劫持列侯和忠臣,假传皇令来号令天下,刘氏的宗庙因此陷入险境。我现在率兵入京,就是去杀不该为王的人。"朝廷听到这些消息后,相国吕产等人就派颍阴侯灌婴率军迎击齐王。灌婴来到荥阳,就和将士们商量说:"吕姓人在关中握有兵权,图谋颠覆刘氏,自立为帝。如果我打败齐国回去报告,就是给吕氏增了实力。"于是就把军队驻扎在荥阳,并派使者告知齐王及各国诸侯,打算与他们联合起来,等待吕氏发动叛乱,这样便好共同诛灭他们。齐王得知后,也率兵回到齐国的西部边界等候消息。

吕禄、吕产想在关中叛乱,但对内他们害怕绛侯、朱虚侯等人,对外他们又怕齐、楚的军队西进,现在又担心灌婴叛变,所以想等到灌婴的军队与齐王交战后再发动叛乱,因此一直犹豫不决。当时,济川王刘太、淮阳王刘武、常山王刘朝这些名义上的皇帝的弟弟,以及吕后的外孙鲁元王张偃,都因年纪太小而没有去自己的封国,都住在长安。赵王吕禄、梁王吕产分别统率南北二军,将领大多是吕姓之人。这使得列侯群臣们,一个个都觉得自身难保。

太尉绛侯周勃没有办法进入军营主持军务。曲周侯郦商年老有病,他儿子郦寄和吕禄要好。绛侯于是和丞相陈平商量,派人去胁迫郦商,让他的儿子郦寄前去欺骗吕禄说:"高祖皇帝和吕后共同平定天下,刘氏被立为王的九人,吕氏被立为王的三人,都是大臣们商议过的,此事已通告诸侯,诸侯都认为这样合适。现在太后已死,皇帝年轻,而足下佩带着赵王之印,不赶紧到封国去守卫边境,却以上将的身份带兵驻守这里,这会被大臣和诸侯怀疑的。您为什么不把将印归还给朝廷,把兵权交还给太尉周勃呢?您派人请梁王也归还相国印,和大臣们订立盟约,返回封国,这样齐国必然罢兵,大臣们也能心里踏实,您也可以在千里封国高枕无忧地做您的王了。这是有利于子孙万代的好事呀。"吕禄相信并赞同他的计策,想交出将印,把军权交给太尉。于是派人把这事告知吕产和吕家的老人们,他们中有人认为可行,有人认为不可行,一直拿不定主意。吕禄信任郦

嫛大怒，曰："若为将而弃军，吕氏今无处矣。"乃悉出珠玉宝器散堂下，曰："毋为他人守也。"

左丞相食其免。

八月庚申旦，平阳侯窋行御史大夫事，见相国产计事。郎中令贾寿使从齐来，因数产曰："王不蚤之国，今虽欲行，尚可得邪？"具以灌婴与齐楚合从，欲诛诸吕告产，乃趣产急入宫。平阳侯颇闻其语，乃驰告丞相、太尉。太尉欲入北军，不得入。襄平侯通尚符节。乃令持节矫内太尉北军。太尉复令郦寄与典客刘揭先说吕禄曰："帝使太尉守北军，欲足下之国，急归将印辞去，不然，祸且起。"吕禄以为郦兄不欺己，遂解印属典客，而以兵授太尉。太尉将之入军门，行令军中曰："为吕氏右袒，为刘氏左袒。"军中皆左袒为刘氏。太尉行至，将军吕禄亦已解上将印去，太尉遂将北军。

然尚有南军。平阳侯闻之，以吕产谋告丞相平，丞相平乃召朱虚侯佐太尉。太尉令朱虚侯监军门。令平阳侯告卫尉："毋入相国产殿门。"吕产不知吕禄已去北军，乃入未央宫，欲为乱，殿门弗得入，裴回往来。平阳侯恐弗胜，驰语太尉。太尉尚恐不胜诸吕，未敢讼言诛之，乃遣朱虚侯谓曰："急入宫卫帝。"朱虚侯请卒，太尉予卒千余人。入未央宫门，遂见产廷中。日哺时，遂击产。产走，天风大起，以故其从官乱，莫敢斗。逐产，杀之郎中府吏厕中。

朱虚侯已杀产，帝命谒者持节劳朱虚侯。朱虚侯欲夺节信，谒者不肯，朱虚侯则从与载，因节信驰走，斩长乐卫尉吕更始。还，驰入北军，报太尉。太尉起，拜贺朱虚侯曰："所患独吕产，今已诛，天下定矣。"遂遣人分部悉捕诸吕男女，无少长皆斩之。辛酉，捕斩吕禄，而笞杀吕嫛。使人诛燕王吕通，而废鲁王偃。壬戌，以帝太傅食其复为左丞相。戊辰，徙济川王王梁，立赵幽王子遂为赵王。遣朱虚

寄，常和他一起出外游猎。有一次他顺路到自己姑妈吕媭的府第去，吕媭大发雷霆，骂道："你作为将军却放弃军权，我们吕家不久就要死无葬身之地了。"接着把所有的珠玉宝器都扔到院子里，说："再也不用替别人保存这些玩意儿了。"

不久，左丞相审食其被免职。

八月十日早晨，平阳侯曹窋代理御史大夫的职责，会见相国吕产，与他商议事情。当时正好郎中令贾寿从齐国出差回来，贾寿责备吕产说："大王不早些去封国，现在即使想走，还走得了吗？"接着就把灌婴与齐楚联合，准备诛灭吕氏的事情全部告诉了吕产，催促吕产赶快进宫。平阳侯听到这些话，就骑马赶紧报告给丞相陈平和太尉周勃。周勃想进入北军，但没能进去。这时刚好是襄平侯纪通掌管皇帝印信，他让人手持皇上印信，假传皇帝圣旨，要让太尉进入北军。周勃又派郦寄和典客刘揭先去劝说吕禄，说："皇帝让太尉掌管北军，想让您回封国，赶紧交出将印离开吧，不然的话，就要有灾祸了。"吕禄认为郦寄不会欺骗他，就解下将军印交给刘揭，把兵权交给了太尉周勃。周勃拿着将印进入军门，向全军下令："拥护吕氏的袒露右臂，拥护刘氏的袒露左臂。"军中将士都袒露左臂，表示拥护刘氏。在周勃还没到达北军时，吕禄已经交出将军印离开了军营，于是周勃顺利接管了北军。

然而南军还在吕氏手里。平阳侯曹窋听到吕产的阴谋告诉了丞相陈平以后，陈平于是把朱虚侯刘章召来，让他协助太尉周勃。周勃派朱虚侯监守军门，同时命令曹窋通知未央宫卫尉："不准放相国吕产进入殿门。"吕产不知道吕禄已经离开北军，就想进入未央宫，挟持皇上作乱，却没能进入殿门，只能在殿门前徘徊。平阳侯飞马将此告诉太尉。太尉也担心不能战胜吕氏，没敢明言要杀掉吕产，就对朱虚侯说："你赶紧入宫保卫皇帝。"朱虚侯要求派兵，周勃给了他一千多人。朱虚侯进入未央宫，就看见吕产已在宫中。当时正是傍晚吃饭的时间，朱虚侯立刻攻打吕产，吕产逃跑。这时忽然一阵大风，把吕产的随从官员吹得人仰马翻，一片混乱，无人再敢抵抗。朱虚侯乘机率兵追赶吕产，最后把他杀死在郎中府的厕所里。

朱虚侯刘章杀掉吕产后，皇帝派使者手持符节前来慰劳朱虚侯。刘章想夺取符节，使者不给。于是刘章就跟使者同乘一辆车，凭借使者手中符节快马奔驰，斩了长乐宫卫尉吕更始。然后跑回北军向周勃报告。周勃起身向朱虚侯拜贺说："我们所担心的只有这个吕产，因为他身为相国，又掌握着南军。现在您已经把他杀了，刘氏天下就安定了。"于是派人分别将吕氏男女全部逮捕，不论老少全部杀掉。十一日，将吕禄抓获斩首，用鞭刑打死了吕媭。又派人杀了燕王吕通，并废掉了鲁王张偃。十二日，让皇帝太傅审食其重新担任左丞相。十八日，改封济川王刘太为梁王，立赵幽王的儿子刘遂为赵王。并派朱虚侯刘章把朝中诛杀吕氏的事告

侯章以诛诸吕氏事告齐王，令罢兵。灌婴兵亦罢荥阳而归。

诸大臣相与阴谋曰："少帝及梁、淮阳、常山王，皆非真孝惠子也。吕后以计诈名他人子，杀其母，养后宫，令孝惠子之，立以为后，及诸王，以强吕氏。今皆已夷灭诸吕，而置所立，即长用事，吾属无类矣。不如视诸王最贤者立之。"或言"齐悼惠王高帝长子，今其适子为齐王，推本言之，高帝适长孙，可立也"。大臣皆曰："吕氏以外家恶而几危宗庙，乱功臣。今齐王母家驷钧，恶人也。即立齐王，则复为吕氏。"欲立淮南王，以为少，母家又恶。乃曰："代王方今高帝见子，最长，仁孝宽厚。太后家薄氏谨良。且立长故顺，以仁孝闻于天下，便。"乃相与共阴使人召代王。代王使人辞谢。再反，然后乘六乘传。后九月晦日己酉，至长安，舍代邸。大臣皆往谒，奉天子玺上代王，共尊立为天子。代王数让，群臣固请，然后听。

东牟侯兴居曰："诛吕氏吾无功，请得除宫。"乃与太仆汝阴侯滕公入宫，前谓少帝曰："足下非刘氏，不当立。"乃顾麾左右执戟者掊兵罢去。有数人不肯去兵，宦者令张泽谕告，亦去兵。滕公乃召乘舆车载少帝出。少帝曰："欲将我安之乎？"滕公曰："出就舍。"舍少府。乃奉天子法驾，迎代王于邸。报曰："宫谨除。"代王即夕入未央宫。有谒者十人持戟卫端门，曰："天子在也，足下何为者而入？"代王乃谓太尉。太尉往谕，谒者十人皆掊兵而去。代王遂入而听政。夜，有司分部诛灭梁、淮阳、常山王及少帝于邸。

代王立为天子。二十三年崩，谥为孝文皇帝。

太史公曰：孝惠皇帝、高后之时，黎民得离战国之苦，君臣俱欲休息乎无为，故惠帝垂拱，高后女主称制，政不出房户，天下晏然。刑罚罕用，罪人是希。民务稼穑，衣食滋殖。

知了齐王，让他收兵。灌婴的军队也从荥阳撤了回来。

朝廷的大臣们聚在一起秘密商量，说："少帝以及梁王刘太、淮阳王刘武、常山王刘朝，都不是孝惠皇帝真正的儿子。吕后用欺诈的手段，把别人的儿子抱来谎称是孝惠帝的儿子，杀掉他们的生母，养在后宫，让孝惠皇帝把他们认作自己的儿子，立为继承人或封为诸侯王，以加强吕氏的势力。现在已经把吕氏全部杀掉了，如果留着他们，等到他们长大后掌了权，我们这些人就要死无葬身之地了。不如现在挑选一位最贤明的诸侯王，立他为皇帝。"有人说："齐悼惠王刘肥是高祖皇帝的长子，现在他的长子为齐王，从根儿上说，是高祖皇帝的嫡长孙，可以立为皇帝。"但大臣们都说："吕氏以外戚的身份作恶，几乎使刘家天下毁灭，残害了功臣。现在齐王的外祖母家姓驷，驷钧是个恶人，如果立齐王为皇帝，那驷氏就会成为另一个吕氏。"有人提议立淮南王为帝，但觉得他年纪小，外祖母家又凶恶。于是最后大家说："代王刘恒是高祖皇帝的儿子，也是年龄最大的，为人又仁孝宽厚。太后薄夫人的娘家也恭谨驯良。再说，拥立长子本来就名正言顺，而且代王又以仁爱孝顺闻名天下，立他为帝合适。"于是大家一致同意暗中派人去接代王。代王派人辞谢了。大家再次派人前去相请，代王才带着随从人员乘坐六匹马拉的驿车进了京。闰九月月末己酉日到达长安，住在代王京城中的府邸里。大臣们都前去拜见，把天子的玉玺呈献给代王，一起拥立他为帝。代王一再推辞，群臣坚决请求，最后代王才答应了。

东牟侯刘兴居说："诛灭吕氏我没有功劳，请让我去清理皇宫。"就和太仆汝阴侯滕公夏侯婴一起入宫，来到少帝面前说："您不是刘氏正统，不应立为皇帝。"于是回头挥手让少帝左右的卫士放下兵器出去。有几个人不肯听命，宦官首领张泽向他们说明情况，他们才放下兵器离开。滕公夏侯婴于是叫来车马，载着少帝向外走。少帝问："你们要带我到哪儿去？"夏侯婴说："出去找个地方住。"就让他住在少府。然后侍候着天子乘坐的法驾，到代王官邸迎接代王，向他报告："皇宫已经清理干净了。"代王当天晚上进入未央宫。进宫门的时候，有十名内侍手持长戟守卫着正门，他们说："天子还在里面，你是什么人想要进去？"刘恒就让太尉去向他们说明情况，这十个内侍听后也都放下兵器离去了。代王刘恒于是进入朝廷执掌朝政。当天夜里，主管部门的官员分别到各个官邸里杀掉了梁王、淮阳王、常山王和年幼的少帝。

代王被立为天子，在位二十三年去世，谥号为孝文皇帝。

太史公说：孝惠皇帝和吕后在位的时候，百姓刚刚脱离战争之苦，上下都想休养生息，清静无为。所以惠帝垂衣拱手、安闲无事，吕后以一个女人的身份行使皇帝职权，施政不出门户，天下却也安然无事。刑罚很少使用，犯罪的人也不多。老百姓致力于农业生产，家家丰衣足食。

孝文本纪第十

孝文皇帝，高祖中子也。高祖十一年春，已破陈豨军，定代地，立为代王，都中都。太后薄氏子。即位十七年，高后八年七月，高后崩。九月，诸吕吕产等欲为乱，以危刘氏，大臣共诛之，谋召立代王，事在吕后语中。

丞相陈平、太尉周勃等使人迎代王。代王问左右郎中令张武等。张武等议曰："汉大臣皆故高帝时大将，习兵，多谋诈，此其属意非止此也，特畏高帝、吕太后威耳。今已诛诸吕，新喋血京师，此以迎大王为名，实不可信。愿大王称疾毋往，以观其变。"中尉宋昌进曰："群臣之议皆非也。夫秦失其政，诸侯豪桀并起，人人自以为得之者以万数，然卒践天子之位者，刘氏也，天下绝望，一矣。高帝封王子弟，地犬牙相制，此所谓盘石之宗也，天下服其强，二矣。汉兴，除秦苛政，约法令，施德惠，人人自安，难动摇，三矣。夫以吕太后之严，立诸吕为三王，擅权专制，然而太尉以一节入北军，一呼士皆左袒，为刘氏，叛诸吕，卒以灭之。此乃天授，非人力也。今大臣虽欲为变，百姓弗为使，其党宁能专一邪？方今内有朱虚、东牟之亲，外畏吴、楚、淮南、琅邪、齐、代之强。方今高帝子独淮南王与大王，大王又长，贤圣仁孝，闻于天下，故大臣因天下之心而欲迎立大王，大王勿疑也。"代王报太后计之，犹与未定。卜之龟，卦兆得大横。占曰："大横庚庚，余为天王，夏启以光。"代王曰："寡人固已为王矣，又何王？"卜人曰："所谓天王者乃天子。"于是代王

孝文皇帝刘恒，是高祖皇帝的第四个儿子。高祖十一年春天，挫败了陈豨的叛军，平定了代地，刘恒被立为代王，把国都建在了中都这个地方。他是太后薄氏的儿子。在他做代王的第十七年，也就是吕后八年七月的时候，吕后去世。九月，吕氏家族的吕产等人企图发动叛乱，夺取刘氏天下，大臣们共同诛灭了吕氏家族，而且经商议一致同意拥立代王为帝，这件事情的详细情况记载在《吕太后本纪》中。

丞相陈平、太尉周勃等派人去迎接代王。代王就此事征求左右大臣和郎中令张武等人的意见。张武等人议论说："朝廷大臣都是过去高祖皇帝时的大将，善于用兵，谋略多而且诡诈。他们的本意不止做个臣子，只是害怕高祖皇帝、吕太后的威势罢了。如今他们刚刚诛灭了吕氏，血染京城，此时来人名义上说是迎接大王，其实不可轻信。希望大王假托有病，不要前往，以便观察他们会有什么变化。"中尉宋昌进言说："众位大臣的议论都是错误的。当初秦朝政治混乱，诸侯豪杰纷纷起事，自以为能得天下的人数以万计，然而最终登上天子之位的是刘氏，天下的豪杰已经不再存有做皇帝的希望，这是第一点。高祖皇帝封刘姓子弟为王，封地间像犬牙一样相互交错、互为制约，这就是所说的像磐石一般坚固的宗族，天下人都叹服刘氏的强大，这是第二点。汉朝建立以后，废除了秦朝的苛虐政令，与民商定新的法令，对百姓施以恩德，人心安定，难以动摇，这是第三点。以吕太后的威势，封三名吕氏为王，独揽政权，独断专行，可是太尉凭着一个符节进入北军，一声呼唤，将士们就都袒露左臂，表示要辅佐刘氏而抛弃吕氏，最终消灭了吕氏。这是天意所授，而不是人力所能为。现在大臣们即使想要叛乱，百姓们也不会听他们使唤，他们的同党难道就能一心一意跟随他们吗？如今京城内有朱虚侯、东牟侯这样的亲族，外又担心吴、楚、淮南、琅邪、齐、代这些强大的诸侯。现在高祖皇帝的儿子就只有淮南王和大王您了。而大王您又年长，且以贤圣仁孝闻名天下，所以大臣们是根据天下人的心愿，想要迎立大王做皇帝。大王您不必怀疑。"代王向薄太后报告了这件事并商量对策，但还是犹豫不能决定。又用龟甲来进行占卜，得到的卦象是一条很大的横向裂纹。卜辞说："大横预示着更替，我将做天王，像夏启那样，使父业光大发扬。"代王说："我本来就是王了，还做什么王？"占卜的人说："所谓天王就是天子。"于是代王就派

乃遣太后弟薄昭往见绛侯，绛侯等具为昭言所以迎立王意。薄昭还报曰："信矣，毋可疑者。"代王乃笑谓宋昌曰："果如公言。"乃命宋昌参乘，张武等六人乘传诣长安。至高陵休止，而使宋昌先驰之长安观变。

昌至渭桥，丞相以下皆迎。宋昌还报。代王驰至渭桥，群臣拜谒称臣。代王下车拜。太尉勃进曰："愿请间言。"宋昌曰："所言公，公言之。所言私，王者不受私。"太尉乃跪上天子玺符。代王谢曰："至代邸而议之。"遂驰入代邸。群臣从至。丞相陈平、太尉周勃、大将军陈武、御史大夫张苍、宗正刘郢、朱虚侯刘章、东牟侯刘兴居、典客刘揭皆再拜言曰："子弘等皆非孝惠帝子，不当奉宗庙。臣谨请阴安侯列侯顷王后与琅邪王、宗室、大臣、列侯、吏二千石议曰：'大王高帝长子，宜为高帝嗣。'愿大王即天子位。"代王曰："奉高帝宗庙，重事也。寡人不佞，不足以称宗庙。愿请楚王计宜者，寡人不敢当。"群臣皆伏固请。代王西乡让者三，南乡让者再。丞相平等皆曰："臣伏计之，大王奉高帝宗庙最宜称，虽天下诸侯万民以为宜。臣等为宗庙社稷计，不敢忽。愿大王幸听臣等。臣谨奉天子玺符再拜上。"代王曰："宗室将相王列侯以为莫宜寡人，寡人不敢辞。"遂即天子位。

群臣以礼次侍。乃使太仆婴与东牟侯兴居清宫，奉天子法驾，迎于代邸。皇帝即日夕入未央宫。乃夜拜宋昌为卫将军，镇抚南北军。以张武为郎中令，行殿中。还坐前殿。于是夜下诏书曰："间者诸吕用事擅权，谋为大逆，欲以危刘氏宗庙，赖将相列侯宗室大臣诛之，皆伏其辜。朕初即位，其赦天下，赐民爵一级，女子百户牛酒，酺五日。"

孝文皇帝元年十月庚戌，徙立故琅邪王泽为燕王。

辛亥，皇帝即阼，谒高庙。右丞相平徙为左丞相，太尉勃为

薄太后的弟弟薄昭前往京城去见绛侯周勃，周勃等对薄昭详细说明了要迎立代王为帝的意图。薄昭回来报告说："情况是真实的，可以相信，不用再怀疑了。"于是代王笑着对宋昌说："果然像你所说的那样。"于是就让宋昌陪自己同乘一辆车，张武等六人也乘驿车随代王一同前往长安。他们到了距离京城不远的高陵县时停下来休息，派宋昌先驱车进入长安观察事态有无变化。

宋昌刚到渭桥，丞相以下的官员都来迎接。宋昌返回报告。代王驱车到了渭桥，群臣都来拜见称臣。代王也下车答拜群臣。太尉周勃上前说："我有些事情想单独向大王禀报。"宋昌说："你要说的如果是公事，就请公开说；如果是私事，在王位的人不受理私事。"周勃于是跪着献上天子的玺印符信。代王辞谢说："等到了代王府邸再商议吧。"于是驱车进入代王官邸。群臣也跟着来了。丞相陈平、太尉周勃、大将军陈武、御史大夫张苍、宗正刘郢、朱虚侯刘章、东牟侯刘兴居、典客刘揭都上前行礼，拜了两拜，然后说："皇子刘弘等都不是孝惠帝的儿子，不应该继承帝位。我们谨请阴安侯、列侯顷王后和琅邪王、宗室、大臣、列侯、二千石以上官吏一起商议说：'大王如今是高祖皇帝最年长的儿子，最应该做高祖皇帝的继承人。'希望大王即天子之位。"代王说："侍奉高祖皇帝宗庙，这是大事。我没有才能，胜任不了这侍奉宗庙的大事。希望你们与楚王等考虑合适的人选，我不敢当。"群臣都拜伏在地上，坚决请求代王为帝。代王面向西坐，在主人的位置推让了好几次，群臣将他扶上面南的君主位置，他又谦让了两次。丞相陈平等人都说："我们再三考虑，认为大王侍奉高祖皇帝宗庙是最适宜的。即使让天下诸侯和百姓来考虑，也会认为大王是最适宜的。我们为国家宗庙社稷考虑，不敢草率。希望大王能听我们的意见。现在，请允许我们奉上天子的玉玺和符节。"代王说："既然宗室、将相、诸王、列侯都认为没有比我更合适的人选，那我就不敢再推辞了。"于是，代王即位做了皇帝。

群臣按照朝廷礼仪依次站好了位。刘恒便派太仆夏侯婴与东牟侯刘兴居去清理皇宫。而后他们驾着天子乘坐的法驾，来代王府邸迎接刘恒。刘恒当天晚上就进入了未央宫。当天晚上刘恒便任命宋昌为卫将军，掌管南北军；任命张武为郎中令，在殿中巡行。然后他回到前殿坐朝，在当晚颁布诏书说："近来吕氏众人擅权用事，独断专行，阴谋叛逆，企图夺取刘氏天下，全靠众位将军、相侯、宗室和大臣挫败了他们，使他们受到了应有的惩罚。现在我刚刚即位，特大赦天下，赐给老百姓每家每人一级爵位，赐给无夫无子的女子每百户一头牛，十石酒，准许全国欢聚宴饮五天。"

孝文皇帝元年十月初六日，改封原琅邪王刘泽为燕王。

十月初七日，汉文帝正式即位，拜谒高祖庙。他改任右丞相陈平为左丞相，太

右丞相，大将军灌婴为太尉。诸吕所夺齐楚故地，皆复与之。

壬子，遣车骑将军薄昭迎皇太后于代。皇帝曰："吕产自置为相国，吕禄为上将军，擅矫遣灌将军婴将兵击齐，欲代刘氏，婴留荥阳弗击，与诸侯合谋以诛吕氏。吕产欲为不善，丞相陈平与太尉周勃谋夺吕产等军。朱虚侯刘章首先捕吕产等。太尉身率襄平侯通持节承诏入北军。典客刘揭身夺赵王吕禄印。益封太尉勃万户，赐金五千斤。丞相陈平、灌将军婴邑各三千户，金二千斤。朱虚侯刘章、襄平侯通、东牟侯刘兴居邑各二千户，金千斤。封典客揭为阳信侯，赐金千斤。"

十二月，上曰："法者，治之正也，所以禁暴而率善人也。今犯法已论，而使毋罪之父母妻子同产坐之，及为收帑，朕甚不取。其议之。"有司皆曰："民不能自治，故为法以禁之。相坐坐收，所以累其心，使重犯法，所从来远矣。如故便。"上曰："朕闻法正则民悫，罪当则民从。且夫牧民而导之善者，吏也。其既不能导，又以不正之法罪之，是反害于民为暴者也。何以禁之？朕未见其便，其孰计之。"有司皆曰："陛下加大惠，德甚盛，非臣等所及也。请奉诏书，除收帑诸相坐律令。"

正月，有司言曰："蚤建太子，所以尊宗庙。请立太子。"上曰："朕既不德，上帝神明未歆享，天下人民未有嗛志。今纵不能博求天下贤圣有德之人而禅天下焉，而曰豫建太子，是重吾不德也。谓天下何？其安之。"有司曰："豫建太子，所以重宗庙社稷，不忘天下也。"上曰："楚王，季父也，春秋高，阅天下之义理多矣，明于国家之大体。吴王于朕，兄也，惠仁以好德。淮南王，弟也，秉德以陪朕。岂为不豫哉！诸侯王宗室昆弟有功臣，多贤及有德义者，若举有德以陪朕之不能终，是社稷之灵，天下之福也。今不选举焉，而曰必子，人其以朕为忘贤有德者而专于子，非所以忧天下也。朕甚不取也。"有司皆固请曰："古者殷周有国，治安皆千余岁，古之有天下

尉周勃升任右丞相、大将军灌婴升任太尉。又将从前吕氏所剥夺的齐、楚等国的故地，全部归还给了各国。

十月初八日，文帝派车骑将军薄昭去代国迎接皇太后。文帝说："吕产自任为相国，吕禄为上将军，擅自假托皇命派将军灌婴带兵攻打齐国，想要取代刘氏，而灌婴留驻在荥阳不发兵攻齐，并与诸侯共谋诛灭了吕氏；吕产图谋不轨，丞相陈平与太尉周勃谋划夺了吕产等人的兵权；朱虚侯刘章首先逮捕了吕产等人；太尉周勃亲自率领襄平侯纪通持节奉诏进入北军；典客刘揭亲自夺了赵王吕禄的将军印。为此，加封太尉周勃食邑万户，赏赐黄金五千斤；加封丞相陈平、将军灌婴食邑各增三千户，赐黄金二千斤；加封朱虚侯刘章、襄平侯纪通、东牟侯刘兴居食邑各增二千户，赐黄金一千斤；封典客刘揭为阳信侯，赐黄金一千斤。"

十二月，文帝下诏说："法令，是治理国家的准绳，是用来制止暴行和引导人们向善的工具。现在犯法的人已经判罪，还要让他们无罪的父母、妻子、儿女及兄弟们连累治罪，还要被收为奴隶，我很不赞成这样做。希望你们再商议商议吧。"主管刑法的官员都说："百姓们不能自治，所以需要制定法令来约束他们。无罪的亲属遭受连累，和犯人一起收捕判罪，是为了使他们心里有所顾忌，让他们不敢轻易犯法。这种做法由来已久，还是保持不变的好。"文帝说："我听说法令公正百姓就忠厚，量刑正确百姓就心服。再说治理百姓引导他们向善，要靠官吏。如果官员既不能引导他们，又用不公正的法律来处罚他们，这是反过来加害于民，逼其造反的做法呀。这怎么能够管理百姓呢？我看不出这样做的好处。请你们再仔细地考虑。"主管官员听后都说："陛下对百姓施加恩惠，功德无量，不是我们这些臣下所能做到的。我们谨遵皇命，废除一人犯法牵连全家的法令。"

正月，主管大臣进言说："及早确立太子，是尊奉宗庙的一种保障。请皇上早日确立太子。"文帝说："我已经够不贤德的了，上帝神明还没享受我的祭祀，天下的人民还没满意。现在即使我不能广求天下贤圣有德的人禅位于他，但说预先确立太子，这是加重我的无德呀。我将拿什么来向天下人交待呢？这事还是先放一放吧。"主管大臣又说："预先确立太子，正是为了尊奉宗庙社稷，不忘天下的行为啊。"文帝说："楚王是我的叔父，年纪大了，经历的事很多，懂得天下的事理，明白治国的大体；吴王是我的兄长，贤惠仁慈，甚爱美德；淮南王是我的弟弟，能守其才德以辅佐我，这难道不能加以考虑吗？诸侯王、宗室、兄弟和有功的大臣，很多都是有才能有德义的人，如果推举有德之人辅佐我所不能做好的事，这将是国家的幸运、天下人的福分。现在不去选拔举荐他们，却说一定要立太子，人们会认为我是个抛弃贤能有德的人而一心只想着儿子的人，不是个为天下人着想的人。我觉得这样做很不可取。"大臣们都坚决请求说："古代殷、周立国，太平安定

者莫长焉，用此道也。立嗣必子，所从来远矣。高帝亲率士大夫，始平天下，建诸侯，为帝者太祖。诸侯王及列侯始受国者皆亦为其国祖。子孙继嗣，世世弗绝，天下之大义也，故高帝设之以抚海内。今释宜建而更选于诸侯及宗室，非高帝之志也。更议不宜。子某最长，纯厚慈仁，请建以为太子。"上乃许之。因赐天下民当代父后者爵各一级，封将军薄昭为轵侯。

三月，有司请立皇后。薄太后曰："诸侯皆同姓，立太子母为皇后。"皇后姓窦氏。上为立后故，赐天下鳏寡孤独穷困及年八十已上、孤儿九岁已下布帛米肉各有数。上从代来，初即位，施德惠天下，填抚诸侯四夷皆洽欢，乃循从代来功臣。上曰："方大臣之诛诸吕迎朕，朕狐疑，皆止朕，唯中尉宋昌劝朕，朕以得保奉宗庙。已尊昌为卫将军，其封昌为壮武侯。诸从朕六人，官皆至九卿。"

上曰："列侯从高帝入蜀、汉中者六十八人皆益封各三百户，故吏二千石以上从高帝颍川守尊等十人食邑六百户，淮阳守申徒嘉等十人五百户，卫尉定等十人四百户。封淮南王舅父赵兼为周阳侯，齐王舅父驷钧为清郭侯。"秋，封故常山丞相蔡兼为樊侯。

人或说右丞相曰："君本诛诸吕，迎代王，今又矜其功，受上赏，处尊位，祸且及身。"右丞相勃乃谢病免罢，左丞相平专为丞相。

二年十月，丞相平卒，复以绛侯勃为丞相。上曰："朕闻古者诸侯建国千余，各守其地，以时入贡，民不劳苦，上下欢欣，靡有遗德。今列侯多居长安，邑远，吏卒给输费苦，而列侯亦无由教驯其民。其令列侯之国，为吏及诏所止者，遣太子。"

都达一千多年,古来享有天下的王朝没有比他们更长久的了,就是因为他们采取了立太子这个办法。确立继承人,一定要立儿子,这是由来已久的做法。高祖皇帝亲自率领众将士平定天下,封建诸侯,成为本朝皇帝的太祖。诸侯王和列侯最早接受封国的也成为各自封国的始祖。子孙继位,代代不绝,这是天下的大义,所以高祖皇帝设立了这种制度来安抚海内。现在您想放弃应该立为继承人的人选,而另从诸侯或宗室中选取,这就违背了高祖皇帝的愿望。另议他人是不妥当的。启是陛下您最年长的儿子,而且纯厚仁爱,请立他为继承人吧。"文帝这才同意了。于是下令给全国民众中应当继承父业的长子每人都晋爵一级。封皇舅薄昭为轵侯。

三月,主管大臣请求封立皇后。薄太后说:"皇帝的儿子都是同母所生,就立太子的母亲为皇后吧。"皇后姓窦。文帝因为立了皇后的缘故,赐给天下鳏寡孤独和穷困的人,以及年纪八十以上的老人和九岁以下的孤儿每人一定数量的布帛、米、肉。文帝由代国来到京城,即位不久,就对天下广施德惠,使各诸侯和周边远方部族得以安抚,大家都融洽欢乐,于是开始安抚和封赏从代国随同来京的功臣。文帝说:"当初大臣们杀掉吕氏众人迎我为帝,我有疑虑,大臣们都阻止我,只有中尉宋昌劝我来京,我因此得以承继帝位。之前我已经封宋昌为卫将军,现在再封他为壮武侯。其他随我进京的六个人,官职都升为九卿一级。"

文帝又说:"当年跟随高祖皇帝进入蜀郡和汉中的列侯六十八人,都加封食邑三百户;过去的二千石以上、跟随过高祖皇帝的官吏,如颍川郡守刘尊等十人各赐给食邑六百户,淮阳郡守申徒嘉等十人各加封食邑五百户,卫尉刘定等十人各加封食邑四百户。封淮南王舅父赵兼为周阳侯,封齐王舅父驷钧为清郭侯。"这年秋天,封原常山国的丞相蔡兼为樊侯。

有人劝告右丞相周勃说:"您是诛杀吕氏、迎立代王的主要策动者,可如今却自夸功劳,接受最高的赏赐,居于尊贵的地位,灾祸就要降临到您的头上了。"于是右丞相周勃就以生病为由而辞去了右丞相的职务,由左丞相陈平一个独任丞相之职。

文帝二年十月,丞相陈平去世,文帝重新起用绛侯周勃为丞相。文帝说:"我听说古代诸侯建立国家的有一千多个,各自守住自己的封地,按时进贡,百姓们不用劳苦,全国上下都很高兴,没有人做违背道德的事。如今列侯大多住在长安,距离各自的封地路途遥远,官吏士卒供应运输所需物资既浪费又辛苦,而列侯们也没有机会教导和管理封地内的百姓。现在我命令所有列侯回到各自的封国去,凡在朝廷任职及有诏令特别留下来的诸侯,也要派太子前往封地。"

十一月晦，日有食之。十二月望，日又食。上曰："朕闻之，天生蒸民，为之置君以养治之。人主不德，布政不均，则天示之以灾，以诫不治。乃十一月晦，日有食之，适见于天，灾孰大焉！朕获保宗庙，以微眇之身托于兆民君王之上，天下治乱，在朕一人，唯二三执政犹吾股肱也。朕下不能理育群生，上以累三光之明，其不德大矣。令至，其悉思朕之过失，及知见思之所不及，匄以告朕。及举贤良方正能直言极谏者，以匡朕之不逮。因各饬其任职，务省繇费以便民。朕既不能远德，故惛然念外人之有非，是以设备未息。今纵不能罢边屯戍，而又饬兵厚卫，其罢卫将军军。太仆见马遗财足，余皆以给传置。"

正月，上曰："农，天下之本，其开籍田，朕亲率耕，以给宗庙粢盛。"

三月，有司请立皇子为诸侯王。上曰："赵幽王幽死，朕甚怜之，已立其长子遂为赵王。遂弟辟强及齐悼惠王子朱虚侯章、东牟侯兴居有功，可王。"乃立赵幽王少子辟强为河间王，以齐剧郡立朱虚侯为城阳王，立东牟侯为济北王，皇子武为代王，子参为太原王，子揖为梁王。

上曰："古之治天下，朝有进善之旌，诽谤之木，所以通治道而来谏者。今法有诽谤妖言之罪，是使众臣不敢尽情，而上无由闻过失也。将何以来远方之贤良？其除之。民或祝诅上以相约结而后相谩，吏以为大逆，其有他言，而吏又以为诽谤。此细民之愚无知抵死，朕甚不取。自今以来，有犯此者勿听治。"

九月，初与郡国守相为铜虎符、竹使符。

三年十月丁酉晦，日有食之。十一月，上曰："前日遣列侯之国，或辞未行。丞相朕之所重，其为朕率列侯之国。"绛侯勃免丞

十一月的最后一天，出现了日食。十二月十五日，又发生了日食。因此文帝下诏说："我听说天生万民，为他们设置君主来抚育和治理他们。如果君主不贤德，执政不公平，那么上天就会降下灾祸警示他，来惩戒他治理不当。十一月的最后一天发生日食，上天谴责的灾异现象出现在天上，没有比这更严重的灾难了！我得以承继帝业，以渺小之躯依托于万民和诸侯王之上，天下的治和乱，都在于我一个人。那几位执政的大臣，就好比是我的左膀右臂。我对下不能很好地治理抚育众生，对上又牵累了日、月、星辰的光辉，以致发生日蚀，我的失德实在太严重了。诏令下达后，大家都要考虑我的过失，以及我的知识、见识和考虑问题的不足之处，希望你们务必告诉我。你们还要推举贤良方正及能直言极谏的人，来补正我的疏漏。因此官员们要检查和整顿好各自的职事，务必减少徭役和费用，以便利民众。我既然不能以恩德感化远方，所以很担心外族有侵略的野心，因此边疆的防务不能停息。现在既然不能撤除边塞的军队，又怎么能增加兵力来保卫我个人呢？所以我宣布撤销卫将军统辖的军队。太仆掌管的现有马匹，只需留下够用的数量就可以了，多余的都交给驿站。"

正月，文帝下诏说："农业，是国家的根本。应当开辟皇帝亲自耕种的籍田，我要亲自带头耕作，来供给宗庙祭祀用的谷物。"

三月，主管大臣建议封皇子们为诸侯王。文帝说："赵幽王被幽禁而死，我很可怜他，已经立他的长子刘遂为赵王。刘遂的弟弟辟强和齐悼惠王的儿子朱虚侯刘章、东牟侯刘兴居对国家有功，可以封他们为王。"于是封赵幽王的小儿子刘辟强为河间王，割出齐国的几个大郡封朱虚侯为城阳王，封东牟侯刘兴居为济北王，封皇子刘武为代王，封皇子刘参为太原王，封皇子刘揖为梁王。

文帝又下诏说："古人治理天下，在朝廷设置有进善言的旌旗和批评朝政的木牌，是为了开通治国之道，招徕进谏之人。现在法令中有诽谤朝廷妖言惑众的罪状，这使得大臣们不敢完全说真话，而皇帝也没有机会听到自己的过失。这样怎么能招来远方的贤良之人呢？应当废除这样的条文。百姓中有人一起诅咒皇帝而约定互相隐瞒，后来又负约而相互告发，官员们认为这是大逆不道；如果再说别的话，官吏们又认为是诽谤朝廷。这些实际上都是由于小民的愚昧无知而犯了死罪。我很不赞成这种做法。从今以后，再有类似情况，一律不予治罪。"

九月，首先把授兵权或调动军队的铜虎符和使臣出使所持的竹使符发给各封国丞相和各郡郡守。

汉文帝三年十月的月末，发生了日食。十一月，文帝下诏说："前些时候我已经诏令列侯回到各自的封国，但有的人还是找借口没有离开。丞相是我所敬重的，希望丞相为其他列侯起个带头作用。"于是免去绛侯周勃的丞相职务，让他

相就国，以太尉颍阴侯婴为丞相。罢太尉官，属丞相。

四月，城阳王章薨。淮南王长与从者魏敬杀辟阳侯审食其。

五月，匈奴入北地，居河南为寇。帝初幸甘泉。六月，帝曰："汉与匈奴约为昆弟，毋使害边境，所以输遗匈奴甚厚。今右贤王离其国，将众居河南降地，非常故，往来近塞，捕杀吏卒，驱保塞蛮夷，令不得居其故，陵轹边吏，入盗，甚敖无道，非约也。其发边吏骑八万五千诣高奴，遣丞相颍阴侯灌婴击匈奴。"匈奴去，发中尉材官属卫将军军长安。

辛卯，帝自甘泉之高奴，因幸太原，见故群臣，皆赐之。举功行赏，诸民里赐牛酒。复晋阳、中都民三岁。留游太原十余日。

济北王兴居闻帝之代，欲往击胡，乃反，发兵欲袭荥阳。于是诏罢丞相兵，遣棘蒲侯陈武为大将军，将十万往击之。祁侯贺为将军，军荥阳。七月辛亥，帝自太原至长安。乃诏有司曰："济北王背德反上，诖误吏民，为大逆。济北吏民兵未至先自定，及以军地邑降者，皆赦之，复官爵。与王兴居去来，亦赦之。"八月，破济北军，虏其王。赦济北诸吏民与王反者。

六年，有司言淮南王长废先帝法，不听天子诏，居处毋度，出入拟于天子，擅为法令，与棘蒲侯太子奇谋反，遣人使闽越及匈奴，发其兵，欲以危宗庙社稷。群臣议，皆曰"长当弃市"。帝不忍致法于王，赦其罪，废勿王。群臣请处王蜀严道、邛都，帝许之。长未到处所，行病死，上怜之。后十六年，追尊淮南王长谥为厉王，立其子三人为淮南王、衡山王、庐江王。

十三年夏，上曰："盖闻天道祸自怨起而福繇德兴。百官之非，宜由朕躬。今秘祝之官移过于下，以彰吾之不德，朕甚不取。其除之。"

去了绛县封地。文帝任命太尉颍阴侯灌婴为丞相，同时废除了太尉这个官职，把太尉所掌的兵权并归到了丞相的职权中。

四月，城阳王刘章去世。淮南王刘长和他的随从魏敬杀了辟阳侯审食其。

五月，匈奴侵入北地郡，盘踞在河南一带做强盗。文帝初次幸临甘泉宫。六月，文帝下诏说："汉朝和匈奴约为兄弟，为了不让它侵扰边境，所以送给匈奴的东西十分丰厚。现在匈奴的右贤王离开他们的本土，率众进驻早已归属汉朝的河南地区，没有任何正当理由，就出入往来于边塞地区，捕杀我官吏士卒，驱逐守卫边塞的少数民族，使他们不能在自己的居住地居住；欺凌我边防官吏，侵入内地抢劫我边民，十分傲慢，不讲道理，破坏了先前的协约。现在我派遣边防骑兵八万五千人进驻高奴，命丞相颍阴侯灌婴带兵攻打匈奴。"后来匈奴人不战而退。朝廷又征调中尉属下部分勇武的士卒归属于卫将军统领，驻扎在长安。

六月二十七日，文帝由甘泉北进至高奴，而后东转至太原，在那儿召见了原代国的大臣，对每个人都进行了赏赐。又按功劳大小给以封赏，赐给百姓牛肉和酒，同时免除了晋阳、中都两地百姓三年的赋税。文帝在太原停留、游历了十多天。

济北王刘兴居得知文帝到了代地，要前去攻打匈奴，于是趁势起兵造反，想率军袭击荥阳。文帝于是下诏招回丞相灌婴率领的军队，派棘蒲侯陈武做大将军，带领十万军队去攻打叛军。又任命祁侯缯贺为将军，驻扎在荥阳。七月十八日，文帝从太原回到长安。诏令有关大臣说："济北王违背常德，反叛皇上，连累他的属官和百姓，这是大逆不道。济北的官吏和民众，凡是在朝廷大军到来之前就自己停止反叛活动的，以及率部投降或献出城邑出降的，一律赦免，官爵复原。那些开始曾与济北王兴居来往的人，也予以赦免。"八月，打败了济北王的军队，俘虏了济北王。于是文帝又下令赦免了跟随济北王造反的官吏、百姓。

汉文帝六年，主管大臣报告说淮南王刘长废弃先帝的法律，不听从皇帝的诏令，所居宫室超过了规定的限度，出入的仪仗仿照天子，擅自制定法令；和棘蒲侯太子陈奇密谋反叛，并派人出使闽越和匈奴，调用它们的军队，企图危害宗庙社稷。群臣商议，都说"刘长应当斩首示众"。文帝不忍心法办淮南王，便免了他的死罪，废了他的王位，不准再做诸侯王。群臣请求把淮南王流放到蜀严道、邛都，文帝答应了。刘长还没到达流放地，就病死在路上，文帝很是怜悯。十六年后，文帝追谥淮南王刘长为厉王，并封他的三个儿子刘安为淮南王、刘勃为衡山王、刘赐为庐江王。

十三年夏天，文帝下诏说："我听说，祸患是由怨而起、福分是由德义而兴，这是自然的规律。百官的过错，应当由我一人承担。可是现在祭祀祈祷的时候都把过错推给下面的臣子，其结果是显扬了我的无德。对于这一点我很不赞成。应当取消这种做法。"

五月，齐太仓令淳于公有罪当刑，诏狱逮徙系长安。太仓公无男，有女五人。太仓公将行会逮，骂其女曰："生子不生男，有缓急非有益也！"其少女缇萦自伤泣，乃随其父至长安，上书曰："妾父为吏，齐中皆称其廉平，今坐法当刑。妾伤夫死者不可复生，刑者不可复属，虽复欲改过自新，其道无由也。妾愿没入为官婢，赎父刑罪，使得自新。"书奏天子，天子怜悲其意，乃下诏曰："盖闻有虞氏之时，画衣冠异章服以为僇，而民不犯。何则？至治也。今法有肉刑三，而奸不止，其咎安在？非乃朕德薄而教不明欤？吾甚自愧。故夫驯道不纯而愚民陷焉。诗曰'恺悌君子，民之父母'。今人有过，教未施而刑加焉？或欲改行为善而道毋由也。朕甚怜之。夫刑至断支体，刻肌肤，终身不息，何其楚痛而不德也，岂称为民父母之意哉！其除肉刑。"

上曰："农，天下之本，务莫大焉。今勤身从事而有租税之赋，是为本末者毋以异，其于劝农之道未备。其除田之租税。"

十四年冬，匈奴谋入边为寇，攻朝那塞，杀北地都尉卬。上乃遣三将军军陇西、北地、上郡，中尉周舍为卫将军，郎中令张武为车骑将军，军渭北，车千乘，骑卒十万。帝亲自劳军，勒兵申教令，赐军吏卒。帝欲自将击匈奴，群臣谏，皆不听。皇太后固要帝，帝乃止。于是以东阳侯张相如为大将军，成侯赤为内史，栾布为将军，击匈奴。匈奴遁走。

春，上曰："朕获执牺牲圭币以事上帝宗庙，十四年于今，历日悬长，以不敏不明而久抚临天下，朕甚自愧。其广增诸祀墠场圭币。昔先王远施不求其报，望祀不祈其福，右贤左戚，先民后己，至明之极也。今吾闻祠官祝釐，皆归福朕躬，不为百姓，朕甚愧之。夫以朕

五月，齐国的太仓令淳于公犯了罪，应该受刑，朝廷下令让狱官逮捕他，把他押解到长安拘禁起来。太仓公没有儿子，有五个女儿。他被捕临行时，骂女儿们说："生孩子不生儿子，有急事时一点用都没有！"他的小女儿缇萦伤心地哭了，就跟随父亲来到长安，向朝廷上书说："我父亲做官，齐国人都称赞他廉洁公正，现在犯了法应当受刑罚。我哀伤的是，受了死刑的人不能再活过来，受了肉刑的人肢体断了不能再接起来，即使想改过自新，也没有办法了。我愿意到官府做奴婢，来替我父亲赎罪，使他能改过自新。"上书送到文帝那里，文帝怜悯缇萦的孝心，就下诏说："我听说有虞氏的时候，只是在罪犯的衣帽上画上特别的图形或颜色，给罪犯穿上有特定标志的衣服，以此来羞辱他们，这样，民众就不犯法了。为什么这样呢？是因为当时政治极其清明。如今法令中有刺面、割鼻、断足三种肉刑，可是犯法的事仍然不能禁止，这种过失的原因何在？不就是因为我德义不厚而教化不明吗？我觉得很是惭愧。所以说教导的方法不对就会使愚昧的百姓犯罪。《诗经》上说'平易近人的君子，有如保护和养育人民的父母'。现在有人犯了过错，官府没有对其进行教化就施加刑罚，有的人想改过修善也没有机会了。我很可怜他们。这些刑罚使人肢体断裂、肌肤毁坏，终身不能恢复，这是多么残酷而不仁道呀，这哪里有一点点为民父母的意思呢？应该立即废除肉刑。"

文帝又说："农业是天下的根本，没有比这更重要的事情。如今农民辛勤地从事农业生产，却还要交纳租税，这样做会使务农的人和从事商业、手工业的人本末不分。这对鼓励老百姓从事农业生产不利，应当免除农田的租税。"

十四年冬天，匈奴谋划入侵汉地的边境进行劫掠，他们攻打了朝那塞，杀死了北地郡的都尉孙印。文帝于是派遣了三个将军分别带兵驻扎在陇西、北地、上郡；又任命中尉周舍为卫将军，郎中令张武为车骑将军，率军驻扎在渭河以北地区，有兵车一千辆、骑兵十万人。文帝亲自慰劳军队，训练士兵，申明训令，奖赏全军将士。文帝想亲自带兵攻打匈奴，群臣进谏，都不听从。后来薄太后出面坚决要求文帝留下来，文帝这才作罢。于是任命东阳侯张相如为大将军，命成侯董赤为内史、栾布为将军，一同北击匈奴。匈奴被迫逃走了。

这年春天，文帝说："我有幸得以执掌祭祀，以牺牲、玉帛来祭祀上天和宗庙以来，至今已经十四年，经历很长时间了。以我这样一个既不聪敏又不明智的人长久地治理天下，我深感惭愧。我准备扩大祭祀的埠场，增加祭祀所需玉帛数量。从前先王远施恩惠而不求回报，遥祭山川却不为自己祈福，他们尊重贤才而抑制亲戚，先民后己，圣明到了极点。现在我听说祭祀的官员向神明祈福时，都是祈求将福泽降到我一个人身上，而不为众多的黎民百姓，对此我感到非常惭愧。像我这样一个无德之人，却独自享受神灵的福佑，而百姓却不能与我共享，

不德，而躬享独美其福，百姓不与焉，是重吾不德。其令祠官致敬，毋有所祈。"

是时北平侯张苍为丞相，方明律历。鲁人公孙臣上书陈终始传五德事，言方今土德时，土德应黄龙见，当改正朔服色制度。天子下其事与丞相议。丞相推以为今水德，始明正十月上黑事，以为其言非是，请罢之。

十五年，黄龙见成纪，天子乃复召鲁公孙臣，以为博士，申明土德事。于是上乃下诏曰："有异物之神见于成纪，无害于民，岁以有年。朕亲郊祀上帝诸神。礼官议，毋讳以劳朕。"有司礼官皆曰："古者天子夏躬亲礼祀上帝于郊，故曰郊。"于是天子始幸雍，郊见五帝，以孟夏四月答礼焉。赵人新垣平以望气见，因说上设立渭阳五庙。欲出周鼎，当有玉英见。

十六年，上亲郊见渭阳五帝庙，亦以夏答礼而尚赤。

十七年，得玉杯，刻曰"人主延寿"。于是天子始更为元年，令天下大酺。其岁，新垣平事觉，夷三族。

后二年，上曰："朕既不明，不能远德，是以使方外之国或不宁息。夫四荒之外不安其生，封畿之内勤劳不处，二者之咎，皆自于朕之德薄而不能远达也。间者累年，匈奴并暴边境，多杀吏民，边臣兵吏又不能谕吾内志，以重吾不德也。夫久结难连兵，中外之国将何以自宁？今朕夙兴夜寐，勤劳天下，忧苦万民，为之怛惕不安，未尝一日忘于心，故遣使者冠盖相望，结轶于道，以谕朕意于单于。今单于反古之道，计社稷之安，便万民之利，亲与朕俱弃细过，偕之大道，结兄弟之义，以全天下元元之民。和亲已定，始于今年。"

后六年冬，匈奴三万人入上郡，三万人入云中。以中大夫令勉为

这就加重了我的无德。现在我命令主管祭祀的官员，从今以后只向神灵表达敬意，不要再为我一个人祈祷了。"

这时，北平侯张苍任丞相，刚刚制定了乐律和历法。鲁国人公孙臣上书讲述金木水火土五行相生相克的学说，并说现在正是土德时期，土德的验证是将有黄龙出现，国家应当更改历法、服色等各种制度。文帝把公孙臣的说法交给丞相张苍，让他去研究。张苍经过推算，认为现今是水德当行时期，应继续以十月作为岁首，应该崇尚黑色。他认为公孙臣的说法不对，希望文帝不要采纳他的建议。

十五年，有黄龙出现在成纪县，文帝又召来鲁国的公孙臣，任命他为博士，让他重新说明当今应为土德的道理。于是文帝下诏说："有奇异的神物在成纪出现，对百姓没有伤害，今年会有好收成。我要亲自到郊外祭祀上帝和诸神。请礼官们商议这件事，不要因为怕我劳累而有什么隐讳。"主管大臣和礼官们都说："古代天子夏天亲自到郊外去祭祀上帝，所以称为郊。"于是文帝第一次驾临雍，郊祭五帝，在孟夏四月举行了答礼。赵国人新垣平这时靠着望气之术得到文帝的召见，因此他劝说文帝在渭水北岸建五帝庙，并预言周朝的传国宝鼎将会出现，还会有奇异的美玉出现。

十六年，文帝亲自到渭水北岸五帝庙郊祭，也是在夏季举行了答谢上天恩德的祭典，因而崇尚红色。

十七年，文帝得到一个玉杯（这个玉杯实际是新垣平为欺骗文帝而派人献上的），上面刻有"人主延寿"四个字。于是文帝把这一年改为后元元年，下令准许天下百姓聚会畅饮。也就在这一年，新垣平弄虚作假的事情被发觉，随后被诛灭了三族。

后元二年（前162年），文帝下诏说："我既不英明，也不能施恩德于远方，因此导致境外有些国家时常侵扰生事。四方荒远地区的百姓不能安定地生活，内地的百姓辛勤劳苦不能安居，这两件过失都是因为我的德行浅薄，不能施及远方。最近连续几年，匈奴都来为害边境，杀害了我许多官吏和百姓，边境的官员和将领又不能明白我的心意，以致加重了我的无德。长期这样兵灾相结、战火不断，中外各国又怎么能保持各自安宁？现在我起早睡晚，操劳国事，为万民忧虑，惶惶不安，未曾有一天心里不想着这些事情。因此我派出的使臣很多，前后车篷相望，路上车辙交错，为的就是让他们向单于说明我的意愿。现在单于已表示出友好相处的样子，考虑到国家的安定，顾及百姓的利益，愿意和我一起抛弃曾经的怨仇，一起走和平的大道，重新确立两国间兄弟般的友好关系，共同保护善良百姓的生命安全。和亲的盟约已经确定，从今年就开始。"

后元六年冬天，匈奴又有三万人侵入上郡，三万人侵入云中郡。文帝任命中大夫

车骑将军,军飞狐;故楚相苏意为将军,军句注;将军张武屯北地;河内守周亚夫为将军,居细柳;宗正刘礼为将军,居霸上;祝兹侯军棘门,以备胡。数月,胡人去,亦罢。

天下旱,蝗。帝加惠,令诸侯毋入贡,弛山泽,减诸服御狗马,损郎吏员,发仓庾以振贫民,民得卖爵。

孝文帝从代来,即位二十三年,宫室苑囿狗马服御无所增益,有不便,辄弛以利民。尝欲作露台,召匠计之,直百金。上曰:"百金中民十家之产,吾奉先帝宫室,常恐羞之,何以台为!"上常衣绨衣,所幸慎夫人,令衣不得曳地,帏帐不得文绣,以示敦朴,为天下先。治霸陵皆以瓦器,不得以金银铜锡为饰,不治坟,欲为省,毋烦民。南越王尉佗自立为武帝,然上召贵尉佗兄弟,以德报之,佗遂去帝称臣。与匈奴和亲,匈奴背约入盗,然令边备守,不发兵深入,恶烦苦百姓。吴王诈病不朝,就赐几杖。群臣如袁盎等称说虽切,常假借用之。群臣如张武等受赂遗金钱,觉,上乃发御府金钱赐之,以愧其心,弗下吏。专务以德化民,是以海内殷富,兴于礼义。

后七年六月己亥,帝崩于未央宫。遗诏曰:"朕闻盖天下万物之萌生,靡不有死。死者天地之理,物之自然者,奚可甚哀。当今之时,世咸嘉生而恶死,厚葬以破业,重服以伤生,吾甚不取。且朕既不德,无以佐百姓;今崩,又使重服久临,以离寒暑之数,哀人之父子,伤长幼之志,损其饮食,绝鬼神之祭祀,以重吾不德也,谓天下何!朕获保宗庙,以眇眇之身托于天下君王之上,二十有余年矣。赖天地之灵,社稷之福,方内安宁,靡有兵革。朕既不敏,常畏过行,以羞先帝之遗德;维年之久长,惧于不终。今乃幸以天年,得复供养于高庙。朕之不明与嘉之,其奚哀悲之有!其令天下吏民,令到出临

令勉为车骑将军，驻扎在飞狐口要塞；任命原楚国丞相苏意为将军，驻扎在句注山；命将军张武屯兵北地郡；任命河内太守周亚夫为将军，驻军细柳；任命宗正刘礼为将军，率军驻扎在灞上；命祝兹侯徐厉驻扎在棘门，以防备匈奴。几个月后，匈奴兵撤去，于是汉军也撤了回来。

这年天下干旱，发生蝗灾。文帝对全国施加恩惠，让诸侯不要向朝廷进贡，解除国家禁止民众开发山林湖泊的规定，减少宫中各种服饰、车驾和狗马等各项开销，裁减朝廷官吏人数，发放国家储备粮救济贫苦百姓，允许老百姓买卖爵位。

孝文帝从代国来到京城，即位二十三年，宫室、苑囿、狗马、服饰、车驾等等都没有增加。一有不便于民的事，就立即放弃，以利于民。文帝曾想建造一座露台，召来工匠一计算，造价要上百斤黄金。文帝说："百斤黄金相当于十户中等人家的产业，我享有先帝的宫室，还常担心会辱没先帝，还建造高台干什么呢？"文帝平时常穿质地粗厚的丝织衣服；对所宠爱的慎夫人，穿衣裙也不准拖到地面；所用的帏帐不准绣彩色花纹，以此来表示俭朴，为天下人做出榜样。文帝规定，修建霸陵墓时都用瓦器，不许用金银铜锡做装饰，不在平地修坟，就是想要节省，不烦扰百姓。南越王尉佗自号为武帝，然而文帝只是把尉佗的兄弟召来给以高官厚禄，报之以德。尉佗于是取消了帝号，向汉朝称臣。文帝又与匈奴和亲，匈奴多次背弃盟约入境骚扰，文帝只是命令边境加强防守，不发兵深入匈奴讨伐，是怕烦扰和劳苦百姓。吴王刘濞谎称有病不来朝见，文帝就赐给他木几和手杖以示关怀，让他可以免去进京朝觐之礼。群臣中如袁盎等人进言说事，虽然直率尖锐，而文帝总是宽容采纳。群臣中像张武等人接受金钱贿赂，事情被发觉后，文帝就从御府中拿出钱来赏给他们，使他们内心羞愧，而不是交给司法部门处理。文帝一心致力于用道德感化臣民，因此使得四海富足、礼义兴盛。

后元七年六月初一日，文帝在未央宫逝世。他留下遗诏说："我听说天下万物从开始的时候，没有哪一种是不死的。死亡是天地间的自然规律，是天下万物的自然现象，怎么能够过分悲哀呢！当今世人都贪生怕死，不惜花费大量财物来安葬死者，以致倾家荡产；长期服丧以致损害身体。我认为此举很不可取。况且我很不贤德，没有什么可以帮助百姓的。现在去世了，又要让他们长期服丧痛哭，遭受严寒酷暑的折磨，使天下的父子为我悲哀，使天下的老幼心灵受到损害，减少饮食，中断对鬼神的祭祀，其结果是加重了我的无德。我怎么向天下人交待呢！我有幸承继帝业，以渺小之躯，凌驾于天下各诸侯王之上，已经二十多年了。靠着天地的神灵、社稷的福气，才使得国内安宁，没有战乱。我不聪敏，时常担心行为有过错，使先帝遗留下来的美德蒙受羞辱；年长月久之后，害怕不能善终。如今没想到能侥幸享尽天年，将被供奉在高庙里享受祭祀。我如此不贤

三日,皆释服。毋禁取妇嫁女祠祀饮酒食肉者。自当给丧事服临者,皆无践。绖带无过三寸,毋布车及兵器,毋发民男女哭临宫殿。宫殿中当临者,皆以旦夕各十五举声,礼毕罢。非旦夕临时,禁毋得擅哭。已下,服大红十五日,小红十四日,纤七日,释服。它不在令中者,皆以此令比率从事。布告天下,使明知朕意。霸陵山川因其故,毋有所改。归夫人以下至少使。"令中尉亚夫为车骑将军,属国悍为将屯将军,郎中令武为复土将军,发近县见卒万六千人,发内史卒万五千人,藏郭穿复土属将军武。

乙巳,群臣皆顿首上尊号曰孝文皇帝。

太子即位于高庙。丁未,袭号曰皇帝。

孝景皇帝元年十月,制诏御史:"盖闻古者祖有功而宗有德,制礼乐各有由。闻歌者,所以发德也;舞者,所以明功也。高庙酎,奏武德、文始、五行之舞。孝惠庙酎,奏文始、五行之舞。孝文皇帝临天下,通关梁,不异远方。除诽谤,去肉刑,赏赐长老,收恤孤独,以育群生。减嗜欲,不受献,不私其利也。罪人不帑,不诛无罪。除肉刑,出美人,重绝人之世。朕既不敏,不能识。此皆上古之所不及,而孝文皇帝亲行之。德厚侔天地,利泽施四海,靡不获福焉。明象乎日月,而庙乐不称。朕甚惧焉。其为孝文皇帝庙为昭德之舞,以明休德。然后祖宗之功德著于竹帛,施于万世,永永无穷,朕甚嘉之。其与丞相、列侯、中二千石、礼官具为礼仪奏。"丞相臣嘉等言:"陛下永思孝道,立昭德之舞以明孝文皇帝之盛德。皆臣嘉等愚所不及。臣谨议:世功莫大于高皇帝,德莫盛于孝文皇帝,高皇庙宜为帝者太祖之庙,孝文皇帝庙宜为帝者太宗之庙。天子宜世世献祖宗之庙。郡

明，却能有这样的结果，我认为很好，还有什么可悲哀的呢！现在诏令全国官吏和百姓，在听到我逝世的消息后，哭吊三日就都除去丧服，不要禁止娶妻、嫁女、祭祠、饮酒、吃肉这些事。应当参加丧事、服丧哭祭的人，也都不要穿斩衰服。系腰与缠头的麻带不要超过三寸宽，不要用白布包裹车驾和兵器，不要发动民间男女到宫殿来哭祭。宫殿中应当哭祭的人，都只要在早晚各哭十五声，行礼完毕就停止。不是早上和晚上哭祭的时间，不准擅自哭泣。下葬以后，按丧服制度应服丧九个月的大功只服十五日，应服丧五个月的小功只服十四日，应服丧三个月的缌麻只服七日，期满就脱去丧服。其他不在此令中的事宜，都参照此令办理。通告天下，让大家明白我的心愿。我在灞陵的墓地，山川保持原样，不要有所改变。后宫从夫人以下直至少使，全都遣送回家。"任命中尉周亚夫为车骑将军，属国徐悍为将屯将军，郎中令张武为复土将军，征调京城附近各县现役士卒一万六千人，又调集京城现役士卒一万五千人，负责护送棺椁、挖掘墓穴、填土埋葬等事务，归将军张武统一指挥。

六月初七日，文帝在灞陵下葬，群臣都伏地叩首，尊奉谥号为"孝文皇帝"。

太子刘启在高祖庙即位。六月初九日，承袭帝号称为皇帝。

孝景皇帝元年十月，下诏给御史说："我听说古代帝王，有取天下之功的称为'祖'，有治天下之德的称为'宗'，祭祀不同的帝王应使用不同的礼乐，应各据其身份。我还听说唱歌是用来颂扬德行的，舞蹈是用来彰明功业的。向高祖皇帝庙献酒祭祀，应当演奏《武德》《文始》《五行》等歌舞。向孝惠帝庙献酒祭祀，应演奏《文始》《五行》等歌舞。孝文皇帝治理天下，开放了关卡桥梁，处处畅通无阻，边远地区也是一样；废除了诽谤的罪名，取消了肉刑；赏赐年老之人，收养孤独之人，以抚育万民；自己杜绝了各种嗜好，不受臣下进献的贡品，不求一己之私利；处治罪犯不株连家属，不诛罚无罪之人；废除宫刑，放出后宫女子，把使人绝后看成大事。我不聪敏，不能理解孝文皇帝的一切。这些都是古代帝王做不到的，而孝文皇帝亲自实行了。他的厚德可比天地，恩泽施于四海，没有谁没得到恩惠的；他的光辉如同日月，而祭祀时所用的歌舞却不相称，对此我心中非常不安。应当为孝文皇帝庙制作《昭德》舞，以显扬他的美德。然后将祖宗的功德载入史册，流传万代，永不没世，我很认同这种做法。你和丞相、列侯、中二千石的官吏、礼官们负责制定这项礼仪，上奏给我。"丞相申徒嘉等人听闻后说："陛下始终想着孝亲之道，制作《昭德》之舞来显扬孝文皇帝的赫赫功德，这都是我们这些臣子愚钝而想不到的。我等谨认为，世上的功勋没有比高祖皇帝更大的，圣德没有比孝文皇帝更深厚的；高祖皇帝庙应当作为皇帝的太祖庙，孝文皇帝庙应该作为皇帝的太宗庙，后代天子应当世世代代供奉祭祀太祖和太宗之庙，各郡国诸侯

国诸侯宜各为孝文皇帝立太宗之庙。诸侯王列侯使者侍祠，天子岁献祖宗之庙。请著之竹帛，宣布天下。"制曰："可。"

太史公曰：孔子言"必世然后仁。善人之治国百年，亦可以胜残去杀"。诚哉是言！汉兴，至孝文四十有余载，德至盛也。廪廪乡改正服封禅矣，谦让未成于今。呜呼，岂不仁哉！

也应当分别在各地为孝文皇帝建立太宗庙。朝廷祭祀时，诸侯王、列侯都要派使者来京随同天子祭祀，每年都要祭祀祖宗之庙。请皇上下令把这些规定写入法律条文之中，向天下公布。"景帝批示说："可以。"

太史公评说道：孔子曾说"治理国家一定要经过三十年后才能实现仁政。善人治理国家，要经过上百年才能教化好残暴之人，免除刑杀"。这话千真万确啊。汉朝从建国一直到孝文皇帝，经过了四十多年，德政达到了鼎盛的阶段。按理孝文帝完全可以更改历法、服色，举行封禅大典了，但由于他总是谦让自己德行不够，以致时至今日也未完成。啊！这难道不是仁德的体现吗？

孝景本纪第十一

孝景皇帝者，孝文之中子也。母窦太后。孝文在代时，前后有三男，及窦太后得幸，前后死，及三子更死，故孝景得立。

元年四月乙卯，赦天下。乙巳，赐民爵一级。五月，除田半租，为孝文立太宗庙。令群臣无朝贺。匈奴入代，与约和亲。

二年春，封故相国萧何孙系为武陵侯。男子二十而得傅。四月壬午，孝文太后崩。广川、长沙王皆之国。丞相申屠嘉卒。八月，以御史大夫开封陶青为丞相。彗星出东北。秋，衡山雨雹，大者五寸，深者二尺。荧惑逆行，守北辰。月出北辰间。岁星逆行天廷中。置南陵及内史、祋祤为县。

三年正月乙巳，赦天下。长星出西方。天火燔洛阳东宫大殿城室。吴王濞、楚王戊、赵王遂、胶西王卬、济南王辟光、菑川王贤、胶东王雄渠反，发兵西乡。天子为诛晁错，遣袁盎谕告，不止，遂西围梁。上乃遣大将军窦婴、太尉周亚夫将兵诛之。六月乙亥。赦亡军及楚元王子艺等与谋反者。封大将军窦婴为魏其侯。立楚元王子平陆侯礼为楚王。立皇子端为胶西王，子胜为中山王。徙济北王志为菑川王，淮阳王余为鲁王，汝南王非为江都王。齐王将庐、燕王嘉皆薨。

四年夏，立太子。立皇子彻为胶东王。六月甲戌，赦天下。后九月，更以弋阳为阳陵。复置津关，用传出入。冬，以赵国为邯郸郡。

孝景皇帝刘启，是孝文皇帝众儿子中居中出生的儿子。他的生母是窦太后。孝文帝在代国做王的时候，前一个王后生了三个儿子，等到窦太后受到文帝宠幸的时候，前一个王后已经去世，三个儿子也相继死亡，所以景帝得以即位。

景帝元年四月二十二日，大赦天下。乙巳日，诏令赐给民众每户户主爵位一级。五月，下诏给全国农民减去一半田租。同时下诏为孝文皇帝修建太宗庙，诏令群臣不必因为自己即位而上朝拜贺。这年，匈奴入侵代郡，朝廷又与匈奴签订和亲条约。

景帝二年春天，封原相国萧何的孙子萧系为武陵侯。规定男子满二十岁后得登记入册。四月二十五日，文帝的母亲薄太后去世。景帝的儿子广川王刘彭祖、长沙王刘发都回到各自的封国去了。这年，丞相申屠嘉去世。八月，景帝任命御史大夫开封侯陶青为丞相。这时，彗星在东北方向出现。秋天，衡山一带下了冰雹，大的直径有五寸，地上积得最厚的地方达两尺。这年火星逆向运行到了北极星所处的星空，不久月亮又出现北极星所在区域，木星也在太微垣区域向相反方向运行。就在这一年，皇帝还下诏将南陵和内史、祋祤升级为县。

景帝三年正月二十二日，大赦天下。这时有流星出现在西方，而天火烧掉了洛阳的东宫大殿和城楼。吴王刘濞、楚王刘戊、赵王刘遂、胶西王刘卬、济南王辟光、菑川王刘贤、胶东王刘雄渠起兵造反，发兵杀向西来。景帝为平抚反叛的诸侯王，不得已而杀了御史大夫晁错，并派遣袁盎通告七国，但七国还是不听，继续西进，包围了梁国的都城睢阳。景帝于是派了大将军窦婴、太尉周亚夫率军讨伐，最后平定了叛乱。六月二十四日，景帝下诏赦免败逃的叛军和楚元王的儿子刘蓺等曾参与谋反的人，封大将军窦婴为魏其侯，改封楚元王的儿子平陆侯刘礼为楚王。另封皇子刘端为胶西王、皇子刘胜为中山王，改封济北王刘志为菑川王，改封淮阳王刘余为鲁王，改封汝南王刘非为江都王。同年，齐王刘将庐、燕王刘嘉相继去世。

景帝四年夏天，册立皇太子。立皇子刘彻为胶东王。六月二十九日，大赦天下。闰九月，把弋阳改名为阳陵。重新设置要塞、津渡关卡，出入要凭证件。同年冬天，撤销赵国改设邯郸郡。

五年三月，作阳陵、渭桥。五月，募徙阳陵，予钱二十万。江都大暴风从西方来，坏城十二丈。丁卯，封长公主子蟜为隆虑侯。徙广川王为赵王。

六年春，封中尉绾为建陵侯，江都丞相嘉为建平侯，陇西太守浑邪为平曲侯，赵丞相嘉为江陵侯，故将军布为鄃侯。梁楚二王皆薨。后九月，伐驰道树，殖兰池。

七年冬，废栗太子为临江王。十月晦，日有食之。春，免徒隶作阳陵者。丞相青免。二月乙巳，以太尉条侯周亚夫为丞相。四月乙巳，立胶东王太后为皇后。丁巳，立胶东王为太子。名彻。

中元年，封故御史大夫周苛孙平为绳侯，故御史大夫周昌左车为安阳侯，四月乙巳，赦天下，赐爵一级。除禁锢。地动。衡山、原都雨雹，大者尺八寸。

中二年二月，匈奴入燕，遂不和亲。三月，召临江王来，即死中尉府中。夏，立皇子越为广川王，子寄为胶东王。封四侯。九月甲戌，日食。

中三年冬，罢诸侯御史中丞。春，匈奴王二人率其徒来降，皆封为列侯。立皇子方乘为清河王。三月，彗星出西北。丞相周亚夫免，以御史大夫桃侯刘舍为丞相。四月，地动。九月戊戌晦，日食。军东都门外。

中四年三月，置德阳宫。大蝗。秋，赦徒作阳陵者。

中五年夏，立皇子舜为常山王。封十侯。六月丁巳，赦天下，赐爵一级。天下大潦。更命诸侯丞相曰相。秋，地动。

中六年二月己卯，行幸雍，郊见五帝。三月，雨雹。四月，梁孝王、城阳共王、汝南王皆薨。立梁孝王子明为济川王，子彭离为济东王，子定为山阳王，子不识为济阴王。梁分为五。封四侯。更命廷尉

景帝五年三月，开始修建阳陵和长安城东北的渭桥。同年五月，招募民众迁居阳陵县，凡是迁往阳陵的百姓，每户给钱二十万。这年从西边刮来的大风侵袭了江都县一带，摧毁城墙十二丈。五月二十八日，景帝封其姊长公主的儿子陈蟜为隆虑侯。同年改封广川王刘彭祖为赵王。

景帝六年春天，景帝封中尉卫绾为建陵侯，封江都王的丞相程嘉为建平侯，封陇西郡太守公孙浑邪为平曲侯，封赵国丞相苏嘉为江陵侯，封前将军栾布为鄃侯。同年，梁王刘武、楚王刘礼相继去世。同年闰九月，景帝下令砍伐驰道两旁的树木，并填平兰池。

景帝七年冬天，景帝废掉栗太子刘荣，封他为临江王。十一月的最后一天，发生了日食。春天，赦免了修建阳陵的刑徒和奴隶，丞相陶青被免职。二月十六日，任命太尉条侯周亚夫为丞相。四月十七日，立胶东王刘彻的母亲为皇后。四月二十九日，立胶东王刘彻为皇太子。

景帝中元元年，封前御史大夫周苛的孙子周平为绳侯，封前御史大夫周昌的孙子周左车为安阳侯。四月二十三日，大赦天下，赐给全国臣民的爵位每人升一级。这年废除了不准一些人进入官场从政的法令。同年发生了地震。衡山、原都一带都下了冰雹，最大的直径达到一尺八寸。

景帝中元二年二月，匈奴侵入燕地，朝廷因而断绝与匈奴和亲。三月，召来临江王到京受审，不久刘荣死在了中尉府中。同年夏天，封立皇子刘越为广川王，封立皇子刘寄为胶东王。另分封了四个列侯。九月三十日，发生日食。

景帝中元三年冬天，撤销诸侯国中御史中丞一职。同年春天，有两个匈奴王率领部下前来归降，都被封为列侯。封立皇子刘方乘为清河王。同年三月，在西北方的天空出现了彗星。丞相周亚夫被免职，任命御史大夫桃侯刘舍为丞相。同年四月，发生地震。九月三十日，发生日食。由于自然现象异常，于是在京城的东都门外部署了军队进行驻扎。

景帝中元四年三月，开始修建德阳宫。这年发生大蝗灾。秋天，赦免了修建阳陵的囚犯。

景帝中元五年夏天，封立皇子刘舜为常山王。又分封赐十人为列侯。六月二十九日，大赦天下，赐给民众每户户主爵位一级。这年全国涝灾严重。同时下令将诸侯国的丞相改称为相。同年秋天又发生地震。

景帝中元六年二月二十五日，景帝亲自西行到雍县，在雍县郊祭祀五帝。三月，天降冰雹。四月，梁孝王刘武、城阳共王刘喜、汝南王刘非都相继去世。于是立梁孝王的儿子刘明为济川王、刘彭离为济东王、刘定为山阳王、刘不识为济阴王，把原来的梁国分成了五个小国。封立了四个列侯。同时

为大理,将作少府为将作大匠,主爵中尉为都尉,长信詹事为长信少府,将行为大长秋,大行为行人,奉常为太常,典客为大行,治粟内史为大农。以大内为二千石,置左右内官,属大内。七月辛亥,日食。八月,匈奴入上郡。

后元年冬,更命中大夫令为卫尉。三月丁酉,赦天下,赐爵一级,中二千石、诸侯相爵右庶长。四月,大酺。五月丙戌,地动,其蚤食时复动。上庸地动二十二日,坏城垣。七月乙巳,日食。丞相刘舍免。八月壬辰,以御史大夫绾为丞相,封建陵侯。

后二年正月,地一日三动。郅将军击匈奴。酺五日。令内史郡不得食马粟,没入县官。令徒隶衣七緵布。止马舂。为岁不登,禁天下食不造岁。省列侯遣之国。三月,匈奴入雁门。十月,租长陵田。大旱。衡山国、河东、云中郡民疫。

后三年十月,日月皆食赤五日。十二月晦,雷。日如紫。五星逆行守太微。月贯天廷中。正月甲寅,皇太子冠。甲子,孝景皇帝崩。遗诏赐诸侯王以下至民为父后爵一级,天下户百钱。出宫人归其家,复无所与。太子即位,是为孝武皇帝。三月,封皇太后弟蚡为武安侯,弟胜为周阳侯。置阳陵。

太史公曰:汉兴,孝文施大德,天下怀安,至孝景,不复忧异姓,而晁错刻削诸侯,遂使七国俱起,合从而西乡,以诸侯太盛,而错为之不以渐也。及主父偃言之,而诸侯以弱,卒以安。安危之机,岂不以谋哉?

把廷尉这个官职改名为大理，把将作少府改名为将作大匠，把主爵中尉改称为都尉，把长信詹事改称为长信少府，把将行改称为大长秋，把大行改称为行人，把奉常改称为太常，把典客改称为大行，把治粟内史改称为大农。把主管京城仓库的大内定为二千石级的官员，设置左、右内官，归大内统领。七月二十九日，发生日食。八月，匈奴入侵上郡。

景帝后元元年冬天，把中大夫令改为卫尉。三月十九日，大赦天下，赐给民众每户户主爵位一级。中二千石级的官员和诸侯国的相赐给右庶长的爵位。四月，下令准许老百姓聚会饮酒。五月初九发生地震，吃早饭时又再次地震。上庸县的地震持续了二十二天，城墙被震毁。七月二十九日，发生日食。丞相刘舍被免职。八月壬辰日，任命御史大夫卫绾为丞相，封为建陵侯。

景帝后元二年正月，一天之内发生三次地震。景帝让郅都将军率军出击匈奴。朝廷又下令准许民众聚会饮酒五日。命令内史和各郡县不能用粮食喂马，否则由县官没收马匹。规定罪犯和奴隶只准许穿粗麻布衣服。禁止用马拉轮机春米。由于这一年粮食收成不佳，不许天下出现粮食吃不到秋收时的情况。动员列侯不要住在京城，让他们回到自己的封国去。三月，匈奴入侵雁门郡。十月，把高祖长陵附近的官田租给农民耕种。这年大旱，衡山国、河东郡和云中郡都发生了瘟疫。

景帝后元三年十月，一连五天太阳和月亮都呈现红色。十二月的最后一天，忽然打雷，太阳变成了紫色。五大行星都开始逆转运行，逼近太微垣区域，月亮也从太微垣穿过。正月十七日，皇太子刘彻举行加冠礼。正月二十七日，孝景皇帝驾崩。临终前遗诏赐给诸侯王以下至百姓当中应该继承父业的人每人爵位一级，全国百姓每户赏赐一百钱。并把宫廷中的宫人遣散回家，而且免除其终身的赋税。太子即位，这就是孝武皇帝。三月，汉武帝封皇太后的弟弟田蚡为武安侯，田胜为周阳侯。把景帝安葬在阳陵。

太史公说：汉朝建立以来，到孝文皇帝时广施恩德，天下人民安居乐业。到了孝景帝即位时，不必再担心异姓诸侯王对朝廷的威胁，然而晁错还力主削夺同姓诸侯王的封地，终于导致吴、楚等七国起兵反叛，一同联合向西进攻朝廷。这是由于诸侯势力太强大，晁错在处置时没有循序渐进太过急躁造成的。等到主父偃建议实施"推恩法"，才使诸侯王的势力渐渐变弱，国家最终也因此得以安定下来。由此可见，国家安危的关键，难道不是在于谋略运用得宜吗？

孝武本纪第十二

孝武皇帝者，孝景中子也。母曰王太后。孝景四年，以皇子为胶东王。孝景七年，栗太子废为临江王，以胶东王为太子。孝景十六年崩，太子即位，为孝武皇帝。孝武皇帝初即位，尤敬鬼神之祀。

元年，汉兴已六十余岁矣，天下乂安，荐绅之属皆望天子封禅改正度也。而上乡儒术，招贤良，赵绾、王臧等以文学为公卿，欲议古立明堂城南，以朝诸侯。草巡狩封禅改历服色事未就。会窦太后治黄老言，不好儒术，使人微得赵绾等奸利事，召案绾、臧，绾、臧自杀，诸所兴为者皆废。

后六年，窦太后崩。其明年，上征文学之士公孙弘等。

明年，上初至雍，郊见五畤。后常三岁一郊。是时上求神君，舍之上林中蹏氏观。神君者，长陵女子，以子死悲哀，故见神于先后宛若。宛若祠之其室，民多往祠。平原君往祠，其后子孙以尊显。及武帝即位，则厚礼置祠之内中，闻其言，不见其人云。

是时而李少君亦以祠灶、谷道、却老方见上，上尊之。少君者，故深泽侯入以主方。匿其年及所生长，常自谓七十，能使物，却老。其游以方遍诸侯。无妻子。人闻其能使物及不死，更馈遗之，常余金钱帛衣食。人皆以为不治产业而饶给，又不知其何所人，愈信，争事之。少君资好方，善为巧发奇中。尝从武安侯饮，坐中有年九十余老人，少君乃言与其大父游射处，老人为儿时从其大父行，识其处，一

孝武帝刘彻，是孝景帝排行居中的儿子。其母是王太后。孝景帝四年，刘彻被封为胶东王。孝景帝七年，栗太子刘荣被废，改封为临江王，改立胶东王刘彻为太子。孝景帝在位十六年驾崩，太子即位，这就是孝武皇帝。孝武皇帝刚即位时，特别重视对鬼神的祭祀。

孝武帝元年，汉朝建国已经六十多年了。此时天下太平安定，朝廷的大臣们都希望天子能够举行封禅大典，修改并确定历法、服饰等各种制度。而皇上崇尚儒家的学说，广招贤良，赵绾、王臧等人就是凭着出色的辞章修养而位列三公九卿的，他们商议想依照古代制度在长安城南为天子建立明堂，用来朝会诸侯。他们所草拟的天子巡狩、封禅和改换历法、服色制度的计划尚未完成，正遇上窦太后崇尚黄老学说，不喜欢儒家学术，于是派人私下里察访赵绾等人所干的非法谋利之类的事情，传讯审查赵绾、王臧，赵绾、王臧被迫自杀。于是武帝第一次兴起的"尊儒"便废止了。

六年后，窦太后去世。第二年，皇上征召贤良文学之士公孙弘等人。

一年后，汉武帝首次来到雍县，在雍县的五畤举行了祭祀五位天帝的仪式。以后通常每三年轮祭一次。这时候，雍县求得一位"神君"，供奉在上林苑中的氾氏观。这位"神君"，是长陵的一个女子，因为孩子死了，她也悲痛而死，显灵于她的妯娌宛若身上。宛若在家里供奉她，很多百姓也来祭祀她。战国时平原君曾去祭祀过她，后代子孙因此而地位尊贵、声名显赫。等到武帝即位，就用隆重的礼仪把"神君"请到宫里，用丰厚的礼品把她供奉起来，外人只能听见神君的说话声，但见不到她的真人。

当时李少君也因会祭灶致福、辟谷不食、长生不老的方术被汉武帝召见，汉武帝很敬重他。李少君是已故深泽侯推荐来主管方药之事的。他隐瞒了自己的年龄和出身经历等，经常自称七十岁了，能驱使鬼神，懂得长生不老之术。他靠方术遍游了诸侯各国。他没有妻子儿女。人们听说他能驱使鬼神并能使人长生不死，便纷纷赠送财礼给他，因此他常有多余的金钱、丝织品、衣服和食物。人们因他不经常劳作却很富有，又不知道他是什么地方的人，于是就越发相信他，争相侍奉他。李少君天生喜好方术，善于巧言揣测，常说中别人的隐私。他曾经到武安侯处宴饮，座中有位九十多岁的老人，李少君便谈起曾与他的祖父一起游玩

坐尽惊。少君见上，上有故铜器，问少君。少君曰："此器齐桓公十年陈于柏寝。"已而案其刻，果齐桓公器。一宫尽骇，以少君为神，数百岁人也。

少君言于上曰："祠灶则致物，致物而丹沙可化为黄金，黄金成以为饮食器则益寿，益寿而海中蓬莱仙者可见，见之以封禅则不死，黄帝是也。臣尝游海上，见安期生，食臣枣，大如瓜。安期生仙者，通蓬莱中，合则见人，不合则隐。"于是天子始亲祠灶，而遣方士入海求蓬莱安期生之属，而事化丹沙诸药齐为黄金矣。

居久之，李少君病死。天子以为化去不死也，而使黄锤史宽舒受其方。求蓬莱安期生莫能得，而海上燕齐怪迂之方士多相效，更言神事矣。

亳人薄诱忌奏祠泰一方，曰："天神贵者泰一，泰一佐曰五帝。古者天子以春秋祭泰一东南郊，用太牢具，七日，为坛开八通之鬼道。"于是天子令太祝立其祠长安东南郊，常奉祠如忌方。其后人有上书，言"古者天子三年一用太牢具祠神三一：天一，地一，泰一"。天子许之，令太祝领祠之忌泰一坛上，如其方。后人复有上书，言"古者天子常以春秋解祠，祠黄帝用一枭破镜；冥羊用羊；祠马行用一青牡马；泰一、皋山山君、地长用牛；武夷君用干鱼；阴阳使者以一牛"。令祠官领之如其方，而祠于忌泰一坛旁。

其后，天子苑有白鹿，以其皮为币，以发瑞应，造白金焉。

其明年，郊雍，获一角兽，若麃然。有司曰："陛下肃祇郊祀，上帝报享，锡一角兽，盖麟云。"于是以荐五畤，畤加一牛以燎。赐

打猎的地方。这位老人小时候跟从他的爷爷同行，认识这个地方。这让满座的宾客都惊讶不已。有一次，李少君拜见皇上，皇上有一件古铜器，便拿出来问李少君是否认识。李少君说："这件铜器是齐桓公十年时陈放在柏寝台的。"过后皇帝仔细查验铜器上的铭文，果然是齐桓公时期的铜器。整个宫中的人都惊呆了，以为李少君是神仙，已经有几百岁了。

李少君对皇上说道："祭祀灶神就能招来鬼神，招来鬼神后可以把丹沙炼成黄金；黄金炼成后，用它来打造饮食器具，使用后就能延年益寿；寿命长了，便可以见到东海蓬莱岛中的仙人；见到仙人后，再举行祭祀天地的典礼，便可长生不死。黄帝就是这样成仙的。我曾经在海上游历，见到过安期生，他给我枣吃，那枣儿像瓜一样大。安期生是仙人，他可往来于蓬莱仙境；与他性情投合他便见你，不投合他便躲起来不见。"于是汉武帝便开始亲自祭祀灶神，并派遣方术之士到东海访求蓬莱仙境和安期生之类的仙人，并开始研究用丹沙等各种药物炼制黄金的工作。

过了许久，李少君病死了。汉武帝以为他是成仙而并不是死了，便让黄锤县的文书官宽舒研究李少君的方术。那些派去寻求蓬莱岛、安期生的人，什么也没找到。但燕国、齐国沿海一带那些不地道的方士们却有许多人仿效李少君，纷纷前来谈论神仙之类的事情。

亳县人薄诱忌把祭祀泰一神的方法献给了汉武帝。他说："天神当中最尊贵的是泰一神，泰一神的辅佐者是五帝。古代天子于春秋两季在东南郊祭祀泰一神，祭品用牛、羊、猪三牲各一头，共祭祀七天，祭坛上要开通八条供鬼神行走的通道。"于是汉武帝命令太祝在长安东南郊建立了泰一神祠，经常按照薄诱忌说的礼仪祭祀泰一神。那以后有人上书，说古时天子是每三年一次，用牛、羊、猪三牲祭祀"三一"神，即"天一"神、"地一"神和"泰一"神。汉武帝便应允了，命令由太祝负责，在薄诱忌建议建立的泰一坛上祭祀他们，依照薄诱忌所说的方式进行。后来又有人上书，说："古时候天子经常在春秋两季举行除灾求福的解祠，祭祀黄帝时用一只枭鸟和一只獍兽；祭祀冥羊神时用羊；用一匹青色雄马祭祀马行神；用牛祭祀泰一神、皋山山君和地长神；用干鱼祭祀武夷山神；用一头牛祭祀阴阳使者。"汉武帝也都命令祠官按他说的方法进行祭祀，而祭祀的地方就在薄诱忌所奏请建立的泰一神坛旁边。

后来，因皇上的苑囿里有白鹿，有人就说用白鹿皮来制作货币，目的是为了促使上天发出祥瑞的征兆，这便是皇帝铸造"白金"的事。

第二年，汉武帝到雍县举行郊祀，猎获了一头独角兽，形状像狍子。主管官员说："陛下恭敬虔诚地举行郊祀，上帝为了报答您的供享，赐给您这头独角兽，这大概就是麒麟吧。"于是把它进献给五畤，每畤的

诸侯白金，以风符应合于天地。

于是济北王以为天子且封禅，乃上书献泰山及其旁邑。天子受之，更以他县偿之。常山王有罪，迁，天子封其弟于真定，以续先王祀，而以常山为郡。然后五岳皆在天子之郡。

其明年，齐人少翁以鬼神方见上。上有所幸王夫人，夫人卒，少翁以方术盖夜致王夫人及灶鬼之貌云，天子自帷中望见焉。于是乃拜少翁为文成将军，赏赐甚多，以客礼礼之。文成言曰："上即欲与神通，宫室被服不象神，神物不至。"乃作画云气车，及各以胜日驾车辟恶鬼。又作甘泉宫，中为台室，画天、地、泰一诸神，而置祭具以致天神。居岁余，其方益衰，神不至。乃为帛书以饭牛，佯弗知也，言此牛腹中有奇。杀而视之，得书，书言甚怪，天子疑之。有识其手书，问之人，果书。于是诛文成将军而隐之。

其后则又作柏梁、铜柱、承露仙人掌之属矣。

文成死明年，天子病鼎湖甚，巫医无所不致，不愈。游水发根乃言曰："上郡有巫，病而鬼下之。"上召置祠之甘泉。及病，使人问神君。神君言曰："天子毋忧病。病少愈，强与我会甘泉。"于是病愈，遂幸甘泉，病良已。大赦天下，置寿宫神君。神君最贵者太一，其佐曰大禁、司命之属，皆从之。非可得见，闻其音，与人言等。时去时来，来则风肃然也。居室帷中。时昼言，然常以夜。天子袚，然后入。因巫为主人，关饮食。所欲者言行下。又置寿宫、北宫，张羽旗，设供具，以礼神君。神君所言，上使人受书其言，命之曰"画法"。其所语，世俗之所知也，毋绝殊者，而天子独喜。其事秘，世

祭品外加一头牛，举行焚柴祭天的燎祭。同时还把"白金"赐给诸侯，向他们暗示这种吉祥的征兆是符合天意的。

这时济北王以为天子将要举行封禅大典，就上书愿献出泰山及其周围的封地。汉武帝接受了，另将其他县邑划给他作为抵偿。常山王犯了罪，被流放，汉武帝封他的弟弟刘平做了真定王，以延续对其祖先的祭祀，而把常山国改设为郡。这样一来，五岳之地就都在天子直辖的郡县之内了。

第二年，齐国人少翁凭借鬼神方术受到皇上的召见。汉武帝宠爱王夫人，此前不久王夫人去世了。据说少翁可以用方术在夜里使王夫人和灶神的形貌出现，汉武帝远远隔着帷幕看见了。于是便拜少翁为文成将军，赏赐了很多财物，用接待宾客的礼节接待他。文成将军说道："皇上如果想要跟神交往，而宫室、被服等用具却不像神用的，所以神不会降临。"于是汉武帝派人制作了画有各色云气的车子，并按五行相克的道理，在吉日分驾各色神车驱除恶鬼；又营建了甘泉宫，在宫中建起高台宫室，室内画着天、地和泰一等神，并放置了祭具以招徕天神。过了一年多，少翁的方术越发不灵验了，神仙总也不来。于是他就写了一份帛书让牛吞食入腹，却假装不知道这事，说这头牛的肚子里有怪异。汉武帝派人把牛杀了，发现了帛书，上面写着奇怪的话，汉武帝怀疑这件事。有人认得文成的笔迹，拿出一问，果然是少翁假造的。汉武帝于是杀了文成将军，并把此事隐瞒起来。

后来又建造了柏梁台、铜柱和承露仙人掌之类的（据说承露仙人掌中和着玉石粉末的露水，经常饮用可以长生不老）。

文成死后的第二年，汉武帝在鼎湖宫病得很重，巫医们什么法子都用了，却不见好转。有个叫发根的游士进言道："上郡有个巫师，他生病时鬼神能附在他的身上。"于是汉武帝让人把他召来，安置在甘泉宫。等到巫师有病的时候，汉武帝派人问附在巫师身上的神君。神君说道："天子不必为病担忧，等病情稍有好转，可勉强支撑着来甘泉宫与我相会。"于是汉武帝的病情减轻后，就亲自前往甘泉宫，果然完全好了。汉武帝大赦天下，修建寿宫供奉神君。寿宫神君这里最尊贵的神职人员称大夫，他的辅佐人员有大禁、司命之类的，他们都听命于神君。神灵附体大家是不可能看见的，只能通过神君听到他的声音，跟人的声音一样。神灵们时去时来，来的时候能听见沙沙的风声。神君住在室内的帷帐中，有时白天说话，但更多是在晚上。汉武帝见他前，先要在外举行净身的仪式后才进入寿宫。以巫师作为这里的主人，让他关照神君的饮食。神灵所说的话，由巫师传送下来。又把他们安置在寿宫、北宫，张挂羽旗，设置了祭祀的器具，以供奉神君。神君所说的话，皇上命人记录下来，称之为"画法"，意思是划一之法。其实，神君所说的都是一些世俗的东西，一般人都知道，没有什么特别的，可是

莫知也。

其后三年，有司言元宜以天瑞命，不宜以一二数。一元曰建元，二元以长星曰元光，三元以郊得一角兽曰元狩云。

其明年冬，天子郊雍，议曰："今上帝朕亲郊，而后土毋祀，则礼不答也。"有司与太史公、祠官宽舒等议："天地牲角茧栗。今陛下亲祀后土，后土宜于泽中圜丘为五坛，坛一黄犊太牢具，已祠尽瘗，而从祠衣上黄。"于是天子遂东，始立后土祠汾阴脽上，如宽舒等议。上亲望拜，如上帝礼。礼毕，天子遂至荥阳而还。过雒阳，下诏曰："三代邈绝，远矣难存。其以三十里地封周后为周子南君，以奉先王祀焉。"是岁，天子始巡郡县，侵寻于泰山矣。

其春，乐成侯上书言栾大。栾大，胶东宫人，故尝与文成将军同师，已而为胶东王尚方。而乐成侯姊为康王后，毋子。康王死，他姬子立为王。而康后有淫行，与王不相中，相危以法。康后闻文成已死，而欲自媚于上，乃遣栾大因乐成侯求见言方。天子既诛文成，后悔恨其早死，惜其方不尽，及见栾大，大悦。大为人长美，言多方略，而敢为大言，处之不疑。大言曰："臣尝往来海中，见安期、羡门之属。顾以为臣贱，不信臣。又以为康王诸侯耳，不足予方。臣数言康王，康王又不用臣。臣之师曰：'黄金可成，而河决可塞，不死之药可得，仙人可致也。'臣恐效文成，则方士皆掩口，恶敢言方哉！"上曰："文成食马肝死耳。子诚能修其方，我何爱乎！"大曰："臣师非有求人，人者求之。陛下必欲致之，则贵其使者，令有亲属，以客礼待之，勿卑，使各佩其信印，乃可使通言于神人。神人尚肯邪不邪。致尊其使，然后可致也。"于是上使先验小方，斗

汉武帝就是爱听。这些事情都是保密的，外面的人无法知晓。

又过了三年，主管官员启奏说，帝王的年号应该根据上天所降的祥兆来命名，不宜按一年、二年的顺序计算。第一个年号可以称为"建元"；第二个年号因为有长星出现，可称为"元光"；第三个年号，因为郊祀时得到了独角兽，应该称为"元狩"。

次年冬天，汉武帝到雍城举行郊祀，提出："如今上帝由我亲自祭祀了，但地神后土却没有祭祀，这在礼节上是不周全的。"主管官员跟太史令司马谈、祠官宽舒等人商议道："祭天地要有刚长出犄角的像刚破茧的蚕一样的小牛。如今陛下要亲自祭祀后土，就应该在湖中的土丘上建立五座圆形祭坛，每个祭坛用一头黄牛犊作太牢祭品，祭过以后全部埋掉，陪祭人员的衣服应该为黄色。"于是汉武帝就向东行，首次在汾阴丘上立了后土祠，是按宽舒等人的建议做的。他按照祭祀上帝的礼仪，亲自祭拜了地神。祭礼结束后，汉武帝经由荥阳回到了长安。途经洛阳时，他下诏说："夏、商、周三代距今已很久远了，远到已难以找到他们的后代与封地。可以划出三十里的地方赐封周王的后代为'周子南君'，以供奉他们的祖先。"同年，汉武帝开始外出巡视各郡县，以便逐渐靠近泰山。

这年春天，乐成侯丁义上书推荐栾大。栾大是胶东王刘寄宫中管日常生活事务的宫人。从前曾经跟文成将军同师学习，不久做了胶东王的药剂师。乐成侯的姐姐是胶东康王的王后，没有儿子。康王死了，其他姬妾的儿子被立为王。而康后有淫乱行为，与新王不合，彼此利用法律手段互相侵害。康后听说文成将军已死，想要自己去讨好皇上，就派栾大通过乐成侯求见皇上谈方术。汉武帝杀了文成将军，后又悔恨他死得太早，惋惜没有让他把方术全部拿出来，等到见了栾大，天子非常高兴。栾大这个人长得高大英俊，说话很有策略，而且敢说大话，说什么大话也不犹豫。他曾夸口说："我曾经在海中往来，见到过安期生、羡门高那些仙人。但他们认为我地位低贱，不信任我。又认为康王只是个诸侯罢了，不配把神仙方术传给他。我屡次向康王进言，康王又不任用我。我的老师说：'黄金可以炼成，而黄河决口可以堵塞，不死之药可以求得，神仙也是可以招来的。'我只怕像文成一样也遭杀身之祸，那么方士们就都要把嘴封上了，怎么还敢再谈方术的事呢！"皇上说："文成只是误食马肝而死的。如果您对老师的方术真的有研究，我有什么舍不得的呢！"栾大说："我的老师不是有求于人，而是只有别人来求他。陛下如果一定要想要招来神仙，那就要让神仙的使者地位更尊贵，让他有自己的家眷，用客礼来对待他，不要瞧不起他，要让他佩带各种信印，才可让他与神仙通话。神仙究竟肯来不肯来，尚在两可。总之，只有让神仙的使者极为尊贵，然后才有可能招来神仙。"于是汉武帝让他施个小方术验证一下，栾大就表演了斗棋，他（借用磁

旗，旗自相触击。

是时上方忧河决，而黄金不就，乃拜大为五利将军。居月余，得四金印，佩天士将军、地士将军、大通将军、天道将军印。制诏御史："昔禹疏九江，决四渎。间者河溢皋陆，堤繇不息。朕临天下二十有八年，天若遗朕士而大通焉。乾称'蜚龙'，'鸿渐于般'，意庶几与焉。其以二千户封地士将军大为乐通侯。"赐列侯甲第，僮千人。乘舆斥车马帷帐器物以充其家。又以卫长公主妻之，赍金万斤，更名其邑曰当利公主。天子亲如五利之第。使者存问，所给连属于道。自大主将相以下，皆置酒其家，献遗之。于是天子又刻玉印曰"天道将军"，使使衣羽衣，夜立白茅上，五利将军亦衣羽衣，立白茅上受印，以示弗臣也。而佩"天道"者，且为天子道天神也。于是五利常夜祠其家，欲以下神。神未至而百鬼集矣，然颇能使之。其后治装行，东入海，求其师云。大见数月，佩六印，贵振天下，而海上燕齐之间，莫不搤捥而自言有禁方，能神仙矣。

其夏六月中，汾阴巫锦为民祠魏脽后土营旁，见地如钩状，掊视得鼎。鼎大异于众鼎，文镂毋款识，怪之，言吏。吏告河东太守胜，胜以闻。天子使使验问巫锦得鼎无奸诈，乃以礼祠，迎鼎至甘泉，从行，上荐之。至中山，晏温，有黄云盖焉。有麃过，上自射之，因以祭云。至长安，公卿大夫皆议请尊宝鼎。天子曰："间者河溢，岁数不登，故巡祭后土，祈为百姓育谷。今年丰庑未有报，鼎曷为出哉？"

有司皆曰："闻昔大帝兴神鼎一，一者一统，天地万物所系终也。黄帝作宝鼎三，象天地人也。禹收九牧之金，铸九鼎，皆尝鬺烹

力）让棋子自行相互撞击。

当时汉武帝正在为黄河决口的事忧虑，而且炼黄金又没有成功，现在听栾大这么一说，就封栾大为"五利将军"。在这前后不到一个月的时间里，栾大就得到了四枚金印，身佩天士将军、地土将军、大通将军和天道将军四颗印信。皇上下诏书给御史："从前夏禹疏浚九江，开决四渎。近来，泛滥的河水溢出淹没陆地，筑堤的劳役连续不断。我治理天下已经二十八年了，上天如果送给我一位方士，而栾大就可以上通天意了。《周易·乾卦》上说到'飞龙'，《渐卦》提到'鸿雁'，现在的栾大，也许就是这样的吧。应该以二千户的地方封地土将军栾大为乐通侯。"赐给他列侯等级的宅第和奴仆千人；还把皇上不用的车马和宫中的器物送给了他；又把卫长公主嫁给他，送给他黄金万斤，把他所住的城邑改名为当利公主邑；汉武帝还亲临五利将军的府第，派使者们前去慰问和所赐赠的物品更是络绎不绝。从皇上的姑姑大长公主到朝中将相以下，都置办酒食送到他家，献送殷勤。接着汉武帝又刻了一枚"天道将军"的玉印，派使者手持玉印，身着鸟羽制成的衣服，夜间站在白茅草上，五利将军也穿着鸟羽制成的衣服，站在白茅草上接受玉印，以表示受印者不是天子的臣下。佩带上"天道"之印，是要为天子引导天神降临的意思。于是五利将军常常夜间在家里祭祀众神，想求神仙下凡。结果神仙没来，却把各种鬼怪招来了，好在五利将军还能驱使这些鬼怪。后来他就整理行装外出，据说他是东行海上寻找他的老师去了。栾大被引见的几个月里，就佩上了六枚大印，尊贵之极震惊天下，使得沿海燕、齐地区的方士们无不握腕振奋，都说自己也有秘方，能通神仙。

这年夏季的六月中旬，一个叫锦的汾阴女巫师在魏脽后土祠旁为民众祭祀，看见地面裂开呈现出弯钩的形状，扒开土来看，得到一只鼎。这只鼎与其他的鼎大不相同，上面刻有花纹，但无铸刻的文字。巫师认为奇怪，就报告了当地官吏。当地官吏报告给了河东太守胜，胜又报告了朝廷。汉武帝派使者来检验并查问巫师锦得鼎的详情，得知此鼎并无虚假伪造，就用祭祀天地的礼仪，把鼎迎请到了甘泉宫。汉武帝随鼎而行，准备把它献给天帝。走到中山时，天气晴暖，一片黄云覆盖在头顶上空。此时正好有只麑子跑过，汉武帝亲自射死了它，因此把它用来做了祭品。回到长安以后，公卿大夫们都上书奏请皇上尊奉宝鼎的事。汉武帝说："近来黄河泛滥，一连几年收成不好，所以我才出巡郡县祭祀后土，祈求她为百姓滋育庄稼。今年五谷丰茂，还没有举行祭礼酬谢地神，这鼎为什么会出现呢？"

主管官员们都说："听说从前太帝太昊伏羲氏造了一只神鼎，表示一统，即天地万物最终要归结到神鼎上来。黄帝造了三只宝鼎，分别象征天、地、人。

上帝鬼神。遭圣则兴，迁于夏商。周德衰，宋之社亡，鼎乃沦伏而不见。颂云'自堂徂基，自羊徂牛；鼐鼎及鼒，不虞不骜，胡考之休'。今鼎至甘泉，光润龙变，承休无疆。合兹中山，有黄白云降盖，若兽为符，路弓乘矢，集获坛下，报祠大飨。惟受命而帝者心知其意而合德焉。鼎宜见于祖祢，藏于帝廷，以合明应。"制曰："可。"

入海求蓬莱者，言蓬莱不远，而不能至者，殆不见其气。上乃遣望气佐候其气云。

其秋，上幸雍，且郊。或曰"五帝，泰一之佐也。宜立泰一而上亲郊之"。上疑未定。齐人公孙卿曰："今年得宝鼎，其冬辛巳朔旦冬至，与黄帝时等。"卿有札书曰："黄帝得宝鼎宛侯，问于鬼臾区。区对曰：'帝得宝鼎神策，是岁己酉朔旦冬至，得天之纪，终而复始。'于是黄帝迎日推策，后率二十岁得朔旦冬至，凡二十推，三百八十年。黄帝仙登于天。"卿因所忠欲奏之。所忠视其书不经，疑其妄书，谢曰："宝鼎事已决矣，尚何以为！"卿因嬖人奏之。上大说，召问卿。对曰："受此书申功，申功已死。"上曰："申功何人也？"卿曰："申功，齐人也。与安期生通，受黄帝言，无书，独有此鼎书。曰'汉兴复当黄帝之时。汉之圣者在高祖之孙且曾孙也。宝鼎出而与神通，封禅。封禅七十二王，唯黄帝得上泰山封'。申功曰：'汉主亦当上封，上封则能仙登天矣。黄帝时万诸侯，而神灵之封居七千。天下名山八，而三在蛮夷，五在中国。中国华山、首山、太室、泰山、东莱，此五山黄帝之所常游，与神会。黄帝且战且学仙。患百姓非其道，乃断斩非鬼神者。百余岁然后得与神通。黄帝郊雍上帝，宿三月。鬼臾区号大鸿，死葬雍，故鸿冢是也。其后黄帝接

夏禹收集了九州的铜，铸成九只宝鼎，都曾经用来烹煮牲畜祭祀上帝和鬼神。遇到神明的君主，它们就出现。这样传到夏朝、商朝。到周末世德衰败，宋国祭祀土神的社坛也被毁灭，鼎就沦没隐伏而不再出现了。《诗经·周颂》中有诗说："从堂上到庭阶下，有的献羊有的献牛；陈列着大鼎、小鼎，不哗不傲，极是恭敬，祈求健康长寿又多福。"如今鼎已迎到甘泉宫，它外表光彩夺目，变化神奇莫测，这意味着我们国家必将获得无穷无尽的吉祥。正好跟在中山有黄白色的云彩出现相合，黄云呈现兽形实为吉祥之兆，时逢麃子吉兽跑过，这些祥瑞征兆正好相符；还有在神坛下获得大弓和四箭，皇上以之射中麃子，用来祭祀，回报神灵的恩赐。只有承受天命称帝的人才能心知天意，并符合天帝的德行。这宝鼎应该先进献高祖庙，而后珍藏在甘泉宫上帝的殿廷，以便与上帝显示的祥瑞相适应。"皇上批示说："可以。"

　　去海上寻找蓬莱仙山的人说，蓬莱并不算远，可是总也不能到达，大概是因为看不到仙山的瑞气。汉武帝就派出善于望气的官员帮助他们观测云气。

　　这年秋天，汉武帝到了雍县，将要举行郊祀祭五帝。有人说："五帝是泰一神的辅佐，应该立泰一神坛，并由皇上亲自举行郊祀。"皇上犹豫未决。齐人公孙卿说："今年得到宝鼎，这年仲冬辛巳是初一交冬至节，这与黄帝造宝鼎时的节令相同。"公孙卿藏有一份书札，上面写着："黄帝在宛县得到宝鼎，向鬼臾区询问此事。鬼臾区回答说：'帝得宝鼎和神策时，这年己酉初一交冬至节，合天之道，就这样循环往复，周而复始。'于是黄帝观测太阳的运行来推算历法，以后大致每二十年就遇到朔日早晨交冬至，一共推算了二十次，共三百八十年，黄帝成仙，升天而去。"公孙卿想要通过所忠将这份书札上奏给汉武帝。所忠看木简上的话不合情理，怀疑他是胡言乱语，就推辞说："宝鼎的事已经定下来了，还上奏干什么！"公孙卿又通过汉武帝所宠信的人上奏了。汉武帝非常高兴，就把公孙卿召来细问。公孙卿回答说："我是从申功手中接受这块木简的，申功已经死了。"皇上问："申功是什么人？"公孙卿说："申功是齐人。他与安期生有交往，接受过黄帝的教诲，没留下其他书，只有这部关于鼎的书。书中说'汉朝的兴盛又当与黄帝得鼎的时节相同。汉朝的圣人出在高祖的孙子或者曾孙。宝鼎出现了，就能与神仙相通，应该举行封禅。自古以来，举行过封禅大典的有七十二个王，只有黄帝能登上泰山祭天。'申功说：'汉朝的君主也应当登上泰山祭天，能登上泰山祭天就能成仙升天了。黄帝时有上万个诸侯国，为祭祀神灵而建立的封国就占了七千。天下的名山有八座，其中三座在蛮夷境内，五座在中原地区。中原有华山、首山、太室山、泰山和东莱山，这五座山是黄帝经常游览，并与神仙相会的地方。黄帝一边作战一边学习仙道。他担忧百官非难他的仙道，就

万灵明廷。明廷者，甘泉也。所谓寒门者，谷口也。黄帝采首山铜，铸鼎荆山下。鼎既成，有龙垂胡髯下迎黄帝。黄帝上骑，群臣后宫从上龙七十余人，龙乃上去。余小臣不得上，乃悉持龙髯，龙髯拔，堕黄帝之弓。百姓仰望黄帝既上天，乃抱其弓与龙胡髯号。故后世因名其处曰鼎湖，其弓曰乌号。'"于是天子曰："嗟乎！吾诚得如黄帝，吾视去妻子如脱屣耳。"乃拜卿为郎，东使候神于太室。

上遂郊雍，至陇西，西登空桐，幸甘泉。令祠官宽舒等具泰一祠坛，坛放薄忌泰一坛，坛三垓。五帝坛环居其下，各如其方，黄帝西南，除八通鬼道。泰一所用，如雍一畤物，而加醴枣脯之属，杀一牦牛以为俎豆牢具。而五帝独有俎豆醴进。其下四方地，为餟食群神从者及北斗云。已祠，胙余皆燎之。其牛色白，鹿居其中，彘在鹿中，水而洎之。祭日以牛，祭月以羊彘特。泰一祝宰则衣紫及绣。五帝各如其色，日赤，月白。

十一月辛巳朔旦冬至，昧爽，天子始郊拜泰一。朝朝日，夕夕月，则揖；而见泰一如雍礼。其赞飨曰："天始以宝鼎神策授皇帝，朔而又朔，终而复始，皇帝敬拜见焉。"而衣上黄。其祠列火满坛，坛旁烹炊具。有司云"祠上有光焉"。公卿言"皇帝始郊见泰一云阳，有司奉瑄玉嘉牲荐飨。是夜有美光，及昼，黄气上属天。"太史公、祠官宽舒等曰："神灵之休，佑福兆祥，宜因此地光域立泰畤坛以明应。令太祝领，秋及腊间祠。三岁天子一郊见。"

其秋，为伐南越，告祷泰一，以牡荆画幡日月北斗登龙，以象天一三星，为泰一锋，名曰"灵旗"。为兵祷，则太史奉以指所伐国。

斩杀了那些诋毁鬼神的人。这样经过了一百多年，才与神仙相通了。黄帝当年在雍县郊祀上帝，住了三个月。鬼臾区别号叫大鸿，死后葬在雍县，鸿冢就是这么来的。这以后黄帝在明廷接见过上万的神仙。明廷，就是甘泉宫。所谓寒门，就是现在的谷口。黄帝开采首山的铜矿，在荆山脚下铸鼎。鼎铸成后，天上有条垂着长须的龙下来迎接黄帝。黄帝骑上龙背，群臣和后宫嫔妃跟着上去的有七十多人，龙便飞升离去。其余的小臣不能上去，就都抓住龙的须毛，龙须被拔断，黄帝的弓也落了下来。百姓们抬头望着黄帝升上天去，就抱着他的弓和龙须大声哭喊，所以后世把那个地方称作鼎湖，把那张弓称作乌号。'"汉武帝说："啊！如果我真能像黄帝那样，那么我将离开妻子儿女只不过就像脱掉鞋子一样罢了。"于是任命公孙卿为郎官，派他东去太室山等候神仙。

接着汉武帝去雍县郊祀，又到了陇西，西行登上了崆峒山，然后回到甘泉宫。命祠官宽舒等人设置泰一神的祭坛。祭坛模仿薄诱忌所说的泰一坛的样式，坛分三层。五帝的祭坛环绕在泰一坛下，各自依照他们所属的方位，黄帝坛在西南方，修了八条供鬼神往来的通道。祭祀泰一神所用的供品，依照在雍县一时的祭品备办，而外加甜酒、枣果和干肉等，还杀一头牦牛作为祭器中的牲牢。而五帝坛只进献牛羊等牲牢和甜酒，没有牦牛。祭坛下的四周，作为祭祀随从众神和北斗星的地方。祭祀完毕，将祭祀后剩余的酒肉等都用柴烧化。祭祀所用的牛是白色的，把鹿塞进牛的腹腔中，再把猪塞进鹿的腹腔中，然后放在水里浸泡。祭祀日神用牛，祭祀月神用羊或猪。祭祀泰一神的祝官穿紫色绣衣，祭祀五帝的祝官，其礼服颜色各自按照五帝所属的颜色，祭祀日神穿红衣，祭祀月神穿白衣。

十一月辛巳朔日早晨交冬至，这天刚刚拂晓，汉武帝就开始在郊外祭祀泰一神。早晨朝拜日神，傍晚祭祀月神，都是拱手肃拜；而祭拜泰一神则完全遵从在雍县郊祀的礼仪。司祭官员宣诵祝辞说："上天开始把宝鼎神策赐给皇帝，让他的天下月复一月，年复一年，终而复始，永无止息。皇帝在此恭敬拜见天神。"祭服崇尚黄色。祭坛上布满火炬，坛旁摆着烹饪用的器具。主管官员说："祠坛上方有光出现。"公卿大臣们说："司祭的官员手捧大玉璧和养了五年的壮牛进献众神。当夜有美丽的光彩出现，到了白天，有黄色云气上升，与天相连。"太史公和祠官宽舒等说："神灵所显示的美好气象，是保佑福禄、预兆吉祥的象征，应该在这神光所照的地域建立泰畤坛来回报上天。这座祭坛由太祝官主管，每年秋天和腊月间进行祭祀。皇帝每三年亲自郊祀一次。"

这年秋天，为讨伐南越，祭告了泰一神。用牡荆做幡旗杆，旗上画有日、月、北斗和腾空升起的龙，以象征天一三星。因为太一星在后，天一三星在前，所以把天一三星作为祭祀泰一神的先导旗帜，名叫"灵旗"。在为兵事祭告时，由太

而五利将军使不敢入海，之泰山祠。上使人微随验，实无所见。五利妄言见其师，其方尽，多不仇。上乃诛五利。

其冬，公孙卿候神河南，见仙人迹缑氏城上，有物若雉，往来城上。天子亲幸缑氏城视迹。问卿："得毋效文成、五利乎？"卿曰："仙者非有求人主，人主求之。其道非少宽假，神不来。言神事，事如迂诞，积以岁乃可致。"于是郡国各除道，缮治宫观名山神祠所，以望幸矣。

其年，既灭南越，上有嬖臣李延年以好音见。上善之，下公卿议，曰："民间祠尚有鼓舞之乐，今郊祠而无乐，岂称乎？"公卿曰："古者祀天地皆有乐，而神祇可得而礼。"或曰："泰帝使素女鼓五十弦瑟，悲，帝禁不止，故破其瑟为二十五弦。"于是塞南越，祷祠泰一、后土，始用乐舞，益召歌儿，作二十五弦及箜篌瑟自此起。

其来年冬，上议曰："古者先振兵泽旅，然后封禅。"乃遂北巡朔方，勒兵十余万，还祭黄帝冢桥山，泽兵须如。上曰："吾闻黄帝不死，今有冢，何也？"或对曰："黄帝已仙上天，群臣葬其衣冠。"即至甘泉，为且用事泰山，先类祠泰一。

自得宝鼎，上与公卿诸生议封禅。封禅用希旷绝，莫知其仪礼，而群儒采封禅《尚书》《周官》《王制》之望祀射牛事。齐人丁公年九十余，曰："封者，合不死之名也。秦皇帝不得上封。陛下必欲上，稍上即无风雨，遂上封矣。"上于是乃令诸儒习射牛，草封禅仪。数年，至且行。天子既闻公孙卿及方士之言，黄帝以上封禅，皆致怪物与神通，欲放黄帝以尝接神仙人蓬莱士，高世比德于九皇，而颇采儒术以文之。群儒既以不能辩明封禅事，又牵拘于诗书古文而不

史官手持灵旗指向被伐国的方向。当时,被派去求仙的五利将军,不敢入海,到泰山去祭祀。汉武帝派人暗中跟随,查验他的行踪,得知他实际上什么也没有见到。五利将军胡说见到了他的老师,其实他的方术全部用尽了,也没见到有确实的应验。于是汉武帝就把他给杀了。

那年冬天,公孙卿在河南等候神仙,说是在缑氏城上看到了仙人的脚印,还有个像山鸡一样的神物,在城上来回走动。汉武帝亲自到缑氏城察看脚印。问公孙卿:"你该不是效法文成将军、五利将军吧?"公孙卿说:"仙人并非有求于皇帝,而是皇帝有求于仙人。求仙的方法,如果不是稍微宽限些时日,神仙是不会来的。谈起求神这种事,好像是迂腐荒诞的,其实只要积年累月就可以招来神仙。"于是普天之下的各郡各国都开始整修道路,修缮宫殿、观台以及名山大川的祠庙,以期待皇帝驾临。

这年,灭了南越之后,皇上有个宠臣李延年以优美的音乐来进见。汉武帝认为这件事很好,就把这事下交公卿们讨论,说:"民间祭祀还有鼓、舞和音乐。如今我举行郊祀却没有音乐,怎么相称呢?"公卿们说:"古时候祭祀天地都有音乐,而天地神灵才可能享受祭祀。"有人说:"泰帝让女神素女奏五十弦的瑟,由于声音悲切,泰帝禁受不住,所以把她的瑟改成二十五弦。"于是,在为平定南越而酬祭泰一、后土神时,开始采用音乐歌舞,并增加了歌舞乐队的规模。制作二十五根弦的瑟和箜篌就是从这时候开始的。

第二年冬天,皇上提议说:"古代帝王先要振兵止武,然后才进行封禅。"于是就北上巡视朔方郡,率兵十余万,回来时在桥山祭祀了黄帝的陵墓,在须如遣散了军队。皇上说:"我听说黄帝并没死,而现在却有陵墓,是怎么回事呢?"有人回答说:"黄帝成仙上天以后,群臣把他的衣帽埋葬在这里,所以有陵墓。"皇上到了甘泉宫后,为了要到泰山举行封禅,就先用祭天的仪式祭祀了泰一神。

自从得了宝鼎,汉武帝就跟公卿大臣及众儒生商议起封禅的事了。由于封禅大典很少举行,时间隔久了,已经失传,没有人了解它的礼仪,众儒生主张采用《尚书》《周官》《王制》中记载的天子射牛、望祀的仪式来进行。齐地人丁公已九十多岁了,他说:"登泰山祭天的'封'应该是不死的意思。秦始皇中途遇雨被阻未能上山祭天。陛下一定要坚持上山,稍微上去一些就没有风雨了,就可上山祭天了。"汉武帝于是命令儒生们反复练习射牛,草拟封禅的礼仪。几年后,到了要实行的时候了。汉武帝听了公孙卿和方士的话,说是黄帝以前的帝王举行封禅,都招来了怪异之物而与神仙相通。于是想要仿效黄帝,也曾接待神仙的使者蓬莱方士,超脱于世俗之上,跟九皇比德,而且还在很大程度上采用儒术加以修饰。儒生们因为既不能明辨封禅的具体事宜,又受《诗经》《尚书》等古

敢骋。上为封祠器示群儒,群儒或曰"不与古同",徐偃又曰"太常诸生行礼不如鲁善",周霸属图封事,于是上绌偃、霸,尽罢诸儒弗用。

三月,遂东幸缑氏,礼登中岳太室。从官在山下闻若有言"万岁"云。问上,上不言;问下,下不言。于是以三百户封太室奉祠,命曰崇高邑。东上泰山,山之草木叶未生,乃令人上石立之泰山颠。

上遂东巡海上,行礼祠八神。齐人之上疏言神怪奇方者以万数,然无验者。乃益发船,令言海中神山者数千人求蓬莱神人。公孙卿持节常先行候名山,至东莱,言夜见一人,长数丈,就之则不见,见其迹甚大,类禽兽云。群臣有言见一老父牵狗,言"吾欲见巨公",已忽不见。上既见大迹,未信,及群臣有言老父,则大以为仙人也。宿留海上,与方士传车及间使求仙人以千数。

四月,还至奉高。上念诸儒及方士言封禅人人殊,不经,难施行。天子至梁父,礼祠地主。乙卯,令侍中儒者皮弁荐绅,射牛行事。封泰山下东方,如郊祠泰一之礼。封广丈二尺,高九尺,其下则有玉牒书,书秘。礼毕,天子独与侍中奉车子侯上泰山,亦有封。其事皆禁。明日,下阴道。丙辰,禅泰山下阯东北肃然山,如祭后土礼。天子皆亲拜见,衣上黄而尽用乐焉。江淮间一茅三脊为神藉。五色土益杂封。纵远方奇兽蜚禽及白雉诸物,颇以加祠。兕旄牛犀象之属弗用。皆至泰山然后去。封禅祠,其夜若有光,昼有白云起封中。

天子从封禅还,坐明堂,群臣更上寿。于是制诏御史:"朕以眇眇之身承至尊,兢兢焉惧弗任。维德菲薄,不明于礼乐。修祀泰一,若有象景光,屑如有望,依依震于怪物,欲止不敢,遂登封泰山,至

文经籍的束缚，所以不敢尽情施展他们的学问。汉武帝把封禅用的礼器拿给儒生们看，儒生们有的说"与古代的不相同"，徐偃又说"太常祠官们行礼不如古代鲁国的好"。就在这时候，周霸会聚群儒策划封禅事宜，汉武帝不耐烦了，于是就免去了徐偃、周霸等人的职务，罢黜这些儒生，再没有起用他们。

三月，汉武帝向东到了缑氏县，登上中岳的太室山祭祀。随从官员在山下听到好像有人喊"万岁"。问山上的人，说没有喊；问山下的人，也说没有喊。于是汉武帝封给太室山三百户以供祭祀，命名叫崇高邑。随后往东登上泰山。山上的草木还没长出叶子，汉武帝让人把石碑运上山，立在泰山顶峰。

接着汉武帝又东巡海上，行礼祭祀天主、地主、兵主、阴主、阳主、月主、日主和四时主八神。齐地人上书谈神仙精灵和奇异方术的数以万计，但没有一个灵验。汉武帝于是增派船只，命令那些讲述海中有神山的几千人去寻求蓬莱仙人。公孙卿经常手持符节，先到各山等候神仙。到东莱时，说夜间看见一个人，身高数丈，等靠近，却不见了。据说看到了他的脚印很大，类似禽兽的脚印。群臣中有人说曾经见到一位老翁牵着狗，说"我想要见天子"，一会儿又忽然不见了。汉武帝看见了大脚印后，不相信，等群臣中有人谈到老翁的事时，则深信那老翁就是仙人。因此，留住在海上，又让方士乘坐驿车，秘密派出了数以千计的使者四处去寻找仙人。

四月，返回到奉高。汉武帝想着儒生和方士们对封禅礼仪的说法各不相同，又缺乏古书记载，实在难以施行，于是他又到了梁父山，行礼祭祀地神。四月十九日，命令在宫中服侍的儒生头戴鹿皮帽子，身穿插笏板的官服，自己亲手射牛，举行典礼。又依照郊祀泰一神的礼仪，在泰山脚下的东方筑坛祭天。祭天的坛宽一丈二，高九尺，坛下放有封禅的文书，文书的内容隐秘，无人知晓。祭礼结束后，天子单独与侍中奉车都尉霍子侯登上泰山，举行了封禅典礼。这些事情都禁止泄露。第二天，顺着山北的道路下山。也就在同一天，即四月二十日，在泰山脚下东北方的肃然山，按照祭祀后土的礼仪辟场祭地。封禅中，天子都亲自拜祭，身穿黄色祭服，并都有音乐伴奏。祭坛上都用采自江淮一带的三棱灵茅作神垫，用代表五方的五色泥土混杂起来加在祭坛上，还放出从远方进贡来的奇异的飞禽走兽和白毛野鸡等动物，大大增加礼仪的隆重气氛。但没有用兕牛、旄牛、犀牛、大象之类的动物。在皇帝举行封禅的这段时间，每天夜晚都好像有光辉闪现，白天有白云从坛台中升起。

汉武帝封禅归来，坐在明堂上，群臣相继上前祝寿。这时汉武帝下诏令给御史："我以卑微之身继承了至高无上的尊位，小心谨慎，担心不能胜任。自己德行微薄，对于礼乐制度不甚明了。祭泰一神时，天上像是有祥瑞之光，我心中不安，好像望见

于梁父,而后禅肃然。自新,嘉与士大夫更始,赐民百户牛一酒十石,加年八十孤寡布帛二匹。复博、奉高、蛇丘、历城,毋出今年租税。其赦天下,如乙卯赦令。行所过毋有复作。事在二年前,皆勿听治。"又下诏曰:"古者天子五载一巡狩,用事泰山,诸侯有朝宿地。其令诸侯各治邸泰山下。"

天子既已封禅泰山,无风雨灾,而方士更言蓬莱诸神山若将可得,于是上欣然庶几遇之,乃复东至海上望,冀遇蓬莱焉。奉车子侯暴病,一日死。上乃遂去,并海上,北至碣石,巡自辽西,历北边至九原。五月,返至甘泉。有司言宝鼎出为元鼎,以今年为元封元年。

其秋,有星茀于东井。后十余日,有星茀于三能。望气王朔言:"候独见其星出如瓠,食顷复入焉。"有司言曰:"陛下建汉家封禅,天其报德星云!"

其来年冬,郊雍五帝,还,拜祝祠泰一。赞飨曰:"德星昭衍,厥维休祥。寿星仍出,渊耀光明。信星昭见,皇帝敬拜泰祝之飨。"

其春,公孙卿言见神人东莱山,若云"见天子"。天子于是幸缑氏城,拜卿为中大夫。遂至东莱,宿留之数日,毋所见,见大人迹。复遣方士求神怪采芝药以千数。是岁旱。于是天子既出毋名,乃祷万里沙,过祠泰山。还至瓠子,自临塞决河,留二日,沉祠而去。使二卿将卒塞决河,河徙二渠,复禹之故迹焉。

是时既灭南越,越人勇之乃言"越人俗信鬼,而其祠皆见鬼,数有效。昔东瓯王敬鬼,寿至百六十岁。后世谩怠,故衰耗"。乃令越巫立越祝祠,安台无坛,亦祠天神上帝百鬼,而以鸡卜。上信之,越祠鸡卜始用焉。

了什么，被这奇异景象所深深震撼，想中途停止而不敢，终于登上泰山而祭了天神；到了梁父山，然后在肃然山辟场祭地。我要完善自己，勉力与士大夫们一起重新开始。赐给民众每百户一头牛、十石酒，年过八十的老人和孤儿寡妇加赐布帛二匹。免除博县、奉高、蛇丘和历城等地的徭役，不用交纳今年租税。大赦天下，和乙卯年的大赦令一样。我巡行经过的地方不再执行复作这种刑律。凡在两年前所犯的事，都不再追究处理。"又下诏说："古代的帝王每五年出巡一次，到泰山举行封禅的时候，诸侯在泰山下面都有朝拜的住所。现在我下令，各个诸侯可以在泰山下自行修建官邸。"

汉武帝在泰山封禅完毕，并未遇上风雨灾害，方士们又说蓬莱等神山好像就要找到了。于是汉武帝高兴地认为也许可以遇到它们，就又向东到海上眺望，希望能见到蓬莱神山。奉车都尉霍子侯突然生病，一天的工夫就死了。皇上于是就离去，沿海岸北上，向北抵达碣石山，又从辽西一带开始巡行，经北方边境到达九原县。五月，回到甘泉宫。这时有主管官员建议，既然那年有宝鼎出现，就把那年改号"元鼎"，那么今年举行了封禅大典，年号也应改为"元封元年"。

这年秋天，有彗星出现在东井星座附近，光芒四射。十几天后，彗星又出现在三台星座。有个叫王朔的懂得望气的人说："我在观测中单独看到有一颗星星出现时像个葫芦，吃顿饭的工夫便又隐没了。"主管官员对汉武帝说："陛下创建了汉家的封禅制度，上天感到欣慰，所以用这种祥瑞来回报您。"

第二年冬天，汉武帝到雍州祭祀五帝，回来后又拜祭了泰一神。赞礼官员的祝词说："德星光芒四射，象征美好吉祥。寿星相继出现，光辉遍照远方。信星明亮降福，皇帝敬拜诸神福泽无量。"

这年春天，公孙卿说在东莱山见到了仙人，那仙人好像是说了"想见天子"。于是汉武帝到了缑氏城，任命公孙卿为中大夫。随后来到东莱，停留了几天，没有看见什么，只看到巨人的脚印。他又派出数以千计的方士去寻找神仙奇物，采集灵芝仙药。这年天旱。汉武帝自己也觉得在这时出巡名义上不好，便前往万里沙求雨，经过泰山，再次祭拜。返回时到了瓠子口，亲自来到堵塞黄河决口的现场，停留了两天，沉白马于河中以祭河神，然后离去。另派二位将军率领士兵堵塞了黄河决口，把黄河分成两条河渠，恢复了大禹治水时的旧河道。

这时已经灭了南越，越人勇之向皇上进言说："越人有信鬼的习俗，而且他们祭祀时都能见到鬼，屡屡见效应。先前东瓯王敬鬼，寿数达到一百六十岁。后世的人怠慢了鬼，所以衰败下来。"汉武帝便命越地巫师建立越祠，只设台而没有祭坛，也祭祀天神、上帝、百鬼，并采用鸡卜的方法。汉武帝相信这些，越祠和鸡卜的方法从此就开始流行起来。

公孙卿曰:"仙人可见,而上往常遽,以故不见。今陛下可为观,如缑氏城,置脯枣,神人宜可致。且仙人好楼居。"于是上令长安则作蜚廉桂观,甘泉则作益延寿观,使卿持节设具而候神人,乃作通天台,置祠具其下,将招来神仙之属。于是甘泉更置前殿,始广诸宫室。夏,有芝生殿防内中。天子为塞河,兴通天台,若有光云,乃下诏曰:"甘泉防生芝九茎,赦天下,毋有复作。"

其明年,伐朝鲜。夏,旱。公孙卿曰:"黄帝时封则天旱,干封三年。"上乃下诏曰:"天旱,意干封乎?其令天下尊祠灵星焉。"

其明年,上郊雍,通回中道,巡之。春,至鸣泽,从西河归。
其明年冬,上巡南郡,至江陵而东。登礼潜之天柱山,号曰南岳。浮江,自寻阳出枞阳,过彭蠡,祀其名山川。北至琅邪,并海上。四月中,至奉高修封焉。

初,天子封泰山,泰山东北阯古时有明堂处,处险不敞。上欲治明堂奉高旁,未晓其制度。济南人公玊带上黄帝时明堂图。明堂图中有一殿,四面无壁,以茅盖,通水,圜宫垣为复道,上有楼,从西南入,命曰昆仑,天子从之入,以拜祠上帝焉。于是上令奉高作明堂汶上,如带图。及五年修封,则祠泰一、五帝于明堂上坐,令高皇帝祠坐对之。祠后土于下房,以二十太牢。天子从昆仑道入,始拜明堂如郊礼。礼毕,燎堂下。而上又上泰山,有秘祠其颠。而泰山下祠五帝,各如其方,黄帝并赤帝,而有司侍祠焉。泰山上举火,下悉应之。

其后二岁,十一月甲子朔旦冬至,推历者以本统。天子亲至泰山,以十一月甲子朔旦冬至日祠上帝明堂,每修封禅。其赞飨曰:

公孙卿说："仙人是可以见到的，而皇上去求仙的时候总是太仓促，因此见不到。如今陛下可以修建庙宇，如同缑氏城所建的一样，摆上干肉枣果之类的祭品，仙人应该是能够招来的。而且仙人喜欢住楼阁。"于是汉武帝下令在长安修建了蜚廉观和桂观，在甘泉修建了益延寿观，派公孙卿手持符节摆好祭品，等候仙人。又建造了通天台，在台下摆设了祭品，希望招来神仙之类。于是在甘泉宫又建了前殿，开始扩建各处宫室。夏天，有灵芝草在宫殿内长了出来。天子因为堵塞了黄河决口，兴建了通天台，天上仿佛出现了神光的瑞象，便下诏书说："甘泉宫殿房内生出了九株灵芝草，特此大赦天下，免除苦刑犯的劳役。"

第二年，征伐朝鲜。夏天，干旱。公孙卿说："黄帝时举行完封礼，天就会干旱，这是为了使封坛的土晾干，要连旱三年。"汉武帝就下诏书说："天旱，大概是为了使封坛的土干燥吧！应该让天下百姓尊祭主宰农业的灵星。"

第三年，汉武帝到雍县郊祀，打通了去回中的道路，然后到那里巡察。春天，到达鸣泽，再从西河返回长安。

转年冬天，汉武帝巡视南郡，到江陵后往东走。登上潜县的天柱山举行祭祀，号称其为"南岳"。然后乘船顺江而行，从浔阳穿过枞阳，又经过彭蠡泽，一路祭祀名山大川。再向北到达琅邪郡，沿海而上。四月中旬，到达奉高县，举行了封禅典礼。

当初，汉武帝在泰山举行封禅典礼时，在泰山脚下的东北山麓有古时明堂的旧址，那里地势危险，路不宽敞。汉武帝想在奉高旁边另建明堂，但不知道它的形式与规模。济南人公王带献上了黄帝时的明堂图。明堂图中有一座殿堂，四面没有墙壁，顶是用茅草盖的，殿堂周围有水沟围绕，环绕宫墙修有复道，上有走廊，从西南方向进入殿堂，命名叫昆仑道，天子由此走进殿堂，在那里拜祭上帝。于是汉武帝命令在奉高县的汶上，按照公王带的图样修建明堂。等到第五年再来举行封禅时，就把泰一神和五帝的神位居于上座进行祭祀，让高祖皇帝的神主灵位与他们相对。在下房祭祀后土神，以二十头牛作为祭牲。汉武帝从昆仑道进去，按郊祀的礼仪一样开始在明堂祭拜。祭礼完毕，再在堂下烧柴焚烧祭品。而后汉武帝又登上泰山，在山顶秘密举行了祭祀。随后又在泰山下祭祀五帝，按照他们各自所属的方位，只有黄帝和赤帝在一起，祭祀时由主管官员陪祭。祭祀时在泰山上点燃了许多火把，山下也点燃了许多火把呼应。

两年以后，十一月的朔日是甲子日，早晨交冬至，推算历法的人认为以这一天为推历的起点才是正统。汉武帝亲临泰山，在十一月初一甲子日这天早晨交冬至节时于明堂祭祀上帝。因为距上一次封禅不到五年，所以没有举行封禅典礼。祝

"天增授皇帝泰元神策，周而复始。皇帝敬拜泰一。"东至海上，考入海及方士求神者，莫验，然益遣，冀遇之。

十一月乙酉，柏梁灾。十二月甲午朔，上亲禅高里，祠后土。临渤海，将以望祠蓬莱之属，冀至殊庭焉。

上还，以柏梁灾故，朝受计甘泉。公孙卿曰："黄帝就青灵台，十二日烧，黄帝乃治明庭。明庭，甘泉也。"方士多言古帝王有都甘泉者。其后天子又朝诸侯甘泉，甘泉作诸侯邸。勇之乃曰："越俗有火灾，复起屋必以大，用胜服之。"于是作建章宫，度为千门万户。前殿度高未央，其东则凤阙，高二十余丈。其西则唐中，数十里虎圈。其北治大池，渐台高二十余丈，名曰泰液池，中有蓬莱、方丈、瀛洲、壶梁，象海中神山龟鱼之属。其南有玉堂、璧门、大鸟之属。乃立神明台、井干楼，度五十余丈，辇道相属焉。

夏，汉改历，以正月为岁首，而色尚黄，官名更印章以五字。因为太初元年。是岁，西伐大宛。蝗大起。丁夫人、雒阳虞初等以方祠诅匈奴、大宛焉。

其明年，有司言雍五畤无牢熟具，芬芳不备。乃命祠官进畤犊牢具，五色食所胜，而以木禺马代驹焉。独五帝用驹，行亲郊用驹。及诸名山川用驹者，悉以木禺马代。行过，乃用驹。他礼如故。

其明年，东巡海上，考神仙之属，未有验者。方士有言"黄帝时为五城十二楼，以候神人于执期，命曰迎年"。上许作之如方，名曰明年。上亲礼祠上帝，衣上黄焉。

公玉带曰："黄帝时虽封泰山，然风后、封钜、岐伯令黄帝封东泰山，禅凡山合符，然后不死焉。"天子既令设祠具，至东泰山，东泰山卑小，不称其声，乃令祠官礼之，而不封禅焉。其后令带奉祠候

辞说:"皇上感念上天授予太初历法,使人生生世世得以周而复始,运用无穷。皇上谨拜谢泰一神。"之后,汉武帝又东到海上,考察那些到海上求仙的人和方士们,没有什么效验,但汉武帝还是增派了使者继续前往,希望能遇上神灵。

十一月乙酉日,柏梁台失火遭灾。十二月初一甲午日这天,汉武帝亲自到高里山祭祀后土神。又到了渤海,遥相拜祭蓬莱之类的仙山,希望能到达仙人所居住的异境。

汉武帝回京后,由于柏梁台遭灾焚毁了,就改在甘泉宫临朝接受各郡国上报计簿使臣的朝拜。公孙卿说:"黄帝建成青灵台,十二天就被火烧了,黄帝便又建了明庭。明庭就是甘泉宫。"方士们大多说古代帝王有在甘泉建都的。这以后汉武帝又在甘泉宫接受诸侯朝见,并让诸侯在甘泉建造了官邸。越人勇之说:"越地的风俗,发生火灾之后,再建的新房一定要比原来的大,用以制服灾殃。"于是汉武帝修建了建章宫,规模极大,有千门万户。它的前殿比未央宫高;东面是凤阙,高二十多丈;西面是唐中池,周围有数十里的虎圈;北面修了大水池,池中的渐台高二十多丈,池名叫作泰液池,池中有蓬莱、方丈、瀛洲和壶梁四座山,仿照海中仙山,还有用石头雕成的龟鱼之类;南面建有玉堂、璧门和大鸟雕像之类。还建了神明台、井干楼,都高达五十多丈,楼台之间有辇车道相互连接。

夏天,汉朝更改历法,以夏历正月作为一年的开始,官服崇尚黄色,官名印章改为五个字,所以就把这年定为太初元年。这年,汉朝西出征伐大宛。当时蝗灾严重。丁夫人和洛阳虞初等人用方术祭祀,祈求鬼神降祸于匈奴、大宛。

第二年,主管官员说,雍县五畤祭祀时没有烹煮过的熟牲等祭品,没有芬芳的香味。汉武帝于是命令祠官用熟牛犊作祭牲进献五畤;按五色相克的道理,选用各方天帝所制胜的毛色,并用木偶马代替壮马作祭品。只有在五月"尝驹"与皇上亲自进行郊祭时才用壮马。至于祭祀各名山大川该用壮马的,全都用木偶马代替。皇上出巡经过举行祭祀时用壮马,其他的礼仪照旧。

次年,汉武帝东巡海上,考察寻找神仙之类的事情,没有灵验的。有的方士说"黄帝时在执期建有五城十二楼,以便在这迎候神仙,命名为'迎年祠'"。汉武帝批准按他所说的建造五城十二楼,命名为"明年祠"。汉武帝穿着黄色礼服,亲自到那里行礼祭祀上帝。

公玉带说:"黄帝时虽然已在泰山筑坛祭天,然而风后、封钜、岐伯等人又要黄帝去东泰山筑坛祭天,到凡山辟场祭地,如两地所得符瑞相合,然后便可长生不死了。"汉武帝就命人准备祭品,来到东泰山,见东泰山矮小,与名称不相称,便令祠官进行祭祀,而不举行封禅大典。此后命公玉带在那里供奉祭祀和迎

神物。夏，遂还泰山，修五年之礼如前，而加禅祠石闾。石闾者，在泰山下阯南方，方士多言此仙人之闾也，故上亲禅焉。

其后五年，复至泰山修封，还过祭常山。

今天子所兴祠，泰一、后土，三年亲郊祠，建汉家封禅，五年一修封。薄忌泰一及三一、冥羊、马行、赤星，五，宽舒之祠官以岁时致礼。凡六祠，皆太祝领之。至如八神诸神，明年、凡山他名祠，行过则祀，去则已。方士所兴祠，各自主，其人终则已，祠官弗主。他祠皆如其故。今上封禅，其后十二岁而还，遍于五岳、四渎矣。而方士之候祠神人，入海求蓬莱，终无有验。而公孙卿之候神者，犹以大人迹为解，无其效。天子益怠厌方士之怪迂语矣，然终羁縻弗绝，冀遇其真。自此之后，方士言祠神者弥众，然其效可睹矣。

太史公曰：余从巡祭天地诸神名山川而封禅焉。入寿宫侍祠神语，究观方士祠官之言，于是退而论次自古以来用事于鬼神者，具见其表里。后有君子，得以览焉。至若俎豆圭币之详，献酬之礼，则有司存焉。

候神灵。这年夏天，汉武帝返回泰山，同从前一样在泰山举行五年一度的封禅典礼，另外增加了在石闾山辟场祭地的仪式。石闾山在泰山的南面，很多方士说这里是仙人住的地方，所以皇上亲自在这里祭祀地神。

此后五年，汉武帝又到泰山行封禅大礼，返回途中祭祀了常山。

现在汉武帝所兴建的神祠，泰一祠和后土祠，每三年亲自郊祀一次；建立了汉朝的封禅制度，每五年举行一次封禅大典。薄诱忌建议设立的泰一祠及三一、冥羊、马行、赤星等五座神祠，由宽舒领导的祠官每年按时致祭。这五座神祠加上后土祠，总共六座神祠，都由太祝统管。至于像八神的各神祠，以及明年、凡山等其他有名的神祠，汉武帝路过时就祭祀，离开后就算了。方士们所兴建的神祠，由他们各自主持，本人死了就算完了，祠官不再主持。其他神祠全部依照原来的规定办。汉武帝举行封禅大典以来，十二年中所祭祀的神灵已遍及五岳、四渎。而方士们所说的迎候神仙，去海上寻求蓬莱仙岛，终究没有效验。公孙卿等候神仙之类的方士，还是用巨人大脚印做托词来辩解，也没有效验。这样，汉武帝越来越厌恶方士们怪诞迂阔的言辞了，然而却始终笼络着他们，不肯与他们断绝往来，总希望有一天能遇到真有方术的人。从此以后，方士们谈论祭神的更多，然而究竟结果怎样，也就可以想见了。

太史公说：我曾跟随皇上到处祭祀天地以及各种神灵和名山大川，也参加了封禅大典。我也曾进入寿宫里陪祭鬼神，听到过祝官的祷词，观察研究了方士和祠官们的言论，于是回来依次论述自古以来祭祀鬼神的活动，把这些活动的里外情形原原本本地展现出来，以便让后来的君子们，能比较清楚地看到这些过程。至于用什么祭器、供品，以及怎么样来上供、行礼等各种细节，各部门都著有具体的条文规定。

表

三代世表第一

太史公曰：五帝、三代之记，尚矣。自殷以前诸侯不可得而谱，周以来乃颇可著。孔子因史文次春秋，纪元年，正时日月，盖其详哉。至于序尚书则略，无年月；或颇有，然多阙，不可录。故疑则传疑，盖其慎也。

余读谍记，黄帝以来皆有年数。稽其历谱谍终始五德之传，古文咸不同，乖异。夫子之弗论次其年月，岂虚哉！于是以五帝系谍、尚书集世纪黄帝以来讫共和为世表。

（表格略）

张夫子问褚先生曰："诗言契、后稷皆无父而生。今案诸传记咸言有父，父皆黄帝子也，得无与诗谬乎？"

褚先生曰："不然。诗言契生于卵，后稷人迹者，欲见其有天命精诚之意耳。鬼神不能自成，须人而生，奈何无父而生乎！一言有父，一言无父，信以传信，疑以传疑，故两言之。尧知契、稷皆贤人，天之所生，故封之契七十里，后十余世至汤，王天下。尧知后稷子孙之后王也，故益封之百里，其后世且千岁，至文王而有天下。诗传曰：'汤之先为契，无父而生。契母与姊妹浴于玄丘水，有燕衔卵堕之，契母得，故含之，误吞之，即生契。契生而贤，尧立为司徒，姓之曰子氏。子者兹；兹，益大也。诗人美而颂之曰'殷社芒芒，天命玄鸟，降而生商'。商者质，殷号也。文王之先为后稷，后稷亦无父而生。后稷母为姜嫄，出见大人迹而履践之，知于身，则生后稷。姜嫄以为无父，贱而弃之道中，牛羊避不践也。抱之山中，山者养

太史公说：五帝、三代的记载，已经很久远了。商朝以前，诸侯国的史事无法编排列举出来，周代以来的历史才略微可以著录。孔子依据历史文献编排《春秋》，以鲁国纪元年数为纲纪，订正四时日月，何其详尽啊！至于编排《尚书》则很简略，一般不计年月；有的稍微有一些，但大多都没有，不能著录。因此，有疑问无法确定的就继续保留疑问，这大概是谨慎的原因吧。

我阅读了记载远古帝王世系的牒记，从黄帝以来都有年数。考察那些年历、谱牒和讲述五德终始相承的书，古代文献的记载都有不同，甚至相互矛盾。孔夫子没有排列其年月，怎么会是没有原因的呢？于是，我根据《五帝系牒》《尚书》，汇集了黄帝以来到共和这一段历史，写成了《三代世表》。

（表格略）

张夫子问褚先生说："《诗经》中说契、后稷都是没有父亲而生的。现在考察各传记的记载，都说他们有父亲，而且他们的父亲都是黄帝的后代，这不是与《诗经》的记载相违背吗？"

褚先生说："不是这样的。《诗经》上讲契是由于他的母亲吞了鸟卵而出生，后稷是由于他的母亲踩上了大脚印而出生的，这是要证明他们体现了天命精诚的意思。鬼神是不能自己形成的，必须要依靠人来生成，没父亲怎么会生子呢！一种说法认为他们有父亲，一种说法认为他们没有父亲，信者以传信，疑者以传疑，所以就有了这两种说法。尧知道契、后稷都是贤能的人，是上天生了他们，因而尧封给契七十里的封地，其后传了十余代到了汤，便称王于天下。尧知道后稷的子孙后世也要称王，于是加封后稷的封地达到一百里，他的后代经历了近千年，到了文王之时便据有了天下。《诗传》上说：'汤的祖先是契，没有父亲就出生了。契的母亲和她的姊妹们在玄丘水洗澡，有只燕子嘴里衔着的卵掉了下来，契的母亲得到了，就含在嘴里，误把它吞了下去，于是就生了契。契天生贤能，尧任命他为司徒，赐他姓子。子，就是"兹"；兹，是日益强大的意思。诗人赞美称颂他说："殷的国土广阔无边，上天命玄鸟生了商。"商是质朴的意思，是殷的称号。文王的祖先是后稷，后稷也是没有父亲就出生了。后稷的母亲是姜嫄，她外出时看见巨人的脚印并踏了上去，于是就感到自己怀孕了，以后就生下了后稷。姜嫄认为他没有父亲，就瞧不起他并把他遗弃在道

之。又捐之大泽，鸟覆席食之。姜嫄怪之，于是知其天子，乃取长之。尧知其贤才，立以为大农，姓之曰姬氏。姬者，本也。诗人美而颂之曰"厥初生民"，深修益成，而道后稷之始也。'孔子曰：'昔者尧命契为子氏，为有汤也。命后稷为姬氏，为有文王也。大王命季历，明天瑞也。太伯之吴，遂生源也。'天命难言，非圣人莫能见。舜、禹、契、后稷皆黄帝子孙也。黄帝策天命而治天下，德泽深后世，故其子孙皆复立为天子，是天之报有德也。人不知，以为泛从布衣匹夫起耳。夫布衣匹夫安能无故而起王天下乎？其有天命然。"

"黄帝后世何王天下之久远邪？"

曰："传云天下之君王为万夫之黔首请赎民之命者帝，有福万世。黄帝是也。五政明则修礼义，因天时举兵征伐而利者王，有福千世。蜀王，黄帝后世也，至今在汉西南五千里，常来朝降，输献于汉，非以其先之有德，泽流后世邪？行道德岂可以忽乎哉！人君王者举而观之。汉大将军霍子孟名光者，亦黄帝后世也。此可为博闻远见者言，固难为浅闻者说也。何以言之？古诸侯以国为姓。霍者，国名也。武王封弟叔处于霍，后世晋献公灭霍，公后世为庶民，往来居平阳。平阳在河东，河东晋地，分为魏国。以诗言之，亦可为周世。周起后稷，后稷无父而生。以三代世传言之，后稷有父名高辛；高辛，黄帝曾孙。黄帝终始传曰：'汉兴百有余年，有人不短不长，出燕之乡，持天下之政，时有婴儿主，却行车。'霍将军者，本居平阳燕。臣为郎时，与方士考功会旗亭下，为臣言。岂不伟哉！"

路上，可是牛羊都躲避开而不去踩他。又把他抱到山中，山里的人见了便喂养他。又把他扔到大泽，飞鸟为他覆盖、铺垫、喂养。姜嫄感到很奇怪，于是便知道他是上天之子，就把他带了回来抚养成人。尧知道他是贤才，任命他为大农，赐给他姬的姓氏。姬，是"本"的意思。诗人赞美称颂他说"从他以来，抚育了万民"，又加深修炼更加有所成就，称道后稷是周朝的开始。'孔子说：'从前尧赐契为子氏，是因为他的后代有个汤王。赐后稷为姬氏，是因为他的后代有个文王。太王任命季历为接班人，是为了表明上天的祥瑞所在。太伯到了吴地，成就了周人传衍不息的本源。'上天的旨意难以言说，不是圣人就不能明了。舜、禹、契、后稷都是黄帝的后代。黄帝秉承上天的期许而治理天下，他的德泽远远流传于后世，所以他的子孙都相继继位，这是上天报答有德行的人。人们不深知这个道理，以为他们都是从普通人兴起的。普通人怎能无缘无故兴起而统治天下呢？他们是有天命的人哪！"

张夫子又问："黄帝的后代为何能称王天下这么长时间呢？"

褚先生说："有记载说，天下的君王是百姓的首领，他们是为万民延续生命的人，他们能够称帝，福泽及于万世。黄帝就是这样的人。五政修明则礼义兴修，按照天时举兵征伐，而取得胜利的便称王，其福泽将流传千世。蜀王，是黄帝的子孙，至今在汉西南五千里的地方，经常来朝觐，敬献贡物给汉，这难道不是他的祖先有德行、福泽流传于后代的缘故吗？怎么可以忽视修道行德呢？作为统治天下的君王，都要树立德行来勉励自己。汉大将军霍子孟名叫霍光的，也是黄帝的后代。这件事只能和学识渊博的人说，实在难以对那些浅陋的人讲清楚。凭什么这样说呢？古代的诸侯以国为姓。霍是国家的名称。武王分封他的弟弟叔处到霍，后世晋献公灭掉霍公，他的后代变成了平民的身份，往来居住在平阳。平阳在河东，河东从前是属于晋国的地盘，后来划分给魏国了。按《诗经》所说，魏国也是周的子孙。周起源于后稷，后稷没有父亲就出生了。按三代世系相传的说法，后稷有父亲名叫高辛；高辛是黄帝的曾孙。《黄帝终始传》说：'汉兴一百多年后，有个不矮不高的人，出生于白燕之乡，负责天下的政事。当时有一个幼小的皇帝，这个人能够使幼主的攀车退行。'霍将军本来居住在平阳白燕乡。我做郎官的时候，曾经和方士们考功时在旗亭下相会，他们对我这样说，难道他不是很伟大吗？"

十二诸侯年表第二

太史公读春秋历谱谍，至周厉王，未尝不废书而叹也。曰：呜呼，师挚见之矣！纣为象箸而箕子唏。周道缺，诗人本之衽席，关雎作。仁义陵迟，鹿鸣刺焉。及至厉王，以恶闻其过，公卿惧诛而祸作，厉王遂奔于彘，乱自京师始，而共和行政焉。是后或力政，强乘弱，兴师不请天子。然挟王室之义，以讨伐为会盟主，政由五伯，诸侯恣行，淫侈不轨，贼臣篡子滋起矣。齐、晋、秦、楚其在成周微甚，封或百里或五十里。晋阻三河，齐负东海，楚介江淮，秦因雍州之固，四海迭兴，更为伯主，文武所褒大封，皆威而服焉。

是以孔子明王道，干七十余君，莫能用，故西观周室，论史记旧闻，兴于鲁而次春秋，上记隐，下至哀之获麟，约其辞文，去其烦重，以制义法，王道备，人事浃。七十子之徒口受其传指，为有所刺讥褒讳挹损之文辞不可以书见也。鲁君子左丘明惧弟子人人异端，各安其意，失其真，故因孔子史记具论其语，成左氏春秋。铎椒为楚威王传，为王不能尽观春秋，采取成败，卒四十章，为铎氏微。赵孝成王时，其相虞卿上采春秋，下观近势，亦著八篇，为虞氏春秋。吕不韦者，秦庄襄王相，亦上观尚古，删拾春秋，集六国时事，以为八览、六论、十二纪，为吕氏春秋。及如荀卿、孟子、公孙固、韩非之徒，各往往捃摭春秋之文以著书，不可胜纪。汉相张苍历谱五德，上大夫董仲舒推春秋义，颇著文焉。

太史公读《春秋历谱牒》，每当读到周厉王的事迹时，总是放下书为之感叹。他说：唉，师挚真是有见地啊！纣王用象牙筷子，箕子就因此而悲叹。周代的政道有所缺失，诗人以有感于帝后对朝政的作用，因而写成了《关雎》；仁义道德堕落衰败，就写了《鹿鸣》来讽喻。到了厉王，因为讨厌别人说自己的过失，公卿大臣们害怕遭到诛杀，因而先期作乱，于是厉王逃到了彘这个地方。祸乱从京师开始，于是造成了朝廷由周公、召公联合执政的局面。从此以后，有的诸侯国就使用武力互相征伐，强大的欺凌弱小的，出兵不再请示周天子。然后他们假借朝廷的名义来征讨别国，争当盟会的盟主，政令由五霸来操纵，诸侯们恣意行事，荒淫奢侈不遵法度，作乱篡权的臣子纷纷而起。齐、晋、秦、楚这些国家在成周之时非常弱小，封地有的百里、有的五十里。晋国依靠三河之阻，齐国背负东海，楚国以江、淮为界，秦国凭借雍州的险固，相继兴起，交替称霸，文王、武王所褒奖的大封国都震慑于他们的声威而臣服了。

因此孔子为了推展他的王道思想，求见了七十余国的君主，但都未被任用。所以孔子西行去查览周室的图籍，整理历史记载和旧日传闻，以鲁史为基础编成了《春秋》。该书上起鲁隐公元年，下至鲁哀公获麟之年为止，文字精练、叙事简洁，从而树立了修史的榜样，使王道完备、人事关系和谐。他的七十多个学生接受了他亲口传授的大道思想，由于其中有讽喻、批评、褒扬、隐讳、贬抑、损伤的文辞，所以没能用书面形式表达出来。鲁国的君子左丘明担心孔子的弟子们各持己见，失去孔子原本的思想和境界，于是按照孔子编的史料详细地论述了他的言论，写成了《左氏春秋》。铎椒是楚威王的老师，因为楚王不能通读《春秋》，便采集了其中有关成败得失的历史教训作为内容，写成四十章，称为《铎氏微》。赵孝成王时，他的相国虞卿上采《春秋》的内容，下观近代的形势，也著成八篇，称为《虞氏春秋》。吕不韦是秦庄襄王的宰相，也上观远古历史，删改《春秋》，汇集六国的时事，而编辑成八览、六论、十二纪，定名为《吕氏春秋》。至于像荀卿、孟子、公孙固、韩非等人，也往往各自摘取《春秋》的文字来著书立说，这样的情况不可能全部一一记录下来。汉代丞相张苍以历谱的形式写成《终始五德传》，上大夫董仲舒推演《春秋》的微言大义，也著作了不少文章。

太史公曰：儒者断其义，驰说者骋其辞，不务综其终始；历人取其年月，数家隆于神运，谱谍独记世谥，其辞略，欲一观诸要难。于是谱十二诸侯，自共和讫孔子，表见春秋、国语学者所讥盛衰大指著于篇，为成学治古文者要删焉。

（表格略）

太史公评论说：儒家学者摘取《春秋》一书中的某些义理，游说者尽情发挥《春秋》书中的某些文辞，而不注重考察历史发展的始终；制定历法的人采取它的年月，术数家重视它的神运，研究谱牒的人只记录它的世系和谥号，他们的文字都很简略，想要从他们那里看到《春秋》的要旨是很困难的。我于是编次谱定了十二个诸侯国年表，上起共和，下讫孔子，用年表的方式，将研究《春秋》《国语》的学者们所探讨的盛衰要旨都阐述于本篇之内，为成就学业、研治古文的人提取纲要，删去了烦琐的内容。

（表格略）

六国年表第三

　　太史公读秦记,至犬戎败幽王,周东徙洛邑,秦襄公始封为诸侯,作西畤用事上帝,僭端见矣。礼曰:"天子祭天地,诸侯祭其域内名山大川。"今秦杂戎翟之俗,先暴戾,后仁义,位在藩臣而胪于郊祀,君子惧焉。及文公逾陇,攘夷狄,尊陈宝,营岐雍之间,而穆公修政,东竟至河,则与齐桓、晋文中国侯伯侔矣。是后陪臣执政,大夫世禄,六卿擅晋权,征伐会盟,威重于诸侯。及田常杀简公而相齐国,诸侯晏然弗讨,海内争于战功矣。三国终之卒分晋,田和亦灭齐而有之,六国之盛自此始。务在强兵并敌,谋诈用而从衡短长之说起。矫称蜂出,誓盟不信,虽置质剖符犹不能约束也。秦始小国僻远,诸夏宾之,比于戎翟,至献公之后常雄诸侯。论秦之德义不如鲁卫之暴戾者,量秦之兵不如三晋之强也,然卒并天下,非必险固便、形势利也,盖若天所助焉。

　　或曰"东方物所始生,西方物之成孰"。夫作事者必于东南,收功实者常于西北。故禹兴于西羌,汤起于亳,周之王也以丰镐伐殷,秦之帝用雍州兴,汉之兴自蜀汉。

　　秦既得意,烧天下诗书,诸侯史记尤甚,为其有所刺讥也。诗书所以复见者,多藏人家,而史记独藏周室,以故灭。惜哉,惜哉!独

太史公研读《秦记》，当读到犬戎部族杀死周幽王，周平王东迁洛邑，秦襄公因护驾有功被封为诸侯，就建造了西畤来侍奉天帝的时候，便感觉到秦国越位犯上的苗头已经显现出来了。因为《礼记》上说得很明白："唯有天子才有祭祀天地的权力，诸侯只能祭祀本国区域内的名山大川。"当时秦国的民风习俗夹杂着西戎北狄的成分，重视暴力，轻视道德仁义，身处捍卫王室的臣属行列，却用天子的规格进行祭祀，凡是君子都对此感到很忧惧。等到秦文公越过陇山，驱逐戎狄，祭祀陈宝，在岐山到雍地这一带建立了国家；而秦穆公修明政治，把东部国境扩展到黄河西岸的时候，就与齐桓公、晋文公这些中原霸主势均力敌了。从这以后，各国的家臣开始执掌国政，大夫们世代保有自己的政治地位，当时晋国的六卿独揽大权，无论征伐还是会盟，威势都在诸侯之上。到田常杀掉齐简公而自任齐相的时候，诸侯却无动于衷不予讨伐。这标志着各国诸侯已经围绕着怎样保持本国的军事实力展开斗争了。最终韩赵魏三家瓜分了晋国，田和也灭掉了姜氏，将齐国据为己有，六国并立的局面由此形成了。此时诸侯们的首要之务在于壮大军事力量，兼并对方。在这样的历史背景下，权谋诈术空前泛滥，合纵连横的学说也相继兴起；各种谎言骗局相继上演，誓词盟约根本毫无诚意，即使以互派人质，剖符为凭，也还是不能互相制约。秦国起初只是一个偏远的小国，中原各国都排挤它，把它看作戎狄。但从秦献公开始，秦国就一直在诸侯中称雄。论起秦国的德义，连鲁卫两国中那些凶暴乖戾的君主都超过了它；论起秦国的兵力，它不如韩、赵、魏三国强大，最后却吞并了六国，统一了天下，这看起来好像不是因为秦国凭据天险、攻守方便、地理形势有利的缘故，而好像是上天在冥冥之中佑助着它。

有人说："东方是万物开始萌生的地方，西方是万物最后成熟的地方。"由此看来，开创事业的人必定出现在东南，而最终获取胜利果实的人却在西北。所以大禹在西羌兴起，成汤从亳地发家，周人也是因为有丰镐作根据地讨伐殷商才得以建立王朝，秦国日益强大最终完成帝业是由于有雍州作为大本营，汉朝也是从巴蜀汉中开始兴盛的。

秦国统一天下后，就开始焚烧《诗经》《尚书》等儒家经典，而各国的国史被焚烧的更加厉害，这是因为书中有讽刺讥笑秦国的记载。《诗经》《尚书》之

有秦记，又不载日月，其文略不具。然战国之权变亦有可颇采者，何必上古。秦取天下多暴，然世异变，成功大。传曰"法后王"，何也？以其近己而俗变相类，议卑而易行也。学者牵于所闻，见秦在帝位日浅，不察其终始，因举而笑之，不敢道，此与以耳食无异。悲夫！

　　余于是因秦记，踵春秋之后，起周元王，表六国时事，讫二世，凡二百七十年，著诸所闻兴坏之端。后有君子，以览观焉。

　　（表格略）

所以重新流传于世，是因为收藏的人家很多，而各国的国史专门收藏在周王室，所以就全被毁灭了。可惜啊！可惜啊！如今只有《秦纪》传下来，却又没注明日月，内容也简略不全。但是关于战国权谋和应急的对策也还是有很多可取之处的，为什么非要死守上古的那些教条呢？秦国夺取天下的手段尽管很残暴，但秦国能顺应时代的不同而采取相应的对策，因此获得了巨大的成功。有的典籍强调说要"效法后王"，这是为什么呢？因为后王距离自己近，当代民俗的变化也和后王那个时期差不多，道理讲起来浅显易懂，便于推行。一般的读书人局限于平常听到的那点东西。他们看见秦朝统治的时间很短暂，没有去考察秦国发展的全过程，就全都因此耻笑秦，而不评价它的可取之处。这和用耳朵来吃东西没有什么两样。真是可悲呀！

因此，我根据《秦纪》提供的资料，跟在孔子的《春秋》之后编成了这份年表。它上起周元王元年，列表编排了六国发生的大小事件；下至秦二世被杀，总计跨二百七十年，著述了我所闻知的各种兴起与衰亡的规律。后世若有君子，便可以阅读它。

（表格略）

秦楚之际月表第四

　　太史公读秦楚之际，曰：初作难，发于陈涉；虐戾灭秦，自项氏；拨乱诛暴，平定海内，卒践帝祚，成于汉家。五年之间，号令三嬗。自生民以来，未始有受命若斯之亟也。

　　昔虞、夏之兴，积善累功数十年，德洽百姓，摄行政事，考之于天，然后在位。汤、武之王，乃由契、后稷修仁行义十余世，不期而会孟津八百诸侯，犹以为未可，其后乃放弑。秦起襄公，章于文、缪，献、孝之后，稍以蚕食六国，百有余载，至始皇乃能并冠带之伦。以德若彼，用力如此，盖一统若斯之难也。

　　秦既称帝，患兵革不休，以有诸侯也，于是无尺土之封，堕坏名城，销锋镝，鉏豪桀，维万世之安。然王迹之兴，起于闾巷，合从讨伐，轶于三代，乡秦之禁，适足以资贤者为驱除难耳。故愤发其所为天下雄，安在无土不王。此乃传之所谓大圣乎？岂非天哉，岂非天哉！非大圣孰能当此受命而帝者乎？

　　（表格略）

太史公在研读关于秦楚之际的历史时，说：最先起义发难的是陈涉；用暴力灭掉秦朝的是项羽；铲除祸乱，诛灭凶暴，平定天下，最终登上帝位、取得成功的却是刘邦。仅仅五年的时间，发号施令之人就变换了三次。自从有人类以来，帝王受天命的变换还没有如此之快的。

当初虞舜和夏禹兴起的时候，他们积累了长达几十年的善行和功劳，百姓都受到他们恩德的润泽；他们代行天子的职务，并且还要接受上天的考验，然后才能即位。商汤、武王登上天子之位，是从他们的先祖契、后稷开始就讲求仁政，实行德义，历经了十几代。到周武王时，未曾约定就有八百诸侯到孟津相会，但武王还认为伐纣的时机不到，继续回去修德。就这样又过了很久，商汤才放逐了夏桀，武王才杀了殷纣王。秦国自襄公时兴起，在文公、缪公时显示出强大的力量，到献公、孝公之后，逐步侵占六国的土地。经历了一百多年以后，到了始皇才兼并了六国，统一了天下。要像虞、夏、汤、武那样实行德治，像秦国这样使用武力，才能成功统一天下。由此可见，统一天下有多么不容易了！

秦始皇称帝之后，认为过去之所以连年战乱不休，是因为诸侯割据的缘故，于是他废除了分封制，而且摧毁了东方各地的城池，销毁刀箭，铲除各地的豪强势力，打算以此维持以后的长治久安。然而帝王的功业，兴起于民间，天下英雄豪杰互相联合讨伐暴秦，威势超过了夏商周三代。从前秦国的那些禁令，恰好都助贤能之人排除了创业的障碍。因此，发愤有为而成为天下的英雄，怎么能说没有封地便不能成为帝王呢？这就是上天授帝位给他的那种所谓的大圣人吧！这难道不是天意吗？这难道不是天意吗！如果不是大圣人，谁能在这乱世中承受天命而成就帝业呢？

（表格略）

汉兴以来诸侯王年表第五

　　太史公曰：殷以前尚矣。周封五等：公，侯，伯，子，男。然封伯禽、康叔于鲁、卫，地各四百里，亲亲之义，褒有德也；太公于齐，兼五侯地，尊勤劳也。武王、成、康所封数百，而同姓五十五，地上不过百里，下三十里，以辅卫王室。管、蔡、康叔、曹、郑，或过或损。厉、幽之后，王室缺，侯伯强国兴焉，天子微，弗能正。非德不纯，形势弱也。

　　汉兴，序二等。高祖末年，非刘氏而王者，若无功上所不置而侯者，天下共诛之。高祖子弟同姓为王者九国，虽独长沙异姓，而功臣侯者百有余人。自雁门、太原以东至辽阳，为燕代国；常山以南，大行左转，度河、济、阿、甄以东薄海，为齐、赵国；自陈以西，南至九疑，东带江、淮、谷、泗，薄会稽，为梁、楚、淮南、长沙国：皆外接于胡、越。而内地北距山以东尽诸侯地，大者或五六郡，连城数十，置百官宫观，僭于天子。汉独有三河、东郡、颍川、南阳，自江陵以西至蜀，北自云中至陇西，与内史凡十五郡，而公主列侯颇食邑其中。何者？天下初定，骨肉同姓少，故广强庶孽，以镇抚四海，用承卫天子也。

　　汉定百年之间，亲属益疏，诸侯或骄奢，忕邪臣计谋为淫乱，大者叛逆，小者不轨于法，以危其命，殒身亡国。天子观于上古，然后加惠，使诸侯得推恩分子弟国邑，故齐分为七，赵分为六，梁分为五，淮南分三，及天子支庶子为王，王子支庶为侯，

太史公说：殷朝以前的历史年代太久远了。周朝把封爵分为公、侯、伯、子、男五等。当时分别封伯禽于鲁、封康叔于卫，地域各为四百里，这一是因为宗族血缘关系亲密，二也是对有德之人的褒奖。把太公封于齐，让他享有五个侯爵那么多的封地，这是对勤劳者的尊崇。武王、成王、康王所封的诸侯有数百个，其中与周室同姓者有五十五个，他们的封地最大不超过百里，最小者只有三十里，用来辅卫王室。管、蔡、康、曹、郑这几个国家的封地，有的超过了爵位应得之数，有的则不足。厉王、幽王以后，王室逐渐衰微，诸侯国的势力逐渐兴盛起来，天子的力量弱小，不能控制他们。这并不是（周王）道德不纯厚，而是形势衰弱的缘故。

汉朝建国以后，把功臣封为王、侯两个等级。到了高祖晚年更是明确规定，不是刘氏而称王者，或没有功劳不是天子所封而称侯者，天下共同讨伐他。高祖的同姓子弟被封为王的有九人，唯独长沙王是异姓，而有功之臣被封为列侯的有一百多人。当时自雁门、太原以东至辽阳的国土，为燕国和代国；常山以南，太行以东，沿黄河、济水，以及阿、甄以东一直到海边，为齐国和赵国；从陈以西，南至九嶷山，东含江、淮、谷、泗，直到会稽，为梁国、楚国、淮南国、长沙国，这些国的外围都和胡、越接壤。而内地，从北部的太行山以东，都是诸侯王的封地。大的诸侯王国有五六个郡，数十个城，它们那里的政府建制以及宫殿的规模，有的甚至比天子的还要豪华盛大。汉朝廷只有河东、河西、河南、东郡、颍川、南阳，以及从江陵以西至蜀地，北从云中至陇西，加上内史共十五个郡，而公主列侯的食邑有不少也在其中。为什么会这样呢？是因为天下刚刚平定，皇帝的同胞兄弟较少，所以只有广泛分封庶子们为王，依靠他们镇抚四海、保卫天子。

汉朝平定天下一百多年后，诸侯王与天子的关系愈加疏远，有的诸侯王变得骄奢起来，习惯于听从奸邪之臣的话去做淫乱之事，严重的谋反叛逆，轻微的不守法度，结果危害到了自己的性命，不是身亡就是封国被撤销。天子参照了上古的制度，对诸侯们加赐恩惠，使诸侯们得以施恩惠于子弟，并分封给他们国邑。所以齐地被分成了七国，赵地被分为了六国，梁地被一分为五，淮南

百有余焉。吴楚时，前后诸侯或以适削地，是以燕、代无北边郡，吴、淮南、长沙无南边郡，齐、赵、梁、楚支郡名山陂海咸纳于汉。诸侯稍微，大国不过十余城，小侯不过数十里，上足以奉贡职，下足以供养祭祀，以蕃辅京师。而汉郡八九十，形错诸侯间，犬牙相临，秉其厄塞地利，强本干、弱枝叶之势，尊卑明而万事各得其所矣。

臣迁谨记高祖以来至太初诸侯，谱其下益损之时，令时世得览。形势虽强，要之以仁义为本。

（表格略）

被分为三国，连同天子的旁支庶子被分封为王的、诸侯王的旁支庶子被分封为侯的，共有一百多个。自吴楚反叛时，有的诸侯王就因为犯罪而被削减了封地，因此燕、代等国失去了北部的郡，吴、淮南、长沙等国失去了南部的郡，齐、赵、梁、楚的支郡、名山、陂海也都被朝廷收回。这样一来，诸侯的势力就逐渐衰弱下来，大国不过十余城，小侯不过数十里的地盘，对上足以完成贡奉，对下足以维持自己的生活和祭祀先祖，能够藩卫京师。而这时汉王朝直辖的郡就有八九十个，交错在诸侯王国之间，犬牙相邻，控制着各险要的关塞，从而形成了主干强、枝丫弱的局面，使国家尊卑分明，而万事各得其所。

我这里记载了高祖以来至太初年间各诸侯王国的情况，用表格的方式排列了它们各自兴衰变化的时间，以供后人借鉴参考。现今国家实力虽然强大，但关键还是要以仁义作为施政的根本。

（表格略）

高祖功臣侯者年表第六

　　太史公曰：古者人臣功有五品，以德立宗庙定社稷曰勋，以言曰劳，用力曰功，明其等曰伐，积日曰阅。封爵之誓曰："使河如带，泰山若厉。国以永宁，爰及苗裔。"始未尝不欲固其根本，而枝叶稍陵夷衰微也。

　　余读高祖侯功臣，察其首封，所以失之者，曰：异哉所闻！书曰"协和万国"，迁于夏商，或数千岁。盖周封八百，幽厉之后，见于春秋。尚书有唐虞之侯伯，历三代千有余载，自全以蕃卫天子，岂非笃于仁义，奉上法哉？汉兴，功臣受封者百有余人。天下初定，故大城名都散亡，户口可得而数者十二三，是以大侯不过万家，小者五六百户。后数世，民咸归乡里，户益息，萧、曹、绛、灌之属或至四万，小侯自倍，富厚如之。子孙骄溢，忘其先，淫嬖。至太初百年之间，见侯五，余皆坐法陨命亡国，耗矣。罔亦少密焉，然皆身无兢兢于当世之禁云。

　　居今之世，志古之道，所以自镜也，未必尽同。帝王者各殊礼而异务，要以成功为统纪，岂可绲乎？观所以得尊宠及所以废辱，亦当世得失之林也，何必旧闻？于是谨其终始，表见其文，颇有所不尽本末；著其明，疑者阙之。后有君子，欲推而列之，得以览焉。

　　（表格略）

太史公说：古时候把人臣的功劳分为五个等级，运用道德辅佐帝王建立宗庙，安定国家的，称为"勋"；运用巧妙的言论，解决上述问题的，称为"劳"；凭借武力取胜的，称为"功"；为国家建立秩序的，称为"伐"；只是靠熬日子坚持过来的，称为"阅"。高祖当时在封爵的誓词中说："要让黄河变得狭如衣带，泰山变得小如磨刀石；要使你们的封国永远安宁，并让子孙世世代代传承下去。"可见，最初高祖不是不想巩固诸侯们的根基，只是后来他们的后裔渐渐衰败弱小了。

我曾经阅读过高祖分封功臣时的档案资料，考察他们最初受封时的情况，以及后来丧失封地的原因，我不禁感慨：这与我以前所听说的情况真是太不一样了！《尚书·尧典》上就曾记载着"让各个诸侯国和睦相处"的说法，到了夏、商时代，有的国家已经建国几千年。周朝封侯八百，在幽王、厉王之后，《春秋》一书上还有关于他们的记载。《尚书》中有唐、虞时期的侯伯，经历夏、商、周三代一千多年，还能保持着封国，继续做天子的屏藩，这难道不是由于他们坚守仁义、尊奉天子的法规吗？汉朝兴起，受封的功臣有一百多人。当时天下刚刚平定，原有的大城名都的百姓都逃亡了，可以统计上来的户口数只有原来的十分之二三，所以大侯封邑不超过一万家，小侯封邑仅五六百户。后来过了几代，百姓都回到了故乡，封邑户数增加，萧何、曹参、绛侯周勃、灌婴之类的封邑或达到了四万户，小侯的户数也增加了一倍，富有程度也同样提高了。但是他们的后代子孙却越来越骄奢淫逸，忘记了先祖创业的艰难，只顾自己吃喝玩乐，胡作妄为。所以到太初年间，这不过才一百多年，现存的侯爵便只剩下五个，其余的都因犯法而丧身亡国，退出历史舞台了。当然，现在的法律比过去要更严厉，但主要还是他们自身不能够老老实实地遵守国家的法律。

生活在今天的时代，依旧应当学习古圣先贤的教诲，以此作为自己人生的一面镜子，但具体的做法可以因为时代的变化而不同。历代帝王各自都有不同的礼仪制度，有不同的追求，但总的说来还是要以国泰民安为目的，怎么可能一成不变呢？观察人臣得到尊宠和遭受废辱的原因，我们应当正视这些得与失的现实问题，何必一味单纯地读死书呢？于是我很谨慎地研究了他们兴衰的始末，用表格的形式把他们展示出来，其中确实还有一些不完善的地方；但我的做法是只记录确定无疑的，凡是我自己还不甚清楚的就暂时空着。如果有后人想要继续加以记述，可以参阅此表。

（表格略）

惠景间侯者年表第七

　　太史公读列封至便侯曰：有以也夫！长沙王者，著令甲，称其忠焉。昔高祖定天下，功臣非同姓疆土而王者八国。至孝惠帝时，唯独长沙全，禅五世，以无嗣绝，竟无过，为藩守职，信矣。故其泽流枝庶，毋功而侯者数人。及孝惠讫孝景间五十载，追修高祖时遗功臣，及从代来，吴楚之劳，诸侯子若肺腑，外国归义，封者九十有余。咸表始终，当世仁义成功之著者也。

　　（表格略）

太史公阅读有关列侯分封的档案资料，当读到长沙王的时候，便感慨地说道：真是事出有因啊！当初，长沙王被封为诸侯王，著录在法令的第一篇，他的忠诚受到称赞。当初高祖平定天下时，不是皇室同姓宗亲而受封为诸侯王的功臣共有八个人。等到高祖驾崩，孝惠帝继位的时候，只剩下长沙王能够保全自己的封国了，而且接连传承五世，最后由于没有后嗣继承才结束。他自始至终没有犯什么过错，作为国家的藩守尽心尽职，吴氏家族可以说是无可挑剔啊！所以他的德业能使旁系子孙也沾受恩惠，未立功勋而受封为列侯的就有数人。从孝惠帝到孝景帝其间的五十多年里，追录了高祖时遗漏未封的功臣、追随孝文帝从代国入继大统的旧臣、孝景帝时在平定吴楚七国之乱中功劳卓著的将相官员、身为皇室骨肉至亲的诸侯王子弟、前来投降归顺的外族首领等等为侯，先后受封的有九十多人。现在我把这些人受封的始末列表记载下来，这些都是当代比较突出的奉行仁义道德获得成功的人。

　　（表格略）

建元以来侯者年表第八

　　太史公曰：匈奴绝和亲，攻当路塞；闽越擅伐，东瓯请降。二夷交侵，当盛汉之隆，以此知功臣受封侔于祖考矣。何者？自《诗》《书》称三代"戎狄是膺，荆荼是征"，齐桓越燕伐山戎，武灵王以区区赵服单于，秦缪用百里霸西戎，吴楚之君以诸侯役百越。况乃以中国一统，明天子在上，兼文武，席卷四海，内辑亿万之众，岂以晏然不为连境征伐哉！自是后，遂出师北讨强胡，南诛劲越，将卒以次封矣。

　　（表格略）

　　后进好事儒者褚先生曰：太史公记事尽于孝武之事，故复修记孝昭以来功臣侯者，编于左方，令后好事者得览观成败长短绝世之适，得以自戒焉。当世之君子，行权合变，度时施宜，希世用事，以建功有土封侯，立名当世，岂不盛哉！观其持满守成之道，皆不谦让，骄蹇争权，喜扬声誉，知进不知退，终以杀身灭国。以三得之，及身失之，不能传功于后世，令恩德流子孙，岂不悲哉！夫龙洛侯曾为前将军，世俗顺善，厚重谨信，不与政事，退让爱人。其先起于晋六卿之世。有土君国以来，为王侯，子孙相承不绝，历年经世，以至于今，凡百余岁，岂可与功臣及身失之者同日而语之哉？悲夫，后世其诫之！

太史公说：匈奴人破坏和亲条约，攻击我朝首当其冲的边塞要道；闽越人凭借武力擅自进攻东瓯，致使东瓯人请求内迁以寻求保护。这两支外夷一起侵扰边境，正是在我大汉最昌盛的时候，由此可以推知因此立功而受封的臣子之多，应当可以与高祖开国时相等了。为什么会这样呢？早在《诗经》《尚书》中就说过，夏、商、周三代"抵御抗击北方的戎狄，讨伐惩戒南方的荆舒"，东周时代的齐桓公曾越过燕国攻打山戎，赵武灵王凭着一个小小的赵国还曾打败过匈奴，秦缪公依靠百里奚的辅佐称霸西戎，吴、楚两国的国君以诸侯的身份而使百越乖乖称臣。何况是已经实现了大一统的中国，天子圣明，兼有文武之才，志在平定四方，使国内亿万民众都和睦相处、安居乐业，又怎么会面对外夷的侵扰而袖手旁观，不去进行讨伐以巩固边疆呢？从此以后，我大汉发兵北伐匈奴，南征百越，建立军功的将士们也都依次受封了。

（表格略）

晚辈儒生褚先生说：太史公在本篇的记事只到武帝年间，所以我又撰记了孝昭帝以后功臣封侯的情况，编于左方，目的在于让后世喜好研究的人能从中看到功臣们的功业成败、享国长短，以及侯位有的传世、有的绝封的前因后果，从中吸取经验教训，引以为戒。当世的君子，有的不守常规而随机应变；有的能审时度势而采取适宜的措施；有的能够迎合世俗得到重用。他们建功立业，受封侯爵，名扬当世，很是兴盛、轰烈！但观察他们成功以后的表现，却都不谦虚谨慎，全都骄傲自满、争权夺利，喜欢招摇过市，只知前进而不知留下退路，最终导致国灭人亡。依靠这三种途径得到的功名，在自己这一辈就失掉了，不能把它传给后代，使子孙们也能享受恩德，这难道不可悲吗？相反，看看人家龙洛侯韩曾，在他担任前将军的时候，能够随顺风俗、积德行善，为人忠厚诚信，从不揽权参政，谦让爱人。他的先祖是晋国的六卿之一，建立韩国以后，子孙相继为王为侯，代代相传，从未断绝，经历了漫长的岁月直至今日，算起来已有一百多年了，这又怎能是那些因功受封但当代就国灭身亡之人能够相比的呢？真是可悲啊，后世的人们应当以此为鉴呀！

建元以来王子侯者年表第九

制诏御史:"诸侯王或欲推私恩分子弟邑者,令各条上,朕且临定其号名。"

太史公曰:盛哉,天子之德!一人有庆,天下赖之。
(表格略)

皇上下诏给御史大夫说:"请告诉诸侯们,凡有意愿想把自己封土分封给后代子孙的,让他们都把名单报上来,朕将亲自决定他们的名号。"

太史公说:天子之德多么隆盛啊!他一人做了好事,天下人都跟着享福。
(表格略)

汉兴以来将相名臣年表第十

（此表无序）

（表格略）

书

礼书第一

太史公曰：洋洋美德乎！宰制万物，役使群众，岂人力也哉？余至大行礼官，观三代损益，乃知缘人情而制礼，依人性而作仪，其所由来尚矣。

人道经纬万端，规矩无所不贯，诱进以仁义，束缚以刑罚，故德厚者位尊，禄重者宠荣，所以总一海内而整齐万民也。人体安驾乘，为之金舆错衡以繁其饰；目好五色，为之黼黻文章以表其能；耳乐钟磬，为之调谐八音以荡其心；口甘五味，为之庶羞酸咸以致其美；情好珍善，为之琢磨圭璧以通其意。故大路越席，皮弁布裳，朱弦洞越，大羹玄酒，所以防其淫侈，救其雕敝。是以君臣朝廷尊卑贵贱之序，下及黎庶车舆衣服宫室饮食嫁娶丧祭之分，事有宜适，物有节文。仲尼曰："禘自既灌而往者，吾不欲观之矣。"

周衰，礼废乐坏，大小相逾，管仲之家，兼备三归。循法守正者见侮于世，奢溢僭差者谓之显荣。自子夏，门人之高弟也，犹云"出见纷华盛丽而说，入闻夫子之道而乐，二者心战，未能自决"，而况中庸以下，渐渍于失教，被服于成俗乎？孔子曰"必也正名"，于卫所居不合。仲尼没后，受业之徒沈湮而不举，或适齐、楚，或入河海，岂不痛哉！

至秦有天下，悉内六国礼仪，采择其善，虽不合圣制，其尊君抑臣，朝廷济济，依古以来。至于高祖，光有四海，叔孙通颇有所增益

太史公说：礼的德行实在是太博大而盛美了！它统辖万物、役使众人，这怎么是人力所能做到的呢？我曾到大行礼官那里，阅读夏、商、周三代礼制增减变革的文献资料，才知道古人是按照人情来制定礼仪规范，依照人性来建立人们的行事规则，这是由来已久的事了。

做人的道理，千头万绪，但有条基本准则却始终贯穿其中，就是以仁义来诱导人们行事，并用刑罚来约束人们的行为。所以，道德高尚的人地位就尊贵；俸禄多的人享受荣耀恩宠，以此来统一天下人的意识，整肃大众的思想。人们乘坐车马，身体会感觉到舒适，于是因此将车装上金饰，在车辕横木上增添众多绚丽的饰品；眼睛爱看五彩美色，就在礼服上绣上各种花纹和色彩，使外表形态更美好；人的耳朵喜欢听钟磬等悦耳的声音，就调谐各种乐器的声音，来激荡人心；口舌喜欢品尝美味的食物，于是就烹调出各种或酸或咸的美味佳肴，以尽口味之美；人们喜爱各种珍贵、善美的器物，于是就以美玉制成圭璧，并加以琢磨，以顺人意。所以，在帝王乘坐的大路席上铺上蒲草；让人头戴皮帽身穿布裳；在瑟上装上红色丝弦，瑟底上通两孔；在祭祀大礼时不用五味的肉羹，而是以清水代酒作为上尊，以此来防止过分奢侈而导致败亡。所以，上至朝廷中的君臣尊卑贵贱等级秩序，下到老百姓的衣食住行、婚丧嫁娶的礼仪，每件事都要有恰当的规矩，每件器物的文饰都要有节制。孔子说："鲁国的禘祭，第一次斟酒献尸主便次序颠倒，自那以后我不愿再观看下去了。"

周朝衰落后，礼乐制度遭到破坏，人们便不再遵守身份职位等级，彼此互相逾越。管仲之家，便建立了三归台，尽显奢侈。那些遵守法度、坚持正道的人，被世人欺侮；那些过度奢侈、僭越等级的人，被认为是显赫荣耀。尽管子夏是孔子门下优秀的学生，但他仍然说："出门见到纷纭华丽盛美的事物，就感到欣悦；回来听到夫子的学说，就觉得快乐。二种心理在内心反复斗争，久久不能做出决断。"更何况中等平庸以下的人，受不良教育的不断浸染，以致被不良社会习气俘获呢！孔子说："一定要先正其名分。"但孔子的理念和卫国的现况不合。孔子死后，受业门人便逐渐被埋没而未被举用，有的到了齐、楚，有的到了黄河、海滨一带，这岂不令人痛惜吗！

到秦国统一了天下，将六国礼仪制度全部收罗，选择其中好的留用，虽与古圣先贤的制度不合，却也尊君抑臣，使朝廷威仪庄严肃穆，这与古代传统还是相同

减损，大抵皆袭秦故。自天子称号下至佐僚及宫室官名，少所变改。孝文即位，有司议欲定仪礼，孝文好道家之学，以为繁礼饰貌，无益于治，躬化谓何耳，故罢去之。孝景时，御史大夫晁错明于世务刑名，数干谏孝景曰："诸侯藩辅，臣子一例，古今之制也。今大国专治异政，不禀京师，恐不可传后。"孝景用其计，而六国畔逆，以错首名，天子诛错以解难。事在袁盎语中。是后官者养交安禄而已，莫敢复议。

今上即位，招致儒术之士，令共定仪，十余年不就。或言古者太平，万民和喜，瑞应辨至，乃采风俗，定制作。上闻之，制诏御史曰："盖受命而王，各有所由兴，殊路而同归，谓因民而作，追俗为制也。议者咸称太古，百姓何望？汉亦一家之事，典法不传，谓子孙何？化隆者闳博，治浅者褊狭，可不勉与！"乃以太初之元改正朔，易服色，封太山，定宗庙百官之仪，以为典常，垂之于后云。

礼由人起。人生有欲，欲而不得则不能无忿，忿而无度量则争，争则乱。先王恶其乱，故制礼义以养人之欲，给人之求，使欲不穷于物，物不屈于欲，二者相待而长，是礼之所起也。故礼者养也。稻粱五味，所以养口也；椒兰芬茝，所以养鼻也；钟鼓管弦，所以养耳也；刻镂文章，所以养目也；疏房床第几席，所以养体也：故礼者养也。

君子既得其养，又好其辨也。所谓辨者，贵贱有等，长少有差，贫富轻重皆有称也。故天子大路越席，所以养体也；侧载臭茝，所以养鼻也；前有错衡，所以养目也；和鸾之声，步中武象，骤中韶濩，所以养耳也；龙旗九旒，所以养信也；寝兕持虎，鲛韅弥龙，所以养

的。到汉高祖拥有天下之后，叔孙通对前代礼仪作了一些增减删改，大体上是依据秦朝旧制；上自天子的称号，下到大小官吏、宫室、官名，很少有所变更。孝文帝即位后，政府有关部门建议，要重定礼仪制度。那时孝文帝喜爱道家学说，以为烦琐的礼节只能粉饰外表，无益于天下治乱；治国要亲自以身作则，教化于民，所以没有采纳。孝景帝时，御史大夫晁错通晓当世政务和刑名学说，多次劝谏景帝说："诸侯藩国，同样是天子的臣子，这是古今如一的制度。现在诸侯大国擅自专断，政令与中央相违，且不到京城来请示汇报，恐怕不能传法后世。"孝景帝采纳了他的计策，削弱诸侯，导致了六国叛乱。他们以诛晁错为名，景帝不得已杀了晁错，以解除时局的危难。此事详载于《袁盎晁错列传》中。自此以后，朝廷的官员只是用心结交朋友，安分守己地享用自己应得的俸禄而已，再也没有人敢谈论这件事了。

现在皇上（汉武帝）即位后，招纳罗致了熟悉儒学的人才，命他们共同制定礼仪制度，十几年也没能完成。有人说古代太平，百姓们和睦喜乐，吉祥的征兆纷纷降临，这才搜集风俗民情，制定礼仪。皇上听后，便向御史下诏书道："历朝受天命而为王的，虽然各有其兴盛的原因，但都是殊途而同归，即因民心而起，按照民俗确定制度。如今议事的人都称道远古的礼制，那百姓还有什么指望？汉朝作为一个朝代、一段历史，如果没有自己的典法制度流传，如何向后世子孙解释和交代？治化隆盛的君主往往心胸博大阔深，目标远大；治绩平庸的君主往往心胸偏窄狭隘，成不了事业。我怎能不发奋上进呢！"于是，在太初元年改定历法，变换服色，封祭泰山，制定宗庙、百官的礼仪作为常用制度，以供后世垂法。

礼是由人的需要而产生的。人生来就有欲望，欲望得不到满足就会产生怨愤，怨愤不能节制就会与人发生争斗，发生争斗就会产生动乱。古代帝王厌恶国家动乱，于是才制定了礼仪来调节人们的欲望，供给人们的需求，使他们的欲望不执着于物质，物质也不会因欲望太盛而枯竭，二者相得益彰。这就是礼产生的端由。所以，礼就是养护的意思。稻粱等五味是养口的；椒兰香草是养鼻的；钟鼓及各种管弦乐器的音声是养耳的；雕刻纹饰是养目的；宽敞的房屋以及床第几席是养身的。所以说礼就是养的意思。

君子欲望既得到滋养而满足，又喜欢等级上的区别。所谓辨，就是指贵贱有等级、长少有差别，贫富轻重都有相称的待遇。因此，天子乘坐座席上铺着蒲草的大车，是为了保养身体；天子出行，身旁放着香草，是为了养鼻；前面的车衡经过嵌错装饰，是为了养目；车动时，和铃与鸾铃声响，节奏缓和时如《武》《象》舞曲，急骤时如《韶》《濩》舞曲，是为了养耳。龙旗下，九旒低垂，是为了培养威信；战

威也。故大路之马，必信至教顺，然后乘之，所以养安也。孰知夫出死要节之所以养生也。孰知夫轻费用之所以养财也，孰知夫恭敬辞让之所以养安也，孰知夫礼义文理之所以养情也。

人苟生之为见，若者必死；苟利之为见，若者必害；怠惰之为安，若者必危；情胜之为安，若者必灭。故圣人一之于礼义，则两得之矣；一之于情性，则两失之矣。故儒者将使人两得之者也，墨者将使人两失之者也。是儒墨之分。

治辨之极也，强固之本也，威行之道也，功名之总也。王公由之，所以一天下，臣诸侯也；弗由之，所以捐社稷也。故坚革利兵不足以为胜，高城深池不足以为固，严令繁刑不足以为威。由其道则行，不由其道则废。楚人鲛革犀兕，所以为甲，坚如金石；宛之钜铁施，钻如蜂虿，轻利剽遬，卒如熛风。然而兵殆于垂涉，唐昧死焉；庄蹻起，楚分而为四参。是岂无坚革利兵哉？其所以统之者非其道故也。汝颍以为险，江汉以为池，阻之以邓林，缘之以方城。然而秦师至，鄢郢举，若振槁。是岂无固塞险阻哉？其所以统之者非其道故也。纣剖比干，囚箕子，为炮烙，刑杀无辜，时臣下懔然，莫必其命。然而周师至，而令不行乎下，不能用其民。是岂令不严，刑不陵哉？其所以统之者非其道故也。

古者之兵，戈矛弓矢而已，然而敌国不待试而诎。城郭不集，沟池不掘，固塞不树，机变不张，然而国晏然不畏外而固者，无他故焉，明道而均分之，时使而诚爱之，则下应之如景响。有不由命者，然后俟之以刑，则民知罪矣。故刑一人而天下服。罪人不尤其上，知罪之在己也。是故刑罚省而威行如流，无他故焉，由其道故也。故由

阵上，以兕牛皮为席，车上手握处雕成虎纹，用鲛鱼皮蒙马腹，雕龙文饰车辄，是为了培养威严；驾驭大车的马，之所以必须调教顺驯才能乘坐，是为了确保安全。谁能知道，士人出生入死、邀立名节，正是为了养护他们的生命？谁能知道，乐善好施反而是增加财富的道理？谁能知道谦恭辞让、循循多礼，是为了养护平安？谁能知道知书达礼、温文儒雅，是为了涵养性情？

人如果一意苟且求生，这样必定不能长生；如果一意苟且图利，这样必定会遭受其害；如果把懈怠和懒惰当作安逸，这样一定会招致危难；如果把恣情好胜当作快乐，这样一定会遭到毁灭。因此，圣人把性情统一于礼义之下，这样便能两全其美；如果把礼义统一于性情之下，那么两者都将齐失。所以儒家的学说可以使人得以两全其美，而墨家学说使人两者皆失。这是儒家与墨家的区别。

礼义是治理国家、辨别名分的最高准则；是使国家富强巩固的根本办法；是天子威行天下的唯一道途，是事业功名的整体表现。王公遵行礼义，所以能统一天下，臣服诸侯；如果不遵行，必会丢失社稷、国破家亡。所以，有坚实的铠甲、锋利的兵器不足以取胜；高峻的城墙、幽深的护城河不足以成为攻不破的防守；严酷的法令、繁多的刑罚不足以保持威严。遵循礼义办事，则事事成功；不遵循礼义办事，则事事皆废。楚人以鲛鱼革、犀牛皮、兕牛皮为衣甲，坚韧如同金石；用宛城制造的大铁矛，钻刺时锐利如蜂虿之尾；军队矫捷迅疾，士卒有如疾风骤雨般迅捷。然而最终仍兵败于垂涉，将军唐眛战死；庄蹻乘机起兵，楚国分而为四。这难道是楚国没有坚韧的铠甲和锋利的武器吗？不是的，是它的统治者不懂得礼义之道的缘故啊！楚国以汝水、颍水为险阻，以长江、汉水为沟池，以邓林与中原相阻隔，以方城山为边境，然而当秦军打来时，鄢郢就好像摇落枯叶般被轻易攻占。这难道是鄢郢没有坚固的要塞和艰险可守吗？是统驭的方法不对啊。殷纣王剖比干之心，囚禁箕子，制造了炮烙刑具，杀害无罪之人，当时的臣民慄然畏惧，生死不保。然而周的军队一到，纣的命令虽然下达，下面却不执行，再也不能驱使他的百姓了。难道是他的命令不够严厉，刑罚不够残酷吗？不是的，是因为他的所作所为没有遵循礼法之道的缘故啊！

古代作战的兵器，不过是戈、矛和弓矢罢了。然而，尚未使用敌人就已经屈服了。不用修筑城墙，不用挖掘护城河，不用修建要塞，不用布置作战机动巧妙的器械，然而国家安定，不用担心外敌，坚固异常。没有其他原因，只不过是懂得礼义之道，对百姓分财能均，使民以时，并且诚信爱民，所以百姓听命就如同影子随形，如同响声相应。偶尔有不服从命令的，便以刑罚处治他，老百姓自然就知道错了。所以，一人受刑而天下皆服；犯罪的人不怨恨上级，因为他知道是自己咎由自取。所以刑罚虽然少且简单，君王的威令却推行无阻。没有其他的

其道则行，不由其道则废。古者帝尧之治天下也，盖杀一人刑二人而天下治。传曰"威厉而不试，刑措而不用"。

天地者，生之本也；先祖者，类之本也；君师者，治之本也。无天地恶生？无先祖恶出？无君师恶治？三者偏亡，则无安人。故礼，上事天，下事地，尊先祖而隆君师，是礼之三本也。

故王者天太祖，诸侯不敢怀，大夫士有常宗，所以辨贵贱。贵贱治，得之本也。郊畴乎天子，社至乎诸侯，函及士大夫，所以辨尊者事尊，卑者事卑，宜钜者钜，宜小者小。故有天下者事七世，有一国者事五世，有五乘之地者事三世，有三乘之地者事二世，有特牲而食者不得立宗庙，所以辨积厚者流泽广，积薄者流泽狭也。

大飨上玄尊，俎上腥鱼，先大羹，贵食饮之本也。大飨上玄尊而用薄酒，食先黍稷而饭稻粱，祭哜先大羹而饱庶羞，贵本而亲用也。贵本之谓文，亲用之谓理，两者合而成文，以归太一，是谓大隆。故尊之上玄尊也，俎之上腥鱼也，豆之先大羹，一也。利爵弗啐也，成事俎弗尝也，三侑之弗食也，大昏之未废齐也，大庙之未内尸也，始绝之未小敛，一也。大路之素帱也，郊之麻绕，丧服之先散麻，一也。三年哭之不反也，清庙之歌一倡而三叹，县一钟尚拊膈，朱弦而通越，一也。

原因，是遵循礼义之道的缘故。所以，遵行礼义之道，那么万事能成；不遵循此道，那么什么事也办不成。古时帝尧治理天下时，仅仅杀了一个鲧，流放了共工和欢兜，天下就大治了，正如古书所说的"威令虽然猛厉却不必行使，刑罚虽然设立了却不必使用"。

天地，是生命的根本；先祖，是种族的根本；君主和师长，是国家长治久安的根本。没有天地，怎么会有生命？没有先祖，哪来的我们？没有君主和师长，国家怎么治理？三者缺一，人民就不能安居乐业。所以，礼义对上奉侍天，对下奉侍地，尊祖而敬师，这是它的三个根本。

所以，帝王得以太祖配天而祭之，诸侯受命于王，不敢怀有配天的想法；大夫、士尊奉诸侯为自己的常宗，不敢祭先祖，以此来区别亲疏贵贱。亲疏贵贱有别，就得到礼的根本了。郊祭属于天子，社祭可以到诸侯一级，可延及到士大夫阶层，这是为了分辨出地位高的人侍奉尊贵的天帝，地位低的人侍奉低微的鬼神，应该大的就大，应该小的就小。所以，天子可以奉侍七世之祖，诸侯可以奉侍五世之祖，大夫可以侍奉三世之祖，士人可以侍奉二世之祖，庶人不得立宗庙祭祀。这样做的用意，是为了表现积德厚的恩泽流布广、德薄的流布狭的原则。

在太庙中举行合祭祖先的大礼时，特别重视酒樽中要盛满清水代酒，祭器中要装着生鱼，先上不加调味的肉汁，这是表示尊重祖先的原始饮食。举行祭祀祖先的大礼时，重视盛着清水的祭器的陈设，同时再进献些淡酒供祖先饮用。进献食物时先上黄米和谷子，而供奉祖先的则是米饭和精细的粮食。每月祭祀祖先时，先上没有调味的肉汁，再享用各种佳肴。这样做表示既尊崇祖宗的原始饮食，又表示那些精美食品是给祖先先享用的。贵本所用粗粮是礼仪的形式体现，亲用所献精粮美食是要合乎实际的生活。二者统一，而后形成礼仪制度，是归本于远古时代的简约质朴，这叫尽善尽美，是礼的最高境界。所以酒樽中以水代酒为上，礼器中以进献生鱼为上，高脚盘中以进献不加调味的肉汁为上，三者都是为了慎终追远、不忘根本。在祭物全部献上，祝官宣布大礼告成之前，代死人受祭的活人不可以饮食祭品，祭祀告成之后，代死人受祭的活人就不再尝俎器里的祭品了，三次劝食而不食，表示祭事完毕。婚礼时，尚未举行斋戒；在太庙祭祀时，代死人受祭的活人还未入庙；人刚去世还未举行小殓，这三者都是礼仪的开始，表示近古贵本，质朴而没有修饰。天子出行，乘的辂车用素净的车帷；天子冬天祭天时，要戴麻质的帽子；父母之丧，丧服的腰带要散垂着，这三者启示人要重视朴实无华。守三年之丧，恸哭失声而没有回环曲折的声调；演唱乐歌《清庙》时，一人领唱，只有三个人咏叹；奏乐时只悬挂一钟，崇尚中间填糠的皮制小鼓，弹奏带有红色的丝弦和底下两孔相通的琴瑟，三者都是表示音声要以平实质朴，崇尚本质。

凡礼始乎脱，成乎文，终乎税。故至备，情文俱尽；其次，情文代胜；其下，复情以归太一。天地以合，日月以明，四时以序，星辰以行，江河以流，万物以昌，好恶以节，喜怒以当。以为下则顺，以为上则明。

太史公曰：至矣哉！立隆以为极，而天下莫之能益损也。本末相顺，终始相应，至文有以辨，至察有以说。天下从之者治，不从者乱；从之者安，不从者危。小人不能则也。

礼之貌诚深矣，坚白同异之察，入焉而弱。其貌诚大矣，擅作典制褊陋之说，入焉而望。其貌诚高矣，暴慢恣睢，轻俗以为高之属，入焉而队。故绳诚陈，则不可欺以曲直；衡诚悬，则不可欺以轻重；规矩诚错，则不可欺以方员；君子审礼，则不可欺以诈伪。故绳者，直之至也；衡者，平之至也；规矩者，方员之至也；礼者，人道之极也。然而不法礼者不足礼，谓之无方之民；法礼足礼，谓之有方之士。礼之中，能思索，谓之能虑；能虑勿易，谓之能固。能虑能固，加好之焉，圣矣。天者，高之极也；地者，下之极也；日月者，明之极也；无穷者，广大之极也；圣人者，道之极也。

以财物为用，以贵贱为文，以多少为异，以隆杀为要。文貌繁，情欲省，礼之隆也；文貌省，情欲繁，礼之杀也；文貌情欲相为内外表里，并行而杂，礼之中流也。君子上致其隆，下尽其杀，而中处其中。步骤驰骋广骛不外，是以君子之性守宫庭也。人域是域，士君子

大凡礼在最初时都是粗疏简略，以后便形成制度定下来，最后达到和悦人情世故的效果。所以，最完备的礼制，是人情与仪文形式都尽善尽美；其次是文胜于情或者情胜于文，二者相互交替；最次的是忽略礼仪形式，追寻人情的端由，以回归到远古时代质朴简约的形态。达到这种境界，能使天地合谐，日月清明，四时更迭有序，星辰运行正常，江河流动，万物昌盛，好恶有所节制，喜怒调节适宜。处在下位则和顺，处在上位则智慧贤明。

太史公说：已经尽善尽美了！如果建立完备的礼制作为人道的最高准则，那么天下就无人能随便增减它。礼义情文相符，首尾呼应，完备的仪文形式与最初的简约质朴相辅相成，完美的仪文形式足以区分长幼尊卑贵贱，细致入微的是非标准足以悦服人心。君子遵从礼制天下就能得到大治，相反就会招致动乱；遵从者得安定，不遵从者就会危亡。对于小人，礼制是不能约束他们的。

礼制的仪文形式实在深奥啊，"坚白"与"同异"理论的辨析，放入礼义中来细微比较，它们就会站不住脚。礼本身实在太博大了，那些擅自制作的典章制度，乃狭隘、浅陋的理论，与礼相比，就会自愧渺小、望尘莫及。礼的状貌实在是崇高啊，那些粗暴傲慢、自以为高大的人，进入到礼中就会自惭坠亡。所以说如果把墨线摆放在这里，就不能以曲直来欺骗了；如果把秤挂在这里，就不能以轻重来欺骗了；如果把规矩置放在这里，就不能以方圆来欺骗了；君子详察礼制，就不能以诡诈虚伪的东西来欺骗他了。因为，绳墨是直的标准，秤锤是轻重的标准，圆规和角尺是方圆的标准，礼则是人道的标准。因此，不遵守礼制，不重视礼制的人，被称为无道之人；守礼者才配以礼相待，被称为守礼之士。能得礼之中道，不偏不倚，又能事事思索，不违情理，叫作善于思考；善于思考而又不改变礼法，叫做信念坚定。善于思考又信念坚定，加上对礼的无比爱好，那就是圣人了。天是最高的地方，地是最低的地方，日月是最明亮的物体，无穷无尽是广大到了极点的意思，圣人则是礼义之道做到极点的人。

礼是以财物作为它的日用表现形式，以文彩作为区别贵贱的文饰，以数量多少作为区别上下等级的依据，以礼仪的丰简作为判定长幼尊卑贵贱的标准。仪节繁复、情欲平淡，这是礼仪隆重的表现；仪节减约、情欲繁多，这是礼仪减省的表现；仪文形式和人情互为表里，二者适中揉合，才是礼的正道。君子上能充分利用礼文的丰盛之美，下能充分体会礼文的简易之用，而中处处能符合正道之礼，缓急左右不失中和。所以说，君子的本性就是守中道，不偏激；能严格以礼义的范畴作为行动的规范，不管轻重缓急都守礼不离，因此君子守礼，就好像总是守着宫廷一样，不离不弃。能这样守护着礼的人，就是士君子；不能遵礼而行的，就是一般的平民百姓。处在礼的领域之中，既不像士君子那样拘泥，也不像

也。外是，民也。于是中焉，房皇周浃，曲得其次序，圣人也。故厚者，礼之积也；大者，礼之广也；高者，礼之隆也；明者，礼之尽也。

平民百姓那样不守规矩，而是能深入全面地理解礼的规矩，随事曲直而变化，总是不失礼的次序，这样的人便是圣人。因此，圣人之所以德厚，就是学习礼仪长期积累的结果；圣人之所以伟大，是学习礼义广博的结果；圣人之所以道德高尚，是学习礼义修养深厚的结果；圣人之所以英明，是全面掌握了礼的结果。

乐书第二

太史公曰：余每读虞书，至于君臣相敕，维是几安，而股肱不良，万事堕坏，未尝不流涕也。成王作颂，推己惩艾，悲彼家难，可不谓战战恐惧，善守善终哉？君子不为约则修德，满则弃礼，佚能思初，安能惟始，沐浴膏泽而歌咏勤苦，非大德谁能如斯！传曰"治定功成，礼乐乃兴"。海内人道益深，其德益至，所乐者益异。满而不损则溢，盈而不持则倾。凡作乐者，所以节乐。君子以谦退为礼，以损减为乐，乐其如此也。以为州异国殊，情习不同，故博采风俗，协比声律，以补短移化，助流政教。天子躬于明堂临观，而万民咸荡涤邪秽，斟酌饱满，以饰厥性。故云雅颂之音理而民正，嘄噭之声兴而士奋，郑卫之曲动而心淫。及其调和谐合，鸟兽尽感，而况怀五常，含好恶，自然之势也！

治道亏缺而郑音兴起，封君世辟，名显邻州，争以相高。自仲尼不能与齐优遂容于鲁，虽退正乐以诱世，作五章以刺时，犹莫之化。陵迟以至六国，流沔沉佚，遂往不返，卒于丧身灭宗，并国于秦。

秦二世尤以为娱。丞相李斯进谏曰："放弃诗书，极意声色，祖伊所以惧也；轻积细过，恣心长夜，纣所以亡也。"赵高曰："五

太史公说:"我每读《尚书·虞书》,读到有关君臣相互劝勉告诫,因而天下得到一些安宁,而股肱大臣行为不端,致使国家政权毁坏时,常常为之感慨落泪。周成王作《周颂》,责备自己的过失且引以为戒,为管叔、蔡叔的叛乱给国家带来的危难而悲伤,他难道不是个诚惶诚恐,小心谨慎,善于治国守成的君王吗?君子不会因为生活贫穷而去修养道德,不会因为生活富足就废弃礼仪。他们在闲逸时能记得当初的劳苦,在安定时能记得创始时的艰辛,在享受安乐的同时能够歌颂勤苦,赞美勤劳,不是有大德行的人有谁能够做到这样!古书上说"政治安定,大功告成,礼乐之事才会兴起"。天下人们的道德规范越是深入,人们道德修养的境界才会越高,人们追求的喜乐也就会更加不同。水满了而桶没有损坏自然就会外溢,器具满了而不扶持必然就会倾倒。凡是作乐的目的,就是要节制人们的欢乐。君子以谦逊退让为礼,以节制欢娱为乐,乐大约就是这样产生的。由于地域国情不同,人们性情习俗也有所差异,所以要博采各地风俗,与声律相协调,以补救彼此的缺陷,移易风化,辅助政教的推行。天子亲自到明堂观赏,万民也因为音乐的洗涤,清除掉各自邪恶污秽的积习,从中尽量吸收教益,使得精神饱满,让自己的情操得以修养。所以说《雅》《颂》这样的音乐得到传诵,那么民风就会纯正,激烈呼号的音声响起,士卒们就会振奋;同样,如果像郑、卫那样的靡靡之音响起,就会使人心生邪念。当乐声和谐协调时,连鸟兽都会受到感染,更何况是怀有好恶之心与五常之性的人呢?这是自然的趋势啊!

因为治国之道有缺陷,从而使得郑国的音乐兴起;那些世袭和分封的诸侯与君王,在相邻的国家声名显赫,他们争相抬高郑音的地位。孔子不能与齐国赠送的女优一起容于鲁国,虽然他退出了鲁国政界,整理了正乐以诱导世人,作了《五章》的歌曲来讥刺时弊,但仍不能教化和改变这种风气。这样逐渐衰落到了战国时代,东方六国的统治者都沉湎于安逸颓废的生活之中,不能回归正道,最终灭族亡身,被秦国吞并。

秦二世更加喜欢爱好声乐。丞相李斯因此进谏说:"放弃《诗经》《尚书》所载道理,醉心于女色和音乐,这是让殷代贤臣祖伊忧惧的事;不重视细小过失的积累,纵情于通宵宴饮,这是商纣灭亡的原因。"赵高却说:"五帝、三王的

帝、三王乐各殊名，示不相袭。上自朝廷，下至人民，得以接欢喜，合殷勤，非此和说不通，解泽不流，亦各一世之化，度时之乐，何必华山之騄耳而后行远乎？"二世然之。

高祖过沛诗三侯之章，令小儿歌之。高祖崩，令沛得以四时歌舞宗庙。孝惠、孝文、孝景无所增更，于乐府习常肄旧而已。

至今上即位，作十九章，令侍中李延年次序其声，拜为协律都尉。通一经之士不能独知其辞，皆集会五经家，相与共讲习读之，乃能通知其意，多尔雅之文。

汉家常以正月上辛祠太一甘泉，以昏时夜祠，到明而终。常有流星经于祠坛上。使僮男僮女七十人俱歌。春歌青阳，夏歌朱明，秋歌西皞，冬歌玄冥。世多有，故不论。

又尝得神马渥洼水中，复次以为太一之歌。歌曲曰："太一贡兮天马下，沾赤汗兮沫流赭。骋容与兮跇万里，今安匹兮龙为友。"后伐大宛得千里马，马名蒲梢，次作以为歌。歌诗曰："天马来兮从西极，经万里兮归有德。承灵威兮降外国，涉流沙兮四夷服。"中尉汲黯进曰："凡王者作乐，上以承祖宗，下以化兆民。今陛下得马，诗以为歌，协于宗庙，先帝百姓岂能知其音邪？"上默然不说。丞相公孙弘曰："黯诽谤圣制，当族。"

凡音之起，由人心生也。人心之动，物使之然也。感于物而动，故形于声；声相应，故生变；变成方，谓之音；比音而乐之，及干戚羽旄，谓之乐也。乐者，音之所由生也，其本在人心感于物也。是故其哀心感者，其声噍以杀；其乐心感者，其声啴以缓；其喜心感者，其声发以散；其怒心感者，其声粗以厉；其敬心感者，其声直以廉；

乐曲各有不同，表明彼此互不沿袭。而上自朝廷，下至人民，欢乐之情都能以此来交流，融洽彼此情意。非音乐上下和顺，欢悦不能相通，布施的恩泽不能传播，这也是一个时代有一个时代的教化，各有其适合时代要求的音乐，难道一定要有华山的骏马騄耳，然后才能远行吗？"秦二世赞同赵高的说法。

汉高祖平定淮南王黥布的叛乱后，回兵路过沛县时作了《大风歌》这首诗歌，让儿童们歌唱。汉高祖去世后，命沛县乐工四季在他的宗庙里歌唱舞蹈。孝惠帝、孝文帝、孝景帝时都没有改变，只是让乐工们经常在乐府里学习这些旧的乐章而已。

到当今皇上即位后，作了《郊祀歌》十九章，命侍中李延年依次配曲，并任命他为协律都尉。当时通晓一经的儒士们不能单独解释歌词的含义，直到把通晓"五经"的专家都集合起来，共同研读、讲习，才完全明白了歌词的含义，因为歌词中使用了许多古雅纯正的文字。

汉代朝廷常常于正月的第一个辛日，在甘泉宫祭祀泰一神，从黄昏时开始夜祀，一直到天亮才结束。当时，常常有流星从祭坛上方划空而过。祭祀时派七十个童男童女一起歌唱。春季唱《青阳》，夏季唱《朱明》，秋天唱《西暭》，冬天唱《玄冥》。这些歌词在社会上很流行，所以这里就不多说了。

另外，曾经在渥洼水中得到一匹神马，于是又编了一曲《泰一之歌》。歌曲说："天马下凡，是泰一恩赐啊；流着赤汗啊吐着赭色唾沫。从容驰骋哟，已过万里；谁能和它匹敌哟，唯有龙能与它齐头奔走。"在后来征伐大宛时又得到了千里马，马名"蒲梢"，又为此编了首歌。歌词是："天马来了哟，来自遥远的西边；经过了万里之路哟，归属于有德之人。依赖着神灵的威严哟，收降了域外之国，跨过流沙大漠哟，四夷臣服。"中尉汲黯进谏说："大凡帝王制作乐歌，上是为了承继祖宗之德，下是用来教化亿万百姓。如今陛下得到一匹马，便作了诗来歌唱，还把它作为祭祖的郊祀歌，先帝和百姓又怎么能知道这音乐的意义？"皇上听后沉默了，很不高兴。丞相公孙弘说："汲黯诽谤圣朝制度，罪当灭族。"

大凡"音"的起始，是由人心产生的。而人心的变动，又是由物引起的。人心由于受到外界事物的影响，所以表现为声音；声与声相应和，所以会发生变化；变化按照一定的方法、规律进行，就叫作音；将不同的音加以编排组合进行演奏，舞蹈再配上羽、干、旄、戚等道具，就叫作音乐了。所以说，乐是由音组合产生的，而其根本是因人心有感于物而造成的变动。因此，被物所感而产生哀痛的心情时，其声由高而低、由强而弱而且急促；当快乐的情绪被外物激发时，发出的声音就宽舒而和缓；当心生喜悦时，其声发扬而且轻散；当心生愤怒时，其声粗猛严厉；当崇敬的情绪被激发时，就会发出刚直而有棱角的声音；当心生爱意时，

其爱心感者，其声和以柔。六者非性也，感于物而后动，是故先王慎所以感之。故礼以导其志，乐以和其声，政以壹其行，刑以防其奸。礼乐刑政，其极一也，所以同民心而出治道也。

凡音者，生人心者也。情动于中，故形于声，声成文谓之音。是故治世之音安以乐，其正和；乱世之音怨以怒，其正乖；亡国之音哀以思，其民困。声音之道，与正通矣。宫为君，商为臣，角为民，徵为事，羽为物。五者不乱，则无惉懘之音矣。宫乱则荒，其君骄；商乱则搥，其臣坏；角乱则忧，其民怨；徵乱则哀，其事勤；羽乱则危，其财匮。五者皆乱，迭相陵，谓之慢。如此则国之灭亡无日矣。郑卫之音，乱世之音也，比于慢矣。桑间濮上之音，亡国之音也，其政散，其民流，诬上行私而不可止。

凡音者，生于人心者也；乐者，通于伦理者也。是故知声而不知音者，禽兽是也；知音而不知乐者，众庶是也。唯君子为能知乐。是故审声以知音，审音以知乐，审乐以知政，而治道备矣。是故不知声者不可与言音，不知音者不可与言乐。知乐则几于礼矣。礼乐皆得，谓之有德。德者得也。是故乐之隆，非极音也；食飨之礼，非极味也。清庙之瑟，朱弦而疏越，一倡而三叹，有遗音者矣。大飨之礼，尚玄酒而俎腥鱼，大羹不和，有遗味者矣。是故先王之制礼乐也，非以极口腹耳目之欲也，将以教民平好恶而反人道之正也。

人生而静，天之性也；感于物而动，性之颂也。物至知知，然后好恶形焉。好恶无节于内，知诱于外，不能反己，天理灭矣。夫物之感人无穷，而人之好恶无节，则是物至而人化物也。人化物也者，灭天理而穷人欲者也。于是有悖逆诈伪之心，有淫佚作乱

就会发出动听而柔和的声音。这六种情感并不是人具有的天性,而是人心因感于外物而发生的变化。所以,先王对外物的影响格外慎重。因此用礼义来诱导人们的意志,用音乐来调和人们的声音,用政令来统一人们的行动,用刑罚来防止奸邪的产生。礼乐刑政,它们最终的目的是相同的,都是为了统一民心而使天下得以大治。

只要是音,都是在人心中生成的。感情在心里激荡,表现为声;把片片段段的声组合变化为有一定结构的整体,便成了音。所以世道太平时的音中充满欢乐与安适,其政治必平和;乱世时候的音里充满了怨恨与愤怒,其政治必是倒行逆施的;走向灭亡的国家,其音乐悲哀而忧伤,表明人民困苦无望。声音的道理,是与政治相通的。五声中的宫好比是君,商好比是臣,角好比是民,徵好比是事,羽好比为物。如果这五音不乱,就不会有这些不和谐的音调了。五声废弃则因宫声乱,其国君必骄纵废政;臣下腐败,商音混乱就会流于邪僻;百姓多怨愤,角声乱五音谱成的乐曲基调忧愁;国多事,徵音乱则曲多哀伤;财物匮乏,羽音混乱就会流于倾危。五声如果全部不准确,相互冲突侵凌,便称为轻慢。这样的国家离灭亡也就不远了。郑国和卫国的音乐,是乱世之音,已经接近于轻忽怠慢。桑间、濮上的音声,就是亡国之音,其国政松散,人民逃亡流徙,臣子欺君犯上,各种徇私舞弊的情况,已经到了无法遏止的地步。

凡是音,都是在人心中产生的;乐,是与伦理相通的。所以懂得声而不懂得音的,那是禽兽;只知音而不知乐的,那是普通百姓。只有君子才懂得乐。所以可通过详细审察声来了解音,审察音进而懂得乐,审察乐进而懂得政治。这样,就能完全掌握治国之道了。因此,对不懂得声的人不能与他谈论音,对不懂得音的人不足以与他谈论乐。懂得乐的人就近于明礼了。礼和乐都懂的人,可以算是有德之人了。德,顾名思义,就是对礼和乐都有所心得。所以说大乐的隆盛,并不在于极尽音声的悦耳;宴享礼的隆盛,不在于佳肴的丰盛。周庙太乐中所用的瑟,只用朱红色的丝弦,二个通气孔在下,毫不起眼;演奏时一人唱三人和,形式单调简单,然而在乐声之外却寓意无穷,保留着先祖的"遗音"。宗庙大祭之礼,献上的是代替酒的清水、装在盘中的生鱼,以及不加调料的肉汁,这样,便保留了先祖的"遗味"。所以说先王制定礼乐的目的,并不是为了满足口腹耳目的嗜欲,而是要以此训诫百姓,使其有正确的好恶之心,恢复到正确的做人之道上来。

人出生时是好静的,这是人的天性;因感知外物而情感发生变动,这是天性的外部表现。用心智去感知所遇到的外界事物,于是便形成了好恶之情。好恶之情在内心得不到节制,心智便被外物所诱惑,不能恢复最初平静的天性,天性随之就会灭绝了。外物给人的感受无穷无尽,而人的好恶之情没有节制,人就会被身边的事物同化。人被外物所同化,就是指人的天性灭绝而欲望却得到放纵和极

之事。是故强者胁弱，众者暴寡，知者诈愚，勇者苦怯，疾病不养，老幼孤寡不得其所，此大乱之道也。是故先王制礼乐，人为之节：衰麻哭泣，所以节丧纪也；钟鼓干戚，所以和安乐也；婚姻冠笄，所以别男女也；射乡食飨，所以正交接也。礼节民心，乐和民声，政以行之，刑以防之。礼乐刑政四达而不悖，则王道备矣。

　　乐者为同，礼者为异。同则相亲，异则相敬。乐胜则流，礼胜则离。合情饰貌者，礼乐之事也。礼义立，则贵贱等矣；乐文同，则上下和矣；好恶着，则贤不肖别矣；刑禁暴，爵举贤，则政均矣。仁以爱之，义以正之，如此则民治行矣。

　　乐由中出，礼自外作。乐由中出，故静；礼自外作，故文。大乐必易，大礼必简。乐至则无怨，礼至则不争。揖让而治天下者，礼乐之谓也。暴民不作，诸侯宾服，兵革不试，五刑不用，百姓无患，天子不怒，如此则乐达矣。合父子之亲，明长幼之序，以敬四海之内。天子如此，则礼行矣。

　　大乐与天地同和，大礼与天地同节。和，故百物不失；节，故祀天祭地。明则有礼乐，幽则有鬼神，如此则四海之内合敬同爱矣。礼者，殊事合敬者也；乐者，异文合爱者也。礼乐之情同，故明王以相沿也。故事与时并，名与功偕。故钟鼓管磬羽钥干戚，乐之器也；诎信俯仰级兆舒疾，乐之文也。簠簋俎豆制度文章，礼之器也；升降上下周旋裼袭，礼之文也。故知礼乐之情者能作，识礼乐之文者能术。作者之谓圣，术者之谓明。明圣者，术作之谓也。

大的满足。于是人才有了狂悖、逆乱、欺诈、作假的念头,有了荒淫、佚乐、犯上作乱的事。因此强大的胁迫弱小的,人多的欺侮人少的,聪明的欺骗愚笨的,勇悍的折磨怯懦的,有疾病的人得不到奉养,老人、幼童、孤儿、寡母得不到安乐,这些是导致天下大乱的因素。所以先王要制定礼乐,使人对自己的欲望有所节制:披麻戴孝,为逝者哭泣等礼仪制度,是为了节制丧葬;钟鼓干戚等乐制,是为了调节人们欢乐的情绪;婚姻和冠笄制度,是为了使男女有别;射乡、食飨等宴饮礼节,是为了端正社会交往的风气。民心用礼节制,民气用乐调和,以政治来推行,用刑罚来防范。礼、乐、刑、政四者都能畅通而行却不相悖,那么先王的治国之道也就完备了。

沟通情感是乐的特性,区分等级差别是礼的特征。感情亲近会使人们互相亲爱,等级分明则会使人互相尊敬。过分偏重乐就会使人放纵,过分偏重礼就会使人疏远。和睦人之间的情感,整饬人们的行为,这便是礼和乐的功用。礼的精义得以实现,就会使贵贱有等级区分;乐调文采协同了,上下就会和睦;好恶有了分明的标准,好人与坏人就能区分清楚;用刑罚禁止强暴,以爵赏推举贤能,就会政事均平。以仁义爱人,通过义心纠正他们的过失,这样天下便可大治了。

乐是自人心中产生的,礼却是外加于人的。正因为乐自心出,所以它的特征之一是静;礼是外在行为的表现,所以其表现形式较为多彩。高尚的音乐必定平易近人,隆重的礼仪必定简约不繁。如果把乐做到了极致,人心必定无怨;把礼做到了极致,则人无所争。靠互相谦让的文德就能治理好天下,说的就是礼乐的功用。如果强暴之民不作乱,诸侯对天子恭敬臣服,甲兵不起,刑罚不用,百姓忧患亦无,天子没有怨怒,这就说明乐的功效得到发挥了。使父子亲睦,使长幼次序分明,使四海之内互相敬重,如果天子能做到这些,那么礼的功效就完全显露出来了。

伟大的音乐与天地同样能和谐万物,隆盛的礼义与天地同样能节制万物。和谐,才能使万物生长不失本性;节制,祭祀天地才有不同的仪式。人世间有进行教化的礼乐,而幽冥中则有护佑的鬼神,如果这样,天下的人们就能相互敬重、互相友爱了。礼,是要在各种场合下都做到相互尊敬;乐,则是不论采用何种形式,体现的是同样的爱心。礼和乐的作用是相同的,都是为了助成教化,所以圣明的君王都沿用礼乐。所以,礼乐之事要与时代相符,命名的礼乐要与社会功德相符。所以,钟、鼓、管、磬、羽、钥、干、戚,只是表演乐所用的器具;屈伸俯仰、或聚或散、或慢或快的各种舞姿,只是乐的形式。而簠、簋、俎、豆和各种礼仪制度,只是行礼的制度与规范;升降、上下、周旋、袒露或放下衣袖,是行礼的外在形式。所以懂得礼乐本质的人才能制作礼乐,懂得礼乐形式的人才能传授礼乐。能制定礼乐的人称为圣人,能记述和修习先王所作礼乐的人称为贤明

乐者，天地之和也；礼者，天地之序也。和，故百物皆化；序，故群物皆别。乐由天作，礼以地制。过制则乱，过作则暴。明于天地，然后能兴礼乐也。论伦无患，乐之情也；欣喜欢爱，乐之官也。中正无邪，礼之质也；庄敬恭顺，礼之制也。若夫礼乐之施于金石，越于声音，用于宗庙社稷，事于山川鬼神，则此所以与民同也。

王者功成作乐，治定制礼。其功大者其乐备，其治辨者其礼具。干戚之舞，非备乐也；亨孰而祀，非达礼也。五帝殊时，不相沿乐；三王异世，不相袭礼。乐极则忧，礼粗则偏矣。及夫敦乐而无忧，礼备而不偏者，其唯大圣乎？天高地下，万物散殊，而礼制行也；流而不息，合同而化，而乐兴也。春作夏长，仁也；秋敛冬藏，义也。仁近于乐，义近于礼。乐者敦和，率神而从天；礼者辨宜，居鬼而从地。故圣人作乐以应天，作礼以配地。礼乐明备，天地官矣。

天尊地卑，君臣定矣。高卑已陈，贵贱位矣。动静有常，小大殊矣。方以类聚，物以群分，则性命不同矣。在天成象，在地成形，如此则礼者天地之别也。地气上隮，天气下降，阴阳相摩，天地相荡，鼓之以雷霆，奋之以风雨，动之以四时，暖之以日月，而百化兴焉，如此则乐者天地之和也。

化不时则不生，男女无别则乱登，此天地之情也。及夫礼乐之极乎天而蟠乎地，行乎阴阳而通乎鬼神，穷高极远而测深厚，乐着太始而礼居成物。着不息者天也，着不动者地也。一动一静者，天地之间

之人。所谓贤明与圣哲，就是能述能作的意思。

乐，是因天地和谐而产生的；礼，是因天地的秩序而产生的。因为和谐，所以万物能化育生长；因为有序，所以万物都有了区别。乐是取法天万物平等的道理而制作的，礼是按照地有高下之分的道理而制定的。制礼失序，就会使尊卑上下混乱；过分作乐，就会导致放纵和暴乱。明白了天地的这些性质，才能制礼作乐。合乎伦理而有利于礼义，是乐的精神；使万物和乐欢欣，这是乐的功用。而使人中正无邪，是礼的实质；庄严，恭敬而又顺从，则是礼的形制。至于礼乐通过钟磬等来表现，借助声音来传播，在祭祀宗庙社稷和山川鬼神时使用，这从天子到众民都是一样的。

帝王在功业成就之后会制作乐，在国家安定后就会制定礼。功业成就大的，所制乐就更加完备；德政广的所作礼制也就会更具体。手持盾、斧的歌舞，不能算是完美的音乐；用煮熟的食物来祭祀，不能算是周全的礼仪。五帝在位时代不同，所作乐并未相互沿袭；三王不同世，所制礼也各自有别，互不相同。音乐太过泛滥，就容易产生忧患；礼仪太过粗疏，就会导致事情出现偏失。至于使乐敦厚且没有忧患，礼完备又没有纰漏的，难道不是只有大圣人才能如此吗？天高处在上，地低处在下，万物散布，互不相同，礼制因此得以制定并推行；万物流动，变化不息，相互融合而化为一体，乐于是因此而兴起。春生夏长，化育万物，这就是仁；秋收冬藏，敛藏决断，这就是义。仁德和乐的功效差不多，义道和礼的作用又类似。乐使人际关系敦厚和睦，尊神而服从于天；礼能分别贵贱，敬鬼而服从于地。所以圣人作乐来与天相应，制礼来与地相应。礼乐详细明了而完备了，天地也就各司其职了。

天尊贵，地卑贱，君臣就好像天地，这就确定了其地位高下。高和卑已显现了，贵与贱的名分也就能确定了。或动或静，各有常规；或大或小，各有区别。万物以同类的相聚，以不同类的分离，那么事物的天性、特点各不相同就可看出了。天下万物，在天上的显现光亮，在地上的形成形体，这样礼就成了天地间万物的界限和区别。地气上升，天气下降，阴阳互相摩擦，天地因此相互激荡，用雷霆鼓动生机，用风雨加快萌生，万物于是奋迅而出，并随四时而变动，日月的光泽再施以温暖，这样万物便化育生长起来。照这样说，乐就是天地万物间的和谐与协调。

化育时机不对，那么万物就不能产生；男女没有分别，祸乱就会产生，这是天地的自然情理和意志。至于礼乐，上达于天而下委于地，与阴阳并行，同鬼神相通，其影响像天空一样极高极远，如山川一样深厚，礼乐都能穷尽其情。万物始生的太始时期产生了乐，万物形成以后礼则产生。天是生而不停息者，地是生而不动者；动静相辅，是天地间的万物。礼乐便与这天地一样，所

也。故圣人曰"礼云乐云"。

昔者舜作五弦之琴,以歌南风;夔始作乐,以赏诸侯。故天子之为乐也,以赏诸侯之有德者也。德盛而教尊,五谷时孰,然后赏之以乐。故其治民劳者,其舞行级远;其治民佚者,其舞行级短。故观其舞而知其德,闻其谥而知其行。大章,章之也;咸池,备也;韶,继也;夏,大也;殷周之乐尽也。

天地之道,寒暑不时则疾,风雨不节则饥。教者,民之寒暑也,教不时则伤世。事者,民之风雨也,事不节则无功。然则先王之为乐也,以法治也,善则行象德矣。夫豢豕为酒,非以为祸也;而狱讼益烦,则酒之流生祸也。是故先王因为酒礼,一献之礼,宾主百拜,终日饮酒而不得醉焉,此先王之所以备酒祸也。故酒食者,所以合欢也。

乐者,所以象德也;礼者,所以闭淫也。是故先王有大事,必有礼以哀之;有大福,必有礼以乐之:哀乐之分,皆以礼终。

乐也者,施也;礼也者,报也。乐,乐其所自生;而礼,反其所自始。乐章德,礼报情反始也。所谓大路者,天子之舆也;龙旗九旒,天子之旌也;青黑缘者,天子之葆龟也;从之以牛羊之群,则所以赠诸侯也。

乐也者,情之不可变者也;礼也者,理之不可易者也。乐统同,礼别异,礼乐之说贯乎人情矣。穷本知变,乐之情也;著诚去伪,礼之经也。礼乐顺天地之诚,达神明之德,降兴上下之神,而凝是精粗之体,领父子君臣之节。

是故大人举礼乐,则天地将为昭焉。天地欣合,阴阳相得,煦妪覆育万物,然后草木茂,区萌达,羽翮奋,角觡生,蛰虫昭苏,羽者

以圣人道："礼是多么深奥啊！乐是多么深奥啊！"

过去舜制作了五弦琴，弹着琴唱着《南风》的诗歌。于是他的乐官夔开始以作乐来赏赐诸侯。所以，天子作乐，是为了给予那些有德行的诸侯以赏赐。德行高尚而且教令威严，五谷依时而熟，这样的诸侯便可用音乐赏赐他。因此，使民劳苦的诸侯，乐队赏给的人数就少，舞者间的距离就远；使民安逸的诸侯，赏给的乐队的人数就多，舞者间的距离就近。所以，通过观察国君的乐舞，就可以知道他的德行如何，如同听到他的谥号就能知道他生前行为的善恶一样。《大章》，意思是表彰尧德行圣明；《咸池》，是说黄帝德政咸备，无有不及；《韶》，表示尧的功德舜能绍继；夏就是大，所以《夏》乐表示尧舜的功德禹能光大；殷乐《大濩》、周乐《大武》，也都是分别各自尽述其人事的。

天地的自然规律，寒暑不按时而至，便会产生疾病；风雨失去调节，就会产生饥荒。乐之教化，就同如百姓的寒暑一般，如不合时宜就会对世道有伤害。礼义的实施，对于人民来说就像风雨一样，如果没有节制就会没有功效。这样看来，先王作乐，是把乐作为用来治化的法则。好的乐舞，其行长短犹如治化之德的大小。就好像养猪酿酒，本来不是用来招惹祸患的，为此打官司的却日益增多，这就是因为饮酒没有节制造成的。所以，先王就制定了饮酒的礼节制度，有献有酬，宾主百次互拜才敬酒一次，所以饮酒终日也不会醉倒，这是先王为防备饮酒造成祸端的办法。所以宴饮酒食，只是为了表示结交同乐而已。

乐，是德行的象征；礼，是防止行为过分放纵。所以先王遇有死丧大事，必有相应的礼来表示哀痛之情；遇有祈福喜庆祭祀等大事，必有相应的礼以遂顺其欢乐的心情。哀痛、欢乐的程度，都以礼的规定为准。

施与，是乐的性质；报答，是礼的性质。乐，是对自己心中所生欢乐的情感的表示；礼，是对施恩者的回报的表达。乐，可以彰显功德；礼，是报答恩情，并追思其原。被称为大路的，是天子乘坐的车；骄龙图绘、饰有九旒的旗子，是天子的旗帜；须髯青黑，用于占卜的宝龟，是天子之龟；还附有成群的牛羊，这些都是天子回报给来朝见的诸侯的礼品。

乐，表达的是人永恒不变的情感；礼，表现的是世事中不可移易的道理。乐表现的是人情中的共性部分，礼则是要区别人们之间的差异，礼和乐的道理是贯通于人情之中的。深得根本之源，且又能随时而变，是乐的内容特征；除去虚伪，提倡真诚，是礼的原则。礼乐表达天地的诚实之情，通达神明的恩德，感召天上地下的神祇，进而形成礼乐内在的精髓和外在的形式，统领父子君臣之间的大节。

所以，在上位的贤君明臣若能按礼乐行事，天地将为此而变得光明。天地之气欣然和合，阴阳相从不悖，温暖慈爱地生养抚育万物，于是草木茂盛，种子萌发，飞鸟奋飞，走兽生长，蛰虫复苏，禽卵孵化，兽畜孕育；胎生的不会流产，

妪伏，毛者孕鬻，胎生者不殰而卵生者不殈，则乐之道归焉耳。

乐者，非谓黄锺大吕弦歌干扬也，乐之末节也，故童者舞之；布筵席，陈樽俎，列笾豆，以升降为礼者，礼之末节也，故有司掌之。乐师辩乎声诗，故北面而弦；宗祝辩乎宗庙之礼，故后尸；商祝辩乎丧礼，故后主人。是故德成而上，艺成而下；行成而先，事成而后。是故先王有上有下，有先有后，然后可以有制于天下也。

乐者，圣人之所乐也，而可以善民心。其感人深，其风移俗易，故先王著其教焉。

夫人有血气心知之性，而无哀乐喜怒之常，应感起物而动，然后心术形焉。是故志微焦衰之音作，而民思忧；啴缓慢易繁文简节之音作，而民康乐；粗厉猛起奋末广贲之音作，而民刚毅；廉直经正庄诚之音作，而民肃敬；宽裕肉好顺成和动之音作，而民慈爱；流辟邪散狄成涤滥之音作，而民淫乱。

是故先王本之情性，稽之度数，制之礼义，合生气之和，道五常之行，使之阳而不散，阴而不密，刚气不怒，柔气不慑，四畅交于中而发作于外，皆安其位而不相夺也。然后立之学等，广其节奏，省其文采，以绳德厚也。类小大之称，比终始之序，以象事行，使亲疏贵贱长幼男女之理皆形见于乐：故曰"乐观其深矣"。

土敝则草木不长，水烦则鱼鳖不大，气衰则生物不育，世乱则礼废而乐淫。是故其声哀而不庄，乐而不安，慢易以犯节，流湎以忘本。广则容奸，狭则思欲，感涤荡之气而灭平和之德，是以君子贱之也。

凡奸声感人而逆气应之，逆气成象而淫乐兴焉。正声感人而顺气

卵生的不会夭亡，这一切都要归功于乐啊！

乐，不是指黄钟大吕和弦歌舞蹈，这只是乐的末节，所以只命童子奏舞也就足够了；筵席摆设，酒樽俎几陈列，笾豆等礼器排好，进退拜揖，这些所谓的礼，也只是礼的末节，命典礼的职役掌管也就够了。乐师虽熟习声诗，但也仅知乐之技艺末节，所以只能处卑位演奏；宗祝只懂得宗庙祭祀的仪式，所以也只能处卑位，跟在神主"尸"的身后；商祝熟习丧礼，但非发丧之主，所以也只能跟在主人后面。所以掌握了礼乐本质的人处在上位，掌握礼乐技艺末节的人只能跟后面；品德高尚的人在前，通晓事务的人在后。因此，先王确立了上下先后的分别，然后才制礼作乐，颁行于天下。

乐，是圣人所喜欢的，它可以使民心向善。乐感人至深，可以移风易俗，所以先王明令以乐作为教育的内容之一。

人都有情感和理智的本性，却没有固定不变的喜怒哀乐等感情，人心受外物的感应而产生波动，然后便有了心术的邪正之分。所以意境微渺而节奏急促的音乐一起，人民就会感到忧虑；疏缓大度而富有文采、简易而有节制的音乐一奏，治下的百姓便觉得安乐；粗犷猛烈、奋发昂扬的音乐一奏，人民就会变得刚强坚毅；廉正不阿、庄重诚挚的音乐一奏，人民就会整肃端正，互相礼敬；宽裕圆润、谐和活泼的音乐一奏，人民就会慈爱亲睦；邪僻散漫、急促浮滥的音乐一奏，人民就会变得淫乱。

因此先王根据人的性情制作了乐，并以日月行度来考察乐律的长度，节制礼义制度，使与调和的阴阳二气相符合，引导五行的运行，使具阳刚之气的人不至于散漫，具阴柔性质的人不至于拘束；使刚强的人不暴怒，柔弱的人却不怯懦，使阴阳刚柔四种气质表现于行动之外而交融于心，各自相安不相凌夺。然后根据各人才质的差异分别学习音乐，逐步增加乐曲节奏方面的训练，研究乐舞的形式，从而衡量他们的仁德和忠厚。规范乐器的小大，使它们的声音高低与音律相称，次序与五音终始相合，并以此作为行事善恶的象征，使亲疏贵贱、长幼男女的关系都能体现在乐声之中。所以古语说："观乐可以体察深刻的意义。"

土壤瘠薄，那么草木就不能生长；水流湍急，那么鱼鳖就难以长大；阴阳之气衰微，那么万物就不能生长发育；社会混乱，那么礼义就会废弃，而音乐就会放荡。所以，这时的乐声便会悲哀而不庄重，逸乐而不安宁，漫漶不敬而且失去了节奏，流连沉湎而忘了乐的本质。缓慢的声调包容着奸伪，急促的声调挑动人的欲念，让人感受邪逆之气而灭失了平和的德行，因此君子鄙视这样的乐声。

凡是淫邪的音乐打动人，那么逆乱之气就会相应而生；逆乱之气形成了气候，那么淫声邪乐就会兴起。纯正的音调感染人时，与之相应的和顺正气就会产生；顺

应之，顺气成象而和乐兴焉。倡和有应，回邪曲直各归其分，而万物之理以类相动也。

是故君子反情以和其志，比类以成其行。奸声乱色不留聪明，淫乐废礼不接于心术，惰慢邪辟之气不设于身体，使耳目鼻口心知百体皆由顺正，以行其义。然后发以声音，文以琴瑟，动以干戚，饰以羽旄，从以箫管，奋至德之光，动四气之和，以著万物之理。是故清明象天，广大象地，终始象四时，周旋象风雨；五色成文而不乱，八风从律而不奸，百度得数而有常；小大相成，终始相生，倡和清浊，代相为经。故乐行而伦清，耳目聪明，血气和平，移风易俗，天下皆宁。故曰"乐者，乐也"。君子乐得其道，小人乐得其欲。以道制欲，则乐而不乱；以欲忘道，则惑而不乐。是故君子反情以和其志，广乐以成其教，乐行而民乡方，可以观德矣。

德者，性之端也；乐者，德之华也；金石丝竹，乐之器也。诗，言其志也；歌，咏其声也；舞，动其容也：三者本乎心，然后乐气从之。是故情深而文明，气盛而化神，和顺积中而英华发外，唯乐不可以为伪。

乐者，心之动也；声者，乐之象也；文采节奏，声之饰也。君子动其本，乐其象，然后治其饰。是故先鼓以警戒，三步以见方，再始以着往，复乱以饰归，奋疾而不拔，极幽而不隐。独乐其志，不厌其道；备举其道，不私其欲。是以情见而义立，乐终而德尊；君子以好

气形成了风气，又会促使和顺的乐声产生。这两种声音相互唱和呼应，才能使正邪曲直各得其所，而世间万物的道理也与这一样，是同类互相感应的。

所以身居上位的君子约束情性来和顺心志，比较善恶来成就自己的美善德行。奸邪淫乱的声色不使它们留存于耳朵和眼睛，放纵的音乐和衰败的礼制不使它们与心灵接触，怠惰、轻慢、邪辟的习气不使它们沾于身体，从而使耳、目、口、鼻、心智等身体的所有部分都依从"顺"和"正"，实现礼乐的真正意义。然后用声音来表达，用琴瑟来演奏，用干、戚来舞蹈，用羽旄来装饰，用箫管来伴奏，发扬天地至极恩德的光耀，以推动四时阴阳和顺之气，显明万物生发的道理。所以用清澈明朗的乐曲来表现天的晴朗，用宏大的乐曲来表现地的宽广；五音终始相接，如四时一样循环不止；舞姿婆娑，进退往复如风雨一般地周旋；乐器的五色错综成文却不杂乱，八音随乐律而变却不相互干扰，各种节奏得百刻之数，或长或短没有差失；声律的大小相辅相成，终与始循环相生，此唱彼和，清浊交错，循环更替，形成一定的规律。所以乐得以施行，就能使人伦理分明，不互相混淆；目明耳聪，不为恶声恶色所乱；血气平和，强暴止息；风俗移易，归于淳朴，天下皆得以乐享安宁。所以说"音乐就是让人快乐"。身居上位的君子为从乐中得到天下正道而欢乐，士庶人等为在乐中自己的私欲得到了满足而欢乐。如能用道德来克制欲望，就不至于迷乱且快乐；若因私欲而遗忘了道德，就会因真性惑乱而得不到真正的快乐。因此君子约束情性来使心志和顺，推广乐治来促成其教化。音乐得以推广，民心就可归于正道，其德化的成效就可以通过音乐而得以彰显了。

德，是人性的根本；乐，是道德外在的表现；金石丝竹，是音乐演奏的器具。诗，表达的是人的思想情感；歌，是用咏唱的声音来表达这种情感；舞蹈，是用肢体和表情来表现这种情感。志、声、容三者都发自人的内心，然后用诗、歌、舞表现出来。所以如果情感深厚，那么其艺术表现形式诗、乐、舞就会精彩而清明；如果能气势盛，那么其外在表现形式就会变得出神入化；善美化成的和顺之气积于心中，那么发于身外的神采之美自然就表现出来了，只有音乐是不可能做假骗人的。

乐，是内心活动的外在表现；声，是乐的外部表现形式；结构的编排、节奏的变化，是对声音的加工与修饰。君子内心的本性被感动，于是通过演奏曲来表现这种感动，然后再通过舞蹈编排等来对乐声加以修饰，这就是乐。所以《武乐》开始时先击鼓让士兵警戒，先向前走三步表示表演即将开始，要有两次重复的开始，以此表明武王是第二次才正式出兵伐纣的。乐曲结束时要重整行列，表示伐纣后整军而归，动作迅疾而不凌乱，曲调精细幽深而不隐晦。可见乐表达了作者内心的意志，却又没有违背天地之道；既能全面推行天地正道，又没有放纵自己的私欲。因而通过乐既表达了情感，又使道义得到了确立；乐舞演奏完毕，而德义得到了尊显；君子观后因此更加好善，士庶人观后因此改过迁善。所以

善，小人以息过：故曰"生民之道，乐为大焉"。

君子曰：礼乐不可以斯须去身。致乐以治心，则易直子谅之心油然生矣。易直子谅之心生则乐，乐则安，安则久，久则天，天则神。天则不言而信，神则不怒而威。致乐，以治心者也；致礼，以治躬者也。治躬则庄敬，庄敬则严威。心中斯须不和不乐，而鄙诈之心入之矣；外貌斯须不庄不敬，而慢易之心入之矣。故乐也者，动于内者也；礼也者，动于外者也。乐极和，礼极顺。内和而外顺，则民瞻其颜色而弗与争也，望其容貌而民不生易慢焉。德辉动乎内而民莫不承听，理发乎外而民莫不承顺，故曰"知礼乐之道，举而错之天下无难矣"。

乐也者，动于内者也；礼也者，动于外者也。故礼主其谦，乐主其盈。礼谦而进，以进为文；乐盈而反，以反为文。礼谦而不进，则销；乐盈而不反，则放。故礼有报而乐有反。礼得其报则乐，乐得其反则安。礼之报，乐之反，其义一也。

夫乐者乐也，人情之所不能免也。乐必发诸声音，形于动静，人道也。声音动静，性术之变，尽于此矣。故人不能无乐，乐不能无形。形而不为道，不能无乱。先王恶其乱，故制雅颂之声以道之，使其声足以乐而不流，使其文足以纶而不息，使其曲直繁省廉肉节奏，足以感动人之善心而已矣，不使放心邪气得接焉，是先王立乐之方也。是故乐在宗庙之中，君臣上下同听之，则莫不和敬；在族长乡里之中，长幼同听之，则莫不和顺；在闺门之内，父子兄弟同听之，则莫不和亲。故乐者，审一以定和，比物以饰节，节奏合以成文，所以

说:"治理百姓的方法,最重要的莫过于音乐教化了。"

君子说:"不可以让礼乐片刻离开自己。"追求用乐来治理人心,那么和易、正直、慈爱、诚信的心地就会油然而生。和易、正直、慈爱、诚信的心性产生了,内心就会感到快乐;心情快乐了,内心就会觉得安宁;内心安宁了,人就会长寿;人长寿了,就表明其言行符合天道;行为符合天道了,就会有如神灵通达一切。行为符合天道了,那么就能不用言语而诚信自生;能像神一样通达一切了,那么不用发怒而威严自生。学习乐,是用来治理人心的;学习礼,则是用来端正言行的。言行端正则容貌会庄重恭敬,容貌庄重恭敬就会产生威严;心中只要有片刻的不和乐,卑鄙欺诈之心就会乘虚而入;外貌只要有片刻的不庄重和不恭敬,轻慢随意之心就会乘虚而入。所以乐,是对人的内在感情起作用的;礼,则是对人的外在言行起作用的。乐是让人的内心达到最平和的状态,而礼则是为了让人的言行恭顺。内心平和而言行恭顺,那么百姓看到他的脸色就不会与他争,望见他的容貌就不会产生轻视怠慢之心。因乐而内心闪耀着道德的光辉,那么百姓便都会听从他;因礼言行举止都合理,那么百姓就都会顺服他。所以说:"懂得礼乐的道理,采用且行之于天下,那么就不会遇到难事了。"

乐,是影响人内在情感的;礼,是作用于人外在言行举止的。所以说礼让人谦抑,乐让人内心充实。礼注重谦让,因而需自我进取,并以进取为美德;乐注重内心充实,因而需自我节制,并以节制为美德。若礼只是让人一味谦让,而自己不奋力进取,就会使人意志消沉而难以实行;如果乐只是一味重视让人内心充实,不知自我节制,就会使人肆意放纵。所以,礼讲求礼尚往来,而乐也能让人相互影响。行礼得到回报,大家相亲相爱,心里因此会快乐;奏乐能影响一切,进而影响自己,心中便自然安宁了。礼的报答与乐的反馈,意义是一样的。

乐,就是快乐,是人情中不可缺少的。心中快乐自然就会发出歌咏等声音来表达,通过或动或静的舞蹈等动作表现出来,这是人的天性。人的声音、舞蹈,以及性情心理的变化,全都在这里表现出来了。所以,人不能没有快乐,有快乐就会有表达快乐的形式,有了表现形式而没有为它确定规范,必然会出乱子。先王因为讨厌这种混乱,所以制定了《雅》《颂》等音乐来引导,使其让人欢乐却不流于放纵,使它的乐章足以维系乐的美善不绝,使它的繁简曲直、表里节奏,足以让人的善心感发,而不让放纵之心和淫邪之气污染人的思想和心灵,这正是先王立乐的基本依据。所以乐在宗庙中演奏,君臣上下一同倾听,就没有不和顺恭敬的;在族长乡里演奏,长幼一起倾听,就没有不和睦顺从的;在家中演奏,父子兄弟听了,就没有不和睦相爱的。所以,作乐要注意音律与声调的统一,使之和谐,配合以金石匏木等乐器,再以各种节奏组合,形成优美的乐章,以此协调父子、君臣间的

合和父子君臣，附亲万民也，是先王立乐之方也。故听其雅颂之声，志意得广焉；执其干戚，习其俯仰诎信，容貌得庄焉；行其缀兆，要其节奏，行列得正焉，进退得齐焉。故乐者天地之齐，中和之纪，人情之所不能免也。

夫乐者，先王之所以饰喜也；军旅斧钺者，先王之所以饰怒也。故先王之喜怒皆得其齐矣。喜则天下和之，怒则暴乱者畏之。先王之道礼乐可谓盛矣。

魏文侯问于子夏曰："吾端冕而听古乐则唯恐卧，听郑卫之音则不知倦。敢问古乐之如彼，何也？新乐之如此，何也？"

子夏答曰："今夫古乐，进旅而退旅，和正以广，弦匏笙簧合守拊鼓，始奏以文，止乱以武，治乱以相，讯疾以雅。君子于是语，于是道古，修身及家，平均天下：此古乐之发也。今夫新乐，进俯退俯，奸声以淫，溺而不止，及优侏儒，獶杂子女，不知父子。乐终不可以语，不可以道古：此新乐之发也。今君之所问者乐也，所好者音也。夫乐之与音，相近而不同。"

文侯曰："敢问如何？"

子夏答曰："夫古者天地顺而四时当，民有德而五谷昌，疾疢不作而无祅祥，此之谓大当。然后圣人作为父子君臣以为之纪纲，纪纲既正，天下大定，天下大定，然后正六律，和五声，弦歌诗颂，此之谓德音，德音之谓乐。诗曰：'莫其德音，其德克明，克明克类，克长克君。王此大邦，克顺克俾。俾于文王，其德靡悔。既受帝祉，施于孙子。'此之谓也。今君之所好者，其溺音与？"

文侯曰："敢问溺音者何从出也？"

子夏答曰："郑音好滥淫志，宋音燕女溺志，卫音趣数烦志，齐

关系，使万民亲附，这就是先王制乐的基本道理。所以听了《雅》《颂》这类声乐后，人的志向、意气就会变得宽广；手持盾牌与大斧，演习俯仰屈伸等舞姿，人的容貌就会变得庄严；舞步踩在正确的位置，合着正确的节奏，则舞者的行列就会整齐，进退就会一致。所以说，乐是天地和谐的产物，是求得心中和美的纪纲，是人情所绝不可缺少的。

乐，是先王用来表示喜悦的；军队与刑具，是先王用来表示愤怒的。所以先王的喜怒，都能得到相应的体现。他高兴时，天下人与他一起高兴；他愤怒时，暴乱者便心生畏惧。先王的治国之道中，可以说礼乐被运用到了极致。

魏文侯问子夏道："我身穿礼服礼帽，恭敬地倾听古乐，却担心睡着了；我倾听郑卫之音，却不知道疲倦。请问为什么古乐会让人昏昏欲睡？而新乐却令人乐不知疲，这是什么原因？"

子夏回答说："现在的古乐，表演时舞者同进同退，整齐划一；声音谐和、雅正且气势宏广；一应管弦乐器如弦匏笙簧等都听拊鼓节制，表演以擂鼓开始，以鸣金铙结束，用相来理顺节奏，舞姿迅捷又雅而不俗。君子往往从这些方面发表议论评说古乐，谈论制乐时其所包含深层含意，进而达到修身、理家、平治天下的目的：这是古乐起到的作用。如今的新乐，曲折进退，表演者都是弯曲着身子，只求变幻而缺乏整齐，乐声淫邪，让人沉溺不能自拔，且有俳优和侏儒，表演时像猴子一样不分男女杂聚其间，父子间也不分尊卑。乐终之后不知道表达了些什么，且又不是称颂古代的事迹：这就是新乐的作用。现在虽然您所问的是乐，但所喜好的却是音。乐与音尽管相近，却是不同的。"

文侯问："请问音与乐有什么不同呢？"

子夏回答说："古时天地顺行而四时有序，民众讲究道德而五谷丰盛，不生疾病，也没有凶灾，一切都适当其时，恰到好处，这被称为太平盛世。然后圣人制定了明确父子、君臣关系的纲纪法度。纲纪法度确立后，天下便真正安定了；天下安定了，后又考正'六律'，调和'五声'，弹唱《雅》和《颂》之声，此乃有德之音，有德之音才叫作乐。《诗经·大雅·皇矣》说：'王季肃静宁定的德音啊，其德行能光照四方；既能光照四方，便能施惠同类，能为人之师长，能为人之君王。如今做了大邦之王，能慈和服众能择善而从。到了文王时，他的德行毫不逊色。既受了上帝的赐福，便把它施于其子子孙孙。'这话说的就是这个意思。如今您所喜欢爱好的，难道不是那种让人沉溺难返的溺音吗？"

文侯又问道："请问这些溺音又是哪里来的呢？"

子夏说："郑国之音由于悖礼放荡而使人心志迷乱，宋国之音由于柔媚安逸而使人心志沉迷，卫国之音由于促速劳顿而使人心志烦劳，齐国之音由于傲慢

音骛辟骄志，四者皆淫于色而害于德，是以祭祀不用也。诗曰：'肃雍和鸣，先祖是听。'夫肃肃，敬也；雍雍，和也。夫敬以和，何事不行？为人君者，谨其所好恶而已矣。君好之则臣为之，上行之则民从之。诗曰：'诱民孔易'，此之谓也。然后圣人作为鼗鼓椌楬埙篪，此六者，德音之音也。然后钟磬竽瑟以和之，干戚旄狄以舞之。此所以祭先王之庙也，所以献酬酳酢也，所以官序贵贱各得其宜也，此所以示后世有尊卑长幼序也。钟声铿，铿以立号，号以立横，横以立武。君子听钟声则思武臣。石声硁，硁以立别，别以致死。君子听磬声则思死封疆之臣。丝声哀，哀以立廉，廉以立志。君子听琴瑟之声则思志义之臣。竹声滥，滥以立会，会以聚众。君子听竽笙箫管之声则思畜聚之臣。鼓鼙之声欢，欢以立动，动以进众。君子听鼓鼙之声则思将帅之臣。君子之听音，非听其铿鎗而已也，彼亦有所合之也。"

宾牟贾侍坐于孔子，孔子与之言，及乐，曰："夫武之备戒之已久，何也？"

答曰："病不得其众也。"

"永叹之，淫液之，何也？"

答曰："恐不逮事也。"

"发扬蹈厉之已蚤，何也？"

答曰："及时事也。"

"武坐致右宪左，何也？"

邪僻而使人心志骄纵，这四种声音都因放荡而损害德行，所以祭祀时不能使用它们。《诗经·周颂·有瞽》说：'庄肃而和谐的声音，才是先祖喜欢听的声音。'肃肃，就是恭敬的意思；雍雍，就是和谐的意思。做事如果能恭敬且和谐，有什么事是不能成功的呢？作为百姓的君主，只要谨慎对待自己好恶态度就行了。君主喜好什么，臣子就会去做什么；上面如何做，百姓也就会如何去做。《诗经》上说'教导百姓十分容易'，就是这个意思。然后圣人便制作了鼗、鼓、椌、楬、埙、篪，这六种乐器音色质朴无华，都是属德音一类的音声。又制成钟、磬、竽、瑟等发声华美的乐器与它们相赞和，再用以干、戚、旄、羽等为道具的舞蹈来配合。这种乐舞，可以用来祭祀先王宗庙，可以用于主客之间的献酬酬酢，可以用来区分官职的大小与身份的贵贱，使得各得其宜，互不悖乱，以此向后世表明尊卑长幼的次序。钟的声音洪亮，因此钟声可作为警众的号令；号令威严，可使军士们英勇无畏；军士们英勇无畏，那么武事便可行了。所以，君子听到钟声就会想到英勇的武将。磬的声音砭直有力。声音砭直有力，便可以分辨节义，心怀节义的人就能杀身成仁了。所以，君子听到磬声就会想到那些为守护疆土而勇于献身的大臣。丝弦的声音悲哀，声音悲哀便可树立廉直的作风，作风廉直便可使人树立志向和节义。所以，君子听到琴瑟的声音就会想到那些有志而重义的大臣。竹类乐器的声音滥杂。声音滥杂便容易使人趋向会聚，有会聚之心，众多的事物就能被聚集起来。所以，君子听到竽笙箫管的声音就会想到爱惜百姓且善于汇聚民心的大臣。鼓鼙的声音喧嚣，听了就会使人意气冲动，意气冲动就会激励兵众奋进。所以，君子听到了鼓鼙的声音就会想到那些领军的将帅。所以，君子听音声，并不是只听它那金石和鸣的声音，乐声必定会与自己的心志有所契合，并促成相应的心志产生。"

宾牟贾陪孔子坐着，孔子便和他闲聊，说到了乐。孔子问："《大武》乐开始的时候击鼓警众，持续的时间相比于其他的乐要长很多，这是什么原因？"

宾牟贾答道："这是表示武王伐纣之初，担心自己得不到众诸侯的拥护，所以准备的时间比较长。"

孔子又问："《大武》乐的歌声反复咏叹，声音绵长，这又是为什么？"

宾牟贾回答说："这是因为武王心中有疑虑，害怕事情不能成功的缘故。"

孔子问："一开始，舞蹈表演者便举袖顿足、气势威猛，但很快又结束，这是什么意思？"

宾牟贾说："这表示要当机立断，时间到了就行动，勿错失良机。"

孔子又问："《大武》乐的舞者坐的动作与别的舞不同，是右腿单膝着地，而左膝离地弯曲支撑身体，这又是为什么？"

答曰："非武坐也。"

"声淫及商，何也？"

答曰："非武音也。"

子曰："若非武音，则何音也？"

答曰："有司失其传也。如非有司失其传，则武王之志荒矣。"

子曰："唯丘之闻诸苌弘，亦若吾子之言是也。"

宾牟贾起，免席而请曰："夫武之备戒之已久，则既闻命矣。敢问迟之迟而又久，何也？"

子曰："居，吾语汝。夫乐者，象成者也。总干而山立，武王之事也；发扬蹈厉，太公之志也；武乱皆坐，周召之治也。且夫武，始而北出，再成而灭商，三成而南，四成而南国是疆，五成而分陕，周公左，召公右，六成复缀，以崇天子，夹振之而四伐，盛威于中国也。分夹而进，事蚤济也。久立于缀，以待诸侯之至也。且夫女独未闻牧野之语乎？武王克殷反商，未及下车，而封黄帝之后于蓟，封帝尧之后于祝，封帝舜之后于陈；下车而封夏后氏之后于杞，封殷之后于宋，封王子比干之墓，释箕子之囚，使之行商容而复其位。庶民弛政，庶士倍禄。济河而西，马散华山之阳而弗复乘；牛散桃林之野而不复服；车甲弢而藏之府库而弗复用；倒载干戈，苞之以虎皮；将率之士，使为诸侯，名之曰'建櫜'：然后天下知武王之不复用兵也。散军而郊射，左射狸首，右射驺虞，而贯革之射息也；裨冕搢笏，而

宾牟贾答道："这并不是《大武》乐原来所应有的动作。"

孔子又问："歌声淫靡，表现出了有贪图商王政权的不好的目的。这是为什么？"

宾牟贾答道："这并不是《大武》乐原来应有的曲调。"

孔子说："如果这不是《大武》乐原有的曲调，那这又是什么曲调？"

宾牟贾答道："掌管《大武》乐的机构已经失去了《大武》乐的传承。如果不是这样，那就只能说明武王的心志荒耄昏愦了。"

孔子道："我以前曾听苌弘说过，他的话与您所说的差不多。"

宾牟贾起身，立于坐席之下，请教说："《大武》乐击鼓警众，开始预备的时间很长，我所知也就这些。承蒙您所说，苌弘也这样解释，那就是真的了。但我不明白的是，舞者稍微迟些就是了，没想到竟拖得那样久。这是为什么？"

孔子道："你先请坐，让我慢慢说给你听。乐，是形象地表现已发生过的事。如《大武》乐开始时，舞者手持盾牌像大山一样站立不动，这是表示武王正等候诸侯响应，准备出发讨伐纣王；《大武》舞一开始舞者就举袖顿足，气势威猛，这象征着指挥战斗的太公想一举灭商的决心；结束时，武事已毕，单膝跪地的舞者，象征周公、召公战后以文治国，使国家归于安定。另外，《大武》乐开始之初，舞者自南而北，象征北进朝歌；第二段曲，舞者的动作象征在灭商时的殊死决斗；第三段，则象征凯旋南归；第四段，则象征南方诸国皆归服，疆土列入版图；第五段，则象征分陕而治，周公居左，治陕以东；召公居右，治陕以西；第六段，舞者重又相缀成行，复归原位，表示对天子的崇敬。表演中，两人持铎振铃，夹立于舞者两侧，其他人则表演出兵四面讨伐的动作，向全国以示军威。舞者分队前进，振铎者夹立，表示战事将早日成功。舞者久立不动，是表示为了等待诸侯兵的到来。莫非你没有听说过武王在牧野誓师时说过的话吗？武王打败商纣以后，恢复了商初的政治。还没等正式登位，他就封黄帝的后人于蓟，封尧帝的后人于祝，封舜帝的后人于陈。即位后，他封夏禹的后人于杞，封殷汤的后人于宋；为殷代贤臣比干的坟墓添土，释放了被纣王囚禁的贤臣箕子，允许他行商礼，恢复他原来的官位；废除了殷纣王时对百姓的苛政，士人们的俸禄成倍增加；他渡过黄河，西行回到镐京，将战马散养于华山南坡，不再乘骑；将牛也散放于华山以东桃林的荒野，不再用它们来驮载战具军需；将战车、铠甲收藏于府库，从此不再使用；倒载干戈等兵器，使兵刃向内，并用虎皮包裹，以示止武息兵；立有战功的将帅为诸侯，称之为'建櫜'。从此以后，天下人都知道武王不再用兵了。于是武王遣散军队，行郊射求贤之礼，诸侯在东学宫习射，歌唱《狸首》的曲子，天子在西学宫习射，歌唱《驺虞》的曲子，而军中那种比武角力的足以贯穿革甲的射击也废除了；让士卒们穿着低等礼服礼帽，衣带上插着笏

虎贲之士税剑也；祀乎明堂，而民知孝；朝觐，然后诸侯知所以臣；耕籍，然后诸侯知所以敬：五者天下之大教也。食三老五更于太学，天子袒而割牲，执酱而馈，执爵而酳，冕而总干，所以教诸侯之悌也。若此，则周道四达，礼乐交通，则夫武之迟久，不亦宜乎？"

子贡见师乙而问焉，曰："赐闻声歌各有宜也，如赐者宜何歌也？"

师乙曰："乙，贱工也，何足以问所宜。请诵其所闻，而吾子自执焉。宽而静，柔而正者宜歌颂；广大而静，疏达而信者宜歌大雅；恭俭而好礼者宜歌小雅；正直清廉而谦者宜歌风；肆直而慈爱者宜歌商；温良而能断者宜歌齐。夫歌者，直己而陈德；动己而天地应焉，四时和焉，星辰理焉，万物育焉。故商者，五帝之遗声也，商人志之，故谓之商；齐者，三代之遗声也，齐人志之，故谓之齐。明乎商之诗者，临事而屡断；明乎齐之诗者，见利而让也。临事而屡断，勇也；见利而让，义也。有勇有义，非歌孰能保此？故歌者，上如抗，下如队，曲如折，止如槁木，居中矩，句中钩，累累乎殷如贯珠。故歌之为言也，长言之也。说之，故言之；言之不足，故长言之；长言之不足，故嗟叹之；嗟叹之不足，故不知手之舞之足之蹈之。"子贡问乐。

凡音由于人心，天之与人有以相通，如景之象形，响之应声。故为善者天报之以福，为恶者天与之以殃，其自然者也。

故舜弹五弦之琴，歌南风之诗而天下治；纣为朝歌北鄙之音，身死国亡。舜之道何弘也？纣之道何隘也？夫南风之诗者生长之音也，

板，从此勇猛的武士解下了长剑，弃武从文；天子在明堂中祭祀先祖，百姓由此知道了孝道；规定在朝廷上须行朝觐之礼，诸侯们由此知道了如何为人臣子；天子亲自耕种籍田，然后诸侯由此知道了如何谨守自己的本分：这五项是教化天下最为重要的举措。另外在太学设立三老五更，奉养老人。天子亲自袒衣切割牲肉，端着肉酱，请三老五更进食；并亲自拿着酒杯，请三老五更饮酒洗漱；又头戴冠冕、执盾而舞，让老人们觉得快乐。做这些，都是为了教化诸侯，使他们懂得孝悌之道。这样，周朝的教化之道遍及四方，礼乐也随即传播天下。那么，《大武》乐的表演最初如此迟缓且久，不也是理所当然的吗？"

子贡见到乐官师乙，因而问道："我听说不同禀赋的人，适合唱不同的歌。像我这样的人，不知适合唱什么样的歌呢？"

师乙说："我只是个低贱的乐工，怎么有资格承您问适宜唱什么歌呢。但请允许我把自己所知道的说出来，然后由先生您自己选择唱什么歌吧。性情宽厚而平静、温和而正直的人，适合歌唱《颂》；心胸宽广而平和、豁达而守信的人适合唱《大雅》；为人恭谨、俭朴而又好礼的人适宜唱《小雅》；为人正直、清正廉洁而又谦虚的人适于唱《风》；性格恣肆爽直又心慈友爱的人适宜唱《商》；性格温顺、良善而又做事果断的人适合唱《齐》。唱歌，是为了抒发自己的心胸，表达自己品德的；它可以触动自己的真情，使天地受到感应，四时相和，星辰有序，万物得以生长。所以，《商》这首歌虽是五帝留传下来的，但由于是商朝人把它记述并传承了下来，所以叫作《商》；《齐》这首歌，是三代留传下来的，由齐国人记述下来，所以称为《齐》。真正懂得《商》这首诗歌含义的人，遇事往往能做出决断；懂得《齐》这首诗歌含义的人，往往能够见利让人。遇事能决断，是勇气的表现；见利能让人，是义气的表现。勇义俱备，除了用诗歌外还有什么能表现这样的品格呢？所以歌声高亢时如人扛举而上，声音低沉时似直坠而下，回旋时犹被弯折，静止时如同槁木，小曲如矩，大曲如钩，殷殷然就如落盘累珠。所以歌唱也是一种语言，是一种长声调的语言。有想说的东西，所以说话；如用言语还无法充分表达，便拖长声音来表达；如果仍不充分，便相续相和，反复吟唱；若这还不足以充分表达，于是人们就会不知不觉地手舞足蹈起来。"以上是子贡问乐的情况。

大凡"音"，都是由人的内心产生的，而天与人之间是可相互感应的，就像影子能反映出物体的形状、响声与应声相互应和一样。所以行善积德的人，天就以福回报他；行凶作恶的人，天就让他遭祸殃，这是很自然的事。

所以舜通过弹奏五弦琴，歌唱《南风》的诗篇，而使天下得到治理；纣王歌唱朝歌北部边鄙的乐曲，最后国灭身亡。舜的治国之道为什么宏大？纣王

舜乐好之，乐与天地同意，得万国之欢心，故天下治也。夫朝歌者不时也，北者败也，鄙者陋也，纣乐好之，与万国殊心，诸侯不附，百姓不亲，天下畔之，故身死国亡。

而卫灵公之时，将之晋，至于濮水之上舍。夜半时闻鼓琴声，问左右，皆对曰"不闻"。乃召师涓曰："吾闻鼓琴音，问左右，皆不闻。其状似鬼神，为我听而写之。"师涓曰："诺。"因端坐援琴，听而写之。明日，曰："臣得之矣，然未习也，请宿习之。"灵公曰："可。"因复宿。明日，报曰："习矣。"即去之晋，见晋平公。平公置酒于施惠之台。酒酣，灵公曰："今者来，闻新声，请奏之。"平公曰："可。"即令师涓坐师旷旁，援琴鼓之。未终，师旷抚而止之曰："此亡国之声也，不可遂。"平公曰："何道出？"师旷曰："师延所作也。与纣为靡靡之乐，武王伐纣，师延东走，自投濮水之中，故闻此声必于濮水之上，先闻此声者国削。"平公曰："寡人所好者音也，愿遂闻之。"师涓鼓而终之。

平公曰："音无此最悲乎？"师旷曰："有。"平公曰："可得闻乎？"师旷曰："君德义薄，不可以听之。"平公曰："寡人所好者音也，愿闻之。"师旷不得已，援琴而鼓之。一奏之，有玄鹤二八集乎廊门；再奏之，延颈而鸣，舒翼而舞。

平公大喜，起而为师旷寿。反坐，问曰："音无此最悲乎？"师旷曰："有。昔者黄帝以大合鬼神，今君德义薄，不足以听之，听之将败。"平公曰："寡人老矣，所好者音也，愿遂闻之。"师旷不得已，援琴而鼓之。一奏之，有白云从西北起；再奏之，大风至而雨随之，飞廊瓦，左右皆奔走。平公恐惧，伏于廊屋之间。晋国大旱，赤地三年。

的治国之道为什么狭隘？那是因为《南风》的诗篇属于生长性的音乐，而舜喜好它，这种喜好与天地的意志一样，得到天下人的欢心，所以天下得到了治理。而朝歌是早晨的歌，是时间不长的歌；北就是败北，鄙就是鄙陋，纣王喜爱这样的音乐，与天下百姓的心意截然不同，诸侯不肯顺随他，老百姓也不愿与他亲近，天下人都背叛了他，所以国灭身亡。

而卫灵公在位的时候，有一次他到晋国去，到了濮水边时住在一个驿舍。半夜里，他突然听到有抚琴的声音，便问左右跟随的人，都回答说"没有听到"。于是召来乐官师涓，对他说："我听到了抚琴的声音，问身边的从人，却都说没有听到。看样子是遇到了鬼神，你给我仔细听听，把曲子记下来。"师涓说："好吧。"于是端坐下来，轻抚着琴，仔细倾听，并随手记录下来。第二天，他对卫灵公说："我已把琴曲都记下来了，但还没有熟悉，请允许我再住一宿，熟习几遍。"卫灵公说："可以。"于是又住了一宿。第二天，师涓对灵公说："练习好了。"卫灵公便动身去晋国，见晋平公。晋平公在施惠台上摆了酒筵招待他。饮酒饮到酣畅的时候，卫灵公道："我们这次来时，得了一首新曲子，请为您演奏以助酒兴。"晋平公道："好。"即命师涓坐在晋国乐官师旷的身边，取琴弹奏。一曲还没奏完，师旷便甩袖制止说："这是亡国之音，不要再奏了。"晋平公说："为什么这样说？"师旷道："这是师延作的曲子，是他为纣王作的靡靡之音。武王伐纣后，师延向东逃走，投濮水自杀，所以这首曲子必是得自濮水之上。先听到此曲的君主他的国家就要衰弱了。"晋平公说："寡人所喜好的就是音乐，希望能够听完它。"于是师涓得以把它演奏完毕。

晋平公道："没有比这更动人的曲子了吧？"师旷说："有。"晋平公说："可让我们听一听吗？"师旷说："您的德义修养还不够深厚，不能听这首曲子。"晋平公说："寡人所喜好的就是听音乐，希望能听到这首曲。"师旷不得已，便取琴弹奏起来。奏第一遍时，有十六只玄鹤飞聚在堂下的廊门前；弹第二遍时，这些玄鹤伸长了脖子呦呦地鸣叫起来，并随着琴声舒翅跳起舞来。

晋平公大喜，起身向师旷敬酒。返回座位后，晋平公问道："没有比这更动人的曲子了吧？"师旷道："有。过去黄帝合祭鬼神时奏的曲子比这更动人，只是您德义太薄，不适宜听罢了，听了恐有败亡之祸。"晋平公说："寡人已这一把年纪了，喜好的只有听曲，希望能够听到它。"师旷没有办法，只得取琴弹奏。弹奏第一遍时，有白云出现在了西北边的天际；弹奏第二遍时，暴雨随着大风铺天盖地而至，廊瓦被刮得横飞，左右侍臣都四处惊慌奔走。晋平公惊恐万分，伏身躲在廊屋之间。随后晋国大旱三年，寸草不生。

听者或吉或凶。夫乐不可妄兴也。

太史公曰：夫上古明王举乐者，非以娱心自乐，快意恣欲，将欲为治也。正教者皆始于音，音正而行正。故音乐者，所以动荡血脉，通流精神而和正心也。故宫动脾而和正圣，商动肺而和正义，角动肝而和正仁，徵动心而和正礼，羽动肾而和正智。故乐所以内辅正心而外异贵贱也；上以事宗庙，下以变化黎庶也。琴长八尺一寸，正度也。弦大者为宫，而居中央，君也。商张右傍，其余大小相次，不失其次序，则君臣之位正矣。故闻宫音，使人温舒而广大；闻商音，使人方正而好义；闻角音，使人恻隐而爱人；闻征音，使人乐善而好施；闻羽音，使人整齐而好礼。夫礼由外入，乐自内出。故君子不可须臾离礼，须臾离礼则暴慢之行穷外；不可须臾离乐，须臾离乐则奸邪之行穷内。故乐音者，君子之所养义也。夫古者，天子诸侯听钟磬未尝离于庭，卿大夫听琴瑟之音未尝离于前，所以养行义而防淫佚也。夫淫佚生于无礼，故圣王使人耳闻雅颂之音，目视威仪之礼，足行恭敬之容，口言仁义之道。故君子终日言而邪辟无由入也。

听乐曲可能会吉祥，也可能会遇凶灾。所以，乐曲是不能随意演奏的。

太史公说：上古时期的明君圣王所以奏乐，并不是为了让自己心中欢娱而肆欲恣情，而是为用音乐来教化治理天下。端正教化都是从音乐开始的。音乐正，人们的言行自然就正。所以，音乐是用来振动人的血脉，交流精神，端正与调和人心的。因此，宫声可以使脾脏振动并调和、端正信德，商声可振动肺脏并调和、端正义德，角声可使肝脏振动并调和、端正仁德，徵声可以使心脏振动并调和、端正礼德，羽声可使肾脏振动并调和、端正智德。所以说，对内可以用乐来辅助修养性情，而对外可以用来区分贵贱；对上可用来侍奉宗庙，对下可用来教化黎民百姓。琴身长八尺一寸，这是标准的尺寸。宫弦是琴弦中最粗大的一根，位居所有弦的中央，象征着君主。放置在宫弦右侧的是商弦，其他各弦也都按粗细长短依次排列，井然有序。这样，君臣的位置也就端正了。所以听宫声，就会使人性情温和舒畅而胸怀宽广；听商声，就会使人品性端方正直而且好义；听角声，就会使人能够生出恻隐之心并且会关爱他人；听徵声，就会使人乐于行善且爱好施舍；听羽声，就会使人仪表端庄且爱好礼节。礼是由外部来规范人的行为，而乐却是从内心深处来抒发人的情感。所以君子不能片刻离开礼，片刻离开礼，凶暴轻慢的行为就会充分表现出来；不可片刻离开乐，片刻离开乐，大量奸邪的念头就会在心中不停涌动。所以音乐，是君子用来修义养性的。在古代，天子、诸侯听奏钟磬的乐声，从来不会离开演奏的庭院；卿大夫听抚琴瑟的乐声，从不离开演奏者的席前，这是为了修养行为道义，防止淫佚放荡行为的产生。淫佚放荡的产生是因为无礼。所以，贤君圣王会使人的耳朵只听《雅》《颂》之声，眼睛只看威仪的礼节，使仪容行止表现出恭敬的样子，口中只谈仁义的道理。所以，君子整天谈论仁义之道，而邪恶的念头也就没有机会入侵了。

律书第三

王者制事立法，物度轨则，壹禀于六律，六律为万事根本焉。

其于兵械尤所重，故云"望敌知吉凶，闻声效胜负"，百王不易之道也。

武王伐纣，吹律听声，推孟春以至于季冬，杀气相并，而音尚宫。同声相从，物之自然，何足怪哉？

兵者，圣人所以讨强暴，平乱世，夷险阻，救危殆。自含戴角之兽见犯则校，而况于人怀好恶喜怒之气？喜则爱心生，怒则毒螫加，情性之理也。

昔黄帝有涿鹿之战，以定火灾；颛顼有共工之陈，以平水害；成汤有南巢之伐，以殄夏乱。递兴递废，胜者用事，所受于天也。

自是之后，名士迭兴，晋用咎犯，而齐用王子，吴用孙武，申明军约，赏罚必信，卒伯诸侯，兼列邦土，虽不及三代之诰誓，然身宠君尊，当世显扬，可不谓荣焉？岂与世儒暗于大较，不权轻重，猥云德化，不当用兵，大至君辱失守，小乃侵犯削弱，遂执不移等哉！故教笞不可废于家，刑罚不可捐于国，诛伐不可偃于天下，用之有巧拙，行之有逆顺耳。

夏桀、殷纣手搏豺狼，足追四马，勇非微也；百战克胜，诸侯慑服，权非轻也。秦二世宿军无用之地，连兵于边陲，力非弱也；结怨匈奴，絓祸于越，势非寡也。及其威尽势极，闾巷之人为敌国，咎生穷武之不知足，甘得之心不息也。

帝王决策重大事情，建立法令制度，确定万物的度量规则，都是以六律为基础。这是因为六律是万事万物的根本规律。

音律在兵法上显得尤为重要，所以有"观望敌军阵地上的云气便可预知出师的吉凶，听闻两军的战鼓声便可知道谁胜谁负"这样的说法，这是历代圣贤君王采用的方法。

周武王伐纣的时候，太师通过吹律管听声音而占卜吉凶，乐师们从初春之律一直吹到冬末之律，声音中充满杀气，且有吉祥的宫音相和。正义且将获胜的军队有吉祥的音律相随，这是事物自然的道理，有什么可奇怪的呢？

军队，是圣贤君主讨伐强暴，平定乱世，夷除险阻，挽救危局的工具。那些含齿戴角的兽类遇到外界的侵犯，尚且会全力反抗，何况是怀有好恶、喜怒之情的人呢？喜爱时就会有爱心产生，愤怒时就会以毒螫相加，这是人之常情，合乎情理。

过去黄帝发动了在涿鹿的决战，战胜了属火德的炎帝；颛顼与共工氏作战，平定了属水德的少昊氏造成的灾害；成汤在南巢发动了对夏桀的讨伐，结束了夏桀的祸乱。一个衰败了，一个兴起来，兴衰更迭，只有胜利者能统治天下，这是符合天道的自然规律。

从此之后，著名将士先后层出不穷，晋国任用咎犯为将，而齐国授军权于王子成父，吴国任用孙武为帅。他们颁布了明确的军法，赏罚依法而行，从而使他们的君主最终成为了诸侯霸主，吞并了别的小国来扩大自己的疆土，虽然比不上三代时期受诰誓封赏那样的荣耀，但同样是自身荣宠，君主尊显，名扬当世，能说不荣耀吗？怎么能和世上那些顽固且愚蠢的儒生相比？那些儒生不明了天下大势，不知衡量轻重，终日奢谈以德化世，一味反对用兵。结果重者使君主受辱，国土失守；轻者国家遭敌侵犯，国力削弱，而他们却仍坚持着老教条不变！所以管理家族的家法、家训不能废除，治理国家的刑罚不能废除，要想天下太平就不能不进行讨伐叛乱的战争，只不过用兵有巧有拙，战争有正义和非正义的而已。

夏桀与殷纣王都能赤手空拳与豺狼搏斗，徒步能追得上四匹马拉的车子，其勇力并不弱；他们曾百战百胜，使各诸侯害怕而臣服，权势并不轻。秦二世屯军于国边境，连兵于国边陲，力量不是不强；他北伐匈奴，南征越国，其兵势并不单薄。等到他们的威风使尽、势力盛极之时，闾巷中的平民百姓也成了毁灭他们的强大敌人。究其原因，就在于黩武穷兵而不知满足，贪婪之心没有停止之时。

高祖有天下，三边外畔；大国之王虽称蕃辅，臣节未尽。会高祖厌苦军事，亦有萧、张之谋，故偃武一休息，羁縻不备。

历至孝文即位，将军陈武等议曰："南越、朝鲜自全秦时内属为臣子，后且拥兵阻厄，选蠕观望。高祖时天下新定，人民小安，未可复兴兵。今陛下仁惠抚百姓，恩泽加海内，宜及士民乐用，征讨逆党，以一封疆。"孝文曰："朕能任衣冠，念不到此。会吕氏之乱，功臣宗室共不羞耻，误居正位，常战战栗栗，恐事之不终。且兵凶器，虽克所愿，动亦秏病，谓百姓远方何？又先帝知劳民不可烦，故不以为意。朕岂自谓能？今匈奴内侵，军吏无功，边民父子荷兵日久，朕常为动心伤痛，无日忘之。今未能销距，愿且坚边设候，结和通使，休宁北陲，为功多矣。且无议军。"故百姓无内外之繇，得息肩于田亩，天下殷富，粟至十余钱，鸣鸡吠狗，烟火万里，可谓和乐者乎！

太史公曰：文帝时，会天下新去汤火，人民乐业，因其欲然，能不扰乱，故百姓遂安。自年六七十翁亦未尝至市井，游敖嬉戏如小儿状。孔子所称有德君子者邪！

书曰"七正，二十八舍"。律历，天所以通五行八正之气，天所以成孰万物也。舍者，日月所舍。舍者，舒气也。

不周风居西北，主杀生。东壁居不周风东，主辟生气而东之。至于营室。营室者，主营胎阳气而产之。东至于危。危，垝也。言阳气之垝，故曰危。十月也，律中应钟。应钟者，阳气之应，不用事也。其于十二子为亥。亥者，该也。言阳气藏于下，故该也。

广莫风居北方。广莫者，言阳气在下，阴莫阳广大也，故曰广

汉高祖统一天下以后，外部有三面边境的外族威胁，国内的诸侯虽名义上是天子的辅佐，但实际上并没有尽到做臣子的义务。正是因为汉高祖厌烦了战事，同时又有萧何、张良的建议，所以汉高祖采取了对内休养生息政策，对外采用笼络的和平措施，而没有大规模的战争防备。

等到孝文帝即位后，将军陈武等建议说："南越、朝鲜自从秦朝统一时便内属为臣，后来才拥兵据险而守，蠢蠢伺机入侵。汉高祖时天下刚刚平定，人民稍稍安定，不能再次兴兵讨伐。如今陛下以仁惠抚治百姓，恩泽惠及四海，应该乘此时士民乐为陛下所用之机，率军征讨叛逆，以统一稳定边疆。"孝文帝说："朕自从孩提时起，就没有想过自己会登上帝位。正好碰上吕氏之乱，功臣和宗室都不以我出身微贱为耻，不恰当地让我登上了帝位。我经常战战兢兢，唯恐最终没有好结果。况且战争是凶险之事，纵然能达到目的，也必然会带来巨大的耗损和伤害，又怎么能让百姓抛家弃业远征他乡？再说先帝知道役使人民不可过繁，所以不把用兵的事放在心上，我又怎么能自以为有能呢？如今匈奴入侵，戍边将士御敌无功，边地百姓父子共同持枪上阵，这样的日子已经很久了。我时常为此感到不安和心痛，没有一天忘记。现在虽不能解除边患，我希望能够固守边关，多设斥候，派遣使者与对方缔盟结好，使北部边陲得到休息安宁，这样功劳就算很大了。暂时先不要议论战争的事情。"因此百姓没有了内外的徭役，得以休养生息而专心于农业生产，于是天下渐渐殷实富足起来，粮食每斗降至十余文钱，鸡鸣犬吠，家中升起的炊烟连绵万里，呈现了一片和乐的景象。

太史公说：文帝的时候，正值天下百姓刚从水火中摆脱出来，人民渴望安居乐业的生活，朝廷顺应老百姓的意愿，能够不扰乱民生，所以最终出现了天下太平的景象。就连六七十岁的老翁也未曾到过集市，他们天真淳朴得如同儿童们无忧无虑地嬉戏玩耍。这正是孔子所称道的有德君子的政治局面啊！

太史公还在本律书中阐述了日月五星、二十八舍和律历之间的对应关系。律历，是天用来通五行八正之气的，是天用来生长和养育万物的。舍，是日月在天宫运行所经历的星空区域。太阳运行到达不同的星宿，大地上就会出现相应的舒缓的气息。

不周风处西北方，主管杀生的事。东壁宿处在不周风的东面，主开辟生气而使之往东运行，到达营室。营室，是孕育阳气之地，再往东便到了危宿。危，就是毁灭的意思，是说阳气被毁，所以称为危。这三宿对应历法十月，在十二律中与应钟相应。应钟，是阳气的反应，但阳气这时还不能发挥作用。在十二地支中与亥相对应。亥，就是该的意思。这是说阳气还潜藏在地下，所以有阻隔。

广莫风来自北方。广莫，是说阳气在下，阴气没有阳气盛大，所以称为广

莫。东至于虚。虚者，能实能虚，言阳气冬则宛藏于虚，日冬至则一阴下藏，一阳上舒，故曰虚。东至于须女。言万物变动其所，阴阳气未相离，尚相胥也，故曰须女。十一月也，律中黄钟。黄钟者，阳气踵黄泉而出也。其于十二子为子。子者，滋也；滋者，言万物滋于下也。其于十母为壬癸。壬之为言任也，言阳气任养万物于下也。癸之为言揆也，言万物可揆度，故曰癸。东至牵牛。牵牛者，言阳气牵引万物出之也。牛者，冒也，言地虽冻，能冒而生也。牛者，耕植种万物也。东至于建星。建星者，建诸生也。十二月也，律中大吕。大吕者。其于十二子为丑。

条风居东北，主出万物。条之言条治万物而出之，故曰条风。南至于箕。箕者，言万物根棋，故曰箕。正月也，律中泰蔟。泰蔟者，言万物蔟生也，故曰泰蔟。其于十二子为寅。寅言万物始生螾然也，故曰寅。南至于尾，言万物始生如尾也。南至于心，言万物始生有华心也。南至于房。房者，言万物门户也，至于门则出矣。

明庶风居东方。明庶者，明众物尽出也。二月也，律中夹钟。夹钟者，言阴阳相夹厕也。其于十二子为卯。卯之为言茂也，言万物茂也。其于十母为甲乙。甲者，言万物剖符甲而出也；乙者，言万物生轧轧也。南至于氐者。氐者，言万物皆至也。南至于亢。亢者，言万物亢见也。南至于角。角者，言万物皆有枝格如角也。三月也，律中姑洗。姑洗者，言万物洗生。其于十二子为辰。辰者，言万物之蜄也。

清明风居东南维，主风吹万物而西之。轸。轸者，言万物益大而轸轸然。西至于翼。翼者，言万物皆有羽翼也。四月也，律中中吕。中吕者，言万物尽旅而西行也。其于十二子为巳。巳者，言阳气之已尽也。西至于七星。七星者，阳数成于七，故曰七星。西至于张。张者，言万物皆张也。西至于注。注者，言万物之始衰，阳气下注，故曰注。五月也，律中蕤宾。蕤宾者，言阴气幼少，故曰蕤；痿阳不用事，故曰宾。

莫。广莫风往东是虚宿。虚，是能实能虚的意思，是说阳气冬天蕴藏在虚宿，到冬至日就会有一部分阴气下藏，一部分阳气上升散发出来，所以称虚。再向东到达须女宿。这里是万物相互转化变幻之处，阴阳二气没有分离，它们还相互需要，所以称为须女。广莫风在历法中与十一月相对应，音律与黄钟相对应。黄钟，是阳气跟随地下水冒出地面的意思。在十二地支中与子相对应。子，就是滋的意思；滋，是说万物开始在地下生长。在十天干中与壬癸相对应。壬就是任，是说阳气在地下孕育万物；癸就是揆，说万物生长可以揆度日期，所以称为癸。须女向东便是牵牛宿。牵牛，是说阳气牵引万物由地而出。牛就是冒的意思，是说土地虽然封冻，万物却能冒出地面而生长。牛，也指耕耘种植万物的意思。牵牛往东为建星宿。建星，是建立新生命的意思。与历法中的十二月相对应，音律与大吕相对应。大吕，与十二地支中的丑相对应。

　　条风处于东北方，主管万物的生发顺序。条的意思是说协调万物而使它们生长出来，所以称为条风。往南便是箕宿。箕宿，接近地面，象征万物的根基，所以称之为箕。条风与正月对应，音律与泰蔟相对应。泰蔟，是万物簇拥而生的意思，所以称为泰蔟。条风在十二地支中与寅对应。寅，是说万物刚生出时蓬勃的样子，所以称之为寅。箕宿向南到达尾宿，尾是说万物初生时像尾巴一样弯曲。尾宿向南到达心宿，心是说万物初生都有像花一般的顶心。心宿再向南便是房宿。房，像是万物的门户，到了门口便可出去了。

　　明庶风来自东方。明庶，是表示各种植物全都萌发出土了。明庶风与二月相应，音律与夹钟相对应。夹钟，是说阴气和阳气相互掺杂糅合。在十二地支中与卯相对应。卯就是茂，是说万物生长茂盛的样子。在十天干中与甲乙相对应。甲，是指万物破甲而出；乙，是说万物初生时经历的曲折。向南到达氐宿。氐的意思是说万物都已来到地面的意思。氐宿向南到达亢宿。亢，是说万物渐渐长高，长出地面之上。再往南是角宿。角，是说万物都长出枝叉，好像兽角一样。明庶风与三月相对应，在音律中与姑洗相对应。姑洗的意思是说万物新生，颜色光鲜如洗。在十二地支中与辰相对应。辰，意味着万物开始复苏。

　　清明风在东南方，主管风吹万物而向西发展。先到达轸宿。轸，是说万物生长得茂盛繁大。再向西为翼宿。翼，是说万物都有羽翼。它与历月的四月相应，在音律中对应中吕。中吕的意思是说万物长到了最鼎盛时期，开始走向衰老时期。在十二地支中与巳对应。巳的意思是说阳气将由盛而衰。再往西是七星宿。七星，因为阳气的数完成于七，所以称之为七星。再向西是张宿。张，是说万物都已张开。再向西便到了注宿。注，是说万物开始衰落，阳气下注，所以称为注。它与五月对应，在十二律中与蕤宾相应。蕤宾，是说阴气幼小，才开始生长，所以称为蕤；而阳气开始萎缩，不再发挥作用，所以称为宾。

景风居南方。景者，言阳气道竟，故曰景风。其于十二子为午。午者，阴阳交，故曰午。其于十母为丙丁。丙者，言阳道著明，故曰丙；丁者，言万物之丁壮也，故曰丁。西至于弧。弧者，言万物之吴落且就死也。西至于狼。狼者，言万物可度量，断万物，故曰狼。

凉风居西南维，主地。地者，沈夺万物气也。六月也，律中林钟。林钟者，言万物就死气林林然。其于十二子为未。未者，言万物皆成，有滋味也。北至于罚。罚者，言万物气夺可伐也。北至于参。参言万物可参也，故曰参。七月也，律中夷则。夷则，言阴气之贼万物也。其于十二子为申。申者，言阴用事，申贼万物，故曰申。北至于浊。浊者，触也，言万物皆触死也，故曰浊。北至于留。留者，言阳气之稽留也，故曰留。八月也，律中南吕。南吕者，言阳气之旅入藏也。其于十二子为酉。酉者，万物之老也，故曰酉。

阊阖风居西方。阊者，倡也；阖者，藏也。言阳气道万物，阖黄泉也。其于十母为庚辛。庚者，言阴气庚万物，故曰庚；辛者，言万物之辛生，故曰辛。北至于胃。胃者，言阳气就藏，皆胃胃也。北至于娄。娄者，呼万物且内之也。北至于奎。奎者，主毒螫杀万物也，奎而藏之。九月也，律中无射。无射者，阴气盛用事，阳气无余也，故曰无射。其于十二子为戌。戌者，言万物尽灭，故曰戌。

律数：九九八十一以为宫。三分去一，五十四以为徵。三分益一，七十二以为商。三分去一，四十八以为羽。三分益一，六十四以为角。

黄钟长八寸七分一，宫。大吕长七寸五分三分。太蔟长七寸分二，角。夹钟长六寸分三分一。姑洗长六寸分四，羽。仲吕长五寸九分三分二，徵。蕤宾长五寸六分三分。林钟长五寸分四，角。夷则长五寸三分二，商。南吕长四寸分八，徵。无射长四寸四分三分二。应钟长四寸二分三分二，羽。

景风处于南方。景,是说阳气运行到了尽头,所以称为景风。在十二地支中对应午。午是指阴阳二气相互交织的意思,所以称为午。在十天干中对应丙丁。丙,是说阳道显著明显,所以称丙;丁,是说万物已茁壮长成,所以称为丁。景风之西为弧宿。弧的意思是说万物凋落,且很快就会枯萎了。狼宿也在景风的西边。狼,是说万物可以度量的意思,可判断万物之量,所以称狼。

凉风来自西南方,主管大地。地,就是侵夺断绝万物生气的意思。凉风与六月相应,音律属于林钟。林钟,说的是万物接近死亡,气象阴森的样子。在十二地支中对应未。未与味同音,是说万物都已长成,有滋有味了。狼星向北是罚宿。罚,是说万物之气断绝,可以采伐了。再向北是参宿。参,是说万物相互掺杂,所以称参。凉风对应七月,音律对应夷则。夷则,是说阴气残害万物。在十二地支中与申对应。申,是说阴气伸展,侵害万物,所以称之为申。再向北是浊宿。浊,是触的意思,是说万物与阴气接触而逐渐死亡,所以称之为浊。其向北是留宿。留,是说阳气仍留存着没有去尽,所以叫留。它与八月对应,音律与南吕相应。南吕,是说阳气运行进入藏所,将被收藏。对应十二地支中的酉。酉,是说万物已经成熟,开始衰老,所以名为酉。

阊阖风居于西方。阊,就是倡导之意;阖,就是收藏之意。是说阳气可倡导万物生发,现在却闭藏于黄泉之下无法发挥作用。它在十天干中对应庚辛。庚,是说阴气使万物变更,所以称之为庚;辛,是说万物生存艰辛,所以称为辛。由留宿向北是胃宿。胃,是说阳气被收藏,就像物品被收入仓库一样。胃宿向北是娄宿。娄,是招呼万物并加以收纳之意。娄宿向北是奎宿。奎,是用残酷手段毒杀万物,进而收藏其种子之意。阊阖风与九月相应,音律属无射。无射,是说阴气旺盛,占主导地位,而阳气收于地下,所以称之为无射。在十二地支中对应戌。戌,是说万物全都灭亡了,所以称为戌。

律数:九乘以九得八十一,这是宫声律数,以此长度管律可吹出宫声。将八十一分为三份,除去一份,余二份得五十四,这是徵声律数。将五十四分为三份,加上一份,得四份,为七十二,这是商声律数。把七十二分为三份,除去一份,余二份为四十八,这是羽声律数。将四十八分为三份,加上一份,得四份为六十四,这是角声律数。

黄钟的长度为八寸又七分之一寸,其声为宫。大吕的长度是七寸五又三分之二分。太蔟长为七寸二分,为角声。夹钟长六寸七又三分之一分。姑洗长六寸四分,为羽声。仲吕长五寸九又三分之二分,为徵声。蕤宾长五寸六又三分之二分。林钟长五寸四分,为角声。夷则长五寸零三分之二分,为商声。南吕长为四寸八分,为徵声。无射长四寸四又三分之二分,应钟长四寸二又三分之二分,为羽声。

生钟分：子一分。丑三分二。寅九分八。卯二十七分十六。辰八十一分六十四。巳二百四十三分一百二十八。午七百二十九分五百一十二。未二千一百八十七分一千二十四。申六千五百六十一分四千九十六。酉一万九千六百八十三分八千一百九十二。戌五万九千四十九分三万二千七百六十八。亥十七万七千一百四十七分六万五千五百三十六。

生黄钟术曰：以下生者，倍其实，三其法。以上生者，四其实，三其法。上九，商八，羽七，角六，宫五，徵九。置一而九三之以为法。实如法，得长一寸。凡得九寸，命曰"黄钟之宫"。故曰音始于宫，穷于角；数始于一，终于十，成于三；气始于冬至，周而复生。

神生于无，形成于有，形然后数，形而成声，故曰神使气，气就形。形理如类有可类。或未形而未类，或同形而同类，类而可班，类而可识。圣人知天地识之别，故从有以至未有，以得细若气，微若声。然圣人因神而存之，虽妙必效情，核其华道者明矣。非有圣心以乘聪明，孰能存天地之神而成形之情哉？神者，物受之而不能知其去来，故圣人畏而欲存之。唯欲存之，神之亦存。其欲存之者，故莫贵焉。

太史公曰：旋玑玉衡以齐七政，即天地二十八宿。十母，十二子，钟律调自上古。建律运历造日度，可据而度也。合符节，通道德，即从斯之谓也。

生钟律数方法的运用：子律即黄钟律定为一分，丑律为三分之二分，寅律为九分之八分，卯律为二十七分之十六分，辰律为八十一分之六十四分，巳律为二百四十三分之一百二十八分，午律为七百二十九分之五百一十二分，未律为二千一百八十七分之一千零二十四分，申律为六千五百六十一分之四千零九十六分，酉律为一万九千六百八十三分之八千一百九十二分，戌律为五万九千零四十九分之三万二千七百六十八分，亥律为十七万七千一百四十七分之六万五千五百三十六分。

由黄钟产生十二律的方法：一个是下生法，即由长律管生短律管，将分子加倍，分母乘三；一个是上生法，即由短律管生长律管，将分子乘四、分母乘三。数字中最大的是九，音数为五，所以以宫为五；宫生徵，以徵为九；徵生商，以商为八；商生羽，以羽为七；羽生角，以角为六。以"生钟律数"中的黄钟大数十七万余为分子，另把一枚算筹放置在算盘上，用三去乘，一乘得三，再乘得九，依次乘下去，直乘到"生钟律数"中的酉数一万九千余。以每次乘得的数为分母，用分母除分子，得到一些长度为寸的数，直到得到九寸的数为止，将此数称为"黄钟之宫"。由此用"生黄钟术"得到其余各音，所以说五音是由宫声开始，角声结束的。而数由一开始，到十终止，变化则由三来完成。节气则由冬至开始，周而复始。

神是从虚无中产生的，形体则是在有形的物质中产生的；有了形体然后才有律数的产生，有了形体才有五声的产生，所以说神能运用气，而气依附于形体。形体神理可以通过类比进行分类。有的未有形体因而不可分类，有的形体相同因而属于同一类。万物可以分类，有类就能把它的特征表示出来加以识别。圣人知道天地并能分别万物，所以能从有推知未有。其能了解的细小之物可以是像气之类的物体，其轻微者如声之类。然而圣人可通过神来认识事物，因此事物虽然微妙，但必然会在情状中表现出来，确认了事物的外部如同花叶一般的特征，内部的本质特征也就明了了。假如没有圣人的智慧和聪明，谁能了解天地间的神秘规律和形体形成的情况呢？神存在于事物之中，却又不自知何时具有或何时会失去。所以圣人敬畏神却又希望神存在并显示出来。有了想让神存在的欲望，神才会存在。想要神存在，最好的办法就是信仰并尊重神。

太史公说：以璇玑玉衡观测日月五星的运转，可以知道这七政在二十八宿间的运行与季节的变化、方位是相应的。十天干、十二地支、钟律之间的关系，自上古时就开始调配了。订立乐律，推算历法，制定国家法律以及各种规章制度，事物就有依据可以度量了。如此建立的信任如同符节一样相合，才能树立共同遵守的道德规范，这都是从建立律历开始的。

历书第四

昔自在古,历建正作于孟春。于时冰泮发蛰,百草奋兴,秭鴂先滜。物乃岁具,生于东,次顺四时,卒于冬分。时鸡三号,卒明。抚十二节,卒于丑。日月成,故明也。明者孟也,幽者幼也,幽明者雌雄也。雌雄代兴,而顺至正之统也。日归于西,起明于东;月归于东,起明于西。正不率天,又不由人,则凡事易坏而难成矣。

王者易姓受命,必慎始初,改正朔,易服色,推本天元,顺承厥意。

太史公曰:神农以前尚矣。盖黄帝考定星历,建立五行,起消息,正闰余,于是有天地神祇物类之官,是谓五官。各司其序,不相乱也。民是以能有信,神是以能有明德。民神异业,敬而不渎,故神降之嘉生,民以物享,灾祸不生,所求不匮。

少暤氏之衰也,九黎乱德,民神杂扰,不可放物,祸灾荐至,莫尽其气。颛顼受之,乃命南正重司天以属神,命火正黎司地以属民,使复旧常,无相侵渎。

其后三苗服九黎之德,故二官咸废所职,而闰余乖次,孟陬殄灭,摄提无纪,历数失序。尧复遂重、黎之后,不忘旧者,使复典之,而立羲和之官。明时正度,则阴阳调,风雨节,茂气至,民无夭疫。年耆禅舜,申戒文祖,云"天之历数在尔躬"。舜亦以命禹。

上古时候，历法将孟春月作为正月。这时候，冰雪开始消融，冬眠的动物开始苏醒，大地百草萌芽，杜鹃鸟在原野中最先啼鸣。万物生长随着岁时变换而循环：从春季开始，依次度过四季，止于冬。这时鸡叫三遍，天就亮了。节气经过了十二个月的变换，到了丑月即腊月便结束了。日月的交替运行，于是有了历法，有了正月的第一个黎明。明就是孟的意思，为阳；幽就是幼的意思，为阴；幽明是指雌雄，即阴阳。阴阳交替，四季循环，万物生长，形成了最完善的体系。太阳从西边落下，自东方升起；而新月先在西方露明，从东方隐于地下。为政如不遵循自然规律，又不顺应民心，那么任何事情都容易失败而难以成功。

帝王改朝换代，接受天命，必须谨慎地制定最初的政令，修订历法，改变朝服的颜色，推算历法的起始点，以顺应天地自然规律。

太史公说：神农以前的历法，年代太久远，就不说了。大概从黄帝开始，根据星体的运行制定历法，建立了五行运行的序列，确立了阴阳死生消长的规律，设置闰月来处理每年十二个月以外的剩余时间，于是有了分管天、地、神祇和其他物类的官员，称为五官。各自按相应的法则分管属于自己的事务，互不扰乱。百姓因此能够依时而作，神明因此得以按时享受祭祀而灵验。民与神各有所职，民众敬神而不亵渎，所以神就赐给人民好收成，民众用祭品献享给神，以致灾祸不生，生活所需永不匮乏。

少暤氏衰落后，九黎部族作乱，破坏了历法，民神不分，群类混淆，灾祸接连发生，没有人能尽享天年。颛顼即位后，便命重担任南正官职，负责历法和祭天等事宜；命火正黎主管有关地的事务，让民众依时进行农业生产劳作，恢复以前的秩序，不得亵渎神灵，人神互不侵扰。

后来三苗部族又像九黎部族一样扰乱了历法，所以重、黎二官都无法再履行自己的职责，没人编算历法，导致闰余失了次序，正月不在相应的节气，摄提星所指的方位也失了规律，整个历法秩序错乱。尧时重新任命天文世家重、黎二氏后人中能推算历法的人，让他们担任主管历法的官员，他们就是羲氏、和氏之官。此后，时节明确而历度又正确了，因此阴阳调和，风雨有节，出现了丰收的景象，百姓也没有夭殇疾疫。当尧年老把帝位禅让给舜的时候，在文祖庙中告诫舜，说"制定历法是事关社稷的大事，这个重任

由是观之，王者所重也。

夏正以正月，殷正以十二月，周正以十一月。盖三王之正若循环，穷则反本。天下有道，则不失纪序；无道，则正朔不行于诸侯。

幽、厉之后，周室微，陪臣执政，史不记时，君不告朔，故畴人子弟分散，或在诸夏，或在夷狄，是以其禨祥废而不统。周襄王二十六年闰三月，而春秋非之。先王之正时也，履端于始，举正于中，归邪于终。履端于始，序则不愆；举正于中，民则不惑；归邪于终，事则不悖。

其后战国并争，在于强国禽敌，救急解纷而已，岂遑念斯哉！是时独有邹衍，明于五德之传，而散消息之分，以显诸侯。而亦因秦灭六国，兵戎极烦，又升至尊之日浅，未暇遑也。而亦颇推五胜，而自以为获水德之瑞，更名河曰"德水"，而正以十月，色上黑。然历度闰余，未能睹其真也。

汉兴，高祖曰"北畤待我而起"，亦自以为获水德之瑞。虽明习历及张苍等，咸以为然。是时天下初定，方纲纪大基，高后女主，皆未遑，故袭秦正朔服色。

至孝文时，鲁人公孙臣以终始五德上书，言"汉得土德，宜更元，改正朔，易服色。当有瑞，瑞黄龙见"。事下丞相张苍，张苍亦学律历，以为非是，罢之。其后黄龙见成纪，张苍自黜，所欲论著不成。而新垣平以望气见，颇言正历服色事，贵幸，后作乱，故孝文帝

你要亲自担起来"。后来舜也用同样的话告诫禹。由此看来，历法是帝王们都很重视的。

夏历以正月为正月，殷历以夏历的十二月为正月，周历以夏历的十一月为正月。三代的历法岁首好像循环往复，首尾互相衔接。天下治理得好，历法就不会失去时序；治理得不好，那么诸侯就会各自为政，使用自己的历法，那么国家就会出现混乱。

幽王、厉王以后，周朝王室衰弱，各诸侯国卿大夫各自为政，史官记事不记时日，君王因历法混乱不一而不举行告朔礼，所以服务于王室的历算家纷纷离开四处流散，有的在华夏各国，有的去了夷狄地区，所以祝祷祭祀占卜的制度荒废而不能统一。周襄王二十六年鲁历将闰月设在三月，《春秋》书中认为这是不当的。先王制定历法，是先确定历元和年、月、日等开始的时刻，再由中气纠正十二月的位置，把剩余的时间作为闰月。开始的时刻既定，那么一年四时等秩序也就不会错误了；以中气纠正月位，那么百姓也就不会因节气混乱而迷惑；该加闰月之年年终置闰，那么依历办事就不会出现与节气不符的情况。

这以后，战国诸雄并争，各国只注重如何成为强国、战胜敌国，或是为盟友挽救危机，解决纠纷而已，哪有心思考虑编制历法的事！当时只有邹衍懂得历法，创建了五德循环学说，而且推行五行相胜、阴阳消长的理论，并因此而显名于诸侯。但也因秦国在吞灭六国时，战事非常频繁，统一全国后又由于时间太短，所以邹衍的理论没来得及在全国实行。但是秦时十分相信邹衍的理论，注重推求五行胜克，且自以为得到了五行中水德的祥瑞，因此把黄河改名为"德水"，以夏历十月为正月，崇尚黑色。然而历法的推算和闰月的设置等，因没有资料而不能确定是否正确。

汉朝兴起后，高祖说"北畤祀黑帝的事等待我来操办"，这也是自认为获得了水德的祥瑞。即便是精通历法的像张苍等人，也都这样认为。当时天下刚刚平定，正在着手建立国家的基本制度和纲纪，随后吕后主政，也都没有顾得上这些事，所以依旧沿袭了秦朝的历法和朝服的颜色。

到了孝文帝时，鲁人公孙臣上书陈述五德循环理论，说"汉朝得到的是土德，应该改变历元，更改历法，更换朝服的颜色。应当有土德的祥瑞出现，瑞应是黄龙出现"。文帝将此事交给丞相张苍处理。张苍也是学过律历的人，认为他说得不对，把事情搁置了起来。此后在成纪果然出现了黄龙，张苍因此引咎辞职，他准备制定汉历的相关论述也就胎死腹中了。而新垣平以善于望云气而被天子召见，他对皇上提出了改变律历和服色的建议，很得皇上信任，后来因为作乱，所以汉文帝便再也没有谈改变律历

废不复问。

至今上即位，招致方士唐都，分其天部；而巴落下闳运算转历，然后日辰之度与夏正同。乃改元，更官号，封泰山。因诏御史曰："乃者，有司言星度之未定也，广延宣问，以理星度，未能詹也。盖闻昔者黄帝合而不死，名察度验，定清浊，起五部，建气物分数。然盖尚矣。书缺乐弛，朕甚闵焉。朕唯未能循明也，紬绩日分，率应水德之胜。今日顺夏至，黄钟为宫，林钟为徵，太蔟为商，南吕为羽，姑洗为角。自是以后，气复正，羽声复清，名复正变，以至子日当冬至，则阴阳离合之道行焉。十一月甲子朔旦冬至已詹，其更以七年为太初元年。年名'焉逢摄提格'，月名'毕聚'，日得甲子，夜半朔旦冬至。"

◎历术甲子篇

太初元年，岁名"焉逢摄提格"，月名"毕聚"，日得甲子，夜半朔旦冬至。

正北

十二无大余，无小余；无大余，无小余；焉逢摄提格太初元年。

十二大余五十四，小余三百四十八；大余五，小余八；端蒙单阏二年。

闰十三大余四十八，小余六百九十六；大余十，小余十六；游兆执徐三年。

十二大余十二，小余六百三；大余十五，小余二十四；强梧大荒落四年。

十二大余七，小余十一；大余二十一，无小余；徒维敦牂天汉元年。

闰十三大余一，小余三百五十九；大余二十六，小余八；祝犁协

和服色的事。

直到现今皇上即位，招纳了方士唐都，让他观测和划分周天各部的星宿运行变化情况，而由巴郡的落下闳负责推算历法，他推算出来的日辰星度与夏历正好相符。于是皇上下诏改变历法纪元，更改官号，在泰山举行封禅大典。并因此诏告御史说："过去，主管官员说二十八宿的度数没有测定，于是朕广泛征求和询问该怎样测定星度，但都未能得到满意的答复。听说以前黄帝所制定的历法，不但能使天象和季节完全吻合，从而可长久地使用，还弄清了天体的名称和运行轨迹，审定了音律的清浊，建立了表征时节五气运行的规律，明确了各节气与太阳位置度数变化的对应关系。然而这已经是很久远的事了。如今典籍缺少，礼乐废弛，朕深觉遗憾，只是朕无力将其补修完备。如今制定了新历法，各种编排都非常细致，运算日分，全都与能克制水德的土德相合。现在正当夏至，以黄钟为宫声，以林钟为徵声，以太蔟为商声，以南吕为羽声，以姑洗为角声。从此之后，节气重新得以校正，羽声重新清明了，节气名称等又都与实际吻合，以甲子日与冬至日相合作为历法的运算起点，那么阴阳交替便合乎规律。现在算得十一月甲子日夜半时是月朔冬至日，正好可以定元封七年为太初元年，年号为'焉逢摄提格'，即甲寅年，月名为'毕聚'，即正月，日期为甲子，夜半时既是朔日的开始，也是冬至之时。"

◎历术甲子篇

太初元年，年号为"焉逢摄提格"，月名是"毕聚"，这天是甲子日，夜半时为冬至节。

冬至在子时，方位为正北。

全年为十二个月，月朔没有大余，没有小余；冬至没有大余，没有小余；焉逢摄提格，即太初元年。

本年十二个月，月朔大余为五十四日，小余为三百四十八分；冬至大余为五日，小余为八分；端蒙单阏，即太初二年。

有闰月，全年为十三个月，月朔大余四十八日，小余六百九十六分；冬至大余十日，小余十六分；游兆执徐，即太初三年。

全年为十二个月，月朔大余十二日，小余六百零三分；冬至大余十五日，小余二十四分；强梧大荒落，即太初四年。

全年为十二个月，月朔大余七日，小余十一分；冬至大余二十一日，无小余；徒维敦牂，即天汉元年。

有闰月，全年为十三个月，月朔大余一日，小余三百五十九分；冬至大余

洽二年。

十二大余二十五，小余二百六十六；大余三十一，小余十六；商横涒滩三年。

十二大余十九，小余六百一十四；大余三十六，小余二十四；昭阳作鄂四年。

闰十三大余十四，小余二十二；大余四十二，无小余；横艾淹茂太始元年。

十二大余三十七，小余八百六十九；大余四十七，小余八；尚章大渊献二年。

闰十三大余三十二，小余二百七十七；大余五十二，小余一十六；焉逢困敦三年。

十二大余五十六，小余一百八十四；大余五十七，小余二十四；端蒙赤奋若四年。

十二大余五十，小余五百三十二；大余三，无小余；游兆摄提格征和元年。

闰十三大余四十四，小余八百八十；大余八，小余八；强梧单阏二年。

十二大余八，小余七百八十七；大余十三，小余十六；徒维执徐三年。

十二大余三，小余一百九十五；大余十八，小余二十四；祝犁大芒落四年。

闰十三大余五十七，小余五百四十三；大余二十四，无小余；商横敦牂后元元年。

十二大余二十一，小余四百五十；大余二十九，小余八；昭阳协洽二年。

闰十三大余十五，小余七百九十八；大余三十四，小余十六；横艾涒滩始元元年。

正西

二十六日，小余八分；祝犁协洽，即天汉二年。

全年为十二个月，月朔大余二十五日，小余二百六十六分；冬至大余三十一日，小余十六分；商横涒滩，即天汉三年。

全年为十二个月，月朔大余十九日，小余六百一十四分；冬至大余三十六日，小余二十四分；昭阳作鄂，即天汉四年。

有闰月，全年为十三个月，月朔大余十四日，小余二十二分；冬至大余四十二日，无小余；横艾淹茂，即太始元年。

全年为十二个月，月朔大余三十七日，小余八百六十九分；冬至大余四十七日，小余八分；尚章大渊献，即太始二年。

有闰月，全年为十三个月，月朔大余三十二日，小余二百七十七分；冬至大余五十二日，小余十六分；焉逢困敦，即太始三年。

全年为十二个月，月朔大余五十六日，小余一百八十四分；冬至大余五十七日，小余二十四分；端蒙赤奋若，即太始四年。

全年为十二个月，月朔大余五十日，小余五百三十二分；冬至大余三日，无小余；游兆摄提格，即征和元年。

有闰月，全年为十三个月，月朔大余四十四日，小余八百八十分；冬至大余八日，小余八分；强梧单阏，即征和二年。

全年为十二个月，月朔大余八日，小余七百八十七分；冬至大余十三日，小余十六分；徒维执徐，即征和三年。

全年为十二个月，月朔大余三日，小余一百九十五分；冬至大余十八日，小余二十四分；祝犁大芒落，即征和四年。

有闰月，全年为十三个月，月朔大余五十七日，小余五百四十三分；冬至大余二十四日，无小余；商横敦牂，即后元元年。

全年为十二个月，月朔大余二十一日，小余四百五十分；冬至大余二十九日，小余八分；昭阳协洽，即后元二年。

有闰月，全年为十三个月，月朔大余十五日，小余七百九十八分；冬至大余三十四日，小余十六分；横艾涒滩，即始元元年。

冬至在酉时，方位正西。

十二大余三十九，小余七百五；大余三十九，小余二十四；尚章作噩二年。

十二大余三十四，小余一百一十三；大余四十五，无小余；焉逢淹茂三年。

闰十三大余二十八，小余四百六十一；大余五十，小余八；端蒙大渊献四年。

十二大余五十二，小余三百六十八；大余五十五，小余十六；游兆困敦五年。

十二大余四十六，小余七百一十六；无大余，小余二十四；强梧赤奋若六年。

闰十三大余四十一，小余一百二十四；大余六，无小余；徒维摄提格元凤元年。

十二大余五，小余三十一；大余十一，小余八；祝犁单阏二年。

十二大余五十九，小余三百七十九；大余十六，小余十六；商横执徐三年。

闰十三大余五十三，小余七百二十七；大余二十一，小余二十四；昭阳大荒落四年。

十二大余十七，小余六百三十四；大余二十七，无小余；横艾敦牂五年。

闰十三大余十二，小余四十二；大余三十二，小余八；尚章协洽六年。

十二大余三十五，小余八百八十九；大余三十七，小余十六；焉逢涒滩元平元年。

十二大余三十，小余二百九十七；大余四十二，小余二十四；端蒙作噩本始元年。

闰十三大余二十四，小余六百四十五；大余四十八，无小余；游兆淹茂二年。

全年为十二个月，月朔大余三十九日，小余七百零五分；冬至大余三十九日，小余二十四分；尚章作噩，即始元二年。

全年为十二个月，月朔大余三十四日，小余一百一十三分；冬至大余四十五日，无小余；焉逢淹茂，即始元三年。

有闰月，全年为十三个月，月朔大余二十八日，小余四百六十一分；冬至大余五十日，小余八分；端蒙大渊献，即始元四年。

全年为十二个月，月朔大余五十二日，小余三百六十八分；冬至大余五十五日，小余十六分；游兆困敦，即始元五年。

全年为十二个月，月朔大余四十六日，小余七百一十六分；冬至无大余，小余二十四分；强梧赤奋若，即始元六年。

有闰月，全年为十三个月，月朔大余四十一日，小余一百二十四分；冬至大余六日，无小余；徒维摄提格，即元凤元年。

全年为十二个月，月朔大余五日，小余三十一分；冬至大余十一日，小余八分；祝犁单阏，即元凤二年。

全年为十二个月，月朔大余五十九日，小余三百七十九分；冬至大余十六日，小余十六分；商横执徐，即元凤三年。

有闰月，全年为十三个月，月朔大余五十三日，小余七百二十七分；冬至大余二十一日，小余二十四分；昭阳大荒落，即元凤四年。

全年为十二个月，月朔大余十七日，小余六百三十四分；冬至大余二十七日，无小余；横艾敦牂，即元凤五年。

有闰月，全年为十三个月，月朔大余十二日，小余四十二分；冬至大余三十二日，小余八分；尚章协洽，即元凤六年。

全年为十二个月，月朔大余三十五日，小余八百八十九分；冬至大余三十七日，小余十六分；焉逢涒滩，即元平元年。

全年为十二个月，月朔大余三十日，小余二百九十七分；冬至大余四十二日，小余二十四分；端蒙作噩，即本始元年。

有闰月，全年为十三个月，月朔大余二十四日，小余六百四十五分；冬至大余四十八日，无小余；游兆淹茂，即本始二年。

十二大余四十八，小余五百五十二；大余五十三，小余八；强梧大渊献三年。

十二大余四十二，小余九百；大余五十八，小余十六；徒维困敦四年。

闰十三大余三十七，小余三百八；大余三，小余二十四；祝犁赤奋若地节元年。

十二大余一，小余二百一十五；大余九，无小余；商横摄提格二年。

闰十三大余五十五，小余五百六十三；大余十四，小余八；昭阳单阏三年。

正南
十二大余十九，小余四百七十；大余十九，小余十六；横艾执徐四年。

十二大余十三，小余八百一十八；大余二十四，小余二十四；尚章大荒落元康元年。

闰十三大余八，小余二百二十六；大余三十，无小余；焉逢敦牂二年。

十二大余三十二，小余一百三十三；大余三十五，小余八；端蒙协洽三年。

十二大余二十六，小余四百八十一；大余四十，小余十六；游兆涒滩四年。

闰十三大余二十，小余八百二十九；大余四十五，小余二十四；强梧作噩神雀元年。

十二大余四十四，小余七百三十六；大余五十一，无小余；徒维淹茂二年。

十二大余三十九，小余一百四十四；大余五十六，小余八；祝犁大渊献三年。

闰十三大余三十三，小余四百九十二；大余一，小余十六；商横困敦四年。

全年为十二个月，月朔大余四十八日，小余五百五十二分；冬至大余五十三日，小余八分；强梧大渊献，即本始三年。

全年为十二个月，月朔大余四十二日，小余九百分；冬至大余五十八日，小余十六分；徒维困敦，即本始四年。

有闰月，全年为十三个月，月朔大余三十七日，小余三百零八分；冬至大余三日，小余二十四分；祝犁赤奋若，即地节元年。

全年为十二个月，月朔大余一日，小余二百一十五分；冬至大余九日，无小余；商横摄提格，即地节二年。

有闰月，全年为十三个月，月朔大余五十五日，小余五百六十三分；冬至大余十四日，小余八分；昭阳单阏，即地节三年。

冬至在午时，方位为正南。

全年为十二个月，月朔大余十九日，小余四百七十分；冬至大余十九日，小余十六分；横艾执徐，即地节四年。

全年为十二个月，月朔大余十三日，小余八百一十八分；冬至大余二十四日，小余二十四分；尚章大荒落，即元康元年。

有闰月，全年为十三个月，月朔大余八日，小余二百二十六分；冬至大余三十日，无小余；焉逢敦牂，即元康二年。

全年为十二个月，月朔大余三十二日，小余一百三十三分；冬至大余三十五日，小余八分；端蒙协洽，即元康三年。

全年为十二个月，月朔大余二十六日，小余四百八十一分；冬至大余四十日，小余十六分；游兆涒滩，即元康四年。

有闰月，全年为十三个月，月朔大余二十日，小余八百二十九分；冬至大余四十五日，小余二十四分；强梧作噩，即神雀元年。

全年为十二个月，月朔大余四十四日，小余七百三十六分；冬至大余五十一日，无小余；徒维淹茂，即神雀二年。

全年为十二个月，月朔大余三十九日，小余一百四十四分；冬至大余五十六日，小余八分；祝犁大渊献，即神雀三年。

有闰月，全年为十三个月，月朔大余三十三日，小余四百九十二分；冬至大余一日，小余十六分；商横困敦，即神雀四年。

十二大余五十七,小余三百九十九;大余六,小余二十四;昭阳赤奋若五凤元年。

闰十三大余五十一,小余七百四十七;大余十二,无小余;横艾摄提格二年。

十二大余十五,小余六百五十四;大余十七,小余八;尚章单阏三年。

闰十三大余五十三,小余七百二十七;大余二十一,小余二十四;昭阳大荒落四年。

十二大余十七,小余六百三十四;大余二十七,无小余;横艾敦牂五年。

闰十三大余十二,小余四十二;大余三十二,小余八;尚章汁洽六年。

闰十三大余四,小余四百一十;大余二十七,小余二十四;端蒙大荒落甘露元年。

十二大余二十八,小余三百一十七;大余三十三,无小余;游兆敦牂二年。

十二大余二十二,小余六百六十五;大余三十八,小余八;强梧协洽三年。

闰十三大余十七,小余七十三;大余四十三,小余十六;徒维涒滩四年。

十二大余四十,小余九百二十;大余四十八,小余二十四;祝犂作噩黄龙元年。

闰十三大余三十五,小余三百二十八;大余五十四,无小余;商横淹茂初元元年。

正东

十二大余五十九,小余二百三十五;大余五十九,小余八;昭阳大渊献二年。

十二大余五十三,小余五百八十三;大余四,小余十六;横艾困

全年为十二个月,月朔大余五十七日,小余三百九十九分;冬至大余六日,小余二十四分;昭阳赤奋若,即五凤元年。

有闰月,全年为十三个月,月朔大余五十一日,小余七百四十七分;冬至大余十二日,无小余;横艾摄提格,即五凤二年。

全年为十二个月,月朔大余十五日,小余六百五十四分;冬至大余十七日,小余八分;尚章单阏,即五凤三年。

有闰月,全年为十三月,月朔大余五十三日,小余七百二十七分;冬至大余二十一日,小余二十四分;昭阳大荒落,即五凤四年。

全年为十二个月,月朔大余十七日,小余六百三十四分;冬至大余二十七日,无小余;横艾敦牂,即五凤五年。

有闰月,全年为十三个月,月朔大余十二日,小余四十二分;冬至大余三十二日,小余八分;尚章汁洽,即五凤六年。

有闰月,全年为十三个月,月朔大余四日,小余四百一十分;冬至大余二十七日,小余二十四分;端蒙大荒落,即甘露元年。

全年为十二个月,月朔大余二十八日,小余三百一十七分;冬至大余三十三日,无小余;游兆敦牂,即甘露二年。

全年为十二个月,月朔大余二十二日,小余六百六十五分;冬至大余三十八日,小余八分;强梧协洽,即甘露三年。

有闰月,全年为十三个月,月朔大余十七日,小余七十三分;冬至大余四十三日,小余十六分;徒维涒滩,即甘露四年。

全年为十二个月,月朔大余四十日,小余九百二十分;冬至大余四十八日,小余二十四分;祝犁作噩,即黄龙元年。

有闰月,全年为十三个月,月朔大余三十五日,小余三百二十八分;冬至大余五十四日,无小余;商横淹茂,即初元元年。

冬至在卯时,方位正东。

全年为十二个月,月朔大余五十九日,小余二百三十五分;冬至大余五十九日,小余八分;昭阳大渊献,即初元二年。

全年为十二个月,月朔大余五十三日,小余五百八十三分;冬至大余四日,

敦三年。

闰十三大余四十七，小余九百三十一；大余九，小余二十四；尚章赤奋若四年。

十二大余十一，小余八百三十八；大余十五，无小余；焉逢摄提格五年。

十二大余六，小余二百四十六；大余二十，小余八；端蒙单阏永光元年。

闰十三无大余，小余五百九十四；大余二十五，小余十六；游兆执徐二年。

十二大余二十四，小余五百一；大余三十，小余二十四；强梧大荒落三年。

十二大余十八，小余八百四十九；大余三十六，无小余；徒维敦牂四年。

闰十三大余十三，小余二百五十七；大余四十一，小余八；祝犁协洽五年。

十二大余三十七，小余一百六十四；大余四十六，小余十六；商横涒滩建昭元年。

闰十三大余三十一，小余五百一十二；大余五十一，小余二十四；昭阳作噩二年。

十二大余五十五，小余四百一十九；大余五十七，无小余；横艾淹茂三年。

十二大余四十九，小余七百六十七；大余二，小余八；尚章大渊献四年。

闰十三大余四十四，小余一百七十五；大余七，小余十六；焉逢困敦五年。

十二大余八，小余八十二；大余十二，小余二十四；端蒙赤奋若竟宁元年。

十二大余二，小余四百三十；大余十八，无小余；游兆摄提格建

小余十六分；横艾困敦，即初元三年。

　　有闰月，全年为十三个月，月朔大余四十七日，小余九百三十一分；冬至大余九日，小余二十四分；尚章赤奋若，即初元四年。

　　全年为十二个月，月朔大余十一日，小余八百三十六分；冬至大余十五日，无小余；焉逢摄提格，即初元五年。

　　全年为十二个月，月朔大余六日，小余二百四十六分；冬至大余二十日，小余八分；端蒙单阏，即永光元年。

　　有闰月，全年为十三个月，月朔无大余，小余五百九十四分；冬至大余二十五日，小余十六分；游兆执徐，即永光二年。

　　全年为十二个月，月朔大余二十四日，小余五百零一分；冬至大余三十日，小余二十四分；强梧大荒落，即永光三年。

　　全年为十二个月，月朔大余十八日，小余八百四十九分；冬至大余三十六日，无小余；徒维敦牂，即永光四年。

　　有闰月，全年为十三个月，月朔大余十三日，小余二百五十七分；冬至大余四十一日，小余八分；祝犁协洽，即永光五年。

　　全年为十二个月，月朔大余三十七日，小余一百六十四分；冬至大余四十六日，小余十六分；商横涒滩，即建昭元年。

　　有闰月，全年为十三个月，月朔大余三十一日，小余五百一十二分；冬至大余五十一日，小余二十四分；昭阳作噩，即建昭二年。

　　全年为十二个月，月朔大余五十五日，小余四百一十九分；冬至大余五十七日，无小余；横艾淹茂，即建昭三年。

　　全年为十二个月，月朔大余四十九日，小余七百六十七分；冬至大余二日，小余八分；尚章大渊献，即建昭四年。

　　有闰月，全年为十三个月，月朔大余四十四日，小余一百七十五分；冬至大余七日，小余十六分；焉逢困敦，即建昭五年。

　　全年为十二个月，月朔大余八日，小余八十二分；冬至大余十二日，小余二十四分；端蒙赤奋若，即竟宁元年。

　　全年为十二个月，月朔大余二日，小余四百三十分；冬至大余十八日，无小

始元年。

闰十三大余五十六，小余七百七十八；大余二十三，小余八；强梧单阏二年。

十二大余二十，小余六百八十五；大余二十八，小余十六；徒维执徐三年。

闰十三大余十五，小余九十三；大余三十三，小余二十四；祝犁大荒落四年。

右历书：大余者，日也。小余者，月也。端蒙者，年名也。支：丑名赤奋若，寅名摄提格。干：丙名游兆。正北，冬至加子时；正西，加酉时；正南，加午时；正东，加卯时。

余；游兆摄提格，即建始元年。

有闰月，全年为十三个月，月朔大余五十六日，小余七百七十八分；冬至大余二十三日，小余八分；强梧单阏，即建始二年。

全年为十二个月，月朔大余二十日，小余六百八十五分；冬至大余二十八日，小余十六分；徒维执徐，即建始三年。

有闰月，全年为十三个月，月朔大余十五日，小余九十三分；冬至大余三十三日，小余二十四分；祝犁大荒落，即建始四年。

以上历书中的专用名词解释如下：大余，第一个大余，是正月合朔干支序数去掉六十整数倍后余下的天数；第二个大余是正月冬至日干支序数去掉历年中六十整数倍后余下的整日数。小余，是剩余的日的分数的分子，分母是三十二。端蒙等，是年名，包括干支两部分。支：如丑名赤奋若，寅名摄提格等；干：如丙名游兆等。正北，是指冬至时太阳方位在正北，时刻在子时；正西，冬至时太阳方位在正西，时刻在酉时；正南，冬至时太阳方位在正南，时刻在午时；正东，冬至时太阳方位在正东，时刻在卯时。

天官书第五

中宫天极星，其一明者，太一常居也；旁三星三公，或曰子属。后句四星，末大星正妃，余三星后宫之属也。环之匡卫十二星，藩臣。皆曰紫宫。

前列直斗口三星，随北端兑，若见若不，曰阴德，或曰天一。紫宫左三星曰天枪，右五星曰天棓，后六星绝汉抵营室，曰阁道。

北斗七星，所谓"旋、玑、玉衡以齐七政"。杓携龙角，衡殷南斗，魁枕参首。用昏建者杓；杓，自华以西南。夜半建者衡；衡，殷中州河、济之间。平旦建者魁；魁，海岱以东北也。斗为帝车，运于中央，临制四乡。分阴阳，建四时，均五行，移节度，定诸纪，皆系于斗。

斗魁戴匡六星曰文昌宫：一曰上将，二曰次将，三曰贵相，四曰司命，五曰司中，六曰司禄。在斗魁中，贵人之牢。魁下六星，两两相比者，名曰三能。三能色齐，君臣和；不齐，为乖戾。辅星明近，辅臣亲强；斥小，疏弱。

杓端有两星：一内为矛，招摇；一外为盾，天锋。有句圜十五星，属杓，曰贱人之牢。其牢中星实则囚多，虚则开出。

中宫的天极星，是其中最明亮的一颗，是太一天神的常位；天极星旁边的三颗小星象征着三公，有人说它们是太一神诸子的象征。天极星的后面是形如钩状的四颗勾星，其中最后一颗大星是正妃，其余三颗是后宫的侧妃嫔媵之类。环绕并护卫着中宫的有十二颗星，象征着文、武等诸臣。以上所有的星构成了中宫，统称为紫宫。

在紫宫前门口，有三颗星对着斗口，呈椭形。北端呈尖状的星，星光暗淡，若隐若现，叫作阴德星，又称为天一星。紫宫左方的三颗星，叫作天枪；右前方的五颗星叫天棓；后面横跨银河直达东壁宿和营室宿的六颗星，叫作阁道。

北斗七星，就是《尚书》中说的"璇、玑、玉衡以齐七政"的"七政"。北斗的斗杓与东宫七宿中的角宿相连，斗衡向南与南斗相对，斗魁星处于西方七宿中的参宿头顶上方。历法上，以黄昏时北斗斗杓所指十二辰方位的名称来命名该月月名的方法叫昏建，主华山及其西南方向的祸福吉凶；以夜半时斗衡所指方位命名该月月名的方法叫夜半建，其主黄河、济水之间的中原地区的祸福吉凶；以黎明时斗魁所指方位命名该月月名的方法叫平旦建，其主海、岱东北方向的祸福吉凶。北斗的形状如同天帝的车子，它在天极中央附近运行，因而钳制并主宰着四方地域的分野。区分阴阳，建明四时，平均五行，移易节度，确定十二辰纪的位置，这些全都要依靠北斗。

在斗魁星上方如筐般形状的六颗星，叫作文昌宫：六颗星的名称一是上将，二是次将，三是贵相，四是司命，五是司中，六是司禄。在四颗斗魁星中间，有星名贵人之牢。在斗魁星下方也有六颗星，每两两相邻，成三对，合称三能。三能星明暗颜色如果相同，则象征着君臣之间的关系和睦；如果不同，则表示君臣之间关系紧张。北斗旁的辅星明亮且靠近主星开阳，则表示辅佐的大臣权重且受信任；如果辅星距主星远而且暗小，则表示不受信任，辅佐的大臣权势弱小且与君王关系疏远。

北斗的杓尾末端有两颗星，靠近北斗的称为天矛，又名招摇；离北斗较远的称为盾星，又叫天锋。靠近斗杓有十五颗星，它们构成的形状上如勾，下如环，名叫贱人之牢。如果这些星看起来比较清晰，则象征着尘世中的囚犯多；如果看起来暗淡不清。则是囚犯得以开脱的征兆。

天一、枪、棓、矛、盾动摇,角大,兵起。

东宫苍龙,房、心。心为明堂,大星天王,前后星子属。不欲直,直则天王失计。房为府,曰天驷。其阴,右骖。旁有两星曰衿;北一星曰辖。东北曲十二星曰旗。旗中四星天市;中六星曰市楼。市中星众者实;其虚则耗。房南众星曰骑官。

左角,李;右角,将。大角者,天王帝廷。其两旁各有三星,鼎足句之,曰摄提。摄提者,直斗杓所指,以建时节,故曰"摄提格"。亢为疏庙,主疾。其南北两大星,曰南门。氐为天根,主疫。

尾为九子,曰君臣;斥绝,不和。箕为敖客,曰口舌。

火犯守角,则有战。房、心,王者恶之也。

南宫朱鸟,权、衡。衡,太微,三光之廷。匡卫十二星,藩臣:西,将;东,相;南四星,执法;中,端门;门左右,掖门。门内六星,诸侯。其内五星,五帝坐。后聚一十五星,蔚然,曰郎位;傍一大星,将位也。月、五星顺入,轨道,司其出,所守,天子所诛也。其逆入,若不轨道,以所犯命之;中坐,成形,皆群下从谋也。金、火尤甚。廷藩西有隋星五,曰少微,士大夫。权,轩辕。轩辕,黄龙体。前大星,女主象;旁小星,御者后宫属。月、五星守犯者,如衡占。

东井为水事。其西曲星曰钺。钺北,北河;南,南河;两河、天

如果天一、天枪、天棓、天矛和盾星看上去在摇动，且星光的芒角大，这预示着世间战乱将起。

东宫形状看起来像苍龙，有房、心二星宿。心宿有如天王发布政令的明堂，其中最大的那颗为天王星，其前后各有一颗小的是子星。心宿的三颗星排列形状不宜在一条直线上，如在一条直线上则说明天王的政令失宜。房宿有如天王府，又名天驷。房宿以北是右骖星。旁边的两星叫衿星，衿星北边的一颗星叫辖星。房宿东北方向弯曲排列的十二颗星叫旗。旗中有四星名为天市，有六星名为市楼。天市中星数多，则说明世间富足殷实；星数少则说明国民虚贫。房宿以南有许多星，称为骑官星座。

角宿有二颗星，左边的叫李星，右边的叫将星。大角星很亮，有如天王的帝廷。在两旁各有三颗星，如勾状鼎足而立，叫做摄提。之所以称为摄提，是由于它们位于斗杓所指的方向之下，被斗杓所提携，以建明时节，所以又叫"摄提格"。亢宿的外观像庙宇的房顶，主管人间疾病。亢宿的南边，一南一北有二颗大星，名为南门。氐宿，是天的根柢，主管人间瘟疫等疾病。

尾宿星座的九颗星，是天帝九子，是君臣关系的象征；如各星之间相距很远，就说明君臣不和。箕宿为敖客，是天的口舌，也是口舌是非的表象。

如果火星运行并停在角宿附近，预示有战争将要发生；如果是停在房宿、心宿附近，则不利于帝王，这是当政者厌恶的星象。

南宫看起来像只朱雀，所以常以朱雀作为它的名称，包括权星和衡星。衡指的就是太微垣，是日、月、五星运行的宫廷。周围有十二颗星匡辅和守卫，都以藩臣命名：西边的称将；东边的叫相；南边的四颗星，名为执法，其中间的那两颗叫端门，端门左右两边的两颗叫掖门。门内有六颗星，象征诸侯，其中的五颗星名为五帝座。太微北聚集着十五颗星，星光明亮，名为郎位；郎位旁边有一颗大星，叫将位。月亮与五星自西而东顺入太微垣，如果循轨道运行，察看它们走过的路径，在某星旁停留，与该星对应的世间官员将会被天子杀掉。月亮与五星自东而西逆行进入太微垣，如果不循轨道运行，它们接近的星所对应的大臣就会有危险；若接近了中间的五帝座，表示祸福已定，已无法解除，是群下相从而谋，共同作乱的结果。尤其是金星、火星侵犯五帝座，后果更为严重。在太微垣西部藩卫星的西面，有五颗从上垂下的星，名为少微，象征士大夫。再往西是权，也就是轩辕座，其形体像一条黄龙。权前面那颗大星，是女主的象征，它旁边那些小星，代表后宫奉御妃嫔之属。月与五星运行或是停留在权附近，占卜的方法与衡一样。

东井宿，主与水有关的占卜事宜。在它的西面，有一颗星弯曲形状的星名为钺。在钺的北面，有北河星座；钺的南面，有南河星座；在两河与天阙星之间，

阙间为关梁。舆鬼，鬼祠事；中白者为质。火守南北河，兵起，谷不登。故德成衡，观成潢，伤成钺，祸成井，诛成质。

柳为鸟注，主木草。七星，颈，为员官。主急事。张，素，为厨，主觞客。翼为羽翮，主远客。

轸为车，主风。其旁有一小星，曰长沙星，星不欲明；明与四星等，若五星入轸中，兵大起。轸南众星曰天库楼；库有五车。车星角若益众，及不具，无处车马。

西宫咸池，曰天五潢。五潢，五帝车舍。火入，旱；金，兵；水，水。中有三柱；柱不具，兵起。

奎曰封豕，为沟渎。娄为聚众。胃为天仓。其南众星曰廥积。

昴曰髦头，胡星也，为白衣会。毕曰罕车，为边兵，主弋猎。其大星旁小星为附耳。附耳摇动，有谗乱臣在侧。昴、毕间为天街。其阴，阴国；阳，阳国。

参为白虎。三星直者，是为衡石。下有三星，兑，曰罚，为斩艾事。其外四星，左右肩股也。小三星隅置，曰觜觿，为虎首，主葆旅事。其南有四星，曰天厕。厕下一星，曰天矢。矢黄则吉；青、白、黑，凶。其西有句曲九星，三处罗：一曰天旗，二曰天苑，三曰九游。其东有大星曰狼。狼角变色，多盗贼。下有四星曰弧，直狼。狼比地有大星，曰南极老人。老人见，治安；不见，兵起。常以秋分时候之于南郊。

是三光所经的关梁。舆鬼宿，主管鬼神祭祀的事；舆鬼宿中有一颗白色雾状的星名为质星。如果是火星运行到并停留在南、北河附近，表示有兵祸将起，粮食歉收。所以说，从衡星座可看出帝王的德政，从潢星座可看出天子出巡的征兆，从钺星座可看出王者的伤败，祸乱的征兆表现在井星座，质星则表现诛杀。

柳宿是朱雀的嘴巴，主占草木事。星宿七星处于朱雀的颈部，像朱雀的咽喉一样，主要占卜紧急之事。张宿是朱雀的嗉囊，有如天廷的厨房，主要占卜宴客之事。朱雀的羽翮是翼宿，主占迎送远方来客之事。

轸宿的形状有如车辆，主管风。在它的旁边有一颗小星，名为长沙星；这颗星通常阴暗不明。如果它变得与轸宿的四颗星同样明亮，就会与五星进入轸宿之中一样，预示有大的战争将要发生。轸宿南面的众多星星都属于天库楼星座；天库楼星座中一些星组成了五车星。如果车星的芒角很多或是看不清车星，那就预示天下将出现兵车动乱，以致没有停放车马的地方。

西宫的中心在咸池，叫做天五潢。五潢星座，是五帝的车舍。如果火星进入五潢，将会有旱灾；如果是金星进入，那么会有兵灾；如果是水星进入，那么就会有水灾。五潢星座中还有分别由三颗星组成的三个柱星，当柱星看不清时，就表示有战争将会发生。

奎宿又叫封豕，主占有关沟渠的事。娄宿，主占聚众的事。胃宿主占卜仓廪的事，其南面的众多星构成了廥积星座。

昴宿也叫髦头，其周边有光雾相伴，主占丧事。毕宿又叫罕车，象征边防兵，主占狩猎等事。毕宿中最大的那颗星旁边，有一颗小星，名叫附耳；如果附耳星不停摇动，则表示有谗佞之臣在天子身边。在昴宿、毕宿之间两颗星叫天街，其中靠北的那颗叫阴国，是夷狄人国家的象征；靠南的那颗叫阳国，是华夏国家的象征。

参宿的形状如同一只白虎。其中三颗东西连成一条直线的星就像一杆秤，叫作衡石。在衡石的下面有三颗星，与它组成了一锐角，叫罚星，主要占卜有关斩杀的事。衡石外边有四颗星，分别是参宿的左右肩和左右股。在参宿上边略偏点的地方有排成三角形的三颗小星，名叫觜觽，如同参宿白虎的虎头，主要占卜军旅运输之事。参宿南边的四颗星，名为天厕。在天厕南边下方有一颗星，叫作天矢。矢星如果为黄色，则是吉兆；如果为青色、白色或黑色，则为凶兆。在参宿的西边有弯曲排列的九颗星，分别陈列在三处，第一处名为天旗，第二处名为天苑，第三处名为九游。在参宿的东边，有一颗大星叫狼星。如果狼星的芒角变色，则表示天下盗贼多。狼星的东南方有四颗星，叫弧，正对狼星。在狼星正南面与地平线相接处有一颗大星，名叫南极老人星。老人星出现，表明世道安宁；不出现，则表明将有战事发生；通常是秋分时的黎明，在城南郊等候老人星的出现。

附耳入毕中，兵起。

北宫玄武，虚、危。危为盖屋；虚为哭泣之事。

其南有众星，曰羽林天军。军西为垒，或曰钺。旁有一大星为北落。北落若微亡，军星动角益希，及五星犯北落，入军，军起。火、金、水尤甚：火，军忧；水，患；木、土，军吉。危东六星，两两相比，曰司空。

营室为清庙，曰离宫、阁道。汉中四星，曰天驷。旁一星，曰王良。王良策马，车骑满野。旁有八星，绝汉，曰天潢。天潢旁，江星。江星动，人涉水。

杵、臼四星，在危南。匏瓜，有青黑星守之，鱼盐贵。

南斗为庙，其北建星。建星者，旗也。牵牛为牺牲。其北河鼓。河鼓大星，上将；左右，左右将。婺女，其北织女。织女，天女孙也。

察日、月之行以揆岁星顺逆。曰东方木，主春，日甲乙。义失者，罚出岁星。岁星赢缩，以其舍命国。所在国不可伐，可以罚人。其趋舍而前曰赢，退舍曰缩。赢，其国有兵不复；缩，其国有忧，将亡，国倾败。其所在，五星皆从而聚于一舍，其下之国可以义致天下。

以摄提格岁：岁阴左行在寅，岁星右转居丑。正月，与斗、牵牛晨出东方，名曰监德。色苍苍有光。其失次，有应见柳。岁早，水；晚，旱。

如果附耳星进入毕宿中间，表示有战事兴起。

北宫的整体形状像龟，所以称为玄武，包括虚宿和危宿。危宿的形状像房屋的屋顶，主占盖房等事；虚宿主占丧事。

在虚、危二宿的南面，有一大群星，称为羽林天军星座。羽林天军的西部是垒星，也称为钺星。在钺星旁有一颗大星，名叫北落。如果北落星光暗淡甚至隐而不见，羽林天军众星摇动且芒角稀少，以及五星运行到北落附近，或进入于羽林天军，表示将有战事发生。如果火星、水星、金星运行进入羽林天军那就更为严重了。火星靠近，则不利于军队；如果水星进入，则表示将有水灾；但如果是木星或土星进入，则对军事有利。在危宿的东边有六颗星，每两颗并列成对，名叫司空。

营室宿就像天上的清庙，其中有离宫、阁道等星座。天汉之中有四颗星在营室以北，名为天驷，也就是天马的意思。在天驷旁边有一星座，名叫王良。如果王良策动天马，那么表示天下将有车马动乱的祸患。王良旁有八星，横跨在银河之上，叫做天潢星。在天潢星旁边有一颗星，名为江星。如果江星摇动，表示将有大水灾发生。

杵、臼等四颗星，位于危宿的南面。在天潢星座南边的鲍瓜星旁，如果发现有青色或黑色的星停留在附近，则表示天下鱼盐的价格昂贵。

南斗宿是天帝的庙宇，它的北边是建星。建星，就像天庙前的旗帜。庙前祭祀的牺牲就是牵牛宿。牵牛宿的北面是河鼓宿。河鼓中的那颗大星，代表了天帝的大将；左右两边的小星，则代表了左右将。其东面是婺女宿，婺女宿的北边是织女星。织女，是天帝的孙女。

通过观察日、月的运行，以判断岁星的运行是否正常。岁星就是木星，主管东方，在五行为木，在四季主春，日期为甲乙。如国家有不义的行为，木星就会有天降惩罚的征兆。岁星有赢缩的变化，通常按它所在的星宿位置，对应地面上的国家，岁星所在星宿对应的国家，不能去进行征伐，但该国却可以去征伐别国。岁星实际位置超过了应处的运行位置到达下一星宿称为赢，没有到达应处的位置而落后一个星宿称为缩。如果发生了赢现象，所对应的国家将有兵事，但不会有灭亡的危险；如果发生了缩现象，所对应的国家将有忧患，国家会有倾败的危险。如果国家所对应的天区，出现了五星也都先后聚集到了这一宿的天象，那么这个国家就可以以义取天下。

在摄提格岁即寅年，这时岁阴从东向西在寅位运行，而岁星从西向东运行在丑位。正月时，岁星同斗宿、牵牛宿在天亮前一起出现在东方，叫作监德；其星色明亮且青苍。如果岁星运动失次，与它相应的征兆，应验在柳宿的对应国。岁星出现超前了，该国有水灾；岁星出现晚了，该国有旱灾。

岁星出，东行十二度，百日而止，反逆行；逆行八度，百日，复东行。岁行三十度十六分度之七，率日行十二分度之一，十二岁而周天。出常东方，以晨；入于西方，用昏。

单阏岁：岁阴在卯，星居子。以二月与婺女、虚、危晨出，曰降入。大有光。其失次，有应见张。其岁大水。

执徐岁：岁阴在辰，星居亥。以三月与营室、东壁晨出，曰青章。青青甚章。其失次；有应见轸。岁早，旱；晚，水。

大荒骆岁：岁阴在巳，星居戌。以四月与奎、娄晨出，曰跰踵。熊熊赤色，有光。其失次，有应见亢。

敦牂岁：岁阴在午，星居酉。以五月与胃、昴、毕晨出，曰开明。炎炎有光。偃兵；唯利公王，不利治兵。其失次，有应见房。岁早，旱；晚，水。

叶洽岁：岁阴在未，星居申。以六月与觜觿、参晨出，曰长列。昭昭有光。利行兵。其失次，有应见箕。

涒滩岁：岁阴在申，星居未。以七月与东井、舆鬼晨出，曰大音。昭昭白。其失次，有应见牵牛。

作鄂岁：岁阴在酉，星居午。以八月与柳、七星、张晨出，曰长王。作作有芒。国其昌，熟谷。其失次，有应见危。有旱而昌，有女丧，民疾。

阉茂岁：岁阴在戌，星居巳。以九月与翼、轸晨出，曰天睢。白色大明。其失次，有应见东壁。岁水，女丧。

岁星出现后，由西向东运行十二度，历时一百天后停止，然后向西开始逆行；逆行八度，也需要一百天，然后又再向东运行。一年共运行三十度又十六分之七度，平均每天运行十二分之一度，绕天空运行一周需要十二年。岁星出现时常在东方，时间为早晨；黄昏时候，消失在西方。

单阏岁的时候，岁阴出现在卯位，岁星处于子位。二月时，岁星与婺女、虚、危三宿一起在早晨时出现于东方，名为降入；星光明亮而且大。如果这时岁星失次运行，会有相应的征兆在张宿出现。这样的年份将有大水灾。

执徐岁的时候，岁阴出现于辰位，岁星位于亥位。在三月份时，岁星与营室、东壁二宿一起出现于早晨的东方，名为青章，其星光青苍而明亮。这时如果岁星运行失次，会有相应的征兆在轸宿出现。岁星若早出，轸宿对应的国家将会天旱；若晚出了，则轸宿对应的国家将会有水灾。

大荒骆岁的时候，岁阴在巳位，岁星在戌位。四月份时，岁星与奎、娄二宿一起出现在东方的早晨，名为跰踵，其星光呈赤色且有光芒。这时如果岁星运行失次，则会有相应的征兆在亢宿出现。

敦牂岁的时候，岁阴处午位，岁星在酉位。五月份时，岁星与胃、昴、毕三宿一起在早晨出现于东方，名为开明。其星炎炎有光。这一年应停止兵事，有利于帝王施政，不利于治军弄武。这时如果岁星失次，则会有相应的征兆在房宿出现。岁星出现早了，则房宿对应的国家将有旱灾；若出现晚了，该国则有水灾。

叶洽岁的时候，岁阴在未位，岁星在申位。六月份时，岁星在早晨与觜觿、参宿一起出现于东方，名为长列，其星体光亮灿烂。这一年有利于出兵战事。如果岁星这时运行失次，则会有相应的征兆在箕宿出现。

涒滩岁的时候，岁阴在申位，岁星在未位。七月份，在早晨时岁星与东井、舆鬼二宿一起出现于东方，名为大音。其星光呈白色且明亮。如果岁星这时运行失次，那么在牵牛宿对应的国度将会有征兆出现。

作鄂岁的时候，岁阴在酉位，岁星处午位。八月份时，岁星与柳宿、七星、张宿一起出现于东方的早晨，名为长王。其星光明亮且有芒角。这一年，其对应的国家将昌盛，且五谷丰收。八月时如果岁星运行失序，那么在危宿对应的国度将会有征兆出现。这时该国即使有旱灾，国运仍会昌隆；可能会有女主丧亡，而民众会有疾疫之苦。

阉茂岁的时候，岁阴在戌位，岁星在巳位。九月份时，岁星与翼、轸二宿一起出现在东方的早晨，名为天睢。其星光白色且大而亮。此时如果岁星运行失次，那么在东壁宿对应的国度将会有征兆出现。该国将会有水灾或女主丧亡之祸。

大渊献岁：岁阴在亥，星居辰。以十月与角、亢晨出，曰大章。苍苍然，星若跃而阴出旦，是谓"正平"。起师旅，其率必武；其国有德，将有四海。其失次，有应见娄。

困敦岁：岁阴在子，星居卯。以十一月与氐、房、心晨出，曰天泉。玄色甚明。江池其昌，不利起兵。其失次，有应昴。

赤奋若岁：岁阴在丑，星居寅，以十二月与尾、箕晨出，曰天皓。黰然黑色甚明。其失次，有应见参。

当居不居，居之又左右摇，未当去去之，与他星会，其国凶。所居久，国有德厚。其角动，乍小乍大，若色数变，人主有忧。

其失次舍以下，进而东北，三月生天棓，长四丈，末兑；进而东南，三月生彗星，长二丈，类彗；退而西北，三月生天欃，长四丈，末兑；退而西南，三月生天枪，长数丈，两头兑。谨视其所见之国，不可举事用兵。其出如浮如沈，其国有土功；如沈如浮，其野亡。色赤而有角，其所居国昌。迎角而战者，不胜。星色赤黄而沈，所居野大穰。色青白而赤灰，所居野有忧。岁星入月，其野有逐相；与太白斗，其野有破军。

岁星一曰摄提，曰重华，曰应星，曰纪星。营室为清庙，岁星庙也。

察刚气以处荧惑。曰南方火，主夏，日丙、丁。礼失，罚出荧

大渊献岁的时候，岁阴出现在亥位，岁星出现在辰位。十月份的早晨时，岁星与角宿、亢宿一起出现在东方，名为大章。其星光茫青苍，好像是突然从黎明前的黑暗中跃出似的，这就叫"正平"。这样的年份，其对应的国家如果兴兵伐敌，其将帅必然勇猛；该国也因为有德而将拥有四海，成为天下共主。此时如果岁星运行失序，那么在娄宿对应的国度将会有征兆出现。

　　困敦岁的时候：岁阴在子位，岁星在卯位。十一月份的早晨，岁星与氐宿、房宿、心宿一起出现在东方，名为天泉。其星光色黑但是很明亮。这样的年份，江、池等水产将获得丰收，但不利于起兵。此时如果岁星运行失序，那么在昴宿对应的国度将会有征兆出现。

　　赤奋若岁的时候，岁阴在丑位，岁星在寅位。十二月份的早晨，岁星与尾宿、箕宿一起出现在东方，名为天皓。其星光色黑且明亮。此时如果岁星运行失序，那么在参宿对应的国度将会有征兆出现。

　　岁星在运行过程中会出现停留，如果它在某处应当停留却没有停留，即使停留却又左右摇动，或者不该离开却又离开了，与其他星宿交会，那么该宿相对应的国家就会出现灾难。如果在某处停留得过久，那么说明相对应的国家德泽深厚。如果岁星的芒角摇动，或是忽大忽小，好像颜色总是在变，那么预示着该国的国君有忧患。

　　岁星失次运行超过一宿，往东北方向顺行，三个月后会出现在天棓星附近，它看上去长四丈，尾端尖锐；向东南方向顺行，三个月后会出现在彗星附近，它看上去长两丈，形状像彗星；往西北方向逆行，三个月后会出现在天欃星附近，它看上去长四丈，尾端尖锐；向西南方向逆行，三个月后会出现在天枪星附近，它看上去有几丈长，两头尖锐。与这些星宿相对应的国家要认真观察岁星的运行情况，当年不宜举办大事或出兵动武。如果岁星出现时看似向北上浮而实则向南下沉，那么它所出现的区域对应的国家可能会扩张领土；如果是看似向南下沉而实则向北上浮，那么其对应之国将会丧失边境领土。如果岁星颜色赤红且有芒角，那么其出现天域所对应的分野国必会昌盛；与该国作战是不会获胜的。如果岁星的颜色赤黄而浓重，那么其出现天域所对应的分野国定是五谷大熟，得大丰收。如果岁星的颜色为青白或赤灰，那么其出现天域所对应的分野国定有忧患。如果岁星隐于月亮之后，那么其出现天域所对应的分野国的宰相会被罢免；如果岁星与太白星相遇，那么其出现天域所对应的分野国的军事行动会失败。

　　岁星又叫摄提，又名重华、应星、纪星。前面所说的营室宿就是天上的清庙，指的就是岁星庙。

　　通过观察阳刚的气象来对荧惑星做出决断。荧惑在五方中属南方，五行属

惑，荧惑失行是也。出则有兵，入则兵散。以其舍命国。荧惑为勃乱，残贼、疾、丧、饥、兵。反道二舍以上，居之，三月有殃，五月受兵，七月半亡地，九月太半亡地。因与俱出入，国绝祀。居之，殃还至，虽大当小；久而至，当小反大。其南为丈夫，北为女子丧。若角动绕环之，及乍前乍后，左右，殃益大。与他星斗，光相逮，为害；不相逮，不害。五星皆从而聚于一舍，其下国可以礼致天下。

法，出东行十六舍而止；逆行二舍；六旬，复东行，自所止数十舍，十月而入西方；伏行五月，出东方。其出西方曰"反明"，主命者恶之。东行急，一日行一度半。

其行东、西、南、北疾也。兵各聚其下；用战，顺之胜，逆之败。荧惑从太白，军忧；离之，军却。出太白阴，有分军；行其阳，有偏将战。当其行，太白逮之，破军杀将。其入守犯太微、轩辕、营室，主命恶之。心为明堂，荧惑庙也。谨候此。

历斗之会以定填星之位。曰中央土，主季夏，日戊、己，黄帝，主德，女主象也。岁填一宿，其所居国吉。未当居而居，若已去而复还，还居之，其国得土，不乃得女。若当居而不居，既已居之，又西

火，也就是火星，四时主夏，天干为丙丁。如果国家的行为失礼，荧惑星便会出现天降惩罚的征兆；荧惑就是行为不当的征兆。它若出现就会有战争，它若隐没战争就会停止。通常以荧惑所在的星宿占卜该星宿所对应分野国的吉凶。荧惑星的出现，往往预示着动乱的发生，如流寇、疾病、死丧、饥饿、战争等。荧惑星逆行超过两宿以上，停留在某宿，如果停留三个月，那么所停处相应的国度会有祸殃；如果停留五个月，该国将有外兵入侵；如果停留七个月，该国半数国土将丧失；如果停留九个月，该国国土将丧失大半；如果是从早到晚与停留处的星宿一起出没，那么该国便将灭亡了。荧惑星停留的地方，对应的分野国如果灾祸立刻降临，那么这种灾难看似大，其实小；如果灾祸迟迟才到，那么所受的祸殃将看似小，其实大。荧惑如果向南运行，是男子死亡的预示；如果是向北运行，则是女子死亡的预示。如果是荧惑的星光芒角动摇或是在原地旋转，以及忽前忽后、忽左忽右，那么祸殃就会更大。荧惑在运行中与其他星宿相遇，如果两者的星光亮度相差无几，那么就会有危害；如果两者的星光亮度相差悬殊，那么就不会有危害。如果五大行星相继聚集在同一星宿，那么该星宿对应的国度可以以礼号召天下。

荧惑运行的规律：早晨从东方出现后，自西向东顺行十六宿后停止，然后向西逆行二宿；约两个月后，再又向东顺行，经过数十宿后停止，大概十个月后日落前消逝于西方；在伏行五个月后，又在东方出现。如果它消失后又从西方出现，名为"反明"，这是分野国厌恶的天象。荧惑向东运行时速度很快，每天运行达到一度半。

荧惑向东、南、西、北四个方向的运行速度，都非常迅疾。当它运行到这四个方向的任何一个方位，该方位相应的地区都会有战事发生；如果发生战争，那么荧惑顺行时对应的分野国一方用兵必胜，逆行时对应的分野国一方用兵则必败。如果荧惑随着太白星而行，那么相应的分野国则有军事忧患；如果它离开太白星运行，那么军队会撤离。如果荧惑在太白星以北运行，那么表示会有偷袭的军队；如果是在太白星以南运行，则表示会有小的战事发生。当荧惑运行时，如果被太白星从后追上，那么预示着可能有军败将亡的事发生。荧惑星如果停留或者是侵犯太微垣、轩辕座、营室宿，那么对相应的分野国来说是最忌讳的事。心宿是指行政的明堂，而荧惑是执法的庙堂。仔细观察荧惑的情况，以断吉凶

通过历法中与南斗交会的年份，来判定填星的位置。按五行说法，填星属五方的中央，五行属土，即土星，主管夏末；天干属戊、己，是中央黄帝，主管道德，是女主的象征。土星每年行过一宿（绕恒星一周约二十八年），其停留处，对相应的分野国有利。如果在不该停留时而停留，或者已经离去却又返回来，且

东去，其国失土，不乃失女，不可举事用兵。其居久，其国福厚；易，福薄。

其一名曰地侯，主岁。岁行十三度百十二分度之五，日行二十八分度之一，二十八岁周天。其所居，五星皆从而聚于一舍，其下之国，可重致天下。礼、德、义、杀、刑尽失，而填星乃为之动摇。

赢，为王不宁；其缩，有军不复。填星，其色黄，九芒，音曰黄钟宫。其失次上二三宿曰赢，有主命不成，不乃大水。失次下二三宿曰缩，有后戚，其岁不复，不乃天裂若地动。

斗为文太室，填星庙，天子之星也。

木星与土合，为内乱，饥，主勿用战，败；水则变谋而更事；火为旱；金为白衣会若水。金在南曰牝牡，年谷熟，金在北，岁偏无。火与水合为焠，与金合为铄，为丧，皆不可举事，用兵大败。土为忧，主孽卿；大饥，战败，为北军，军困，举事大败。土与水合，穰而拥阏，有覆军，其国不可举事。出，亡地；入，得地。金为疾，为内兵，亡地。三星若合，其宿地国外内有兵与丧，改立公王。四星合，兵丧并起，君子忧，小人流。五星合，是为易行，有德，受庆，改立大人，掩有四方，子孙蕃昌；无德，受殃若亡。五星皆大，其事亦大；皆小，事亦小。

返回之后停留下来，那么预示着相应的分野国领土将会扩大，否则会得到女主。如果填星应该停留而不停留，及已停留却又很快向东或向西离去，那么相应的分野国会有丧失领土的灾祸，否则会丧失女主，不可以进行用兵大事。如果填星在某处停留得久，那么说明相应分野国的福气大；反之，说明该国的福气小。

填星，又名地侯，主要是掌管年岁的收成好坏。每年运行十三度又一百一十二分之五度，每日运行二十八分之一度，二十八年绕天空运行一周。如果填星停留在某一宿，而其他四星也都相从聚集于该宿，那么相对应的分野国可成为天下影响最大的国家。如果一个国家礼、德、义、杀、刑等全都失当，那么填星将会为此动摇不定。

如果填星运行出现赢的现象，则预示着相应分野国的君王将不得安宁；如果填星运行出现缩的现象，则预示着相应分野国出征的战士不会返回。填星，其光为黄色，有九道光芒，与黄钟宫调相对应。如果填星运行失次超过二三宿称为赢，象征着对应国不能实行君主之命，否则该国有大水灾。若运行失次落后二三宿称为缩，预示着对应国王后有悲戚之事，这一年年阴阳不和，冬至阴不复，夏至阳不复，不然就会有天崩地裂的事发生。

斗宿是天上的文太室，是填星之庙，是占卜天子吉凶的星宿。

木星与土星会合，象征着对应国将发生内乱。饥荒，人君不可发动战争，否则必败；木星与水星会合，象征着谋事不终，半途而废；木星与火星会合，表示该国将有旱灾发生；木星与金星会合，表示该国将有死丧之事或者有水灾。金星在木星（岁星）南会合，被称为牝牡，是五谷丰收的征兆；金星在木星北会合，则表示该国将五谷歉收。火星与水星会合被称为焠，火星与金星会合被称为铄，都预示着将有丧事，该国不宜有重大举措，此时如果对敌用兵则将大败。火星与土星会合有忧患，表示有公卿为祸；国家将有大饥，战事失利，有败北与军队被困的危险，凡是行事都将遭遇失败。土星与水星会合，五谷虽然丰收却流通不畅，有全军覆灭的危险，相对应的国度不可以进行大事。土星与水星会合时两星都出现，该国将丧失国土；如果两星会合而隐入不见，那么该国将会获得土地。土星与金星会合，预示着疾病流行，国内有兵造反，该国将丧失国土。如果五星中有三星在某处会合，那么相对应的国度，外有敌国入侵，内有战乱兴起，造成丧亡，将改立君主；如果是四星会合，预示该国将兵丧并起，人君有忧患，而百姓将流离失所；如果是五星会合，这是要易世而行，将要改朝换代的征兆，有德的国家，有喜庆，改立的君主，将拥有天下，子孙后代蕃衍昌盛；无德的国家，将遭受祸殃乃至灭亡。五星都大而明亮，其预兆的事体也大；五星都小而暗淡，其预兆的事体也小。

蚤出者为赢，赢者为客。晚出者为缩，缩者为主人。必有天应见于杓星。同舍为合，相陵为斗，七寸以内必之矣。

五星色白圜，为丧旱；赤圜，则中不平，为兵；青圜，为忧水；黑圜，为疾，多死；黄圜，则吉。赤角犯我城，黄角地之争，白角哭泣之声，青角有兵忧，黑角则水。意，行穷兵之所终。五星同色，天下偃兵，百姓宁昌。春风秋雨，冬寒夏暑，动摇常以此。

填星出百二十日而逆西行，西行百二十日反东行。见三百三十日而入，入三十日复出东方。太岁在甲寅，镇星在东壁，故在营室。

察日行以处位太白。曰西方，秋，日庚、辛，主杀。杀失者，罚出太白。太白失行，以其舍命国。其出行十八舍二百四十日而入。入东方，伏行十一舍百三十日；其入西方，伏行三舍十六日而出。当出不出，当入不入，是谓失舍，不有破军，必有国君之篡。

其纪上元，以摄提格之岁，与营室晨出东方，至角而入；与营室夕出西方，至角而入；与角晨出，入毕；与角夕出，入毕；与毕晨出，入箕；与毕夕出，入箕；与箕晨出，入柳；与箕夕出，入柳；与柳晨出，入营室；与柳夕出，入营室。凡出入东西各五，为八岁二百二十日，复与营室晨出东方。其大率，岁一周天。其始出东方，行迟，率日

赢是五星早于推算时间出现的称谓，有如来了客人。行星晚于推算时间出现，称为缩，有如主人送客在后。如果五星运行失次出现赢、缩，必定会有反应从北斗的杓星失常显示出来。行星同在一宿叫作合，处于相邻的两宿叫作斗，如果两者相近在七寸以内，必定会有征兆显现。

五星如果色白而体圆，预示着将有丧事和旱灾；如果色红而体圆，边沿和中部有不平的样子，预示将有战争；如果色青而体圆，预示着将有水患；如果色黑而体圆，预示着将有疾病发生，死亡的人多；如果色黄而体圆，则是吉利的征兆。五星如果有赤色芒角，预示有敌兵犯我城池；如果有黄色芒角，预示着将有争夺土地的战争；如果有白色芒角，预示着将有丧事；如果有青色芒角，预示着军队将有忧患；如果有黑色芒角，预示着将有水灾。它们的形状和颜色变化，预示着军事行动的最终结果。如果五星一色，预示着天下将兵戈息止，百姓昌盛安宁。春风秋雨，夏热冬寒，季节变换的征兆，常从这些天象表现出来。

填星出现以后，顺行一百二十天后开始向西逆行，再经过一百二十天重又向东顺行。在天空中出现三百三十天后隐入伏行，伏行三十天后又重新出现在东方。太岁在寅位的甲寅年，填星在东壁宿和营室宿。

通过对太阳运行的观察来判断太白星的位置。按照五行的说法，太白星位于五方中的西方，属秋，天干为庚、辛，主刑杀。如果刑杀不当，太白星就会出现惩罚的征兆。太白星如果运行失常，按照所经行的星宿可推断对应国家的凶吉。太白星出现后行经十八宿，但要经过二百四十日才隐没伏行。如果它从东方隐没伏行，需行经十一宿和一百三十天后才会出现在东方；如果它从西方隐没伏行，则需行经三宿和十六日后，才会重新出现。如果太白星应该出现却没有出现，或者应该隐没却没有隐没，这称为失舍。如果太白星失舍，那么相应的国度不是打败仗，就必定会有篡位的事件发生。

按上元历法，甲寅年时，太白星与营室宿会同时出现于东方的早晨，运行到角宿时隐没不见；然后会与营室宿在黄昏时一起出现于西方，运行至角宿时隐没不见。再又与角宿在晨时一起出现于东方，运行到毕宿时隐没；然后又与角宿在黄昏时一起出现于西方，运行到毕宿时隐没。再与毕宿在晨时一起出现于东方，行到箕宿时隐没；黄昏时又与毕宿一起出现于西方，运行到箕宿时隐没。再与箕宿在晨时一起出现于东方，运行到柳宿时隐没；然后黄昏时与箕宿一起出现于西方，运行到柳宿时隐没。晨时再与柳宿一起出现在东方，运行到营室宿时隐没；然后与柳宿在黄昏时同时出现于西方，运行到营室宿时隐没。凡出入东西方各五次，用时八年，共二千九百二十天，太白星又会重新与营室宿在晨时同时出现于东方。平均来说，其运行一周大约需要一年的时间。它初出东方的时候，运行较

半度，一百二十日，必逆行一二舍；上极而反，东行，行日一度半，一百二十日入。其庳，近日，曰明星，柔；高，远日，曰大嚣，刚。其始出西，行疾，率日一度半，百二十日；上极而行迟，日半度，百二十日，且入，必逆行一二舍而入。其庳，近日，曰大白，柔；高，远日，曰大相，刚。出以辰、戌，入以丑、未。

当出不出，未当入而入，天下偃兵，兵在外，入。未当出而出，当入而不入，天下起兵，有破国。其当期出也，其国昌。其出东为东，入东为北方；出西为西，入西为南方。所居久，其乡利；易，其乡凶。

出西至东，正西国吉。出东至西，正东国吉。其出不经天；经天，天下革政。

小以角动，兵起。始出大，后小，兵弱；出小，后大，兵强。出高，用兵深吉，浅凶；庳，浅吉，深凶。日方南金居其南，日方北金居其北，曰赢，侯王不宁，用兵进吉退凶。日方南金居其北，日方北金居其南，曰缩，侯王有忧，用兵退吉进凶。用兵象太白：太白行疾，疾行；迟，迟行。角，敢战。动摇躁，躁。圜以静，静。顺角所指，吉；反之，皆凶。出则出兵，入则入兵。赤角，有战；白角，有丧；黑圜角，忧，有水事；青圜小角，忧，有木事；

慢，每天大约行进半度，一百二十天以后，必然会逆行一二宿；到达极点后又反向东行，每天行一度半，经过一百二十天后隐没。星位最低时，距离太阳最近，称为"明星"，星光柔和发亮；星位最高时，距离太阳最远，称为"大嚣"，星光强烈而明亮。太白星初出西方的时候，运行较快，每天大约行一度半，经一百二十天，到达极点后运行变慢，每天行半度，经一百二十天以后，将要隐没前，必定逆行一二宿才会隐没。星位最低时，距离太阳最近，名为"大白"，星光柔和发亮；星位最高时，距离太阳最远，名为"大相"，星光强烈而明亮。太白星升出地平线的方位在辰位、戌位，没入地平线的方位在丑位、未位。

如果太白星应当出现时没有出现，不应当隐没时却隐没，预示着天下将干戈停息，在外的士兵，将返回本国；如果不应当出现却出现了，应当隐没却没有隐没，预示着天下将有战争发生，有国家会灭亡。如果太白星按期出现，那么相应的分野国必定会昌盛。太白星如果出现于东方则与东方国相对应，若入于东方则与北方国相对应；若出于西方则与西方国相对应，若入于西方则与南方国相对应。若在某处停留的时间很久，则该国将获吉利；相反，则该国会有凶灾。

如果太白星从西方出现向东方运行，那么正西方向的国家将会吉利。如果太白星从东方出现向西方运行，那么正东方向的国家将会吉利。太白星出现后，不会历经周天运行至任意天区，如果其历行周天了，预示着天下将会改朝换代。

太白星光的芒角只要稍微有动摇，就表示将有战乱发生。如果太白星刚开始出现时比较大，然后变小，则表示对应国兵力弱小；如果刚开始出现时星体小，然后变大，则表示对应国兵力强盛。如果出现时星位高，则表示用兵一方深入敌国吉利，否则便会有凶险；如果出现时星位低，则预示着用兵一方进入敌境浅便会吉利，深入则会凶险。太阳位置偏南而金星位于太阳南，或者太阳位置偏北而金星位于太阳北方，这种现象称为赢，预示着侯王将不得安宁，在军事上进兵吉利，退兵则凶。太阳位置偏南而金星在太阳以北，或者太阳位置偏北而金星在太阳以南，这种现象称为缩，预示侯王将有忧患，如正在用兵，则退兵吉利而进兵凶险。用兵者应该善于观察太白星的星象：如果太白星运行得快，则用兵应速战速决；若太白星运行缓慢，则用兵也应持重缓行，静以待变。若太白星有芒角，则士兵也会锋芒外露，敢于战斗。如果太白星躁动，那么兵也宜动。如果太白星圆且静，兵也宜静。顺着太白星芒角所指方向用兵，则吉利；逆着芒角方向用兵，则凶险。太白星出现时则可出兵，太白星隐没时则应收兵。如果太白星的芒角为赤色，则预示着将有战事发生；如果芒角为白色，预示着将有丧事发生；如果芒角色黑且钝，那么预示着国有忧患，或有水灾；如果芒角色青且小而钝，预示着国有忧患，或者有与木星相关的祸事；如果芒角色黄且平和而圆钝，预示着

黄圜和角,有土事,有年。其已出三日而复有微入,入三日乃复盛出,是谓奓,其下国有军败将北。其已入三日又复微出,出三日而复盛入,其下国有忧;师有粮食兵革,遗人用之;卒虽众,将为人虏。其出西失行,外国败;其出东失行,中国败。其色大圜黄滜,可为好事;其圜大赤,兵盛不战。

太白白,比狼;赤,比心;黄,比参左肩;苍,比参右肩;黑,比奎大星。五星皆从太白而聚乎一舍,其下之国可以兵从天下。居实,有得也;居虚,无得也。行胜色,色胜位,有位胜无位,有色胜无色,行得尽胜之。出而留桑榆间,疾其下国。上而疾,未尽其日,过参天,疾其对国。上复下,下复上,有反将。其入月,将僇。金、木星合,光,其下战不合,兵虽起而不斗;合相毁,野有破军。出西方,昏而出阴,阴兵强;暮食出,小弱;夜半出,中弱;鸡鸣出,大弱:是谓阴陷于阳。其在东方,乘明而出阳,阳兵之强,鸡鸣出,小弱;夜半出,中弱;昏出,大弱:是谓阳陷于阴。太白伏也,以出兵,兵有殃。其出卯南,南胜北方;出卯北,北胜南方;正在卯,东国利。出酉北,北胜南方;出酉南,南胜北方;正在酉,西国胜。

其与列星相犯,小战;五星,大战。其相犯,太白出其南,

有与土星相关的事发生，年成好。若太白星已经出现三日而又稍微隐没，或者已经隐没三日又长时间出现，称作"奕"，那么对应国将会有军事失利、将军败北的事发生。如果太白星已隐没三日又稍有出现，或者已出现三日然后又长时间隐没，那么对应的国家将有忧患之事发生，要么是军队的粮食辎重，白白送给了敌军；要么是士卒众多，将军却被敌军俘虏。如果太白星从西方出现且运行失常，则预示着外国入侵者将失败；如果是从东方出现且运行失常，预示本国军队将失败。如果太白星圆且大，色黄而润泽，预示着将会有好事发生；如果其色赤而圆大，预示着该国军力虽强却无战争。

太白星色白时，说明它靠近天狼星；色赤时，说明它靠近心星；色黄时，说明它靠近参宿左肩上的参宿四星；色苍时，说明它与参宿右肩上的参宿五星相近；色黑时，说明它与奎宿中的亮星相近。当五星中的其他四星与太白星同聚于一宿时，其对应的分野国家可凭兵纵横天下。如果太白星停留的位置与推算位置一致，那么对应的国家将有所得；如果太白星所停留的位置与推算的不一致，那么其对应的国家将不会有收获。通过太白星来卜吉凶，通过太白星运行的状况来占卜胜过用其颜色来占卜，通过其颜色来占卜胜过用其所处方位来占卜，而有方位吉利的条件要胜于无方位吉利的条件，有颜色吉利的条件则胜于没有此条件者，但观察其运行来占卜胜过其他所有条件。如果太白星出现后迟迟停留于树梢之间，那么对应的国家将不利。如果其出现后快速向上运行，还没到一天就已超过了三分之一宿，则对于对应国的敌对国不利。如果太白星出现后忽下忽上，如此反复，预示着对应国将有将军会反叛。如果太白星出现后为月所掩，则预示对应国的将军会遭杀戮。如果金星与木星会合且明亮，对应的地区兵不相遇却有战争，即使出兵也不会发生战斗；如果会合后一星光芒掩盖了另一星，则预示双方将大战且一方大败。太白星从西方出现，时在昏时，属阴，西方也属阴，所以预示阴兵强盛；阴兵如果在晚饭时出动，兵力稍弱；如果在半夜时出动，兵力次弱；如果在鸡鸣时出动，兵力最弱，这叫作"阴陷于阳"。太白星出现在东方，时在黎明，属阳，东方也属阳，所以预示阳兵强盛；如果阳兵在鸡鸣时出动，兵力稍弱；如果在夜半时出动，兵力次弱；如果在黄昏时出动，兵力最弱，这叫作"阳陷于阴"。当太白星隐没地平线下伏行，这时候出兵则出兵方必有祸殃。太白星如果从东南方升起，预示着南方将战胜北方；如果从东北方升起，预示着北方将战胜南方；如果恰好从正东方升起，则对东方国家有利。太白星如果从西北方向升起，预示着北方将战胜南方；如果从西南方向升起，则预示着南方将胜过北方；如果恰好在正西方出现，则对西方国家有利。

如果太白星与众恒星相遇，则预示着有小规模战争将要发生；如果太白星

南国败；出其北，北国败。行疾，武；不行，文。色白五芒，出蚤为月蚀，晚为天夭及彗星，将发其国。出东为德，举事左之迎之，吉。出西为刑，举事右之背之，吉。反之皆凶。太白光见景，战胜。昼见而经天，是谓争明，强国弱，小国强，女主昌。

亢为疏庙，太白庙也。太白，大臣也，其号上公。其他名殷星、太正、营星、观星、宫星、明星、大衰、大泽、终星、大相、天浩、序星、月纬。大司马位谨候此。

察日辰之会，以治辰星之位。曰北方水，太阴之精，主冬，日壬、癸。刑失者，罚出辰星，以其宿命国。

是正四时：仲春春分，夕出郊奎、娄、胃东五舍，为齐；仲夏夏至，夕出郊东井、舆鬼、柳东七舍，为楚；仲秋秋分，夕出郊角、亢、氐、房东四舍，为汉；仲冬冬至，晨出郊东方，与尾、箕、斗、牵牛俱西，为中国。其出入常以辰、戌、丑、未。

其蚤，为月蚀；晚，为彗星及天夭。其时宜效不效为失，追兵在外不战。一时不出，其时不和；四时不出，天下大饥。其当效而出也，色白为旱，黄为五谷熟，赤为兵，黑为水。出东方，大而白，有兵于外，解。常在东方，其赤，中国胜；其西而赤，外国利。无兵于外而赤，兵起。其与太白俱出东方，皆赤而角，外国大败，中国胜；其与太白俱出西方，皆赤而角，外国利。五星分天之中，积于东方，

与其他四大行星相聚，则预示有大战将要发生。相遇时，如果太白星出现在它们南面，则预示着南面的国家将会失败；如果太白星在它们北方出现，则预示着北方的国家将失败。如果其运行速度很快，则预示着对应国只有靠武力才能解决问题；如果其停留不行，则预示着对应国可通过协商解决问题。如果太白星色白且有五芒星角，又早于推算时间出现，则可能出现月食；如果晚于推算时间出现，则可能变成天夭星或彗星，将有灾祸应验在对应国。太白星从东方出现为德星，如果在其左方或正面方向举行祭礼，将吉；太白星从西方出现为刑星，如果在其右方或背向它举行祭礼，将吉。反之则都有凶险。如果太白星的星光能够见影，那么该国出战能胜。如果白天看见太白星从空中经过，称为"争明"，预示着强国将会变弱，弱国将会变强，女主势力将会昌盛。

亢宿是天神的外朝，也就是太白星的外朝。太白，象征着大臣，号为上公。它还有其他名称，如殷星、太正、营星、观星、宫星、明星、大衰、大泽、终星、大相、天浩、序星、月纬等。大司马应认真研究这些以太白星占卜的规则。

通过观察太阳与星辰交会时的距离，来确定辰星的位置。按五行说法，辰星属北方，五行中属水，即水星，是太阴之精，掌管冬季，天干为壬、癸。如果一个国家刑罚失当，从辰星可看出对其惩罚的征兆，由辰星所在星宿的状况可判断其对应国的吉凶。

辰星可以确定四时季节：二月春分，黄昏时它出现于西郊外的奎、娄、胃以东五宿的范围，对应的分野为齐；五月夏至的黄昏，它出现于西郊外东井、舆鬼、柳以东七宿的范围，对应的分野为楚；八月秋分的黄昏，它出现于西郊外角、亢、氐、房以东四宿范围内，对应的分野为汉；十一月冬至，它清晨出现在东方的郊外，与尾宿、箕宿、南斗宿、牵牛宿一起向西运行，对应的分野为中原之国。辰星常常在辰、戌、丑、未四个方位之间出没。

辰星早于推算时间出现，将会出现月食；晚于推算时间出现，是彗星或其他妖星出现的征兆。辰星在应当出现时却没有出现，是失行的表现，外面虽有追兵却不会有战斗。它一季不出现，那么该季将会阴阳不和；如果四季不出，那么天下将会出现大饥荒。辰星在该出现的时间按时出现，星色发白，预示着有旱灾；星色发黄，则预示着五谷丰收；星色发红，则预示着将有战事发生；星色为黑，则预示着有水灾。辰星在东方出现，星光明亮且色白，预示有敌兵在外，但可得和解。辰星常在东方，星色赤，预示着中原国家可胜利；常在西方，星色赤，预示着对中原之外的国家有利。辰星色赤，预示着虽外无敌兵，但国内也将有兵起。辰星与太白星从东方出现，星色都是赤红且有芒角，预示着中原之外的国家将会大败，中原之国将获得胜利；若都从西方出现，星色赤红且有芒角，预

中国利；积于西方，外国用者利。五星皆从辰星而聚于一舍，其所舍之国可以法致天下。辰星不出，太白为客；其出，太白为主。出而与太白不相从，野虽有军，不战。出东方，太白出西方；若出西方，太白出东方，为格，野虽有兵不战。失其时而出，为当寒反温，当温反寒。当出不出，是谓击卒，兵大起。其入太白中而上出，破军杀将，客军胜；下出，客亡地。辰星来抵太白，太白不去，将死。正旗上出，破军杀将，客胜；下出，客亡地。视旗所指，以命破军。其绕环太白，若与斗，大战，客胜。兔过太白，间可械剑，小战，客胜。兔居太白前，军罢；出太白左，小战；摩太白，有数万人战，主人吏死；出太白右，去三尺，军急约战。青角，兵忧；黑角，水。赤行穷兵之所终。

兔七命，曰小正、辰星、天欃、安周星、细爽、能星、钩星。其色黄而小，出而易处，天下之文变而不善矣。兔五色，青圜忧，白圜丧，赤圜中不平，黑圜吉。赤角犯我城，黄角地之争，白角号泣之声。

其出东方，行四舍四十八日，其数二十日，而反入于东方；其出西方，行四舍四十八日，其数二十日，而反入于西方。其一候之营室、角、毕、箕、柳。出房、心间，地动。

辰星之色：春，青黄；夏，赤白；秋，青白，而岁熟；冬，黄而不明。即变其色，其时不昌。春不见，大风，秋则不实。夏不见，有六十日之旱，月蚀。秋不见，有兵，春则不生。冬不见，阴雨六十日，有流邑，夏则不长。

示着对中原之外的国家有利。若将天空以子午位为中，五星聚集于子午位以东，则对中原国家有利，于子午位以西聚集，则对中原外国家用兵的一方有利。五星都随辰星聚于某一星舍，对应国可以法取天下。辰星不出现时，太白为客星；与辰星一起出现时，太白为主星，辰星为客星。辰星与太白星不在同一方位出现，预示郊外虽有敌兵而没有战斗。辰星出于东方，太白星出于西方，或者辰星出于西方，太白星出于东方，都称为格，预示着郊外有兵而没有战斗。辰星不按时出现，预示气候本应寒冷却反而温暖，应当温暖却反而寒冷。应当出现而不出现，称为"击卒"，预示着有大规模的战乱兴起。辰星进入太白星座且从太白星上边离去，则预示着将有军队被击破或将军被杀的大事发生，胜利的一方为客军；如果是从太白星的下边离开，则表示客军将失败，会丧失领土。辰星追及太白，太白仍停留不动，预示有将军死亡。辰星从旗星上出现，预示着将有破军杀将的事发生，客军胜利；如果从旗星下出现，预示着客军将失败，会丧失领土。观察辰星芒角所指方向，可以来判定军队失败的国家。如果辰星环绕太白，如同与太白相斗，预示有大战发生，客军得胜。辰星从太白星旁经过，二者距离约一剑宽，预示要发生小规模的战争，得胜为客军。辰星在太白星前，罢军休战；从太白星左方经过，有小战发生；与太白星光相触而过，则表示有数万人规模的战争发生，主人一方的官吏被杀；辰星从太白星右方经过，相距三尺，预示军情紧急，双方相约而战。辰星芒角青色，军队有忧患；芒角黑色，有水灾；芒角赤色且运行，败军即将覆灭。

兔星有七个名称，分别叫作小正、辰星、天欃、安周星、细爽、能星、钩星。如果它的星光色黄且小，又不按正常的方位出现时，那么表示天下有大的变化，预示不吉利。兔星有五色：青且圆预示忧患，白且圆预示丧事，赤且圆预示中有不平事，黑且圆则吉利。兔星芒角赤色预示有敌军来犯我城，芒角黄色预示有争夺土地的事发生，芒角白色预示有丧事，有号哭之声。

辰星从东方出现后，运行四宿，要经四十八日，其中快行二十日，然后从东方反方向没入地平线；辰星从西方出现后，运行四宿，要经过四十八日，其中二十日快行，然后自西方反方向没入地平线。可在营室、角宿、毕宿、箕宿、柳宿之中的某一宿旁观测辰星。如果辰星出现于房、心二宿之间，预示有地震发生。

辰星的颜色，在春季是青黄色；夏季，是赤白色；秋季，是青白色，预示年岁丰熟；在冬季，是黄色，星不明亮。如果某个季节颜色改变，则该季不得顺昌。若辰星春季不出现，则有大风，秋天作物将不会结实。若夏季不出现，则有六十天的旱灾，有月蚀发生。若秋季不出现，则有战争，春天作物不会萌发。若冬季不出现，则有阴雨六十天，有城邑将被大水冲毁，夏天作物不生长。

角、亢、氐，兖州。房、心，豫州。尾、箕，幽州。斗，江、湖。牵牛、婺女，杨州。虚、危，青州。营室至东壁，并州。奎、娄、胃，徐州。昴、毕，冀州。觜觿、参，益州。东井、舆鬼，雍州。柳、七星、张，三河。翼、轸，荆州。

七星为员官，辰星庙，蛮夷星也。

两军相当，日晕；晕等，力钧；厚长大，有胜；薄短小，无胜。重抱大破无。抱为和，背不和，为分离相去。直为自立，立侯王；破军若曰杀将。负且戴，有喜。围在中，中胜；在外，外胜。青外赤中，以和相去；赤外青中，以恶相去。气晕先至而后去，居军胜。先至先去，前利后病；后至后去，前病后利；后至先去，前后皆病，居军不胜。见而去，其发疾，虽胜无功。见半日以上，功大。白虹屈短，上下兑，有者下大流血。日晕制胜，近期三十日，远期六十日。

其食，食所不利；复生，生所利；而食益尽，为主位。以其直及日所宿，加以日时，用命其国也。

月行中道，安宁和平。阴间，多水，阴事。外北三尺，阴星。北三尺，太阴，大水，兵。阳间，骄恣。阳星，多暴狱。太阳，大旱丧也。角、天门，十月为四月，十一月为五月，十二月为六月，水发，近三尺，远五尺。犯四辅，辅臣诛。行南北河，以阴阳言，旱水兵丧。

月蚀岁星，其宿地，饥若亡。荧惑也乱，填星也下犯上，太白也强国以战败，辰星也女乱。蚀大角，主命者恶之；心，则为内贼乱

角、亢、氐三宿，以兖州为分野。房、心二宿，以豫州为分野。尾、箕二宿，以幽州为分野。南斗在江、湖地区。牵牛、婺女二宿，在扬州。虚、危二宿，以青州为分野。营室到东壁宿，在并州。奎、娄、胃三宿，以徐州为分野。昴、毕二宿，在冀州。觜觿、参二宿，以益州为分野。东井、舆鬼二宿，在雍州。柳、七星、张三宿，以三河地区为分野。翼、轸二宿，在荆州。

七星是员官的象征，是辰星的庙廷，是占卜蛮夷吉凶的星宿。

两军对阵时，有日晕发生，如果日晕各处大小厚薄相同，表示两军势均力敌；若某方肥厚长大，某方有获胜的希望；若某方薄而短小，该方必无胜利的希望。如果日有重抱，预示军队将大败。光晕向日为抱，抱晕出现，预示两军将主和；如果光晕背日，军不得和，但会相互退兵而去。如光晕直立日上，预示有自立事，指自立为侯王，也预示有破军杀将的事发生。日旁有负有戴，预示有喜庆事。若日晕外有芒，被围者胜；若晕内有芒，围敌者胜。日晕外圈青色而里圈为红色，表示双方将言和而去；外圈红色而里圈为青色，表示双方将怀愤而去。日旁气或日晕早出现晚消失，主军胜利；如早出现也早消失，则对主军开始有利，后来不利；如晚出现也晚消失，对主军开始不利，后来有利；如晚出现而早消失，前后对主军都不利，主军必不能胜；出现后很快消失了，虽胜不会有大功，半日以上出现的才有大功。白虹的形状短而弯曲，上下两端尖锐，预示在对应地区有大流血事件发生。通过日晕判定吉凶，应验的日期最近在三十日之内，最远在六十日之内。

有日食发生，预示着不吉利；日食后又发光，预示吉利；日全食，承担的吉凶者是君主，非全食的承担者为臣下。依据日食的方位，太阳所在位置，再加上日食的时间早晚，可以判定对应国的吉凶。

月亮运行在黄道附近，预示着世道的安宁与和平。运行在黄道以北，预示多雨水，有丑事。在黄道以北三尺有阴星，在阴星以南三尺之间为太阴道，月亮运行于太阴道预示有大水和兵事。同样，在中道以南三尺处有阳星，在阳星以北三尺之间为太阳道。月亮运行于黄道南，预示君主骄横恣肆；运行于阳星间，预示国中多以暴虐凶残治刑狱。运行于太阳道，预示将有大旱和丧事，如果是在十月，月亮在角宿和天门之间运行，来年四月将成灾；如果是在十一月，来年五月成灾；在十二月，来年六月成灾，灾是发大水，少则水三尺深，多则可达五尺深。月亮与任一颗房四星相犯，预示有辅佐大臣被诛杀。月亮在南河、北河附近运行，南河之北或北河之南对应的分野，将有旱水兵丧等祸事。

月掩蔽岁星，发生星蚀，预示着在对应的分野地区有饥荒或死亡发生。月蚀荧惑星，预示着世道混乱；月蚀填星，预示有臣下犯上作乱；月蚀太白星，则预

也；列星，其宿地忧。

月食始日，五月者六，六月者五，五月复六，六月者一，而五月者五，凡百一十三月而复始。故月蚀，常也；日蚀，为不臧也。甲、乙，四海之外，日月不占。丙、丁，江、淮、海岱也。戊、己，中州、河、济也。庚、辛，华山以西。壬、癸，恒山以北。日蚀，国君；月蚀，将相当之。

国皇星，大而赤，状类南极。所出，其下起兵，兵强；其冲不利。
昭明星，大而白，无角，乍上乍下。所出国，起兵，多变。

五残星，出正东东方之野。其星状类辰星，去地可六丈。

大贼星，出正南南方之野。星去地可六丈，大而赤，数动，有光。
司危星，出正西西方之野。星去地可六丈，大而白，类太白。

狱汉星，出正北北方之野。星去地可六丈，大而赤，数动，察之中青。此四野星所出，出非其方，其下有兵，冲不利。

四填星，所出四隅，去地可四丈。
地维咸光，亦出四隅，去地可三丈，若月始出。所见，下有乱；乱者亡，有德者昌。
烛星，状如太白，其出也不行。见则灭。所烛者，城邑乱。

如星非星，如云非云，命曰归邪。归邪出，必有归国者。

星者，金之散气，其本曰火。星众，国吉；少则凶。

示强国由于战争而衰败；月蚀辰星，则预示有女子作乱；月蚀大角星，则对于执掌命令的君主不利；月蚀心宿，则预示有内贼作乱；其他被蚀诸星，则预示有忧患在相应地区。

从月食开始的日子算起，每隔五个月发生的月食有六次，每隔六个月发生的月食有五次，再隔五个月发生的月食六次，然后隔六个月后又发生一次月食，再隔五个月发生一次月食的共五次，总计重复发生，历经一百一十三个月。所以说月蚀的发生是很平常的事；日蚀，才是不常见的。甲、乙主东方，海外是对应的地区，所以不由日月占吉凶。丙、丁主南方，江、淮、海岱是对应地区。戊、己主中央，中州、河、济一带是对应地区。庚、辛主西方，华山以西是对应地区。壬、癸主北方，恒山以北是对应地区。日蚀，由国君承当吉凶；月蚀，由将相承当吉凶。

国皇星，星光明亮且色红，形状似南极老人星。国皇星出现，预示着其对应的地区将有战乱兴起，且该国兵势强盛，对与它相对的一方很不利。

昭明星，星光明亮且色白，无芒角，忽上忽下。昭明星出现，预示着相应地区有兵祸兴起，且形势多变。

五残星，在正东方向出现，位于东方分野的地平线上空。状似辰星，高距地面约六丈。

大贼星，出现于正南方向分野国的地平线上空，高距地面约六丈，星光明亮且色红，时常移动，移动时有光芒。

司危星，出现于正西方向分野国的地平线上空。高距地面约六丈，星光明亮且色白，状似太白星。

狱汉星，出现于正北方向分野地区的地平线上空，高距地面约六丈，星光明亮且色红，时常移动，细观可发现星中略带青色。这四个方向分野出现的星，如果不在其应当出现的方向上出现，预示对应地区都有兵祸兴起，对于相冲位置对应的分野国不利。

四填星，在东北、西北、东南、西南等四隅地区出现，距地平线约四丈。

地维咸光星，也出现于上述的四隅地区，距地平线约三丈，星光朦胧，有如月亮刚出现时一般。其出现对应的地区定会有变乱；作乱的必定会灭亡，有德行者必会昌盛。

烛星，形状看起来像太白星，它出现后也不移动。出现不久便消失了，其照耀对应的地区，城邑将会有乱。

样子像星但又不是星，像云又不是云，这叫作"归邪"。如果出现归邪现象，预示着将有人归降国家。

星，是五行中的金气所成，本身是一团火。如果星星众多，那么对应的国家吉利；如果少，则凶险。

汉者，亦金之散气，其本曰水。汉，星多，多水，少则旱，其大经也。

天鼓，有音如雷非雷，音在地而下及地。其所往者，兵发其下。

天狗，状如大奔星，有声，其下止地，类狗。所堕及，望之如火光炎炎冲天。其下圜如数顷田处，上兑者则有黄色，千里破军杀将。

格泽星者，如炎火之状。黄白，起地而上。下大，上兑。其见也，不种而获；不有土功，必有大害。

蚩尤之旗，类彗而后曲，象旗。见则王者征伐四方。

旬始，出于北斗旁，状如雄鸡。其怒，青黑，象伏鳖。

枉矢，类大流星，蛇行而仓黑，望之如有毛羽然。

长庚，如一匹布著天。此星见，兵起。

星坠至地，则石也。河、济之间，时有坠星。

天精而见景星。景星者，德星也。其状无常，常出于有道之国。

凡望云气，仰而望之，三四百里；平望，在桑榆上，千余二千里；登高而望之，下属地者三千里。云气有兽居上者，胜。

自华以南，气下黑上赤。嵩高、三河之郊，气正赤。恒山之北，气下黑下青。勃、碣、海、岱之间，气皆黑。江、淮之间，气皆白。

徒气白。土功气黄。车气乍高乍下，往往而聚。骑气卑而布。卒气抟。前卑而后高者，疾；前方而后高者，兑；后兑而卑者，却。其气平者其行徐。前高而后卑者，不止而反。气相遇者，卑胜高，兑胜方。气来卑而循车通者，不过三四日，去之五六里见。气来高七八尺者，不过五六日，去之十余里见。气来高丈余二丈者，不过三四十日，去之五六十里见。

银河，也是由离散的金气所成，本身为水。银河中星数多，预示着地上多水；星数少，预示着地上水少，有旱灾，这是通过星占卜吉凶的大概情形。

天鼓，出现时声音如雷般大，但又不是雷，声音由地面传到地下。声音所往的方向，有兵兴起。

天狗，形状就像一颗大流星，伴有隆隆声，落在地上，形状像狗。它坠落的地方，远远望去火光炎炎，直冲天际。坠落的范围有数顷地方大小，上端尖锐处发黄光，预示着军队将奔袭千里，破军杀敌。

格泽星，形状像炎火，色黄白，从地平线升起，下面大而上端尖锐。如格泽星出现，即使不耕种也会有收获；如果不加强土木工程建设，必有大害。

蚩尤旗，形状像彗星，不同的是其后端弯曲，有如一面旗帜。蚩尤旗出现，表示有王者将征伐四方。

旬始星，出现于北斗星旁，形状像一只雄鸡。星怒时有芒角，为青黑色，形状变得像只伏鳖。

枉矢星，就像大流星一样，如蛇般弯弯曲曲地移动，且颜色苍黑，看上去就好像有羽毛一样。

长庚星，如同挂在天上的一匹布。此星出现，预示着将有兵祸兴起。

星星坠落在地后，则成了石头。在黄河、济水流域之间，经常有星石坠落。

天空晴朗且明亮时，常能见到景星。景星，也就是德星。它的形状并不固定，常常在治理得好的国家出现。

凡是观察云气占卜，如果只有仰面才能望见，所占距离不过三四百里范围；若平望过去，见树梢之间有云气在，则所占范围达二千里；若登高而望，方得见到云气与地相连，则所占范围为三千里。如果云气形状像兽类的，则所占吉利。

自华山以南，云气上为赤色下为黑色。野外嵩高山、三河一带，云气是正红色。恒山以北，云气上边为青色下边为黑色。渤海、碣石和海岱之间，云气都是黑色。江、淮之间，云气都是白色。

在征调军队的地方，云气为白色；在有土方工程的地方，云气为黄色。车战部队行走时产生的云气忽高忽低，有时还往一起聚；骑兵奔走时产生的云气，分布的面积较大但低矮；步卒行走时产生的云气，则要高一些、窄一些。云气后边高前边低，预示着奔行急，速度快；云气后边高前边方，预示着士卒精锐；云气矮且后端尖锐，预示着退却；云气平，预示着军行慢；云气后端低前端高，预示着不停地退却。二方相遇，云气低矮的一方胜，高的一方败；尖锐的一方胜，圆钝的一方败。敌气行疾低矮，若向我方移动，且是循车辙而来，不超过三四日，距我军五六里便可见敌踪。敌气高七八尺，不超过五六日，距我军十余里便可见敌踪。敌气高一丈多到二丈的，不超过三四十日且距我军五六十里便可见敌踪。

梢云精白者，其将悍，其士怯。其大根而前绝远者，当战。青白，其前低者，战胜；其前赤而仰者，战不胜。阵云如立垣。杼云类杼。轴云抟两端兑。杓云如绳者，居前亘天，其半半天。其蜺者类阙旗故。钩云句曲。诸此云见，以五色合占。而泽抟密，其见动人，乃有占；兵必起，合斗其直。

王朔所候，决于日旁。日旁云气，人主象。皆如其形以占。

故北夷之气如群畜穹闾，南夷之气类舟船幡旗。大水处，败军场，破国之虚，下有积钱，金宝之上，皆有气，不可不察。海旁蜄气象楼台；广野气成宫阙然。云气各象其山川人民所聚积。

故候息秏者，入国邑，视封疆田畴之正治，城郭室屋门户之润泽，次至车服畜产精华。实息者，吉；虚秏者，凶。

若烟非烟，若云非云，郁郁纷纷，萧索轮囷，是谓卿云。卿云，喜气也。若雾非雾，衣冠而不濡，见则其域被甲而趋。

夫雷电、虾虹、辟历、夜明者，阳气之动者也，春夏则发，秋冬则藏，故候者无不司之。

天开县物，地动坼绝。山崩及徙，川塞溪垘；水澹地长，泽竭见象。城郭门闾，闰臬槁枯；宫庙邸第，人民所次。谣俗车服，观民饮食。五谷草木，观其所属。仓府厩库，四通之路。六畜禽兽，所产去就；鱼鳖鸟鼠，观其所处。鬼哭若呼，其人逢悟。化言，诚然。

凡候岁美恶，谨候岁始。岁始或冬至日，产气始萌。腊明日，人众卒岁，一会饮食，发阳气，故曰初岁。正月旦，王者岁首；立春

云气末梢呈亮白色的，表示对应国将军勇悍但士气衰弱。云气根底大而前方延伸得很远的，应当有战事发生。云气为青白色，且前端低矮者，战则能胜；前端色红而上仰的，战不能胜。兵阵形成的云气，就像直立的垣墙一样；杼云的形状像织布木梭一样；轴云抟直而上，尖锐两端。枸云就像细长的绳一样，横亘于天，其一半就有半个天空长；另一种如虹霓的形状，好像有缺损的旗子，所以边角尖锐。钩云，就像钩子一样弯曲。诸如以上云气出现后，需综合考察所具五色后占卜。只有云气润泽、抟成团而且密，出现后足以动人的，才可资占卜；以上云气预示有战事兴起，相应的云气呈现交战状态。

善望气者王朔，他所候望的云气都取自于太阳旁。日旁的云气与其他云气相比，有人主的气象。卜时按云气所成的形象直接判定吉凶。

所以，北方夷人所成的云气好像畜群与居住的毡包群，南方夷人所成的云气好像舟船和旗幡。凡有水灾的地方，败军的战场，破国的废墟，以及地下埋藏有积钱、金宝之地等都有云气，一定要仔细观察。海边的蜃气，会出现楼台一样的形状；广阔的原野上所成云气，像宫殿城阙一样。可见，各自所在地的山川人民聚积的气象与云气相同。

所以，占卜某国虚实的人，要到该国的城邑中去，观察是否平正治理其封疆、田畴，城郭房屋门户是否润泽，然后观察车辆、衣着、畜产等项是朴陋还是精华。殷实而繁息的，吉利；虚竭耗损的，凶险。

像烟但不是烟，像云但不是云，纷纷郁郁，萧索迷蒙，这样的云气称为卿云。卿云，是喜气化成。像雾但又不是雾，人在其中，衣冠不潮不湿，如果这样的云气出现，则表示域内人都将披甲趋走，有征战城守之事发生。

雷电、霞虹、霹雳、夜明等现象，是由于阳气发动而形成的。它们发生于春、夏二季，隐藏于秋、冬二季。所以，占卜的人都据此进行观测。

物象见于天开裂，裂缝是由于地震动而形成。山崩摧及泥石流动，堵塞了河川，崩壅了溪谷；水动荡、平地长出丘陵，涸竭了沼泽，都是吉凶的征兆。此外看城郭闾巷，观门及轴的枯槁；观宫室庙宇、官邸宅第，看普通人民所处的地位。观谣谚、风俗、车辆、衣着等，看百姓饮食的好坏。对五谷草木，首先是它们所属类别的观察。对仓廪、马厩、库藏等，首先对四周的交通道路观察。对六畜禽兽，重在观察它们的产地和用场；对鱼鳖鸟鼠，重在其居处的环境的观察。有鬼哭泣，似呼叫，人逢必有惊貌。万物都与此一般无二，表现必有怪异，所以可通过望气知吉凶。此虽俚俗传言，理实不虚。

凡要占候年岁收成的丰歉，岁始最重要。岁始或指冬至节，这一天开始产生阳气；或是指腊祭的第二天，腊祭是由于岁事已毕，众人在一起会餐，以引发阳气，所以这天也称为初岁；或是指正月初一的黎明，这是帝王历法的起始日。或

日，四时之始也。四始者，候之日。

而汉魏鲜集腊明正月旦决八风。风从南方来，大旱；西南，小旱；西方，有兵；西北，戎菽为，小雨，趣兵；北方，为中岁；东北，为上岁；东方，大水；东南，民有疾疫，岁恶。故八风各与其冲对，课多者为胜。多胜少，久胜亟，疾胜徐。旦至食，为麦；食至日昳，为稷；昳至餔，为黍；餔至下餔，为菽；下餔至日入，为麻。欲终日有云，有风，有日。日当其时者，深而多实；无云有风日，当其时，浅而多实；有云风，无日，当其时，深而少实；有日，无云，不风，当其时者稼有败。如食顷，小败；熟五斗米顷，大败。则风复起，有云，其稼复起。各以其时用云色占种所宜。其雨雪若寒，岁恶。

是日光明，听都邑人民之声。声宫，则岁善，吉；商，则有兵；徵，旱；羽，水；角，岁恶。

或从正月旦比数雨。率日食一升，至七升而极；过之，不占。数至十二日，日直其月，占水旱。为其环千里内占，则为天下候，竟正月。月所离列宿，日、风、云，占其国。然必察太岁所在。在金，穰；水，毁；木，饥；火，旱。此其大经也。

正月上甲，风从东方，宜蚕；风从西方，若旦黄云，恶。

冬至短极，悬土炭，炭动，鹿解角，兰根出，泉水跃，略以知日至，要决晷景。岁星所在，五谷逢昌。其对为冲，岁乃有殃。

指立春节,这是四季第一天的开始。以上四种岁始,都是候岁的重要日子。

而汉朝人魏鲜,判定当年的吉凶美恶,集中通过在腊祭的第二日与正月初一黎明时八方所起的风来判定。从南方来风,有大旱灾;从西南来风,有小旱;从西方来风,有战争;从西北方来风,黄豆的收成好,多小雨,促兵兴起;从北方来风,是中等年成;从东北来风,丰收年;从东方来风,有大水;从东南来风,百姓多疾病、时疫,年成不好。所以八风吉凶各与它们相对方向的风相比较,以多少、久亟、疾徐定胜负:多胜少,时间长久胜短暂,风速快疾胜舒缓。黎明到早饭之间的风与麦子收成相对应;早饭到日偏西之间与稷对应;日偏西到晚饭间与黍对应;晚饭后与豆对应,日入时与麻对应。最好的天气是终日有云、有风、有太阳,这样可保一年之间五谷丰收,没有灾害。占卜的方法是,在上述某时段中有风、有云、有太阳,对应的作物多实株深;无云、有风、有太阳,对应的作物多实而株浅(矮);有云、有风,无太阳,对应的作物少结籽实只长秸杆;只有太阳、无云、无风,对应的作物有伤败且不得收获的。若一顿饭工夫无风、无云的时间,伤败小;若较长时间,相当于煮熟五斗米的工夫,伤败大。此后再有云、有风,那未被伤败的作物也重新恢复起来;另外还可以通过上所说各时段中的云气颜色,来占卜一年之中何种作物种植最为适宜。若有雨雪在岁首,天气寒冷,当年的年成不好。

若在岁首时天气晴朗,可由都城人民的声音来占卜一岁的吉凶。若是宫声,则年岁好,吉利;如是商声,则表示有兵事;是徵声,表示天旱少雨;为羽声,说明有水灾;为角声,表示年成很坏。

有时候可通过从正月初一开始数连续下雨日子的多少,来占卜年成好坏,按一日有雨百姓每人便可得当年一升口粮的比例预测收成,一直到收获七升为极限。超过七升后,不再占卜。若想自初一占卜到十二日,卜法又不相同,把每日与当年的月份相对应,用十二天的水旱灾情来占卜全年收成。若所占卜的地区方圆至千里,由于地域广大,应该按占卜天下的方法,整个正月卜尽。由正月之内,通过月所在位置,其经过某宿时,使用上述通过太阳、风、云占卜分野国的年成好坏和吉凶。但是,必须同时观察太岁的位置。太岁在金位,当年丰收;在水位,庄稼受毁损,收成不好;在木位,有饥荒;在火位,岁旱少雨。以上是占候风的大概情形。

正月的第一个甲日,如果多东风,适宜养蚕;多西风,且早上有黄云,那么当年收成不好。

冬至这一天白昼极短,可分别把土和炭悬挂在秤的两端使其平衡。随着冬至临近,气温不断变化,若悬挂炭的一端开始先仰起,鹿换新角,兰根生芽,泉水涌出,便能大概判定冬至这一天是否到来,但最终还要通过日晷测定日影长短,才能做出准确判断。与岁星所在辰次对应的地区,将五谷丰收,昌盛吉利;衡为相对的辰次的名称,与衡对应的地区则有灾殃。

太史公曰：自初生民以来，世主曷尝不历日月星辰？及至五家、三代，绍而明之，内冠带，外夷狄，分中国为十有二州，仰则观象于天，俯则法类于地。天则有日月，地则有阴阳。天有五星，地有五行。天则有列宿，地则有州域。三光者，阴阳之精，气本在地，而圣人统理之。

幽厉以往，尚矣。所见天变，皆国殊窟穴，家占物怪，以合时应，其文图籍禨祥不法。是以孔子论六经，纪异而说不书。至天道命，不传；传其人，不待告；告非其人，虽言不著。

昔之传天数者：高辛之前，重、黎；于唐、虞，羲、和；有夏，昆吾；殷商，巫咸；周室，史佚、苌弘；于宋，子韦；郑则裨灶；在齐，甘公；楚，唐昧；赵，尹皋；魏，石申。

夫天运，三十岁一小变，百年中变，五百载大变；三大变一纪，三纪而大备：此其大数也。为国者必贵三五。上下各千岁，然后天人之际续备。

太史公推古天变，未有可考于今者。盖略以春秋二百四十二年之间，日蚀三十六，彗星三见，宋襄公时星陨如雨。天子微，诸侯力政，五伯代兴，更为主命，自是之后，众暴寡，大并小。秦、楚、吴、越，夷狄也，为强伯。田氏篡齐，三家分晋，并为战国。争于攻取，兵革更起，城邑数屠，因以饥馑疾疫焦苦，臣主共忧患，其察禨祥候星气尤急。近世十二诸侯七国相王，言从衡者继踵，而皋、唐、甘、石因时务论其书传，故其占验凌杂米盐。

二十八舍主十二州，斗秉兼之，所从来久矣。秦之疆也，候在太白，占于狼、弧。吴、楚之疆，候在荧惑，占于鸟衡。燕、齐之疆，候在辰

太史公说：自从人类社会形成以来，世间君主何尝不推测日月星辰的运行来制定历法？直到五帝和夏商周三代时期，天体的运行规律和观测天象的重要性才被明确和发扬光大：冠带为内，夷狄为外，内外便有别，把中原划分为十二州，仰则对天上的星象进行观察，俯则对地面上的事物进行模仿、效法，然后知天上有日月，地上则有阴阳；天上有五星，地上则有五行；天上有列宿，地上则有州郡，一一相对应。天上的日、月、星三光，是地上的阴阳二气精华凝聚而成，三光之气以地为本原，所以圣人得以统一天地而加以治理。

  周幽王、厉王以前，时日很遥远了。通过对天象变化的观察，各国所卜吉凶均不相同；各家占卜所取的物怪，也都是与当时情事相符合的，所以遗留下来的文字图书记载的吉祥征兆之类，也都不可取为法则。因此，孔子论述六经，虽记灾异，但有关灾异的理论没有记载；至于天道性命之类，更不会传授。这是由于若传得其人，不待告而知之；若不得其人，虽告犹不能明的缘故。

  往昔知天数而得传授的人，在高辛氏前，有重和黎；在唐、虞时期，有羲氏、和氏；在夏朝时期，为昆吾；殷商时期，有巫咸；周朝时期，有史佚、苌弘；列国时期，宋有子韦，郑有裨灶，齐有甘公，楚有唐昧，赵有尹皋，魏有石申。

  天道运行，三十年一小变，一百年一中变，五百年一大变；每三次大变为一纪，三纪之中所有变化都将经历一遍，这是天道运行的大致规律。一个国家的君主必然重视三、五这两个数字，就是基于以上原因。经过上下各千年的变化，然后天人间的关系接续才能完备。

  太史公推求古代天象的变化，发现没有今天可用来考证的资料。于是便以春秋二百四十二年之间的历史为例，据记载其间有三十六次日蚀，出现彗星三次，在宋襄公时出现一次如同降雨般的星体陨落。当时，天子微弱，政事由有力者诸侯主持，相继兴起五霸，天下的政令迭次更换。此后，人众多的对寡少者横施强暴，大国对小国加以兼并。秦、楚、吴、越诸国都是夷狄之国，也成了强有力的霸主。自田氏篡夺了齐国政权、韩、赵、魏三家分割晋国以后，进入战国时期。各国间竞相攻取掠夺，相继而起战争，城镇遭屡次屠灭，加上灾荒、疾疫与火焚所致的焦土之痛，各国君臣皆以此为忧患，所以当务之急便是观察祥瑞征兆、测候星气以预见吉凶。近世以来，十二诸侯、七国争相为王，倡言纵横的人接踵而至，何去何从，骤难判定。在这种情况下，皋、唐、甘、石等人，各自根据当时的事物来解释他们的占卜书籍，以致记载他们占验事的资料零杂琐屑，甚至小到米盐等事。

  占卜以二十八宿分主十二州，而十二州由北斗兼主，自很久以前就是这样了。秦国疆域内的吉凶，由太白星候望，狼、弧星占卜。吴国、楚国疆域内的吉凶，由荧惑星候望，鸟衡星占卜。燕国、齐国疆域内的吉凶，由辰

星，占于虚、危。宋、郑之疆，候在岁星，占于房、心。晋之疆，亦候在辰星，占于参、罚。

及秦并吞三晋、燕、代，自河山以南者中国。中国于四海内则在东南，为阳；阳则日、岁星、荧惑、填星；占于街南，毕主之。其西北则胡、貉、月氏诸衣旃裘引弓之民，为阴；阴则月、太白、辰星；占于街北，昴主之。故中国山川东北流，其维，首在陇、蜀，尾没于勃、碣。是以秦、晋好用兵，复占太白，太白主中国；而胡、貉数侵掠，独占辰星，辰星出入躁疾，常主夷狄：其大经也。此更为客主人。荧惑为孛，外则理兵，内则理政。故曰"虽有明天子，必视荧惑所在"。诸侯更强，时灾异记，无可录者。

秦始皇之时，十五年彗星四见，久者八十日，长或竟天。其后秦遂以兵灭六王，并中国，外攘四夷，死人如乱麻，因以张楚并起，三十年之间兵相骀藉，不可胜数。自蚩尤以来，未尝若斯也。

项羽救钜鹿，枉矢西流，山东遂合从诸侯，西坑秦人，诛屠咸阳。

汉之兴，五星聚于东井。平城之围，月晕参、毕七重。诸吕作乱，日蚀，昼晦。吴楚七国叛逆，彗星数丈，天狗过梁野；及兵起，遂伏尸流血其下。元光、元狩，蚩尤之旗再见，长则半天。其后京师师四出，诛夷狄者数十年，而伐胡尤甚。越之亡，荧惑守斗；朝鲜之拔，星茀于河戍；兵征大宛，星茀招摇：此其荦荦大者。若至委曲小变，不可胜道。由是观之，未有不先形见而应随之者也。

夫自汉之为天数者，星则唐都，气则王朔，占岁则魏鲜。故甘、石历五星法，唯独荧惑有反逆行；逆行所守，及他星逆行，日月薄蚀，皆以为占。

星候望，虚、危星占卜。宋国、郑国疆域内的吉凶，由岁星候望，房、心星占卜。晋国疆域内的吉凶，由辰星候望，参、罚星占卜。

到了秦国吞并三晋和燕、代地区以后，自华山与黄河以南的地区成为中原的中心。此地在四海内处东南方向，东南方属阳；阳则与日、岁星、荧惑、填星相对应；以天街星以南诸星作占，以毕宿为主。胡、貉、月氏等穿毡裘、以射猎为生的百姓在中原西北；西北为阴，阴则与月、太白、辰星相对应，以天街星以北诸星作占，以昴星为主。所以中原的山脉、河流的走向多是自西南向东北，山川的源头在陇蜀地区，而末尾在渤海、碣石一带消失。秦、晋好用兵，有夷狄风，复占太白星，而秦、晋为中原地。所以，中原不但占日、岁等星，还占太白星，太白星也主中原域内的祸福吉凶；而中国经常受胡、貉侵掠，只占辰星，因为辰星出入轻躁、疾速，类夷狄，所以常主夷狄人的吉凶，也是作占的通用原则。太白星与辰星更相为主客。荧惑星为悖乱，外占兵事，内占政事，所以文献有"虽然有明天子在位，也必须时常观察荧惑星的位置"的说法。诸侯变得更为强大，当时灾异等事的记述，没有可以采录的。

秦始皇在位时，十五年之间彗星出现了四次，时间长的存在达到八十多天，彗星大的，几乎横贯天空。后来，秦朝果然灭掉六国，统一天下，对外与四夷交战，死人枕藉，如同乱麻。因而有陈胜等人共同起兵，前后三十多年，士兵相互践踏致死的不计其数。从蚩尤以来，从没有如此残酷的。

项羽援救巨鹿时，枉矢星西流。此后，山东诸侯联兵，西行破秦，秦朝降兵被坑杀，咸阳城被屠灭。

汉朝兴起时，五星会聚于东井宿之中。汉高祖被匈奴兵围于平城时，在参、毕二宿附近，月晕多至七重。诸吕作乱时，发生了日食，虽是白昼但也黑暗无光。吴、楚等七国叛乱，有长达数丈的彗星出现，梁国郊野有天狗星经过。七国兵起以后，以至于梁国城下尸横血流。元光、元狩年间，两次出现蚩尤旗星，其长横过半个天空。以后四处出兵京城，与夷狄前后作战数十年，其中同胡人的战争最为激烈。越国灭亡的征兆，是荧惑星守于南斗；攻拔朝鲜的征兆，是彗星出现于南河、北河；出兵征讨大宛前，有彗星于招摇附近出现。以上是最为明显的例证。至于一些小的、较为间接的例证，更是数不胜数。由此可见，没有一件事不是先由天象表现出来，然后才在世间得以应验。

自汉初以来占卜天数最著名的人，观星的是唐都，望气的有王朔，卜岁的有魏鲜。甘德、石申的历法中用五星作占，不过他们认为只有荧惑星才有反行或称为逆行。所以，凡有荧惑星逆行所停留的地方，以及逆行的其他星，日与月的薄蚀等，都可以用来占卜。

余观史记，考行事，百年之中，五星无出而不反逆行，反逆行，尝盛大而变色；日月薄蚀，行南北有时：此其大度也。故紫宫、房心、权衡、咸池、虚危列宿部星，此天之五官坐位也，为经，不移徙，大小有差，阔狭有常。水、火、金、木、填星，此五星者，天之五佐，为纬，见伏有时，所过行赢缩有度。

日变修德，月变省刑，星变结和。凡天变，过度乃占。国君强大，有德者昌；羽小，饰诈者亡。太上修德，其次修政，其次修救，其次修禳，正下无之。夫常星之变希见，而三光之占亟用。日月晕适，云风，此天之客气，其发见亦有大运。然其与政事俯仰，最近人之符。此五者，天之感动。为天数者，必通三五。终始古今，深观时变，察其精粗，则天官备矣。

苍帝行德，天门为之开。赤帝行德，天牢为之空。黄帝行德，天夭为之起。风从西北来，必以庚、辛。一秋中，五至，大赦；三至，小赦。白帝行德，以正月二十日、二十一日，月晕围，常大赦载，谓有太阳也。一曰：白帝行德，毕、昴为之围。围三暮，德乃成；不三暮，及围不合，德不成。二曰：以辰围，不出其旬。黑帝行德，天关为之动。天行德，天子更立年；不德，风雨破石。三能、三衡者，天廷也。客星出天廷，有奇令。

我曾观看史书的记载，对历朝发生的事件进行考察，发现近百年间，五星出现以后没有一颗不逆行的。逆行的，常常看到星变大，颜色也有变化；发生日月薄蚀，与它们所处的南北相对位置有关，这与以前所知的不同。紫宫、房心、权衡、咸池、虚危等列宿部内的星宿，是天上五官的坐位，为经星，不迁徙移动，各有大小差别，各有宽窄常度；而水、火、金、木、填星，这是天上五官辅佐五颗星，为纬星，它们或出现或隐伏，皆有一定规律，赢或缩以及运行也都有确定的度数。

日有变化，预示应该修德；月有变化，预示应该减少刑罚；其他星有变，则应该结和人心。凡天体有变化，度数只要超过正常的就要占卜吉凶。一般是国君强大而且有德，则国家吉利；国君弱小而又诈诡文饰，则国家凶险。修德是一个国君对付天变最好的办法，然后是改革政事，再次就是要就事论事，有危事才加以挽救，又其次是禳除灾害对神行礼，最下者是不采取任何措施。普通经星的变化很少见，常常使用的是对日、月、五星等三光变化进行占卜。日晕、月晕、日月交食、云和风，这五种变化是过客，但它们的出现也都与天道规律有关。而它们与世间政事的关联，最接近于天向人预示降下吉凶的征兆或凭证。上述五种，都是天有所感而产生的变化。占卜天数的人，必须通晓日、月、星三光及五气的占卜，要了解古今终始状况，要深刻观察时事的变化，对它们的精粗质地进行研究。那么，作为一个掌管天文的官员来说，这样才可称得上是尽善尽美了。

东方苍帝行德政，天门为之打开，三光能从中间通行。南方赤帝行德政，天牢为之空虚。中央黄帝行德政，连天天星也会起变化。有风从西北方向来，必是在庚、辛日。整个秋季中，能有五次这种风，当有大赦；有三次这种风，有小赦。西方白帝行化施德，在来年春季正月二十日、二十一日若有月晕成围，当有大赦，是由于太阳寒水的影响太大，通过行赦以消阴气的缘故。另一种说法是，白帝行化施德，月晕包围毕宿、昴宿。如果包围三个晚上，功德才算完成；如果不足三个晚上，或者月晕有缺口，没有合围，便不能成功德。还有一种说法是，辰星被月晕围，时间不出旬日之间即会应验。北方黑帝施行德政，天关星为之动摇。上述五方天帝交替主政，天子为此将更改年号；若不能顺应变换行德政，必示警戒，有暴雨疾风，破石拔木。三能和三衡，是天帝的宫廷，天廷之中有客星出现，必产生奇异的政令。

封禅书第六

　　自古受命帝王,曷尝不封禅?盖有无其应而用事者矣,未有睹符瑞见而不臻乎泰山者也。虽受命而功不至,至梁父矣而德不洽,洽矣而日有不暇给,是以即事用希。传曰:"三年不为礼,礼必废;三年不为乐,乐必坏。"每世之隆,则封禅答焉,及衰而息。厥旷远者千有余载,近者数百载,故其仪阙然堙灭,其详不可得而记闻云。

　　《尚书》曰,舜在璇玑玉衡,以齐七政。遂类于上帝,禋于六宗,望山川,遍群神。辑五瑞,择吉月日,见四岳诸牧,还瑞。岁二月,东巡狩,至于岱宗。岱宗,泰山也。柴,望秩于山川。遂觐东后。东后者,诸侯也。合时月正日,同律度量衡,修五礼,五玉三帛二生一死贽。五月,巡狩至南岳。南岳,衡山也。八月,巡狩至西岳。西岳,华山也。十一月,巡狩至北岳。北岳,恒山也。皆如岱宗之礼。中岳,嵩高也。五载一巡狩。

　　禹遵之。后十四世,至帝孔甲,淫德好神,神渎,二龙去之。其后三世,汤伐桀,欲迁夏社,不可,作夏社。后八世,至帝太戊,有桑谷生于廷,一暮大拱,惧。伊陟曰:"妖不胜德。"太戊修德,桑谷死。伊陟赞巫咸,巫咸之兴自此始。后十四世,帝武丁得傅说为相,殷复兴焉,称高宗。有雉登鼎耳雊,武丁惧。祖己曰:"修

自古以来受天命成为帝王的人，谁不想去举行封禅大典？原来大多只是在没见到有吉兆祥瑞出现才忙着去行封禅礼，却从来没有过已经出现了封禅必需的吉兆和瑞应而不去泰山行封禅礼的。有的人虽然顺应天命当上了帝王，却未能成就治世的大功；有的人虽到了梁父，但道德与封禅的盛举不相称；有的人虽道德和功业齐备了，但又来不及去行封禅大礼，以至于真正能到泰山举行封禅大礼的极少。古书记载说："三年不行礼，礼制必废；三年不举乐，乐必坏。"每逢盛世，帝王便举行封禅大礼以表示对上天的敬畏，感谢上天的庇护；衰世则停礼而不搞这项活动。这种典礼没有举行，远的已千年有余，近的也有数百年了，所以封禅的仪式缺少记载或已湮灭，详细的礼仪情形已无法流传于后世了。

　　《尚书》中说，舜用美玉制作了天文观测仪，以了解日、月、五星的运行情况。于是他祭祀上帝，祭祀六宗，遥望祭祀山川，一一拜祭地上群神。他收取各地诸侯所持瑞玉，挑选黄道吉日，会见四方的诸侯牧守，再将所得瑞玉归还给他们。当年二月，舜巡视东方，到达岱宗。岱宗，就是泰山。他在泰山焚烧柴薪举行祭祀，按顺序望祭山川之神。而后又觐见东后。东后，就是东方的诸侯。他调整四时与月、日的相对误差，统一声律与度量衡，修饬五礼以及五玉、三帛、二生、一死等不同等级人的赞见礼仪。五月，他巡察至南岳。南岳，就是衡山。八月，他巡察至西岳。西岳，就是华山。十一月，他巡察到至北岳。北岳，就是恒山。他对这些山的祭祀，全都与泰山的拜祭礼仪相同。中岳，就是嵩山，他每五年便来此巡察一次。

　　禹沿用了这样的巡察制度。直至第十四代后，也就是帝孔甲。孔甲喜欢神祀，但作风淫乱，亵渎了神灵，于是夏宫殿内的两条龙离开了。此后三世，汤伐夏桀后，想废掉夏祭社神的神坛，但没有合适的对象，于是就停止了，便让人作了名为《夏社》的文诰。此后八世，至太戊帝时，庭院中长出了一棵桑、谷二木合生的树，只一个晚上便长到拱把粗，太戊很是害怕。伊陟说："妖不胜德，邪不压正。"于是太戊便勤修自己的德行，行善政，桑谷合生树便自己枯死了。伊陟将此事告知了神职人员巫咸，巫咸便记录了《咸又》四篇，从此巫咸等神职人员便开始兴起。此后十四世，帝武丁得到了傅说，任为相国，殷朝又重新兴盛了起来，武丁因此被称为"高宗"。武丁在位时，有只野鸡登上了鼎耳鸣叫，武丁

德。"武丁从之,位以永宁。后五世,帝武乙慢神而震死。后三世,帝纣淫乱,武王伐之。由此观之,始未尝不肃祗,后稍怠慢也。

周官曰,冬日至,祀天于南郊,迎长日之至;夏日至,祭地祇。皆用乐舞,而神乃可得而礼也。天子祭天下名山大川,五岳视三公,四渎视诸侯,诸侯祭其疆内名山大川。四渎者,江、河、淮、济也。天子曰明堂、辟雍,诸侯曰泮宫。

周公既相成王,郊祀后稷以配天,宗祀文王于明堂以配上帝。自禹兴而修社祀,后稷稼穑,故有稷祠,郊社所从来尚矣。

自周克殷后十四世,世益衰,礼乐废,诸侯恣行,而幽王为犬戎所败,周东徙洛邑。秦襄公攻戎救周,始列为诸侯。秦襄公既侯,居西垂,自以为主少皞之神,作西畤,祠白帝,其牲用骝驹、黄牛、羝羊各一云。其后十六年,秦文公东猎汧渭之间,卜居之而吉。文公梦黄蛇自天下属地,其口止于鄜衍。文公问史敦,敦曰:"此上帝之徵,君其祠之。"于是作鄜畤,用三牲郊祭白帝焉。

自未作鄜畤也,而雍旁故有吴阳武畤,雍东有好畤,皆废无祠。或曰:"自古以雍州积高,神明之隩,故立畤郊上帝,诸神祠皆聚云。盖黄帝时尝用事,虽晚周亦郊焉。"其语不经见,缙绅者不道。

作鄜畤后九年,文公获若石云,于陈仓北阪城祠之。其神或岁不至,或岁数来,来也常以夜,光辉若流星,从东南来集于祠城,则若雄鸡,其声殷云,野鸡夜雊。以一牢祠,命曰陈宝。

作鄜畤后七十八年,秦德公既立,卜居雍,"后子孙饮马于河",遂都雍。雍之诸祠自此兴。用三百牢于鄜畤。作伏祠。磔狗邑四门,以御蛊灾。

因此非常害怕。贤臣祖己说："修德就不用怕了。"武丁听从了他的建议，帝位得以长久稳固安宁。过了五世，帝武乙由于怠慢神灵，遇雷震而死。过了三世，帝纣淫乱，武王兴兵伐纣。由此看来，开国创业的帝王都对神祇肃敬有加，只是后代君主渐渐怠慢松懈了。

《周官》说，冬至那一天，君王要在都城南郊祭天，这是为了迎接夏至日的到来；夏至那一天，也要拜祭地祇。祭祀时都采用音乐、舞蹈的形式，这样神灵才可能接受祭祀者的礼敬。天子祭祀天下的名山大川，要视五岳如同礼待三公，视四渎如同礼待诸侯，诸侯只拜祭境内的名山大川。四渎，就是指长江、黄河、淮水、济水。天子祭天之地称为明堂、辟雍，诸侯祭祀之地称为泮宫。

周公因做了成王的相国，所以定立制度，郊祀时用后稷配天，宗庙祭祀时在明堂里祭祀文王以配上帝。从夏禹时期起便开始从事社神的祭祀，因后稷稼穑有功，所以增加了后稷的神祠，因此郊祭与社祭都有很悠久的历史了。

自周朝灭殷商以后到十四世，世道更加衰落，礼乐废弃，各诸侯恣意行事，而周幽王被犬戎战败后，周朝被迫东迁都城至洛邑。秦襄公攻打犬戎解救周危，因功劳大而位列诸侯。秦襄公既为诸侯，居住在西部边陲，自认为是少皞神的代表，作西畤祭祀白帝，祭品用马驹、黄牛、羝羊各一头。其后十六年，秦文公到汧、渭二水之间打猎，想在此居住下来，卜得吉兆。文公做梦梦见有一条黄蛇，身子从天上一直垂到地面，嘴巴一直伸到鄜城一带的田野中。文公把梦到的现象讲给史敦听，史敦说："黄蛇是上帝的象征，请君祭祀它。"于是秦文公便建立了鄜畤，用三牲大礼郊祭白帝。

在建立鄜畤以前，雍城旁边本来有个吴阳武畤，雍城东边也有个好畤，都是废弃已久无人祭祀的地方。有人说："自古以来，因为雍州地势高，多为神明聚居之处，所以立畤郊祀上帝，其他诸神的祠庙也就逐渐聚集到这里。大约黄帝时就有人在这祭祀，直到晚周时都还有人在这举行郊祭。"这些话不见于经典，有身份的大人也不会说。

作鄜畤之后九年，秦文公得到一块质地好像石头的东西，于是便在陈仓山北坡的城邑中把它供奉起来。其神灵有时一年也不会来，而有时一年之中却数次降临，多在夜晚降临，发出像流星般的光芒，从东南方向落入祠城中，样子像雄鸡一般，发出殷殷的鸣叫声，引得野鸡也纷纷夜啼。祭祀这位神灵时，用牛、羊、猪各一头，称其为"陈宝"。

作鄜畤后七十八年，秦德公即位，经占卜定居雍城，后世子孙把疆域一直扩展到黄河沿岸，占卜后便定都于雍城，雍城的许多祠庙都是在这段时期修建的。秦德公每次祭祀所用牲畜多达三百头，又作祭伏的祠庙。还在城邑四方磔裂狗，用来防御蛊灾的侵害。

德公立二年卒。其后年，秦宣公作密畤于渭南，祭青帝。

其后十四年，秦缪公立，病卧五日不寤；寤，乃言梦见上帝，上帝命缪公平晋乱。史书而记藏之府。而后世皆曰秦缪公上天。

秦缪公即位九年，齐桓公既霸，会诸侯于葵丘，而欲封禅。管仲曰："古者封泰山禅梁父者七十二家，而夷吾所记者十有二焉。昔无怀氏封泰山，禅云云；虙羲封泰山，禅云云；神农封泰山，禅云云；炎帝封泰山，禅云云；黄帝封泰山，禅亭亭；颛顼封泰山，禅云云；帝俈封泰山，禅云云；尧封泰山，禅云云；舜封泰山，禅云云；禹封泰山，禅会稽；汤封泰山，禅云云；周成王封泰山，禅社首：皆受命然后得封禅。"桓公曰："寡人北伐山戎，过孤竹；西伐大夏，涉流沙，束马悬车，上卑耳之山；南伐至召陵，登熊耳山以望江汉。兵车之会三，而乘车之会六，九合诸侯，一匡天下，诸侯莫违我。昔三代受命，亦何以异乎？"于是管仲睹桓公不可穷以辞，因设之以事，曰："古之封禅，鄗上之黍，北里之禾，所以为盛；江淮之间，一茅三脊，所以为藉也。东海致比目之鱼，西海致比翼之鸟，然后物有不召而自至者十有五焉。今凤皇麒麟不来，嘉谷不生，而蓬蒿藜莠茂，鸱枭数至，而欲封禅，毋乃不可乎？"于是桓公乃止。是岁，秦缪公内晋君夷吾。其后三置晋国之君，平其乱。缪公立三十九年而卒。

其后百有余年，而孔子论述六艺，传略言易姓而王，封泰山禅乎梁父者七十余王矣，其俎豆之礼不章，盖难言之。或问禘之说，孔子曰："不知。知禘之说，其于天下也视其掌。"诗云纣在位，文王受命，政不及泰山。武王克殷二年，天下未宁而崩。爰周德之洽维成王，成王之封禅则近之矣。及后陪臣执政，季氏旅于泰山，仲尼讥之。

德公在位二年而死。又过了四年，秦宣王在渭水南岸建造了密畤，用来祭祀青帝。

这以后的第十四年，秦缪公即位称帝。一次，他病卧五天不省人事；醒来后，就说梦见了上帝，上帝命缪公去平定晋国内乱。史官将此事记载下来收藏在内府。而后世都说，秦缪公曾去过天上。

秦缪公即位的第九年，齐桓公称霸，在葵丘召集诸侯会盟，想举行封禅活动。管仲说："古时候在泰山、梁父举行封禅的共有七十二家，我知道的只有十二家。以前无怀氏封过泰山，禅过云云山；伏羲封过泰山，禅过云云山；神农封过泰山，禅过云云山；炎帝封过泰山，禅过云云山；黄帝封过泰山，禅过亭亭山；颛顼封过泰山，禅过云云山；帝喾封过泰山，禅过云云山；尧封过泰山，禅过云云山；舜封过泰山，禅过云云山；禹封过泰山，禅过会稽山；汤封过泰山，禅过云云山；周成王封过泰山，禅过社首山。他们都是受天命成为帝王以后才举行封禅的。"齐桓公说："寡人向北征伐山戎，到过孤竹国；向西征伐大夏，远涉流沙，勒马停车，登上过卑耳山；向南征伐到达召陵，登上熊耳山眺望长江、汉水。为平乱伐叛等武事，共召集诸侯会兵三次；为政治、外交等文事，共集会了六次；前后共九次集会诸侯，一统天下，诸侯无一人敢违背于我。这与之前三代受天命成为帝王的人，又有什么不同之处呢？"于是管仲明白，对桓公不能用言辞来说服，因此想设置些不可能的事情来阻止他，便说道："古时候封禅，需要用鄗上地区的黍米、北里地区的谷物来做祭天用的粢盛；要用生于江淮之间的三脊茅，来编织荐神用的席子；要有东海进贡的比目鱼，西海进贡的比翼鸟，然后还要有那些不召自至的十五种吉祥物才可以。如今却是什么祥瑞也没有，凤凰麒麟还未降临，嘉谷也没出现，而田野中的蓬蒿杂草却很茂盛，鸱枭等恶鸟也数次在朝堂出现。想要在这样的情况下举行封禅，是不是有点儿不太合适？"于是齐桓公便打消了封禅的念头。这一年，秦缪公送晋夷吾回国立为晋君。此后又三次为晋国立了君主，平定了晋国的内乱。缪公在位三十九年后去世。

此后又过了一百多年，有孔子论述了"六艺"。书传中曾简略地记述了七十多位因改姓而出现的新王封泰山禅梁父的活动，却未记载有关封禅俎豆之礼的情况，可能是难以说清的缘故吧。曾有人向孔子请教关于禘祭的礼仪，孔子说："不知道。倘若知道禘祭的事，那天下的任何事都将如同观察自己的掌纹一样清楚。"《诗经》中说纣王在位，文王受天命后，他的政绩功业还不足去封泰山。武王在灭殷以后二年、天下尚未安宁就去世了。所以，周朝一直到成王时才说得上德政融洽，成王要封泰山才算得上合乎道理。不过，此后周王室衰弱，各诸侯国大臣执政，鲁国的季氏也去祭泰山，孔子曾嘲笑过这种事。

是时苌弘以方事周灵王，诸侯莫朝周，周力少，苌弘乃明鬼神事，设射狸首。狸首者，诸侯之不来者。依物怪欲以致诸侯。诸侯不从，而晋人执杀苌弘。周人之言方怪者自苌弘。

其后百余年，秦灵公作吴阳上畤，祭黄帝；作下畤，祭炎帝。

后四十八年，周太史儋见秦献公曰："秦始与周合，合而离，五百岁当复合，合十七年而霸王出焉。"栎阳雨金，秦献公自以为得金瑞，故作畦畤栎阳而祀白帝。

其后百二十岁而秦灭周，周之九鼎入于秦。或曰宋太丘社亡，而鼎没于泗水彭城下。

其后百一十五年而秦并天下。

秦始皇既并天下而帝，或曰："黄帝得土德，黄龙地螾见。夏得木德，青龙止于郊，草木畅茂。殷得金德，银自山溢。周得火德，有赤乌之符。今秦变周，水德之时。昔秦文公出猎，获黑龙，此其水德之瑞。"于是秦更命河曰"德水"，以冬十月为年首，色上黑，度以六为名，音上大吕，事统上法。

即帝位三年，东巡郡县，祠驺峄山，颂秦功业。于是征从齐鲁之儒生博士七十人，至乎泰山下。诸儒生或议曰："古者封禅为蒲车，恶伤山之土石草木；埽地而祭，席用菹秸，言其易遵也。"始皇闻此议各乖异，难施用，由此绌儒生。而遂除车道，上自泰山阳至巅，立石颂秦始皇帝德，明其得封也。从阴道下，禅于梁父。其礼颇采太祝之祀雍上帝所用，而封藏皆秘之，世不得而记也。

始皇之上泰山，中阪遇暴风雨，休于大树下。诸儒生既绌，不得与用于封事之礼，闻始皇遇风雨，则讥之。

于是始皇遂东游海上，行礼祠名山大川及八神，求仙人羡门之

这一时期苌弘以方术效力于周灵王，因周王室衰弱，诸侯们不肯来朝见周王，所以苌弘明目张胆地搞起了鬼神活动，并设置了射狸首的迷信活动。狸首，代表那些不肯来朝见周王的诸侯，想凭借神怪的力量让诸侯来朝。诸侯没有听信这一套，晋国人就把苌弘抓了起来杀掉了。周朝人谈方术神怪就是从苌弘这时开始的。

此后又过了一百多年，秦灵公在吴阳建造了上畤，来祭祀黄帝；建造了下畤，用来祭祀炎帝。

此后四十八年，周朝太史儋朝见秦献公时说："最早时秦与周是在一起的，后来分离了，五百年后应当重新联合，联合十七年后就会有霸王出现。"不久，秦朝都城栎阳下起了黄金雨，秦献公便因此认为是得到了五行中金的祥瑞，所以就在栎阳建造了畦畤来祭祀白帝。

此后又过了一百二十年，秦灭了周朝，周朝王权的象征九鼎，落入了秦国手中。而有人说宋国的太丘社坛被毁以后，九鼎便沉入了彭城下的泗水中。

又过了一百一十五年，秦国统一了天下。

秦始皇一统天下后称帝，有人说："黄帝获得了五行中的土德，故有黄龙和大蚯蚓出现；夏朝有木德，所以有青龙降临在都城郊外，草木也长得格外茁壮茂盛；商朝有金德，所以从山中流出了银子；周朝有火德，所以有红色乌鸦这种祥瑞出现。如今秦朝改变了周朝天下，是得水德的时代。过去秦文公外出打猎，曾遇到过一条黑龙，这就是水德的吉祥物。"于是秦朝把黄河改名为"德水"，把冬季的十月作为每年的开端，崇尚黑色，尺度以六为数，音声崇尚大吕，政事推崇法令。

秦始皇即帝位的第三年，东出巡察郡县，在驺县峄山建祠祭祀，歌颂秦朝的功德伟业。于是从齐鲁之地征召了儒生、博士等七十人作为随从，一同来到泰山脚下。众儒生中有的人建议说："古时候封禅，帝王乘坐的车子要以蒲草把车轮包裹起来，是怕踩踏伤害了山上的土石草木；祭祀时要把地面打扫一遍，铺上用草、禾秸编制的席子，这说明古代祭祀是很容易办到的。"秦始皇听他们说的各不相同，并且与情理不合，难以实行，因此不用儒生。于是命人开山修路，从泰山南面一直到山顶。他立碑来歌颂自己的功德，表明他应该封禅的理由。然后他从泰山北面下山，在梁父山禅祭地神。封禅的仪式大多都是沿用在雍城祭祀上帝的仪式，但具体的封禅活动都很秘密，世人无法知晓，也无从记录。

秦始皇上泰山时，行至半山腰时正好遇到暴风雨，便在大树下避雨。众儒生因之前已经被贬退了，没能够参与封禅的礼仪，听说秦始皇在上山途中遭遇暴风雨，便乘机讥笑他。

封禅完毕后，秦始皇便继续东巡到海上，沿途中分别祭祀名山大川之神及八神，

属。八神将自古而有之，或曰太公以来作之。齐所以为齐，以天齐也。其祀绝莫知起时。八神：一曰天主，祠天齐。天齐渊水，居临淄南郊山下者。二曰地主，祠泰山梁父。盖天好阴，祠之必于高山之下，小山之上，命曰"畤"；地贵阳，祭之必于泽中圜丘云。三曰兵主，祠蚩尤。蚩尤在东平陆监乡，齐之西境也。四曰阴主，祠三山。五曰阳主，祠之罘。六曰月主，祠之莱山。皆在齐北，并勃海。七曰日主，祠成山。成山斗入海，最居齐东北隅，以迎日出云。八曰四时主，祠琅邪。琅邪在齐东方，盖岁之所始。皆各用一牢具祠，而巫祝所损益，圭币杂异焉。

自齐威、宣之时，驺子之徒论著终始五德之运，及秦帝而齐人奏之，故始皇采用之。而宋毋忌、正伯侨、充尚、羡门高最后皆燕人，为方仙道，形解销化，依于鬼神之事。驺衍以阴阳主运显于诸侯，而燕齐海上之方士传其术不能通，然则怪迂阿谀苟合之徒自此兴，不可胜数也。

自威、宣、燕昭使人入海求蓬莱、方丈、瀛洲。此三神山者，其傅在勃海中，去人不远；患且至，则船风引而去。盖尝有至者，诸仙人及不死之药皆在焉。其物禽兽尽白，而黄金银为宫阙。未至，望之如云；及到，三神山反居水下。临之，风辄引去，终莫能至云。世主莫不甘心焉。及至秦始皇并天下，至海上，则方士言之不可胜数。始皇自以为至海上而恐不及矣，使人乃赍童男女入海求之。船交海中，皆以风为解，曰未能至，望见之焉。其明年，始皇复游海上，至琅邪，过恒山，从上党归。后三年，游碣石，考入海方士，从上郡归。后五年，始皇南至湘山，遂登会稽，并海上，冀遇海中三神山之奇药。不得，还至沙丘崩。

二世元年，东巡碣石，并海南，历泰山，至会稽，皆礼祠之，而

并寻求羡门高一类的仙人。八神名目自古以来就有，也有的人说是在姜太公之后创造出来的。齐国之所以名为齐，就是因为八神之一的天齐神的缘故。对天齐神的祭祀早已废绝，因而不知是从什么时候开始的。所谓"八神"，一是天主，在天齐祭祀，天齐是渊水之名，在临淄城南郊的山脚下。二是地主，在泰山下的梁父山祭祀。因为天神性喜阴，祭祀它就必须在高山的下面，小山的上面，祭祀之地称为畤；地神性喜阳，祭祀它就必须在低洼地区的圆丘上。三是兵主，在蚩尤山祭祀它。蚩尤祠在东平郡的陆监乡，属于齐国西境。四是阴主，在三山祭祀它。五是阳主，在之罘山祭祀它。六是月主，在莱山祭祀它。三山、之罘山、莱山均在齐国北部，临近渤海。七是日主，在成山祭祀它。成山绝壁回曲，入于海中，在齐东北部最边隅地区，据说是迎接日出的地方。八是四时主，在琅邪山祭祀它。琅邪在齐国东部，是一年四季开始的地方。祭祀八神时都要用牛、羊、猪各一头，只是巫祝的数目、圭币的名目与数目有所不同。

自齐威王、宣王的时候，驺衍等人便开始著书立说，论述五行五德的变化终始。到秦称帝后，有齐人拿这套理论上奏秦王，所以秦始皇采用了它。宋毋忌、正伯侨、充尚、羡门高等都是燕国人，他们采用道家神仙的法术，编说脱胎换骨、白日飞升的故事，大多依托鬼神等事。驺衍以阴阳交替、主宰命运的理论显名于诸侯，而燕齐地区海上的那些方士，因为对他们的法术理论不能通达，因此更多荒诞奇怪、阿谀奉迎、苟且求合的人便因此兴起，其人数之多不可胜计。

自齐威王、齐宣王、燕昭王开始，就不断派人出海寻找蓬莱、方丈、瀛州三座神山。这三座神山，据传都在渤海之中，路程虽不算远，但困难在于人将要接近山侧时，就会有海风吹引船只离山远去。据说曾有人到过那里，那里有许多仙人和长生不老的药。山上的东西和禽兽都是白色的，宫阙是用黄金和白银建造的。没到三山之前，其看起来有如一片白云；来到三山跟前后，三神山看起来反而在海水之下。想要登山时，却又被海风吹走，始终不能到达山上。世俗间的帝王们没有不钦羡的。秦始皇统一天下后，曾到海上游览，那些向他谈及此事的方士不计其数。秦始皇担心自己亲自到海上也找不到三神山，于是便派人带着童男童女先到海上寻找。船从海中回来，他们都以在海上遇到怪风不能到达为由，却又都说虽未到达，却确实看到了三神山。第二年，秦始皇重游海上，到了琅邪，回程时路过恒山，取道上党回到咸阳。三年后，他巡游碣石山，查问了被派遣出海寻找三神山的方士，然后从上郡返回京城。五年后，秦始皇南游到湘山，接着东行登上了会稽山，并来到海上，希望能寻得海上三神山中的长生不老药。结果未能如愿，返回的路上病死在沙丘宫。

二世元年，秦二世东出巡游到碣石山，并沿海南下，途经泰山，到达会稽，所到

刻勒始皇所立石书旁，以章始皇之功德。其秋，诸侯畔秦。三年而二世弑死。

始皇封禅之后十二岁，秦亡。诸儒生疾秦焚诗书，诛僇文学，百姓怨其法，天下畔之，皆讹曰："始皇上泰山，为暴风雨所击，不得封禅。"此岂所谓无其德而用事者邪？

昔三代之居皆在河洛之间，故嵩高为中岳，而四岳各如其方，四渎咸在山东。至秦称帝，都咸阳，则五岳、四渎皆并在东方。自五帝以至秦，轶兴轶衰，名山大川或在诸侯，或在天子，其礼损益世殊，不可胜记。及秦并天下，令祠官所常奉天地名山大川鬼神可得而序也。

于是自崤以东，名山五，大川祠二。曰太室。太室，嵩高也。恒山，泰山，会稽，湘山。水曰济，曰淮。春以脯酒为岁祠，因泮冻，秋涸冻，冬塞祷祠。其牲用牛犊各一，牢具圭币各异。

自华以西，名山七，名川四。曰华山，薄山。薄山者，衰山也。岳山，岐山，吴岳，鸿冢，渎山。渎山，蜀之汶山。水曰河，祠临晋；沔，祠汉中；湫渊，祠朝那；江水，祠蜀。亦春秋泮涸祷塞，如东方名山川；而牲牛犊牢具圭币各异。而四大冢鸿、岐、吴、岳，皆有尝禾。

陈宝节来祠。其河加有尝醪。此皆在雍州之域，近天子之都，故加车一乘，騮驹四。

霸、产、长水、沣、涝、泾、渭皆非大川，以近咸阳，尽得比山川祠，而无诸加。

汧、洛二渊，鸣泽、蒲山、岳嵞山之属，为小山川，亦皆岁祷塞泮涸祠，礼不必同。

而雍有日、月、参、辰、南北斗、荧惑、太白、岁星、填星、辰星、二十八宿、风伯、雨师、四海、九臣、十四臣、诸布、诸严、诸

之处都按礼仪进行了祭祀，并且在始皇所立石碑上撰文纪事，来颂扬秦始皇的功德。这年秋天，各地诸侯纷纷起兵反叛秦朝。三年后，秦二世被赵高所杀。

始皇封禅之后十二年，秦朝灭亡。儒生们怨恨秦朝焚毁诗书，屠杀、侮辱文人学士，百姓们怨恨秦朝酷法，天下人因此都反叛秦朝。于是有讹传说："秦始皇上泰山，被暴风雨所阻，未能举行封禅大礼。"这不正是古人所说的不具备德行，却非要去进行封禅之礼的人吗？

过去夏、商、周三代都在河、洛二水之间建国，所以把嵩高山定为中岳，其他四岳按各自所在方位命名，而四渎都在崤山以东。秦始皇称帝后，建都咸阳，五岳、四渎都在都城东方。自五帝至秦以来，代代兴衰更替，名山大川或为诸侯掌握，或为天子掌管，祭祀的礼仪也有增有减，随时代不同而变化，不可一一记录。秦朝一统天下后，命令祠官要经常供奉天地和名山大川以及诸鬼神，从此才得以按次序一一记述下来。

从此知道，在崤山以东，要祭祀的名山有五座，大河有二条。五座名山首为太室山。太室山，就是嵩山。其次是恒山、泰山、会稽山、湘山。两条河水名为济水、淮水。春季河水解冻时用干肉、酒醴祭祀，祈求丰收；秋季冰冻时也会举行祭祀，或是冬季酬谢神灵活动时也会举行祭祀。祭祀时各用牛犊一头，与牛犊相配的礼器以及圭币有所不同。

自华县以西，要祭祀的名山有七座，名川有四条。七座名山是华山、薄山。薄山，就是衰山。此外分别是岳山、岐山、吴岳、鸿冢山、渎山。渎山，就是蜀中的汶山。四条河水分别为黄河，在临晋祭祀它；沔水，在汉中祭祀它；湫渊，在朝那祭祀它；长江，在蜀中祭祀它。祭祀的时间也是在春天解冻、秋末结冰，或冬天举行酬谢神灵的时候，与祭祀东方名山大川相同。只是祭祀所用小牛的数量以及配用礼器和圭币等方面有所不同。此外祭祀鸿冢、岐冢、吴冢、岳冢这四大冢，除了用通常的祭品外，还要用新谷供神灵尝用。

陈宝神在其祭祀节时降临祠庙。祭祀河流时要增加新酿的酒供神灵尝用。以上这七山四川都在雍州地域以内，毗邻天子的都城，所以祭祀时除通常物品外，还可增加一辆车和四匹马驹。

灞水、浐水、长水、沣水、涝水、泾水、渭水都不算大川，但由于都邻近咸阳，因此都得以享有与名山大川相同的祭祀，只是没有加祭的其他祭品。

汧水、洛水二渊，与鸣泽、蒲山、岳山之类，都是小山川，也都在每年解冻或冰冻时举行祭祀，冬天也举行酬谢神灵的祭拜活动，但礼仪各不相同。

而雍州有日、月、参、辰、南北斗、荧惑星、太白星、岁星、填星、辰星、二十八宿、风神、雨神、四海神、九臣、十四臣、诸布、诸严、诸逑之类共计

述之属，百有余庙。西亦有数十祠。于湖有周天子祠。于下邽有天神。沣、滈有昭明、天子辟池。于杜、亳有三社主之祠、寿星祠；而雍菅庙亦有杜主。杜主，故周之右将军，其在秦中，最小鬼之神者。各以岁时奉祠。

唯雍四畤上帝为尊，其光景动人民唯陈宝。故雍四畤，春以为岁祷，因泮冻，秋涸冻，冬塞祠，五月尝驹，及四仲之月，祠若月祠，陈宝节来一祠。春夏用骍，秋冬用駵。畤驹四匹，木禺龙栾车一驷，木禺车马一驷，各如其帝色。黄犊羔各四，圭币各有数，皆生瘗埋，无俎豆之具。三年一郊。秦以冬十月为岁首，故常以十月上宿郊见，通权火，拜于咸阳之旁，而衣上白，其用如经祠云。西畤、畦畤，祠如其故，上不亲往。

诸此祠皆太祝常主，以岁时奉祠之。至如他名山川诸鬼及八神之属，上过则祠，去则已。郡县远方神祠者，民各自奉祠，不领于天子之祝官。祝官有秘祝，即有灾祥，辄祝祠移过于下。

汉兴，高祖之微时，尝杀大蛇。有物曰："蛇，白帝子也，而杀者赤帝子。"高祖初起，祷丰枌榆社。徇沛，为沛公，则祠蚩尤，衅鼓旗。遂以十月至灞上，与诸侯平咸阳，立为汉王。因以十月为年首，而色上赤。

二年，东击项籍而还入关，问："故秦时上帝祠何帝也？"对曰："四帝，有白、青、黄、赤帝之祠。"高祖曰："吾闻天有五帝，而有四，何也？"莫知其说。于是高祖曰："吾知之矣，乃待我而具五也。"乃立黑帝祠，命曰北畤。有司进祠，上不亲往。悉召故秦祝官，复置太祝、太宰，如其故仪礼。因令县为公社。下诏曰："吾甚重祠而敬祭。今上帝之祭及山川诸神当祠者，各以其时礼祠之如故。"

一百多个祠庙。秦旧都西县的祠庙也有数十座。在湖县有周天子祠,下邽有天神祠,沣县、滈县有昭明庙和天子辟池,在杜、亳二县有三座杜主祠和寿星庙;在雍城的营庙中也有供奉杜主的。杜主,原是周朝的右将军,在秦中地区,是众小神庙中最灵验的庙宇。以上各种祠庙都按年岁、季节供奉和祭祀。

　　以上神灵中唯有雍州的四畤祭祀的神灵地位最尊,但最震撼人心的祭祀场面要数陈宝祠。所以雍州四畤的祭祀,在春季解冻时会举行岁祷,秋季河川封冻时会举行活动祭祀,冬季酬谢神灵时也会祭祀,五月时会增加向天神供奉马驹的祭祀活动,每季度的第二个月会举行月祀;而陈宝祠只有陈宝应节来临时才举行一次祭祀。对陈宝的祭祀,祭礼春夏季为红色的马,秋冬季为黑色鬃毛的红马。在四畤的祭祀,每次用四匹小马,外加由四匹木偶龙拉的木偶栾车一乘,四匹木偶马拉的木偶马车一乘,这些车辆的颜色与各帝祠对应的五方色相同;另外有黄牛犊和羔羊各四只,以及一定数量的圭币,牛、羊等都为活埋,没有俎豆等礼器。帝王每三年郊祭一次。秦把冬季的十月作为每年的开端,所以常在十月斋戒后郊祀上帝,祭祀的地方有烽火直达宫里,皇帝在咸阳宫旁拜祭,衣服都为白色,其他器具与平时祭祀相同。西畤、畦畤的祭祀与秦统一前相同,皇帝不必亲自前往。

　　这些祠庙都由太祝主持,每年按时举行祭祀。至于其他名山大川、诸鬼神灵以及八神之类,皇帝路过它们的祠庙时就举行祭祀,离开后便停祭。所属郡县以及边远地区的神祠,由百姓自发供奉祭祀,不归天子设置的祝官管辖。祝官中有一种秘祝,若遇有灾祸,每次祝祷祭祀时,会把灾难转移到臣民身上。

　　汉朝兴起了。汉高祖微贱时,曾经杀死过一条大蛇,有神物就化作人形说:"这条蛇,是白帝的儿子,而杀死它的就是赤帝的儿子。"高祖起兵初时,曾于丰县的枌榆社坛为自己祈祷。攻下沛县后,做了沛公,于是祭祀蚩尤,用血把鼓、旗染成红色。最终在两年后的十月兵至灞上,与诸侯共同起兵平定咸阳,被立为汉王。因此就把十月作为一年的开端,并崇尚赤色。

　　高祖二年,刘邦向东攻打项籍,还兵关中后问:"过去秦朝时祭祀的上帝是什么帝?"左右回答说:"有四帝,设有白帝、青帝、黄帝、赤帝祠庙。"高祖说:"我听说天有五帝,却只有四庙,这是是什么原因呢?"没有谁能道出原因。于是高祖说:"我知道了,这是为了让我来凑足五帝之数啊。"于是又修建了黑帝祠,命名为北畤;由负责的祝官主持祭祀,皇帝不必亲自前往祭拜。他把过去秦朝的祝官全部召来,重新设置了太祝、太宰,祭礼仪式还与以往相同。又命各县设置了公用社坛。高祖下诏书说:"我很重视祠庙并敬重祭祀。如今上帝的祭祀以及山川诸神应该祭祀的,各自按往常礼仪按时进行祭祀。"

后四岁，天下已定，诏御史，令丰谨治枌榆社，常以四时，春以羊彘祠之。令祝官立蚩尤之祠于长安。长安置祠祝官、女巫。其梁巫，祠天、地、天社、天水、房中、堂上之属；晋巫，祠五帝、东君、云中、司命、巫社、巫祠、族人、先炊之属；秦巫，祠社主、巫保、族累之属；荆巫，祠堂下、巫先、司命、施糜之属；九天巫，祠九天。皆以岁时祠宫中。其河巫祠河于临晋，而南山巫祠南山秦中。秦中者，二世皇帝。各有时月。

其后二岁，或曰周兴而邑邰，立后稷之祠，至今血食天下。于是高祖制诏御史："其令郡国县立灵星祠，常以岁时祠以牛。"

高祖十年春，有司请令县常以春三月及腊祠社稷以羊豕，民里社各自财以祠。制曰："可。"

其后十八年，孝文帝即位。即位十三年，下诏曰："今秘祝移过于下，朕甚不取。自今除之。"

始名山大川在诸侯，诸侯祝各自奉祠，天子官不领。及齐、淮南国废，令太祝尽以岁时致礼如故。

是岁，制曰："朕即位十三年于今，赖宗庙之灵，社稷之福，方内艾安，民人靡疾。间者比年登，朕之不德，何以飨此？皆上帝诸神之赐也。盖闻古者飨其德必报其功，欲有增诸神祠。有司议增雍五畤路车各一乘，驾被具；西畤畦畤禺车各一乘，禺马四匹，驾被具；其河、湫、汉水加玉各二；及诸祠，各增广坛场，圭币俎豆以差加之。而祝釐者归福于朕，百姓不与焉。自今祝致敬，毋有所祈。"

鲁人公孙臣上书曰："始秦得水德，今汉受之，推终始传，则汉当土德，土德之应黄龙见。宜改正朔，易服色，色上黄。"是时丞相张苍好律历，以为汉乃水德之始，故河决金堤，其符也。年始冬十月，色外黑内赤，与德相应。如公孙臣言，非也。罢之。后三岁，黄龙见成纪。文帝乃召公孙臣，拜为博士，与诸生草改历服色事。其夏，下诏曰：

四年后，天下已经平定，高祖诏命御史，令丰县修葺枌榆社坛，按四时节令恭谨祭祀，春季用羊和猪祭祀。又令祝官在长安修建蚩尤祠。并在长安设置祠祝官、女巫。其中梁地的巫祝主要负责祭祀天、地、天社、天水、房中、堂上之类的神灵；晋地的巫祝负责祭祀五帝、东君、云中君、司命、巫社、巫祠、族人、先炊之类；秦地的巫祝主要负责祭祀社主、巫保、族累之类；荆地的巫祝负责祭祀堂下、巫先、司命、施糜之类；九天巫只负责祭祀九天。这些都是按年岁、季节在宫中祭祀。此外，他让河巫在临晋祭祀黄河，让南山巫负责祭祀南山和秦中。秦中，是祭祀二世皇帝的。祭祀各有定时。

　　此后二年，有人说周朝兴起后就修建了邰邑，设立了后稷庙，并且至今还受天下人祭祀。于是高祖诏令御史："下令各郡、各诸侯国和各县建立灵星庙，每年要按时用牛祭祀。"

　　汉高祖十年的春天，主管机构请求命各县常在春二月和腊月，用羊和猪祭祀土地神和谷神，民间里社百姓按情况自行集资祭祀。高祖批复说："可以。"

　　此后的第十八年，孝文帝即位。即位的第十三年，他下诏书说："如今的秘祝官把过失转移到臣民身上，我很不喜欢这样。从今日起，取消秘祝官。"

　　最初，凡在诸侯国境内的名山大川，由诸侯国的祝官自行供奉祭祀，天子的祝官不负责。后来废除了齐、淮南国后，孝文帝下令由太祝官负责这些名山大川的祭祀，并一律如往常一样按岁时进行。

　　这一年，孝文帝颁制诏书说："朕即位至今已十三年，仰仗宗庙的神灵、社稷的福报，境内得以安定，民众疾疫不生。其间连年丰收，朕的德行尚浅，为何能享受到这样的福泽？这都是上帝诸神的恩赐啊。听说古时候若享受了神的恩德，就必要报答它的功劳。所以，我想增加对诸神祭祀礼品的数量。主管机构建议，在雍州五畤各增加路车一乘，连同驾车以及车上各类装具；西畤、畦畤各增加木偶车一乘，木偶马各四匹，连同驾车和车上的各类装具；黄河、湫渊、汉水的祭祀各增加玉器二枚；其他祠庙全都扩大祭坛场地，圭币俎豆也按不同等级有所增加。而祝釐者把这些都归福于朕，百姓得不到好处。从今以后祝官只向神致礼，不得为了朕再对神有所祈求。"

　　鲁人公孙臣上书说："起初秦朝享受水的福德，现如今汉继承了秦的天下。如果按五德终始来推求，汉朝应当受土德，受土德的应验是出现黄龙。汉朝应该更改历法，改变服饰的颜色，以黄色为尊色。"当时丞相张苍喜好律历的学问，认为汉朝是水德的开始，黄河金堤决口便是水德的符兆，认为应当把上年十月作为一年的开端，颜色推崇外黑内赤，才能与水德相符合，文帝认为公孙臣的说法是错误的，于是公孙臣的上书就被否决了。没想到三年后，真有黄龙在成纪地区

"异物之神见于成纪，无害于民，岁以有年。朕祈郊上帝诸神，礼官议，无讳以劳朕。"有司皆曰"古者天子夏亲郊，祀上帝于郊，故曰郊"。于是夏四月，文帝始郊见雍五畤祠，衣皆上赤。

其明年，赵人新垣平以望气见上，言"长安东北有神气，成五采，若人冠绕焉。或曰东北神明之舍，西方神明之墓也。天瑞下，宜立祠上帝，以合符应"。于是作渭阳五帝庙，同宇，帝一殿，面各五门，各如其帝色。祠所用及仪亦如雍五畤。

夏四月，文帝亲拜霸渭之会，以郊见渭阳五帝。五帝庙南临渭，北穿蒲池沟水，权火举而祠，若光辉然属天焉。于是贵平上大夫，赐累千金。而使博士诸生刺六经中作王制，谋议巡狩封禅事。

文帝出长门，若见五人于道北，遂因其直北立五帝坛，祠以五牢具。

其明年，新垣平使人持玉杯，上书阙下献之。平言上曰："阙下有宝玉气来者。"已视之，果有献玉杯者，刻曰"人主延寿"。平又言"臣候日再中"。居顷之，日却复中。于是始更以十七年为元年，令天下大酺。

平言曰："周鼎亡在泗水中，今河溢通泗，臣望东北汾阴直有金宝气，意周鼎其出乎？兆见不迎则不至。"于是上使使治庙汾阴南，临河，欲祠出周鼎。

人有上书告新垣平所言气神事皆诈也。下平吏治，诛夷新垣平。自是之后，文帝怠于改正朔服色神明之事，而渭阳、长门五帝使祠官领，以时致礼，不往焉。

明年，匈奴数入边，兴兵守御。后岁少不登。

出现。于是文帝就召见公孙臣，封他为博士官，同诸儒生一起起草关于更改历法和服色的事宜。当年夏天，文帝颁下诏书说："今有异类神灵在成纪出现，对百姓不加伤害，相反每年得到了好收成。朕想要郊祀上帝和诸神，请相关官员商议一下具体事宜，不要因有所忌讳怕让朕劳累。"有关官员都说："古时候天子在夏季亲自郊祀，在郊外祭祀上帝，所以称为郊祀。"于是在夏季四月，文帝首次亲自到雍城的五畤祠进行郊祀，衣服都为赤色。

第二年，赵人新垣平因擅长观测云气得以朝见文帝，他说："长安城的东北方有神气出现，色呈五彩，形状像人的冠冕一样。有人说东北方是神明居住的地方，西方是神明的坟墓。如今东北方出现神气，是天降下的祥瑞，应该修建祠庙祭祀上帝，以便与这祥瑞相应合。"于是汉文帝就在渭水北岸修建了五帝庙，五帝同庙而居，每帝居一殿，庙的每一面有五个门，颜色也和殿内所祭五帝的五方色相同。祭祀所用的东西以及各种仪式也都与雍城的五畤相同。

夏季四月，文帝亲自在灞、渭二水交汇处以郊祀之礼祭祀渭阳五帝。五帝庙南临渭水，从庙北开渠引水进入蒲池。烽火点燃后，文帝开始祭祀，火光辉然就好像烧到了天上。于是封新垣平为上大夫，赏赐达千金之多。又命博士和诸官员搜集六经中相关资料编撰成《王制》，并商讨外出巡狩和封禅的事宜。

一次文帝出游到长门，在路上仿佛看到五人立在道路北面，于是在道路北面五人所立的地方建立了"五帝坛"，用五牢和相应的礼具祭祀他们。

第二年，新垣平让人捧着玉杯，到宫门前上书进献。新垣平在这之前预先对文帝说："有宝玉神气降临到了宫门前。"文帝便派人去点查各处进献给皇帝的礼物，果然发现有献玉杯的，上面刻着"人主延寿"四个字。新垣平又说："据为臣观测，太阳在一日之内将会出现两个中午。"过了不久，太阳过午以后，向东逆行，又再次出现一个中午。于是文帝把十七年改称为后元元年，让天下人都聚饮庆贺。

新垣平对文帝说："周鼎遗失在泗水之中，如今黄河水泛滥，流入泗水，臣遥望东北方汾阴地区有金宝之气，难道是周鼎要重新出现了吗？虽然已有征兆出现，若我们不去迎求，它还是不会来的。"于是文帝命人在汾阴南修了一座庙，临黄河而建，希望通过祭祀可以祈求周鼎出现。

有人上书揭发新垣平所说的种种望气，都是骗人的。于是文帝把新垣平交给司法官员审理，灭了新垣平全族。自此以后，文帝对于更改历法、服色，祭祀神明等事再也没有兴趣了，把渭阳、长门的五帝庙交给祭祀官员管辖，按时祭祀，自己不再亲自参与了。

第二年，匈奴多次侵入边境，汉朝发兵守卫。此后几年，收成略有减少。

数年而孝景即位。十六年，祠官各以岁时祠如故，无有所兴，至今天子。

今天子初即位，尤敬鬼神之祀。

元年，汉兴已六十余岁矣，天下艾安，搢绅之属皆望天子封禅改正度也，而上乡儒术，招贤良，赵绾、王臧等以文学为公卿，欲议古立明堂城南，以朝诸侯。草巡狩封禅改历服色事未就。会窦太后治黄老言，不好儒术，使人微伺得赵绾等奸利事，召案绾、臧，绾、臧自杀，诸所兴为皆废。

后六年，窦太后崩。其明年，征文学之士公孙弘等。

明年，今上初至雍，郊见五畤。后常三岁一郊。是时上求神君，舍之上林中蹏氏观。神君者，长陵女子，以子死，见神于先后宛若。宛若祠之其室，民多往祠。平原君往祠，其后子孙以尊显。及今上即位，则厚礼置祠之内中。闻其言，不见其人云。

是时李少君亦以祠灶、谷道、却老方见上，上尊之。少君者，故深泽侯舍人，主方。匿其年及其生长，常自谓七十，能使物，却老。其游以方遍诸侯。无妻子。人闻其能使物及不死，更馈遗之，常余金钱衣食。人皆以为不治生业而饶给，又不知其何所人，愈信，争事之。少君资好方，善为巧发奇中。尝从武安侯饮，坐中有九十余老人，少君乃言与其大父游射处，老人为儿时从其大父，识其处，一坐尽惊。少君见上，上有故铜器，问少君。少君曰："此器齐桓公十年陈于柏寝。"已而案其刻，果齐桓公器。一宫尽骇，以为少君神，数百岁人也。

少君言上曰："祠灶则致物，致物而丹沙可化为黄金，黄金成以为饮食器则益寿，益寿而海中蓬莱仙者乃可见，见之以封禅则不死，黄帝是

数年后孝景帝即位，在位十六年，祠官如往常一样各自按照岁时祭祀，没有什么改变，一直到当今天子。

当今天子即位之初，就特别重视对鬼神的祭祀。

到汉武帝元年时，汉朝建国已经六十多年了，天下已大定，官绅等人都希望天子行封禅礼并改制历法、度数。但武帝心向儒术，他招揽贤良之士，赵绾、王臧等都以文学被任命为公卿大臣，并打算按古制在城南建立明堂，用来朝见诸侯。他们草拟了皇帝巡狩、封禅的礼仪制度和修正历法、服色等事项，但尚未完成。当时窦太后喜好黄老学说，不推崇儒术，便派人私下里搜集、暗察赵绾等人干过的违法之事，并将赵绾、王臧拘捕查办，赵绾、王臧自杀，他们主持兴办的各项事务也都随之废止。

此后第六年，窦太后去世。第二年，当今皇上征召文学之士公孙弘等人为官。

第二年，当今皇上初次到雍城五畤进行郊祀。此后经常每隔三年便到此郊祀一次。当时，皇上求得了一幅神君画像，供奉在上林苑中的氾氏观。这位神君，原是长陵一女子，因生子难产而死，后她附体在她妯娌宛若的身上并显灵。宛若把它供奉在家中，村中人听后都来她家里烧香祭拜。平原君也曾去祭祀，他的后世子孙也因此而位尊名显。到本朝天子即位后，就以隆重的礼节把"神君"请到宫中供奉起来。外人能听到神君的说话声，却看不到她的形象。

当时李少君曾因擅长祭灶、辟谷、长生不老等方术被皇上召见，受到皇帝的尊重。李少君，原来是深泽侯家的舍人，给人看病。他隐瞒了自己的真实年龄和经历，时常自称已七十多岁，能驱使鬼物，长生不老。他靠着自己的这种把戏遍游诸侯。他无妻无子。人们听说他能驱使鬼物并能使人长生不死，便经常是暗地里赠送给他一些礼物，因此他金钱衣食等时常有余。大家都以为他不干任何事却很富裕，加上又不知道他的来历出身，便对他就更加相信、更加崇拜。李少君天生喜欢方术，又善于察言观色，常能猜中人们的一些隐私。他曾经到武安侯家赴宴，宴席中遇到一位九十多岁的老人，于是李少君就与他谈论起自己与这位老人的祖父曾经一起游玩射猎的地方。这位老人年幼时曾与祖父住在一起，还能记起这些地方，宴会上所有的人对此都惊讶不已。一次，李少君去拜见当今皇上。皇上收藏有一件古铜器，便问李少君是否认识。李少君说："这件铜器是齐桓公十年时在柏寝台上的陈设品。"当今皇上仔细考察铜器上的铭文，果然是齐桓公时的器物，整个皇宫的人全都惊呆了，认为李少君是活神仙，是数百岁人了。

李少君对皇帝说："祭灶神能招来鬼神，招来鬼神后就能把丹砂炼成黄金，用提炼出来的黄金打造成饮食器具，使用后便能延年益寿。只有延年益寿后才能见到蓬莱山的仙人，见到仙人后再行封禅大礼就能长生不老了。黄帝就是一

也。臣尝游海上，见安期生，安期生食巨枣，大如瓜。安期生仙者，通蓬莱中，合则见人，不合则隐。"于是天子始亲祠灶，遣方士入海求蓬莱安期生之属，而事化丹沙诸药齐为黄金矣。

居久之，李少君病死。天子以为化去不死，而使黄锤史宽舒受其方。求蓬莱安期生莫能得，而海上燕齐怪迂之方士多更来言神事矣。

亳人谬忌奏祠太一方，曰："天神贵者太一，太一佐曰五帝。古者天子以春秋祭太一东南郊，用太牢，七日，为坛开八通之鬼道。"于是天子令太祝立其祠长安东南郊，常奉祠如忌方。其后人有上书，言"古者天子三年壹用太牢祠神三一：天一、地一、太一"。天子许之，令太祝领祠之于忌太一坛上，如其方。后人复有上书，言"古者天子常以春解祠，祠黄帝用一枭破镜；冥羊用羊；祠马行用一青牡马；太一、泽山君地长用牛；武夷君用干鱼；阴阳使者以一牛"。令祠官领之如其方，而祠于忌太一坛旁。

其后，天子苑有白鹿，以其皮为币，以发瑞应，造白金焉。

其明年，郊雍，获一角兽，若麃然。有司曰："陛下肃祇郊祀，上帝报享，锡一角兽，盖麟云。"于是以荐五畤，畤加一牛以燎。锡诸侯白金，风符应合于天也。

于是济北王以为天子且封禅，乃上书献太山及其旁邑，天子以他县偿之。常山王有罪，迁，天子封其弟于真定，以续先王祀，而以常山为郡，然后五岳皆在天子之郡。

其明年，齐人少翁以鬼神方见上。上有所幸王夫人，夫人卒，少翁以方盖夜致王夫人及灶鬼之貌云，天子自帷中望见焉。于是乃拜少翁为文成将军，赏赐甚多，以客礼礼之。文成言曰："上即欲与神通，宫室

个例证。臣曾经在海上游历，见到了安期生，当时他拿一个像瓜一样大的枣给我吃。安期生是仙人，他经常往来于蓬莱山中，缘分合就与人相见，不合就隐而不见。"于是当今天子便亲自祭拜灶神，派遣方士远赴海上寻找安期生等仙人，并试着把丹砂提炼成黄金。

过了很久后，李少君病死。当今天子却认为他并没有死，而是羽化成仙了，因此命黄锤县史宽舒学习他的方术。那些派出去寻找蓬莱仙人的人未能找到安期生等仙人，但沿海地区燕齐等地那些怪诞、迂腐的方士们，从此一拨又一拨地不断前来朝廷向皇上讲述修炼神仙的事情。

亳县人谬忌向皇上进献祭祀太一神的方法，他说："天神之中唯有太一最为尊贵，太一神的辅佐者就是五帝。古时候天子会选择春秋两季在东南郊祭祀太一神，祭品用牛、羊、猪各一头，连续祭祀七天，神坛上设有八条供鬼神行走的通道。"于是当今天子命太祝在长安东南郊建造了祠庙，经常按谬忌说的方式供奉和祭祀。后来，有人上书说："古时候的天子，每三年一次用太牢祭祀三一神，就是天一、地一、太一。"皇上准了他的奏章，命太祝负责，在谬忌奏请修建的太一神坛上同时供奉三一神，按上书人所说的方法进行祭祀。此后又有人上书，说："古时候天子常在春季举行破除灾殃的祭祀。祭祀黄帝时用枭和破镜各一只；祭祀冥羊神用羊；祭祀马行神用一匹青色公马；祭祀太一、泽山君、地长用牛；祭祀武夷君则用干鱼；祭祀阴阳使者就用一头公牛。"于是皇上便命祠官负责，都按上书人说的办理，在太一神坛的旁边进行祭祀。

后来，当今天子苑中养有白鹿，有人便说用白鹿皮制作货币，可以引发祥瑞应验，于是便有了皇上制造"白金"的事。

第二年，皇上在雍城郊祭，猎获一只独角兽，样子很像麃。主管官员说："陛下一直虔恭地郊祀上帝，作为报答，上帝赐给陛下独角兽，这大概是麒麟吧。"于是把它献给了上帝，并令每畤的祭物中都增加一头牛，在燎火中焚祭。同时，还赐给诸侯白金，向他们暗示制造白金是与天意相合的。

于是济北王以为天子将要举行封禅大典了，就上书把泰山以及附近的城邑都献给了天子，天子赏给他其他县城作为补偿。常山王因有罪，被削除王爵，天子另封他的弟弟为真定王，可以继续保持对先王的祭祀，又把常山国改为郡。这样一来，五岳都在天子直接管辖的郡县之内了。

第二年，齐人少翁以能与鬼神相通的方术为由来见皇上。皇上曾有一位宠爱的妃嫔王夫人，王夫人死后，少翁说能用方术使王夫人和灶鬼的形貌在黑夜中重现，而天子隔着帷幕好像真看到了她。于是皇上就封少翁为文成将军，又赏赐他很多东西，以宾客之礼对待他。文成向皇帝进言说："皇上想要与神交往，但

被服非象神，神物不至。"乃作画云气车，及各以胜日驾车辟恶鬼。又作甘泉宫，中为台室，画天、地、太一诸鬼神，而置祭具以致天神。居岁余，其方益衰，神不至。乃为帛书以饭牛，佯不知，言曰此牛腹中有奇。杀视得书，书言甚怪。天子识其手书，问其人，果是伪书，于是诛文成将军，隐之。

其后则又作柏梁、铜柱、承露仙人掌之属矣。

文成死明年，天子病鼎湖甚，巫医无所不致，不愈。游水发根言上郡有巫，病而鬼神下之。上召置祠之甘泉。及病，使人问神君。神君言曰："天子无忧病。病少愈，强与我会甘泉。"于是病愈，遂起，幸甘泉，病良已。大赦，置寿宫神君。寿宫神君最贵者太一，其佐曰大禁、司命之属，皆从之。非可得见，闻其言，言与人音等。时去时来，来则风肃然。居室帷中。时昼言，然常以夜。天子祓，然后入。因巫为主人，关饮食。所以言，行下。又置寿宫、北宫，张羽旗，设供具，以礼神君。神君所言，上使人受书其言，命之曰"画法"。其所语，世俗之所知也，无绝殊者，而天子心独喜。其事秘，世莫知也。

其后三年，有司言元宜以天瑞命，不宜以一二数。一元曰"建"，二元以长星曰"光"，三元以郊得一角兽曰"狩"云。

其明年冬，天子郊雍，议曰："今上帝朕亲郊，而后土无祀，则礼不答也。"有司与太史公、祠官宽舒议："天地牲角茧栗。今陛下亲祠后土，后土宜于泽中圜丘为五坛，坛一黄犊太牢具，已祠尽瘗，而从祠衣上黄。"于是天子遂东，始立后土祠汾阴脽丘，如宽舒等议。上亲望拜，如上帝礼。礼毕，天子遂至荥阳而还。过洛阳，下诏

宫殿居室和衣服用具等都不像神仙用的，所以神不会降临。"于是皇上派人做了上面画着云气的车子，并且自己也每天改乘不同颜色的车以避恶鬼。又下令建造了甘泉宫，在宫中筑起高台，台上修建宫室，室内画着天、地、太一等鬼神像，并且摆上祭祀用具，想以此招来天神。过了一年多，文成将军的办法却愈发不灵了，天神也没有降临。于是他就在布帛上写了些字让牛吃到肚子里，自己却假装不知道，只是对皇上说这头牛肚子里好像有些古怪。于是皇上派人把牛杀了发现了布帛，上面写着一些奇奇怪怪的话。皇上觉得这上面的笔迹很熟悉，经过追查，发现果然是假造的，于是下令杀了文成将军，并把此事隐瞒下来。

此后又建造了柏梁殿、铜柱、承露仙人掌之类的建筑。

文成将军被处死后的第二年，天子在鼎湖宫病得很厉害，巫医们想尽了各种办法，却始终治不好。之前有个叫游水发根的人推荐说，上郡有一个巫师，得病后被鬼神附在身上，很灵验。皇上便召来巫师，安置在甘泉宫，称为神君。这一次得病，命人问神君有何吉凶出现。神君说道："天子不必为病忧心，等您病体稍愈，请振作精神与我在甘泉宫相会。"于是皇上病体稍愈，就起身驾幸甘泉宫，结果真的完全好了。为此皇上大赦天下，将神君迁到寿宫。寿宫中与神君最亲近的人叫大夫，辅佐他的叫大禁、司命之类，都听从他安排。人们虽看不到神君的样子，却能听到他的说话声，与人的声音相似。神君时来时去，来时风声肃然。神君住在室内帷帐中，偶尔白昼说话，不过更多是在夜间。天子要见他，必须先净身后才进入。通常是由巫祝来照顾和料理神君的生活、饮食。神君有什么想说的话，由巫祝传递到外面。皇上又派人在寿宫的北宫收拾了一套房子，在其中悬挂羽旗，布置供具，以礼敬神君。神君说的话，皇上让人记录下来，称为"画法"。他说的话，都是世俗人所知道的，没有什么特别不同之处，然而只有天子喜爱。因为事情很隐秘，世间无人知晓。

三年后，主管官员说，帝王的年号应该以天降的符瑞来命名，不应该按一元、二元等顺序数来命名。第一个年号称"建"；第二个年号因有长星出现，所以称为"光"，第三个年号因郊祀时得到一独角兽，所以应称为"狩"。

第二年冬天，天子到雍城进行郊祀，与人商议说："如今上帝由朕亲自祭祀，而后土却没有人祭祀，这于礼不合。"于是主管官员与太史令司马谈、祠官宽舒商议后进言说："祭祀天地时应该用刚长出牛角的小牛。如今陛下如果想要亲自祭祀后土，祭祀后土应选择到低洼地区修筑圆丘，在圆丘上设五个祭坛，每坛用一头小黄牛以及一猪一羊作为祭品，祭祀过后将它们全部埋掉，参加祭祀的人全部穿黄色的服帽。"于是皇上东行，首次在汾阴脽丘建起了后土祠，祭祀礼仪按宽舒等商议的结果执行。皇上亲自望空拜祭，与祭天帝的礼仪一样。祭祀结束后，皇上

曰："三代邈绝，远矣难存。其以三十里地封周后为周子南君，以奉其先祀焉。"是岁，天子始巡郡县，侵寻于泰山矣。

其春，乐成侯上书言栾大。栾大，胶东宫人，故尝与文成将军同师，已而为胶东王尚方。而乐成侯姊为康王后，无子。康王死，他姬子立为王。而康后有淫行，与王不相中，相危以法。康后闻文成已死，而欲自媚于上，乃遣栾大因乐成侯求见言方。天子既诛文成，后悔其蚤死，惜其方不尽，及见栾大，大说。大为人长美，言多方略，而敢为大言，处之不疑。大言曰："臣常往来海中，见安期、羡门之属。顾以臣为贱，不信臣。又以为康王诸侯耳，不足与方。臣数言康王，康王又不用臣。臣之师曰：'黄金可成，而河决可塞，不死之药可得，仙人可致也。'然臣恐效文成，则方士皆奄口，恶敢言方哉！"上曰："文成食马肝死耳。子诚能修其方，我何爱乎！"大曰："臣师非有求人，人者求之。陛下必欲致之，则贵其使者，令有亲属，以客礼待之，勿卑，使各佩其信印，乃可使通言于神人。神人尚肯邪不邪。致尊其使，然后可致也。"于是上使验小方，斗棋，棋自相触击。

是时上方忧河决，而黄金不就，乃拜大为五利将军。居月余，得四印，佩天士将军、地士将军、大通将军印。制诏御史："昔禹疏九江，决四渎。间者河溢皋陆，堤繇不息。朕临天下二十有八年，天若遗朕士而大通焉。乾称'蜚龙'，'鸿渐于般'，朕意庶几与焉。其以二千户封地士将军大为乐通侯。"赐列侯甲第，僮千人。乘舆斥车马帷幄器物以充其家。又以卫长公主妻之，赍金万斤，更命其邑曰当利公主。天子亲如五利之第。使者存问，供给相属于道。自大主将相以下，皆置酒其家，献遗之。于是天子又刻玉印曰"天道将军"，使

经荥阳回京。路过洛阳时，皇上下诏说："夏、商、周三代离现在太久远了，如今它们的封地也不存在了。可划出三十里的地区加封周王的后人为周子南君，用来供奉他们的祖先。"这一年，天子第一次东出巡察郡县，以便慢慢接近泰山。

这年春天，乐成侯上书推荐栾大。栾大，是胶东王刘贤的宫中侍应，早先曾与文成将军同门学习方术，后来做了胶东王宫中掌管药物配制的官员。乐成侯的姐姐是胶东康王的王后，没有儿子。康王死后，其他姬妾的儿子继承了王位。康后作风淫乱，又与新王合不来，双方互相明争暗斗。康后听说文成将军已死，想谄媚皇上，就派栾大通过乐成侯以擅长方术求见皇上。因为文成将军已被杀掉，皇上有点后悔他死得太早，可惜他的法术还没有全部传出来，于是见到栾大后很是高兴。栾大长得高大俊美，善于言谈，而且敢于说大话并且像是真有其事一样。他向皇上自吹说："臣经常往来于海中，会见安期生、羡门高等诸仙人。他们因为臣的地位低贱，所以不相信臣的话。又认为康王只是一个诸侯，不足以把神仙方术授予他。臣曾数次向康王说起，康王又不重用臣。臣的师父曾说：'黄金可以炼成，黄河的决口可以堵塞，长生不死药可以得到，仙人也是可以请来的。'但是臣担心和文成将军的下场一样，那样就会使方士都掩口不言,谁还敢再谈方术呢！"皇帝说："文成将军是吃马肝毒死的。先生如果真有能修练成神仙的方术，我怎会吝惜爵禄等赏赐呢？"栾大说："臣的师父不是有求于人，而是人们有求于他。陛下若一定要请他来，就要让去请他的使者地位尊贵起来，让他有妻室家属，以宾客之礼待他，不要卑视他，让他佩带各种王侯将相印信，才能让他与神人通话。即便都这样做了，神人来与不来，尚不敢说。总之要尊崇求访神人的使者，才有可能招请神人降临。"于是皇上让他演示小方术，看有无应验。栾大便借助磁力演示了斗棋，棋子能自相撞击。

当时皇上正为黄河决口之事而忧虑，且炼砂成金之事也不成功，于是就封栾大为五利将军。过了一个多月，栾大得到了四颗官印，除了五利将军印之外，还得到天士将军、地士将军、大通将军印。皇上给御史颁诏说："以前大禹能够疏导九江，开通四渎。这些日子黄河泛滥，筑堤的徭役经久不息。朕在帝位二十八年，上天好像委派了贤士来辅佐我，而栾大就是其中之一。《乾》卦称'飞龙在天'，《鸿》卦又说'鸿渐于磐'，朕觉得栾大的境遇就是这个样子。请将二千户的封邑封地士将军栾大为乐通侯。"同时赐予栾大列侯宅第一所，僮仆千人；又将皇帝不用的乘骑用物给他布置新居；又把卫长公主嫁与他做妻子，赠送黄金万两为陪嫁，并把他住的城邑改名为当利公主邑。天子亲自驾临栾大家里作客，到他家里慰问、赐送物品的天子使者，络绎不绝。朝廷上自大长公主、下至将相，都到他家摆酒庆贺，馈赠贵重物品。当时天子又刻了一颗"天道将军"的玉印，

使衣羽衣，夜立白茅上，五利将军亦衣羽衣，夜立白茅上受印，以示不臣也。而佩"天道"者，且为天子道天神也。于是五利常夜祠其家，欲以下神。神未至而百鬼集矣，然颇能使之。其后装治行，东入海，求其师云。大见数月，佩六印，贵震天下，而海上燕齐之间，莫不搤捥而自言有禁方，能神仙矣。

其夏六月中，汾阴巫锦为民祠魏脽后土营旁，见地如钩状，掊视得鼎。鼎大异于众鼎，文镂无款识，怪之，言吏。吏告河东太守胜，胜以闻。天子使使验问巫得鼎无奸诈，乃以礼祠，迎鼎至甘泉，从行，上荐之。至中山，曣㬍，有黄云盖焉。有麃过，上自射之，因以祭云。至长安，公卿大夫皆议请尊宝鼎。天子曰："间者河溢，岁数不登，故巡祭后土，祈为百姓育谷。今岁丰庑未报，鼎曷为出哉？"有司皆曰："闻昔泰帝兴神鼎一，一者壹统，天地万物所系终也。黄帝作宝鼎三，象天地人。禹收九牧之金，铸九鼎。皆尝亨鬺上帝鬼神。遭圣则兴，鼎迁于夏商。周德衰，宋之社亡，鼎乃沦没，伏而不见。颂云'自堂徂基，自羊徂牛；鼐鼎及鼒，不吴不骜，胡考之休'。今鼎至甘泉，光润龙变，承休无疆。合兹中山，有黄白云降盖，若兽为符，路弓乘矢，集获坛下，报祠大享。唯受命而帝者心知其意而合德焉。鼎宜见于祖祢，藏于帝廷，以合明应。"制曰："可。"

入海求蓬莱者，言蓬莱不远，而不能至者，殆不见其气。上乃遣望气佐候其气云。

命使者穿着羽衣，夜间站在白茅草的上面，把印赐给五利将军，五利将军也穿着羽衣，夜间站在白茅草上受印，以此表示不把栾大当臣子看待。而佩带"天道"将军印，这样做都是为了给天子引导天神。并且五利将军夜间时常在家中祭祀，欲请神仙降临。没想到天神没有请下来，倒把各种鬼怪请来了，然而好在五利善能驱使诸鬼。此后他收拾行装上路，东行入海，说是要去寻找他的师父。栾大在见到皇上以后的几个月里，就佩戴了六颗大印，其地位的尊贵震动天下，让海上的燕齐众方士，无不扼腕振奋，并都争着说自己有祝禁的方术，能够修炼成神仙。

这年夏天的六月中旬，汾阴一个名为锦的女巫在魏脽后土祠旁为民祭祀，见地面裂开，出现个像钩一样的东西，挖开来一看是一只鼎，尺寸很大，与那些普通鼎都不同，上面刻有花纹，却没有文字。她觉得奇怪，告诉了当地官吏。当地官吏上报给了河东太守胜，胜又上报了朝廷。天子立即派使者到现场查看并询问巫师得鼎的经过，确认中间没有奸诈之事，于是就按礼法祭祀，将鼎迎接到甘泉宫。皇上亲自参加了此事，并要将它献给上天。走到中山时，天空出现了一片黄云，氤氲缭绕如同车盖。此时恰好有一头麃子经过，皇上亲自射中了它，刚好用来做了祭鼎的牲礼。到长安以后，公卿大夫都商量请求尊奉宝鼎。天子说："最近以来，黄河泛滥，一连数年收成不好，所以朕才巡察郡县，祭祀后土，为百姓祈求能有好年成。今年丰收与否尚不可知，鼎为什么会出现呢？"一些官员都说："听说过去泰帝造了一只神鼎，一象征天下统一，是天地万物的最终归属。黄帝造了三个宝鼎，三象征天、地、人。禹收集九州的铜，铸成九鼎，象征九州，都曾经用来烹煮牺牲祭祀上帝和鬼神。逢遇圣主盛世，这些鼎就会出现，一直由夏代延续到了商代。周末世德衰败，宋国社坛被毁以后，鼎就沦没了，从此隐伏未再出现过。《诗经·周颂》中说'自堂内至于门槛外，有的献羊有的献牛；大鼎小鼎陈列，牲肥鼎洁，祭事绸缪，不喧哗不倨傲，恭敬又肃穆，神必降福，得享寿考，休美征候'。如今鼎已到甘泉宫，看它色泽光润，变化如神，朝廷必承无疆之福。这与行至中山时，有黄白云出现在宝鼎上空；还有麃兽这种符瑞出现，以及大弓和四支一套的箭，全部是在神坛下得到的，这全是上天对天子行祭祀大礼的回报。只有受天命而为帝的人才能心知其意而与天德相合。宝鼎应该献给高祖庙，藏于甘泉宫的帝王宫廷，以便与上帝显示的瑞应相合。"于是皇上下诏说："就这么办。"

那些到海中寻找蓬莱仙岛的人都说蓬莱仙岛路程不远，而总是不能到达的原因，大概是看不到仙山的云气。于是皇上便派遣了善于望气的人去帮助他们观测云气。

其秋，上幸雍，且郊。或曰"五帝，太一之佐也，宜立太一而上亲郊之"。上疑未定。齐人公孙卿曰："今年得宝鼎，其冬辛巳朔旦冬至，与黄帝时等。"卿有札书曰："黄帝得宝鼎宛朐，问于鬼臾区。鬼臾区对曰：'帝得宝鼎神策，是岁己酉朔旦冬至，得天之纪，终而复始。'于是黄帝迎日推策，后率二十岁复朔旦冬至，凡二十推，三百八十年，黄帝仙登于天。"卿因所忠欲奏之。所忠视其书不经，疑其妄书，谢曰："宝鼎事已决矣，尚何以为！"卿因嬖人奏之。上大说，乃召问卿。对曰："受此书申公，申公已死。"上曰："申公何人也？"卿曰："申公，齐人。与安期生通，受黄帝言，无书，独有此鼎书。曰'汉兴复当黄帝之时'。曰'汉之圣者在高祖之孙且曾孙也。宝鼎出而与神通，封禅。封禅七十二王，唯黄帝得上泰山封'。申公曰：'汉主亦当上封，上封能仙登天矣。黄帝时万诸侯，而神灵之封居七千。天下名山八，而三在蛮夷，五在中国。中国华山、首山、太室、泰山、东莱，此五山黄帝之所常游，与神会。黄帝且战且学仙。患百姓非其道者，乃断斩非鬼神者。百余岁然后得与神通。黄帝郊雍上帝，宿三月。鬼臾区号大鸿，死葬雍，故鸿冢是也。其后黄帝接万灵明廷。明廷者，甘泉也。所谓寒门者，谷口也。黄帝采首山铜，铸鼎于荆山下。鼎既成，有龙垂胡髯下迎黄帝。黄帝上骑，群臣后宫从上者七十余人，龙乃上去。余小臣不得上，乃悉持龙髯，龙髯拔，堕，堕黄帝之弓。百姓仰望黄帝既上天，乃抱其弓与胡髯号，故后世因名其处曰鼎湖，其弓曰乌号。'"于是天子曰："嗟乎！吾诚得如黄帝，吾视去妻子如脱屣耳。"乃拜卿为郎，东使候神于太室。

上遂郊雍，至陇西，西登崆峒，幸甘泉。令祠官宽舒等具太一祠坛，祠坛放薄忌太一坛，坛三垓。五帝坛环居其下，各如其方，黄帝

这年秋天，皇上驾临雍城准备郊祀。有人说："五帝，是太一神的辅佐，应该修建太一庙，由皇上亲自主持郊祀。"皇上犹豫未决。齐人公孙卿说："今年幸得宝鼎，冬季辛巳日十一月初一是冬至节，与黄帝时历象正好相合。"公孙卿收藏有一本札记，上面记载："黄帝在宛朐城曾得到宝鼎，向鬼臾区询问，鬼臾区回答说：'帝得到了宝鼎和神策，这一年己酉日的初一早晨是冬至，您得到天赐的历法，一年年周而复始，循环不止。'于是黄帝按日影用神策推算出，以后大约每二十年冬至会再次出现在初一的黎明时分，推算了二十次，第三百八十年，黄帝成仙归天而去。"公孙卿想通过皇上近臣所忠把此事上奏给皇上，所忠认为他的书荒诞不实，怀疑是他伪造的假书，便辞谢说："宝鼎的事已经确定下来，还提这事干什么？"公孙卿又通过皇帝的私宠上奏，皇上听后很是高兴，就召问公孙卿，公孙卿回答说："这本书原是申公传授与我的，如今申公已经去世。"皇上说："申公是什么人？"公孙卿说："申公，是齐人。与安期生有来往，他听说过许多黄帝的传说，没有别的记载，仅有这本关于鼎的书札。书札中说'汉朝兴盛于黄帝时的年号重新出现的时候'；说'汉朝的圣人会出现于高祖皇帝的孙和曾孙之中。宝鼎出现后就能与神相会，并行封禅礼。古来行封禅礼的共有七十二个帝王，唯有黄帝一人得以登上泰山顶行封祭礼'。申公说：'汉朝皇帝也应当上泰山行封祭礼。若登上泰山封祭就能成仙登天了。黄帝时诸侯上万人，其中封地中神灵被封祭的有七千。天下的名山有八座，其中三座地处蛮夷境内，五座在中原地区。在中原地区的有华山、首山、太室、泰山、东莱山，这五座是黄帝经常游览并与神相会的地方。黄帝一边作战一边修炼仙道。他害怕百姓会对仙道有非议，就断然把非难鬼神的人杀掉。经过百余年的修炼后，便能与神仙往来了。黄帝在雍城郊祭上帝时，在那儿住了三个月。鬼臾区号称大鸿，死后葬在雍城，所以这就有了鸿冢。此后黄帝在明廷与万千神灵相见。明廷，就是甘泉山。黄帝成仙的地方在寒门，就是今天的谷口。黄帝采掘首山的铜矿，铸鼎于荆山脚下。鼎刚铸成，云端里便出现了一条龙，垂下长长的胡须来迎接黄帝。黄帝骑在龙背上，群臣以及后宫妃嫔随他登上龙背的有七十多人，龙便飞天而去。其余那些级别低的官员没有登上龙背，都抓住龙须不放手，龙须被拉断了，他们便从空中掉落下来，混乱中黄帝的弓也落了下来。百姓抬头望见黄帝慢慢飞天而去，于是抱着他失落的弓以及拉断的龙须哭号，所以后世把这个地方称为鼎湖，把弓称乌号。'"于是皇上说："呀！我要是能像黄帝那样，就会把抛下妻子儿女看作像扔掉鞋子那般轻松。"于是封公孙卿为郎官，让他到东面太室山去迎候神仙。

皇上于是到雍城郊祀，之后来到陇西郡，又西行登上了崆峒山，而后回到甘泉宫。他命祠官宽舒等人筹建太一神的祭坛，祭坛仿照薄忌的太一坛建造，坛分三层。

西南,除八通鬼道。太一,其所用如雍一畤物,而加醴枣脯之属,杀一狸牛以为俎豆牢具。而五帝独有俎豆醴进。其下四方地,为醊食群神从者及北斗云。已祠,胙余皆燎之。其牛色白,鹿居其中,彘在鹿中,水而泊之。祭日以牛,祭月以羊彘特。太一祝宰则衣紫及绣。五帝各如其色,日赤,月白。

十一月辛巳朔旦冬至,昧爽,天子始郊拜太一。朝朝日,夕夕月,则揖;而见太一如雍郊礼。其赞飨曰:"天始以宝鼎神策授皇帝,朔而又朔,终而复始,皇帝敬拜见焉。"而衣上黄。其祠列火满坛,坛旁亨炊具。有司云"祠上有光焉"。公卿言"皇帝始郊见太一云阳,有司奉瑄玉嘉牲荐飨。是夜有美光,及昼,黄气上属天"。太史公、祠官宽舒等曰:"神灵之休,佑福兆祥,宜因此地光域立太畤坛以明应。令太祝领,秋及腊间祠。三岁天子一郊见。"

其秋,为伐南越,告祷太一。以牡荆画幡日月北斗登龙,以象太一三星,为太一锋,命曰"灵旗"。为兵祷,则太史奉以指所伐国。而五利将军使不敢入海,之泰山祠。上使人随验,实毋所见。五利妄言见其师,其方尽,多不仇。上乃诛五利。

其冬,公孙卿候神河南,言见仙人迹缑氏城上,有物如雉,往来城上。天子亲幸缑氏城视迹。问卿:"得毋效文成、五利乎?"卿曰:"仙者非有求人主,人主者求之。其道非少宽假,神不来。言神事,事如迂诞,积以岁乃可致也。"于是郡国各除道,缮治宫观名山神祠所,以望幸。

其春,既灭南越,上有嬖臣李延年以好音见。上善之,下公卿议,曰:"民间祠尚有鼓舞乐,今郊祀而无乐,岂称乎?"公卿曰:"古者祠

第一层是太一坛，五帝坛围绕在太一坛下，五帝各自所在方位与所主方位相同，只有主中央方位的黄帝位于西南方。太一坛的四面及四角共建造了八条鬼神通道。太一坛祭祀所用之物与雍城五畤中的各畤相同，不过增加了酒醴、枣和肉脯等，并宰杀了一头狸牛盛在礼器中。而五帝坛只有酒醴和俎豆供奉。最后一层坛是一块四方形地面，是用来供奉群神和北斗的地方。祭祀完毕，把剩余的胙肉都付之燎火。祭祀的牛为白色，宰杀好的鹿被塞入牛腹，而宰杀好的猪被塞入鹿腹中，然后一并放在釜中加水烹煮。祭日神的祭品用牛，祭月神用一只雄性的羊或猪。太一坛的祝宰穿着紫色和五彩绣花礼服，五帝坛祝宰的礼服则与各帝所主方位的颜色相同，日坛祝宰穿赤色礼服，月坛祝宰穿白色礼服。

十一月初一黎明冬至这一天，天刚拂晓，天子便开始拜祭太一神。然后在日出时祭祀日神，傍晚月出时祭祀月神，对此只揖而不跪；而祭祀太一神时和雍城郊祭的礼节相同。赞礼者念祝词说："上天如果把宝鼎神策授给皇帝，此后朔日一次接着一次，周而复始，永无穷尽，皇帝恭敬拜见天神。"所穿礼服都为黄色。祭祀时祭坛上到处燃着火把，祭坛旁边放着烹煮的炊具。主管官员说："祀坛上有光彩出现了。"公卿们说："黄帝当初在云阳郊祭，拜见太一神，主管官员手捧瑄玉与嘉牲，献给太一神享食。当夜就有很美的光辉出现，到天亮时，黄气上腾，与天相连。"太史公与祠官宽舒等说："这是神灵的美意，是它保佑并降福于人的吉兆祥瑞，应该在这些神光出现的地区修建太畤坛与这些祥瑞吉兆相呼应。令太祝主管此事，每年秋天和腊月间祭祀，皇上每隔三年郊祭一次。"

这年秋天，为了讨伐南越，皇上向太一神祷告祈求福泽庇佑。以牡荆为旗杆，旗上画了日月、北斗、飞龙等图案，象征着太一三星，当作太一锋旗，命名为"灵旗"。在出兵祷告时，由太史官手捧灵旗指向被伐的国家。五利将军作为使者不敢入海求仙，便到泰山来祭拜祈祷。皇上派人暗中跟随着他，检验其行为，发现他实际上什么神仙也没见到，五利却妄言见到了他师父。他的方术已经用尽，但都没有应验，于是皇上杀掉了五利。

这年冬天，公孙卿在河南太室山迎候神仙，说在缑氏城上看到了仙人足迹，还发现个模样似山鸡般的东西，在城上来来往往。皇上亲自到缑氏城察看仙人足迹。他问公孙卿："莫非你想仿效文成、五利吗？"公孙卿说："仙人不是有求于皇帝，是皇帝求仙人。所以这事非得宽限时日，否则神是不会降临的。谈论神仙之事，好像是有些迂腐怪诞，但只有积以年岁才能等来神仙啊。"于是郡国各自清扫道路，修治宫殿、列观、名山、神庙等，希望皇上能够到来。

这年春天，灭掉南越后，有位受皇上宠爱的官员李延年，因为擅长音乐而常被皇上召见。皇上对他赞赏不已，便命公卿们商议，皇上说："民

天地皆有乐，而神祇可得而礼。"或曰："太帝使素女鼓五十弦瑟，悲，帝禁不止，故破其瑟为二十五弦。"于是塞南越，祷祠太一、后土，始用乐舞，益召歌儿，作二十五弦及空侯琴瑟自此起。

其来年冬，上议曰："古者先振兵泽旅，然后封禅。"乃遂北巡朔方，勒兵十余万，还祭黄帝冢桥山，释兵须如。上曰："吾闻黄帝不死，今有冢，何也？"或对曰："黄帝已仙上天，群臣葬其衣冠。"既至甘泉，为且用事泰山，先类祠太一。

自得宝鼎，上与公卿诸生议封禅。封禅用希旷绝，莫知其仪礼，而群儒采封禅尚书、周官、王制之望祀射牛事。齐人丁公年九十余，曰："封禅者，合不死之名也。秦皇帝不得上封，陛下必欲上，稍上即无风雨，遂上封矣。"上于是乃令诸儒习射牛，草封禅仪。数年，至且行。天子既闻公孙卿及方士之言，黄帝以上封禅，皆致怪物与神通，欲放黄帝以上接神仙人蓬莱士，高世比德于九皇，而颇采儒术以文之。群儒既已不能辨明封禅事，又牵拘于诗书古文而不能骋。上为封禅祠器示群儒，群儒或曰"不与古同"，徐偃又曰"太常诸生行礼不如鲁善"，周霸属图封禅事，于是上绌偃、霸，而尽罢诸儒不用。

三月，遂东幸缑氏，礼登中岳太室。从官在山下闻若有言"万岁"云。问上，上不言；问下，下不言。于是以三百户封太室奉祠，命曰崇高邑。东上泰山，泰山之草木叶未生，乃令人上石立之泰山巅。

上遂东巡海上，行礼祠八神。齐人之上疏言神怪奇方者以万数，

间祠庙尚有鼓舞乐曲,如今郊祭时反而无乐曲,难道这相称吗?"公卿们说:"古时候祭祀天地都有乐舞,这样神祇才来享受祭祀。"还有人说:"太帝命素女奏五十弦的瑟,音调悲切,太帝让她停下而她却不能停止,所以太帝便把她的瑟从中破开成为两半,做成了二十五弦的瑟。"于是在庆祝灭掉南越及祷祭太一、后土神时开始使用乐舞,并扩增了歌乐的规模,二十五弦瑟和箜篌的制作也是从这时候开始的。

  第二年冬天,皇上说:"古时候的君王,总是先撤除武备,再专力于农桑,然后才举行封禅礼。"于是皇上向北出行巡察朔方,他率军十多万,回来时在桥山祭拜了黄帝陵,到须如时遣散了军队。皇上说:"我听说黄帝没有死,如今却有黄帝冢,这是为什么?"有人回答说:"黄帝成仙飞升上天后,群臣把他的衣冠埋葬在这里,因此便有了黄帝冢。"回到甘泉宫后,因为不久就要到泰山举行封禅大礼,所以皇上用祭天的仪式先祭祀了太一神。

  自从得到宝鼎以后,皇上便与公卿及儒生们商议封禅之事。封禅因为以往很少举行,相关资料已经灭绝,无人知道封禅的具体礼仪,众儒生便从《尚书》《周官》《王制》等书中摘引以往帝王封禅时望祭与射牛的仪式作为封禅的参考。齐人丁公年已九十多岁,他说:"封禅,就是合当不死的意思。秦始皇没有这种造化,没能够登上泰山山顶举行封禅大礼。陛下若一定上山,先上到一定高度看看。如果没有风雨,那就说明得到上天的允许了。陛下就可上山举行封禅大典了。"皇上于是命诸儒生练习射牛的礼仪,起草封禅的礼仪。数年以后,到了将快要出发进行封禅的日子。天子因为听了公孙卿以及方士的话,说黄帝之前的封禅,都招徕了吉祥之物,说明已可以与神灵相通,所以想仿照黄帝之前的帝王,希望见到神仙的使者蓬莱士人,以对世人表明自己的德行可与九皇相比,所以又引用儒家经典上的一些词句来作为文饰。众儒生因不能搞明白封禅的仪式,又纠缠拘泥于《诗经》《尚书》等古文的记载,不能发挥自己的想象。皇上亲自设计了一些封禅用的祭器给群儒看,有些儒者认为"与古时候不同",博士徐偃也说"太常诸生演习的礼不如鲁礼好",而周霸则打算另绘封禅礼图。于是皇上罢免了徐偃、周霸,且停止使用所有儒生。

  三月,皇上一行东行到缑氏县,登上中岳太室山举行祭祀。随从官员在山下好像听到了呼喊"万岁"的声音。问山上的人,山上的人说没有喊过;问山下的人,山下的人也说没有喊过。于是皇上将三百户人家封为太室奉祠,把他们的居住区命名为崇高邑。然后他们继续东行去往泰山。那时候泰山上的草木还没有长出叶子,于是皇上命人将大石运上泰山顶峰,准备封禅时用。

  皇上随即向东巡游到海上,行礼祭祀八神。上万齐人纷纷上书谈论神怪和奇异方

然无验者。乃益发船,令言海中神山者数千人求蓬莱神人。公孙卿持节常先行候名山,至东莱,言夜见大人,长数丈,就之则不见,见其迹甚大,类禽兽云。群臣有言见一老父牵狗,言"吾欲见巨公",已忽不见。上即见大迹,未信,及群臣有言老父,则大以为仙人也。宿留海上,予方士传车及间使求仙人以千数。

四月,还至奉高。上念诸儒及方士言封禅人人殊,不经,难施行。天子至梁父,礼祠地主。乙卯,令侍中儒者皮弁荐绅,射牛行事。封泰山下东方,如郊祠太一之礼。封广丈二尺,高九尺,其下则有玉牒书,书秘。礼毕,天子独与侍中奉车子侯上泰山,亦有封。其事皆禁。明日,下阴道。丙辰,禅泰山下阯东北肃然山,如祭后土礼。天子皆亲拜见,衣上黄而尽用乐焉。江淮间一茅三脊为神藉。五色土益杂封。纵远方奇兽蜚禽及白雉诸物,颇以加礼。兕牛犀象之属不用。皆至泰山祭后土。封禅祠;其夜若有光,昼有白云起封中。

天子从禅还,坐明堂,群臣更上寿。于是制诏御史:"朕以眇眇之身承至尊,兢兢焉惧不任。维德菲薄,不明于礼乐。修祠太一,若有象景光,屑如有望,震于怪物,欲止不敢,遂登封太山,至于梁父,而后禅肃然。自新,嘉与士大夫更始,赐民百户牛一、酒十石,加年八十孤寡布帛二匹。复博、奉高、蛇丘、历城,无出今年租税。其大赦天下,如乙卯赦令。行所过毋有复作。事在二年前,皆勿听治。"又下诏曰:"古者天子五载一巡狩,用事泰山,诸侯有朝宿地。其令诸侯各治邸泰山下。"

天子既已封泰山,无风雨灾,而方士更言蓬莱诸神若将可得,于是上欣然庶几遇之,乃复东至海上望,冀遇蓬莱焉。奉车子侯暴病,

术，却没有一个能应验的。皇上于是增调船只，让那些谈论海中有神山的几千人出海寻找蓬莱山的神人。这时公孙卿持天子符节走到队伍前面先行探视，在名山胜境恭候天子车驾。他到东莱后，说夜间看到了一个巨人，身高数丈，走近后却又不见了，只留下一个很大的足印，形状似禽兽的足印。群臣又有人说看到了一个老人牵着一条狗，说"我想见一见巨公"，说完便忽然不见踪影。皇上亲自察看了大足印，但不相信，到听群臣说起牵狗老人的事后，才深信这就是仙人了。皇上便特意在海上留宿以待仙人，准予方士乘坐驿车以来往报信，陆续派出求仙的人已有千数以上。

四月，皇上从海上归来回到奉高县。皇上认为众儒生和方士所说的封禅之事各不相同，荒诞不实，难以施行。于是他先到了梁父山，祭祀了地神。四月十九日，他命在内廷的儒生身着隆重的礼服，头戴皮弁，插笏垂绅，举行射牛的仪式。后又在泰山东面山脚下举行封土大礼，礼仪形式与郊祭太一神一样。所封土宽一丈二尺，高九尺，下面埋有玉牒书，书中内容隐秘无人知晓。行礼完毕后，天子只带着侍中奉车霍子侯登上了泰山，在山顶同样行了封土典礼，这些祭祀之事都禁止外传。第二天，皇上从泰山北坡下山。同天，即四月二十日，皇上在泰山脚下东北的肃然山上举行禅祭礼，仪式与祭祀后土相同。这些都是皇上亲自行叩拜礼。礼服都为黄色，并且用乐伴奏。祭祀用的草席都是江淮的三脊茅编织的，祭坛用五色土筑成。将远方进贡来的飞禽奇兽以及白山鸡等物放还山林，比起雍时的祭祀礼数多有增加，但不用兕牛犀象之类。大家都到泰山下祭祀了后土。行封禅大典的地方，当夜仿佛有光出现，白天时有白云从封土中升起。

皇上从封禅之地回来后，来到明堂就坐，群臣轮番朝见道贺，恭祝天子圣寿无疆。于是皇帝下诏给御史大夫说："朕以微小之身继承了至尊大位，终日战战兢兢，唯恐不能胜任。由于德行微薄，不明礼乐。祭祀太一神时，仿佛有霞光出现，又隐约看到一些奇怪事物，恐怕是因为怪物出现了，想停止行礼却又怕得罪神灵，于是强自登上泰山举行了封禅大典，又到梁父，之后又在肃然山举行了禅祭礼。欲从此自新，与士大夫一起重新开创一个新的局面，特赐给百姓每百户牛一头，酒十石，年过八十岁以上的孤寡老人赐赠布帛二匹。免除博县、奉高、蛇丘、历城四县的徭役和今年租税。大赦天下，具体细则与元朔三年的赦令相同。此次我所到之处的苦役全部赦免。凡二年以前所犯过失的人，都不再治罪。"又下诏说："古时候天子每隔五年外出巡狩一次，到泰山举行封禅大典，诸侯在泰山下都有朝见留宿的住所。今命诸侯各自在泰山下自行构筑邸舍房屋。"

皇上封禅泰山后，没有遇到风雨之灾，因此方士们纷纷说蓬莱山诸神不久即可见到，皇上也欣然以为不久便能见到神仙，于是便再次东行到海上观望，希望能

一日死。上乃遂去，并海上，北至碣石，巡自辽西，历北边至九原。五月，反至甘泉。有司言宝鼎出为元鼎，以今年为元封元年。

其秋，有星茀于东井。后十余日，有星茀于三能。望气王朔言："候独见填星出如瓜，食顷复入焉。"有司皆曰："陛下建汉家封禅，天其报德星云。"

其来年冬，郊雍五帝。还，拜祝祠太一。赞飨曰："德星昭衍，厥维休祥。寿星仍出，渊耀光明。信星昭见，皇帝敬拜太祝之享。"

其春，公孙卿言见神人东莱山，若云"欲见天子"。天子于是幸缑氏城，拜卿为中大夫。遂至东莱，宿留之数日，无所见，见大人迹云。复遣方士求神怪采芝药以千数。是岁旱。于是天子既出无名，乃祷万里沙，过祠泰山。还至瓠子，自临塞决河，留二日，沈祠而去。使二卿将卒塞决河，徙二渠，复禹之故迹焉。

是时既灭两越，越人勇之乃言"越人俗鬼，而其祠皆见鬼，数有效。昔东瓯王敬鬼，寿百六十岁。后世怠慢，故衰耗"。乃令越巫立越祝祠，安台无坛，亦祠天神上帝百鬼，而以鸡卜。上信之，越祠鸡卜始用。

公孙卿曰："仙人可见，而上往常遽，以故不见。今陛下可为观，如缑城，置脯枣，神人宜可致也。且仙人好楼居。"于是上令长安则作蜚廉桂观，甘泉则作益延寿观，使卿持节设具而候神人。乃作通天茎台，置祠具其下，将招来仙神人之属。于是甘泉更置前殿，始广诸宫室。夏，有芝生殿房内中。天子为塞河，兴通天台，若见有光云，乃下诏："甘泉房中生芝九茎，赦天下，毋有复作。"

其明年，伐朝鲜。夏，旱。公孙卿曰："黄帝时封则天旱，干封

遇到蓬莱山诸神。奉车都尉霍子侯这时突然得了急病，只一天就死了。皇上这才离开，沿海而上，北行到碣石，从辽西开始巡察，途经北部边塞到达九原县。五月，返回到甘泉宫。主管官员提议，既然宝鼎这年出现，那么就把这年的年号改为"元鼎"，把今年改为元封元年。

这年秋天，有彗星出现在东井宿中。十多天后，又有彗星出现在三台星座附近。有个善于望气名叫王朔的人说："我曾观测到填星出现时就像瓜一般大，约一顿饭的工夫便隐去不见了。"有关官员都说："陛下创建了汉朝的封禅制度，所以上天便用德星这种祥瑞来回报您。"

第二年冬天，皇上到雍城郊祭五帝。回来后，又拜祝并祭祀了太一神。赞礼官念道："德星普照四方，这是吉祥的征兆。寿星也出现了，渊耀光明。这些星宿像信符一样应时出现，为此皇上敬拜太祝以供神灵享食。"

这年春天，公孙卿说在东莱山见到了神人，隐约听到神人说"想要见天子"。于是皇上便来到缑氏城，封公孙卿为中大夫。随后来到东莱，住了数日，却什么也没看到，据说只见到了神人的足印。皇上又重派遣方士，寻访神仙、采掘灵芝，人数达千余人。这一年天旱，皇上想出游却找不到出游的理由，就借口说到万里沙祷神求雨，顺道再去祭祀泰山。回来时经过瓠子县，皇上亲自到黄河决口处，在那住了两天，祭祀河神后离去。他命上卿汲仁、郭昌二人率领兵卒堵塞黄河的决口，将黄河两条渠水移位，恢复了大禹时的旧河道。

当时已经灭掉了南越和东越，一个名为勇之的越人说："越人风俗迷信鬼神，他们祭祀时都能见到鬼，很是灵验。过去东瓯王因为敬鬼，活了一百六十岁。后世人逐渐怠慢鬼神，所以早早就衰老了。"于是皇上命越巫修建了越祝庙，只是有台而无坛，同样祭祀天神、上帝百鬼，却用鸡骨占卜吉凶。皇上极为相信这些，越祭和鸡骨占卜从此开始流传。

公孙卿说："仙人本来是可以看到的，但由于皇上来去匆忙，因此才没能看到。现在陛下可以建造一座楼观，像缑氏城楼一样，上面摆上肉脯、枣，神人应该可以到来。况且仙人都喜欢住在楼上。"于是皇上就在长安城建造了蜚廉观和桂观，在甘泉建造了益延寿观，让公孙卿持天子符节设置供品迎候神人。又建造了通天径台，台下设置祭祀礼具，想以此来招纳仙人、神人之属。于是在甘泉宫又建了前殿，并且开始扩建各处的宫殿。这年夏天，在甘泉殿的斋房中长出了灵芝草。接着皇上为黄河决口得以堵塞建了通天台，在建造过程中出现了祥瑞感应，皇上因此下诏说："甘泉宫房中长出一株九茎灵芝，这是祥瑞，所以天下大赦，免去苦役犯的刑罚。"

第二年，汉军出兵征伐朝鲜。这年夏季天旱。公孙卿说："黄帝时期只要

三年。"上乃下诏曰:"天旱,意干封乎?其令天下尊祠灵星焉。"

其明年,上郊雍,通回中道,巡之。春,至鸣泽,从西河归。

其明年冬,上巡南郡,至江陵而东。登礼灊之天柱山,号曰南岳。浮江,自寻阳出枞阳,过彭蠡,礼其名山川。北至琅邪,并海上。四月中,至奉高修封焉。

初,天子封泰山,泰山东北阯古时有明堂处,处险不敞。上欲治明堂奉高旁,未晓其制度。济南人公王带上黄帝时明堂图。明堂图中有一殿,四面无壁,以茅盖,通水,水圜宫垣,为复道,上有楼,从西南入,命曰昆仑,天子从之入,以拜祠上帝焉。于是上令奉高作明堂汶上,如带图。及五年修封,则祠太一、五帝于明堂上坐,令高皇帝祠坐对之。祠后土于下房,以二十太牢。天子从昆仑道入,始拜明堂如郊礼。礼毕,燎堂下。而上又上泰山,自有秘祠其巅。而泰山下祠五帝,各如其方,黄帝并赤帝,而有司侍祠焉。山上举火,下悉应之。

其后二岁,十一月甲子朔旦冬至,推历者以本统。天子亲至泰山,以十一月甲子朔旦冬至日祠上帝明堂,毋修封禅。其赞飨曰:"天增授皇帝太元神策,周而复始。皇帝敬拜太一。"东至海上,考入海及方士求神者,莫验,然益遣,冀遇之。

十一月乙酉,柏梁灾。十二月甲午朔,上亲禅高里,祠后土。临勃海,将以望祀蓬莱之属,冀至殊廷焉。

上还,以柏梁灾故,朝受计甘泉。公孙卿曰:"黄帝就青灵台,十二日烧,黄帝乃治明廷。明廷,甘泉也。"方士多言古帝王有都甘泉者。其后天子又朝诸侯甘泉,甘泉作诸侯邸。勇之乃曰:"越俗有

举行封祭就会出现天旱，封土因此晒了三年。"皇上于是下诏说："天旱，难道是上天要晒干祭坛吗？我命令天下人都尊奉、祭祀主管降雨的灵星。"

第二年，皇上到雍城郊祭，修通了去回中的道路，到那里去巡察。春季，到达鸣泽，从西河县返回。

第二年冬天，皇上巡察南郡，到江陵后继续东行。登上灊县境内的天柱山，并在此行了祭礼，称其为南岳。之后乘船沿江而下，从浔阳起程，出枞阳，经过彭蠡湖，沿途祭拜了名山大河。再向北行至琅邪，并沿海路北上。四月中旬，到达泰山东南麓的奉高县，举行了祭天之礼。

起初，皇上在封禅泰山时，在泰山的东北方向有一处古时候的明堂旧址，周围地势凶险并且不宽敞。皇上想在奉高邑旁重新再修建一座明堂，却不知道该如何建造。济南人公王带献上了一幅黄帝时建造明堂的图样。在明堂图中，正中是一座大殿，四面无墙，用茅草覆顶，四周有水沟环绕。大殿四周有宫墙，其上建有一条空中通道，远远看去像一环形的楼阁。在环形通道的西南方有条进入大殿的路，称为昆仑道。天子从这里入大殿，拜祀上帝。于是皇上命奉高邑在汶水旁建造明堂，格局与公王带提供的明堂图样相同。每五年到此祭祀一次，祭祀时把太一神和五帝神位摆在明堂的正位，把高祖皇帝的灵位放在正座的对面。在明堂下层祭祀后土，用牛、羊、猪各二十头做祭品。天子从昆仑道进入大殿，像在雍州郊祀一样祭祀明堂。行礼毕，便在堂下点燃燎火焚烧祭品。随后皇上又登上泰山，在山顶又举行了一番外人不知的秘祭。然后在泰山下又祭祀了五帝，祭祀时按五帝各自方位进行，只有黄帝与赤帝是合并祭祀的，祭拜时都有主管官员辅助侍候。祭祀时山上燃有燎火，而山下各处也都举火相应。

二年以后，适逢十一月初一是甲子日，这天早晨为冬至节，推算历法的人把这一天作为新历法的开始。皇上为了表示对这一天的重视，亲自到了泰山，在这一天的早晨到明堂祭祀上帝，但没有行封禅礼。其赞礼的太祝说："上天增授给皇帝太初历法，周而复始，没有穷尽。皇帝敬拜太一神。"之后皇上东行到海上，询问那些入海访求神仙的方士和其他出海人，没有任何效果。但皇上没有停止，反而增派更多的人员出海寻访，希望能侥幸遇上神仙。

十一月二十八日，柏梁殿发生火灾。十二月甲午初一日，皇上亲自到高里封禅祭拜，祭祀后土。然后行至渤海岸边，想要望祭蓬莱山的仙人之属，希望自己也终有一日能到达仙人之境。

皇上回到京都，由于柏梁殿发生火灾的缘故，就改在甘泉宫接受其他郡国使者的朝见。公孙卿说："黄帝建造的青灵台，十二天就被火烧了，黄帝便修建了明廷。明廷，就是甘泉宫。"方士大都说古时的帝王有把都城建在甘泉的。其

火灾，复起屋必以大，用胜服之。"于是作建章宫，度为千门万户。前殿度高未央。其东则凤阙，高二十余丈。其西则唐中，数十里虎圈。其北治大池，渐台高二十余丈，命曰太液池，中有蓬莱、方丈、瀛洲、壶梁，象海中神山龟鱼之属。其南有玉堂、璧门、大鸟之属。乃立神明台、井干楼，度五十丈，辇道相属焉。

夏，汉改历，以正月为岁首，而色上黄，官名更印章以五字，为太初元年。是岁，西伐大宛。蝗大起。丁夫人、洛阳虞初等以方祠诅匈奴、大宛焉。

其明年，有司上言雍五畤无牢熟具，芬芳不备。乃令祠官进畤犊牢具，色食所胜，而以木禺马代驹焉。独五月尝驹，行亲郊用驹。及诸名山川用驹者，悉以木禺马代。行过，乃用驹。他礼如故。

其明年，东巡海上，考神仙之属，未有验者。方士有言"黄帝时为五城十二楼，以候神人于执期，命曰迎年"。上许作之如方，命曰明年。上亲礼祠上帝焉。

公王带曰："黄帝时虽封泰山，然风后、封巨、岐伯令黄帝封东泰山，禅凡山，合符，然后不死焉。"天子既令设祠具，至东泰山，泰山卑小，不称其声，乃令祠官礼之，而不封禅焉。其后令带奉祠候神物。夏，遂还泰山，修五年之礼如前，而加以禅祠石闾。石闾者，在泰山下阯南方，方士多言此仙人之闾也，故上亲禅焉。

其后五年，复至泰山修封。还过祭恒山。

今天子所兴祠，太一、后土，三年亲郊祠，建汉家封禅，五年一修封。薄忌太一及三一、冥羊、马行、赤星，五，宽舒之祠官以岁时致礼。凡六祠，皆太祝领之。至如八神诸神，明年、凡山他名祠，行

后皇上就在甘泉宫接见诸侯,并让诸侯在甘泉修建了邸舍。越人勇之建议说:"越地的风俗是如果发生火灾之后,重建的屋子必须比原来的更大,用以镇住火灾。"于是皇上建造了建章宫,估计有千门万户,其前殿比未央宫还要高。建章宫东门为"凤阙",高二十丈有余;西部则是"唐中宫",有方圆数十里的虎圈;北面开凿了一个很大的池沼,池内建有二十多丈高的渐台,取名为"太液池",池中还修建有近似于蓬莱、方丈、瀛洲、壶梁的岛屿,象征海中的神山龟鱼之类;南面建有玉堂、璧门等建筑以及大鸟的塑像。此外还有神明台、井干楼等建筑,高达五十多丈,相邻楼阁之间有辇道彼此相连。

夏季,汉朝改变历法,把每年正月作为一年的开端,在五色中崇尚黄色,官员的印章也都改为五字,这一年的年号改为太初元年。同年,汉军向西出兵讨伐大宛。这年发生了蝗灾。朝廷让方士丁夫人、洛阳的虞初等人用方术诅咒匈奴和大宛。

第二年,主管官员上书说,由于在雍城五畤没有把牺畜等祭品煮熟,所以祭祀时芬芳之味没能够齐备。于是皇上命祠官用煮熟的牺牲祭祀五畤,并依照五帝方位的颜色向它们进献其颜色相胜的供品,同时改用木偶代替生马驹。只有五月的尝驹祭以及在天子亲自行郊祀礼时才用生马驹。其他所有名山大川的祭祀,凡是用驹的也一律改用木偶马代替,只有天子出行路过该地祭祀时才用真驹。其他礼数不变。

第二年,皇上向东远行巡察到海上,考察方士们寻求神仙的事情,却没有一件事能应验的。有方士说:"黄帝时曾建造了五座城邑十二座楼,在执期迎接、等候神人,称为迎年。"皇上马上按他所说的建造了一座楼台,称为"明年祠",并且亲自前往行礼祭祀了上帝。

公玉带说:"黄帝时虽然封禅过泰山,但是他的大臣风后、封巨、岐伯等都还提议黄帝到东泰山祭天,到凡山祭地,以求与上帝显现的符瑞相合,这样才能长生不死。"皇上便命人准备了祭祀用具,到了东泰山。到了东泰山后发现东泰山很矮小,与名声不相符,就命祠官仅在此行礼,就没在这里封禅了。之后命公玉带在这里主持祭祀,迎候神人。这年夏天,皇上回到泰山,像从前一样举行五年一次的封禅礼,另外还增加了在石闾山祭祀了地神。石闾山在泰山南麓,有许多方士说这里是仙人居住的门闾,所以皇上亲自前往禅祭。

至此过了五年,皇上又到泰山进行封禅,回来时路过并祭祀了恒山。

本朝天子新制定的祭礼,有太一、后土,每隔三年天子便亲自去郊祭一次;创建了汉家的封禅制度,每隔五年举行一次,皇上亲往;薄忌建议设立的太一祠以及三一、冥羊、马行、赤星等五处神祠,由宽舒负责的下属祠官

过则祠,行去则已。方士所兴祠,各自主,其人终则已,祠官不主。他祠皆如其故。今上封禅,其后十二岁而还,遍于五岳、四渎矣。而方士之候祠神人,入海求蓬莱,终无有验。而公孙卿之候神者,犹以大人之迹为解,无有效。天子益怠厌方士之怪迂语矣,然羁縻不绝,冀遇其真。自此之后,方士言神祠者弥众,然其效可睹矣。

太史公曰:余从巡祭天地诸神名山川而封禅焉。入寿宫侍祠神语,究观方士祠官之意,于是退而论次自古以来用事于鬼神者,具见其表里。后有君子,得以览焉。若至俎豆圭币之详,献酬之礼,则有司存。

按岁时祭祀；其他的六庙，都由太祝官管领。除此之外的八神等神庙，明年、凡山等名祠，若天子出行时路过则祭祀，离开后则停祭；由方士建议所建立的祠庙，均由建议者自己主持，此人死后祠庙便废弃，祠官不再过问。其他的祭祀都仍按旧例。当今天子自封禅开始以来的十二年间，五岳、四渎普遍都祭祀过。而方士们所说迎候并祭祀神人，以及出海寻求蓬莱山的事，最终也没有效验。像公孙卿那样的候神者，除了以神人的脚印来做辩解，再无其他效验。皇上因此对于方士们怪诞、迂阔的话越来越厌倦懈怠了，不过仍对他们加以笼络，也没有断绝往来，希望有一天能真正遇到神仙。从此以后，方士们上书谈论神仙和祭祀之事的就更多了，不过其效验如何，大家可以想见。

太史公说：我跟随天子巡祭天地诸神和名山大川，还参与了封禅大典；也曾进入寿宫行过祭祀礼，并恭候神君说话，研究并观察了方士祠官们的用意，于是坐下来依次分析论述了自古以来那些祭祀鬼神的礼仪情况，包括全部祭拜情形的表里内外，以便让后世的君子，得以观看浏览整个过程。至于祭祀中关于俎豆圭币等祭品的情况，以及献酬的仪式，在主管机构保存有详细的档案记载，本文就不再赘述了。

河渠书第七

夏书曰：禹抑洪水十三年，过家不入门。陆行载车，水行载舟，泥行蹈毳，山行即桥。以别九州，随山浚川，任土作贡。通九道，陂九泽，度九山。然河灾衍溢，害中国也尤甚。唯是为务。故道河自积石历龙门，南到华阴，东下砥柱，及孟津、雒汭，至于大邳。于是禹以为河所从来者高，水湍悍，难以行平地，数为败，乃厮二渠以引其河。北载之高地，过降水，至于大陆，播为九河，同为逆河，入于勃海。九川既疏，九泽既洒，诸夏艾安，功施于三代。

自是之后，荥阳下引河东南为鸿沟，以通宋、郑、陈、蔡、曹、卫，与济、汝、淮、泗会。于楚，西方则通渠汉水、云梦之野，东方则通鸿沟江淮之间。于吴，则通渠三江、五湖。于齐，则通菑济之间。于蜀，蜀守冰凿离碓，辟沫水之害，穿二江成都之中。此渠皆可行舟，有余则用溉浸，百姓飨其利。至于所过，往往引其水益用溉田畴之渠，以万亿计，然莫足数也。

西门豹引漳水溉邺，以富魏之河内。

而韩闻秦之好兴事，欲罢之，毋令东伐，乃使水工郑国间说秦，令凿泾水自中山西邸瓠口为渠，并北山东注洛三百余里，欲以溉田。中作而觉，秦欲杀郑国。郑国曰："始臣为间，然渠成亦秦之利也。"秦以为然，卒使就渠。渠就，用注填阏之水，溉泽卤之地四万余顷，收皆亩一钟。于是关中为沃野，无凶年，秦以富强，卒并诸侯，因命曰郑国渠。

《夏书》记载:大禹治理洪水十三年,其间路过家门时也没有回家。在陆上行走靠坐车,从水路行走靠乘船,在泥路行走靠踏橇,山路行走则靠滑竿。他划分了九州,顺着山势疏通河道,并根据土地的肥瘠来决定贡赋多少。他开通了九州的道路,筑起了九州的泽岸,测度了九州山脉的走势。然而黄河泛滥成灾,给中原地区造成了很大危害。所以疏导黄河成了当务之急。所以他疏导黄河从积石经过龙门,向南到达华阴,东下到达砥柱,直至孟津、雒汭,到达大邳。大禹认为黄河之水来自高处,水流湍急,难以在大邳以东的平地经过,否则会常常出现溃堤,造成水灾,于是将黄河分流成二条以减小水势。一向北从地势较高的冀州地区流过,经降水,到达巨鹿泽,再向北分为九条大河入海,这些河因入海口有海水倒灌现象,因此被称为"逆河",其最终流入渤海。所有河道经过疏通后,所有湖泊的堤岸也已经修筑完毕,中原地区出现了安定和平的局面,所以说大禹治水的功劳至高无上,并惠及夏、商、周三代。

从这以后,人们把荥阳附近的黄河引向东南,这便是鸿沟。鸿沟把宋、郑、陈、蔡、曹、卫各国连结起来,分别与济、汝、淮、泗诸水系交汇。在楚地,人们在西面开渠把汉水和云梦泽连接起来,而在东面的江淮之间则挖沟使之相通。吴地,人们在三江、五湖间开凿了河渠。齐地,人们在淄、济二水间开渠使之相连。在蜀地,蜀郡守李冰凿通了离碓,以避免沫水的危害,又在成都开通了郫、检两江。这些水道都可以通航,多余的水便用来灌溉农田,百姓得到了沟渠带来的好处。在这些主干渠道流经的地方,人们往往又开凿一些支渠来引水灌田,开凿的小渠道数以万计,这些就用不着讲了。

西门豹引漳水灌溉邺郡的农田,使魏国的河内地区变得富饶。

韩国听说秦国好兴建工程,便想以此消耗它的国力,使它无力对崤山以东诸国用兵。于是便命水利工匠郑国找机会游说秦王,提出把泾水从中山西到瓠口一段凿穿为渠,沿着北山向东三百多里注入洛水,想用来灌溉农田。渠道尚未完成时秦国发现了郑国的目的,便要杀郑国。郑国说:"当初我的确是间谍,可是渠修成后对秦也是有利的。"秦国以为他说得对,最后命他继续把渠修成。渠成后,用淤积混浊的泾河水,灌溉了两岸四万多顷的低洼盐碱地,使亩产达到了一钟多。于是关中从此变成了沃野,没有荒年,秦国因此富强起来,最后并吞了诸侯各国,因而把此渠命名为郑国渠。

汉兴三十九年，孝文时河决酸枣，东溃金堤，于是东郡大兴卒塞之。

其后四十有余年，今天子元光之中，而河决于瓠子，东南注巨野，通于淮、泗。于是天子使汲黯、郑当时兴人徒塞之，辄复坏。是时武安侯田蚡为丞相，其奉邑食鄃。鄃居河北，河决而南则鄃无水灾，邑收多。蚡言于上曰："江河之决皆天事，未易以人力为强塞，塞之未必应天。"而望气用数者亦以为然。于是天子久之不事复塞也。

是时郑当时为大农，言曰："异时关东漕粟从渭中上，度六月而罢，而漕水道九百余里，时有难处。引渭穿渠起长安，并南山下，至河三百余里，径，易漕，度可令三月罢；而渠下民田万余顷，又可得以溉田：此损漕省卒，而益肥关中之地，得谷。"天子以为然，令齐人水工徐伯表，悉发卒数万人穿漕渠，三岁而通。通，以漕，大便利。其后漕稍多，而渠下之民颇得以溉田矣。

其后河东守番系言："漕从山东西，岁百余万石，更砥柱之限，败亡甚多，而亦烦费。穿渠引汾溉皮氏、汾阴下，引河溉汾阴、蒲坂下，度可得五千顷。五千顷故尽河壖弃地，民茭牧其中耳，今溉田之，度可得谷二百万石以上。谷从渭上，与关中无异，而砥柱之东可无复漕。"天子以为然，发卒数万人作渠田。数岁，河移徙，渠不利，则田者不能偿种。久之，河东渠田废，予越人，令少府以为稍入。

其后人有上书欲通襃斜道及漕，事下御史大夫张汤。汤问其事，因言："抵蜀从故道，故道多阪，回远。今穿襃斜道，少阪，近四百里；而襃水通沔，斜水通渭，皆可以行船漕。漕从南阳上沔入襃，襃之绝水至斜，间百余里，以车转，从斜下下渭。如此，汉中之谷可致，

汉朝建立三十九年后，孝文帝时黄河在酸枣县境内决堤，向东冲溃了金堤，于是东郡动员了许多兵卒来堵塞决口。

此后过了四十多年，到了本朝天子的元光年间，黄河又在瓠子口决口，向东南流入巨野泽，将淮河、泗水连成一片。于是天子派汲黯、郑当时征调农夫前往堵塞，但往往刚堵好又被冲坏。这时武安侯田蚡为丞相，他的封邑在鄃县，而鄃县在黄河以北，黄河决口后水向南流，鄃县没有水灾，收成很好。所以田蚡对皇上说："江河决口都是天意，不是人力能强行堵塞的，人为堵塞未必合乎天意。"那些风水先生也都这样认为，于是皇上很长时间都没有再提堵塞黄河决口的事。

当时郑当时为大司农，他说："过去从关东向长安运粮都是从黄河西上进入渭水逆流而上，估计要用六个多月，而且水路全程长达九百多里，途中还常遇到难行的地方。如果从长安开渠引渭河水，沿南山而下，到黄河只有三百多里，是一条直道，容易行船，估计漕运三个月便可到达；而沿渠的农田有一万多顷，都得到灌溉。这样既可减少漕运时间，节省了人力，又使关中的土地更加肥沃，多收粮食。"天子认为他说得对，便让齐地的水利专家徐伯勘察标记，发动数万士卒开凿漕运渠道，三年后便完工了。渠道开通后，运送粮食因此大为方便。此后，运粮次数有所增加，而沿途的百姓也都得以引水灌溉农田。

后来，河东太守番系说："从崤山以东用漕运输送粮米西行入关，每年有一百多万石，中途经过砥柱石这个狭窄之地时，常触石翻船，损失惨重，又很是麻烦。如果开渠引汾水灌溉皮氏、汾阴一带的土地，引黄河水灌溉汾阴、蒲坂一带的土地，估计有五千多顷的地可得到浇灌。这五千多顷地过去都是河边的荒地，百姓们在这里刈草放牧，如今加以灌溉耕种，估计可得粮食二百万石以上。这些粮食沿渭水运入长安，就与从关中运来的没什么不同，而从崤山以东经砥柱向长安的漕运便可停止了。"皇上认为他说得有道理，于是征发了几万民众开渠灌田。几年以后，黄河改道，所开之渠不起作用，收获的粮食还抵不上花费的种子。时间长了，黄河以东的渠田便荒废了，于是就把它分给了从越地迁来的百姓耕种，让少府可从中稍稍得到一点赋税收入。

后来有人上书，想打通褒、斜二水，并以其运送粮食，皇上将此事交给御史大夫张汤办理。张汤详细了解后向皇上说："进入蜀地只能从故道走，故道多坡，盘回绕远。现今如果打通褒、斜二水，可少走山路，比走故道近四百里；而且褒水与沔水相通，斜水与渭水相通，都能通行漕船。漕粮从南阳上溯到沔水，进入褒水，从褒水的源头到斜水，其间有一百多里的旱路，可以用车转运，再用船顺斜水下行驶入渭水。这样，不但汉中的粮食可以运达，崤山以东的粮食从沔

山东从沔无限，便于砥柱之漕。且褒斜材木竹箭之饶，拟于巴蜀。"天子以为然，拜汤子卬为汉中守，发数万人作褒斜道五百余里。道果便近，而水湍石，不可漕。

其后庄熊罴言："临晋民愿穿洛以溉重泉以东万余顷故卤地。诚得水，可令亩十石。"于是为发卒万余人穿渠，自徵引洛水至商颜山下。岸善崩，乃凿井，深者四十余丈。往往为井，井下相通行水。水颓以绝商颜，东至山岭十余里间。井渠之生自此始。穿渠得龙骨，故名曰龙首渠。作之十余岁，渠颇通，犹未得其饶。

自河决瓠子后二十余岁，岁因以数不登，而梁楚之地尤甚。天子既封禅巡祭山川，其明年，旱，乾封少雨。天子乃使汲仁、郭昌发卒数万人塞瓠子决。于是天子已用事万里沙，则还自临决河，沈白马玉璧于河，令群臣从官自将军已下皆负薪填决河。是时东郡烧草，以故薪柴少，而下淇园之竹以为楗。

天子既临河决，悼功之不成，乃作歌曰："瓠子决兮将奈何？皓皓旰旰兮闾殚为河！殚为河兮地不得宁，功无已时兮吾山平。吾山平兮巨野溢，鱼沸郁兮柏冬日。延道弛兮离常流，蛟龙骋兮方远游。归旧川兮神哉沛，不封禅兮安知外！为我谓河伯兮何不仁，泛滥不止兮愁吾人？啮桑浮兮淮、泗满，久不反兮水维缓。"一曰："河汤汤兮激潺湲，北渡污兮浚流难。搴长茭兮沉美玉，河伯许兮薪不属。薪不属兮卫人罪，烧萧条兮噫乎何以御水！颓林竹兮楗石灾，宣房塞兮万福来。"于是卒塞瓠子，筑宫其上，名曰宣房宫。而道河北行二渠，

水运输也不会有障碍，比经砥柱漕运更方便。而且襃水斜水盛产木材竹箭，可与巴蜀相比。"皇上认为有理，便派张汤的儿子张卬为汉中郡守，征派几万人修襃斜道，长五百多里。修成后，路程果然比故道方便且近，但是水流湍急且多石，因此不能漕运。

后来庄熊罴又上书说："临晋地区的老百姓想凿穿洛水，开凿水渠，用来灌溉重泉县以东原有的一万多顷盐碱地。如果这些地真的得到灌溉，可使亩产达到十石。"于是皇上下令调派一万多兵卒凿山开渠，自徵城引洛水到商颜山下。由于开凿的土岸容易塌方，于是改为沿流凿井，最深的深达四十多丈。沿途依次挖了很多井，井下水流相通。就这样，水从地下穿过了商颜山，一直流到东边十多里远的地方。所谓"井渠"就是从这产生的。由于开凿"井渠"时发现了龙骨，因此便将这条渠命名为"龙首渠"。开凿了十多年后，这条渠道总算是开通了，但是结果并未因此得到太大的实惠。

自从瓠子段的黄河决口后的二十多年以来，该地区的土地每年都因水涝没有好收成，梁楚一带更为严重。皇上在封禅泰山之后巡祭了天下名山大川，第二年，天旱少雨，传说是为使封土干燥。皇上便命汲仁、郭昌调发数万兵卒前往瓠子堵塞黄河决口。当时皇上在万里沙祭祀神灵后，返回时便亲自到黄河决口处，把白马、玉璧沉入河中祭祀河神，命群臣及随从官员中将军以下都去背柴草填塞决口。当时东郡的百姓大多是以柴草为燃料，所以地面上的柴草不多，于是皇帝便下令砍伐淇园的竹子，编制成竹笼用来堵塞决口。

皇上既然亲自到了黄河决口处，看到黄河决口后的惨状，因此伤悼二十多年的堵塞决口未能成功，便作歌唱道："黄河在瓠子决口了啊，有何办法？浩浩荡荡的大水啊，让民居已尽为河。全都成了河泽啊，大地不得安宁；堵塞工程无休无止啊，吾山的山冈快要凿平。山冈已凿平了啊，巨野泽仍是水满外溢；鱼虾到处游荡啊，时节已迫近冬日。河道废弛啊，河水远离正道，蛟龙驰骋啊，正远游不归。让河水回到正道啊，河神的恩德将无限；若不是出来封禅啊，我怎能知道这些事！你们为我问问河伯水神啊，问它为什么这么不仁？河水泛滥不止啊，愁煞我的百姓。河水浸没了啮桑啊，淮水、泗水漫成一片；河水长期不归故道啊，唯愿水流稍缓些。"还有一首是："黄河之水浩浩荡荡啊，水流湍急；北面的河道迂远啊，疏通艰难。取长茭来堵决口啊，沉美玉来祭河神；河伯已经答应了啊，柴草却接济不上。柴草却接济不上啊，是卫人的罪；其烧完了柴薪啊，用什么来御水！砍掉淇园的竹林啊，编成竹笼去堵水；堵塞了决口啊，万福自然会来。"最后终于堵住了瓠子的决口，并在这段新堤上面建造了一座宫殿，称为"宣房宫"。又挖掘二条水渠把黄河水引向北行，恢复成了大禹时代的样子，使

复禹旧迹，而梁、楚之地复宁，无水灾。

　　自是之后，用事者争言水利。朔方、西河、河西、酒泉皆引河及川谷以溉田；而关中辅渠、灵轵引诸水；汝南、九江引淮；东海引钜定；泰山下引汶水：皆穿渠为溉田，各万余顷。它小渠披山通道者，不可胜言。然其著者在宣房。

　　太史公曰：余南登庐山，观禹疏九江，遂至于会稽太湟，上姑苏，望五湖；东窥洛汭、大邳，迎河，行淮、泗、济、漯洛渠；西瞻蜀之岷山及离碓；北自龙门至于朔方。曰：甚哉，水之为利害也！余从负薪塞宣房，悲瓠子之诗而作河渠书。

梁、楚地区重新获得安宁，不再有水患。

从此以后，负责河渠管理的官员都争相建议修筑水利。朔方、西河、河西、酒泉等地都引黄河以及川谷中的水灌溉农田；而关中的辅渠、灵轵渠则把当地的几条河水都引来了；汝南、九江地区则引来了淮河水；东海郡引来了钜定泽水；泰山周围地区则引入了汶水。各地都开渠来灌溉农田，分别达到一万多顷。其他的小渠以及开山修凿的水道，就多得没法说了。但工程及影响最大的还属堵塞黄河瓠子决口的一幕。

太史公说："向南我曾游历登上过庐山，看过大禹疏导的九江，随后向东南游历了会稽郡，登过姑苏台，在姑苏台上眺望五湖；向东我曾考察了洛汭、大邳，沿黄河逆流而上，巡视了淮水、泗水、济水、漯水和洛水各个渠道；向西我看了西蜀地区的岷山和离碓的水利工程；向北我从龙门一直游历到了朔方。为此，我深切感受到：水带给人类的益处或造成的危害实在是太大了！我曾跟随皇上背着柴草去堵塞宣房宫所在的黄河决口，有感于皇上所作的《瓠子》诗歌而写了这篇《河渠书》。"

平准书第八

汉兴,接秦之弊,丈夫从军旅,老弱转粮饷,作业剧而财匮,自天子不能具钧驷,而将相或乘牛车,齐民无藏盖。于是为秦钱重难用,更令民铸钱,一黄金一斤,约法省禁。而不轨逐利之民,蓄积余业以稽市物,物踊腾粜,米至石万钱,马一匹则百金。

天下已平,高祖乃令贾人不得衣丝乘车,重租税以困辱之。孝惠、高后时,为天下初定,复弛商贾之律,然市井之子孙亦不得仕宦为吏。量吏禄,度官用,以赋于民。而山川园池市井租税之入,自天子以至于封君汤沐邑,皆各为私奉养焉,不领于天下之经费。漕转山东粟,以给中都官,岁不过数十万石。

至孝文时,荚钱益多,轻,乃更铸四铢钱,其文为"半两",令民纵得自铸钱。故吴,诸侯也,以即山铸钱,富埒天子,其后卒以叛逆。邓通,大夫也,以铸钱财过王者。故吴、邓氏钱布天下,而铸钱之禁生焉。

匈奴数侵盗北边,屯戍者多,边粟不足给食当食者。于是募民能输及转粟于边者拜爵,爵得至大庶长。

孝景时,上郡以西旱,亦复修卖爵令,而贱其价以招民;及徒复作,得输粟县官以除罪。益造苑马以广用,而宫室列观舆马益增修矣。

至今上即位数岁,汉兴七十余年之间,国家无事,非遇水旱之灾,民则人给家足,都鄙廪庾皆满,而府库余货财。京师之钱累巨万,贯朽而不可校。太仓之粟陈陈相因,充溢露积于外,至腐败不可

汉朝兴起后，接收的是秦朝衰败的局面，国家的壮年男子大多从军参战，老弱之人都去运送粮饷，事务繁剧而财政匮乏，天子连四匹同样毛色的马拉的车也没有，而且将相有的也只能乘坐牛车，平民百姓家里没有积蓄。当时因秦朝的钱太重不便流通使用，便命令老百姓另铸轻钱，黄金一锭重一斤，简约法令，省减禁条。那些不守法令、唯利是图的人，积聚财物囤积居奇，以致物价飞涨，米涨到每石一万钱，一匹马则要一百金。

天下平定之后，汉高祖便下命令，商人不能穿丝绸衣服，不许乘车，用加重租税的方式来抑制和羞辱他们。孝惠帝、高后执政时期，因为天下刚刚安定，便又放松了对商人的法律禁令，但是商人的子孙还是不能当官作吏。国家计算官吏的俸禄，估算政府的用度，来向百姓征收赋税。而山林、园囿、河川、陂地、市场租税的收入，从天子以下至各诸侯王的封邑收入都各自用作经费使用，不再自国家经费中领取了。经水道运输崤山以东的粮食来供给京都各官府，每年不过数十万石。

到了孝文帝的时候，榆荚钱越来越多，而且也越来越轻，于是改铸四铢钱，钱币面上的铸文是"半两"，命百姓可以随意私自铸钱。因此，吴国只是个诸侯国，但凭借自己封邑内的铜之山铸钱，而可与天子比富，后来终于叛乱。邓通只是个大夫，也凭借私自铸钱，财产超过了王侯。由于吴国、邓氏钱币遍布天下，因此朝廷颁布了禁止私自铸钱的命令。

匈奴多次侵略北部边疆地区，边疆上戍守的军队非常多，边疆的粮食连最基本的供应都难以自足。于是便招募百姓，能向国家捐粮或将粮食运送到边疆的，封爵，最高可至大庶长。

孝景帝时期，上郡以西发生了旱灾，便又重新修定卖爵令，以降低爵位价钱来招徕百姓；那些由刑徒减刑为官役的，可以向官府缴纳粮食以免罪。增加苑囿养马让军用宽裕，而且宫殿、列观、车马等也大量增修。

到现在皇上（按：指汉武帝）即位几年后，汉朝自建立以来七十多年间，国家太平无大事，假若没有水旱灾害，老百姓便能够家家丰衣足食，各个郡县的粮仓都装满，府库中能够储存许多布帛等财物。京师积聚的钱币数以亿万，以至于穿钱的绳子朽烂掉了，无法计数。京师粮仓中的粮食陈粮积陈粮，都溢出了仓外，以至于腐烂不能吃了。普通的老百姓在街巷中也都有马匹，在田野

食。众庶街巷有马，阡陌之间成群，而乘字牝者傧而不得聚会。守闾阎者食粱肉，为吏者长子孙，居官者以为姓号。故人人自爱而重犯法，先行义而后绌耻辱焉。当此之时，网疏而民富，役财骄溢，或至兼并豪党之徒，以武断于乡曲。宗室有土公卿大夫以下，争于奢侈，室庐舆服僭于上，无限度。物盛而衰，固其变也。

　　自是之后，严助、朱买臣等招来东瓯，事两越，江淮之间萧然烦费矣。唐蒙、司马相如开路西南夷，凿山通道千余里，以广巴蜀，巴蜀之民罢焉。彭吴贾灭朝鲜，置沧海之郡，则燕齐之间靡然发动。及王恢设谋马邑，匈奴绝和亲，侵扰北边，兵连而不解，天下苦其劳，而干戈日滋。行者赍，居者送，中外骚扰而相奉，百姓抏弊以巧法，财赂衰耗而不赡。入物者补官，出货者除罪，选举陵迟，廉耻相冒，武力进用，法严令具。兴利之臣自此始也。

　　其后汉将岁以数万骑出击胡，及车骑将军卫青取匈奴河南地，筑朔方。当是时，汉通西南夷道，作者数万人，千里负担馈粮，率十余钟致一石，散币于邛僰以集之。数岁道不通，蛮夷因以数攻，吏发兵诛之。悉巴蜀租赋不足以更之，乃募豪民田南夷，入粟县官，而内受钱于都内。东至沧海之郡，人徒之费拟于南夷。又兴十万余人筑卫朔方，转漕甚辽远，自山东咸被其劳，费数十百巨万，府库益虚。乃募民能入奴婢得以终身复，为郎增秩，及入羊为郎，始于此。

　　其后四年，而汉遣大将将六将军，军十余万，击右贤王，获首虏万五千级。明年，大将军将六将军仍再出击胡，得首虏万九千级。捕斩首虏之士受赐黄金二十余万斤，虏数万人皆得厚赏，衣食仰给县官；而汉军之士马死者十余万，兵甲之财转漕之费不与焉。于是大农

中更是成群结队,以致乘母马的人受排斥不能在骑马的行列中。看守里巷的可以吃到膏粱肥肉,做官的人都很少会有调动,在任所就把子孙养大了。做官的久任其职,时间久了就用官名来作为自己的姓或号。因此,人人知道自爱,不会轻易犯法,他们崇尚行义而鄙弃做耻辱的事。在这时,法律宽疏,百姓富实,便有凭借财势骄傲放纵之人,有些人甚至兼并土地,豪富之徒,依仗威势武力在乡里横行。宗室有封地的自公卿大夫以下的人,争相奢侈,房屋、车马、服饰僭越等级,没有限度。凡事盛极则衰,这本来就是事物应有的变化。

从此之后,严助、朱买臣等人招徕东瓯,对两越地区用兵事,江淮之间一时骚乱并且大受损耗。唐蒙、司马相如开通通往西南夷的道路,为此凿山修路一千多里,以开拓巴蜀区域,巴蜀百姓因此疲惫不堪。彭吴开通了进入秽貊、朝鲜的道路,而且设置了沧海郡,燕齐之间一时纷纷都忙乱起来。等到王恢在马邑设计谋袭击匈奴后,匈奴断绝和亲关系,北部边疆不断受到侵扰,战争不断,没有止息,天下百姓苦于繁苛的劳役,但是战争还是与日俱增。出征之人需要自备衣食,留下来的人要去输送物资,中央和地方都骚动扰攘地来供应战争,百姓因贫穷,只能以狡诈之法来逃避法令,官府财物匮乏不堪。所以,向政府缴纳财物的能够做官,出钱财的可以除罪,选官制度遭受破坏,人人都不顾廉耻,勇武有力便能够被重用,命令也不断地繁琐严酷。谋利之臣从这时便开始出现。

后来,汉将每年率领数万骑兵出击胡人,到了车骑将军卫青的时候,夺取匈奴河套以南的土地,在那里修筑了朔方城。这时候,汉朝为打通西南夷的道路,动用数万人参加筑路,从千里之外肩扛担挑地来运送粮食,大约每十余钟运到的时候只剩下一石,又在邛、僰等邻近的地区散发钱财来征集粮食。一连数年道路都没修通,蛮夷多次乘机进犯,官府发兵诛杀他们。巴蜀地区全部的租税也不足以供应这些费用,于是招募豪民到南夷地区垦田,所收获的粮食都卖给当地县府,向京师国库领取钱款。向东到了沧海郡,人役等费用和南夷的基本相等。又征集数十万人修筑并守卫朔方郡,水陆运输的路程又相当遥远,自靖山以东都受到了这种劳役之苦,花费在数十万甚至到百万万,府库也更加地空虚。于是,招募能向政府输送奴婢的百姓,可以免除租赋徭役终身,原是"郎"的则增加他的品级,献羊的就能做郎官,这些也都是从这个时候开始的。

此后四年,汉朝派遣大将率领六位将军以及十多万军队,去攻打匈奴右贤王,杀死及俘获共计一万五千人。第二年,大将军率六将再次出击匈奴,斩杀一万九千人。赏赐捕获俘虏、斩敌首级的将士黄金二十余万斤,被虏的数万人也得到了厚赏,吃穿都由政府提供。而汉军将士、马匹死亡的有十余万,兵器甲帐等物的损失以及水陆运输的耗费并不算在内。于是,大司农分条陈述说,库存的

陈藏钱经耗，赋税既竭，犹不足以奉战士。有司言："天子曰'朕闻五帝之教不相复而治，禹汤之法不同道而王，所由殊路，而建德一也。北边未安，朕甚悼之。日者，大将军攻匈奴，斩首虏万九千级，留蹛无所食。议令民得买爵及赎禁锢免减罪'。请置赏官，命曰武功爵。级十七万，凡直三十余万金。诸买武功爵官首者试补吏，先除；千夫如五大夫；其有罪又减二等；爵得至乐卿：以显军功。"军功多用越等，大者封侯卿大夫，小者郎吏。吏道杂而多端，则官职耗废。

自公孙弘以《春秋》之义绳臣下取汉相，张汤用峻文决理为廷尉，于是见知之法生，而废格沮诽穷治之狱用矣。其明年，淮南、衡山、江都王谋反迹见，而公卿寻端治之，竟其党与，而坐死者数万人，长吏益惨急而法令明察。

当是之时，招尊方正贤良文学之士，或至公卿大夫。公孙弘以汉相，布被，食不重味，为天下先。然无益于俗，稍骛于功利矣。

其明年，骠骑仍再出击胡，获首四万。其秋，浑邪王率数万之众来降，于是汉发车二万乘迎之。既至，受赏，赐及有功之士。是岁费凡百余巨万。

初，先是往十余岁河决观，梁楚之地固已数困，而缘河之郡堤塞河，辄决坏，费不可胜计。其后番系欲省底柱之漕，穿汾、河渠以为溉田，作者数万人；郑当时为渭漕渠回远，凿直渠自长安至华阴，作者数万人；朔方亦穿渠，作者数万人：各历二三期，功未就，费亦各巨万十数。

天子为伐胡，盛养马，马之来食长安者数万匹，卒牵掌者关中不足，乃调旁近郡。而胡降者皆衣食县官，县官不给，天子乃损膳，解乘舆驷，出御府禁藏以赡之。

旧钱已然用尽，新征收的赋税也已用完，依旧不能满足用来供应战士的需求。负责官员道："天子说：'我听说五帝的教化不相重复，但天下同样得到治理，禹、汤的治理方法不尽相同，但都能称王天下，他们走的道路不同，但是建立的德业是相同的。北部边境未得安宁，我非常难过。这些日子以来，大将军出击匈奴，斩首俘获一万九千人，拖延至今依然没有得到赏赐。你们商量一下，命百姓出钱买爵以及赎囚禁罪、减免罪名。'据此，请设置赏官，名为'武功爵'。每级价十七万钱，共值三十多万金。凡买武功爵官首一级的试用为候补官，可以优先录用；千夫一级与五大夫相当；有罪的买爵位减二等；买爵最高可至乐卿。以此来显示对军功的优待。"建军功的大多用越级提拔的办法，军功大的封侯或封卿大夫，军功小的或封为郎、吏。做官升官的途径越来越多且杂，管理的职责也就越来越虚滥荒废了。

自从公孙弘通过阐述《春秋》的道理绳治臣下从而获得汉朝丞相的职位，张汤通过峻文苛法审判案件当上了廷尉，于是产生了"见知之法"，而被认定为破坏、延滞、沮败以及诽谤法令的案件就多了起来。第二年，淮南王、衡山王、江都王谋反的事败露，公卿寻根究底审理此案，把他们的党羽一网打尽，因受牵连而死的有数万人之多，从此，官吏越加严酷，法令也越加苛细。

这个时候，朝廷招揽尊崇方正、贤良、文学等方面的士人，有的被提升为卿大夫。公孙弘以汉朝丞相的身份，却盖着布被，每顿饭也只吃一样菜，欲以此为天下人做榜样。但是，这些对当时的风气影响并不大，相反人们渐渐地更加以功利为务了。

第二年，骠骑将军又两次出击胡人，斩获四万级敌首。那年秋天，匈奴浑邪王率领数万人投降，于是，汉朝廷调遣二万辆车前去迎接。到了京城后，投降的人受到了赏赐，有功的将士也一并受了赏。这一年，花费总共达一百多万万钱。

起初，十数年前黄河在瓠县决口，梁、楚地区本来已经数次遭受水灾，沿河诸郡筑堤堵塞黄河，但每每重又堤坏河决，花费之多无法计算。此后番系想要节省砥柱的漕运，引汾水、黄河水来灌溉农田，参加开渠的达数万人；郑当时因为渭水漕运曲折而且路远，于是开凿了一条自长安到华阴的直渠，参加修渠的又有数万人，朔方郡也在开渠，参加开渠的也有数万人。各自都历时两三年，工程都还没有竣工，花费也都在数十万万钱。

天子为了讨伐胡人，大量养马，在长安饲养的就多达几万匹，关中饲养、照管马匹的士卒不够，便从附近郡县调发。而投降的胡人也都靠官府供给衣食，官府财力不足，天子于是就节省相关的膳食之费，除去自己的车马，从内廷仓库中拿出储藏来养活他们。

其明年，山东被水灾，民多饥乏，于是天子遣使者虚郡国仓廥以振贫民。犹不足，又募豪富人相贷假。尚不能相救，乃徙贫民于关以西，及充朔方以南新秦中，七十余万口，衣食皆仰给县官。数岁，假予产业，使者分部护之，冠盖相望。其费以亿计，不可胜数。

于是县官大空。而富商大贾或蹛财役贫，转毂百数，废居居邑，封君皆低首仰给。冶铸煮盐，财或累万金，而不佐国家之急，黎民重困。于是天子与公卿议，更钱造币以赡用，而摧浮淫并兼之徒。是时禁苑有白鹿而少府多银锡。自孝文更造四铢钱，至是岁四十余年，从建元以来，用少，县官往往即多铜山而铸钱，民亦间盗铸钱，不可胜数。钱益多而轻，物益少而贵。有司言曰："古者皮币，诸侯以聘享。金有三等，黄金为上，白金为中，赤金为下。今半两钱法重四铢，而奸或盗摩钱里取鋊，钱益轻薄而物贵，则远方用币烦费不省。"乃以白鹿皮方尺，缘以藻缋，为皮币，直四十万。王侯宗室朝觐聘享，必以皮币荐璧，然后得行。

又造银锡为白金。以为天用莫如龙，地用莫如马，人用莫如龟，故白金三品：其一曰重八两，圜之，其文龙，名曰"白选"，直三千；二曰以重差小，方之，其文马，直五百；三曰复小，椭之，其文龟，直三百。令县官销半两钱，更铸三铢钱，文如其重。盗铸诸金钱罪皆死，而吏民之盗铸白金者不可胜数。

于是以东郭咸阳、孔仅为大农丞，领盐铁事；桑弘羊以计算用事，侍中。咸阳，齐之大煮盐，孔仅，南阳大冶，皆致生累千金，故郑当时进言之。弘羊，雒阳贾人子，以心计，年十三侍中。故三人言利事析秋豪矣。

法既益严，吏多废免。兵革数动，民多买复及五大夫，征发之士

第二年，崤山以东遭受水灾，百姓们大多陷入饥饿乏困中，于是天子派使者取尽各郡国粮仓中的粮食赈济贫民。但仍然不够用，于是又征募豪富之家借粮食给贫民。依然还是不能解救他们，于是将贫民迁移到函谷关以西，或者迁移到朔方郡以南的新秦中部去居住，大约有七十余万人，都靠政府提供衣食。数年之内，政府提供给他们土地、农具等资产，派遣使者分别来管理他们，派遣出去的使者一批接着一批络绎不绝。所花费用数以亿计，不可计算。

当时国库空虚。然而那些富商大贾却趁机蓄积财物，役使贫民；赶着上百辆车到处贱买贵卖，就连诸侯王也都要伏首低眉向他们借钱物。他们中有的冶铸煮盐，有的积累到万金家财，但却不愿帮助国家，平民百姓日益贫困。于是，天子和公卿共同商议，计划铸造新的钱币以满足需求，并且趁此来打击那骄奢淫逸、兼并侵吞的工商业者。那时，皇帝苑囿中有的是白鹿，少府仓库当中有许多银锡。自从孝文帝铸造四铢钱以来已有四十多年，建元以来，国家由于缺乏用度，于是便前往产铜的山中去开矿造钱，民间也在乘机偷铸钱币，人数之多无从计算。这样，钱币越多就会越贬值，而东西越来越少越来越昂贵。有关官员于是上奏，说："古时候有一种皮币，是用于诸侯之间的赠送往来以及给天子上贡的。金有三等，最贵的是黄金，中等的是白金，最次的是红铜。现在，半两钱法定的重量是四铢，所以一些奸盗人就用磨钱的铜屑来另造钱币。于是，钱币就越来越轻而东西越来越贵，远方诸侯们用钱也很不方便。"于是，以一尺见方白鹿皮四周用彩线绣文，制成"皮币"，每一张值四十万钱，规定王侯宗室来朝觐天子时，都必须用"皮币"作衬垫进献玉璧，然后礼仪才能够进行。

又冶炼银锡造成"白金"。因为天上飞的没有什么能贵重过龙，地上跑的没有什么能够好过马，人所使用的东西没有什么能比龟更贵重，因此，把白金分作三个等级，第一等重八两，圆形，花纹为龙，命名"白选"，价值三千钱；第二等重量稍轻，方形，花纹为马，价值五百钱；第三等则又小些，椭圆形，花纹为龟，价值三百钱。命令各级县官销毁以前用的半两钱，改铸三铢钱，钱上所铸文字与其实际的重量等同。规定私自铸造钱币的人一律判处死罪，但是，依然有不可胜数的官吏和百姓私自铸造"白金"。

于是，汉武帝任命东郭咸阳、孔仅为大农丞，负责管理盐铁方面的事务；桑弘羊因为擅长理财而被任命为侍中。东郭咸阳，本是齐国煮盐的大商人，孔仅是南阳地区的冶铁大商人，他们都有上千金的产业，因此郑当时才向朝廷举荐了他们。桑弘羊是雒阳一个商人的儿子，因为善长心算，所以十三岁就做了侍中。因此，这三人商讨财利之事真算得上是精细入微、察见毫末了。

国家法律越来越严苛，很多官吏因为犯罪而被免官。再加上战争不断，老百

益鲜。于是除千夫五大夫为吏，不欲者出马；故吏皆适令伐棘上林，作昆明池。

其明年，大将军、骠骑大出击胡，得首虏八九万级，赏赐五十万金，汉军马死者十余万匹，转漕车甲之费不与焉。是时财匮，战士颇不得禄矣。

有司言三铢钱轻，易奸诈，乃更请诸郡国铸五铢钱，周郭其下，令不可磨取鋊焉。

大农上盐铁丞孔仅、咸阳言："山海，天地之藏也，皆宜属少府，陛下不私，以属大农佐赋。原募民自给费，因官器作煮盐，官与牢盆。浮食奇民欲擅管山海之货，以致富羡，役利细民。其沮事之议，不可胜听。敢私铸铁器煮盐者，鈦左趾，没入其器物。郡不出铁者，置小铁官，便属在所县。"使孔仅、东郭咸阳乘传举行天下盐铁，作官府，除故盐铁家富者为吏。吏道益杂，不选，而多贾人矣。

商贾以币之变，多积货逐利。于是公卿言："郡国颇被灾害，贫民无产业者，募徙广饶之地。陛下损膳省用，出禁钱以振元元，宽贷赋，而民不齐出于南亩，商贾滋众。贫者畜积无有，皆仰县官。异时算轺车贾人缗钱皆有差，请算如故。诸贾人末作贳贷卖买，居邑稽诸物，及商以取利者，虽无市籍，各以其物自占，率缗钱二千而一算。诸作有租及铸，率缗钱四千一算。非吏比者三老、北边骑士，轺车以一算；商贾人轺车二算；船五丈以上一算。匿不自占，占不悉，戍边一岁，没入缗钱。有能告者，以其半畀之。贾人有市籍者，及其家属，皆无得籍名田，以便农。敢犯令，没入田僮。"

天子乃思卜式之言，召拜式为中郎，爵左庶长，赐田十顷，布告

姓花钱免除徭役或买官至"五大夫"的越来越多，这样政府可以征发的士卒也就越来越少了。于是，朝廷命令"千夫""五大夫"这一级的人充当吏役，不愿为吏的要向政府交纳马匹；凡是被罢免的官吏都责令其去上林苑砍柴，或者是去修昆明池。

第二年，大将军卫青、骠骑大将军霍去病又大规模出兵与胡人作战，捕获斩杀八九万人，赏赐有功将士花了五十万金，汉军光战马就死了有十几万匹，水路各种运输以及制造兵车衣甲的费用还没算在其中。国家财政当时非常匮乏，战士经常拿不到俸禄。

相关的官员说三铢钱的重量太轻，很容易伪造，于是便请允许各郡国铸造五铢钱，并且将钱的四周铸上厚边，这样就无法磨取铜屑了。

大农令将盐铁丞孔仅、东郭咸阳的话上奏给皇上说："山、海是天地赐给我们的大宝库，这些应该都属于少府管，陛下不据为私有，把它们交给大农令作为国家赋税的补充。希望国家招募百姓自备经费，使用官府提供的器具来煮盐，官府借给他们牢盆。以前有些商贾豪强，想要垄断山海的资源来谋取利益，奴役、渔利贫民百姓。他们阻挠盐铁官营的议论将听不胜听。我们建议今后胆敢私铸铁器和煮盐的，没收他们的器具，并且处以给其左脚铐上脚镣的刑罚。在那些不产铁的郡先设置小铁官，隶属于各自所在县管理。"于是，武帝派遣孔仅、东郭咸阳乘着驿车去巡察天下的盐铁事务，建立官府，任命以前经营盐铁的富家做官。做官的途径因此更加杂乱，选举制不再推行，因此官吏中有很多是商人。

商人借助钱币改铸的机会，囤积货物来谋取利润。于是，公卿上奏建议道："郡国受到严重的灾害，很多没有产业的贫民，可以征召到地多且富饶的地方去。陛下为此减少膳食、俭省费用，用内廷的钱来赈济百姓，宽减人们的赋税，但是百姓仍没有都到田亩中去耕作，而商人的数量却在日益增加。贫民没有什么积蓄，全都依赖官府赈济。从前轺车、商人的缗钱都要按不同的等级征收赋税，请允许依旧实行这样的政策。那些末作的商人赊借钱款，屯积居奇，赊贷买卖，以及依靠营商取利的人，即使是没有市集，也要各自向官府汇报他们的货物、赀产总数，通常是依照本钱二千钱出一算。各种手工业以及冶铸业者也要缴纳租税，大约是四千钱一算。除了待遇与官吏相等同的人以及三老、北部边境的骑士之外，有轺车一辆就要出一算；商人轺车一辆出两算；船长五丈以上的也要出一算。有隐匿不报或者隐瞒不全报的，罚戍守边境一年，并且要没收全部资产。有能告发这些情况的，没收资产的一半将给予告发者。有市籍的商人以及其家属，都不准许占有田地，以保护农民的利益。谁敢违犯这些法令，就没收他的田地以及奴仆。"

这时，天子就又想起了卜式说过的话，于是就封他为中郎，封爵为左庶长，

天下，使明知之。

初，卜式者，河南人也，以田畜为事。亲死，式有少弟，弟壮，式脱身出分，独取畜羊百余，田宅财物尽予弟。式入山牧十余岁，羊致千余头，买田宅。而其弟尽破其业，式辄复分予弟者数矣。是时汉方数使将击匈奴，卜式上书，愿输家之半县官助边。天子使使问式："欲官乎？"式曰："臣少牧，不习仕宦，不愿也。"使问曰："家岂有冤，欲言事乎？"式曰："臣生与人无分争。式邑人贫者贷之，不善者教顺之，所居人皆从式，式何故见冤于人！无所欲言也。"使者曰："苟如此，子何欲而然？"式曰："天子诛匈奴，愚以为贤者宜死节于边，有财者宜输委，如此而匈奴可灭也。"使者具其言入以闻。天子以语丞相弘。弘曰："此非人情。不轨之臣，不可以为化而乱法，愿陛下勿许。"于是上久不报式，数岁，乃罢式。式归，复田牧。岁余，会军数出，浑邪王等降，县官费众，仓府空。其明年，贫民大徙，皆仰给县官，无以尽赡。卜式持钱二十万予河南守，以给徙民。河南上富人助贫人者籍，天子见卜式名，识之，曰"是固前而欲输其家半助边"，乃赐式外繇四百人。式又尽复予县官。是时富豪皆争匿财，唯式尤欲输之助费。天子于是以式终长者，故尊显以风百姓。

初，式不愿为郎。上曰："吾有羊上林中，欲令子牧之。"式乃拜为郎，布衣屩而牧羊。岁余，羊肥息。上过，见其羊，善之。式曰："非独羊也，治民亦犹是也。以时起居；恶者辄斥去，毋令败群。"上以式为奇，拜为缑氏令试之，缑氏便之。迁为成皋令，将漕最。上以为式朴忠，拜为齐王太傅。

赏赐他农田十顷，并且还布告天下，让每个人都知道这件事情。

最初，卜式是河南人，以种田、养畜为业。父母去世的时候，他还有一个年少的弟弟。等弟弟长大成人后，卜式就与他分家单过，卜式只要了家里的百余头羊，田地、房屋以及其余的全都财产都留给了弟弟。卜式入山牧羊十多年，羊的数量增加到了一千多头，并且还置办了田地宅舍。可是他的弟弟却荡尽了所有家产，卜式又再次分一些财产给他的弟弟。这时候，汉朝正多次派遣将兵出击匈奴，卜式于是上书给皇帝，愿意把自己一半的家产捐献给国家，以支援边疆的战事。皇上便派遣使者问他："你想做官吗？"卜式说："我自小放牧，不知道怎么做官，不愿做官。"使者问："那您的家中是不是有什么冤屈，有话想对天子说吗？"卜式说："我生来从没有和什么人有过纷争，我的同邑人有贫穷的我便去救济，有不善良的我会去教导他让他驯良，我所住的地方人们都很顺从拥护我，我又怎会受人冤屈呢？我没有什么话想对天子申诉。"使者说："那么，既然如此，你捐给朝廷这么多资产，究竟是为何呢？"卜式说："天子讨伐匈奴，我认为有才略勇力的应该效死疆场，有钱财的应该捐献财物，这样，匈奴就能被灭掉了。"使者把卜式的话都禀报给了皇上。天子又把这些话转告给了丞相公孙弘。公孙弘说："这不合乎人情。朝廷不能让这些不守法度的人扰乱了国家的法度，希望陛下您不要准许他。"于是，皇上很久都没有给卜式答复。多年之后，才通知卜式让他离开京城。卜式回家后，仍旧放牧种田。过了一年多，正赶上朝廷屡次出征，又加上浑邪王等来投降，官府花费巨大，仓廪府库空虚。第二年，大批贫民迁徙，全都靠官府供养，县府并没有力量全部负担起来。卜式拿着二十万钱送给河南太守，用来支援供给移民费用。之后，河南太守呈报当地的富人资助贫民的名单，天子看到上面卜式的名字，便想了起来，说道："这是前次要捐献自己一半的家产来支援边境战事的人。"于是，下令赐给卜式相当于四百人的劳役费，卜式很快又把它全都交给了国家。那时，其他的富豪人家都争抢着隐匿自己家产，唯有卜式总是向国家捐钱。因此，天子认为卜式是位有德行的人，让他尊荣显赫，以教化百姓。

最初，卜式不愿意当郎官。天子说："我的上林苑中也有羊，我想请你到那里替我放羊。"卜式这才答应做郎官，穿着草鞋布衣放羊。一年多后，羊群肥壮，又繁殖了很多。天子路过这里看到后，非常满意。卜式说："不仅仅是羊，治理百姓也是一样的道理。让他们按时劳动、休息，及时除掉不好的，不要让它败坏了一群羊。"天子认为卜式非常不一般，便封他为缑氏令来考验他，果然缑氏百姓认为他治理得很好。后来，升他为成皋令，结果那里的漕运成为全国最好的。天子以为卜式朴实忠厚，便任命他为"齐王太傅"。

而孔仅之使天下铸作器,三年中拜为大农,列于九卿。而桑弘羊为大农丞,筦诸会计事,稍稍置均输以通货物矣。

始令吏得入谷补官,郎至六百石。

自造白金五铢钱后五岁,赦吏民之坐盗铸金钱死者数十万人。其不发觉相杀者,不可胜计。赦自出者百余万人。然不能半自出,天下大抵无虑皆铸金钱矣。犯者众,吏不能尽诛取,于是遣博士褚大、徐偃等分曹循行郡国,举兼并之徒守相为利者。而御史大夫张汤方隆贵用事,减宣、杜周等为中丞,义纵、尹齐、王温舒等用惨急刻深为九卿,而直指夏兰之属始出矣。

而大农颜异诛。初,异为济南亭长,以廉直稍迁至九卿。上与张汤既造白鹿皮币,问异。异曰:"今王侯朝贺以苍璧,直数千,而其皮荐反四十万,本末不相称。"天子不说。张汤又与异有却,及有人告异以它议,事下张汤治异。异与客语,客语初令下有不便者,异不应,微反唇。汤奏当异九卿见令不便,不入言而腹诽,论死。自是之后,有腹诽之法比,而公卿大夫多谄谀取容矣。

天子既下缗钱令而尊卜式,百姓终莫分财佐县官,于是杨可告缗钱纵矣。

郡国多奸铸钱,钱多轻,而公卿请令京师铸钟官赤侧,一当五,赋官用非赤侧不得行。白金稍贱,民不宝用,县官以令禁之,无益。岁余,白金终废不行。

是岁也,张汤死而民不思。

其后二岁,赤侧钱贱,民巧法用之,不便,又废。于是悉禁郡国无铸钱,专令上林三官铸。钱既多,而令天下非三官钱不得行,诸郡国所前铸钱皆废销之,输其铜三官。而民之铸钱益少,计其费不能相

而孔仅因为巡察、督导天下的铁器铸作,三年之内便调升为大农令,位列九卿。而桑弘羊担任大农丞,负责有关财政赋税计算方面的事务,这个时候国家已经开始设置均输官负责全国的货物流通了。

这时开始允许官吏向朝廷缴纳谷物来提高官秩,郎官最高的可以达到六百石。

自从开始铸造白金和五铢钱以来的五年里,赦免官吏和百姓当中因为私铸金钱被判处死罪的大概有十多万人。而那些应当被判处死罪却没有被发现的就数不胜数了。被赦免的自首者有一百多万人。然而,这还不到实际犯罪人数的一半,大概天下所有人都在私自盗铸钱币了。犯法的人太多,官吏不可能全部捕杀,于是派遣博士褚大、徐偃等人分路到各郡国进行巡察,揭发、举报那些兼并土地的人以及贪赃枉法谋取私利的郡守、国相。而御史大夫张汤这时正受宠当权,减宣、杜周等人担任御史中丞,义纵、尹齐、王温舒等人因为执法残酷严苛而被提升为九卿,于是直指夏兰这类人就开始出现了。

这时,大农令颜异被诛杀。起初,颜异在济南郡做亭长,因为廉洁正直慢慢升迁到九卿。天子与张汤造了白鹿皮币,询问颜异对此的看法,颜异说:"现在王侯朝见天子是用苍璧做礼,其价值也不过数千钱,但是作为垫衬的皮币却值四十万,本末倒置,不相对称。"天子听了非常不高兴。又加上张汤和颜异平素还有一些过节,正好这时有人因为别的事告发颜异,此案交给张汤来审理。颜异和客人闲谈时,客人说到新的法令初颁时有一些弊端,颜异听了后没有回应,只是微微动了下嘴唇。于是,张汤上奏天子,说颜异身为九卿看到法令有不妥当的地方,不向朝廷直接进言,而只是在心里诽谤,罪该当死。从这以后,就出现了"腹诽"的法令,于是公卿大夫大多都是对天子谄媚、阿谀来力求自保了。

天子颁布"缗钱令"并尊崇、表彰了卜式之后,但是百姓们依然没有愿意拿出钱财来支援朝廷的,于是,杨可揭发他人隐瞒资产的"告缗"逐渐多了起来。

因为各个郡国铸钱大多都不守法,钱大多都比较轻,所以公卿们请求在京城依照钟官署造的钱来铸造一种"赤侧钱",一个"赤侧钱"相当于五个旧钱,向官府缴纳赋税以及给官用的钱都必须使用"赤侧钱"。白金慢慢变得不值钱,百姓们也都不重视它了,官府下令禁止这一状况,但是没有太大的作用。一年多以后,"白金"最终还是被废止不用了。

这一年,张汤死了,但是没有一个百姓对他有怀念之情。

二年之后,"赤侧钱"又贬值了,老百姓用巧诈的方法来使用,对国家很不利,于是"赤侧钱"被废止不用。于是,朝廷便下令不准各郡国再铸钱,专门命令上林三官来铸造钱币。上林三官铸造的钱币流行起来之后,于是下令全国不是三官铸造的钱币禁止使用,各郡国以前铸造的钱币悉数作废销毁,熔炼出的铜都

当，唯真工大奸乃盗为之。

卜式相齐，而杨可告缗遍天下，中家以上大抵皆遇告。杜周治之，狱少反者。乃分遣御史廷尉正监分曹往，即治郡国缗钱，得民财物以亿计，奴婢以千万数，田大县数百顷，小县百余顷，宅亦如之。于是商贾中家以上大率破，民偷甘食好衣，不事畜藏之产业，而县官有盐铁缗钱之故，用益饶矣。

益广关，置左右辅。

初，大农筦盐铁官布多，置水衡，欲以主盐铁；及杨可告缗钱，上林财物众，乃令水衡主上林。上林既充满，益广。是时越欲与汉用船战逐，乃大修昆明池，列观环之。治楼船，高十余丈，旗帜加其上，甚壮。于是天子感之，乃作柏梁台，高数十丈。宫室之修，由此日丽。

乃分缗钱诸官，而水衡、少府、大农、太仆各置农官，往往即郡县比没入田田之。其没入奴婢，分诸苑养狗马禽兽，及与诸官。诸官益杂置多，徒奴婢众，而下河漕度四百万石，及官自籴乃足。

所忠言："世家子弟富人或斗鸡走狗马，弋猎博戏，乱齐民。"乃征诸犯令，相引数千人，命曰"株送徒"。入财者得补郎，郎选衰矣。

是时山东被河灾，及岁不登数年，人或相食，方一二千里。天子怜之，诏曰："江南火耕水耨，令饥民得流就食江淮间，欲留，留处。"遣使冠盖相属于道，护之，下巴蜀粟以振之。

其明年，天子始巡郡国。东度河，河东守不意行至，不辨，自杀。行西逾陇，陇西守以行往卒，天子从官不得食，陇西守自杀。

上交给上林三官。而且百姓当中私自铸钱的也慢慢减少，因为铸钱的花费远远大于钱币本身的价值，只有那些技艺精熟的大奸商才会私自盗铸。

卜式担任齐相，由杨可掀起的"告缗"就在全国推行起来，中产以上的人家几乎都被告发。相关案件都由杜周审理，很少能有被翻案的。于是，朝廷又派遣御史、廷尉、正监等官员分头出使各郡国受理"告缗"案件，没收所得的百姓钱物数以亿计，奴婢多达上千万，田产大县有数百顷，小县有上百余顷，没收的房产大约也有这么多。于是，中产以上的商人大都破产，老百姓也苟安于美衣美食，再没有人去省吃俭用蓄积财富了，而国家因为盐铁官营以及缗钱的缘故，财用也就日益宽裕起来。

这时，朝廷因为要扩大关中地域便把函谷关向东迁移，并且还设置了京都左右辅。

起初，大农令主管盐铁事务以来，相关官员众多，因此设置了水衡都尉，计划让他来主管全国的盐铁事务。等到杨可主持的"告缗"推行之后，上缴到上林苑的财物太多，于是就命水衡主管上林。上林苑被装满之后，就进行扩建。这时，越国正打算用船和汉朝交战，于是天子下令大修昆明池，池被排排的楼台亭宇环绕着。建造楼船，高达十丈多，上面插着飘扬的旗帜，非常壮观。天子因此动了心，又开始建造柏梁台，高达几十丈。宫殿的建造从此便越来越华丽了。

于是，国家又把"缗钱"的事务分给各个官府进行管理，而在水衡、少府、大农、太仆下都设置了农官，他们主要负责组织人员去刚被官府没收的土地上耕作，把没收来的奴婢分配到各苑去饲养狗马禽兽，或者分派给诸官府去服务。各个官府又设置了诸多官职，仆役、奴婢很多，而每年要从黄河漕运四百万石的粮食，外加各官府自己采购一些才够用。

所忠向皇上进言说："一些世家子弟以及富人，不是斗鸡跑狗跑马，就是射猎赌博，严重扰乱了百姓的生活，败坏了民风。"于是，惩治所有犯法的人，命令他们揭发他人，受到牵连的人多达数千人，称为"株送徒"。向朝廷捐献财物可以授郎官，所以选拔郎官的制度就越来越衰败了。

这时，崤山以东遭受水灾，接连数年都没有什么收成，方圆一两千里内，有人吃人的情况。天子很是同情，下诏书说："江南地区烧草为肥，引渠灌溉，利于生存，可以把灾民迁移到江淮地区生活，想长期留在那儿的，就让他们留在那儿。"朝廷派遣了很多的使者去管理此事，另外，还从巴、蜀地区运送粮食来赈济他们。

第二年，皇帝开始巡察各郡国。向东渡过黄河，河东太守因为没有想到天子会驾到，没有招待好，畏罪自杀。向西穿过陇山，陇西太守因为天子来得太过突

于是上北出萧关，从数万骑，猎新秦中，以勒边兵而归。新秦中或千里无亭徼，于是诛北地太守以下，而令民得畜牧边县，官假马母，三岁而归，及息什一，以除告缗，用充仞新秦中。

既得宝鼎，立后土、太一祠，公卿议封禅事，而天下郡国皆豫治道桥，缮故宫，及当驰道县，县治官储，设供具，而望以待幸。

其明年，南越反，西羌侵边为桀。于是天子为山东不赡，赦天下，因南方楼船卒二十余万人击南越，数万人发三河以西骑击西羌，又数万人度河筑令居。初置张掖、酒泉郡，而上郡、朔方、西河、河西开田官，斥塞卒六十万人戍田之。中国缮道馈粮，远者三千，近者千余里，皆仰给大农。边兵不足，乃发武库工官兵器以赡之。车骑马乏绝，县官钱少，买马难得，乃著令，令封君以下至三百石以上吏，以差出牝马天下亭，亭有畜牸马，岁课息。

齐相卜式上书曰："臣闻主忧臣辱。南越反，臣愿父子与齐习船者往死之。"天子下诏曰："卜式虽躬耕牧，不以为利，有余辄助县官之用。今天下不幸有急，而式奋愿父子死之，虽未战，可谓义形于内。赐爵关内侯，金六十斤，田十顷。"布告天下，天下莫应。列侯以百数，皆莫求从军击羌、越。至酎，少府省金，而列侯坐酎金失侯者百余人。乃拜式为御史大夫。

式既在位，见郡国多不便县官作盐铁，铁器苦恶，贾贵，或强令民卖买之。而船有算，商者少，物贵，乃因孔仅言船算事。上由是不悦卜式。

汉连兵三岁，诛羌，灭南越，番禺以西至蜀南者置初郡十七，且以其故俗治，毋赋税。南阳、汉中以往郡，各以地比给初郡吏卒奉食币物，传车马被具。而初郡时时小反，杀吏，汉发南方吏卒往诛之，间岁万余人，费皆仰给大农。大农以均输调盐铁助赋，故能赡之。然

然准备不足，甚至天子随从的官员都吃不上饭，陇西太守也自杀了。于是，天子向北出了萧关，随从有数万骑人马，在新秦中打猎，检阅那里的守边将士，然后回京。新秦中地区有的地方千里之内也没有设置亭障、关卡，于是下令杀了北地太守以下的官员，并命百姓在边境各县内畜牧，官府借给他们母马，三年之后归还，生下的小马每十匹上交政府一匹，而且废除了当地的"告缗令"，以此来充实新秦中地区。

皇帝获得宝鼎以后，修建了后土祠和太一祠，公卿们便开始讨论封禅事宜，而全国各地都在提前修桥铺路，原有的宫室也得到修缮，驰道经过的县，都准备好了各种接待天子的物品，准备好了各种器具，等待着天子驾临。

一年之后，南越反叛，西羌侵犯边境以逞凶暴。因为崤山以东收成不好，天子下令大赦天下，动用南方二十多万楼船军队攻打南越，征调三河以西的骑兵数万人进攻西羌，还征调数万人过黄河修筑令居。开始设置张掖、酒泉郡，而在上郡、朔方、西河、河西等地设置开田官，征调六十万人在这里戍守、垦田。朝廷缮治道路来运送粮食，路远的要三千里，近的也需一千多里，这些全都靠大农供给。边境的兵器不够，便用武库和工官的兵器来支援那里。车马不够，官府钱少，马很难买到，于是制定法令：命令封君以下到三百石以上的官吏，依据等级缴纳母马给天下驿亭，使每个驿亭都养有母马，政府据此每年征税。

齐相卜式上书："我听说国君有所忧愁，这是做臣下的耻辱。如今南越叛乱，我父子愿意同齐国善于操船的兵卒一起战死疆场。"天子下诏说："卜式以前虽然只是一个耕种放牧之人，但是并不以此求利，每当有了盈余就拿出来帮助、支援政府的用度。现在国家不幸有了急难，而卜式父子奋勇请愿死战，虽然还没参战，但可说是心中充满正义之念。赏赐他关内侯的爵位、六十斤黄金、十顷农田。"通告天下，但是天下并没有响应的。诸侯有数百名，但都不要求从军去羌、越作战。于是，到酎祭宗庙的时候，少府检查酎金，列侯因为酎金不符规定而被削夺侯位的有一百多人。于是，任命卜式为御史大夫。

卜式上任后，见到很多郡国觉得盐铁官营多有不便，铁器质量差，价格还贵，有的还强迫百姓购买官府制造的铁器。而且船有算税，依靠船运输货物的商人较少，商品昂贵，于是通过孔仅上书反映船税的问题。从此天子不是很喜欢卜式了。

汉朝连续三年用兵打仗，征讨西羌，灭掉南越国，番禺以西到蜀南地区新设了十七个郡，并且按照原有的方式进行管理，免征赋税。南阳、汉中之间旧有的郡县各自就其地所供养新郡吏卒的粮食和钱物，以及驿车、驿马和相应的用具。而新郡经常还会发生小的反叛，杀死官吏，朝廷征调南方官兵前往讨伐，每隔一年就需动用万余人，都要依靠大农供给费用。大农用均输法配合各地盐铁所得辅助

兵所过县，为以訾给毋乏而已，不敢言擅赋法矣。

其明年，元封元年，卜式贬秩为太子太傅。而桑弘羊为治粟都尉，领大农，尽代仅筦天下盐铁。弘羊以诸官各自市，相与争，物故腾跃，而天下赋输或不偿其僦费，乃请置大农部丞数十人，分部主郡国，各往往县置均输盐铁官，令远方各以其物贵时商贾所转贩者为赋，而相灌输。置平准于京师，都受天下委输。召工官治车诸器，皆仰给大农。大农之诸官尽笼天下之货物，贵即卖之，贱则买之。如此，富商大贾无所牟大利，则反本，而万物不得腾踊。故抑天下物，名曰"平准"。天子以为然，许之。于是天子北至朔方，东到太山，巡海上，并北边以归。所过赏赐，用帛百余万匹，钱金以巨万计，皆取足大农。

弘羊又请令吏得入粟补官，及罪人赎罪。令民能入粟甘泉各有差，以复终身，不告缗。他郡各输急处，而诸农各致粟，山东漕益岁六百万石。一岁之中，太仓、甘泉仓满。边余谷诸物，均输帛五百万匹。民不益赋而天下用饶。于是弘羊赐爵左庶长，黄金再百斤焉。

是岁小旱，上令官求雨，卜式言曰："县官当食租衣税而已，今弘羊令吏坐市列肆，贩物求利。亨弘羊，天乃雨。"

太史公曰：农工商交易之路通，而龟贝金钱刀布之币兴焉。所从来久远，自高辛氏之前尚矣，靡得而记云。故书道唐虞之际，诗述殷周之世，安宁则长庠序，先本绌末，以礼义防于利；事变多故而亦反是。是以物盛则衰，时极而转，一质一文，终始之变也。禹贡九州，各因其土地所宜，人民所多少而纳职焉。汤武承弊易变，使民不倦，各兢兢所以为治，而稍陵迟衰微。齐桓公用管仲之谋，通轻重之权，

税收，方能供应充足。然而，军队路过的县，只是做到供给无缺而已，不敢奢谈遵守赋税的常规了。

第二年，即元封元年，卜式被贬为太子太傅。而桑弘羊任治粟都尉，并且兼任大农，完全取代孔仅管理天下的盐铁事务。桑弘羊察觉各地官府都自做买卖，互相竞争，因此物价上涨，而各地所缴赋税之物甚至还不够运输费用，于是奏请设立大农部丞数十名，分部掌管各个郡国的大农事务，各个郡县通常还分设均输、盐铁官，命边远地区都将他们那里的在其他地方价格最高容易被商人贩卖的货物作为赋税由均输官统一运输流通。在京城设置平准官吏，总受各地运输来的货物。招雇工官来制造车子以及各种相关器具，相关费用都由大农来供给。大农所属的各个机构完全掌握天下的货物，物贵时卖出，物贱时买入。这样一来，富商大贾无法从中牟取大利，就会反本务农，而物价忽涨忽落的现象就不容易出现。由于天下的物价受到抑制，所以称之为"平准"。天子认为桑弘羊说得很有道理，答应实施。于是，天子向北到朔方，向东到泰山，又巡视沿海以及北部边疆地区，然后返回京城。给所经过地方的赏赐，用去一百多万匹帛，钱、金以亿计，也都由大农来供给。

桑弘羊还奏请允许官吏缴纳粮食以补授官职，罪人可以纳粮来赎罪。命百姓们能运送粮食到甘泉宫仓库，达到一定数量的可以免除终身赋役，而且不受"告缗"的影响。各个郡县运送粮食到其他急需的地方，而各地的官府也都要给朝廷纳粮，这便使得山东漕运到京城的粮食数量一年之间增加六百万石。一年之间，太仓、甘泉宫的仓库都装满了粮食。边境地区也都有余粮和其他的物资，各均输官存储的布帛达五百万匹。百姓们不用增加赋税而国家的用度慢慢宽裕。于是，天子赐桑弘羊左庶长爵位、黄金二百斤。

这一年有小旱灾，天子令百官求雨。卜式上书说："政府应该依靠租税来维持吃穿等用度，如今桑弘羊让官吏都去市场买卖货物，赚钱求利，只有把桑弘羊烹了，天才会下雨。"

太史公说：农、工、商之间互相交流的路子畅通之后，龟、贝、金、钱、刀、布等货币就产生了。这是很久之前就已经出现的了，自高辛氏之前就已有，只是没有记载。所以《尚书》里讲到唐虞时代的事，《诗经》讲到殷周时代的事，天下太平就会重视学校教育，重本轻末，用礼义道德来限制物利；一旦天下多逢战乱情况就会颠倒过来。所以事物发展到鼎盛就会衰落，时代发展到极限也就会转变，时而重文采，时而重质朴，这是事物周而复始的循环。《禹贡》中记载的九州，各自根据当地所宜耕种之物、人民的多寡来缴纳贡赋。商汤和周武王继承前朝弊政加以改变，治理百姓不懈怠，各自都兢兢业业地治理国家，但是最

微山海之业，以朝诸侯，用区区之齐显成霸名。魏用李克，尽地力，为强君。自是之后，天下争于战国，贵诈力而贱仁义，先富有而后推让。故庶人之富者或累巨万，而贫者或不厌糟糠；有国强者或并群小以臣诸侯，而弱国或绝祀而灭世。以至于秦，卒并海内。虞夏之币，金为三品，或黄，或白，或赤；或钱，或布，或刀，或龟贝。及至秦，中一国之币为等，黄金以溢名，为上币；铜钱识曰半两，重如其文，为下币。而珠玉、龟贝、银锡之属为器饰宝藏，不为币。然各随时而轻重无常。于是外攘夷狄，内兴功业，海内之士力耕不足粮饷，女子纺绩不足衣服。古者尝竭天下之资财以奉其上，犹自以为不足也。无异故云，事势之流，相激使然，曷足怪焉。

终也都逐渐走向衰微。齐桓公采纳管仲的建议，统一货币平稳物价，开采山海一带的事业，使诸侯臣服于他，让不是很起眼的齐国成就霸业。魏国任用李克，充分地利用土地，魏文侯因此成为了强国之君。从此之后，各个国家经常发生战乱，看重阴谋诡计而轻视仁义道德，以富有为要务而不再讲求谦让。因此，百姓中富有的积蓄以亿计，而贫穷的连糟糠也吃不饱；诸侯国中强大的吞并小国而让诸侯称臣，弱小的有的甚至断绝祭祀而亡国。到秦朝，终于使用武力统一了天下。虞、夏时代的货币，金分三种：黄金、白银、赤铜；钱、布、刀、龟贝。直到秦朝，全国货币统一成两种：黄金是以溢为单位，为上币；还有一种为铜钱，上面刻着"半两"，重量与所刻文字相同，为下币。而珠玉、龟贝、银锡等只是作为器物、装饰、收藏，不作为货币流通使用。然而这些货币都随着时代的变化或轻或重。后来对外攘平夷狄，对内开展各种建设，以至于天下的百姓都去耕种仍然不能够满足粮饷供给，女子都去纺织也仍然不能足够供给衣物。古时候曾竭尽天下的财物来供奉朝廷，仍然感觉不够使用。这并没有其他缘故，都是因为事情的发展变化，相互间影响而造成的，这并没有什么可值得奇怪的。